CLAUS JÜRGEN HUTTERER

DIE GERMANISCHEN SPRACHEN

CLAUS JÜRGEN HUTTERER

DIE GERMANISCHEN SPRACHEN

IHRE GESCHICHTE IN GRUNDZÜGEN

DREI LILIEN VERLAG GMBH · WIESBADEN

Mit 75 Abbildungen

1. deutsche Auflage 1975
2. deutsche Auflage 1987
3., überarbeitete deutsche Auflage 1990

Gemeinschaftsausgabe des Akadémiai Kiadó, Budapest,
und der Drei Lilien Verlag GmbH, Wiesbaden

ISBN 3-922383-52-1

Gesamtherstellung: Akadémiai Kiadó és Nyomda Vállalat, Budapest

Printed in Hungary

VORWORT

Das vorliegende Buch ist ein Versuch zur historischen Typologie der germanischen Sprachen und ist in seiner gegenwärtigen Form als Rahmenwerk anzusehen, das sich auf das Wesentlichste beschränkt. Es bietet einen Überblick über den Werdegang des Germanischen von seinen indogermanisch-prägermanischen Anfängen bzw. Vorstufen über das Gemeingermanische und die Ausgliederung der germanischen Einzelsprachen bis in die neueste Zeit hinein. Für die Erschließung und linguistische Interpretation der Gegenwart — auf die es letzten Endes ankommt — reicht eine isolierende Betrachtung der Geschichte der Einzelsprachen nicht mehr aus. Die Hauptaufgabe schien mir vielmehr darin zu liegen, die vielfältigen Richtungen der Entwicklung, die Wege der Konvergenz und Divergenz genetisch eng verwandter, typologisch jedoch sehr unterschiedlicher Sprachen und Dialekte bzw. Soziolekte in ihren charakteristischen Zügen darzustellen.

Es hieß also, an Hand synchron-abstrakter Querschnitte aus den entscheidenden Entwicklungsphasen der germanischen Einzelsprachen feste Anhaltspunkte zu gewinnen, um die historisch-vergleichende Methode mit der historischen Sprachtypologie verbinden zu können, was früher meist vernachlässigt oder auf spärliche Teilfragen begrenzt war. Diese Darstellung beschränkt sich daher weder auf die ältesten Phasen germanischer Sprachgeschichte, wie dies bei Antoine Meillet, Herman Hirt, Eduard Prokosch, Hans Krahe und anderen der Fall war, noch auf den typologischen Vergleich der Einzelsprachen der Gegenwart, wie er einer nach meinem Dafürhalten etwas überstürzten Universalienforschung vorschwebt. Es galt vielmehr, über die kritische Wertung bisheriger Forschungsergebnisse hinaus die Grundlagen zu schaffen für eine neue Konzeption über die Gesetzmäßigkeiten der gesamten Sprachgeschichte der germanischen Völker in Vergangenheit und Gegenwart. Im Mittelpunkt dieser Konzeption stehen die inneren Tendenzen der Sprachentwicklung, aber stets mit Bedacht auf Wechselbeziehungen und äußere Regulatoren, die jene beschleunigen oder verlangsamen. Dadurch bedingt ist auch die Komplexität der Methodik, die sowohl die wichtigsten Hilfsdisziplinen als auch Fragen der Sprachgeographie — und zwar in erster Linie am Modell des Deutschen und des

Englischen — mit einbezieht. Eine derart ausgerüstete historisch-typologische Verfahrensweise muß, wenigstens wie ich sie verstehe, auf den Versuch abgestimmt sein, in Anlehnung an neuere Tendenzen linguistischer Methodik die sprachgeschichtlichen Wandlungen als ununterbrochene Wandlungen von Sprachsystemen zu begreifen.

Im Aufbau folgt das Buch den bewährten Vorlagen von ELIAS WESSÉN (über die nordischen Sprachen) und von ERNST SCHWARZ (über die germanischen Sprachen schlechthin), möchte jedoch in seinem Geist eine in jeder Hinsicht erweiterte Fortsetzung und, soweit dies überhaupt möglich ist, einen Abschluß der Ansätze meines Lehrers VIKTOR SCHIRMUNSKI zum Verständnis der Ausgliederung germanischer Stammessprachen anbahnen. Der weitgespannte Rahmen der Thematik forderte die Beschränkung auf die wichtigsten Probleme, um so mehr, da ich den grundlegenden Zweck dieser Arbeit vor allem in einem Studienbuch für angehende Germanisten und Anglisten sowie in einem noch einigermaßen handlich zu nennenden Nachschlagewerk erblicken muß. In die nach Kapiteln und Abschnitten zusammengestellte Bibliographie am Schluß konnten von den Beiträgen der letzten zwei, drei Jahre aus drucktechnischen Gründen leider nur einige wenige aufgenommen werden. Bei der Auswahl der bibliographischen Titel war ich bestrebt, Werke und Aufsätze vorzuziehen, die dem Leser auch im Hinblick auf die Literatur weiterhelfen. Die Textproben sowie die möglichst knapp gehaltenen Abrisse der Volksgeschichte der wichtigsten Sprachträgergemeinschaften sind als erste Anschauungs- und Orientierungshilfen rein praktischer Art für den Benutzer gedacht.

Einzelne Abschnitte wurden bereits, wenn auch nicht immer in derselben Form bzw. im selben Umfang, auch andernorts veröffentlicht: Kapitel II und die Abschnitte III.1.—III.4. sowie eine Kurzfassung von IV.4.9. in der Kleinen Enzyklopädie „Die deutsche Sprache“ (Leipzig 1969) bzw. eine leicht abgeänderte Variante von Kapitel V in dem Sammelband „Theoretical Problems of Typology of the Northern Eurasian Languages“ (Budapest 1970). Als Vorarbeiten seien meine in ungarischer Sprache erschienenen Universitätslehrbücher über die Grundlagen der englischen Sprachwissenschaft (Budapest 1963) bzw. die erste Fassung dieses Buches (Budapest 1968) genannt. Die Quellen der in diesen Büchern enthaltenen Karten und Tabellen, die von mir entworfen bzw. bearbeitet wurden und auch im vorliegenden Band verwendet werden, sind in den Unterschriften ebendeshalb nicht besonders ausgewiesen, auch wenn sie gelegentlich in die sonstigen Veröffentlichungen Aufnahme gefunden haben.

Für viele inhaltliche Ratschläge, Anregungen und Korrekturen bin ich meinen Freunden, Kollegen und Studenten in Budapest, Graz und anderswo, für die keineswegs leichte Arbeit der Korrektur und der Drucklegung bin ich den Mitarbeitern des Verlags der Ungarischen Akademie der Wissenschaften (Akadémiai Kiadó), Budapest, der C. H. Beck'schen Verlagsbuchhandlung, München, und der Druckerei der Ungarischen Akademie der Wissenschaften zu aufrichtigem Dank verpflichtet. Meinem Assistenten in Graz, Herrn Mag. phil. MARTIN BARTH, danke ich für das Mitlesen einer Korrektur.

Budapest—Graz, 1974

Der Verfasser

AUS DEM VORWORT ZUR ZWEITEN AUFLAGE

In dieser Zeit der Massenuniversität möge das Buch den Studierenden weiterhelfen, sich nicht auf das Schmalspurstudium je einer einzigen germanischen Sprache zu beschränken, sondern die Entwicklung unserer ganzen Sprachgruppe in ihren vielfältigen historisch-organischen Zusammenhängen zu erfassen. Wenn wir heute JACOB GRIMM überhaupt noch etwas verdanken, so ist das diese Zusammenschau.

VORWORT ZUR DRITTEN AUFLAGE

Im Gegensatz zu der 2. Auflage konnten diesmal weitergreifende Änderungen vorgenommen werden. Da das Buch ein Kompendium ist, das seinen schon im Vorwort zur 1. Auflage manifestierten Zielsetzungen treu bleiben und nicht etwa Untersuchungen über die Teilgebiete ersetzen soll, betraf die Bearbeitung in erster Linie das Schlußkapitel V. 5. (Historische Typologie der germanischen Sprachen) und die Bibliographie bzw. die Register. In den übrigen Kapiteln wurden hauptsächlich jene Stellen verbessert bzw. abgeändert, die bei den Lesern Mißverständnisse hervorgerufen haben bzw. Druck- oder sonstige Fehler gewesen sind.

Bei der Erweiterung der Bibliographie bis einschließlich 1988 haben mich mein Kollege, der Anglist Prof. Dr. Peter Bierbaumer, sowie meine Assistentinnen Frau Dr. Maria Winkler und Frau Mag. Gertrude Pauritsch unterstützt, wofür ich ihnen auch an dieser Stelle meinen Dank aussprechen möchte. Dank zolle ich auch der Verlagsredakteurin Frau Mária Káldor, die alle deutschen Auflagen des Buches gewissenhaft betreute, und meiner Sekretärin, Frau Charlotte Marx, die mir bei der Manuskriptherstellung zur Seite stand. Mein Dank gilt nicht zuletzt jenen Kritikern und Lesern, deren Zuschriften mich erreicht und die Neuauflage auch dadurch gefördert haben, auch wenn nicht allen Einzelwünschen in vollem Ausmaß entsprochen werden konnte.

Graz 1989

Der Verfasser

INHALT

VERZEICHNIS DER ABBILDUNGEN

VERZEICHNIS DER ABKÜRZUNGEN

adän.	=	altdänisch
Adj.	=	Adjektiv
Adv.	=	Adverb
afr.	=	altfriesisch
afrik.	=	afrikaans
afrz.	=	altfranzösisch
ags.	=	altenglisch (angelsächsisch)
ahd.	=	althochdeutsch
ai.	=	altindisch
air.	=	altirisch
airan.	=	altiranisch
aisl.	=	altisländisch
aj.	=	altjiddisch
Akk.	=	Akkusativ
alat.	=	altlateinisch
alb.	=	albanisch
alit.	=	altlitauisch
am.	=	amerikanisch
an.	=	altnordisch
anfrk.	=	altniederfränkisch
anorw.	=	altnorwegisch
apers.	=	altpersisch
apr.	=	altpreußisch
arab.	=	arabisch
arch.	=	archaisch
arm.	=	armenisch
as.	=	altsächsisch
aschw.	=	altschwedisch
asl.	=	altslawisch
austr.	=	australisch
aw.	=	awestisch
bair.	=	bairisch
bulg.	=	bulgarisch
D., Dat.	=	Dativ
dän.	=	dänisch
dt.	=	deutsch
engl.	=	englisch
f., Fem.	=	weiblich
fär.	=	färöisch
fi.	=	finnisch
fläm.	=	flämisch
fr.	=	friesisch
frk.	=	fränkisch
frz.	=	französisch
G., Gen.	=	Genitiv
gäl.	=	gälisch
gall.	=	gallisch
germ.	=	germanisch
got.	=	gotisch
gr.	=	griechisch
ha.	=	hebräisch-aramäisch
hebr.	=	hebräisch
heth.	=	hethitisch
hi.	=	Hindi
holl.	=	holländisch
idg.	=	indogermanisch
ill.	=	illyrisch
Imp.	=	Imperativ
Ind.	=	Indikativ
Inf.	=	Infinitiv
Instr.	=	Instrumentalis
ir.	=	irisch
isl.	=	isländisch
it.	=	italienisch
j.	=	jiddisch
kelt.	=	keltisch
Komp.	=	Komparativ
Konj.	=	Konjunktiv
krimgot.	=	krimgotisch
kroat.	=	kroatisch
kymr.	=	kymrisch
lat.	=	lateinisch
lett.	=	lettisch
lgb.	=	langobardisch
lit.	=	litauisch
litw.	=	litwakisch (litauisch-jiddisch)

m., Mask.	=	männlich
md.	=	mitteldeutsch
mdl.	=	mundartlich
me.	=	mittelenglisch
mhd.	=	mittelhochdeutsch
mlat.	=	mittellateinisch
mnd.	=	mittelniederdeutsch
mnl.	=	mittelniederländisch
n., Neutr.	=	sächlich
N., Nom.	=	Nominativ
nd.	=	niederdeutsch
ndän.	=	neudänisch
ne.	=	neuenglisch
nfrk.	=	niederfränkisch
nh.	=	neuhebräisch
nhd.	=	neuhochdeutsch
nisl.	=	neuisländisch
nj.	=	neujiddisch
nl.	=	niederländisch
neulat.	=	neulateinisch
nordfr.	=	nordfriesisch
nordfrz.	=	nordfranzösisch
nordnl.	=	nordniederländisch
norw.	=	norwegisch
ns.	=	niedersächsisch
NS	=	neuseeländisch
nschw.	=	neuschwedisch
obd.	=	oberdeutsch
oj.	=	ostjiddisch
ON(N)	=	Ortsname(n)
Opt.	=	Optativ
osk.	=	oskisch
öst.	=	österreichisch
osset.	=	ossetisch
ostgot.	=	ostgotisch
Part.	=	Partizip
Pass.	=	Passiv
Perf.	=	Perfekt
pers.	=	persisch
Pers.	=	Person
Pl., Plur.	=	Plural
Plusqu.	=	Plusquamperfekt
PN(N)	=	Personenname(n)
poln.	=	polnisch
Präp.	=	Präposition
Präs.	=	Präsens
Prät.	=	Präteritum
ps.	=	pennsilfaanisch
rum.	=	rumänisch
russ.	=	russisch
rw.	=	rotwelsch
samoan.	=	samoanisch
schott.	=	schottisch
schw.	=	schwedisch
schwäb.	=	schwäbisch
serb.	=	serbisch
serbokroat.	=	serbokroatisch
Sg., Sing.	=	Singular
skr.	=	sanskrit
slaw.	=	slawisch
slow.	=	slowakisch
span.	=	spanisch
spätlgb.	=	spätlangobardisch
Superl.	=	Superlativ
thrak.	=	thrakisch
tir.	=	tirolisch
toch.	=	tocharisch
tschech.	=	tschechisch
u.	=	Utrum
ung.	=	ungarisch
urgerm.	=	urgermanisch
ursl.	=	urslawisch
v.	=	Verb, verbal
ven.	=	venetisch
Vok.	=	Vokativ
vorahd.	=	voralthochdeutsch
vulgärlat.	=	vulgärlateinisch
westd.	=	westdeutsch
westgerm.	=	westgermanisch
westgot.	=	westgotisch
westnorw.	=	westnorwegisch
westsächs.	=	westsächsisch
wj.	=	westjiddisch
zig.	=	zigeunerisch

=	ist gleich
≠	ist nicht gleich
~	entspricht
< (>)	entstanden aus
← (→)	entwickelt zu
*	erschlossene Form

I. DAS INDOGERMANISCHE

I.1. DIE ENTSTEHUNG DES BEGRIFFES INDOGERMANISCH

I.1.1. Die Typologie als Methode der Klassifizierung der Sprachen

Wenn man mit verschiedenen Sprachen in Berührung kommt, so drängt sich einem nicht selten der Gedanke auf, daß zwei oder auch mehrere Sprachen in ihrem Lautstand, ihrer Grammatik und vor allem im Wortschatz recht auffallende Übereinstimmungen bzw. Ähnlichkeiten aufweisen. Sucht man z. B. nach dem Äquivalent von dt. *Mutter* oder engl. *mother* in den Wörterbüchern anderer Kultursprachen Eurasiens, so fällt es auch dem Laien auf, daß sich diese Wörter nl. *moeder* [mu:dər], schw. *moder* [mu:dər] bzw. [mu:r], ja sogar lat. *mater*, it.-span. *madre*, russ. мать, skr.-hi. *mātā* usw. erstaunlich nahe stehen. Sprachliche Ähnlichkeiten dieser Art können nach ihrer Genese zweierlei Ursachen haben. Zunächst liegt der Verdacht nahe, es gehe dabei um irgendein gemeinsames Erbgut in all diesen Sprachen, aber es ist doch auch möglich, daß diese auffallende Ähnlichkeit der betreffenden Wörter einer historischen Wechselwirkung unter den Trägern der genannten Sprachen zu verdanken ist. Diese zweite Möglichkeit erklärt ja nicht nur das Vorhandensein von Lehnwörtern in einer Sprache, sondern besonders häufig auch die ähnlichen oder geradezu gleichen Strukturmerkmale ganz verschiedener Sprachen. Versucht man nun einzelne Sprachen, unabhängig von ihrer Herkunft, nach solchen systemgebundenen typologischen Merkmalen zu klassifizieren, so spricht man im Falle ähnlicher Sprachtypen von einer typologischen Verwandtschaft (bzw. Affinität) der Sprachen. So ist es z. B. bekannt, daß Englisch seiner Herkunft nach eine germanische Sprache ist, trotzdem weicht es in seiner Struktur von den altgermanischen Sprachen, aber auch vom Deutsch der Gegenwart wesentlich ab, während es mit dem Chinesischen von heute manche strukturelle Ähnlichkeiten aufweist, obwohl zwischen Englisch und Chinesisch keinerlei historische Verwandtschaft besteht.

Die strukturmäßige, typologische Klassifizierung der Sprachen wird manchmal — da sie einen durchaus synchronisch-beschreibenden Charakter hat — mit Ferdinand de Saussure in Verbindung gebracht. Die Methodik der Typologie war aber lange vor ihm entstanden. Ein namhafter deutscher Vertreter der romantischen Sprachwissenschaft, Friedrich von Schlegel (1772—1829), hatte noch zu Beginn des 19. Jh.s an Hand der Untersuchung des Sanskrits die sogenannten *flektierenden* (d. h. ,,beugenden") Sprachen auf Grund morphologischer Merkmale gekennzeichnet, wobei er auch feststellte, daß die semantischen Modifizierungen der Wörter in solchen Sprachen innerhalb der Morpheme, insonderheit der Stammorpheme, zum Ausdruck kommen, vgl. dt. *Vater* gegenüber *Väter*, engl. *I take* 'ich nehme' gegenüber *I took* 'ich nahm' u. dgl. Einige Jahre später schlug sein Bruder, August Wilhelm von Schlegel, bereits eine Klassifizierung aller Sprachen auf dieser Grundlage vor, wobei er schon drei Sprachtypen unterschied: 1. *amorphe*, d. h. strukturlose *Sprachen*, die keine Wortarten unterscheiden, und in denen die Sprachinhalte lediglich durch die Wortstellung, die Intonation u. dgl. — heute würde man sagen: suprasegmentale Elemente — modifiziert und zur sinnvollen Mitteilung geordnet werden; 2. *affigierende Sprachen*, die dieselbe Aufgabe mit Hilfe von Affixen lösen; 3. *flektierende Sprachen*, denen über die Affixe hinaus auch die Flexion, d. i. die eigentliche Beugung, eigen ist. Diesen dritten Typus hat er, über die Ebene der Morphologie hinausgehend, auf Grund syntaktischer Merkmale in eine synthetische und eine analytische Gruppe zerlegt. Danach werden die Beziehungen im Satze beim synthetischen Typus durch die Wortformen selbst ausgedrückt, beim analytischen dagegen durch Partikeln, die zwischen den Wörtern im Satz eine sinnvolle Verbindung bzw. ihre gegenseitige Beziehung herstellen. Dieses Prinzip der synthetisch-analytischen Doppelheit wurde im folgenden von August Schleicher (1821—1868) auch auf die *affigierenden* (= agglutinierenden, s. u.) Sprachen angewendet.

Von der Schlegelschen Theorie ausgehend, ist es einem der bedeutendsten Linguisten der Neuzeit, Wilhelm von Humboldt (1767—1835), in der ersten Hälfte des 19. Jh.s gelungen, ein auf morphologischen Grundlagen beruhendes neues Klassifikationssystem zu erstellen, wobei er schon vier Sprachtypen unterschied: 1. *isolierende* (= amorphe) *Sprachen* wie Chinesisch, Vietnamesisch, Indonesisch, manche afrikanische Sprachen usw.; 2. *agglutinierende* (= affigierende) *Sprachen*, wie Ungarisch, Türkisch (ja, die ural-altaischen Sprachen schlechthin), Japanisch, Hindi, Armenisch, Ketschua, die Bantusprachen usw.; 3. *flektierende Sprachen*, z. B. Arabisch, Hebräisch, Griechisch, Russisch, Deutsch usw. und 4. *inkorporierende* (d. h. „einverleibende"), mit einem anderen Ausdruck *polysynthetische* (d. h. mehrere Satzteile zusammenfassende) *Sprachen*. Zum 4. Typus gehören in erster Linie verschiedene Indianersprachen, die eigentlichen kaukasischen Sprachen (Grusinisch, Kabardinisch usw.) und die sog. paläoasiatischen Sprachen (Eskimo, Giljakisch, Kamtschadalisch usw.). Ihr typischstes gemeinsames Merkmal ergibt sich daraus, daß sie die einzelnen Satzteile zu einem organisch-gebundenen Ganzen — nach unseren Begriffen etwa zu einem „Wort" — verschmelzen.

Wilhelm von Humboldts Klassifikation wurde in der Folgezeit mehrfach ergänzt und verfeinert, so von Haym (Heyman) Steinthal, Franz Misteli, Filip Fedorovič Fortunatov, Franz Nikolaus Finck, Edward Sapir, Ernst Lewy, Otto Jespersen u. a. Letzten Endes ist auch die von falschen Prämissen ausgehende und daher vereitelte „neue Lehre von der Sprache" des Kaukasologen Nikolaj Jakovlevič Marr hierherzuzählen.

Die älteren Versuche waren im ideologischen Rahmen der sogenannten Völkerpsychologie auf die „Wertbestimmung", also die Aufstellung einer vermeintlichen „Rangordnung" der einzelnen Sprachtypen ausgerichtet, wobei man zunächst zwischen „formlosen" und „Formensprachen" unterscheiden wollte und bei den letzteren wiederum eine Hierarchie zugunsten der Flexionssprachen anstrebte. Das war ein Ausbau zweifellos Humboldtscher Ideen in der falschen Richtung, letzten Endes eine zum Teil bewußte, zum Teil auch unbewußte nationalistische Manipulation der Disziplin: Haym Steinthal als Vertreter der deutschen Wissenschaft trat für den Vorrang der Flexionssprachen ein, indem er gleich den alten Romantikern die Flexion als die höchste Leistung menschlichen Sprachvermögens bezeichnete, während der Däne Otto Jespersen — wie so mancher Angelsachse in seiner Nachfolge — diese „Spitze" in der Analyse erblickte, wie sie im Englischen (und in den nordischen Sprachen des Festlandes) vorlag. Indessen wurden aber im vorigen Jahrhundert auch die positiven Ansätze der beiden Schlegel und Wilhelm von Humboldts weiterentwickelt, vor allem von Hans Connon von der Gabelentz und seinem Sohn Georg von der Gabelentz.

Georg von der Gabelentz hat in der zweiten Hälfte des 19. Jh.s die Unhaltbarkeit der Steinthalschen „Wertskala" sowie der Theorie der „Formlosigkeit" von Sprachen nachgewiesen, wobei er sämtliche Kombinationsmöglichkeiten der Einzeltypen in konkreten Sprachen untersucht und neue Begriffe wie „Verschmelzung" (bei Edward Sapir *fusion*) und „Symbolisation" (bei Edward Sapir *symbolisation*) eingeführt hat. Mit Nachdruck verwies Gabelentz darauf, daß die typologischen Unterschiede der Sprachen nur Gradunterschiede und keine Wertunterschiede sind, bzw. daß der Kulturwert einer Sprache vom kulturellen Stand ihrer Träger, der Völker, abhängt, was aber nicht unmittelbar im Sprachbau manifest sein kann. Die einschlägige Zusammenstellung der Sprachtypen bei Edward Sapir ist eine tabellarische Darstellung der Gabelentzschen Beschreibung von 1891. Der heute in der Wissenschaftsgeschichte noch gängigen Fehlmeinung gegenüber ist hervorzuheben, daß die Einbeziehung der Syntax in die Sprachtypologie, die Ausweitung derselben auf eine vergleichende Darstellung, ja sogar der Name der „Typologie" nicht von Edward Sapir, sondern von Georg von der Gabelentz stammt, vgl. sein Werk „Die Sprachwissenschaft“ (Leipzig 1891 bzw. ²1901).

Es sei gleich hier schon angemerkt, daß „reine Typen“ nur als Ergebnisse wissenschaftlicher Abstraktion zu verstehen sind. Die Sprachen der Welt sind in Wirklichkeit typologisch gemischt bzw. zusammengesetzt, und ihre Zuordnung zu dem einen oder dem anderen Typus erfolgt auf Grund ihrer charakteristischsten Merkmale. So gehört das Deutsche z. B. im wesentlichen zum flektierend-synthetischen Typus, aber es ist ihm in seinen Teilsystemen auch die Agglutinierung, noch mehr, die Polysynthese nicht fremd, vgl. das inkorporierende Gefüge *er ist* [:*nach Hause*:] *gegangen*. Englisch ist heute schon im allgemeinen wurzelisolierend wie das Chinesische (vgl. *do you speak English?* — wörtlich etwa: 'tu- + du/ihr/Sie + sprech- + Englisch?'; d. h. 'sprechen Sie [oder: sprecht ihr bzw. sprichst du] Englisch?'), trotzdem kennt es auch noch die innere Flexion (z. B. *I bring* 'ich bringe' — *I brought* 'ich brachte').

Die strukturell-typologische Untersuchung der Sprachen auf synchronisch-beschreibender Grundlage hat in der Arbeit der verschiedenen strukturalistischen, generativ-transformationalistischen Schulen in der Sprachwissenschaft eine besondere Funktion, nicht minder aber auch in der theoretischen Vorbereitung der auf Übersetzung und Exzerpierung technischer Texte abzielenden maschinellen Übersetzung, d. h. in der Programmierung der Übersetzungsmaschinen. Die unmittelbare Verwendbarkeit der Typologie in der Praxis zeigt sich vor allem im Sprachunterricht: die auf Grund typologischer Vergleichungen erstellten und die einzelnen Sprachen konfrontierenden, sogenannten kontrastiven Grammatiken sind sehr wichtige Mittel zur bewußten Aneignung der mit der Muttersprache des Lernenden übereinstimmenden bzw. davon abweichenden Strukturmerkmale der Fremdsprachen. Ebenso wichtig sind sie, wo es gilt, im Verlauf des Unterrichts der Muttersprache die Kinder von einer Mundart zum richtigen Gebrauch der Hochsprache hinüberzuführen.

I.1.2. Die genetische (genealogische) Methode der Klassifizierung der Sprachen

Zwischen den Einzelsprachen bestehen indessen nicht nur synchronisch-typologische, sondern auch diachronisch-historische Beziehungen. Die historische Methode der Klassifizierung der Sprachen reicht in viel ältere Zeiten zurück als die typologischen Untersuchungen, und zwar in das ausgehende 18. Jh., als im Zusammenhang mit der Kolonisierung Indiens auch die Erforschung der indischen Sprachen, in erster Linie des Sanskrits, in Angriff genommen wurde (William Jones, 1746—1794). Den Forschern fiel zunächst auf, daß sowohl im Lautsystem als auch in der Morphologie, insbesondere aber im Wortschatz, verblüffende Ähnlichkeiten zwischen dem Sanskrit, dem Altgriechischen, dem Lateinischen und auch manchen modernen Sprachen Europas vorhanden sind. Am Anfang des vorigen Jahrhunderts konnte schon der Begründer der vergleichenden Indogermanistik im wissenschaftlichen Sinne des Wortes, FRANZ BOPP (1791—1867), auch das Persische und die germanischen Sprachen in diesen Kreis einbeziehen, während ihre uralte Verwandtschaft mit den slawischen Sprachen u. a. von dem russischen Gelehrten ALEKSANDR KRISTOFOROVIČ VOSTOKOV aufgezeigt wurde. Der Anschluß der germanischen Sprachen war in hohem Grade den Forschungen des Dänen RASMUS RASK (1787—1832) zu verdanken. In der Klärung der genetischen Beziehungen des Deutschen tat sich JACOB GRIMM (1787—1863) besonders hervor, während bei der Einordnung der romanischen Sprachen FRIEDRICH DIEZ sich das größte Verdienst in der Wissenschaft des 19. Jh.s erwarb.

Auf diese Weise ist allmählich der Begriff der die verwandten Einzelsprachen überdachenden Sprachfamilien entstanden. Die Bezeichnung genetische (oder genealogische) Verwandtschaft verrät uns, daß der Begriff noch tief in der Sprachbetrachtung der Romantik wurzelt, die die Sprache für einen lebendigen Organismus hielt und sich deren Entstehung, Entwicklung und Verfall genauso vorstellte, wie die aus der Welt der Pflanzen bekannten Vorgänge. Diese romantische Begriffsbildung der Sprachwissenschaft wurde vom größten Theoretiker der deutschen Romantik, JOHANN GOTTFRIED HERDER (1744—1803), geprägt.

Die Vergleichung des Sanskrits mit verschiedenen europäischen Sprachen hat zunächst den Begriff der indogermanischen Sprachfamilie erbracht. Nach diesem Vorbild ging man aber bald an die Klärung der genetischen Beziehungen anderer, nichteuropäischer Sprachen. So ist dann auch der Begriff der semitisch-hamitischen (THEODOR BENFEY, RICHARD LEPSIUS), der ural-altaischen (P. J. STRAHLENBERG, SAMUEL GYARMATHI, JOHANNES SAJNOVICS u. a.) — innerhalb dieser der altaischen, der uralischen bzw. der finnisch-ugrischen —, ferner der tibetochinesischen, der bantuischen u. a. Sprachfamilien entstanden.

Die Methode der Erforschung genetischer Sprachbeziehungen ist die *historisch-vergleichende Sprachwissenschaft*. Da die genetische Forschung sich — soweit es möglich ist — mit der Vergleichung auch heute gesprochener Sprachen nicht zufrieden gibt, sondern die aufgedeckten genetischen Bindungen in möglichst älteste Zeiten zurückverfolgen soll, um dadurch nicht nur für die Sprachwissenschaft, sondern zugleich für andere Disziplinen, in erster Linie für die Geschichtswissenschaft, wichtige Beweise und Belege zu ermitteln, ist es verständlich, daß die Forschung auch die Schriftdenkmäler gesprochener bzw. erloschener Sprachen weitgehend verwertet. Die Forscher sind freilich bestrebt, die ältesten Denkmäler der untersuchten Sprachen aufzudecken, um dadurch auf den voraufgehenden, schriftlich noch nicht belegten Zustand dieser Sprachen schließen zu können. Dieses Verfahren wird, da sein wichtigstes Mittel in der Vergleichung (= lat. *comparatio*) besteht, auch *Komparativismus* genannt; seine Vertreter sind die *Komparativisten.* Die schriftlich nicht bezeugten, aber im Wege genetischer Vergleichung erschlossenen sprachlichen Formen werden also r e k o n s t r u i e r t ; der Umstand der Erschließung — der *Rekonstruktion* — wird mit einem Sternchen (*) angedeutet, das der erschlossenen Lautung oder grammatischen Form vorangesetzt wird.

Verweilen wir noch kurz bei unserem Beispiel *Mutter* ~ engl. *mother.* Wenn man nur die ältesten belegten Formen ins Auge faßt, lassen sich folgende Wörter mit ihnen genetisch verbinden: lat. *māter*, ai. *mātár-*, toch. *mācar*, arm. *mair*, gr. *μήτηρ* (dorisch *μάτηρ*), air. *māthir*, ahd. *muoter*, lett. *māte*, asl. *mati* (Gen. *matere*), lit. *motė̃*, alb. *motrë.* Die Bedeutung all dieser Wörter ist 'Mutter', nur das litauische Wort bedeutet 'Frau' bzw. das albanische 'Schwester'. Es liegt auf der Hand, daß diese beiden letzten Bedeutungen, gemäß ihrer Isolierung im erschlossenen Sprachenkreis, das Ergebnis sekundärer Sprachentwicklung manifestieren im Gegensatz zu der in allen übrigen Sprachen belegten ursprünglichen Bedeutung 'Mutter'. Die aus den verschiedenen Lautformen zu erschließende Grundform ist **māter*. Mit derselben Methode untersucht man die Flexionselemente, die Mittel der Wortbildung und die Besonderheiten der Syntagmatik bzw. der eigentlichen Syntax. Die Wahrscheinlichkeit der Vergleichung kann als maximal gelten, wenn die gesuchte Erscheinung in sämtlichen (vermutlich) verwandten Sprachen belegt ist. In der Praxis muß man jedoch meistens viel bescheidener sein, da ein großer Teil der gemeinsamen Züge der verwandten Sprachen in der Regel nicht alle Glieder der „Familie" erfaßt, sondern nur eine kleinere, enger zusammengehörende Gruppe innerhalb der ganzen Sprachfamilie kennzeichnet.

Die historisch-vergleichende Methode wurde um die Mitte des 20. Jh.s von verschiedenen Strukturalisten besonders heftig angegriffen. Diese negative Einstellung war aber eher für die Kopenhagener Schule und einige, zumeist peripherische, amerikanische Gruppen charakteristisch. Die Geschichtlichkeit der Sprache läßt sich aber nicht leugnen, und es ist allzu natürlich, daß eine gegenseitige Annäherung der historisch ausgerichteten traditionellen Philologie und der über die bloße sprachliche Deskription hinausgehenden, um eine wissenschaftliche Deutung bemühten Strukturalisten gerade in diesem Bereich zu verzeichnen ist. Die Zielsetzungen der historischen Sprachwissenschaft treten in letzter Zeit auch in den strukturalistischen Forschungen immer mehr in den Vordergrund.

In unserer technisch-nüchtern eingestellten Zeit erscheint die Frage unumgänglich, worin denn eigentlich der Nutzen der Rekonstruktion besteht? Doch sei dabei nicht vergessen, daß der Linguist im Gange der Rekonstruktion keineswegs nur die inneren Bewegungsgesetze der Sprachentwicklung bzw. der Entwicklung einer Sprache erschließt, sondern gleichzeitig für die verschiedensten Disziplinen nützliche und wichtige, nicht selten erst dadurch faßbar gewordene Umstände erhellt. Der Bogen der Wissenschaften, die in mancher Hinsicht auf die historische Sprachwissenschaft angewiesen sind, ist sehr weit gespannt und umfaßt von der Historiographie im engeren Sinne bis zur Botanik und Klimatologie eine ganze Reihe von Wissenschaften. Ohne die Eigenständigkeit der Sprachwissenschaft im Rahmen der Wissenschaften leugnen zu wollen, muß man jedoch jene, gelegentlich heute noch vertretene, engstirnige und die Dialektik der sprachlichen Realität absolut verkennende idealistische Meinung von der Hand weisen, wonach das Ziel der Sprachforschung einzig und allein in der Klärung innersprachlicher Fragen bestehen sollte, ohne Bezugnahme auf die Bindungen zu anderen Disziplinen. Die Sprache ist das Produkt der menschlichen Gesellschaft, ihre Entwicklung geht im größeren Rahmen der allgemeinen Entwicklung der menschlichen Gesellschaft, d. h. der Träger der gegebenen Sprache, vor sich und läßt sich davon nicht loslösen. Gleich allen gesellschaftsbezogenen Wissenschaften kann auch die Sprachwissenschaft keinem Selbstzweck nacheilen, sondern sie ist nur im gegenseitig determinierten Kreis der Nachbardisziplinen imstande, ihre eigenen, besonderen Aufgaben zu erfüllen.

I.1.3. Kennzeichen der genetischen Sprachverwandtschaft und das Indogermanische

Die genetische Verwandtschaft verschiedener Sprachen läßt sich in der Regel nicht auf Grund der Untersuchung einer einzigen Ebene des Sprachsystems feststellen. Die Tatsache, daß der Akzent im Deutschen und im Englischen — von den Fremdwörtern und bestimmten Ableitungen abgesehen — auf dem Wortstamm, d. h. gewöhnlich auf der ersten Silbe, liegt, kann also die Verwandtschaft dieser Sprachen z. B. mit dem Ungarischen, wo der Wortakzent ebenfalls auf der ersten Silbe liegt, noch nicht beweisen. Auch das sonst wichtige Strukturmerkmal, daß das Possessivsuffix im Ungarischen genauso wie im Armenischen dem Besitz angehängt wird (vgl. ung. *ház* 'Haus' → *ház*[*a*]***d*** 'dein Haus' ~ arm. *tun* 'Haus' → *tun*[ə]***d*** 'dein Haus' usw.), oder daß der bestimmte Artikel sowohl in den nordgermanischen als auch in den balkanischen Sprachen ein Schlußartikel ist (z. B. schw. *man* 'Mann' → ***mannen*** 'der Mann', rum. *om* 'Mensch' → ***omul*** 'der Mensch', bulg. *kniga* 'Buch' → ***knigata*** 'das Buch', alb. *sistem* 'System' → ***sistemi*** 'das System'), ist noch kein ausreichender Beweis für die Verwandtschaft dieser Sprachen. In grundverschiedenen Sprachen sind bekanntlich auch lautliche Übereinstimmungen mit unvereinbarem semantischem Inhalt möglich (z. B. dt. *wahr* und ung. *vár* [va:r] '1. Burg; 2. er wartet', nl. *nieuw* [niu] 'neu' und samoan. *niu* 'Palme'), gelegentlich kommt es auch vor, daß solche Wörter zufällig auch semantisch übereinstimmen (z. B. engl. *I* [ai] 'ich' und dongolesisch [nubisch] *ay* 'dass.', midobisch [nubisch] *on* 'er' und russ. он 'dass.'), aber eine Verwandtschaft ist zwischen diesen Sprachen aus verschiedenen historischen und sprachhistorischen Gründen ausgeschlossen: ihre Übereinstimmungen sind isolierte Zufallserscheinungen. Eine Sondergruppe bilden jeweils die Lehnwörter, die auf einer echten Wechselwirkung beruhen, aber auch sie gelten natürlich nicht als Beweise für den gemeinsamen Ursprung zweier Sprachen.

Ähnliches läßt sich in der Syntax beobachten. Ähnliche, manchmal auch identische syntaktische Gebilde können in verschiedenen Sprachen unabhängig voneinander, also außerhalb eines genetischen Rahmens, zustande gekommen sein.

Um sicher zu gehen, muß man daher bei der Bestimmung der genetischen Verwandtschaft verschiedener Sprachen die Untersuchungen auf sämtliche Ebenen der Sprachstruktur — auf Lautsystem, Morphematik, Syntagmatik und Syntax — sowie auf den Wortschatz (d. h. auf Wortlehre und Wortbedeutungslehre) erstrecken, und man ist erst gemäß dem Verhältnis von Übereinstimmung und Unterschied berechtigt festzustellen, ob und in welchem Grade zwei oder auch mehrere Sprachen miteinander verwandt sind.

Die dilettantische Vergleichung spricht sich dabei für eine vollkommene Identität der verglichenen Formen aus. Von der wissenschaftlichen Komparation wird diese Identität nicht überschätzt, da in der Mehrzahl solcher Fälle entweder ein Zufall oder eine Entlehnung vorliegt. So beweist z. B. die Übereinstimmung von ung. *rozs* [roʒ] 'Roggen' und russ. рожь 'dass.' nicht die genetische Verwandtschaft von Russisch und Ungarisch, sondern sie ist das Ergebnis einer ungarischen Entlehnung aus dem Slawischen. Maßgeblich ist hingegen das S y s t e m r e g e l m ä ß i g e r E n t s p r e c h u n g e n — wie etwa die Entsprechung idg. *p* ~ germ. *f* in einer Reihe von Wörtern, vgl. lat. *pater* ~ dt. *Vater* (engl. *father*), lat. *piscis* ~ dt. *Fisch* (engl. *fish*) usw. —, da sie sich aus früheren regelmäßigen Lautentwicklungen erklären und daher mit Recht auf eine gemeinsame sprachliche Grundlage zurückgeführt werden.

Im Ergebnis der auf dieser Grundlage durchgeführten Untersuchungen wurde es klar, daß die einbezogenen europäischen Sprachen zu Beginn der uns bekannten Geschichte vom Ganges bis Westeuropa verbreitet waren. Nach dieser geographischen Verbreitung faßte sie FRANZ BOPP schon 1816 unter dem Namen *Indisch-Europäisch* zusammen. Daraus wurde vom Schweizer Linguisten ADOLPHE PICTET die Bezeichnung *indoeuropäische Sprachfamilie* geprägt, die vor allem in Frankreich und den übrigen romanischen Ländern, dann auch im Skandinavien, im angelsächsischen und im slawischen Bereich Wurzel faßte. Im Deutschen ist heute noch mehr die Bezeichnung I n d o g e r m a n i s c h im Schwange, auf Grund der Annahme, daß der östlichste Vertreter der Sprachfamilie das Indische, der westlichste dagegen das Germanische war. Im Laufe der daran geknüpften politischen Auseinandersetzungen wurde im Französischen mitunter der Name I n d o k e l t i s c h gebraucht, in der Meinung, die westlichsten Vertreter seien nicht die Germanen, sondern die Kelten gewesen. Diese Bezeichnung konnte sich aber ebensowenig bewähren wie die linguistisch geradezu irreführende Bezeichnung I n d o a r i s c h, da sie nur einen Zweig der ganzen Sprachfamilie andeutet, oder die in Dänemark einst gängige Bezeichnung *arische Sprachfamilie*, der eine noch engere Bedeutung innewohnt. Heute hat sich fast überall die Bezeichnung *Indoeuropäisch* durchgesetzt, während sich der Name *Indogermanisch* vor allem noch in der deutschen Fachliteratur behauptet.

I.2. DIE INDOGERMANISCHE SPRACHFAMILIE

I.2.1. Die Gliederung der indogermanischen Sprachen

Zur Zeit der Entstehung des Begriffes Indogermanisch waren die Forscher, gerade der romantischen Sprachbetrachtung zufolge, bestrebt, irgendeine gemeinsame, indogermanische U r s p r a c h e zu erschließen. Die ältesten indogermanischen Sprachdenkmäler stammten damals noch aus dem Sanskrit, es lag also nahe, anzunehmen, alle anderen indogermanischen Sprachen seien dem Sanskrit entsprossen. Diese Annahme schien um so realistischer, als das System des Sanskrits tatsächlich eine große Menge jeglicher Archaismen aufwies. Trotzdem hat sie sich bald als ein Trugschluß entpuppt. Erst da begann man eigentlich, eine angenommene gemeinsame indogermanische Ursprache zu rekonstruieren. AUGUST SCHLEICHER glaubte z. B. so fest an die ehemalige Existenz aller erschlossenen Formen, daß er aus diesen sogar ein „urindogermanisches“ Märchen rekonstruierte. Im Laufe der neueren Forschungen wurde jedoch klar, daß dies nichts anderes als ein geistreiches philologisches Spiel war, auch wenn dadurch der Wert der Rekonstruktion als Methode um nichts verringert wird. Für uns stellt nämlich die Erschließung einzelner genetisch belegbarer Grundformen kein Endziel dar, sondern vor allen Dingen eine Arbeitshypothese, die auf reeller Grundlage beruht, indem sie einen irgendwann in der Geschichte der indogermanischen Sprachen tatsächlich vorhanden gewesenen Stand — im systematisierten Querschnitt — widerspiegelt, d. h. eine linguistische Realität ist.

Die Forschungen haben nach AUGUST SCHLEICHER zur Einsicht geführt, es sei richtiger, anstatt von einer Ursprache von einer indogermanischen Grundsprache zu sprechen. Noch mehr: es ist ebenfalls klar geworden, daß auch diese Grundsprache nicht als eine nach allen Seiten geschlossene Einheit zu denken ist, sondern bereits auf der ältesten, mit unseren heutigen Mitteln erschließbaren Stufe ihrer Entwicklung eine dialektale Gliederung aufweist. Auf dieser Grundlage wurde es erst möglich, die konkreten und näheren verwandtschaftlichen Beziehungen der indogermanischen Einzelsprachen untereinander — auch dem Grad der jeweiligen Verwandtschaft entsprechend — zu ermitteln.

PETER VON BRADKE teilte die indogermanische Sprachfamilie bereits 1888 auf Grund der Entwicklung der für die Grundsprache erschlossenen palatalen (und labiovelaren) Verschlußlaute in zwei große Gruppen. Die palatalen *k̂*-Laute sind nämlich in einem Teil der indogermanischen Sprachen *k*-Laute geblieben, während sie in anderen zu qualitativ verschiedenen Spiranten (Sibilanten, Affrikaten) wie [s], [ʃ], [tʃ] u. dgl. wurden. Nach den indogermanischen Numeralien für '100' bezeichnete PETER VON BRADKE die erste Gruppe als die der Kentumsprachen, die zweite als die der Satemsprachen. Dem für die Grundsprache erschlossenen Wort **k̂m̥tóm* '100' entspricht nämlich *satəm* im Altindischen, *centum* im Lateinischen. Nach der BRADKEschen Gliederung umfaßt die Satemgruppe die indischen, iranischen, baltischen und slawischen Sprachen sowie Armenisch, Thrakisch und Albanisch, während Tocharisch, Hethitisch, Griechisch, Illyrisch (?) sowie Italisch, Keltisch und Germanisch die Gruppe der Kentumsprachen bilden.

Diese Gliederung ist, obwohl in den gängigen Handbüchern meistens heute noch vertreten, eigentlich eine pädagogische Krücke, die für die wissenschaftliche Einteilung der indogermanischen Sprachen nicht allzuviel zu bedeuten hat. Es ließen sich nämlich keine weiteren sprachlichen Erscheinungen ermitteln, deren Isoglossen sich mit jener der Kentum/Satem-Linie deckten. Im Gegenteil, diese Einteilung wird durch zahlreiche, sehr wichtige Unterschiede durchkreuzt. Heute spricht man, der historisch-geographischen Verbreitung der Einzelsprachen gemäß, eher von einem östlichen und einem westlichen Zweig des Indogermanischen, die durch die

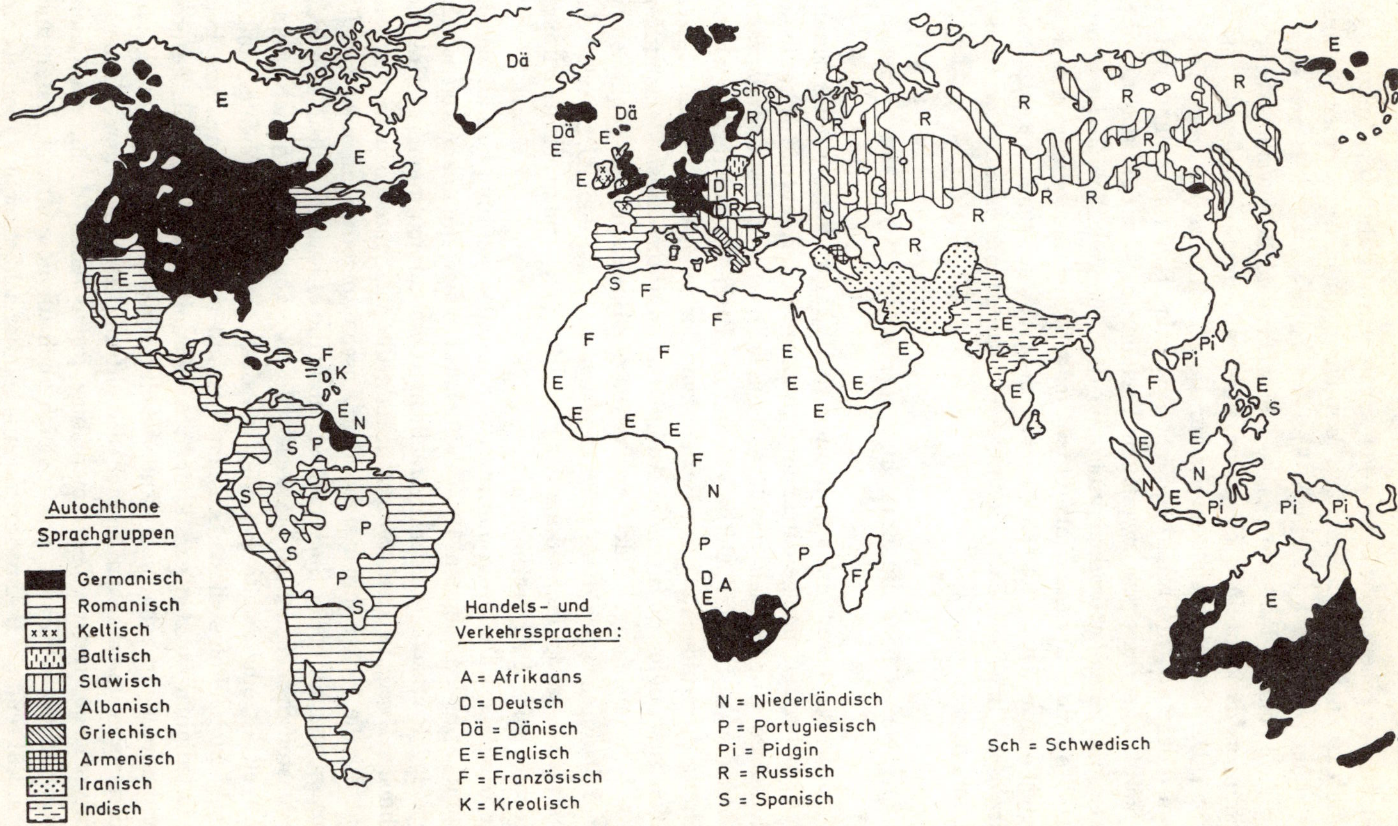

Abb. 1. Verbreitung der indogermanischen Sprachen

einzelnen Isoglossen mehr oder weniger genauso willkürlich getrennt waren wie die einzelnen Mundarten bzw. Mundartgruppen irgendeiner Nationalsprache der Gegenwart (vgl. Abb. 4).

Für die konkrete Forschung ist es viel wichtiger, die jeweiligen Wechselbeziehungen der einzelnen Sprachen innerhalb der Sprachfamilie zu bestimmen. Daraus lassen sich bereits auf die gemeinsame Vergangenheit von je zwei (oder auch mehreren) Sprachen wichtige Schlüsse ziehen, andererseits kann man diese (im negativen Verfahren) dank der Klärung ihrer engeren Zusammengehörigkeit innerhalb der größeren Einheit der Sprachfamilie von den übrigen, mit ihnen jedoch nur mittelbar verwandten Sprachen abgrenzen. Auf diese Weise ist es bereits gelungen, die sogenannte indoiranische bzw. die baltisch-slawische Gruppe mit mehr oder weniger Sicherheit festzulegen.

I.2.2. Theorien über die Entstehung der indogermanischen Sprachen

Es wurde also bereits im angehenden 19. Jh. klar, daß die indogermanischen Sprachen auf eine gemeinsame Grundlage zurückgehen. Im Laufe des Jahrhunderts wurde auch die Frage geklärt, w i e diese Grundsprache beschaffen war. Die Linguistik gewann die Einsicht, daß für die weitere Forschung die Aufdeckung der Beziehungen der indogermanischen Einzelsprachen zueinander die primäre Aufgabe ist, um aus diesen Beziehungen auch auf die ehemaligen Nachbarschaften der Einzelsprachen schließen zu können. Dadurch ist es dann möglich, auch die Lage der „Urheimat" der Indogermanen sowie die Stellung der einzelnen indogermanischen Gruppen in dieser Urheimat zu bestimmen.

Der bereits erwähnten romantischen Sprachbetrachtung gemäß wurde die Sprache im angehenden 19. Jh. noch für einen Organismus gehalten, ähnlich den Pflanzen. (Dieser Betrachtung entstammen auch Termini wie sprachlicher *Zweig*, *Wurzel*, *Stamm* u. dgl., die wir heute noch verwenden, obwohl wir die hinter ihnen stehenden Anschauungen nicht mehr teilen.) Man nahm an, daß in der Sprachentwicklung die älteste Entfaltungsperiode den reichsten Sprachzustand aufweise, dem — ähnlich wie in der organischen Welt — eine zweite Periode, die des sprachlichen Verfalls, folge. Eine schädliche Folge dieser Ansicht bestand darin, daß man eine jede Sprache lediglich für den geradlinigen Abkömmling einer ehemals gesprochenen anderen Sprache hielt. Andererseits versuchte man, ebenfalls auf Grund jener romantischen Sprachbetrachtung, zwischen den einzelnen Sprachtypen qualitative Zusammenhänge festzustellen, d. h., man hielt den verwickeltsten Sprachtypus zugleich auch für den entwickeltsten und ältesten, während die in ihrer Struktur scheinbar schlichteren Typen als die verfallenen Weiterentwicklungen jener Sprachen mit kompliziertem Bau gedeutet wurden. Genauso verfehlt ist freilich die von einigen Strukturalisten vertretene, der vorigen diametral entgegengesetzte Meinung, der Weg der Sprachentwicklung führe zwangsweise vom Komplizierten zum Einfacheren.

Das Leben der Sprache, d. h. die Entwicklung der Einzelsprachen, ist ein viel komplizierterer Prozeß, worin den vielfältigen Auswirkungen der sprachlichen Integrierung und Differenzierung eine entscheidende Bedeutung zukommt, um von sonstigen sprachlichen Modifikatoren ganz zu schweigen. Es sind uns Sprachen bekannt, die im Laufe ihrer Entwicklung „einfacher" geworden sind, aber auch Sprachen, deren Struktur „komplizierter" wurde, ohne daß man berechtigt wäre, von einer Mehr- oder Minderwertigkeit dieser Sprachen zu sprechen.

„Einfachheit" ist übrigens ein sehr gefährlicher Begriff, sobald er auf den Sprachbau bezogen wird. Die Tatsachen lehren uns, daß sich jede Sprache, indem sie die eine oder die andere „Ebene" — sei es ihre Phonologie, Morphologie, Syntax usw. — dem Schein nach vereinfacht, z. B. die Morphologie so weitgehend abbaut wie das Englische, durch die „Komplizierung" anderer Ebenen, gegebenenfalls der Syntax und der Lexik, schadlos zu halten weiß. Jede Sprache m u ß die grammatischen Beziehungen ausdrücken, um überhaupt als Kommunikationsmittel fungieren zu können. Ob nun dabei das Hauptgewicht auf morphologischer, syntaktischer oder einer anderen Ebene liegt bzw. auf verschiedenen Kombinationen solcher Teilbereiche, ist theoretisch irrelevant, um so wichtiger aber für die empirische Forschung. Der Begriff „Einfachheit" hat daher in linguistischer Hinsicht einen äußerst relativen Wert, wobei sich das „grammatische Hauptgewicht" im Ablauf der Geschichte einer Sprache mehrfach verlagern kann. Ja vielfach kann man verfolgen, wie sich dabei ein und dieselbe grammatische „Technik", jeweils auf einer höheren Ebene, wiederholt; so kann z. B. die Agglutination als erschließbare Vorstufe der Flexion in vielen indogermanischen Sprachen diese Flexion später wieder zurückdrängen. Die Frage danach, ob sich die Sprachen „vom Komplizierten zum Einfachen" oder aber umgekehrt, „vom Einfachen zum Komplizierten" entwickeln, ist irrelevant: die erkenntnistheoretisch zu erschließende Entwicklung der Sprachträger bedingt eben nur soviel, daß sich ihre Sprache als Kommunikationsmittel ständig adäquater mache. Der Prozeß der Sprachentwicklung läßt sich also nur als ein dialektischer Prozeß verstehen, wobei alles für die Richtigkeit jenes Postulats spricht, das von Georg von der Gabelentz als S p i r a l l a u f d e r S p r a c h g e s c h i c h t e aufgestellt, in der Germanistik bis jetzt aber, so viel zu sehen ist, nur noch von Hugo Moser gewürdigt wurde.

Noch von der oben umrissenen Betrachtung geleitet, stellte AUGUST SCHLEICHER zu Beginn des vorigen Jh.s seine Stammbaumtheorie der Sprachentwicklung auf, indem er behauptete, die indogermanischen Einzelsprachen seien direkte Nachkommen voneinander und gingen ausnahmslos auf eine einheitliche, gemeinsame Grundlage zurück (Abb. 2).

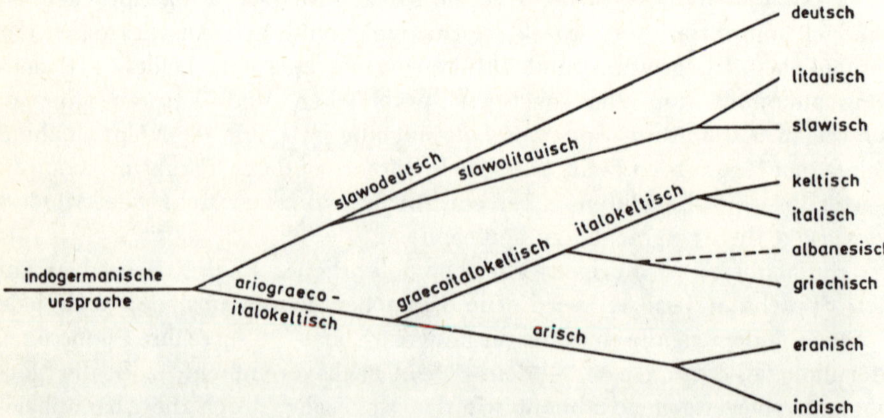

Abb. 2. AUGUST SCHLEICHERS „Stammbaum" der indogermanischen Sprachen

Manche Sprachforscher bestanden auf dieser Annahme auch noch um die Jahrhundertwende, ja sie versuchten sogar, weiterzugehen und die verschiedensten Sprachfamilien der Erde auf eine vorauszusetzende ältere gemeinsame Ausgangsbasis zurückzuführen (*Monogenese*).

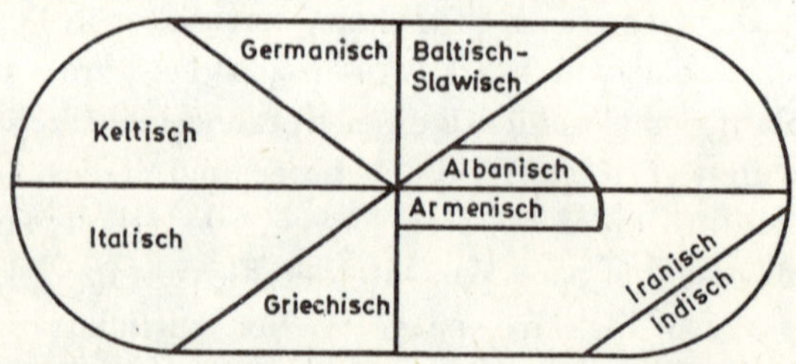

Abb. 3. Die relative Gliederung der indogermanischen Sprachen („Wellentheorie"; nach JOHANNES SCHMIDT und ANTOINE MEILLET)

Demgegenüber hat JOHANNES SCHMIDT 1872 seine auf dynamischer Basis fußende Wellentheorie veröffentlicht, die eine direkte Verbindung von Sprachzuständen widerlegte (Abb. 3). Nach JOHANNES SCHMIDT entstehen und verändern sich die Sprachen wie etwa die um einen ins Wasser geworfenen Stein in konzentrischen Kreisen entstehenden Wellen. Die „Lücken" zwischen den indogermanischen Einzelsprachen erklärte er damit, daß die ursprüngliche Lage durch Abwanderung und nicht zuletzt durch den Schwund mancher, schriftlich gar nicht festgehaltener Sprachen im Laufe von Jahrhunderten und Jahrtausenden wesentlich entstellt wurde.

Johannes Schmidts Wellentheorie hat, obschon in abgewandelt-modernisierter Form, August Schleichers starre, die Tatsachen der Wirklichkeit außer acht lassende Hypothese fast restlos verdrängt. Eine besonders wichtige Stütze für die Wellentheorie hat indessen die neue Methodik der Mundartforschung, die Sprachgeographie, hervorgebracht, die dank der Untersuchung von Dialekten und Nationalsprachen imstande war, manche Momente der Sprachentwicklung bzw. der Sprachwandlungen aufzuhellen (Abb. 4). Die Theorie der Isoglossen stimmt in allen wesent-

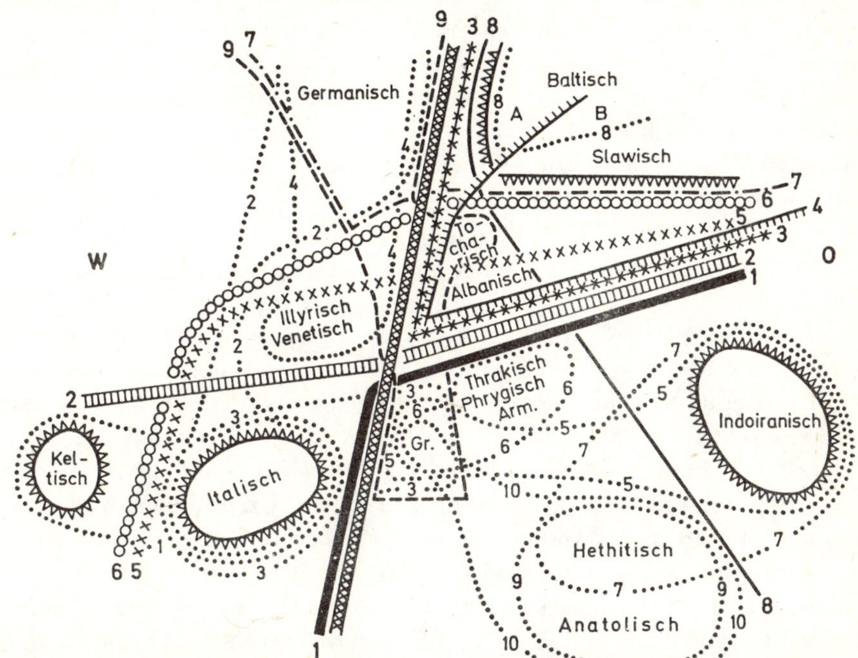

xxxxx Grenze zwischen der West- und der Ostgruppe

Gemeinsame Neuerungen (jeweils einschließlich): 1 ▬▬ Keltisch - Italisch - Venetisch - Illyrisch - Germanisch - Baltisch A, B - Slawisch - Tocharisch - Albanisch; 2 ııııı Germanisch - Venetisch - Illyrisch - Baltisch A, B - Slawisch - Tocharisch - Albanisch; 3 ✳✳✳ Baltisch A, B - Slawisch - Tocharisch - Albanisch; 4 ıııııı Baltisch B - Slawisch - Tocharisch - Albanisch; 5 xxxx Keltisch - Germanisch - Tocharisch - Baltisch A, B - Slawisch; 6 oooo Keltisch - Germanisch - Baltisch A, B - Slawisch; 7 —·— Germanisch - Baltisch A, B - Slawisch; 8 —— Baltisch A, B - Slawisch - Indoiranisch; 9 --- Germanisch - Tocharisch - Griechisch; ΔΔΔΔ Archaismen in Saumlage

...... Kleinere Gruppen innerhalb größerer Einheiten: 1 Keltisch - Italisch; 2 Germanisch - Italisch; 3 Griechisch - Italisch; 4 Germanisch - Venetisch - Illyrisch; 5 Griechisch - Indoiranisch; 6 Griechisch - Thrakisch - Phrygisch - Armenisch; 7 Hethitisch - Indoiranisch; 8 Baltisch A - Baltisch B; 9 Hethitisch - Anatolisch

Abb. 4. Sprachgeographische Gliederung des Indogermanischen

lichen Punkten mit JOHANNES SCHMIDTS Wellentheorie überein. Es kann nunmehr als eine Tatsache gelten, daß die von der Wellentheorie angenommenen geographisch-territorialen Beziehungen viel wichtiger sind als die direkte Ableitung oder die künstliche Zuordnung zu der Kentum- oder der Satemgruppe. Um ein Beispiel zu nennen: Gemäß der Kentum/Satem-Linie gehören die germanischen Sprachen und das Griechische zu den Kentumsprachen, die slawischen und die baltischen Sprachen hingegen zu der Satemgruppe. Trotzdem stehen die germanischen Sprachen in ihrer Struktur sowie in ihrem Wortschatz den slawischen und den baltischen Sprachen viel näher als dem Griechischen. Die Endung des Dat. Pl. ist z. B. in den germanischen, baltischen und slawischen Sprachen *-m* gegenüber *-b* (*-bh*) in allen übrigen indogermanischen Sprachen, vgl. got. *wulfam* ~ asl. *vъlkomъ* ~ lit. *vil̃kamus* 'den Wölfen' gegenüber lat. *hostibus* 'den Feinden'. Wie Abb. 4 zeigt, gehört dagegen das Griechische trotz seiner *Kentum*-Isoglosse im Grunde genommen — so verblüffend dies auch erscheinen mag — nicht zum Westen, sondern zu der Ostgruppe der indogermanischen Sprachen!

I.2.3. Die Frage nach der indogermanischen Urheimat

Im Sinne der Stammbaumtheorie galt das Altindische eine lange Periode hindurch als die gemeinsame Urform aller indogermanischen Sprachen. FRIEDRICH SCHLEGEL bezeichnete 1808 Indien als die Urheimat aller indogermanischen Völker und Sprachen. Der Gedanke wurde damals um so williger aufgenommen, als er sich mit der biblischen Überlieferung der Urheimat der Menschheit in Asien zu decken schien. Ursprünglich hatte auch ADALBERT KUHN nichts anderes als eine wissenschaftliche Untermauerung dieser Annahme vor, als er 1845 die Methode der l i n g u i s t i s c h e n P a l ä o n t o l o g i e ausarbeitete — der Begriff selbst wurde allerdings erst später, von ADOLPHE PICTET, geprägt. Im wesentlichen beruht diese Methode auf der Hypothese, daß die gemeinsamen Kulturwörter der indogermanischen Einzelsprachen ein gemeinsames Erbe bilden, d. h., sie müssen bereits in der Grundsprache vorhanden gewesen sein. Eine Abart dieser Methode, die dann vor allem in der Erforschung der finnisch-ugrischen bzw. uralischen Sprachen zum höchsten Ansehen kam, ist die B i o g e o g r a p h i e. Man geht von der Annahme aus, daß sich die Grenzen der Urheimat auf Grund der historischen Ortung der gemeinsamen Kulturwörter abstecken lassen. In erster Linie werden dabei verständlicherweise die Tier- und Pflanzennamen untersucht. Trotz ihres zweifellos sehr hohen Wertes hat diese Methode zwei große Schwierigkeiten. Ursprünglich gleiche Wörter können während der Sonderentwicklung semantisch so weit auseinandergehen, daß sich ihre primäre Bedeutung nicht mehr mit Sicherheit bestimmen läßt. Lat. *quercus* bedeutet z. B. 'Eiche', das damit genetisch verwandte ahd. *voraha* ~ ags. *forh* dagegen 'Föhre' (engl. *fir*). Andererseits muß man, wie dies von der Sprachgeographie unbestreitbar nachgewiesen wurde, ständig auch der Verdrängung bzw. „Wanderung" der Wörter von einer Sprache zu der anderen Rechnung tragen, wodurch die Feststellung unmittelbarer genetischer Parallelen ebenfalls vereitelt wird. ADALBERT KUHN arbeitete noch mit streng linguistischen Mitteln. Einer seiner Nachfolger, VICTOR HEHN, der die Methode 1870 zu einer linguistisch-historischen, komplexen Methode erweiterte, zog bereits auch die Ergebnisse anderer Disziplinen heran, bzw. er stellte diese den Resultaten der Sprachgeschichte gegenüber. Dieser Methode kommt (dank ihrer praktischen Brauchbarkeit) heute noch eine große Bedeutung zu, obwohl die These von der Urheimat der Indogermanen in Asien schon vor langem aufgegeben wurde.

Seit der Mitte des vorigen Jahrhunderts griff die Theorie einer europäischen Urheimat der Indogermanen immer mehr um sich. Die Argumente wurden von der komplexen Methode geliefert. Obgleich die Archäologie noch mit vielen ungelösten Problemen zu ringen hat, scheint schon jetzt sicher zu sein, daß die Völker der mitteleuropäischen Schnurkeramik sowie die der davon südlich gelagerten Bandkeramik die Vorfahren der indogermanischen Völker der Gegenwart waren, ferner daß sich die einzelnen indogermanischen Sprachgruppen bzw. Völker gerade infolge der Wanderungen und Vermischungen der Schnur- und Bandkeramiker herausgebildet hatten. Die komplexe Methode wurde später auch mit der Anthropologie ergänzt, und obwohl auch die Ergebnisse der Anthropologie erhärtet hatten, daß die Vorfahren der indogermanischen Völker — wie ihre Nachkommen auch — aus verschiedenen Menschenrassen zusammengesetzt waren (und sind), haben einige linguistische Vertreter der Rassentheorie in den 30er Jahren versucht nachzuweisen, daß das indogermanische „Urvolk" samt und sonders mit der nordischen Rasse identisch war. Und da die nordische Rasse am dichtesten in Skandinavien vertreten ist, wollte man nicht nur die germanische, sondern die indogermanische Urheimat schlechthin nach Skandinavien verlegen. Wie noch deutlich werden wird, entbehrt diese Spekulation jeglicher wissenschaftlichen Basis. Soweit wir auch in die Geschichte der indogermanischen Völker zurückgehen, wir finden keine Beweise für die geschlossene anthropologische Einheit der Völker mit indogermanischen Sprachen. Die Neger in den USA sprechen Englisch, obschon sie „rassisch" keineswegs nordisch sind, während die vorwiegend nordischen Finnen und Esten sprachlich dem Finnisch-Ugrischen angehören. Es besteht kein Grund anzunehmen, solche Überschneidungen seien erst in jüngster Zeit möglich.

Die Einsichten der komplexen Methode der Forschung lassen sich dahin interpretieren, daß die Urheimat der Gemeinschaften, die Träger der indogermanischen Grundsprache waren, in Europa zu suchen sei. Einige Forscher wollten diese Urheimat auf Mitteleuropa, andere dagegen auf Ost- oder Südosteuropa beschränken (Otto Schrader, Alfons Nehring, Vladimir I. Georgiev). All diese Einschränkungen gehen darauf zurück, daß diese Gelehrten — bewußt oder unbewußt — Otto Schraders Ansicht folgen, wonach die indogermanische Gemeinschaft zu einem gewissen Zeitpunkt auf einmal zerfallen sein muß. Diese Auffassung ist zweifelsohne starr und theoretisch.

Es ist viel wahrscheinlicher, daß einzelne indogermanische Gruppen nicht gleichzeitig, sondern zu verschiedenen Zeiten und in verschiedenen Wellen sich von ihren Nachbarn loslösten und auseinanderwanderten. Noch mehr, es ist auch äußerst wahrscheinlich, daß ein mit mehr oder weniger Sicherheit zu erschließender einheitlicher Sprachzustand bereits auf der Stufe der indogermanischen Grundsprache nur noch hypothetisch war. Innerhalb der Grundsprache ist genauso mit dem Vorhandensein zahlreicher Mundarten zu rechnen wie bei den Sprachen der Gegenwart. In Anbetracht der für die Hirtengesellschaften so charakteristischen ununterbrochenen Bewegung scheint es gesichert, daß sich diese Mundarten — gemäß der wirtschaftlich-sozialen Entwicklung ihrer Träger — mit den verwandten Mundarten ständig integrierten bzw. sich von diesen immer wieder auch differenzierten. Ihre Wechselbeziehungen waren daher durchaus nicht linear. Die Erforschung einzelner indogermanischer Sprachgruppen läßt auch die Vermutung als zutreffend erscheinen, daß es nicht selten sogar zur Angleichung nicht-indogermanischer Stämme und Sprachen kam. Diese Einsicht ist bei der Untersuchung der germanischen Sprachen besonders scharf ins Auge zu fassen.

Der Italiener Graziadio Isaia Ascoli hat in diesem Zusammenhang die Theorie des sprachlichen S u b s t r a t s ausgearbeitet. Laut dieser Theorie gewinnt bei der Verschmelzung zweier Völker mit verschiedenen Sprachen die Sprache des politisch stärkeren Volkes die Oberhand, sie wird auch von den Besiegten übernommen, wobei sich jedoch auch die Sprache der Sieger verändert: das Substrat — die sprachliche Grundschicht — der Besiegten kommt vor allen Dingen im Lautstand und im Wortschatz zur Geltung. Hand in Hand damit ändert sich zumeist auch das grammatische System im engeren Sinne. Diese Auffassung des Substrats hat sich zwar als zu einseitig erwiesen: sie stimmt bei der Entstehung der romanischen Sprachen, aber es gibt auch Gegenbeispiele. (Das Bulgarische z. B., das trotz des politischen Übergewichts einer türksprachigen Oberschicht in der Zeit der Völkerwanderung slawisch geblieben ist, u. dgl.) Man kann ja nicht nur von einem *Substrat*, sondern auch einem *Superstrat* (Überschichtung), vom *Adstrat* (d. h. vom Hinzutritt fremdsprachlicher Elemente) bzw. von sprachlichen *Infiltrationen* (Einsickerungen) verschiedenen Grades und verschiedener Stärke sprechen. Die Geschichte der indogermanischen Völker legt nahe, diesen Möglichkeiten — zumindest potentiell — auch bei der Erforschung der Geschichte der indogermanischen Sprachen Rechnung zu tragen.

Die sprachgeographische Untersuchung der indogermanischen Einzelsprachen hat es inzwischen ermöglicht, einzelne Gruppen relativ gut und befriedigend zu orten. Im alteuropäischen Kreis (der Begriff stammt von Hans Krahe) sind Keltisch, Italisch, Germanisch und Illyrisch in einer höheren Einheit zusammengefaßt. Eine parallele Einheit ergibt sich im Osten, die aus Indoiranisch, Baltisch, Slawisch und Griechisch besteht, aber sich in vieler Hinsicht auch auf Armenisch, Thrakisch und Phrygisch — ja, letzten Endes auch auf Hethitisch, Tocharisch und Albanisch erstreckt. Ganz scharfe Grenzen lassen sich aber zwischen dem indogermanischen Westen und Osten nicht ziehen. Am augenfälligsten wird das durch die Wechselbeziehungen von Germanisch, Baltisch und Slawisch bewiesen, wozu sich auch das Tocharische gesellt; ein Umstand, der darauf schließen läßt, daß die Tocharer erst nach einem langen Wanderweg nach Ostturkestan — in ihre letzte Heimat — gekommen sein können.

Das sprachliche Material weist aus, daß Germanisch und Illyrisch im westlichen Kreis zu der Ostgruppe unmittelbare Beziehungen hatten, während von den Sprachen der Ostgruppe Baltisch, Slawisch, Tocharisch und Thrakisch an der Nahtstelle mit dem Westen entstanden. Von den Einflüssen der anderen Gruppe frei erscheinen Keltisch und Italisch im Westen bzw. das Indoiranische im Osten.

Angesichts des Gesagten läßt sich festhalten, daß die Völker, die die mundartlich gegliederte indogermanische Grundsprache sprachen, in der Zeit ihrer relativen Einheit einen breiten, in Nordwest-Südost-Richtung verlaufenden Streifen des europäischen Kontinents besiedelten. Die Westgrenze dieses weiten Gebiets lag an der Nordsee, während seine Ostgrenze vermutlich der Kaukasus, die Nordgrenze die Ostsee bzw. die nordosteuropäische Waldzone bildeten. Im Südosten darf in jener Zeit — im 3.—2. Jahrtausend v. u. Z. — der Raum der Balkanhalbinsel als indogermanisch gelten, während der indogermanische Sprachraum im westlichen Südeuropa das Küstengebiet des Mittelmeers kaum hat erreichen können. Die Grenzen dieses Riesenbereichs waren aber keineswegs stabil, wie sich auch die Lage der einzelnen Gruppen innerhalb der Indogermania immer wieder verschob und veränderte (Abb. 5).

Über die chronologische Bestimmung der indogermanischen Grundsprache gehen die Meinungen heute noch stark auseinander. Soviel ist gesichert, daß das Hethitische, das Griechische und die indoiranische Gruppe bereits vollkommen selbständig waren. Damit gewinnt zugleich die

Abb. 5. Mutmaßliche Urheimat der indogermanischen Sprachen im Westen (nach ERNST SCHWARZ)

Annahme sehr an Wahrscheinlichkeit, der eigentliche „Zerfall" der indogermanischen Grundsprache habe schon mehrere Jahrtausende vor dem Ausgang des Neolithikums seinen Anfang genommen.

I.2.4. Die Ostgruppe der indogermanischen Sprachen

Indoiranische Gruppe. Die Gruppe wird auch Indoarisch bzw. auch nur Arisch genannt. Dieser letzte Name ist in den ai. Vedischen Hymnen als *ārya* (im airan. Awesta als *airya*) belegt und bezeichnete die indogermanischen Eroberer im Gegensatz zu den geknechteten Ureinwohnern Südasiens. Das Wort selbst lebt heute im Landesnamen *Iran* fort. Es sei zugleich angemerkt, daß sich die Bezeichnung *arisch* ausschließlich auf die Sprache und das Volk, das sie sprach, bezieht und mit der anthropologischen Zusammensetzung des betreffenden Volkes nichts zu tun hat.

Der indische Zweig der Gruppe umfaßt alle arischen Sprachen Vorderindiens. Die ältesten datierbaren Texte sind die Inschriften des Königs AÇOKA von der Mitte des 3. Jh.s v. u. Z., die aus verschiedenen Teilen Indiens stammen. Die älteste uns bekannte indische Sprachform ist aber die aus einem reichen religiösen Schrifttum bekannte Sprache der Veden. (Ai. *veda* bedeutet 'Wissen' und ist mit got. *witan* ~ engl. *wit* ~ dt. *wissen* bzw. mit lat. *videre* 'sehen' verwandt.) Vedisch ist u. a. die Sprache des *Rigveda* (*rig* 'Vers, Dichtung'), der ältesten religiösen Hymnensammlung, deren Grundschicht um 1500 v. u. Z. entstanden sein mag. Dies ist zugleich das älteste indogermanische Denkmal der schöngeistigen Literatur. Zu dieser Zeit siedelten die Inder in den Niederungen des Indus und im Pandschab. Um 500 v. u. Z. drangen sie in östlicher Richtung zum Ganges vor. Im Gangestal entwickelte sich aus einer mit dem Vedischen verwandten Variante der Volkssprache eine neue Schriftsprache, das Sanskrit. Die Grammatik des Sanskrits wurde im 4. Jh. v. u. Z. von Pāṇini zusammengestellt: sie weist besonders in der Analyse der Laute derartige Feinheiten auf, wie sie sonst erst mit den besten modernen Instrumenten möglich wurden. Pāṇinis Werk überragt in seinem wissenschaftlichen Niveau alle griechischen und lateinischen Grammatiken der Antike, welche doch die Grundlage der neuzeitlichen europäischen Sprachwissenschaft geschaffen haben. Ebenfalls im Sanskrit verfaßt sind die beiden großen Heldenepen der Inder — die *Mahābhārata* und die *Rāmāyana* — sowie die Dramen von Kalidāsa und die weltberühmte Märchensammlung *Pançatantra*.

Die oben erwähnten Inschriften des Königs Açoka zeigen bereits den mittelindischen Zustand. Ihre Sprache ist das Prākrit, d. h. die 'Sprache des Volkes' (eigtl. 'die natürliche Sprache' < skr. *prakṛti* 'Natur' im Gegensatz zum *Sanskrit* < skr. *sāskṛtam* 'zurechtgemacht'), die sich durch einen großen Reichtum an Mundarten auszeichnet. Der wichtigste Dialekt des Prākrits war das Pāli, die Sprache der heiligen Bücher des Buddhismus.

Die im 12. Jh. u. Z. einsetzende Hindi-Literatur trägt bereits neuindischen Charakter. Die neuindischen Sprachen der Gegenwart bestehen aus Hunderten von Dialekten. Ihre Hauptgruppen sind im Nordwesten, im Osten und im Zentrum Indiens entstanden. Im Nordwesten, am unteren Indus herrscht das Sindhi, im Osten das Bengali, in den Zentralstaaten Indiens das Hindi und in Westpakistan das Urdu. Hindi und Urdu sind — in linguistischer Hinsicht — eigentlich *eine* Sprache, mit dem Unterschied, daß das Hindi mit indischen, das Urdu mit arabischen Buchstaben geschrieben wird. Das Urdu besitzt übrigens — infolge des Islams — eine große Anzahl arabischer und persischer Entlehnungen. Die zusammenfassende Bezeichnung von Hindi und Urdu ist (nach ihrer geographischen Verbreitung) Hindustani. Zu den neuindischen Sprachen gehört auch das Romāni, die Sprache der Zigeuner, die aus Nordwestindien spätestens um 1000 u. Z. abwanderten.

Der iranische Zweig zerfällt in eine West- und eine Ostgruppe. Zur Ostgruppe gehörte die Sprache des *Awesta* (Awestisch oder *Altbaktrisch*), d. h. der heiligen Schrift der Anhänger des Zarathustra, die auf die Zeit um 1000 v. u. Z. datiert wird und nur noch in Bruchstücken erhalten ist. Manche Iranisten bezeichnen das Afghanische als Fortsetzung des Awestischen.

Die älteste bekannte Sprachform der Westgruppe ist das Altpersische, eine einst mächtige Staatssprache, deren Denkmäler die in Keilschrift verewigten Inschriften von Darius I. bis Artaxerxes (ungefähr 522—338 v. u. Z.) sind. Das Altpersische fand im Mittelpersischen (Pehlewi: die offizielle Sprache der Sassaniden) seine Fortsetzung.

Die heute gesprochenen neuiranischen Sprachen sind vor allem das Neupersische (seit dem 10. Jh. u. Z.), das Balutschi an der Grenze Pakistans und des Iran, das Kurdische in Anatolien bzw. im Irak, in Iran und der UdSSR, das Ossetische in Kaukasien, das Tadschikische in Tadschikistan (UdSSR), die Pamir-Sprachen usw. Hierherzuzählen sind noch manche ausgestorbene iranische Sprachen wie Skythisch, Alanisch, die Sprache der Jaßen in der ungarischen Tiefebene usw.

Eine Sondergruppe der indogermanischen Sprachfamilie bildet das Armenische, dessen Herkunft noch immer nicht restlos geklärt ist. Herodot hielt die Armenier für Verwandte der Phrygier, die aus dem Westen in ihre heutigen Sitze in Transkaukasien abwanderten. Die älteste schriftlich belegte Form des Armenischen ist das Altarmenische (*Grabar*), das schon im 5. Jh. u. Z. mit einer reichen Literatur vertreten war und als (tote) Sprache der Kultur erst im 19. Jh. vom Neuarmenischen (*Aschcharabar*) abgelöst wurde. Heute bestehen zwei armenische Schriftsprachen (*Ostarmenisch* im Kaukasus und *Westarmenisch* in der Diaspora), die jedoch eine kommunikative Einheit bilden.

Manche Sprachmerkmale stellen auch das Albanische zu der Ostgruppe des Indogermanischen. Viele Forscher sehen darin die Fortsetzung des Illyrischen oder des Thrakischen. Seine ältesten Schriftdenkmäler stammen aus dem 15. Jh. u. Z. Es zerfällt in zwei Hauptdialekte, die auch in der Schriftlichkeit nebeneinander gebraucht werden: im Norden spricht man *Gegisch*, im Süden *Toskisch*, welch letzteres seit 1950 auch als Amtssprache immer mehr in den Vordergrund rückt. Alte albanische Siedlungen bestehen auch außerhalb Albaniens, vor allem in Griechenland, Jugoslawien und in Süditalien. In seiner Struktur gehört das Albanische zu den sog. Balkansprachen (Bulgarisch, Rumänisch usw.); sein Wortschatz ist stark gemischt und enthält besonders viele Entlehnungen aus dem Lateinischen (bzw. Italienischen), dem Slawischen, dem Griechischen und dem Türkischen.

Die baltischen Sprachen haben einen besonders archaischen Sprachbau bewahrt, daher ist ihre Erforschung für die vergleichende Sprachwissenschaft außerordentlich wichtig. Der Name kommt schon bei dem römischen Historiker Plinius dem Älteren vor. Zu dieser Gruppe gehörte zunächst das im 17. Jh. erloschene Altpreußische zwischen der unteren Weichsel und der Memel an der Ostsee. Seine spärlichen

Schriftdenkmäler stammen aus dem 14.—16. Jh. Im Gegensatz zu diesem verklungenen Westbaltisch sind die ostbaltischen Sprachen heute noch im Gebrauch. Das Litauische ist seit dem 16. Jh. auch schriftlich belegt. Seine starke dialektale Gliederung war im wesentlichen bereits im 16. Jh. vorhanden. Ungefähr gleichzeitig mit dem Litauischen ist auch das Lettische zur Schriftsprache geworden. Heute sind sie Staatssprachen in Litauen bzw. in Lettland in der UdSSR, aber früher war ihr Verbreitungsgebiet viel größer. Auf Grund ihres sehr konservativen Charakters wird angenommen, daß ihre Träger in ihrem gegenwärtigen Bereich ureingesessen sind.

Eine der bedeutendsten Gruppen des östlichen Zweiges der indogermanischen Sprachfamilie bilden die slawischen Sprachen, deren älteste Schriftdenkmäler in das 9. Jh. u. Z. zurückreichen. Die slawische Einheit gliedert sich, gemäß ihrer geographischen Verteilung, in eine Süd-, Ost- und Westgruppe.

Zu der Südgruppe gehören Bulgarisch, Makedonisch, Serbokroatisch und Slowenisch. In altbulgarischer Sprache entstanden die Evangelienübersetzungen der Slawenapostel Kyrill und Method im 9. Jh. Ihre Sprache, das sog. Altkirchenslawische (auch *Altslawisch* oder *Altbulgarisch* genannt) ist, freilich mit einzelnen Abänderungen bei den einzelnen slawischen Völkern, die Sprache der Liturgie der Ostkirche. Serbokroatische und slowenische Schriftdenkmäler setzen erst im 15. Jh. ein. Serbokroatisch bildet eine ähnlich bedingte Einheit wie das Hindustani: Kroatisch wird mit lateinischen Buchstaben geschrieben und hat viele Entlehnungen aus dem Lateinischen, dem Deutschen usw., die dem in kyrillischer Schrift festgehaltenen Serbischen fremd sind.

Die bedeutendste ostslawische Sprache ist Russisch (auch *Großrussisch*), dessen zwei große Dialekte (Nord- bzw. Südrussisch) in der Russischen SFSR und im größten Teil Sibiriens als Muttersprache, in der ganzen Sowjetunion als Staatssprache gesprochen werden. Die russische Schriftsprache ist aus dem Moskauer Dialekt entstanden; damit nahe verwandt ist das Weißrussische (auch *Belorussisch*) in der Belorussischen SSR (Hauptstadt Minsk) bzw. das Ukrainische (auch *Kleinrussisch*) in der Ukrainischen SSR (Hauptstadt Kiew) und in einigen Teilen Südrußlands und Sibiriens.

Zum Westslawischen gehören Tschechisch (auch *Böhmisch*, Schrifttum seit dem 10. Jh.) und dessen nächste Verwandte, Slowakisch. Mit ihnen verwandt, immerhin eigenständig ist das Sorbische (auch *Wendisch*) in der DDR. Letzteres zerfällt in zwei Dialekte: *Obersorbisch* um Bautzen bzw. in der Lausitz und *Niedersorbisch* um Cottbus in der Niederlausitz. Erst im 18. Jh. ist die in vereinzelten Schriftdenkmälern auf uns gekommene Sprache der Elbslawen verklungen; das Polabische, das um Hannover gesprochen wurde. Von der zahlreichsten Abteilung der Westslawen wird das Polnische gesprochen, das uns vom 12. Jh. an belegt ist. Eigentlich ein archaischer Dialekt des Polnischen ist das Kaschubische in Nordpolen (im früheren ostpreußischen Bereich, mit vielen niederdeutschen Elementen durchsetzt), dessen älteste Denkmäler aus dem 17. Jh. stammen.

Im südwestlichen Areal der Indogermania stellt das Griechische eine eigenständige, linguistisch gesehen „östliche" Gruppe dar, die mit vielen Sprachmerkmalen sowohl mit dem Italischen bzw. mit dem Tocharischen und dem Germanischen im Westen als auch mit dem Indoiranischen im Osten verbunden erscheint. Wie beim Italischen, ist es auch hier fraglich, ob die Träger der Sprache in ihrer Heimat autochthon oder erst aus dem Norden zugewandert sind. Die ältesten griechischen Inschriften stammen aus dem 7.—5. Jh. v. u. Z., aber es stehen uns auch viel ältere Sprachdenkmäler aus vorgriechischer Zeit zur Verfügung. Heute noch gilt das Altgriechische als die gründlichst erforschte indogermanische Sprache. Seine ältesten und wichtigsten großen, zusammenhängenden Quellen sind die Homerischen Dichtungen ungefähr aus der Zeit um 1000 v. u. Z. Die Hauptdialekte des Altgriechischen waren *Ionisch*, *Dorisch* (die Sprache von Sparta), *Nordwestgriechisch* (in Epirus) und *Attisch*, d. i. die Sprache Athens, die bereits im 5. Jh. v. u. Z. als Schrift- und Verkehrssprache in ganz Griechenland verbreitet war. Um 300 u. Z. entwickelte sich aus dem Attischen die Koiné, d. h. die allgemeine griechische Verkehrssprache, die Grundlage der modernen griechischen Schriftsprache. Die unmittelbare Fortsetzung der Koiné war im 11.—16. Jh. das *Mittelgriechische*, seitdem das *Neugriechische*. Letzteres gliedert sich in eine nördliche und eine südliche Dialektgruppe mit dem Verbreitungsgebiet Griechenland und zum Teil Epirus, Thessalien, Makedonien, Zypern, Kreta und die Inselwelt des östlichen Mittelmeers bzw. das Küstengebiet Kleinasiens und Italiens.

I.2.5. Die Westgruppe der indogermanischen Sprachen

Keltische Gruppe. Zwei Zweige werden unterschieden: *Festlandkeltisch* und *Inselkeltisch*. Der wichtigste Vertreter der Festlandgruppe war das Gallische, das in den letzten Jahrhunderten v. u. Z. auf dem Gebiet des heutigen Frankreichs, Norditaliens, der Schweiz, West- und Süddeutschlands, Böhmens, Nord- und Westungarns, der Slowakei, Österreichs, Sloweniens und Bosniens verbreitet war. Ein Splitter des Gallischen kam nach einer langen Wanderung sogar nach Kleinasien (*Galater*). Einen

Hauptstamm der Gallier bildeten die *Boier* im Bereich der heutigen Tschechei (die Landesbezeichnung *Böhmen*, engl. *Bohemia*, d. i. *Boio-hæmum* 'Heim der Boier', wird mit ihrem Namen verbunden). Der Stamm der *Volcae* (lat., Stamm **volk-*) siedelte nach dem Bericht von IULIUS CAESAR ebenfalls in Mitteldeutschland, in unmittelbarer Nachbarschaft der Germanen, die diesen Stammesnamen (> germ. **walha*) auf sämtliche keltische Stämme, ja später auf alle fremden, hauptsächlich romanischen Völker übertrugen, vgl. ags. *Wēalas* > engl. *Wales*, an. *Valir*, ahd. *Walha* > nhd. *welsch*, auch in *Rotwelsch*, *Kauderwelsch*. Der Name der *Wallonen* geht ebenfalls darauf zurück. Der Name hat durch germanische Vermittlung auch im Slawischen Fuß gefaßt, vgl. asl. *vlachŭ* > ung. *oláh* 'Wallache; Rumäne' sowie ung. *olasz* [olås] 'Italiener'. Gallische Stämme waren auch die *Helvetier* in der heutigen Schweiz (vgl. den lat. Namen *Helvetia* 'Helvetien: Schweiz') und die *Pannonen* in Transdanubien in Ungarn.

Spätestens um 500 v. u. Z. drangen keltische Stämme nach Italien vor, wo sie um 400 v. u. Z. die Po-Ebene besetzten. 390 v. u. Z. hatten sie sogar Rom erobert, wurden aber nach kurzer Zeit wieder zurückgedrängt, und um den Beginn unserer Zeitrechnung befand sich das Keltische in Italien schon stark im Rückzug. (Ein Jahrhundert später setzte die Abwanderung keltischer Stämme im Osten nach Griechenland, Thrakien und Kleinasien bzw. im Westen nach Spanien ein.) 118 v. u. Z. erstreckte sich die Expansion der Römer auch auf Gallien, wo daraufhin die erste römische Provinz, die Gallia Narbonensis, gegründet wurde. Von da an nahm die Romanisierung der Gallier einen raschen Verlauf, so daß das Gallische nach und nach gänzlich erlosch. Die Denkmäler des Gallischen sind hauptsächlich Inschriften auf Münzen, Orts- und Personennamen sowie Glossen in den Schriften griechischer und römischer Verfasser. Keltische Lehnwörter ließen sich aber auch aus den mit den Kelten benachbarten germanischen und sonstigen Sprachen in großer Zahl ermitteln. Ein wohl letzter Bericht über das Gallische sagt aus, daß in der Umgebung von Trier die Landbevölkerung im 4. Jh. u. Z. noch keltisch sprach.

Inselkeltisch. Hierher gehörte Britannisch, dessen Fortsetzung das in der Bretagne in Nordfrankreich gesprochene Bretonische ist. Die Vorfahren der Bretonen flüchteten im 6. Jh. u. Z. vor den Angelsachsen aus Cornwall auf das Festland. Bretonische Glossen sind schon aus dem 8. Jh. bekannt; seit dem 14. Jh. ist die bretonische Literatur kontinuierlich. In Wales in England wird Kymrisch (auch *Walisisch*) gesprochen, dessen Denkmäler auf das 11. Jh. zurückgehen. Laut Statistik gibt es hier immer noch Menschen, die kein Englisch sprechen. Das mit dem Kymrischen nächst verwandte Kornisch in Cornwall schien zuerst in Denkmälern des 13. Jh.s auf, konnte aber das 18. Jh. nicht überdauern.

Die heute gesprochenen keltischen Sprachen gehören also samt und sonders dem Inselkeltischen an. Sie werden zusammenfassend — besonders historisch — auch Gälisch genannt. Der Name bedeutet eigentlich 'Mensch' (ir. *goidel* 'Mann, Mensch' — daher wird der irische Zweig in der Indogermanistik auch Goidelisch genannt) und umfaßt — historisch — das *Irische*, das (Hochland-) *Schottische* und das *Manx* auf der Insel Man im Irischen Meer.

Im 9. Jh. u. Z. waren Irisch (vgl. ir. *Hérin* ~ *Erin* 'Irland') und Schottisch noch eine Sprache, deren älteste Denkmäler, die vermutlich noch im 2. Jh. v. u. Z. entstandenen, in der nach dem heidnischen Gott Ogma *Og(h)am-Schrift* genannten Kerbschrift überlieferten Inschriften aus dem 4.—7. Jh. sind (vgl. Abb. 26). Irisch ist heute die wichtigste keltische Sprache, deren Denkmäler in Glossen seit dem 7. Jh. (Altirisch), nach 1100 bereits auch in zahlreichen Handschriften (*Mittelirisch*) bestehen.

Vom 17. Jh. an spricht man vom *neuirischen* Sprachstand. Das Neuirische zerfällt in zwei Dialektgruppen: die Nordmundarten werden in Ulster und Connaught, die Südmundarten in Munster und Leinster gesprochen. Aus den letzteren hat sich die moderne Schriftsprache der Iren herausgebildet. Irische Siedler haben ihre Muttersprache zum Teil sogar in Übersee, besonders in den Vereinigten Staaten, beibehalten.

Das Hochland-Schottische wird heute auch einfach (also im engeren Sinne) *Gälisch* genannt. Seine Denkmäler setzten erst im 15. Jh. ein. Es wird in verschiedenen Teilen des schottischen Hochlands (*Highland*) und auf den Hebriden gesprochen, wo es vielerorts immer noch die einzige Sprache der Bevölkerung ist, obwohl es vom Englischen immer mehr ins abgelegene Bergland verdrängt wird. Die schottische Literatur ist weniger bedeutend als die irische und beschränkt sich zumeist auf die religiös bestimmte Volksdichtung.

Die Briten und Gälen wanderten noch in vorhistorischer Zeit vom europäischen Festland, aus Gallien und vor allem aus Belgien, auf die Britischen Inseln. Zur Zeit von Iulius Caesar lebten die Briten in Königreichen und pflegten einen sehr regen Handels- und Kulturaustausch mit den verwandten Stämmen auf dem Festland. 55—54 v. u. Z. dehnte Caesar seinen gallischen Feldzug auch auf Britannien aus, besetzte aber nicht das ganze Inselreich, sondern nur das eigentliche England und Südschottland bis zum Firth of Forth bzw. bis zum Firth of Clyde. Die angelsächsische Invasion hat die Briten im 4.—6. Jh. immer mehr nach dem Westen und dem Norden verdrängt.

Der Name der Kelten erscheint bereits in der griechischen Historiographie als *Keltoi* (Pl.); lat. *Gallus* 'Gallier; Kelte' ist eine Entlehnung von kelt.

gallos 'Fremder; Ausländer', das in irischen Personennamen heute noch sehr häufig vorkommt.

Italische Gruppe. Über die Vorgeschichte der italischen Völker ist immer noch ziemlich wenig bekannt. Es harrt noch der Klärung, ob sie in Italien ureingesessen oder erst aus dem Norden zugewandert sind. Am Anfang der bekannten Geschichte Europas waren sie allerdings schon im Süden der Apenninischen Halbinsel ansässig. Sehr früh müssen sie sich in zwei Zweige gespalten haben, deren Sprachdenkmäler neben denen der Hethiter, der Indoarier und der Griechen die ältesten und wichtigsten Zeugnisse der indogermanischen Sprachfamilie sind.

Im größten Teil Italiens wurden anfangs die verschiedenen Mundarten des *Oskisch-Umbrischen* (auch *Samnitisch-Umbrischen*) gesprochen. Zeugnis von ihnen geben zahlreiche Inschriften. Das Umbrische wurde im Norden (Umbrien!) gesprochen, dort aber vom Etruskischen und Gallischen verdrängt und dann vom lebensfähigeren Lateinischen bald endgültig aufgesogen.

Die bedeutendste Schicht der italischen Sprachen war der *latino-faliskische* Zweig (Lateinisch). Das war die Sprache von Latium und Rom. Ihre ältesten Inschriften datieren aus dem 5.—4. Jh. v. u. Z. Von 240 v. u. Z. an gibt es bereits eine kontinuierliche lateinische Literatur. Die beiden Hauptvarianten des Lateinischen bildeten das offizielle Latein Roms, worauf auch die Literatursprache der klassischen Zeit beruhte, und die Volkssprache, das sogenannte Vulgärlatein mit seinen zahlreichen sozialen Sprachvarianten und Schriftdenkmälern. Im Zuge der Expansion des Römischen Reiches wurde das Vulgärlateinische von Soldaten und Kolonisten überall in den eroberten Provinzen verbreitet. Auf diese Weise ist das Vulgärlatein die Quelle der modernen romanischen Sprachen geworden. Die Vielfalt der romanischen Sprachen erklärt sich — nach der herrschenden Ansicht der Romanisten — vor allem daraus, daß die Römer in den besetzten Provinzen Völker mit den verschiedensten Sprachen assimiliert — d. h. romanisiert — hatten, die das Vulgärlatein, ihrer sprachlichen Grundschicht und ihrer eigenen Artikulationsbasis entsprechend, in verschiedenen Richtungen entwickelten. Von romanischen Sprachen darf man übrigens etwa seit 500 u. Z. sprechen.

Die romanischen Sprachen werden, gemäß ihrer geographischen Lage, in zwei Hauptgruppen — in West- und Ostromanisch — geteilt.

Zur *Westgruppe* gehört das Spanische, die am weitesten verbreitete romanische Sprache der Gegenwart. Seine Quellen nehmen um 1100 ihren Anfang. Spanisch wird im Großteil Spaniens und — mit Ausschluß Brasiliens — in ganz Mittel- und Südamerika (Lateinamerika), ja z. T. auch in manchen Südstaaten der USA, ferner auf den Philippinen und einigen weiteren Inseln gesprochen. Die spanische Schriftsprache beruht auf der Mundart Kastiliens (Zentrum: Madrid).

Mit dem Spanischen eng verwandt ist das Portugiesische (auch *Lusitanisch*). Die eigentlich portugiesische Schriftsprache (etwa seit 1200) wird im größten Teil Portugals, auf den Azoren, Madeira, in Brasilien und in einigen Restkolonien gesprochen, daneben besteht eine Abart des Portugiesischen, das Galizische, das in den spanisch-portugiesischen Grenzprovinzen Galizien, Asturien und Leon im Nordwesten der Iberischen Halbinsel einen Übergang zwischen Spanisch und Portugiesisch bildet. Im nordöstlichen Spanien (Katalonien, Valencia, Balearen) und z. T. in Südfrankreich (in Roussillon) herrscht das Katalanische, dessen älteste Denkmäler aus dem 12. Jh. überliefert sind (Zentrum Barcelona). Katalanisch ist die Amtssprache der Republik Andorra in den Pyrenäen. Mit dem Katalanischen verwandt ist das Provenzalische (*langue d'oc* nach *oc* 'ja' gegenüber frz. *oui* 'dass.', die älteste belegte romanische Sprache, deren erste Denkmäler aus dem 12. Jh. stammen. Einst wurde es im größten Teil Südfrankreichs gesprochen, heute beschränkt es sich jedoch im wesentlichen — als regionale Umgangssprache — auf die Provence.

In der neueren Geschichte der europäischen Kultur hat wohl das Französische die größte Rolle gespielt. Seine Streudenkmäler sind uns seit 843 bekannt. Das Verbreitungsgebiet des Französischen ist (Nord-) Frankreich, die (z. T. ehemaligen) französischen Kolonien, ein Teil Kanadas, Südbelgien und die westlichste Schweiz (vgl. Abb. 70). Die französische Schriftsprache ist aus der Mundart der zentralen Provinz Frankreichs (Ile-de-France: die Umgebung von Paris) entstanden. Die Bezeichnung bewahrt den Namen der Franken, der germanischen Eroberer des romanisierten Galliens.

Gewissermaßen einen Übergang zwischen Spanisch und Italienisch bildet das in vieler Hinsicht sehr altertümliche Sardische, die Sprache Sardiniens. Die Grenze zwischen dem West- und Ostromanischen liegt südlich von Rom in Italien. Die norditalienischen Mundarten sind — samt der aus dem toskanischen Dialekt entwickelten Schriftsprache Italiens — noch westromanisch, während die süditalienischen Mundarten bereits östlichen Charakters sind.

Italienisch wird in Italien, auf Korsika, Malta, z. T. in Istrien und diasporisch in einigen Städten der Küstengebiete Dalmatiens, in der südlichen Schweiz (vgl. Abb. 70), auf einigen Inseln des Ionischen Meeres und vereinzelt auch in den ehemaligen Kolonien Italiens (z. B. in Tunesien, Somalien usw.) gesprochen.

Westromanisch ist auch das Rätoromanische (auch *Ladinisch* bzw. *Romansch*) in einem schmalen Gürtel der Alpen, im Norden bzw.

nördlich von Italien. Es besteht aus drei mehr oder weniger selbständigen Dialekten. *Westrätisch* (auch *Graubündnerisch* oder *Romansch*) wird im Schweizer Kanton Graubünden gesprochen und hat seit der Mitte des 16. Jh.s eine bedeutende Literatur (vgl. Abb. 70). *Mittelrätisch* (eigtl. *Ladinisch*) ist die Sprache einiger Striche Südwesttirols, während in Friaul in Norditalien das *Osträtische* (auch *Friaulisch*) verbreitet ist. Diese kleine Sprache ist aus der Verschmelzung des Vulgärlateins mit einem rätischen Substrat hervorgegangen, doch ist die nähere genetische Zuordnung dieses Substrats noch immer eine offene Frage.

Die bedeutendste Sprache des Ostromanischen ist das Rumänische, das vermutlich auf thrakischem Substrat entstanden ist. Das Schriftrumänische geht auf das 16. Jh. zurück, sein Verbreitungsgebiet ist die Sozialistische Republik Rumänien. Die andere — mit kyrillischer Schrift geschriebene — schriftsprachliche Variante des Rumänischen ist das Moldauische in der Moldauischen SSR in der Sowjetunion. Beide Varianten zeichnen sich durch einen sehr hohen Prozentsatz slawischer Elemente auf allen Sprachebenen aus.

Außer diesen auch heute noch gesprochenen Sprachen befaßt sich die Forschung mit einer Reihe schriftlich belegter ausgestorbener indogermanischer Sprachen. An erster Stelle sei dabei das Hethitische der Keilinschriften erwähnt, das im einst mächtigen Hethiterreich in Anatolien (Kleinasien) gesprochen wurde. Seine Denkmäler stammen aus dem 2. Jahrtausend v. u. Z. Über die Zugehörigkeit des Hethitischen zum Indogermanischen wurden viele Diskussionen geführt, denn morphematisch ist die Sprache zwar indogermanisch, aber ihr Wortschatz ist weitgehend überfremdet. Von einigen Forschern wurde sogar angenommen, Hethitisch sei eine Schwestersprache der indogermanischen Grundsprache; so wurde auch der Begriff Indohethitisch geprägt (Edgar H. Sturtevant). Die Diskussion darf jedoch nach der Deutung der sogenannten Inschriften von Boghazköi (Anatolien) durch den tschechischen Gelehrten Friedrich [= Bedrich] Hrozný (1915/16) zugunsten des Indogermanischen als abgeschlossen gelten.

Im angehenden 20. Jh. wurden in Ostturkestan (China) die Denkmäler einer weiteren, ebenfalls verklungenen indogermanischen Sprache, des Tocharischen, entdeckt. Es handelt sich eigentlich um zwei, miteinander eng verwandte Sprachen, die arbeitshypothetisch als *Tocharisch A* und *Tocharisch B* bezeichnet werden, da ihre Selbstbenennungen noch nicht bekannt sind. Die Denkmäler des Tocharischen stammen aus dem 6.—7. Jh. u. Z.

Im Altertum wurden außerdem noch zahlreiche indogermanische Sprachen in Südeuropa und Kleinasien gesprochen, die nur sehr spärlich tradiert sind. Von diesen seien zunächst das Lydische und das Lykische (Anatolisch), das Phrygische, das Thrakische, das Illyrische und das Makedonische (nicht zu verwechseln mit dem slawischen Makedonischen der Neuzeit!) auf dem Balkan und in Kleinasien erwähnt, die in der Herausbildung der Balkansprachen der Gegenwart als Substrat eine große Rolle gespielt haben, des weiteren das Venetische (> *Venedig*!) und das Messapische in Italien. Alle diese Sprachen sind vornehmlich aus Inschriften bekannt. Dank der Forschungen mancher angelsächsischen Gelehrten und des bulgarischen Linguisten Vladimir I. Georgiev scheint es gesichert, daß die meisten, früher für nicht indogermanisch gehaltenen vorzeitlichen Sprachen der griechischen Inselwelt -- wie *Pelasgisch*, *Minoisch* bzw. *Mykenisch* usw. — ebenfalls griechisch, also indogermanisch geprägt waren. Unentschieden ist dagegen immer noch die Frage, ob das im Altertum in Mittelitalien gesprochene Etruskische eine indogermanische Sprache war oder nicht.

Eine der wichtigsten Gruppen des westlichen Zweiges der Indogermania bilden die Germanen. Mit ihren Sprachen werden wir uns im folgenden eingehend befassen.

I.3. DIE INDOGERMANISCHE GRUNDSPRACHE

I.3.1. Der Begriff der indogermanischen Grundsprache

Im Ergebnis des oben umrissenen Verfahrens der inneren Rekonstruktion und der gegenseitigen Vergleichung der indogermanischen Einzelsprachen, wie es an Hand von dt. *Mutter* ∼ engl. *mother* veranschaulicht wurde, kommen wir zu einer grundlegenden Ausgangsform. Die zielbewußt erschlossenen Grundformen, die naturgemäß nicht nur den Wortschatz und die Phonetik (bzw. Phonologie) berücksichtigen, sondern sämtliche Ebenen der Sprache, also auch die Morphologie und den Satzbau umfassen, ergeben insgesamt ein zwar schriftlich nicht belegtes, aber aus den Tochtersprachen wahrscheinlich gemachtes grundsprachliches System. Die Junggrammatiker faßten dieses System noch als eine Ursprache auf und betrachteten die erschlossene Sprachform in jeder Hinsicht als die volle Wirklichkeit. Heute stützt sich die Forschung darauf nur mehr als auf eine Arbeitshypothese, eine indogermanische Grundsprache, die als Beziehungsbasis verwendet wird, da man mit ihrer Hilfe die tatsächlich belegten indogermanischen Einzelsprachen aufeinander abstimmen bzw. neuerschlossene indogermanische Sprachen in ihrer Familie orten kann. Daraus ergibt sich, daß wir bei der Rekonstruktion über das Gemeinindogermanische hinaus auch von einer germanischen, romanischen, slawischen usw. Grundsprache zu sprechen haben, die nach ihrer gegenseitigen Vergleichung jedoch zur indogermanischen Grundsprache führen bzw. diese mit den schon belegten germanischen, romanischen, slawischen usw. Einzelsprachen verbinden.

Noch weiter führen jene Forschungen, die an Hand der Vergleichung der grundsprachlichen Formationen ganzer Sprachfamilien auf die Feststellung ihrer älteren Beziehungen gerichtet sind. In dieser Richtung verlaufen z. B. die Untersuchungen zur (evtl. auch verwandtschaftlichen) Vergleichung des Indogermanischen mit der semitohamitischen, der finnisch-ugrischen bzw. ural-altaischen Grundsprache usw. Diese Untersuchungen stehen jedoch, obwohl sie bereits auf eine bedeutende Vergangenheit zurückblicken, in ihrem Anfangsstadium.

I.3.2. Lautsystem

Vom indogermanischen Betonungssystem ist wenig bekannt. Der Satzakzent scheint hauptsächlich musikalisch gewesen zu sein. Einige Wörter wurden im Satz nur selten oder überhaupt nicht betont, da sie betonungsmäßig einem voraufgehenden Wort angehängt wurden, d. h., sie standen in der Enklise. Solch ein enklitisches Wort ist z. B. got. *-uh*, lat. *-que*, russ. -же. Der indogermanische Wortakzent war frei (ungebunden), genauer gesagt, beweglich-gebunden, d. h., er konnte sowohl auf den Stamm als auch auf die Suffixe bzw. die Endungen fallen, doch nicht individuell willkürlich, sondern gemäß den in der gegebenen Sprachgemeinschaft gefestigten, tradierten Regeln wie z. B. im Russischen der Gegenwart, vgl. дом 'Haus' → домá 'Häuser' und дóма 'des Hauses; daheim'. Der Wortakzent konnte gleichermaßen musikalisch und dynamisch sein. Im Laufe der Sonderentwicklung der indogermanischen Einzelsprachen gewann dann jeweils der dynamische oder der musikalische Akzent die Oberhand.

Das Vokalsystem bestand aus kurzen und langen Monophthongen und Diphthongen, die von silbischen (silbenbildenden) Liquiden und Nasalen ergänzt wurden:

Monophthonge:	Kürzen:	*a e i o u ə*
	Längen:	*ā ē ī ō ū*
Diphthonge:	Kürzen:	*ai ei oi* ‖ *au eu ou*
	Längen:	*āi ēi ōi* ‖ *āu ēu ōu*
Silbische Konsonanten:		*r̥ l̥* ‖ *m̥ n̥* (*ñ̥ ŋ̥*)

Lange Diphthonge werden — so wird angenommen — ziemlich selten gewesen sein, da ihre Reflexionen in den indogermanischen Einzelsprachen im allgemeinen mit jenen der entsprechenden Kurzdiphthonge zusammenfallen. Möglich ist es auch, daß sie nur emphatische Varianten der Kürzen darstellten, oder aber nur für einzelne Teilbereiche der Indogermania typisch waren. Die silbischen Konsonanten wurden in den Tochtersprachen meistens zu verschiedenen Vollsilben (z. B. *r̥* > germ. *-ur*, vgl. idg. **bhr̥tis* 'Tragen' > ahd. *giburt* 'Geburt') aufgelöst.

Die beiden Hauptschichten des Konsonantismus ergaben die Geräusch- und die Sonorlaute. Die Geräuschlaute waren entweder stimmhafte oder stimmlose Verschluß- oder Reibelaute, wobei innerhalb der Verschlußlaute auch eine behauchte und eine unbehauchte Reihe zu unterscheiden war:

Verschlußlaute		stimmlos		stimmhaft	
		unbehaucht	behaucht	unbehaucht	behaucht
labial		*p*	*ph*	*b*	*bh*
dental		*t*	*th*	*d*	*dh*
guttural	palatal	*k̂*	*k̂h*	*ĝ*	*ĝh*
	velar	*q* (*k*)	*qh* (*kh*)	*g*	*gh*
	labiovelar	*qᵘ* (*kᵘ*)	*qᵘh* (*kᵘh*)	*gᵘ*	*gᵘh*

Reibelaute:

stimmlos: *s* (*þ*) stimmhaft: *z*

Sonorlaute:

Nasale:	labial	dental	palatal	velar
	m	*n*	(*ñ*)	(*η*)
Liquiden:	*r, l*			
Halbvokale:	*i̯, u̯*			

Stimmlose behauchte Verschlußlaute werden ziemlich selten gewesen sein, ihre besonderen Reflexionen sind nur im Indischen und im Altgriechischen erhalten. Die Halbvokale waren gemäß ihrer Stellung im Worte bald Vokale (*i, u*), bald Konsonanten (*j, v*), genauso wie in den germanischen Sprachen der Gegenwart.

Es ist anzumerken, daß in unserem Jahrhundert für die Rekonstruktion der indogermanischen Grundsprache die Feststellung des grundsprachlichen Lautsystems, d. h. der Archetypen der indogermanischen Laute der Gegenwart, erneut eine entscheidende Bedeutung erlangt hat. Ferdinand de

SAUSSURE kam — als hervorragender Junggrammatiker — bereits 1879 zur Einsicht, daß der Laut ə (das sogenannte *šva indogermanicum*) ursprünglich der zweite Bestandteil von Diphthongen war und erst nach dem Ausfall der ursprünglich ersten (Haupt-) Elemente dieser Diphthonge befähigt wurde, an sich selbst eine Silbe zu bilden. Daraus wiederum folgt ganz logisch, daß — rein theoretisch — gemäß den drei geschwundenen diphthongbildenden Lauten (*e*, *a*, *o*) mit drei Varianten des Schwa ($ə_1$, $ə_2$, $ə_3$) zu rechnen ist.

Während seines Versuchs zur genetischen Verknüpfung der indogermanischen und der semitischen Sprachen nahm der Däne HERMAN MØLLER an, es habe in der von ihm vorausgesetzten gemeinsamen Grundsprache der beiden Sprachfamilien fünf laryngale Laute gegeben. Nach HERMAN MØLLERS Meinung konnte ein Vokal in den indogermanischen Sprachen im Wortanlaut erst dann zu stehen kommen, wenn davor ein Laryngal geschwunden war. Ihm folgend, nahm der Franzose ALBERT CUNY drei Laryngale an, die nur in interkonsonantischer Stellung zu Vokalen wurden. Der vorausgesetzte Laryngal war nach ALBERT CUNY palatal (ə, später *e*), velar (ə, später *a*) oder labiovelar (ə, später *o*). Diese Hypothese wurde unter den Junggrammatikern weder von KARL BRUGMANN noch von HERMAN HIRT und ANTOINE MEILLET bzw. von der russischen Schule akzeptiert.

1927 entdeckte der Pole JERZY KURYŁOWICZ, daß die SAUSSUREsche These vom *ḫ*-Laut des Hethitischen vielfach erhärtet wird. Seit dieser Erkenntnis darf man die indogermanische Laryngaltheorie als begründet ansehen. Die gesamte Problematik der Wurzelwörter, ja des Lautsystems der indogermanischen Grundsprache schlechthin, wurde dadurch in neues Licht gerückt. Die Anhänger der Laryngaltheorie halten dafür, daß der indogermanische Vokalismus ursprünglich aus einem einzigen Vokal vom Typus *e* bestand, der durch die silbische Stufe der Sonanten (also *i* und *u*) ergänzt war. Der Niederländer JAN VAN GINNEKEN stützte darauf die Annahme, in der indogermanischen Grundsprache hätten nur die Konsonanten eine phonologische Relevanz gehabt; während der genannte Vokal ausschließlich als phonetisch relevanter Bindelaut zur Geltung gekommen sei. Eine präzisere Bestimmung der Annahmen von JERZY KURYŁOWICZ wurde vom Amerikaner EDWARD SAPIR in Angriff genommen. EDWARD SAPIR hielt die bei JERZY KURYŁOWICZ mit $ə_1$ und $ə_4$ bezeichneten Laryngale für Verschluß-, die mit $ə_2$ und $ə_3$ bezeichneten dagegen für Reibelaute. Diese Hypothese konnte jedoch bisher noch nicht zufriedenstellend bewiesen werden. In der Linguistik des Westens sind zur Zeit der Franzose ÉMILE BENVENISTE, die Amerikaner EDGAR H. STURTEVANT und EDGAR POLOMÉ, der Deutsche WERNER WINTER u. a. die bekanntesten Vertreter der Laryngaltheorie.

Der tschechische Linguist LADISLAV ZGUSTA setzte in der indogermanischen Grundsprache einen Laut (*H*) voraus, der im Hethitischen als *ḫ* erhalten geblieben war, während er sonst qualitativ unterschiedlich vokalisiert bzw. in bestimmten Fällen zu *ə* wurde. Ebendeshalb hielt er die Bezeichnung „laryngal" für diesen Laut nur hypothetisch für möglich und schlug vor, an der von FERDINAND DE SAUSSURE geprägten Bezeichnung „sonantischer Koeffizient" festzuhalten. LADISLAV ZGUSTA teilt nicht die von JERZY KURYŁOWICZ (und der westlichen Schule) aufgestellte Hypothese, wonach der indogermanische Vokalismus ursprünglich aus einem einzigen Vokal bestanden hätte. Ein Teil der sowjetischen Komparativisten vertritt eine der ZGUSTAschen ähnliche Auffassung der Laryngaltheorie, aber auch hier gibt es Anhänger der Theorie von JERZY KURYŁOWICZ (VJAČESLAV V. IVANOV), während manche die Laryngaltheorie überhaupt ablehnen.

Schon heute scheint allerdings gesichert, daß die Laryngaltheorie eine genauere Erschließung des Systems der indogermanischen Grundsprache, besonders in Bezug auf den morphologischen Bau, in mancher Hinsicht weiterentwickeln wird. Trotz wiederholter Einwände der Vertreter der Laryngaltheorie geht aber diese Diskussion über die Frage nach der indogermanischen Grundsprache hinaus und rührt schon zweifelsohne an die Erschließung einer möglichen Vorstufe derselben.

I.3.3. Grammatischer Bau

Das für die indogermanische Grundsprache gesicherte N o m e n war S u b s t a n t i v, A d j e k t i v, P r o n o m e n oder N u m e r a l e. Das Nomen drückte in seinen flektierten Formen die grammatischen Kategorien des G e n u s, des N u m e r u s und des K a s u s aus. Vorauszusetzen ist — als ein typisch indogermanisches Klassifikationsmerkmal — das Vorhandensein von d r e i Genera (Maskulinum, Femininum und Neutrum), im Gegensatz zu den meisten nichtindogermanischen Sprachen, die entweder ein Zweiersystem (z. B. Maskulinum $\neq$ Femininum; Utrum $\neq$ Neutrum) oder viel verwickeltere Klassifizierungsmerkmale, oder aber auch gar keine aufweisen. Das indogermanische Dreiersystem ist gut erhalten im Altindischen, Griechischen, Italischen, Altgermanischen und Altslawischen, während im Litauischen z. B. — trotz sonst sehr archaischer Züge! — das Neutrum eliminiert wurde. (Über die weiteren Entwicklungen im Germanischen s. V. 2.)

Auch die Kategorie des N u m e r u s zeigt ursprünglich eine Dreiteilung. Neben S i n g u l a r und P l u r a l muß zur Bezeichnung der Dualität auch ein D u a l i s bestanden haben, dessen Relikte unter den germanischen Sprachen im Gotischen, Altenglischen, Isländischen, ja —

semantisch umgewertet – auch in einigen Dialekten des Deutschen (Bairisch!) und des Jiddischen (Südost- bzw. Südwestjiddisch) nachzuweisen sind.

Das indogermanische Kasussystem läßt 8 Kasus rekonstruieren: 1. Nominativ als Kasus des Subjekts im allgemeinen; 2. Akkusativ als Kasus des näheren Objekts, der Ausdehnung und der Richtung; 3. Dativ als Kasus des entfernteren Objekts und des Zweckes; 4. Genitiv als Kasus des Besitze(r)s in verschiedener Verwendung; 5. Ablativ als Kasus des Ausgangs und der Entfernung; 6. Lokativ als Kasus der Lage in Raum und Zeit; 7. Instrumentalis als Kasus des Mittels und der Begleitung (daher auch Komitativ genannt); 8. Vokativ als Kasus der nominalen Ausrufung, also auch in der Funktion eines selbständigen Satzes. Dieses komplizierte System der Kasus begann bereits in der Grundsprache vereinfacht zu werden, wobei die verschiedenen Kasus inhaltlich bzw. auch formal einem Ausgleich entgegengeführt wurden (Synkretismus).

Das indogermanische Substantiv hat eine konsonantische und eine vokalische Stammbildungsgruppe. (Unter Stamm verstehen wir hier den von seinen Flexionselementen entblößten Teil des Wortes, d. h. die mit dem Stammbildungssuffix versehene Wurzel, z. B. got. *dag* | *a* || *m* 'den Tagen' [Dat. Pl.] < *dag-* ⟨Wurzel⟩ + *a* ⟨Stammbildungssuffix⟩ + *m* ⟨Kasusendung⟩; der Stamm ist also *daga-*.)

Die Stammklassen der vokalischen Gruppe sind die *-ā-*, *-i̯ā-*, *-o*, *-i-*, *-u-*, *-ī/-ū-* und die diphthongischen Stämme. Sie sind zumeist auch gemäß der Genuszugehörigkeit gegliedert; die *-i̯ā-* und *-ā*-Stämme sind z. B. normalerweise Feminina, während die *-o*-Stämme Maskulina und Neutra umfassen. In der konsonantischen Gruppe unterscheiden sich die Stämme auf Verschlußlaut, *-s*, *Nasal* und *Liquida* sowie die *-r-/-n*-Stämme. Das besondere Merkmal letzterer besteht darin, daß im Nom., Akk. und Vok. Sing. ein und dasselbe Wort ein *-r*-Stamm, in den übrigen Kasus des Sing. und des Pl. hingegen ein *-n*-Stamm ist (Heteroklise). Zu dieser heteroklitischen Klasse gehörte z. B. die Vorlage von dt. *Wasser* ~ engl. *water*, vgl. heth. *u̯atar* (Nom.) neben *u̯etenaš* (Gen.). Im Germanischen wurden diese abwechselnden Kasusformen im ganzen Paradigma ausgeglichen, aber nicht einheitlich in der ganzen Germania, vgl. got. *watins* 'des Wassers' (Nom. *wato*) ~ schw. *vatten* 'Wasser' gegenüber dt. *Wasser* ~ engl. *water.*

Das indogermanische Adjektiv hat sich ursprünglich vom Substantiv nicht unterschieden. Es wurde in allen drei Genera vom selben Wortstamm gebildet. In die Flexion des Adjektivs drangen aber auf Grund funktioneller Berührungen immer mehr auch Endungen der Pronominalflexion ein: das Ergebnis war ein adjektivisches Teilsystem im Rahmen der Nominalflexion, da nun die ursprüngliche Identität von Substantiv und Adjektiv in der Flexion zerstört worden war. Das Sondermerkmal des Adjektivs war jedoch die Möglichkeit der Komparation (Steigerung), die mit Hilfe von verschiedenen Bildungssuffixen drei Grade (Positiv, Komparativ, Superlativ) auseinanderhielt.

Die Klassen des Pronomens waren: Personalpronomen, Possessivpronomen, Demonstrativpronomen, Relativ- und Interrogativpronomen bzw. Indefinitpronomen. Das indogermanische Personal- und Reflexivpronomen unterschied das Genus nur in der 3. Person; charakteristisch für die Pronomina war auch der Gebrauch des Dualis neben Singular und Plural. Das Possessivum wurde von denselben Stämmen wie das Personalpronomen gebildet, aber wie das Adjektiv flektiert. Die indogermanischen Einzelsprachen verfügen jedoch in dieser Hinsicht über eine große Vielfalt. Interrogativa und Indefinita wurden häufig mit verschiedenen Partikeln als Verstärkungswörtchen ergänzt (vgl. got. *-uh*: *ƕas* 'wer' → ***ƕaz|uh*** 'wer [denn, immer]').

Unter den indogermanischen Numeralien lassen sich bereits in der Grundsprache Kardinalien und Ordinalien unterscheiden. Für die Kardinalzahlen von 1 bis 4 läßt sich auch die Flexion erschließen; die übrigen Kardinalien waren (scheinbar) indeklinabel.

Das indogermanische Verb bestand aus flektierten Verbal- und Nominalformen. Die verbalflektierten (konjugierten) finiten Verbalformen drückten das Genus verbi (Aktiv, Passiv und das zwischen den beiden stehende Mediopassiv), den Modus (Indikativ, Konjunktiv, Optativ, Imperativ, evtl. auch den sogenannten Injunktiv, zum Ausduck der Irrealität), das Tempus (Präsens, verschiedene Vergangenheitsformen wie Präteritum, Perfekt und Aorist, ferner das Futur), den Numerus (Singular, Plural und Dualis) sowie die Person (drei Personen je nach den Numeri) aus. Die Person wurde durch Personalendungen gekennzeichnet. Die nominalflektierten (deklinierten) Formen des Verbs waren Verbalnomina, die etymologisch zum Verbalstamm gehörten und die Rektionen des betreffenden Verbs beibehielten. Schon für die Grundsprache läßt sich der Unterschied von Verbalsubstantiva (Infinitiv) und Verbaladjektiva (Partizipien) festlegen.

Dieses auffallend komplizierte Verbalsystem wurde noch von den Junggrammatikern rekonstruiert, letzten Endes im Sinne der romantischen Auffassung der Sprachentwicklung, laut welcher sich die indogermanischen Sprachen der Neuzeit schon im Stadium der Verkümmerung befanden, so daß es für die Junggrammatiker auf der Hand lag, das Verbalsystem der Grundsprache auf der Basis der über die reichsten Verbalsysteme verfügenden alten indogermanischen Einzelsprachen (hauptsächlich des Sanskrits und des Altgriechischen) zu erschließen. Heute ist man viel vorsichtiger (ja sogar viel skeptischer) und hält z. B. an jener allzu üppigen Rekonstruktion der Modi bzw. der Tempora nicht mehr fest. Es scheint uns vielmehr, daß der altindische und der griechische Reichtum in dieser Hinsicht nicht die Erbschaft der Grundsprache, sondern nachträgliche Fortentwicklungen darstellen, die sich weder auf die übrigen indogermanischen Einzelsprachen noch auf die Grundsprache bedenkenlos erweitern lassen (vgl. II.2.3.).

I.3.4. Syntax

Der indogermanische Satz wurde von Wörtern aufgebaut, die der Form nach zum Teil nominal sind. Ist das Prädikat ein Nomen, so hat man es mit einem Nominalsatz, ist es dagegen verbal, so hat man es mit einem Verbalsatz zu tun. Als ein dritter Typus ist der Fall zu nennen, in dem das Prädikat formal mit dem Verbum substantivum, d. h. der Kopula, ausgedrückt wird. So, wie diese letzte Lösung in vielen indogermanischen Sprachen der Gegenwart vorliegt, ist sie ein verhältnismäßig junges Produkt und kann ursprünglich nicht als verbal bedingt angesehen werden. Als ursprüngliche „universelle" Kategorie ist also auch hier nicht das Verb, sondern der Verbalbegriff anzunehmen.

Der Nominalsatz bestand in der Regel aus zwei nominalen Satzteilen, die auch durch die Kopula zusammengefügt werden konnten. Das zentrale Glied des Verbalsatzes war das Verb, dessen Kategorien oben angedeutet wurden. Nominal- bzw. Verbalsatz hatten in der Grundsprache wohl vielfach Übergangscharakter und ließen sich nicht durch irgendwelche strenge Kriterien voneinander abgrenzen. Im Satz selbst war die Kongruenz zwischen den einzelnen Satzteilen gemäß den gegebenen Kategorien wahrscheinlich schon ziemlich entwickelt.

Es kann als sicher gelten, daß die gegenseitige Beziehung der einzelnen Satzteile auf- und zueinander durch deren Übereinstimmung bzw. mit Hilfe von Flexionsformen hergestellt wurde und nicht etwa nur mittels der Wortstellung, wie dies bei manchen modernen indogermanischen Sprachen der Fall ist. Somit trug also die Wortstellung in der indogermanischen Grundsprache keinen syntaktischen, sondern einen noch durchaus expressiven Charakter. Anders formuliert: Die indogermanische Wortfolge war grammatisch eigentlich ungebunden. Ein einziges wesentliches Merkmal — wenn man so will: die Regel — der Wortstellung bestand darin, daß die Hauptsatzteile (linguistisch-genetisch ausgedrückt: Thema—Rhema) den übrigen (dem Epithema und dem Epirhema) voraufgingen. Das alles stand im Einklang mit der morphologischen Struktur der Grundsprache, die die exakte Wiedergabe der Gedanken an sich schon ermöglichte. Man kann ANTOINE MEILLET beipflichten, der festhielt, daß die gebundene Wortstellung der modernen romanischen und germanischen Sprachen nicht den indogermanischen Typus vertritt, die relativ sehr freie, ungebundene Wortfolge der baltischen und slawischen Sprachen hingegen den alten indogermanischen Stand repräsentiert.

Es ist auch anzunehmen, daß es zwischen Aussage- bzw. Verneinungs- und Fragesätzen noch keinen Strukturunterschied gab. Es ist auch leicht möglich, daß die Grundsprache bereits über ein abwechslungsreiches System der koordinierenden (und vielleicht auch subordinierenden?) Nebensätze verfügte. Um so problematischer ist die syntaktische Verwendung der Konjunktionen im heutigen Sinne des Wortes.

I.3.5. Wortschatz

Auf den ersten Blick könnte man meinen, die Rekonstruktion des Wortschatzes der Grundsprache sei eine viel einfachere Aufgabe als die Erschließung lautlicher Grundformen oder morphologischer Modelle. In Wirklichkeit liegen die Dinge umgekehrt, da bei der Vergleichung von Wörtern die vorigen weitestgehend zu beachten sind, insbesondere aber die bekannten oder auch nur zu erschließenden Fakten der Lautgeschichte. Je auffallender die Übereinstimmung von zwei identischen bzw. fast identischen Wörtern zweier Sprachen ist, um so mehr ist es angebracht, an der genetischen Zusammengehörigkeit der beiden Wörter zu zweifeln (vgl. I.1.3).

Im Zuge der Aufklärung der regelmäßigen Lautwandlungen ist der Gedanke der Lautgesetze entstanden. In der zweiten Hälfte des vorigen Jahrhunderts vertraten in erster Linie die Anhänger der deutschen linguistischen Schule der Junggrammatiker (AUGUST LESKIEN, KARL BRUGMANN, HERMANN OSTHOFF), sodann der Däne KARL VERNER und der Franzose MICHEL BRÉAL) die These, daß die Lautwandlungen gesetzmäßig vor sich gehen und diese Gesetze sich mit der strengen Logik von Naturgesetzen auswirken. Alles, was trotzdem unerklärlich blieb, versuchten sie mit der Einwirkung der Analogie zu begründen. Die These von der Ausnahmslosigkeit der Lautgesetze wird in der modernen Sprachwissenschaft in dieser starren Form nicht mehr anerkannt. Man leugnet nicht das Vorhandensein von Lautgesetzen, sie gelten aber nunmehr als geographisch und historisch-sozial eingeschränkte Prozesse, d. h. als Tendenzen der Lautentwicklung. Das allgemeine Gesetz, die Macht der Analogie, war übrigens ein Grundpfeiler der HUMBOLDTschen Sprachtheorie: seine Einführung in die Junggrammatik war ein Kompromiß, das die Junggrammatik früher oder später doch sprengen mußte. Geht man vom Sprachvermögen als allgemein-menschlichem Besitz aus, so liegt es auf der Hand, daß die „Gesetze" der Junggrammatiker keine Gesetze im Sinne der Naturwissenschaften, vielmehr nur postulierte Formeln sind, die selber noch der Beweisführung bedürfen, worauf bereits Georg vcn der Gabelentz verwies. Das gleiche gilt heute von den Postulaten der amerikanischen Generativistik in erhöhtem Grade, da letztere — als ob sie mit den reduktiv induzierten Postulaten der Naturwissenschaften gleichwertig wären — zur Deduktion weiterer „Regeln" benutzt werden.

Daraus erwächst die Aufgabe, im Verlauf der Rekonstruktion der einzelnen Wörter der Grundsprache vor allen Dingen jene Lautwandlungen zu beachten, die sich seitdem in den indogermanischen Einzelsprachen einstellten. Gleichzeitig darf ebenfalls nicht außer acht gelassen werden, daß sich diese Einzelsprachen im Kontakt mit verschiedenen Fremdsprachen entwickelten und daher möglicherweise viele Fremdwörter aufnehmen und einverleiben konnten.

In Anbetracht all dessen läßt sich der zu erschließende Wortschatz der Grundsprache in zwei große Schichten zerlegen. Die erste — und entscheidende — Schicht ist die der Wurzelwörter oder W u r z e l n, die jene Wörter umfaßt, welche in allen (oder wenigstens beinahe allen) indogermanischen Sprachen belegt sind und aus welchen in den Einzelsprachen weitere Wörter mit verschiedener Lautung und Bedeutung entwickelt wurden. Der Begriff 'Gehen, Tragen' wird z. B. ausgedrückt in skr. *váhati*, apers. *vazaiti*, asl. *vezą*, lit. *vežù* und lat. *veho*. Aus der alten gemeinsamen Wurzel dieser Wörter wurden in den betreffenden Einzelsprachen auch weitere Bedeutungen entwickelt, vgl. dt. *Wagen* ~ engl. *wain*, asl. *vozъ*, dt. *Weg* ~ engl. *way*, got. *gawigan* 'bewegen' ~ dt. *bewegen* usw. Solche Wurzelwörter, die sich in den Einzelsprachen zu semantisch wie lautlich und morphologisch verzweigten W o r t s t a u d e n entfalteten, gehören zu den verläßlichsten Beweisen der ehemaligen genetischen Verwandtschaft der gegebenen Sprachen.

Die andere Schicht ergibt sich aus den s e l b s t ä n d i g e n E i n z e l w ö r t e r n, bei denen es nur wenige gibt, die in sämtlichen indogermanischen Sprachen vertreten sind. Größtenteils sind sie nur in der einen oder der anderen Gruppe der indogermanischen Sprachfamilie bekannt. Kommt ein Wort nur in zwei indogermanischen Sprachen vor, deren nähere Verbindung innerhalb der Sprachfamilie sonst durch keine weiteren Belege ausgewiesen wird, so handelt es sich in der Regel um bloße zufällige Übereinstimmungen. Kommt ein Wort dagegen in mehreren indogermanischen Sprachen zum Vorschein, so ist es sehr wahrscheinlich, daß diese früher einmal nähere Beziehungen zueinander hatten, auch wenn sie heute vielleicht geographisch schon weit voneinander entfernt liegen. Die engere Beziehung zweier Sprachen wird auch dann manifest, wenn die Anzahl solcher Wörter, die in beiden und nur in ihnen belegt sind, besonders hoch ist.

Den erschließbaren grundsprachlichen Wörtern kommt eine sehr große historische und kulturhistorische Bedeutung zu. Sie ermöglichen uns nämlich, das Bild jener wirtschaftlichen, sozialen und kulturellen Verhältnisse zu entwerfen, die für die Stämme, welche die Dialekte der indogermanischen Grundsprache sprachen, kennzeichnend waren. So sind z. B. unter den Verwandtschaftsnamen die Bezeichnungen für 'Vater' (**pətér-*: ai. *pitár*, gr. *πατήρ*, lat. *pater*, toch. A *pācar*, air. *athir*, arm. *hair*, got. *fadar* usw.), 'Mutter' (**māter-*; vgl. I. 1. 1.), 'Bruder' (**bhrāter-*: ai. *bhrātar-*, gr. *φράτωρ*, toch. A *pracar*, lat. *frāter*, asl. *bratrъ*, air. *brāthir*, arm. *ełbair*, got. *broþar* usw.), 'Schwester' (**su̯esor-/*su̯esr-*: ai. *svásā[r]-*, aw. *χvaŋhar-*, lat. *soror*, toch. A *śar-*, arm. *k̔oir*, asl. *sestra*, air. *siur*, lit. *sesuõ*, got. *swistar* usw.), 'Sohn' (**sūnus*: ai. *sūnúš*, aw. *hunuš*, lit. *sūnùs*, asl. *synъ*, toch. A *se*, toch. B *soy*, gr. *υἱός*, got. *sunus* usw.) und 'Tochter' (**dhugh̥əter-/*dhukter-*: ai. *duhitár*, lit. *duktė̃*, gr. *θυγάτηρ*, aw. *dugədar*, arm. *dustr*, asl. *dъšь*, toch. A *ckācar*, toch. B *tkācer*, got. *dauhtar* usw.) in der gesamten indogermanischen Sprachfamilie einheitlich. Um so mehr muß es auffallen, daß von den Bezeichnungen entfernterer Verwandtschaftsgrade nur die für die Verwandten des Mannes bei größeren Gruppen der Sprachfamilie gemeinsam sind, während die Bezeichnungen der Verwandten der Frau meistens im Sonderleben für die Einzelsprachen, unabhängig voneinander, entstanden sind. Diese Dichotomie unterstützt die Ansicht, daß die Gemeinschaft der indogermanischen Grundsprache gesellschaftlich schon die Stufe des Patriarchats erreicht hatte und in Großfamilien lebte, die entsprechend der Verwandtschaft des Mannes geordnet waren. Begriffe wie 'Staat' und 'Nation' waren auf dieser Stufe noch unbekannt, ja auch der eines einheitlichen Volkes: die Terminologie dieser Begriffskreise ist — kennzeichnend genug — nur in der einen oder der anderen Abteilung der Indogermania Gemeingut.

Von den Tiernamen waren bereits auf der Stufe der Grundsprache die Bezeichnungen allgemein, die sich bezogen auf: 'Rind' (**pék̂u-*: ai. *páśu[š]*, aw. *pasuš*, lat. *pecu*, dt. *Vieh* 'Vieh', osset. *fus* ~ *fys* 'Schaf' usw.), 'Schaf' (**ou̯is*: ai. *ávi-*, lat. *ovis*, vgl. got. *awistr* ~ ags. *eowestre* ~ ahd. *awist/ewist* 'Schafstall'), 'Pferd' (**ék̂u̯os*: ai. *áśva-*, aw. *aspō*, toch. B *yakwe*, gall. *epo-*, air. *ech-*, lat. *equus*, gr. *ἵππος*, ags. *eoh*, got. *aiƕa-tundi* 'Dornstrauch, eigtl. Roßzahn', arm. *ēš* 'Esel' usw.), 'Schwein' (**su̯īno-* 'vom Schwein': lat. *suīnus*, asl. *svinъ*, gr. *ὕειος* ~ *ὕινος* 'dass.', got. *swein* ~ dt. *Schwein* ~ engl. *swine*, lett. *suvẽns* ~ *sivẽns* 'Ferkel' usw.), 'Hund' (**k̂u̯on-*

/**k̑un-*: ai. *śvā́*, aw. *spā̊-* Gen. *sūnō*, arm. *šun*, lit. *šuõ*, toch. *ku*, gr. *κύων*, lat. *canis*, got. *hunds*), 'Wolf' (**u̯l̥qᵘos*/**u̯l̥pos*: ai. *vŕ̥ka-*, aw. *vehrko*, gr. *λύκος*, alb. *ul'k*, lit. *vil̃kas*, asl. *vlъkъ*, lat. *lupus*, got. *wulfs* usw.), 'Bär' (**r̥kþos*: ai. *ŕ̥kṣah*, gr. *ἄρκτος*, lat. *ursus*, ir. *arth*, alb. *arí* usw.), 'Hirsch' (**elen*: arm. *eɫn*, gr. *ἐλλός*, ai. *ŕ̥śyas* 'Antilopenbock', asl. *jelenъ*, kymr. *elain*, ahd. *elho* 'Elch'), 'Adler' (**orer-*/**erer-*: asl. *orьlъ*, lit. *arẽlis*, air. *irar*, gr. *ὄρνις* 'Vogel', arm. *oror*/*urur* 'Möwe', got. *ara*, dt. *Aar*, engl. *earn* usw.), 'Kranich' (arm. *kŕunk*, gr. *γέρανος*, kymr. *garan*, lit. *gérvė*, asl. *žeravь*, ahd. *kranuh*), 'Gans' (**ĝhans* 'Wasservogel, Gans': ai. *haṃsá-* 'Gans, Schwan', gr. *χήν*, lit. *žąsìs*, ahd. *gans* usw.), 'Ente' (ai. *ātíš*, gr. *νῆσσα*, lat. *anas*, ahd. *anut*, lit. *ántis*, asl. *ąty*, serb. *ȕtva*), 'Fisch' (**piskos*: lat. *piscis*, air. *īasc*, got. *fisks*, russ. пискарь 'Gründling'), 'Fliege' (gr. *μυῖα*, alb. *mize*, lat. *musca*, asl. *mucha*, lit. *musě̃*, wohl auch arm. *mun* 'Stechmücke', ahd. *mucca*), 'Biene' [und 'Honig'!], (**bhoi-*[*kos*]: lat. *fūcus*, air. *bech*, asl. *bъčela*, lit. *bitìs*, ahd. *bini* usw., bzw. ai. *mádhu*, asl. *medъ*, lit. *medùs*, gr. *μέϑυ* 'Rauschtrank', ir. *mid*, ahd. *mëtu* 'Met' bzw. arm. *melr*, gr. *μέλι*, alb. *mjal'*, lat. *mel*, ir. *mil*, got. *miliþ*) bzw. 'Wurm' (**u̯r̥mis*: gr. *ῥόμος* 'Holzwurm', lat. *vermis*, got. *waurms* usw.) u. dgl. Wesentlich geringer ist die Zahl der Übereinstimmungen bei den Pflanzennamen. Wohl allgemein bekannt waren 'Eiche' (gr. *δρῦς*, air. *daur*/*dair*, ai. *dā́ru-*, aw. *dāuru-*, alb. *dru*, asl. *drěvo* 'Baum, Holz', got. *triu* 'Holz'), 'Buche' (**bhāgos*: lat. *fagus*, gr. *φηγός* 'Eiche', ursl. *bъzъ*, dt. *Buche* ~ engl. *beech* usw.), 'Birke' (**bherēĝ-*: ai. *bhūrjas*, osset. *bärz*, russ. береза, lit. *béržas*, vgl. auch lat. *fraxinus* 'Esche') und 'Weide' (aw. *vaēitiš*, gr. *ἰτέα*, lat. *vitex*, lit. *výtis*, ahd. *wīda*), aber es gab noch keine gemeinsame Bezeichnung für 'Wald'. Minimal erscheint die Zahl der gemeinsamen Wörter aus dem Bereich der Landwirtschaft. Die Annahme, daß die patriarchalisch organisierte indogermanische Gemeinschaft hauptsächlich auf Jagd, Fischfang und Viehzucht eingestellt und nur mit den primitiveren Anfängen des Ackerbaus vertraut war, ist also wahrscheinlich durchaus berechtigt.

In den Werken der Erforscher der indogermanischen Religionsgeschichte begegnet man des öfteren der Behauptung, das indogermanische Urvolk habe bereits über ein hochentwickeltes kultisches Leben, gemeinsame Riten u. dgl. verfügt. Es wurde mehrfach versucht, Beweise für eine gemeinsame indogermanische Grundlage der späteren heidnischen Religionen der indogermanischen Einzelvölker zu erbringen (George Dumézil). Es sei nachdrücklich betont, daß das erschlossene grundsprachliche Material dafür keinerlei feste Anhaltspunkte bieten kann. Die religiös-kultische Terminologie scheint vielmehr erst später (und unabhängig voneinander) in den einzelnen größeren Gruppen der indogermanischen Gemeinschaft aufgekommen zu sein.

Eine ähnlich große Bedeutung wie den Wurzeln ist auch den indogermanischen Z a h l w ö r t e r n beizumessen. Die Numeralien von 1—10 zeigen eine weitgehende Identität in allen indogermanischen Sprachen, vgl. **oinos* '1': lat. *unus*, gr. *οἰνή*, got. *ains*, russ. один; **du̯ai* '2': ai. *dvē*, asl. *dъvě*, gr. *δύο*, lat. *duo*, got. *twai*; **tréi̯-*/**tri-* '3': ai. *trày-aḥ*, lit. *trỹs*, asl. *trъje*, gr. *τρεῖς*, lat. *trēs*, got. *þrī-*; **qu̯etu̯ŏ̄res* '4': ai. *catvā̆raḥ*, gr. *τέτταρες*, lat. *quattuor*, got. *fidwōr*; **pénqu̯e* '5': ai. *páñca*, gr. *πέντε*, lat. *quinque*, got. *fimf*; **séks* '6': ai. *ṣaṣ*, aw. *χšvaš*, gr. *ἕξ*, lat. *sex*, got. *saihs*; **septḿ̥* '7': ai. *saptá*, gr. *ἑπτά*, lat. *septem*, lit. *septynì*, asl. *sedmь*, got. *sibun*; **ok̑tṓ(u)* '8': ai. *aṣṭáu*, aw. *ašta*, lit. *aštuo-nì*, asl. *osmъ*, toch. B *okt*, gr. *ὀκτώ*, lat. *octo*, got. *ahtau*; **néu̯n̥* '9': ai. *náva*, gr. *(ἐν)νέα*, lat. *novem*, got. *niun*; **dék̑m̥* '10': ai. *dáśa*, gr. *δέκα*, lat. *decem*, got. *taihun* usw. Darüber hinaus werden die Zahlwörter in den Einzelsprachen sehr unterschiedlich gebildet. Aller Wahrscheinlichkeit nach herrschte in der Grundsprache das Zehnersystem, das aber in manchen Teilbereichen der Indogermania die Spuren der Einwirkung fremder Systeme, vor allem des Zwölfer- und des Zwanzigersystems, aufweist.

II. DIE GERMANISCHE GRUNDSPRACHE UND DIE STAMMESDIALEKTE

II.1. DIE ENTSTEHUNG DES GERMANISCHEN UND SEINE STELLUNG IM AUFBAU DES INDOGERMANISCHEN

II.1.1. Die Frage nach der Urheimat der Germanen

Die Ansichten über die Lage der germanischen Urheimat haben sich im Laufe der vergangenen 150 Jahre mehrmals geändert. Die Anhänger der These von der Herkunft der Indogermanen aus Asien nahmen an, daß auch die Germanen von dort nach Europa eingewandert seien. Die linguistischen, archäologischen und historischen Belege haben jedoch ergeben, daß das Germanische der Westgruppe des Indogermanischen angehört, sein Ausgangspunkt also ebenfalls im westlichen bzw. nordwestlichen Europa zu suchen ist. Die Vertreter der sogenannten „nordischen" Theorie wollten dieses Gebiet auf Skandinavien einschränken. Nun ging die Wanderbewegung germanischer Stämme in historischer Zeit zwar bestimmt von dort aus, dies bedeutet aber noch nicht, daß das Germanische einen von keinem fremden Einfluß berührten Zweig der indogermanischen Grundsprache darstellt, der am längsten in der sogenannten indogermanischen „Urheimat" verblieben wäre.

Die Ergebnisse der neueren Forschungen sprechen dafür, daß sich das Germanentum in letzter Instanz im heutigen Südschweden, Südnorwegen bzw. in Dänemark und an der unteren Elbe herausgebildet hat (Abb. 6). Von hier aus besetzen germanische Stämme um 1000 v. u. Z. das Gebiet der unteren Weser und Oder. Bis 750 v. u. Z. erreichten sie das Mündungsgebiet der Weichsel, und um 500 v. u. Z. sollen sie bereits bis zur Rheinmündung und zu den deutschen Mittelgebirgen vorgestoßen sein (Abb. 7).

Die Südwanderung ist jedoch sekundär. Die indogermanischen Gruppen, die den Grundstock der späteren Germanen bildeten, sollen nach Eduard Sprockhoff ursprünglich in mitteldeutschen Gebieten gesiedelt haben und von dort nach Südskandinavien gezogen sein, wo sie eine näher noch nicht bekannte, hypothetisch *arktisch* genannte Bevölkerung überlagerten. Diese in Skandinavien wohl „uransässige" Bevölkerung stand allem Anschein nach außerhalb des indogermanischen Sprachkreises. Aus den — hauptsächlich mythologischen — Überlieferungen der Germanen wird geschlossen, daß die Beziehungen zwischen der Urbevölkerung und den hinzugezogenen Indogermanen anfangs feindlich waren und sich erst allmählich besserten. Der später einsetzende Verschmelzungsprozeß zwischen der Urbevölkerung und den Einwanderern dürfte in der Zeit zwischen 1200

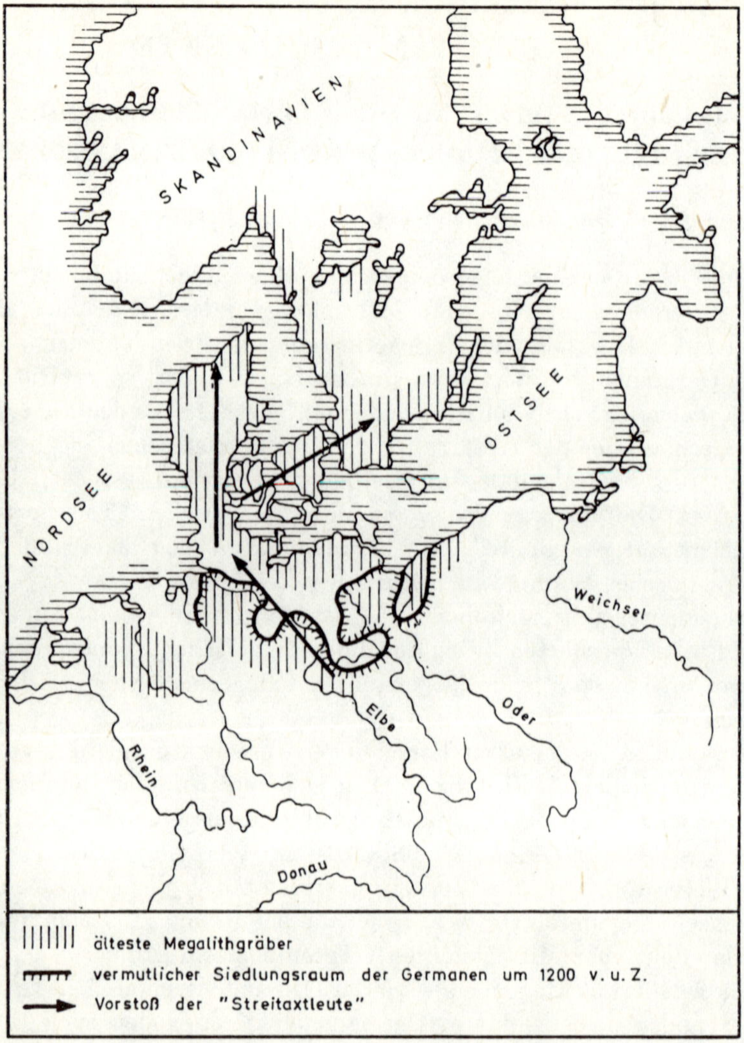

Abb. 6. Entstehung der Germanen (nach Eduard Sprockhoff)

und 1000 v. u. Z. abgeschlossen gewesen sein. Während die indogermanische Schicht in der patriarchalischen (vaterrechtlichen) Ordnung einer Hirtengesellschaft lebte, waren die Ureinwohner Bauern, die sich auch mit Jagd und Fischfang beschäftigten. Im Gegensatz zu den Zuwanderern waren sie nach dem Mutterrecht (m a t r i a r c h a l i s c h) organisiert.

Die Frage der Einwirkung der Urbevölkerung auf die Germanen, d. h. des nichtindogermanischen Substrats bzw. der fremden Grundschicht des Germanentums, ist noch nicht restlos geklärt. Es steht allerdings fest, daß sich etwa ein Drittel des germanischen Wortschatzes n i c h t aus dem Indogermanischen herleiten läßt (vgl. II.2.5). Auffallenderweise beschränken sich diese Wörter nicht auf irgendeine Sach- oder Begriffsgruppe, gehören aber in ihrer Mehrzahl zum Kern des Grundwortschatzes. Besonders hoch ist ihr Prozentsatz in der Terminologie der Schiffahrt (z. B. *See* ~ engl. *sea*, *Segel* ~ engl. *sail*, *Strand* ~ engl. *strand*), unter den Tier- und Pflanzen-

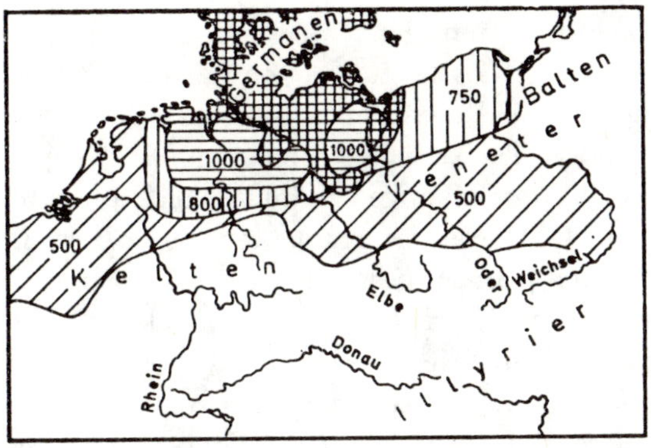

Abb. 7. Mutmaßliche Ausbreitung der Germanen 1000—500 v. u. Z. (bearbeitet nach ERNST SCHWARZ)

namen, aber auch in sonstigen grundlegenden Schichten des Wortbestands (z. B. *trinken* ~ engl. *drink*, *laufen* ~ engl. *leap*, *Bein* ~ engl. *bone*, *Weib* ~ engl. *wife* usw.). Die tiefgreifenden phonologischen, morphologischen und allgemein-strukturellen Veränderungen, durch die sich die Sprache der Germanen von der indogermanischen Grundsprache abhebt, sprechen noch mehr für die Substrattheorie.

Wir müssen also den Begriff „germanische Urheimat" in zweifacher Weise auslegen. Das von der indogermanischen Grundschicht der Germanen innerhalb des Westens der Indogermania eingenommene alte Siedlungsgebiet lag offensichtlich im Süden des mittleren Deutschlands, und zwar an der archäologisch gesicherten Nahtstelle der Schnurkeramik (Thüringen, Sachsen) und der Bandkeramik (Oberdeutschland im Donaugebiet). Diese Schicht, die nach ihrer Bewaffnung auch das Volk der S t r e i t a x t l e u t e genannt wird, dürfen wir jedoch nur noch p r ä g e r m a n i s c h nennen. Die eigentlich g e r m a n i s c h e G r u n d s p r a c h e ist dagegen nördlich von diesem Gebiet, im westlichen Ostseeraum, entstanden.

Die Sprachstufe dieser bereits fest ausgeprägten germanischen Gruppe, die in einem verhältnismäßig geschlossenen Raum siedelte und eine mehr oder weniger einheitliche Sprache besaß, heißt U r g e r m a n i s c h.

Die weitere – dialektale – Auffächerung dieser Einheit hat schon mehrere Jahrhunderte v. u. Z. eingesetzt. Die urgermanische Zeit dürfen wir annähernd zwischen 1200 und 300 v. u. Z. ansetzen. Sie wurde von der sogenannten gemeingermanischen Sprachstufe abgelöst.

II.1.2. Das Germanische im alteuropäischen Sprachenkreis

Im 2. Jahrtausend v. u. Z. bildete das Germanische einen zusammenhängenden Sprachraum innerhalb der indogermanischen Sprachfamilie. Es gehörte nach Hans Krahe zusammen mit dem Keltischen, Italischen, Venetischen, Illyrischen, Baltischen, Slawischen (und z. T. auch mit dem Griechischen bzw. dem Tocharischen!) zu einem durch sprachgeographische Übergänge und Zusammenhänge verbundenen alteuropäischen Kreis (vgl. Abb. 4). Die Gemeinsamkeiten dieser Sprachen lassen sich in vielen geographischen Namen, besonders Gewässernamen, nachweisen; den übrigen indogermanischen Sprachen sind sie unbekannt. Die alteuropäischen Sprachen besitzen auch eine Reihe wichtiger Wörter, die – semantisch eingeengt oder auch überhaupt – nur ihnen eigen sind, z. B. ahd. *diot(a)* 'Volk', daher unser *Deutsch*, ags. *þēod*, air. *tūath* 'Volk', apr. *tauto* 'Land', kymr. *tūd* 'Land', osk. *touto* 'Gemeinschaft' (vgl. lat. *tōtus* 'ganz'), alit. *tautà* 'Volk', lett. *tàuta* 'Volk', ferner ill. *Teutana* 'Königin'.

Erheblich ist die Zahl jener Wörter, die innerhalb des alteuropäischen Kreises nur je zwei oder drei Sprachen miteinander verknüpfen.

Sehr alt sind die Beziehungen zwischen dem Germanischen und dem Italischen. Ihr hohes Alter ist ein Beweis dafür, daß die italischen Stämme einst in der unmittelbaren Nachbarschaft der Germanen gelebt haben müssen und daß die Nachbarschaft zu den Kelten und den Illyrern erst nach der Abwanderung der Italiker entstanden sein kann. Nur im Germanischen und in den italischen Sprachen kommen z. B. vor: lat. *collus* (später *collum*) ~ got., ahd. *hals* 'Hals'; lat. *lingua* (ursprünglich *dingua*) ~ engl. *tongue*, ahd. *zunga* 'Zunge'; lat. *caput* ~ dt. *Haupt*, engl. *head*; osk. *far* 'Dinkel' ~ ags. *bere* (> engl. *barley*) 'Gerste' u. a.

Ein wichtiger Beweis für die germanisch-venetischen Beziehungen ist die Form *mego* 'mich', die als Analogie zu ven. *ego* 'ich' entstand. Ihre genaue Entsprechung ist nur germanisch vorhanden, vgl. got. *mik* 'mich' neben *ik* 'ich'. Nur das Venetische kennt das unserem *selb-er*, *selb-st* entsprechende Reflexivum *selbo*. Als Wohnsitze der Veneter sind von der jüngsten Forschung (Hans Krahe, Ernst Schwarz) Gebiete im Osten Deutschlands und an der mittleren Weichsel (Urnenfelderkultur) sowie in der östlichen Po-Ebene (vgl. die Namen *Venetien*, *Venedig*) erkannt worden.

Eine charakteristische germanisch-illyrische Entsprechung dürfen wir in ill. *būrion* 'Wohnstätte' ~ ags. und ahd. *būr* 'Wohnung' (vgl. engl. *bower* bzw. nhd. *Bauer* in *Vogelbauer* 'Käfig') erblicken.

Bei den germanisch-keltischen Entsprechungen ist es oft fraglich, ob alte Erbwörter oder spätere Entlehnungen vorliegen. Gesicherte Erbwort-Parallelen sind etwa air. *ōeth* ~ dt. *Eid*, engl. *oath*; air. *dūn* 'Burg, Stadt' ~ ahd. *zūn* 'Zaun' bzw. ags. *tūn* ~ engl. *town* 'Stadt'.

Manche Entsprechungen verbinden auch drei Sprachen innerhalb des alteuropäischen Kreises. Sowohl dem Italischen als auch dem Keltischen ist das Germanische verwandt, wie dies von Wörtern bezeugt wird wie dt. *Mund* (engl. *mouth*) ~ lat. *mentum* 'Kinn' ~ kymr. *mant* 'Kiefer'. Germanisch, Baltisch und Slawisch gliedern sich gemeinsam aus durch die spezifische Dativendung *-m* im Plural (vgl. I. 2. 2.), ferner durch den phonetisch wichtigen *t*-Einschub in der indogermanischen Konsonanz *sr-*, z. B. air. *srūth* 'Fluß', aber dt. *Strom* (engl. *stream*), russ. струя, lit. *strovẽ* 'Strom, Strömung'. Die spärlichen Belege, die uns zur Verfügung stehen, erlauben es, das Illyrische (ON *Stravianae*) und das Thrakische (Flußname *Strūmon*) in dieser Hinsicht ebenfalls zu der genannten Gruppe zu stellen.

II.1.3. Lehnbeziehungen der alteuropäischen Sprachen

Neben den angeführten Erbwörtern und Sprachmerkmalen, die die uralte Gemeinschaft der betreffenden Einzelsprachen und -völker bezeugen, enthält die germanische Grundsprache viele Elemente, die erst späteren Entlehnungen zuzuschreiben sind (vgl. II. 2. 5.). Entscheidend für die Beurteilung wird in jedem Fall die Lautgestalt. Illyrischer Herkunft ist der germanische (und keltische) Name des 'Eisens': ahd. *īsarn* ~ ags. *īse(r)n* (> engl. *iron*) ~ gall. *īsarno-*. Auffallend groß ist die Zahl keltischer Lehnwörter aus gesellschaftlichen, politischen und kulturellen Bereichen, vgl. got. *reiks* (ags. *rīca*) 'Herrscher' ~ dt. *Reich* (die ältere Bedeutung lag vor in Personennamen wie *Fried-rich* usw.) < kelt. *rīg-s* 'Herrscher, König' (vgl. lat. *rex*, Gen. *reg-is* 'König'), got. *andbahts* ~ ahd. *ambaht* 'Diener' (> dt. *Amt*!) aus kelt. (gall.) *ambaktos* 'Diener' usw. Es sind im Austausch natürlich auch germanische Wörter in die keltischen Sprachen eingedrungen. Lehnbeziehungen bestanden des weiteren auch zum Baltischen, zum Slawischen und zu den finnischen Sprachen.

II.2. URGERMANISCH UND GEMEINGERMANISCH

II.2.1. Quellen

Die indogermanische Grundsprache kann erst durch die Vergleichung der Einzelsprachen rekonstruiert werden. Im Falle der germanischen Grundsprache sind wir in einer wesentlich besseren Lage.

Den wenigen Wörtern, die uns Historiker des klassischen Altertums überliefert haben, kommt große Bedeutung zu. So findet man z. B. bei Plinius dem Älteren germ. *ganta* 'Gans', bei Iulius Caesar germ. *ūrus* 'Ur, Auerochs' und *alcēs* 'Elche', bei Tacitus *glēsum* 'Bernstein' (vgl. *Glas*, engl. *glass*), bei anderen Autoren z. B. *leudus* 'Lied', *medus* 'Met', *rūna* 'Rune' u. a.

Ein anderer wichtiger Bestandteil unserer Quellen sind die germanischen Entlehnungen in den Nachbarsprachen. Außer den bereits erwähnten Beispielen bewahren vor allem die baltischen Sprachen und das Finnische viele germanische Lehnwörter, vgl. fi. *niekla* ~ dt. *Nadel* (engl. *needle*), fi. *kuningas* ~ dt. *König* (engl. *king*), fi. *kana* ~ dt. *Hahn*/*Huhn*/*Henne* (engl. *hen*), fi. *pelto* ~ dt. *Feld* (engl. *field*). (Es sei doch angemerkt, daß bei den meisten germanischen Lehnwörtern des Finnischen die Forscher noch nicht einig sind, ob sie aus der germanischen Grundsprache oder aus dem Gotischen bzw. dem Urnordischen entlehnt wurden.) Im Baltischen: apr. *rīkis* 'Herr' (vgl. II.1.3., zu dt. *Reich*, *-reich*/*-rich*); lit. *kùnigas* 'Pfarrer' (zu dt. *König* ~ engl. *king*); lit. *kiẽmas* 'Dorf' (vgl. dt. *Heim* ~ engl. *home*); lett. *gatva* 'Weg, Straße' (vgl. dt. *Gasse* ~ engl. *gate*) usw. Die germanischen Lehnwörter des Slawischen wollen wir an dieser Stelle nicht behandeln, da sie in den meisten Fällen vermutlich nicht aus dem Ur- oder Gemeingermanischen, sondern infolge der ehemaligen Nachbarschaft direkt aus dem Gotischen, also einer germanischen Einzelsprache, stammen. Auch die romanischen Sprachen bewahren eine Menge germanischer Lehnwörter, aber auch diese entstammen nicht der germanischen Grundsprache, sondern den späteren germanischen Stammessprachen bzw. Stammesdialekten.

II.2.2. Das phonologische System der germanischen Grundsprache

Zwischen dem Lautsystem der germanischen Grundsprache und dem für die Zeit der indogermanischen Grundsprache anzunehmenden prägermanischen Stand liegen große Veränderungen. Diese kommen am stärksten im germanischen Konsonantismus zum Ausdruck.

Der dänische Philologe Rasmus Rask, der gleichzeitig mit Franz Bopp die Geschichte der nordgermanischen („skandinavischen“) Sprachen, besonders des Isländischen, untersuchte, hat festgestellt, daß zwischen den germanischen Konsonanten und denen der übrigen indogermanischen Sprachen merkwürdige Entsprechungen zu beobachten sind. Seine Entdeckung wurde von JACOB GRIMM in der 1822 erschienenen 2. Auflage seiner „Deutschen Grammatik" vervollkommnet. JACOB GRIMM hat die regelmäßige Veränderung der germanischen Verschlußlaute als germanische (erste) Lautverschiebung bezeichnet. Später hat sie, besonders in der englischen Germanistik, auch den Namen Grimmsches Gesetz (*Grimm's law*) erhalten. Die Lautveränderung läßt sich tabellarisch etwa folgendermaßen zusammenfassen:

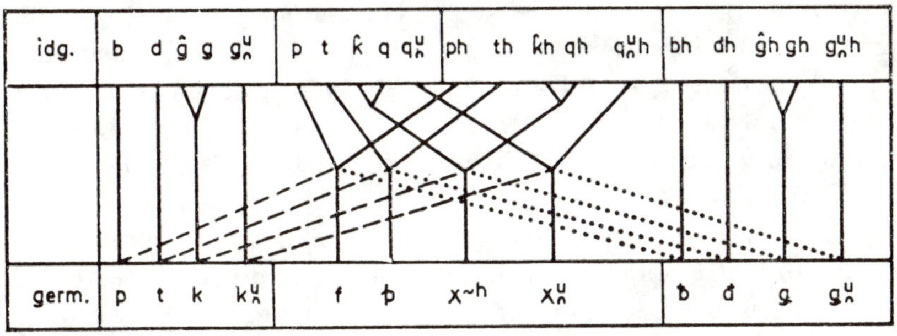

Abb. 8. Die erste (germanische) Lautverschiebung (nach HANS KRAHE)

Das System der indogermanischen Verschlußlaute zeigt demnach im Germanischen folgende Veränderungen (NB: In Bezug auf die deutschen Beispiele sei schon hier angemerkt, daß die meisten deutschen Mundarten ebenso wie die deutsche Hochsprache eine zweite Lautverschiebung durchmachten und sich deshalb von der germanischen Grundsprache noch weiter absetzten, vgl. III.4.2.):

(1) Die stimmhaften Verschlußlaute wurden stimmlos: $b > p$, $d > t$, $g > k$, $g^{u} > k^{u}$, z. B. asl. *blato* 'Sumpf, Moor' ~ ags. *pōl* (> engl. *pool*) 'Pfuhl'; lat. *lābi* 'gleiten' ~ engl. *sleep* 'schlafen' (eigtl. 'in den Schlaf hinübergleiten'); lat. *decem* ~ engl. *ten* 'zehn'; lat. *genu* ~ dt. *Knie*; lat. *vīvus* (<**guī-*) ~ engl. *quick* bzw. dt. *quick* (und *keck*) bzw. idg. **gᵘena* 'Frau' > engl. *queen* 'Königin' und *quean* 'Hure' ~ ahd. *quëna* 'Frau'.

(2) Die stimmlosen behauchten Verschlußlaute sind mit ihren unbehauchten Gegenstücken zusammen zu stimmlosen Reibelauten geworden: *ph* ~ *p* > *f*, *th* ~ *t* > *þ*, *kh* ~ *k* > χ (*h*), $q^{u}h$ ~ q^{u} > χ^{u}, z. B. ai. *phēna-* 'Schaum' ~ engl. *foam* und dt. *Feim*; lat. *pater* ~ dt. *Vater* (engl. *father*); lat. *trēs* ~engl. *three* 'drei'; lat. *cord-* ~ dt. *Herz* (engl. *heart*); lat. *quod* ~ ags. *hwæt* (engl. *what*) und ahd. (*h*)*waz* 'was'.

(3) Die stimmhaften behauchten Verschlußlaute wurden je nach ihrer Lautumgebung z. T. zu stimmhaften unbehauchten Verschlußlauten, z. T. zu stimmhaften Reibelauten: *bh* > *b* ~ *ƀ*, *dh* > *d* ~ *đ*, *ĝh* > *g* ~ *g̣*, *gh* > *g* ~ *g̣*, $g^{u̯}h$ > $g^{u̯}$, z. B. ai. *bhrā́ta(r)-* (lat. *frāter*) ~ dt. *Bruder* (engl. *brother*), aber ai. *nábhas-* (lat. *nebula*) ~ an. *nifl* [niƀl] ~ as. *neƀal* 'Nebel'; ai. *dádhami* 'ich tue' ~ engl. *deed* 'Tat', aber ai. *mádhya-* (lat. *medius* < **medh-*) 'mittlerer' ~ an. *miđr* (engl. *mid*, dt. *Mitte*); idg. **ĝhans-* > dt. *Gans* (engl. *goose*), aber idg. **seĝhos* 'Macht, Gewalt, Sieg' > ags. *sige* 'Sieg'; idg. **ghostis* 'Fremder' (lat. *hostis* 'Feind') > dt. *Gast* (engl. *guest*), aber idg. **steigh-* > ags. *stīgan* 'steigen'.

Besonders zu erwähnen sind die Entsprechungen von idg. $g^{u̯}h$: 1. *gw* (nach Nasalen), z. B. idg. *$seŋg^{u̯}h$- 'tönen, lauten, klingen' > got *siggwan* [siŋgwan] ~ dt. *singen* (engl. *sing*); 2. *g̣* > *g* (vor tiefen Vokalen und Konsonanten), z. B. idg. *$g^{u̯}hn̥t$ 'Kampf' > ags. *gūđ* 'dass:', vgl. die mit *-gund* zusammengesetzten Personennamen im Deutschen wie *Kuni g u n d*, *G u n - tram* usw.; 3. *w* (vor hohen Vokalen und *a*), z. B. idg. *$g^{u̯}hormos$ 'warm' > dt.-engl. *warm*.

Den indogermanischen stimmlosen Verschlußlauten entsprechen aber in den germanischen Sprachen nicht überall stimmlose Reibelaute, sondern unter bestimmten Bedingungen ebenfalls stimmhafte Reibelaute. Dem alten idg. *t* (z. B. in lat. *pater*) entspricht in den germanischen Sprachen ursprünglich *đ*, z. B. engl. *father* 'Vater' (Entwicklung *t* > *þ* > *đ* > *d*, das nach der zweiten [hochdeutschen] Lautverschiebung zu *t* geworden ist), dem idg. *k* entspricht des öfteren spirantisches *g̣*. Dieses „Rätsel" hat der Däne Karl Verner im Jahre 1877 gelöst.

Karl Verner hat entdeckt, daß das Problem mit der Frage des indogermanischen und des germanischen Akzentes zusammenhängt. In der indogermanischen Sprache war der Akzent f r e i, d. h. er konnte auf eine beliebige Silbe des Wortes fallen, wie wir es im Russischen z. B. heute noch vorfinden. Wenn nun der indogermanische stimmlose Reibelaut *s* oder die im Ergebnis der Lautverschiebung aus idg. *p*, *t*, *k̂*, *q*, $q^{u̯}$ bzw. *ph*, *th*, *k̂h*, *qh*, $q^{u̯}h$ entstandenen germanischen Reibelaute *f*, *þ*, *χ*, $χ^{u̯}$ in stimmhafter Lautumgebung standen und der ihnen voraufgehende Vokal im Indogermanischen n i c h t h a u p t b e t o n t war, wurden all diese Reibelaute im Germanischen s t i m m h a f t, also *z*, *ƀ*, *đ*, *g̣*, $g̣^{u̯}$. Diese Erscheinung beschreibt das V e r n e r s c h e G e s e t z. Da sich der regelmäßige Wechsel von stimmhaften und stimmlosen Lauten je nach der Stelle des Akzents in der indogermanischen Grundsprache auch in verschiedenen Formen ein und desselben Wortes geltend machte, wird dann vom g r a m m a t i s c h e n W e c h s e l gesprochen. Er spielt besonders bei den starken Verben eine große Rolle, da bei diesen das Präsens und das Präteritum des Singulars auf stammbetonte, das Präteritum des Plurals und das Partizip des Präteritums aber auf endbetonte indogermanische Formen zurückgehen. (Die germanischen Einzelsprachen haben dann während der weiteren Entwicklung diesen Wechsel in den einzelnen paradigmatischen Reihen zumeist im Wege innerer Analogien zugunsten der einen oder der anderen Form ausgeglichen.)

Vgl. *f* > *ƀ*: lat. *septem* ~ engl. *seven* 'sieben'; *þ* > *đ*: lat. *pater* ~ engl. *father* [fa:ðər] 'Vater'; *h* > *g*: gr. *δεκάς* ~ ags. *-tig* (ahd. *-zug*) 'Zehnt(el)', vgl. engl. *twenty* ~ dt. *zwanzig*; *s* > *z* (*r*): lat. *auris* ~ got. *auso* ~ engl. *ear* 'Ohr'.

Zum grammatischen Wechsel bei den starken Verben vgl.

idg.		germ.	
**u̯értō*	>	**werþō*	'ich werde'
**(u̯e)u̯órta*	>	**warþ(a)*	'ich wurde/ward'
**(u̯e)u̯r̥təmé*	>	**wurđum(i)*	'wir wurden'
**u̯r̥tomós*	>	**wurđan(a)z*	'geworden'.

Dabei verdient der Wechsel *s* ~ *z* besondere Beachtung, weil *z* in den germanischen Sprachen – mit Ausnahme des (isolierten) Gotischen – durchweg zu *r* wurde (R h o t a z i s m u s). So ist also das Gegenstück von *s* in den germanischen Sprachen im allgemeinen nicht mehr *z*, sondern *r*, z. B. in Form- und Wortpaaren wie *kiesen* ≠ *küren*, *frieren* ≠ *Frost*, *verlieren* ≠ *Verlust*, *war* ≠ *gewesen* oder engl. *I was* 'ich war' ≠ *we were* 'wir waren', *to rise* 'aufstehen, sich erheben' ≠ *to rear* 'aufheben, erheben'.

Eine weitere Besonderheit der Lautverschiebung ist, daß sie die stimmlosen Verschlußlaute nicht erfaßte, die das zweite Glied einer Konsonantengruppe bildeten. So sind *p*, *t*, *k* unverschoben geblieben in den Konsonantenverbindungen *sp*, *st*, *sk*, z. B. dt. *springen* ~ engl. *spring*, dt. *Gast* ~ engl. *guest*, got. *fisks* ~ an. *fiskr* 'Fisch'. In der Konsonanz *sk* wurde später der Wandel zu [ʃ] durch die Palatalisierung *k* > *χ* ermöglicht, also [sk > sχ > ʃ] in ags. *fisc* > engl. *fish* bzw. ahd. *fisc* [fisk] > dt. *Fisch*. In den indogermanischen Lautverbindungen *kt* und *pt* wurden zwar *k* und *p* zum Reibelaut, doch *t* ist unverschoben geblieben, vgl. lat. *octo* [okto:] ~ dt. *acht* (engl. *eight*), lat. *captus* 'Gefangener' ~ got. *hafts* 'dass.' (vgl. dt. *Haft*, engl. *haft*).

Über das Alter dieser Verschiebungen gehen die Meinungen auseinander. Manche Forscher setzen sie in die Zeit zwischen 400 und 250 v. u. Z., andere wiederum behaupten, daß sie bereits um 500 v. u. Z. abgeschlossen gewesen seien. Das sind natürlich lauter Daten *ante quem*, denn der Prozeß nahm offenbar seinen Anfang, als die Prägermanen die Bevölkerung der Urheimat (im engeren Sinne) überlagerten. Auch über die Ursachen gibt es noch keine einheitliche Ansicht. Die Substrattheorie rechnet sie logischerweise mit zu den Folgen der Sprachmischung, während ihre Gegner sie als eine innersprachliche Entwicklung interpretieren. Zu denken gibt allerdings, daß analoge Vorgänge auch im Altarmenischen, im Hethitischen, im Tocharischen, z. T. auch im Keltischen und Iranischen zu verzeichnen sind, d. h. in Sprachen, bei denen das Vorhandensein eines starken fremden Substrats (ohne stimmhafte Verschlußlaute im Anlaut!) keinem Zweifel unterliegt. Dadurch wird die Wahrscheinlichkeit der Substrattheorie auch für das Germanische erhöht.

Viel altertümlicher erscheint in der germanischen Grundsprache der indogermanische Vokalismus:

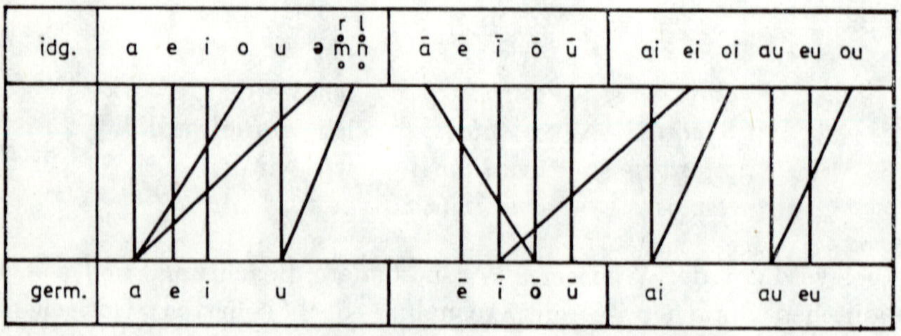

Abb. 9. Der germanische Vokalismus (nach Hans Krahe)

Idg. *o* und *a* wurden also zu *a*, z. B. idg. **aĝros* 'Boden, Ackerboden' (lat. *ager*) > dt. *Acker* (engl. *acre*) bzw. idg. **oḱtṓ(u)* (lat. *octo*) > dt. *acht* (engl. *eight*), idg. *ō* und *ā* aber zu *ō*, z. B. lat. *flōs* ~ got., ags. *blōma* 'Blume' (engl. *bloom*) bzw. lat. *māter* ~ engl. *mother* 'Mutter'. Dementsprechend erscheinen auch die Diphthonge *oi* und *ou* als *ai* und *au*, d. h. sie sind mit idg. *ai* und *au* zusammengefallen, vgl. idg. **ĝhaidis* (vgl. lat. *haedus* 'Ziegenbock') > got. *gaits* 'Geiß, Ziege' (engl. *goat*), idg. **oinos* (vgl. alat. *oinos*) > got. *ains*, dt. *ein(s)* (engl. *one* bzw. *a, an*) bzw. idg. **roudhos* > got. *rauþs*, an. *rauðr* 'rot' usw. Der Diphthong *ei* wurde monophthongiert, z. B. gr. *στεί-χω* 'gehe' ~ ahd.-ags. *stīgan* 'steigen'.

Die indogermanischen silbischen Nasale und Liquiden entwickelten ein *u* vor sich, z. B. idg. **ḱm̥tóm* (vgl. lat. *centum*) > got.-ags. *hund*, ahd. *hunt* 'hundert' (engl. *hundred*), wobei zu beachten ist, daß vor Dentalen idg. *m* > germ. *n* wurde; idg. **u̯l̥qu̯os* > got. *wulfs*, ags. *wulf* 'Wolf', idg. **bhr̥tis* 'Tragen, Bringen, Holen' ~ dt. *Geburt*.

Eine gemeingermanische Erscheinung ist schließlich die Vokaldehnung vor der Konsonantengruppe **-nχ* als Folge des Nasalschwundes, z. B. *bringen – brachte* (mhd. *brâhte*, ahd. *brāhta*) bzw. engl. *bring – brought* (ags. *brōhte*), *denken* – *dachte* (mhd. *dâhte*, ahd. *dāhta*) bzw. engl. *think* – *thought* (ags. *þōhte*). Hier handelt es sich um eine Ersatzdehnung.

Ein besonderes Merkmal der germanischen Grundsprache ist, daß sie die indogermanischen Auslautsvokale und -konsonanten von den allgemeinen Regeln abweichend weiterentwickelte. Dies hat seine Ursache darin, daß nach der Verlagerung des dynamischen Akzents auf die erste Silbe des Wortes die somit nebentonig gewordenen Endsilben bereits in gemeingermanischer Zeit abgeschwächt zu werden begannen. Die Regelmäßigkeiten dieser Erscheinung sind die germanischen Auslautsgesetze, wobei es sich im wesentlichen um den absoluten Schwund oder wenigstens um die quantitative Reduktion der betroffenen indogermanischen Laute handelt.

Auslautendes idg. *-m* wurde ziemlich früh zu *-n* und blieb in dieser Qualität in einsilbigen Wörtern nach Kurzvokalen, oder wenn sie gedeckt waren, erhalten, vgl. idg. **qᵘom* (alat. *quom* > lat. *cum*) 'wann?' > *wann* (engl. *when*). Nach langem Vokal ist aber dieses *-n* geschwunden: idg. **tām* 'diese' (Akk. Pl.) > got. *þō* 'dass.'.

Die indogermanischen dentalen Verschlußlaute wurden im Gemeingermanischen im Auslaut aufgegeben, z. B. idg. **nepōt-* (lat. *nepot-*) 'Enkel' ~ germ. **nefō(đ)* > ags. *nefa*, ahd. *nefo* 'Neffe'. Eine Ausnahme bildeten nur die Wörter, die aus einer einzigen Silbe bestanden; vgl. lat. *ad* 'zu' ~ ags. *æt* (engl. *at*), ahd. *aȥ* 'dass.' u. dgl.

Im Vokalismus wurden die auslautenden Kürzen aufgegeben, die Längen hingegen gekürzt. Diese Gesetzmäßigkeiten haben sich bei den einzelnen Gruppen der Germania erst allmählich entfaltet, ihre gemeinsame Entwicklungstendenz begann sich aber noch in gemeingermanischer Zeit auszuwirken. Germ. **a* (< idg. **a* und **o*) ist geschwunden: gr. *οἶδα* 'ich sehe' ~ ags. *wāt*, ahd. *weiȥ* 'ich weiß'; genauso germ. **e/*i* (< idg. **e*), z. B. gr. *οἶδε* 'er sieht' ~ ags. *wāt*, ahd. *weiȥ* 'er weiß'. In dritter Silbe ist auch germ. **i* (< idg. **i*) ausgefallen: ai. *bharasi* 'du trägst' ~ ags. *bires*, ahd. *biris* 'dass.'. Dasselbe ist eingetreten bei germ. **u* (< idg. **u*), vgl. idg. **kanon-m̥* 'Hahn' (Akk.) ~ germ. **hanan-u(n)* > ags. *hanan*, ahd. *hanon* 'dass.'.

Langvokale sind in einsilbigen Wörtern unter Hochton erhalten geblieben, vgl. idg. **tē/tō* 'damit, da' ~ germ. **þē* > got. *þē* 'wobei' bzw. germ. **þō* > ahd. *dō/dūo* 'damit, da'.

Idg. **ō* hatte hinsichtlich des Silbenakzents einen Stoßton (d. h. es war steigend) oder einen Schleif- bzw. Gleitton (d. h. es war fallend). (Diese beiden Varianten der Intonation werden auch *Akut* bzw. *Zirkumflex* genannt.) Stoßtoniges idg. **ō* erscheint in den germanischen Einzelsprachen bzw. Stammesdialekten in verschiedenen Formen, z. B. urgerm. **geƀu* > got. *giba*, as. *geƀa*, ahd. *geba*, ags. *gife/giefe/giefu*, an. *gjǫf* 'Gabe', genauso auch schleiftoniges idg. **ō̃*, z. B. got. *galeikō*, an. *glíka*, as.

gilīko, ahd. *gilīcho* 'gleich(erweise)', immerhin ist anzunehmen, daß seine Reduktion bereits in gemeingermanischer Zeit einsetzte, obwohl diese erst in den Einzelsprachen voll entfaltet wurde.

Im Auslaut wurden im Germanischen auch die Diphthonge reduziert. Die vorausgesetzten indogermanischen Langdiphthonge scheinen auf der gemeingermanischen Sprachstufe — sofern sie in diesem Areal des Indogermanischen überhaupt vorhanden gewesen waren — schon mit den entsprechenden Kurzdiphthongen zusammengefallen zu sein und wurden einheitlich weiterentwickelt. Als die allgemeine Tendenz der Entwicklung des germanischen Vokalismus läßt sich im Vergleich zum Indogermanischen die Integrierung, als die des Konsonantismus hingegen eher die Differenzierung festhalten.

II.2.3. Die grammatisch-morphologische Struktur der germanischen Grundsprache

Die grammatische Struktur des Indogermanischen wurde im Germanischen stark vereinfacht. Der alte Dualis ist im allgemeinen nur in der 1. und in der 2. Person des Personalpronomens, im Gotischen auch in der 1. und 2. Person des Verbs erhalten geblieben. Sonst ist er mit dem Plural zusammengefallen und während der weiteren Entwicklung geschwunden. In den heutigen germanischen Sprachen ist er nur noch in Spuren vorhanden, z. B. in bair. *ees* [*e:s*] 'ihr', *enk* 'euch', *enker* 'euer'. Aber inhaltlich ist er auch hier schon rein pluralisch geworden.

Auch die Zahl der Kasus der Nomina wurde vermindert. Der Lokativ fiel weg. Seine Funktion übernahm der Dativ (mit Präposition). Der Nominativ und Akkusativ, auch der Genitiv und der Dativ oder der Dativ und der Instrumentalis fielen teilweise zusammen. Parallel zu dieser Entwicklung, dem Umbau der Struktur, trat der Gebrauch von Präpositionen immer mehr in den Vordergrund. Damit war bereits die in den meisten germanischen Sprachen (und auch in den deutschen Mundarten!) entfaltete analytische Tendenz der Sprachentwicklung vorgezeichnet.

Die Deklinationsklassen des Substantivs wurden umgruppiert: die größeren, von vielen Wörtern getragenen Klassen sogen die schwächeren zunehmend auf. Am stärksten erwies sich dabei die idg. *o*-Klasse (= 2. Deklination im Lateinischen: *a*-Klasse im Germanischen!) für Maskulina und Neutra und die idg. *ā*-Klasse (= 1. Deklination im Lateinischen: *ō*-Klasse im Germanischen!) für Feminina. Von den übrigen Klassen gehen die *i*-, die *u*- und die *n*-Klasse langsam zu den großen Klassen über.

Das germanische Adjektiv wurde, wie in der indogermanischen Grundsprache, mit einem vokalisch auslautenden Suffix (Mask./Neutr. *-o*,

Fem. -*ā*) gebildet. Der Bildungstyp mit einem konsonantischen Suffix (= 3. Deklination der Adjektiva im Lateinischen) wurde völlig aufgegeben. Die hierher gehörenden Adjektiva gingen ebenfalls zu der *o*- bzw. *ā*-Klasse über. Als germanische Sonderentwicklung kann aber gelten, daß von allen Adjektiven auch mit dem substantivischen *n*-Suffix Nebenformen gebildet werden konnten. Seit JACOB GRIMM pflegt man die vokalische Deklination „stark“, die *n*-Deklination „schwach“ zu nennen. Die starken Formen spielen eine primäre, selbständige Rolle, indem sie die betreffende Klasse bzw. den Kasus unmittelbar verdeutlichen, während die schwachen Formen in der Regel durch andere Wörter, hauptsächlich durch Demonstrativpronomina – später durch Artikel – bestimmt werden müssen. Letztere sind also in dieser Hinsicht sekundär. Diese Einteilung hat man dann auch auf die Deklination der Substantiva übertragen. So heißen in den Grammatiken die vokalischen Deklinationsklassen „stark“, die *n*-Klasse aber „schwach“. Die starke Deklination der Adjektiva zeichnet sich auch dadurch aus, daß sie anstelle der ursprünglichen substantivischen Endungen Pronominalendungen annehmen kann.

Die germanischen Pronomina entsprechen im wesentlichen ihren indogermanischen Vorlagen. In den meisten germanischen Sprachen kennen sie jedoch keinen Dualis mehr, und für die 3. Person des Personalpronomens – die in der indogermanischen Grundsprache noch nicht einheitlich ausgedrückt wurde – finden in den Einzelbereichen der Germania – verschiedene Demonstrativpronomina Verwendung. Hier sei erwähnt, daß das ursprüngliche indogermanische Reflexivum (**se*, vgl. lat. *sē* ‘sich’) unter den germanischen Sprachen nur noch im Gotischen, im Althochdeutschen und im Altnordischen bekannt war.

Stark vereinfacht erscheint auch das indogermanische System des Verbs. Es sind nur noch zwei ursprüngliche, synthetische Tempora (Präsens und Präteritum) vorhanden, wobei das germanische Präteritum – herkunftsmäßig – nicht dem indogermanischen Präteritum, sondern dem indogermanischen Perfekt entsprach. Das indogermanische Futurum wird in den ältesten germanischen Dialekten durch das Präsens ausgedrückt. Später kommen auch Umschreibungen, d. h. zusammengesetzte Formen, auf. Die germanische Grundsprache kennt nur drei Modi, und zwar Indikativ, Imperativ und Optativ (als Wunschform). Der Optativ hat in seiner Funktion den indogermanischen Konjunktiv verdrängt. Neben dem indogermanischen Aktiv ist das indogermanische Medium nur in Spuren (aber meistens in passivischer Funktion) erhalten geblieben im Gotischen und im Altenglischen; in den übrigen germanischen Sprachen ist es völlig geschwunden. Dem Fehlen des Passivs wurde später, im Gange der Sonderentwicklung der germanischen Einzelsprachen, durch verschiedene Umschreibungen abgeholfen. Von den Numeri waren Singular und Plural voll ausgebildet, während der Dualis auch hier allmählich aufgegeben wurde. Das Dreiersystem der Kategorie der Person war zwar vorhanden, aber es wurde, wenigstens formal, überall ein Ausgleich angestrebt. So wurden z. B. im Altenglischen, im Altfriesischen und im Altsächsischen die verschiedenen Formen des Plurals vereinheitlicht, indem zuerst die Formen der 1. und der 2. Person zusammenfielen und dann auch die der 3. Person sich anglichen, z. B. ags. *hebbað*, as. *hebbiad* 'wir heben', 'ihr hebt', 'sie heben' gegenüber ahd. *heffemēs* 'wir heben', *heffet* 'ihr hebt', *heffent* 'sie heben'.

Eines der drei Verbalnomina war substantivisch; ihm standen zwei adjektivische gegenüber. Das Verbalsubstantiv (Infinitiv) zeigte aber eine von der indogermanischen grundverschiedene Bildungsweise, soweit es aus dem Präsensstamm gebildet wurde, wenngleich mit einem Suffix indogermanischer Herkunft (**-no-*), z. B. *les-en*, aber lat. *lege-re*, russ. чита-ть. Die Personalendungen hingegen entsprachen dem allgemeinen indogermanischen Typus.

Im germanischen Verbalsystem kam dem sogenannten Ablaut eine besondere Bedeutung zu. Der Ablaut ist eigentlich eine phonetisch-phonologische Erscheinung, trotzdem soll er an dieser Stelle behandelt werden, da er in den germanischen Sprachen in erster Linie im Verbalsystem, zweitens in der Wortbildung zur Geltung kommt. Die in der englischen, romanischen und slawischen Literatur erscheinende griechische Bezeichnung Apophonie ist eine moderne Lehnübersetzung der GRIMMschen Wortprägung ,,Ablaut".

Der Ablaut war bereits in der indogermanischen Grundsprache vorhanden. In ihr standen die meisten Vokale – Monophthonge wie Diphthonge – in bestimmten regelmäßigen Beziehungen zueinander. Doch wurde der Ablaut in der germanischen Grundsprache konsequent entfaltet und bildete innerhalb des germanischen Verbalsystems den besonderen Typus der sogenannten starken Verba.

In der indogermanischen Grundsprache beruhte der Ablaut auf dem regelmäßigen Wechsel von *e* und *o* innerhalb des gleichen Wortstamms. Die ursprüngliche Form ist noch im Lateinischen zu ersehen aus dem Verhältnis von *tego* 'ich decke (zu)' und *toga* 'Toga: übergeworfenes Gewand'. Demgemäß wurden auch die Diphthonge dem Ablaut unterzogen, soweit sie einen dieser Laute enthielten. Da sie in der germanischen Grundsprache Änderungen erfahren hatten, wurde auch das System des Ablauts entsprechend modifiziert ($o > a$, $e > e/i$).

Wir haben zwei Arten des Ablauts zu unterscheiden. Bei der einen ändert sich die Quantität des Vokals (lang : kurz : Diphthong). Hierher zählte z. B. ursprünglich das Wort *reiten-geritten*: ahd. *rītan-giritan*, vgl. engl. *ride* (< ags. *rīdan*) und *ridden* (ags. *riden*). In solchen Fällen spricht man vom quantitativen Ablaut (auch Abstufung). Wenn sich dagegen die Qualität des Stammvokals ändert, wie z. B. bei *singen — sang* (engl. *sing — sang*), handelt es sich um den qualitativen Ablaut (auch Abtönung).

Seinen Variationen gemäß unterscheidet man beim verbalen Ablaut sechs Reihen oder Klassen, wobei „Reihe" und „Klasse" ursprünglich nicht das gleiche meinten. Die Anordnung dieser Ablautsreihen (Ablautsklassen) steht in keinem chronologischen Zusammenhang mit irgendwelchen sogenannten „Lautgesetzen", sondern sie stellt lediglich das Ergebnis einer wissenschaftlichen Abstraktion bzw. Übereinkunft dar. Innerhalb der einzelnen Reihen unterscheidet man nach der Qualität bzw. der Quantität des Stammvokals eine Normalstufe (Vollstufe), eine Dehnstufe, eine Reduktionsstufe und eine Nullstufe (Schwundstufe). So wechseln z. B. im Gotischen die folgenden Formen des Verbs miteinander ab: *niman* 'nehmen' ist Normalstufe wie auch *nam* 'ich nahm', *nēmum* 'wir nahmen' ist Dehnstufe bzw. *numans* 'genommen' (idg. !) Nullstufe (nämlich idg. *-*n̥*- > germ. -*un*-, vgl. II.2.2.).

Die durch den Unterschied der einzelnen Stufen gebildeten Verbalformen sind im Germanischen 1. der Präsensstamm (mit dem Infinitiv); 2. das Präteritum des Singulars; 3. das Präteritum des Plurals; 4. das Partizip des Präteritums. Im Hinblick auf die späteren, einzelsprachlich bedingten Wandlungen lassen sich die einzelnen Ablautsreihen — im Einklang mit HANS KRAHES Aufstellung — folgendermaßen veranschaulichen:

1. Ablautsreihe: idg. *ei/oi - i* = germ. *ī/ai - i*

Beispiele:

got.	*greipan* [gri:pan]	*graip* [grɛ:p]	*gripum*	*gripans* 'greifen'
ags.	*grīpan*	*grāp*	*gripon*	(*ge*)*gripen*
ahd.	*grīfan*	*greif*	*griffum*	*gi-griffan*

(-*m* in *griffum* ist die frühahd. Form; seit dem 9. Jh. wurde dafür -*n* gebraucht.)

2. Ablautsreihe: idg. *eu/ou - u* = germ. *iu*(*eu*)/*au - u*

Beispiele:

got.	*biudan*	*bauþ* [bɔ:θ]	*budum*	*budans* '(ge)bieten'
ags.	*bēodan*	*bēad*	*budon*	(*ge*)*boden*
ahd.	*beotan*/*biotan*	*bōt* (*ō* < *ou*)	*butum*	*gi-botan*
(obd.	*biutan*)			

3. A b l a u t s r e i h e: *en/on - n̥* = germ. *in*(< *en*)/*an - un*

(Ebenso vor allen Nasalen und Liquiden, falls diese Laute im Stammauslaut von einem weiteren Konsonanten gedeckt sind, also germ. *im/am - um, er/ar - ur, el/al - ul.*

Beispiele:

got.	*bindan*	*band*	*bundum*	*bundans*	'binden'
ags.	*bindan*	*band*	*bundon*	(*ge*)*bunden*	
ahd.	*bintan*	*bant*	*buntum*	*gi-buntan*	

got.	*wairpan*	*warp*	*waurpum*	*waurpans*	'werfen'
	[wɛ:rpan]		[wɔ:rpum]	[wɔ:rpans]	
ags.	*weorpan*	*wearp*	*wurpon*	(*ge*)*worpen*	
ahd.	*werfan*	*warf*	*wurfum*	*gi-worfan*	

4. A b l a u t s r e i h e: idg. *en/on - ēn - n̥* = germ. *in*(*en*)/*an - ēn - un*

(Ebenso vor allen Nasalen und Liquiden, allerdings in der ganzen Reihe – zum Unterschied von der 3. Ablautsreihe – mit Einschaltung der Dehnstufe und ohne weitere Konsonantendeckung, also germ. *im*(*em*)/*am - ēm - um, er/ar - ēr - ur, el/al - ēl-ul.*

Beispiele:

got.	*niman*	*nam*	*nēmum*	*numans*	'nehmen'
ags.	*niman*	*nam*	*nāmon*	(*ge*)*numen*	
ahd.	*neman*	*nam*	*nāmum*	*gi-noman*	

got.	*bairan*	*bar*	*bērum*	*baurans*	'tragen'
	[bɛ:ran]			[bɔ:rans]	
ags.	*beran*	*bær*	*bǣron*	(*ge*)*boren*	
ahd.	*beran*	*bar*	*bārum*	*gi-boran*	

5. A b l a u t s r e i h e: idg. *e/o - ē* = germ. *i*(*e*)/*a - ē*

Beispiele:

got.	*lisan*	*las*	*lēsum*	*lisans*	'lesen'
ags.	*lesan*	*læs*	*lǣson*	(*ge*)*lesen*	
ahd.	*lesan*	*las*	*lārum*	*gi-leran*	

(Das Part.Prät. steht hier ablautmäßig auf einer Stufe mit dem Präsens/Infinitiv.)

6. A b l a u t s r e i h e: idg. *a*(*o*) - *ā*(*ō*) = germ. *a* - *ō*

Beispiele:

got.	*faran*	*fōr*	*fōrum*	*farans*	'fahren'
ags.	*faran*	*fōr*	*fōron*	(*ge*)*faren*	
ahd.	*faran*	*fuor*	*fuorum*	*gi-faran*	

(Das Part.Prät. steht hier ablautmäßig auf einer Stufe mit dem Präsens/Infinitiv.)

Neben diesen kurzvokalischen Ablautsreihen gab es auch eine 7., langvokalische Klasse in der germanischen Grundsprache mit dem Wechsel *ē*/*ō*, die sich nur im Gotischen klar nachweisen läßt, vgl. got. *lētan* 'lassen' — *lailōt* [lelɔ:t] 'ließ' — *lailōtum* 'ließen' — *lētans* 'gelassen' (das Part.Prät. steht also auf der gleichen Stufe wie das Präsens/Infinitiv).

Die oben entworfenen Ablautsklassen haben nicht nur im System der starken Verba, sondern auch in der W o r t b i l d u n g große Bedeutung erlangt:

1. A b l a u t s r e i h e:

got.	*-weis*	'wissend'	*wait*	'ich weiß'	*un-wiss*	'ungewiß'
ags.	*wīs*	'weise'	*wāt*		*wiss*	'gewiß'
ahd.	*wīs*		*weiʒ*		*gi-wiss*	

2. A b l a u t s r e i h e:

got.	*liufs*	'lieb'	*ga-laubjan*	'glauben'	*lubains*	'Liebe'
ags.	*lēof*		*ge-līefan*		*lof*	'Lob'
ahd.	*liob*		*gi-louben*		*lob*	

3. A b l a u t s r e i h e:

got.	*bindan*	'binden'	*bandi*	'Band, Fessel'	*ga-bundi*	'Band'
ags.	*bindan*		*bend*		*bund*	'Bund, Bündel'
ahd.	*bintan*		*bant*	mhd.	*bunt*	'Fessel, Knoten'

4. A b l a u t s r e i h e:

got.	*bairan* [bɛ:ran]	'tragen'	*barn*	'Kind'	*ga-baurþs* [ga-bɔ:rθs]	'Geburt'
ags.	*beran*		*bearn*		*ge-byrd*	
ahd.	*beran*		*barn*		*gi-burt*	

5. A b l a u t s r e i h e:

got. *sitls*	'Sitz'	*satjan*	'setzen'	*anda-sēts*	'abscheulich'
ags. *setl*		*settan*		*sǣt*	'Hinterhalt'
ahd. *sedel*		*setzen*		*gi-sāʒʒi*	'Sitz'

6. A b l a u t s r e i h e:

got. *graba*	'Graben'		*grōba*	'Grube'
ags. *græf*	'Grab'	me.	*grōfe*	
ahd. *grab*			*gruoba*	

Einzelne Spuren verweisen auch hier auf die 7., l a n g v o k a l i s c h e R e i h e: idg. **dhē-*/**dhō-* in got. *ga-dēþs*, ags. *dǣd*, ahd. *tāt* 'Tat' bzw. ags. *dōn*, ahd. *tuon* 'tun'.

Anzumerken ist, daß der Ablaut ursprünglich nicht nur die Haupttonsilben, sondern auch die nebentonigen Suffixe erfaßte, z. B. *i/a*: got. *wulf-i-s* 'Wolfs' (Gen. Sing.) ≠ *wulf-a-m* 'Wölfen' (Dat. Pl.) bzw. in der Wortbildung, z.B. *i/u/a*: got. *maurgins* [mɔ:rgins] ≠ ahd., as. *morgan* 'Morgen', an. *konungr* ≠ ahd. *chuning* (ags. *cyning*) 'König'.

Neben der Gruppe der starken Verba nahm die Gruppe der sogenannten „schwachen" Verba immer mehr zu. Ihr entscheidendes Merkmal besteht darin, daß sie die Formen des Präteritums bzw. des Partizips II nicht durch Änderung des Stammvokals, sondern durch die Anfügung eines dentalen Bildungselements (Tempuszeichens) aus dem Präsensstamm bilden; dieses Element war meistens *-d-*, konnte aber infolge seiner phonetischen Umgebung auch als *t*, *þ*, *ð* bzw. gedehnt (*-dd-*, *-tt-* usw.) erscheinen. Ebenso ergaben die s c h w a c h e n V e r b a verschiedene (in der germanischen Grundsprache vier) Stammklassen, von denen jede auch eine bestimmte Bedeutung hatte. Es waren das nach ihrem Bildungssuffix geordnet:

1. K l a s s e: idg. *-*ei̯*- = germ. -*i*- (-*j*-)

	Präs.	Prät.	
got.	*nas-j-an*	*nas-i-da*	'retten'

2. K l a s s e: idg. *-*ā*- = germ. -*ō*-

got.	*salb-ō-n*	*salb-ō-da*	'salben'

3. K l a s s e: idg. *-*ē*(*i̯*)- = germ. -*ē*-(-*ai*-)

got.	*hab-a-n*	*hab-ai-da*	'haben'
ags.	*habb-a-n*	*hæf-de*	
ahd.	*hab-ē-n*	*hab-ē-ta*	

4. K l a s s e: idg. *-*nā*-/*-*nə*- = germ. -*nō*/-*na*-

got. *full-na-n*	*full-nō-da*	'voll werden'

In den übrigen germanischen Einzelsprachen wurde die 4. Klasse aufgegeben, d. h. die dazu gehörenden Wörter anderen Klassen zugeordnet. Die 1. Klasse diente zur Bildung von Kausativen zu primären Verben (got. *satjan* 'setzen' zu *sitan* 'sitzen') und von Faktitiven zu Adjektiven (got. *hailjan* 'heilen' zu *hails* 'heil, gesund'). Die 2. Klasse umfaßt Deverbativa mit intensivierter Bedeutung und noch mehr Denominativa (got. *fiskōn* 'fischen' zu *fisks* 'Fisch'). In der 3. Klasse sind deverbale Durativa (ahd. *werēn* 'währen' zu *wesan* 'sein') und denominale Inchoativa (ahd. *fulēn* 'faulen' zu *fūl* 'faul') enthalten.

In einer besonderen Gruppe der Verba — in den Klassen der sogenannten P r ä t e r i t o p r ä s e n t i e n wird die Funktion des Präsens durch das — meist mit perfektivem Inhalt versehene — starke Präteritum erfüllt, z. B. lat. *ōdi* 'ich hasse' (eigtl. 'ich haßte'). Notwendigerweise mußte zu diesen Verben ein neues Präteritum — nunmehr nach dem Vorbild der schwachen Verba — gebildet werden. Die Präteritopräsentien lassen sich ebenfalls nach den Ablautsreihen anordnen:

1. A b l a u t s r e i h e:

a)	got.	*wait* 'weiß' [wɛ:t]	*witum* 'wir wissen'	*wissa* 'ich wußte'
	ags.	*wāt*	*witon*	*wisse*/*wiste*
	ahd.	*weiʒ*	*wiʒʒum*	*wissa*/*wista*
b)	got.	*aih* [ɛ:x] 'habe'	*aigum*/*aihum* [ɛ:gum/ɛ:xum] 'wir haben'	*aihta* 'hatte' [ɛ:xta]
	ags.	*āg*/*āh*	*āgon*	*āhte*
	ahd.	—	*eigun*	—
c)	got.	*lais* [lɛ:s] 'verstehe' (Nur got. belegt.)		

2. A b l a u t s r e i h e:

got.	*daug* [dɔ:g] 'taugt'	—	—
ags.	*dēag*/*dēah*	*dugon*	*dohte*
ahd.	*toug*	*tugum*	*tohta*

3. A b l a u t s r e i h e:

a)	got.	*kann* ‘kenne, kann’	*kunnum*	*kunþa*
	ags.	*can*(*n*)	*cunnon*	*cūðe*
	ahd.	*kan*	*kunnum*	*konda*
b)	got.	*þarf* ‘bedarf’	*þaurbum* [θɔ:rbum]	*þaurfta* [θɔ:rfta]
	ags.	*þearf*	*þurfon*	*þorfte*
	ahd.	*darf*	*durfum*	*dorfta*
c)	got.	*ga-dars* ‘wage’	*ga-daursum* [gadɔ:rsum]	*ga-daursta* [gadɔ:rsta]
	ags.	*dear*(*r*)	*durron*	*dorste*
	ahd.	*gi-tar*	*gi-turrum*	*gi-torsta*
d)	got.	—	—	—
	ags.	*ann* ‘gönne’	*unnon*	*ūðe*
	ahd.	*an*	*unnum*	*onda*

4. A b l a u t s r e i h e:

a)	got.	*skal* ‘soll’	*skulum*	*skulda*
	ags.	*sceal*	*sculon*	*sc*(*e*)*olde*
	ahd.	*scal*	*sculum*	*scolta*
b)	got.	*man* ‘meine, gedenke’	*munum*	*munda*
	ags.	*man*	*munon*	*munde*
	ahd.	—	—	—
c)	an.	*mun* ‘werde’	*munum*	*mynda*

(Sonst in keiner germanischen Sprache belegt.)

5. A b l a u t s r e i h e:

a)	got.	*mag* ‘kann’	*magum*	*mahta*
	ags.	*mæg*	*magon*	*meahte*
	ahd.	*mag*	*magum/mugum*	*mahta/mohta*
b)	got.	*ga-nah* ‘genügt’	—	—
	ags.	*be-neah*	*be-nugon*	*be-nohte*
	ahd.	*gi-nah*	—	—
c)	an.	*kná* ‘kann’	*knegum*	*knátta*

(Sonst in keiner germanischen Sprache belegt.)

6. Ablautsreihe:

a)	got.	*ga-mōt*	'habe Raum, kann'	—	*ga-mōsta*
	ags.	*mōt*	'darf'	*mōton*	*mōste*
	ahd.	*muoʒ*	'darf'	*muoʒum*	*muosa*
b)	got.	*ōg*	'fürchte'	*ōgum*	*ōhta*

(Nur got. belegt.)

Die indogermanischen athematischen (d. h. bindevokallosen) Wurzelverba (auf *-mi*) sind in der germanischen Grundsprache nur in Resten vorhanden, so das Verbum substantivum 'sein' (z. B. got. *im* ~ ags. *eom/bēo(m)* ~ ahd. *bim/bin* 'ich bin'), das Verb 'tun' (ags. *dō[m]* ~ ahd. *tuom/tuon* 'ich tue') sowie die Verba 'gehen' und 'stehen' (ahd. *gām/gān* 'ich gehe', aber ags. *gā* [!] bzw. ahd. *stām/stān* 'ich stehe').

Den indogermanischen Optativ bewahrt das Verb 'wollen' im Präsens: got. *wiljau* [wiljɔ:] ~ ags. *wille* ~ ahd. *willu* 'ich will'; got. *wileis* [wili:s] ~ ags. *wilt* ~ ahd. *wili* 'du willst' usw.

Im Zusammenhang mit den phonologischen und morphologischen Veränderungen müssen wir die Frage des germanischen Akzents bzw. der germanischen Akzentverlagerung besonders hervorheben. Die Freiheit des indogermanischen Akzents (d. h. der freie oder traditionelle Akzent) wurde in der germanischen Grundsprache ganz und gar aufgegeben. Im Germanischen herrscht die Anfangsbetonung. Bei den wenigen Wurzelstämmen, bei denen Wurzel und Stamm zusammenfallen, wurde der Wortakzent auf dem Stammorphem festgelegt. Die Anfangsbetonung — d. h. der feste oder gebundene Akzent — ist erst im Laufe der Zeit erreicht worden, denn das Vernersche Gesetz setzt noch das Vorhandensein des beweglichen Wortakzents voraus. Die Festlegung des Akzents begegnet auch bei nominalen Zusammensetzungen; hingegen fällt der Akzent in Verbalzusammensetzungen meist auf den Stamm, d. h. ihre Entstehung läßt sich aus der Zeit nach der Akzentverlagerung datieren. So wird erklärlich, daß wir im Deutschen heute noch Paare von Nominal- und Verbalzusammensetzungen haben wie ***Ur****laub*, — *er****lauben***; ***Ur****teil* (vgl. engl. ***or****deal*) — *er****teilen***; ***Ant****wort*, ***Ant****litz* neben ***ent****sagen*, ***emp****fangen* usw. (Das Verb ***ant****worten* ist erst sekundär vom Substantiv gebildet worden.) Der Akzent war nach seiner Festlegung nicht mehr musikalisch (Abstufung der Tonhöhe!), sondern entschieden dynamisch (Abstufung der Tonstärke!).

II.2.4. Satzbau

Vom Satzbau der germanischen Grundsprache ist nur wenig bekannt, da die überlieferten Quellen (die gotische Bibel usw.) kaum mit Sicherheit erkennen lassen, welche syntaktischen Strukturelemente als ursprünglich und welche als vorgeprägte (griechische, lateinische) Nachbildung zu gelten haben. In der einschlägigen Literatur wird die syntaktische Beeinflussung durch die großen Kultursprachen der Antike allerdings stark übertrieben. Man darf ja nie vergessen, daß zwischen Griechisch-Lateinisch und Germanisch (auf der Stufe der Stammessprachen) strukturmäßig noch kein Antagonismus vorhanden war.

Im Vergleich zu der indogermanischen Grundsprache läßt sich allerdings die Entwicklung eines Systems von Nebensätzen feststellen. Es war wohl die indirekte Rede am geläufigsten, und bei dem Gebrauch der Konjunktivformen begannen sich einige Regeln der gesetzmäßigen Zeitenfolge — der sogenannten Consecutio temporum — herauszubilden. Maßgebend war die Zeitstufe des Hauptsatzes: Stand er in der Gegenwart oder in der Zukunft, so mußte der Konjunktiv des Gliedsatzes ebenfalls im Präsens stehen; stand der Hauptsatz dagegen in der Vergangenheit, dann mußten im Gliedsatz die Konjunktive der Vergangenheit gebraucht werden. Diese Regel gilt heute nicht mehr. Aus der morphologischen Struktur folgt, daß die germanische Grundsprache einen absoluten Dativ gehabt haben muß, der im allgemeinen den absoluten Konstruktionen des Griechischen (Genitivus absolutus) bzw. des Lateinischen (Ablativus absolutus) entsprach. Die Wortstellung war viel weniger gebunden als in den germanischen Sprachen der Gegenwart, da die syntaktische Funktion der einzelnen Elemente des Satzes auch morphologisch noch klar zu erkennen waren, ähnlich wie im Griechischen, im Lateinischen oder im Russischen.

II.2.5. Wortschatz

Die breiteste Schicht des Wortschatzes der germanischen Grundsprache stellt zweifellos die Erbschaft der indogermanischen Grundsprache dar. Die Namen der meisten Körperteile, die Bezeichnungen für Verwandtschaftsbeziehungen, für Wohnstätten und Lebensweise — vor allem für die Viehzucht, weniger jedoch für den Ackerbau — bezeugen entschieden den indogermanischen Charakter der germanischen Grundsprache, vgl. idg. **qap-ut-* 'Kopf' (vgl. lat. *caput*) ~ ags. *hafud/hēafod* > engl. *head* bzw. ahd. *houbit* > dt. *Haupt*; idg. **oq-* 'schauen, sehen', (vgl. lat. *oculus*, russ. о[ч]ко 'Auge') ~ germ. **augō(n)* 'Auge' ~ ags. *ēage* > engl. *eye* bzw. ahd. *ouga* > dt. *Auge*; außer den erwähnten Verwandtschaftsnamen *Vater*,

Mutter, Bruder, Schwester, Sohn, Tochter (s. I.3.5.), *Neffe* (II.2.2.) vgl. auch idg. **su̯ekrū́-* 'Schwiegermutter' (ai. *śvaśrū́-*, gr. *ἑκυρά*) ags. *sweger* bzw. ahd. *swiger* 'Schwieger', idg. **snusós/*snusā́* 'Schwiegertochter' (ai. *snuṣā́*, gr. *νυός*, lat. *nurus*) ~ germ. **snuzō* > ags. *snoru* und ahd. *snur(a)* 'Schwiegertochter, arch. Schnur' usw.; idg. **k̂ei-* 'liegen' > germ. **hīwa(n)* > ags. *hām* (engl. *home*) bzw. ahd. *heim* 'Heim'; idg. **dem(ā)-* 'bauen' (vgl. lat. *domus*, russ. дом 'Haus') ~ germ. **timra-* 'Zimmerholz, Bauholz' > ags.-engl. *timber* und ahd. *zimbar* 'dass.' (vgl. dt. *Zimmer, zimmern* usw.); idg. **uksen-* 'Stier, Ochse' (ai. *ukšán-*) > germ. **ohsen-* > engl. *ox* ~ dt. *Ochse*; idg. **u̯lqu̯os-* 'Wolf' (russ. волк, vgl. I.3.5.) > germ. **wulfaz* > engl. *wolf* ~ dt. *Wolf* usw.

Die indogermanischen Erbwörter unterlagen mitunter sehr weitgehenden Bedeutungswandlungen, die zugleich auf die Entwicklung des Erkenntnisvermögens der Sprachträger ein Licht werfen. Die Wortbedeutung konnte eingeengt, aber auch erweitert werden, vgl. idg. **sequ̯-* 'folgen' (lat. *sequor*, gr. *ἕπομαι*, lit. *sekù* 'dass.') ~ got. *saiƕan*, ags. *sēon*, ahd. *sehan* 'sehen' (eigtl. 'mit den Augen [ver]folgen'), aber lat. *saxum* 'Stein, Klippe' gegenüber ahd. *sahs* 'Messer, Schwert' bzw. der Volksname *Sachsen*, engl. *Sax(on)*. Sehr oft wurde vom weiteren Bedeutungskreis eines Wortes der indogermanischen Grundsprache in den einzelnen indogermanischen Gruppen eine einzige Möglichkeit realisiert: idg. **ghosti-s* 'Fremdling' erscheint z. B. im Lateinischen als *hostis* 'Feind', im Germanischen und im Slawischen dagegen als **gastiz* > dt. *Gast* ~ engl. *guest* bzw. asl. *gostь* > russ. гость 'Gast, Gastfreund'.

Nicht selten werden einzelne indogermanische Erbwörter durch innergermanisch entstandene Neubildungen oder auch Entlehnungen aus anderen Sprachen auf die Peripherie des Wortbestands verdrängt oder auch ersetzt, vgl. die – vermeintliche – Aufgabe des indogermanischen Erbwortes für 'Haus' (lat. *domus*, russ. дом) zugunsten einer germanischen Neuerung (dt. *Haus* ~ engl. *house*); die indogermanische Entsprechung von lat. *equus* 'Pferd' konnte sich zwar im Germanischen eine Zeitlang behaupten (vgl. germ. **ehu̯a-* > ags. *eoh*, got. *aiƕa-*), wurde aber allmählich aufgegeben unter dem Druck der keltischen Entlehnung **marha-* 'Pferd' (vgl. engl. *mare* 'Stute', dt. *Mähre*) bzw. einer germanischen Neubildung **hursa-/*hrussa-* > engl. *horse*, dt. *Roß* (< ahd. *hros*), wozu sich auch weitere Entlehnungen gesellten wie dt. *Pferd* (ahd. *pferit* < gall.-lat. *paraverēdus*) bzw. *Gaul* (< lat. *caballus*).

Besondere Aufmerksamkeit verdient jener Bestandteil des Germanischen, der weder aus dem indogermanischen Grundstock des germanischen Wortschatzes noch aus den uns bekannten Nachbarsprachen des Altgermanischen erklärt werden kann. Er muß als spezifisch germanisch angesehen werden, unabhängig davon, ob man sonst für oder gegen die Substrattheorie Stellung nimmt. Diese Elemente häufen sich in auffälliger Weise in den Sachgruppen Schiffahrt, z. B. *See* ~ engl. *sea* neben ags. *hæf* ~ an. *haf* 'dass.' (vgl. dt. *Haff*) und ahd. *mari* 'Meer' (vgl. lat. *mare*, russ. море), germ. **skipa-* > engl. *ship* ~ dt. *Schiff*, ferner *Kiel* (engl. *keel*), *Boot* (engl. *boat*), *Segel* (engl. *sail*), *Ruder* (engl. *rudder*), *Mast* (engl. *mast*), *Sturm* (engl. *storm*), *Ebbe* (engl. *ebb*), *Steuer* (engl. *steer* 'steuern') sowie die für die Seefahrt unerläßlichen Bezeichnungen der Himmelsrichtungen (*Nord* ~ engl. *North*, *Ost* ~ engl. *East*, *Süd* ~ engl. *South*, *West* ~ engl. *West*); germanische Neubildungen sind die Namen der meisten Fische (z. B. *Karpfen* ~ engl. *carp*, *Aal* ~ engl. *eel*) und anderer Tiere sowohl in der Zucht als auch in der Jagd (z. B. *Rind*, *Kalb*, *Lamm*, *Bär*, *Wisent*, *Storch*); ebenso stark ist der Prozentsatz solcher Elemente in der Sachgruppe Gemeinschaftsleben (*Ding* ~ engl. *thing*, eigtl. 'Volksversammlung', *Volk* ~ engl. *folk*, *König* ~ engl. *king*, *Adel* < ahd. *uodal* 'Erbsitz', *Sache* ~ engl. *sake* 'Rechtsache', *Dieb* ~ engl. *thief*, *schwören* ~ engl. *swear*, *Knecht* ~ engl. *knight* 'Ritter') und Kriegswesen, z. B. *Krieg*, *Friede* (vgl. arch. engl. *frith*), *Schwert* ~ engl. *sword*, *Schild* ~ engl. *shield*, *Helm* ~ engl. *helm(et)*, *Bogen* ~ engl. *bow* sowie die heute nur in Personennamen weiterlebenden vielfachen Bezeichnungen für 'Kampf' wie **haðu-*, **hild-*, **gunþ-*, **wig-*, vgl. *Hildegard*, *Hedwig*, *Günther*, *Hadubrand* usw.

Wie schon angedeutet wurde (vgl. II.1.3.), unterlag der germanische Wortschatz schon in ur- bzw. gemeingermanischer Zeit manchen Einflüssen fremder Sprachen. Unter den Entlehnungen aus den Nachbarsprachen sind die k e l t i s c h e n in kultureller Hinsicht besonders wichtig: hierher zu zählen sind außer *Reich*, *Amt* u. dgl. (II.1.3.) *Lot* (engl. *lead*), *Eisen* (engl. *iron*) usw. Aus dem Osten bzw. aus dem Südosten kamen besonders durch gotische Vermittlung Fremdwörter zu den Germanen, z. B. thrak. *baitē* 'Leibrock, Unterkleid' > got. *paida*, das im Bairischen als *Pfaid* 'Hemd' heute noch lebt, und als wichtige landwirtschaftliche Kulturpflanze auch der *Hanf* (engl. *hemp*), obwohl hier auch lateinische Vermittlung (vgl. lat. *cannabis* ~ germ. **hamp-*) möglich ist. Die Herkunft des Wortes *Wal* (engl. *whale*) < germ. **hwala-* sucht man im Nordosten, vgl. apr. *kalis* 'Wels' und fi. *kala* ~ ung. *hal* 'Fisch', hier kann aber auch eine gemeinsame arktische Grundlage vorhanden gewesen sein.

Sehr groß und in kultureller Hinsicht äußerst wichtig war der Einfluß des L a t e i n i s c h e n auf den germanischen Wortschatz. Die Zahl der lateinischen Entlehnungen wird schon in gemeingermanischer Zeit auf etwa 400 geschätzt. Lateinische Lehnwörter treten bereits im Gotischen auf (z. B. got. *asilus* < lat. *asinus* ~ *asellus* 'Esel'; got. *wein* < lat. *vinum* 'Wein'), erfassen aber dann das ganze germanische Sprachgebiet.

An den lateinischen Lehnwörtern können wir den gewaltigen Einfluß der römischen Kultur auf die Germanen verfolgen. Hingewiesen sei auf folgende Bereiche: Landwirtschaft (z. B. lat. *flagellum* > *Flegel*, engl. *flail*; lat. *ceresia* > *Kirsche*, engl. *cherry*; lat. *pluma* > *Pflaume*, engl. *plum*; lat. *planta* > *Pflanze*, engl. *plant*; lat. *caseus* > *Käse*, engl. *cheese*), Bauwesen (z. B. lat. [*via*] *strata* > *Straße*, engl. *street*; lat. *vallum* > *Wall*, engl. *wall* 'Wand'; lat. *camera* > *Kammer*, engl. *chamber*; lat. *coquina* > *Küche*, engl. *kitchen*), Handel und Handwerk (z. B. lat. *mango* 'Sklavenhändler' > ahd. *mangōn* 'handeln' bzw. *mangāri* 'Händler', z. B. noch im Familiennamen *Pferdmenges* enthalten, vgl. auch engl. *fishmonger* 'Fischhändler'; lat. *pondo* > *Pfund*, engl. *pound*; lat. *molina* > *Mühle*, engl. *mill*; lat. *cista* > *Kiste*, engl. *chest*; vulgärlat. *toloneum* > *Zoll*, engl. *toll*; lat. *moneta* > *Münze*, engl. *mint* usw.), Militärwesen (z. B. lat. *campus* 'Schlachtfeld' > *Kampf*, engl. *camp* 'Lager'; lat. *pilum* > *Pfeil*, engl. *pile*) und soziales Leben (z. B. lat. *Caesar* > *Kaiser*). Als Lehnübersetzungen aus dem Lateinischen erklären sich die meisten Wochentagsnamen: lat. *Solis dies* 'Tag der Sonne' → *Sonntag* (engl. *Sunday*); *Lunae dies* 'Tag des Mondes' → *Montag* (engl. *Monday*); ja sogar durch einen Vergleich der römischen und germanischen Mythologie: *Martis dies* 'Tag des Mars' → *Dienstag* ~ engl. *Tuesday* 'Tag des Tīw'; *Mercurii dies* 'Tag des Merkur' → engl. *Wednesday* bzw. schw. *onsdag*, nl. *woensdag* 'Tag des Wodan'; *Jovis dies* 'Tag des Juppiter' → *Donnerstag* (engl. *Thursday*) 'Tag des Donar'; *Veneris dies* 'Tag der Venus' → *Freitag* (engl. *Friday*) 'Tag der Freyja' (vgl. III.2.2.).

Das Einsickern lateinischer Wörter in die germanischen Sprachen dauerte im ganzen Mittelalter an, nur erstreckten sich diese Wörter nicht mehr gleichmäßig auf alle Teile des germanischen Raumes. Der lateinische Einfluß hat in hohem Grade dazu beigetragen, daß sich die germanischen Einzelsprachen zu Kultursprachen entwickeln konnten.

Wortentlehnungen sind so gut wie nie einseitig: im Leben der Völker geht es meistens um einen L e h n w o r t a u s t a u s c h, wobei der Nehmende zugleich auch Gebender ist. Germanische Wörter sind bereits in gemeingermanischer Zeit auch in die Nachbarsprachen eingedrungen, vgl. *sapo* 'Seife' im Lateinischen, *πύργος* 'Burg' im Griechischen, *kansa* 'Volk' im Finnischen (vgl. *Hansa*), *vragъ* (russ. враг) 'Feind' im Altslawischen, u. dgl. (vgl. noch II.2.1.).

II.3. DIE GLIEDERUNG DES GERMANISCHEN. STÄMME UND STAMMESDIALEKTE

II.3.1. Klassifizierungsversuche

Die Entstehung der einzelnen germanischen Stämme ist das Ergebnis langwieriger Prozesse der Differenzierung, die wir uns jedoch nicht geradlinig, etwa streng „stammbaummäßig", vorzustellen haben, sondern verwickelt und immer wieder von Integrierungen, Verschmelzungen, gegenseitigen Durchdringungen kleinerer Gruppen unterbrochen, wobei sich die Stammesdialekte in einem ständigen Prozeß von Ausgleich, Mischung und Überdachung bzw. auch Diffusion befanden. Klare Tendenzen der Entwicklung wurden häufig von entgegengesetzten Auswirkungen historischer Ereignisse durchkreuzt. Deshalb sind uns weniger die Anfänge, als vielmehr die Ausgliederung der Einzelsprachen und -dialekte bekannt. So erscheint z. B. das Altenglische zur Zeit der Eroberung Englands (5. Jh. u. Z.) schon als eine eigenständige Sprache. In Skandinavien hebt sich der Osten im 6. Jh. u. Z. vom Westen sprachlich entschieden ab. Ungefähr zur selben Zeit verebbt der sprachliche Einfluß der Südgermanen im Norden, weshalb das Nordgermanische sich von den Stämmen des Südens in beschleunigtem Tempo entfernt. Diese Isolierung des Nordens wird dann in der Wikingerzeit, etwa vom 8. Jh. an, aufgelockert. Damit nehmen im Norden die größten sprachlichen Neuerungen ihren Anfang. Auch das Festlandgermanische als Vorläufer des Deutschen bildet in diesem Zeitraum bereits eine relative Einheit. Aber auch sie trägt einen Übergangscharakter und wird infolge weiterer Sprachentfaltungen wieder zersetzt. Die sprachliche Einheit der Stämme an der Nordsee wird ebenfalls gesprengt, als ein Teil dieser Stämme auf dem Festland verbleibt, ein anderer Teil aber auf die britischen Inseln abwandert, wo ihre Sprachentwicklung unter verschiedenen Einflüssen einen neuen Kurs nimmt.

Es fragt sich nun, wann und wie die Aufteilung der germanischen Stämme bzw. Sprachen ihren Anfang nahm. Im Norden wahrscheinlich in der Zeit jener sprachlichen Innovationen, die die Germanen im Süden nicht mehr erreichten. Auf Grund der Runendenkmäler halten manche Forscher noch heute dafür, daß der sogenannte einheitliche „urnordische" Sprachzustand bis zum 6. Jh. u. Z. andauerte. Dieser Standpunkt ist indessen überholt. Der Sprachzustand läßt sich zeitlich bis in das 1.—2. Jh. v. u. Z. zurückverfolgen, obwohl das Gotische erst aus dem 4. Jh. u. Z. belegt ist. Trotzdem lassen sich die alten und die neuen Elemente in den germanischen Einzelsprachen voneinander hinlänglich abgrenzen. Noch Ende des vorigen Jahrhunderts kam der Gedanke auf, die Goten seien den Nordgermanen näher verwandt, aber das Problem wurde erst in der letzten Zeit von Ernst Schwarz gelöst. Die letzthin von ihm erschlossene gotonordische Grundsprache ist ein Beweis dafür, daß die Sondermerkmale der nordgermanischen Stammessprachen, die sich in den nordischen Sprachen der Gegenwart fortsetzten, bereits im 2. Jh. u. Z. gefestigt waren.

Ungefähr für dieselbe Zeit ist die Herausbildung der Nordseegermanen anzunehmen. Diese Gruppe weist auffallend viele Gemeinsamkeiten mit der gotonordischen Gruppe auf. Um 400 u. Z. soll – nach der Meinung mancher Forscher (vgl. III.4.7.) – sich der Stamm der Langobarden von dieser Einheit ausgegliedert haben, um nach dem Süden zu wandern. Sprachfakten beweisen, daß die wesentlichsten Merkmale des Altenglischen bis zum 5. Jh., d. h. noch auf dem Festland, fertig ausgebildet waren. Das Altenglische kam also schon als eine „fertige", eigenständige Sprache nach Britannien. Die Germanen, die im Raum der Elbe, des Rheins und der Weser siedelten, haben im Süden die Stammesdialekte entstehen lassen, aus denen sich später die deutsche Einheit entwickelte. Dieser Prozeß begann etwa im 1. Jh. v. u. Z. Gleichzeitig mit der politischen Ausbreitung, insonderheit nach der Gründung des Frankenreiches, stießen dann die unter den Südgermanen entstandenen Stammesdialekte nach dem Norden vor. Als wichtigster sprachgeographischer Faktor dieses Zeitalters darf die germanische Völkerwanderung gelten.

Der römische Historiker Tacitus hatte die germanischen Stämme in seinem Werk *Germania* im ausgehenden 1. Jh. u. Z. bereits in drei Gruppen gegliedert, die bei ihm unter den Namen Ingwäonen, Istwäonen und Erminonen (auch Herminonen, Irminonen) aufscheinen. Auf dieser Taciteischen Dreiteilung beruht die spätere wissenschaftliche Aufgliederung der Germanen in die drei Gruppen der Nord-, der Ost- und der Westgermanen, die in den meisten Handbüchern heute noch sehr oft unter diesen Namen aufgeführt werden. Auf dieser Grundlage, der Schleicherschen Stammbaumtheorie entsprechend, gliederte Karl Müllenhoff (1898) das „Urgermanische" in Westgermanisch und Ostgermanisch, und ersteres wiederum in „Urdeutsch" und „Anglofriesisch":

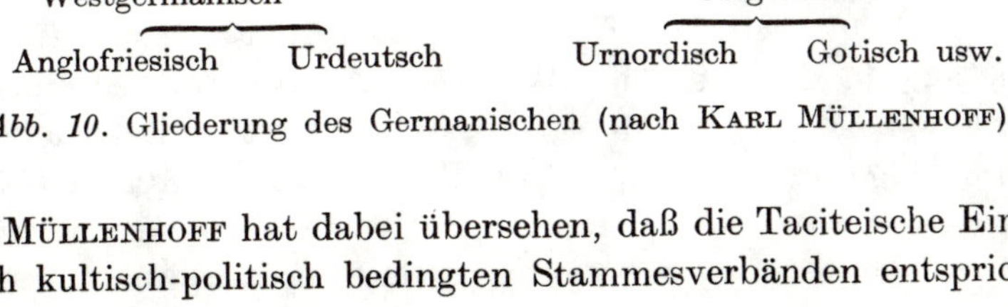

Abb. 10. Gliederung des Germanischen (nach Karl Müllenhoff)

Karl Müllenhoff hat dabei übersehen, daß die Taciteische Einteilung eigentlich kultisch-politisch bedingten Stammesverbänden entspricht und nur auf die Südgermanen zu beziehen ist, die den Römern auch besser bekannt waren, daß sie sich auf den Norden aber keineswegs ausdehnen läßt.

In den letzten Jahrzehnten wurden verschiedene Versuche zur Korrektur des obigen „Stammbaumes" unternommen. Wie gezeigt, gelang es mit Hilfe der komplexen Methode annähernd wahrheitsgetreu darzulegen, daß ein Teil der Germanen im 6. Jh. v. u. Z. die Gegend der unteren und der mittleren Elbe in Besitz nahm. Um die Wende des 1.–2. Jh.s v. u. Z. schieden die Wandalen und die Burgunder aus der germanischen „Urheimat" aus; ihnen folgten zu Beginn unserer Zeitrechnung auch die stammverwandten Goten.

Auf Grund neuerer Forschungsergebnisse hat Friedrich Maurer (1943) eine Gruppierung der germanischen Stämme vorgenommen, indem er die Berichte der Historiker des Altertums überprüfte und zur Einsicht kam, daß auch sie vier Abteilungen der Germanen unterschieden, da sie neben den Gruppen des Tacitus die Gruppe der sogenannten windilischen (d. h. wandalischen) Völker gesondert behandelten. Letztere waren zwar aus dem Norden gekommen, aber zur Zeit des Tacitus lebten sie bereits östlich der Oder. Friedrich Maurer gab die früher vertretene Idee der Einheit westgermanischer Stämme auf. Angesichts der später eingetretenen Kreuzungen versuchte er auf Grund einer Vierteilung die einzelnen Gruppen auch geographisch zu fassen:

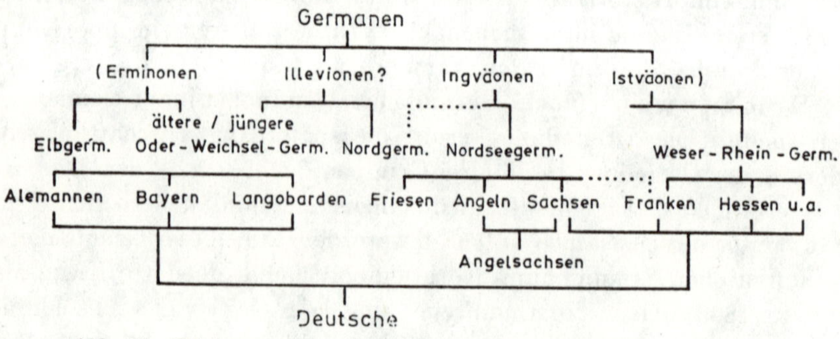

Abb. 11. Gliederung der Germanen (nach Friedrich Maurer)

Die Oder-Weichsel-Germanen entsprechen den Ostgermanen, die Elb- bzw. Weser-Rhein-Germanen und z. T. die Nordseegermanen bildeten später das Volk der Deutschen. Die Nordseegermanen spalteten sich nach Friedrich Maurer in die drei Abteilungen der Angeln, Sachsen und Friesen.

Die geographisch ausgerichtete Gliederung Friedrich Maurers wurde von Ernst Schwarz weiterentwickelt. Er lehnte eine statische Gliederung ab und zog die möglichen zeitlichen und räumlichen Verschiebungen in Betracht. Um 200 v. u. Z. kann man das Germanentum nach Ernst

Schwarz in zwei Großgruppen (Südgermanen—Nordgermanen) einteilen; die Ostgermanen und die Nordseegermanen waren aus der nordgermanischen Einheit noch nicht ausgegliedert. Erst die spätere Entwicklung hat der Nordseegruppe ein eigenes Gesicht gegeben: diese bildete nun immer mehr eine Brücke zwischen den Nord- und den Südgermanen. Die innere Ausgliederung des Südgermanischen läßt die Umrisse der späteren deutschen Stämme (und Stammesdialekte) allmählich erkennen. Um 200 u. Z. läßt sich also das Germanische bereits folgendermaßen aufgliedern:

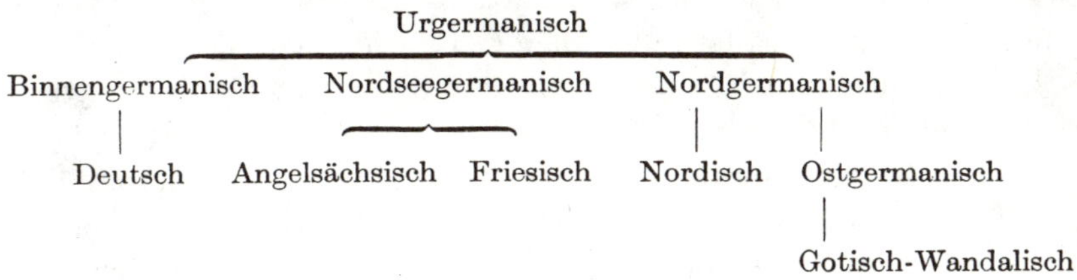

Abb. 12. Gliederung des Germanischen (nach Ernst Schwarz)

Besonders hervorzuheben ist aber schon hier, daß *Deutsch* in dieser Zeit nur als *eine im Werden begriffene Einheit* betrachtet werden kann und nicht etwa als eine uralte, „urdeutsche" Einheit, die Karl Müllenhoff noch vorgeschwebt hatte.

II.3.2. Entfaltung der germanischen Stammesdialekte

Auf die Untersuchungen von Ernst Schwarz, Friedrich Maurer u. a. gestützt, unterscheidet der sowjetische Gelehrte Viktor Schirmunski in dem vermutlichen Ablauf der Ausgliederung der altgermanischen Stammesdialekte folgende Hauptabschnitte:

1. Ursprünglich bestanden zwei Hauptgruppen: eine skandinavische oder *Nordgruppe* und eine kontinentale oder *Südgruppe*.

2. Abwanderung der *ostgermanischen* („windilischen") Stämme aus Skandinavien auf den Kontinent (3.—1. Jh. v. u. Z.). Absonderung der ostgermanischen Gruppe an der Ostseeküste gegenüber der westgermanischen (früher südgermanischen) Gruppe zwischen Elbe und Rhein.

3. Abwanderung der Goten in die südrussischen Steppen am Schwarzen Meer (2.—3. Jh. u. Z.). Sonderentwicklung der *gotischen* Sprache (Schriftdenkmäler aus dem 4. Jh. — Wulfila).

4. Scheidung von drei Gruppen *innerhalb* des Westgermanischen: *Ingwäonisch* („Nordseegermanisch"), *Istwäonisch* („Rhein-Weser-Germanisch") und *Erminonisch* („Elbgermanisch"), vermutlich bereits im 1. Jh. u. Z., wobei zwischen Ingwäonisch und Istwäonisch

mit einer engen Wechselwirkung zu rechnen ist („gemeiningwäonische" Merkmale nach THEODOR FRINGS).

5. Weitere Kontaktentwicklung des Nord- und Südgermanischen („Westgermanisch") mit Ausschluß des Gotischen (1.—5. Jh.).

6. Landnahme der Angelsachsen auf den Britischen Inseln und Absonderung des Angelsächsischen als Altenglisch (vom 5.—6. Jh. an; Schriftdenkmäler seit Ende des 5. Jh.s).

7. Ausbreitung der Sachsen vom Küstengebiet der Nordsee nach Südwesten und Süden; ihre sprachliche Wechselwirkung im Weser-Rheingebiet mit Resten des Istwäonischen (wahrscheinlich im 4.—5. Jh. u. Z.).

8. Ausbreitung der Erminonen von der unteren und mittleren Elbe nach Süddeutschland (vom 1. Jh. u. Z. an). Eroberung der späteren süddeutschen Gebiete durch Alemannen und Baiern, d. h. durch Träger der späteren „oberdeutschen" Mundarten (3.—5. Jh). Zweite oder „hochdeutsche" Lautverschiebung (6. Jh.), ihre weitere Verbreitung im Bereich des Mitteldeutschen (Fränkisch, Hessisch, Thüringisch; zwischen dem 7. und 15. Jh.). Gleichzeitige Verdrängung der mitteldeutschen „Ingwäonismen" unter der Einwirkung des Oberdeutschen.

9. Expansion der Franken-Istwäonen nach dem Westen, ins Bereich des romanisierten Nordgalliens; Entstehung des zweisprachigen Merowingerreiches (Ende des 5. Jh.s). Zusammenschluß der westgermanischen Stämme der Franken (Istwäonen), Alemannen und Baiern (Erminonen), Chatten (Hessen) und Thüringer, später auch Sachsen (Ingwäonen) als Voraussetzung für die Entstehung des deutschen Volkes und seiner Sprache (Althochdeutsch: Schriftdenkmäler seit der Mitte des 8. Jh.s) unter der Herrschaft der Franken im Merowinger- und Karolingerreich (5.—9. Jh.). Wechselwirkung der einzelnen Stammesdialekte innerhalb des Althochdeutschen unter dem regulierenden Einfluß des Fränkischen. Fränkische Einwirkung auf das Niedersächsische bis zu seiner Verwandlung in den niederdeutschen Dialekt des Deutschen (9.—16. Jh.).

10. Absonderung des Nordgermanischen vom Festlandgermanischen (vom 5. Jh. an). Differenzierung der Ost- und Westgruppe

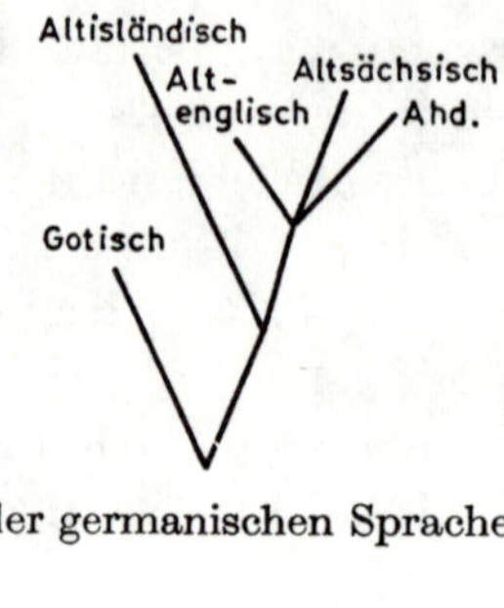

Abb. 13. Stammesgliederung der germanischen Sprachen (nach CHARLES F. HOCKETT)

nordgermanischer Dialekte (vom 7. Jh. an). Jütland wird im 5.—6. Jh. von den Dänen (aus Ostskandinavien), Island im 8.—9. Jh. von den Norwegern (aus Westskandinavien) kolonisiert. Herausbildung der nordgermanischen Einzelsprachen (Altschwedisch und Altdänisch, Altnorwegisch und Altisländisch) mit Denkmälern in lateinischer Schrift seit dem 12.—13. Jh. (Abb. 13 und 14).

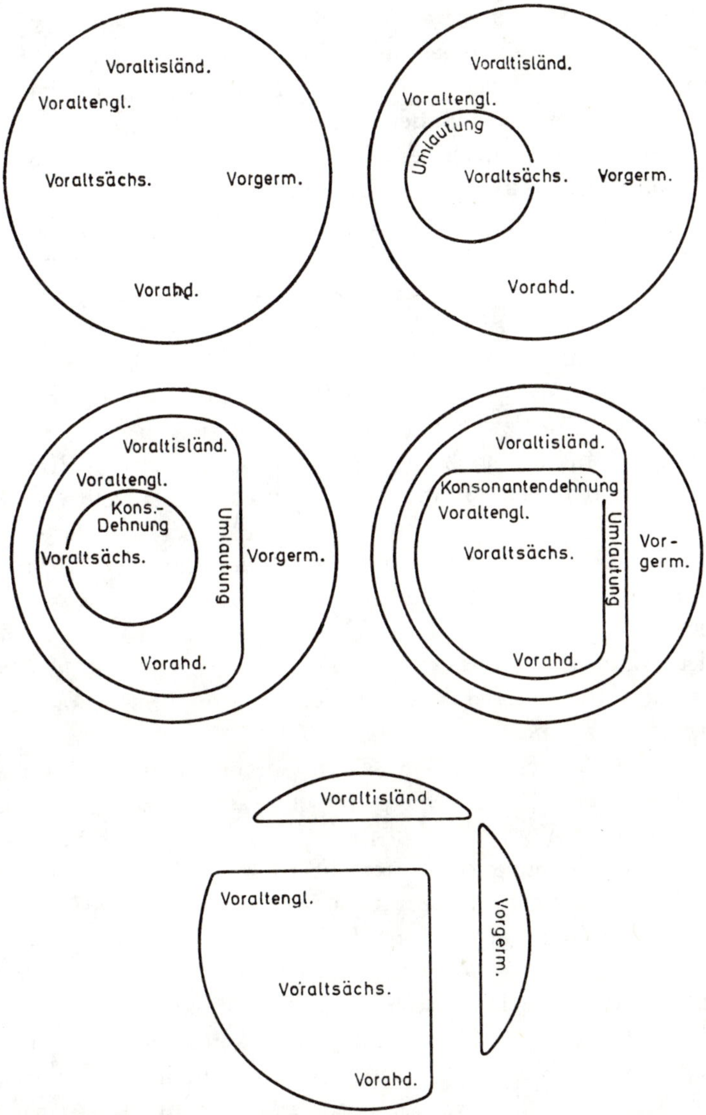

Abb. 14. Entwicklungsstufen der germanischen Sprachen (nach CHARLES F. HOCKETT)

II.3.3. Die Begriffe „Urgermanisch“ und „Gemeingermanisch“

In der germanistischen Literatur werden beide Begriffe seit geraumer Zeit verwendet, wobei ursprünglich die beiden Bezeichnungen synonymisch gegolten haben. Wilhelm Streitberg benannte 1896 jene Sprachstufe als Urgermanisch, die der Ausgliederung der germanischen Stammesdialekte unmittelbar voraufgegangen war. An dieser Definition hielt auch Herman Hirt fest, indem er die Bezeichnung Gemeingermanisch als ein Synonym jener des „Urgermanischen“ gebrauchte. Einer der führenden Vertreter der italienischen Neolinguistik, Vittore Pisani, kam — obgleich von ganz anderen Überlegungen geleitet — zu derselben Auffassung. Hans Krahe berief sich dagegen darauf, daß man schon auf der ältesten Entwicklungsstufe der germanischen Sprachen mit einer dialektalen Aufschlüsselung rechnen muß, und wies daher die Annahme eines urgermanischen Sprachzustands schlechthin von der Hand.

Der Niederländer Richard Constant Boer machte hingegen einen Unterschied zwischen Urgermanisch und Gemeingermanisch. Nach ihm seien jene Erscheinungen als urgermanisch zu bezeichnen, die auf die Stufe der vorausgesetzten sprachlichen Einheit zurückgehen, während alle Erscheinungen, die zwar erst später auftraten, aber sämtlichen germanischen Stammesdialekten eigen sind, als gemeingermanisch zu gelten haben. Siegfried Gutenbrunner stellte dem Urgermanischen das Spätgermanische gegenüber, dessen Anfänge er chronologisch auf die Zeit der Abwanderung der Goten aus Skandinavien festlegte. Der nach Amerika ausgewanderte Österreicher Eduard Prokosch machte ebenfalls keinen besonderen Unterschied zwischen den beiden Begriffen; der Franzose Ferdinand Mossé hielt es zwar für nötig, die beiden Sprachzustände voneinander konkret abzugrenzen, immerhin unternahm er in dieser Richtung noch keinen Versuch.

Eine genauere Abgrenzung der beiden Sprachstufen wurde zuerst von Wolfgang Krause im Zusammenhang mit dem Gotischen versucht. Zu den bestimmenden Merkmalen des Urgermanischen zählte er die erste Lautverschiebung, die Unterscheidung von bestimmten und unbestimmten Adjektivformen, die Herausbildung der schwachen Verbalklassen sowie den spezifisch urgermanischen Wortbestand (z. B. **hūsan* ‘Haus’, **guđan* ‘Gott’, **erþō* ‘Erde’). Das Urgermanische soll nach Wolfgang Krause bis 1500—1000 v. u. Z. bestanden haben.

Im darauf folgenden Gemeingermanischen wurde nach Wolfgang Krause urgerm. **e* > *i* in bestimmten phonetischen Stellungen, während urgerm. **ei* z. T. zu *i*, z. T. aber zu *ē* monophthongiert wurde. Für

Abb. 15. Germanien zur Zeit des TACITUS (nach RUDOLF MUCH)

diese Zeit nimmt er auch den Lautwandel $o > a$ bzw. $\bar{a} > \bar{o}$ sowie den Nasalschwund vor germ. χ in Anspruch.

Nach anderen Anhaltspunkten versuchte der Niederländer Frans van Coetsem die Vorgeschichte der germanischen Sprachen chronologisch aufzuschlüsseln. Auf Grund der Untersuchung des urgermanischen Vokalsystems kam er zu der Auffassung, daß die Akzentverlagerung, die Reduktion der Nebentonsilben bzw. deren Rückwirkung auf die Haupttonsilben (Umlaut!) vom Urgermanischen zum Gemeingermanischen geführt haben. Diese Theorie beruht auf dem vom Amerikaner Freeman Twaddell angenommenen Vokalismus des Urgermanischen.

In jüngster Zeit hat der sowjetische Germanist Enver Ahmedovič Makajev einen Versuch gemacht, Urgermanisch und Gemeingermanisch voneinander abzugrenzen (1959). Dieser Versuch hat einen rein linguistischen Charakter und soll auf alle Sprachebenen erstreckt werden, ist aber bis jetzt eigentlich nur erst im Hinblick auf die historische Phonologie durchgeführt worden. Enver A. Makajev bezeichnet jene Sprachstufe als Urgermanisch, die vom Zerfall der indogermanischen Sprachgemeinschaft bis zur Festigung der germanischen Grundsprache andauerte. Sie wurde von der Sprachstufe des Gemeingermanischen fortgesetzt, die bis zur Herausbildung jener Isoglossenbündel dauerte, die bereits die Rekonstruktion eigenständiger Dialektgruppen ermöglichen. Makajev will indessen die Existenz von Dialekten weder im Urgermanischen noch im Indogermanischen in Frage stellen.

Er sieht eines der hervorstechendsten Merkmale des Gemeingermanischen in jenen Assimilationserscheinungen, die das phonologische System des Urgermanischen von Grund auf umgestellt haben. Dementsprechend schreibt Makajev der gemeingermanischen Periode einen Übergangscharakter zu, wobei die Strukturunterschiede zwischen Gemeingermanisch und den einzelnen germanischen Dialektgruppen viel geringer sind als die zwischen Urgermanisch und Gemeingermanisch. Die Fixierung des dynamischen Wortakzents fällt nach der Ansicht Makajevs ebenfalls auf diese Übergangsperiode. Die Akzentverlagerung hat im phonologischen System die Unterscheidung der betonten und der unbetonten Stellung herbeigeführt.

Dadurch war auch die unterschiedliche Entwicklung des betonten und des unbetonten Vokalismus in den germanischen Einzelsprachen motiviert.

III. DIE KULTUR DER GERMANEN

III.1. GERMANISCHE ALTERTUMSKUNDE

III.1.1. Begriff und Aufgaben

Im Hinblick auf die Germanistik im engeren Sinne, d. h. auf die Geschichte der germanischen Sprachen, versteht man (besonders seit Ernst Schwarz) unter Altertumskunde nicht nur die Volkskunde des germanischen Altertums, sondern die wissenschaftliche Erschließung der altgermanischen Kultur schlechthin. Dieser Zweig der Forschung ist mit der Geschichte der germanischen Stämme sowie mit der Aufdeckung der alten Quellen dieser Geschichte aufs engste verbunden (Stammeskunde). Unter den Quellen kommt den antiken Berichten über die Germanen wohl die größte Bedeutung zu, denn sie ermöglichen es uns, von Kultur und Rechtswesen, Glaubenswelt und Sitten, Gesellschaftsstruktur und Wirtschaftsformen der Vorfahren der germanischen Völker der Gegenwart ein korrektes, von positiven wie negativen Vorurteilen freies Bild zu gewinnen.

III.1.2. Quellen der germanischen Altertumskunde

Unter den historischen Werken der Antike steht in diesen Belangen unumstritten die „Germania" des Tacitus aus dem 1. Jh. u. Z., aus der Zeit, als die Germanen aus mehreren Gründen in den Interessenkreis der Römer eintraten, an erster Stelle. Entlang dem Limes, der Nordgrenze des Römischen Reiches, insonderheit an der Donau und am Rhein, kamen die Römer in die unmittelbare Nachbarschaft germanischer Stämme. Andererseits waren es jene Stämme, die sich dem Vormarsch der Römer gewissermaßen erfolgreich zu widersetzen vermochten, ganz zu schweigen davon, daß ihre ununterbrochenen Einfälle und Aufstände die Grenzzone des Reiches in ständiger Unruhe hielten und für Rom eine zunehmende Gefahr bedeuteten.

Das Werk des Tacitus ist größtenteils eine bewußte Kompilation, da der Autor das Land der Germanen nie betrat und seine Kenntnisse demgemäß nicht aus eigenen Erfahrungen, sondern aus den Mitteilungen älterer Autoren (Plinius der Ältere, Herodot, Iulius Caesar u. a.) schöpfte. Daraus erklären sich auch einzelne innere Widersprüche des Taciteischen Werkes: es gelang dem Tacitus nicht immer, die aus verschiedenen Quellen entnommenen, nicht selten sich widersprechenden und unklaren Angaben aufeinander abzustimmen, geschweige denn zeitlich und räumlich genau zu orten. Die zeitgenössische Funktion der „Germania“ ist im Zusammenhang mit dem mächtigen Vorstoß germanischer Stämme nach Süden im 1. Jh. u. Z. und aus der innenpolitischen Lage des Römischen Reiches zu begreifen. Wie der hervorragendste Kenner des Taciteischen Werkes, EDUARD NORDEN, festhielt, hat der Autor sein Werk mit einer politischen Tendenz geschrieben. TACITUS hat als überzeugter Republikaner mit der Darstellung der militärisch-demokratischen Ordnung der Germanen ein positives Gegenbild zum römischen Cäsarismus entwerfen wollen. Er war bestrebt, seine Ansichten über das öffentliche und private Leben in Rom so zu formulieren, daß diese nicht als offene Opposition, sondern durch das Gegenbild der republikanisch anmutenden Sitten der Germanen zum Ausdruck kommen. Um dies zu erreichen, hob er bei der Beschreibung der Germanen jene schlichten Züge hervor, die den römischen Leser ohnehin an seine Republik erinnerten, und verwies dabei äußerst vorsichtig, in verschlüsselten Anmerkungen und Nebensätzen erst direkt auf die entsprechenden Zustände in Rom. Somit darf die „Germania“ keineswegs als eine in jeder Hinsicht objektive, streng wissenschaftliche zeitgenössische Darstellung der Germanen gelten.

Trotzdem wäre es verfehlt zu glauben, der Quellenwert des Taciteischen Werkes wäre dadurch entscheidend beeinträchtigt. Dies umso weniger, als die von TACITUS benutzten älteren Quellen größtenteils verschollen sind, wie z. B. auch das große einschlägige Werk PLINIUS DES ÄLTEREN. Allerdings darf man sich auf die „Germania“ nicht ohne Kritik verlassen, ja man hat ihren Quellenwert Kapitel für Kapitel zu revidieren. Diese Revision ist indessen auch gut möglich, denn die Erkenntnisse anderer Disziplinen, vor allen Dingen der Geschichtsforschung, der Archäologie, der Volkskunde, der Stammeskunde, der Religionsgeschichte, der Rechtswissenschaft und der Kriegsgeschichte, bieten für die Vergleichung eine sehr breite und feste Basis. Die komplexen Vergleichungen haben die Angaben des TACITUS größtenteils erhärtet, obwohl es keinem Zweifel unterliegt, daß seine Urteile manchmal lückenhaft oder — stellenweise — geradezu verfehlt sind. Seine Gewährsleute und Quellen waren ausnahmslos der griechischen und römischen Kultur verbunden, sie standen der barbarischen Welt der Germanen fremd, nicht selten oberflächlich verallgemeinernd, gelegentlich auch feindlich gegenüber. In Fragen, wie die der germanischen Glaubenswelt, können sie als Außenstehende kaum das nötige Verständnis aufgebracht haben.

Andererseits darf auch nicht übersehen werden, daß TACITUS sein Werk im 1. Jh. u. Z. verfaßte, während seine Quellen meistens noch ältere Zustände festgehalten hatten, Zustände, die in der zeitgenössischen germanischen

Welt bereits überholt waren. Manche Thesen des TACITUS spiegeln offensichtlich die allgemeine Auffassung des griechischen Historiographen HERODOT über die Welt der Barbaren wider. Dagegen macht er auch Angaben, die er nach Ansicht mancher Forscher nicht aus schriftlichen Quellen hat schöpfen können, sondern vielleicht von nach Rom gelangten germanischen Sklaven, Söldnern oder Botschaftern eingeholt haben wird. Diese Annahme scheint vor allem im Zusammenhang mit seinen Berichten über das kultische Leben der Germanen wahrscheinlich zu sein, um so mehr, da wir wissen, daß in der Zeit des TACITUS, i. J. 92 u. Z., beim Besuch des Königs der germanischen Semnonen, sich auch eine germanische Priesterin — höchstwahrscheinlich eine Wahrsagerin — in Rom aufhielt.

Kurzum: Der „Germania" des TACITUS ist es vor allem zu verdanken, daß uns über die Germanen der Zeitenwende viel ausführlichere und genauere Angaben zur Verfügung stehen, als z. B. über die keltischen Stämme jener Zeit, obwohl diese den Römern schon Jahrhunderte vorher bekannt waren.

III.1.3. Germanische Quellen

In mancher Hinsicht mehr Aussagekraft als die griechischen und römischen Quellen haben die aus späteren Zeiten stammenden germanischen, vor allem nordischen Quellen, deren wichtigste die altisländischen Sagas sind. Die nordgermanische Kultur setzte nämlich zweifelsohne die Kultur der gemeingermanischen Periode fort, wobei sich diese Stämme dank ihrer historisch-geographischen Lage für lange Zeiten noch viel konservativer verhielten als die germanischen Stämme des Südens. Die Bekehrung zum Christentum ist im Norden erst spät und in der Regel auf friedlichem Wege erfolgt, das heißt, sie war nicht mehr mit der möglichst gründlichen Ausrottung altgermanischer Überlieferungen gekoppelt. Es ist also leicht verständlich, daß manche nordgermanische Erscheinungen als gemeingermanisch, d. h. als auch für die Südgermanen charakteristisch gelten können, insonderheit, wenn wir imstande sind, die Entsprechungen einzelner Sitten u. dgl. des Nordens, zumindest historisch, auch im Kreise der Südgermanen zu belegen. Was uns z. B. über Grundsätze und Verfahren der nordgermanischen Rechtsprechung bekannt ist, läßt sich schon aus sozial- und kulturhistorischen Erwägungen ohne weiteres auch für das Rechtsleben sämtlicher anderer Stämme der Germanen voraussetzen, zumal darauf verweisende Belege auch bei den Festlandgermanen zur Verfügung stehen. Die nordischen Quellen sind natürlicherweise auch an ausschließlich nordgermanischen Merkmalen reich, da die Bindungen der Nord- und der Südgermanen nach dem 6. Jh. u. Z. gelockert wurden. Im Hinblick auf die

Religion ist es besonders augenfällig, denn die Nordgermanen waren noch weiterhin Heiden geblieben und daher auch imstande, die altgermanischen heidnischen Vorstellungen selbständig, in neuer und nur nordischer Richtung weiterzuentwickeln, woran die Südgermanen nicht mehr teilhaben konnten. Erst in der Wikingerzeit wurde die Wechselwirkung beider Großgruppen aufs neue belebt, diesmal jedoch vor allem in der umgekehrten Richtung, vom Süden nach Norden. Aus all dem folgt, daß es die wichtigste Aufgabe der einschlägigen Forschung ist, in allen Einzelfragen gründlich zu sondieren, was von dem nordgermanischen Erbe als ausschließlich nordisch und was als gemeingermanisch anzusehen ist.

III.1.4. Produktionsweisen. Ackerbau und Viehzucht

Wie aus den spärlichen historischen Belegen hervorgeht, war es für die Entwicklung der Germanen von besonders großer Bedeutung, daß sie zu Beginn unserer Zeitrechnung die Gewinnung und Bearbeitung des E i s e n s kennenlernten. Sie übernahmen diese Kenntnis, wie es auch von der Terminologie bewiesen wird (vgl. II.1.3.), von den Illyrern wohl durch keltische Vermittlung. Aus Eisen konnten sie landwirtschaftliche Geräte (Pflugschar, Egge, Sichel, Axt usw.), Gebrauchs- und Schmuckgegenstände (Scheren, Messer, Rasiermesser, Bügel, Fibeln usw.) sowie Waffen herstellen, die besonders im Raum zwischen Oder und Rhein an Hand archäologischer Grabungen am häufigsten zu Tage gefördert werden. Die Kenntnis der Bearbreitung des Eisens war allerdings – den geographischen Bedingungen zufolge – ziemlich ungleichmäßig verbreitet: die Stämme in römischer Nachbarschaft haben ihre Eisengeräte meistens importiert, während die Bevölkerung entfernter gelegener Landschaften immer mehr angehalten war, das Eisenerz an Ort und Stelle abzubauen und zu verarbeiten.

Dank der Verwendung des Eisens wurde auch der A c k e r b a u intensiver betrieben. Diese Entwicklung hat größere Ernteerträge gesichert und die Germanen vom Ertrag der Jagd, des Fischfangs und der extensiven Viehzucht nach und nach unabhängig gemacht. Sie war verständlicherweise in dem von der römischen Kultur durchdrungenen Süden der Germania am weitesten fortgeschritten, zumal der Ausbau des römischen Limes den germanischen Streifzügen für längere Zeit Einhalt gebot, wodurch die südgermanischen Wanderstämme allmählich seßhaft wurden.

Der germanische Ackerbau wurde zunächst extensiv betrieben. Erst langsam, im Zusammenhang mit dem Seßhaftwerden, konnten sich die einfacheren Formen der Feldwirtschaft durchsetzen. Unter den landwirtschaftlichen Kulturen scheinen Roggen, Weizen, Gerste, Dinkel (Weizenart), Hafer, aber auch Bohnen, Linsen, Erbsen, Rüben, Zwiebeln sowie Flachs bzw. Hanf besonders beliebt gewesen zu sein.

Trotz des zunehmenden Gewichts des Ackerbaus bildete die Viehzucht immer noch die entscheidende Grundlage des germanischen Wirtschaftslebens. Sie erstreckte sich sowohl auf Rinder, Ziegen, Schafe und Schweine als auch auf Geflügel (bes. Gänse), während die Pferdezucht nur bei einigen Stämmen an die erste Stelle rückte. Die hohe Bedeutung der Viehzucht wird nicht nur von den Berichten der Geschichtsschreiber der Antike dargelegt, sondern auch durch die reichen archäologischen Funde. Der Besitz von Vieh war gleichbedeutend mit dem Besitz von Vermögen. Davon zeugt das Wort *Schatz*, das ursprünglich eben 'Vieh', 'Großvieh' bedeutete, vgl. got. *skatts*, dessen primäre Bedeutung in dem damit zusammenhängenden russ. скот noch erhalten ist, ganz ähnlich auch in vielen anderen Sprachen, vgl. engl. *cattle* < lat. *capitale* 'Kapital'; lat. *pecunia* 'Geld' < *pecus* 'Vieh, Rind'; ung. *marha* 'Rind', ursprünglich 'Schatz, Reichtum', des weiteren die gotisch-nordischen Entsprechungen von dt. *Vieh*, vgl. got. *faihu* und an. *fé* 'Vermögen'. Für den hohen Wert des Viehs zeugt auch der Umstand, daß es allgemein als Wergeld verlangt und angenommen wurde — ein Nachklang davon ist noch im Frühmittelalter nachzuweisen. Im Zeitalter der Stammesorganisation der Germanen bildete das Vieh den vornehmsten Gegenstand der Steuer und auch der Beschenkung. Auch in der Volksnahrung spielten die tierischen Produkte (Milch, Butter, Fleisch, Eier usw.) eine große Rolle.

III.1.5. Handwerk und Gewerbe

Auf dieser Stufe der Entwicklung der Germanen waren Handwerk und Gewerbe noch nicht selbständig und wurden als landwirtschaftliche Teilarbeit innerhalb der Familie oder der Sippe, gelegentlich sogar des Stammes ausgeübt. Von einer ausschließlichen Spezialisierung einzelner Personen kann in dieser Hinsicht noch nicht die Rede sein. Eine Ausnahmestellung scheint das Schmiedehandwerk eingenommen zu haben, da es bei der Herstellung der Eisengeräte, vor allem der Waffen, unentbehrlich war. Seiner Bedeutung entsprach auch sein gesellschaftlicher Wert: das Wergeld für einen Schmied war mitunter das mehrfache der durchschnittlichen Buße für sonstige Leute. Der Schmied spielte dementsprechend in Sagen und Mythen oft eine zentrale Rolle (z. B. in der Geschichte von Wieland dem Schmied).

Die Töpferei galt als eine Beschäftigung innerhalb der Familie, die von den Frauen ausgeübt wurde. Es ist recht auffallend, daß die keltischen Töpferscheiben bei den Germanen nicht eingeführt wurden, sondern man stellte alle Gefäße mit der Hand her, bis im 5.–6. Jh. u. Z. unter den Bedingungen der Massenproduktion die Töpferscheibe endlich auch bei den Germanen erschien.

Es ist auch verständlich, daß die einzelnen Formen von Handwerk und Gewerbe in den mehr abgelegenen Landschaften der Germania früher entwickelt wurden als in der unmittelbaren Nachbarschaft der Römer, wo der lebhafte Tauschhandel, im Gegensatz zum Osten und zum Norden, die Entfaltung der eigenen Gewerbezweige der Germanen unterband.

Besonders berühmt war der germanische Schiffbau, der (vor allem in Skandinavien) schon in der Bronzezeit einen hohen Stand erreicht hatte. An Hand der Grabungen läßt sich auch die weitere Entwicklung des Schiffbaus gut verfolgen: ein bei Nydam in Schleswig-Holstein freigelegtes germanisches Schiff aus Eichenholz bezeugt z. B. schon für das ausgehende 4. Jh. u. Z. eine durchaus moderne Konstruktion. (Der Fund selbst gehört vermutlich dem Stamm der Angeln an und wurde vielleicht als Opfergabe — vor der Auswanderung nach Britannien? — ins Nydamer Moor versenkt.) Unsere Rekonstruktionen der germanischen Schiffe beruhen in erster Linie auf den ziemlich gut erhaltenen Funden aus dem nordgermanischen Raum, wo sich die ältesten, bereits auf den Felsbildern aus der Bronzezeit belegten Formen in der Wikingerzeit voll entfalten konnten (Abb. 16).

Überall in der einstigen Germania wurden von den Archäologen die verschiedensten Gebrauchs- und Schmuckgegenstände aus Holz, Knochen und Metall ans Licht gefördert. Sehr entwickelt war auch der Wagenbau, dessen Kenntnis bei den Germanen, wenigstens in einigen Zügen, auf keltischen Einfluß schließen läßt.

III.1.6. Hausbau

Der Hausbau weist in den verschiedenen Gegenden bzw. bei den verschiedenen Stämmen erhebliche Unterschiede auf, insbesondere hinsichtlich der Größe der Bauten. Weit verbreitet war wohl das aus hohen Baumstämmen gezimmerte Blockhaus mit einer einzigen Halle oder mit zwei kleineren Räumen. Die Wände wurden mit Ruten eingeflochten und mit Lehm angeworfen. Das Dach hat man mit Rohr, Schilf oder Stroh bedeckt. Die Häuser hatten im Durchschnitt einen Grundriß von 5×3 bzw. 7×5 m. Größere Bauten (von etwa 5×15 m im Grundriß) sind nur aus dem Norden bekannt; sie hatten aber auch das Vieh aufzunehmen. Für Heizung sorgte ein offener Herd in der Mitte des Hauses, gelegentlich an einer der Firstseiten (Abb. 17).

Als Baumaterial wurde fast ausschließlich Holz verwendet, das mit gefärbtem Lehm beworfen wurde. Zur Speicherung von Wintervorrat, aber

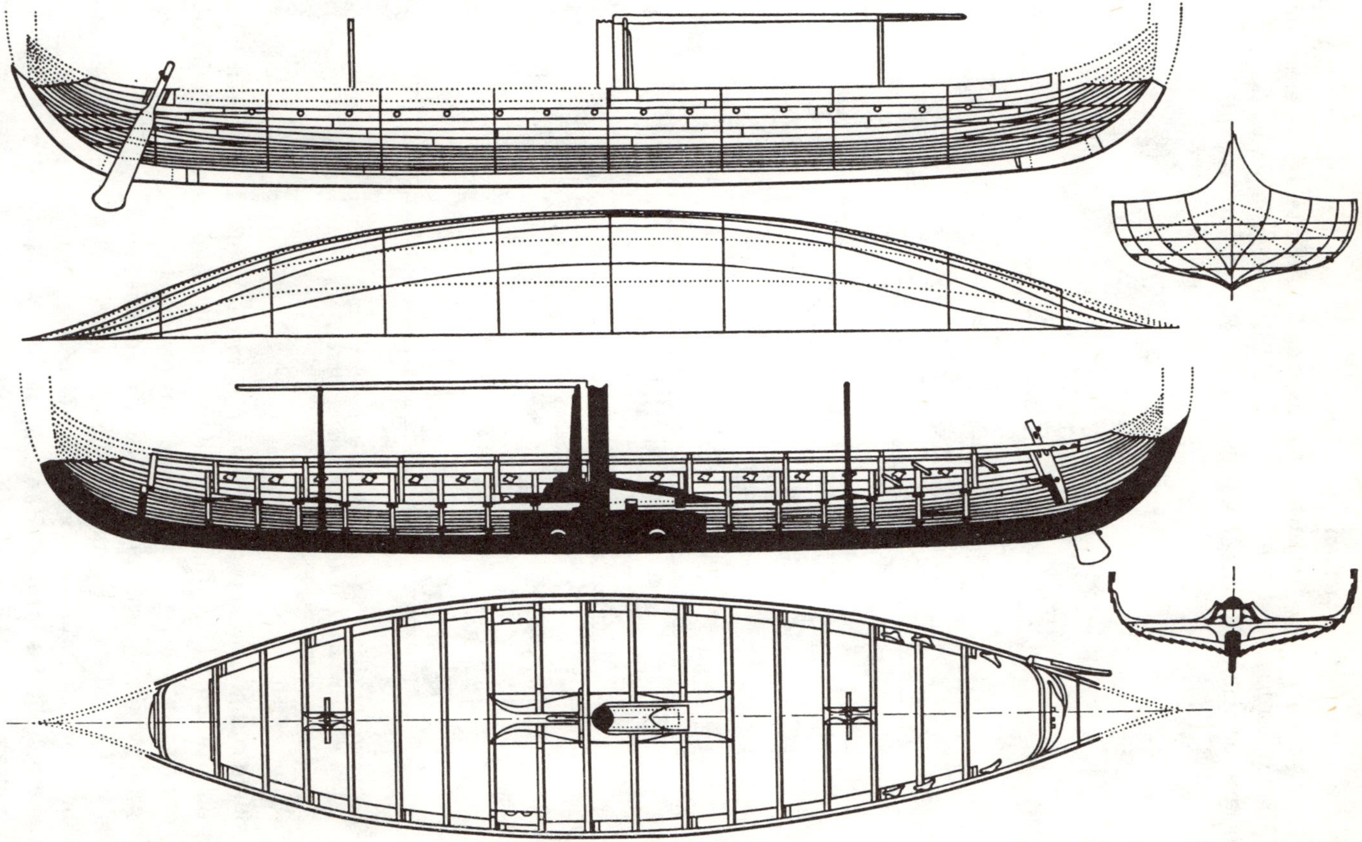

Abb. 16. Das Langschiff von Gokstad am Sandefjord, Norwegen (nach NICOLAYSEN und VOLKMAR KELLERMANN)

teils auch zu Wohnzwecken, wurden Gruben bzw. Wohngruben ausgehoben. Die Wohngruben hat man mit Stein ausgelegt und mit einem Herd ausgestattet. Außerdem sind für gemeingermanische Zeit auch korbförmige, geflochtene und gelehmte Hütten bezeugt.

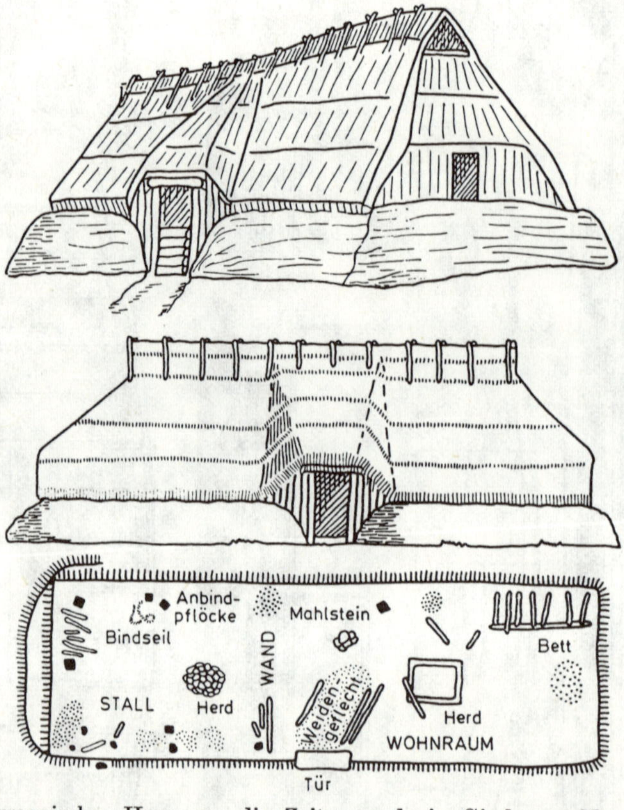

Abb. 17. Germanisches Haus um die Zeitenwende in Ginderup, Nordwestjütland, Dänemark (nach H. KJÆR und RUDOLF STRÖBEL)

Größere zusammenhängende Siedlungen waren selten. Des öfteren bildeten jedoch die einzelnen Höfe einer Sippe ein lockeres System von Gehöften, in deren Kern mitunter auch größere Zentren entstanden.

Eine gut erhaltene germanische Siedlung aus dem 1.–2. Jh. u. Z. wurde 1954 bei Hamburg, also im alten Land der Angeln und der Sachsen, ausgegraben, die uns in das Bauwesen der Germanen Einblick gewährt. Diese Siedlung besteht aus etwa 12 Häusern, die durchschnittlich 12 m lang und 7 m breit sind. Die Häuser sind in drei Räume eingeteilt, den Bauten war an der Frontseite jeweils ein gedeckter Flur angebaut, allem Anschein

Abb. 18. Germanische Kleidung. Gotische Trachten aus dem 9.–10. Jh. (nach dem Kodex „Libro gotico de los testamentos" aus dem 12. Jh.)

nach zur Verrichtung lichtintensiver Arbeiten wie der Herstellung von Haushaltsgeräten, Kleidung u. dgl. Jedes Haus hatte zwei Herde, einen im Inneren und einen zweiten außerhalb. Außerdem hat man auch Öfen errichtet; der Rauch der offenen Herde zog durch schmale Öffnungen unter dem Dachfirst ab.

Ein einziger Brunnen versah die ganze Siedlung mit Wasser; die nächste Umgebung des Brunnens sowie der Weg, der ihn mit der Siedlung verband, war mit Stein gepflastert. Ein gepflasterter Weg durchzog übrigens auch die Siedlung selbst.

III.1.7. Kleidung

Die Kleidung war sehr einfach und wurde nur ausnahmsweise von römischen Händlern erworben. Nicht besonders vermögende Leute mußten ihre Kleidung restlos im Rahmen ihres Haushalts herstellen. Die Männer trugen lange Hosen mit einem Leibrock (got. *paida*, vgl. bair. *Pfaid* 'Hemd'), der gleichzeitig die Arme bedeckte. Im Winter trug man außerdem noch einen Mantel. Das Schuhwerk war ein aus einem Stück Leder gemachter Bundschuh, der mit zwei Riemen unter dem Knie befestigt war, ähnlich wie man es an der Tracht der Balkanvölker heute noch beobachten kann (Abb. 18).

Die Frauen trugen lange hemdartige Kleider, deren unterer Teil etwas weiter war. Das Kleid wurde an der Hüfte von einem (meist verzierten) Gürtel zusammengehalten. Gelegentlich trugen die Germaninnen auch langärmelige oder ärmellose Blusen.

Der zur Kleidung verwendete Stoff war in der Regel Leinwand oder Wolle.

Pelz und Fell waren, weil viel kostspieliger, nur selten. Wolle und Leinwand wurden mitunter blau gefärbt. Während der Grabungen in Dänemark ist auch eine Lederkappe entdeckt worden; ob sie auch sonst verbreitet war, ist unbekannt.

III.1.8. Waffen

Die germanischen Waffen zeigten große Vielfalt. Sie wechselten auch von Stamm zu Stamm und sind besonders vom 2.–3. Jh. u.Z. an – den Bedürfnissen der Völkerwanderung entsprechend – in stürmischem Tempo weiterentwickelt worden. Bedingt war aber diese Entwicklung nicht nur durch die innergermanischen Gefechte und die Angriffs- wie Abwehrkämpfe gegen die Römer, sondern auch durch die Entwicklung von Abbau und Bearbeitung des Eisens. Bei allen germanischen Stämmen waren verschiedene Arten des mit eiserner Spitze versehenen Speers als wichtigste Angriffs-

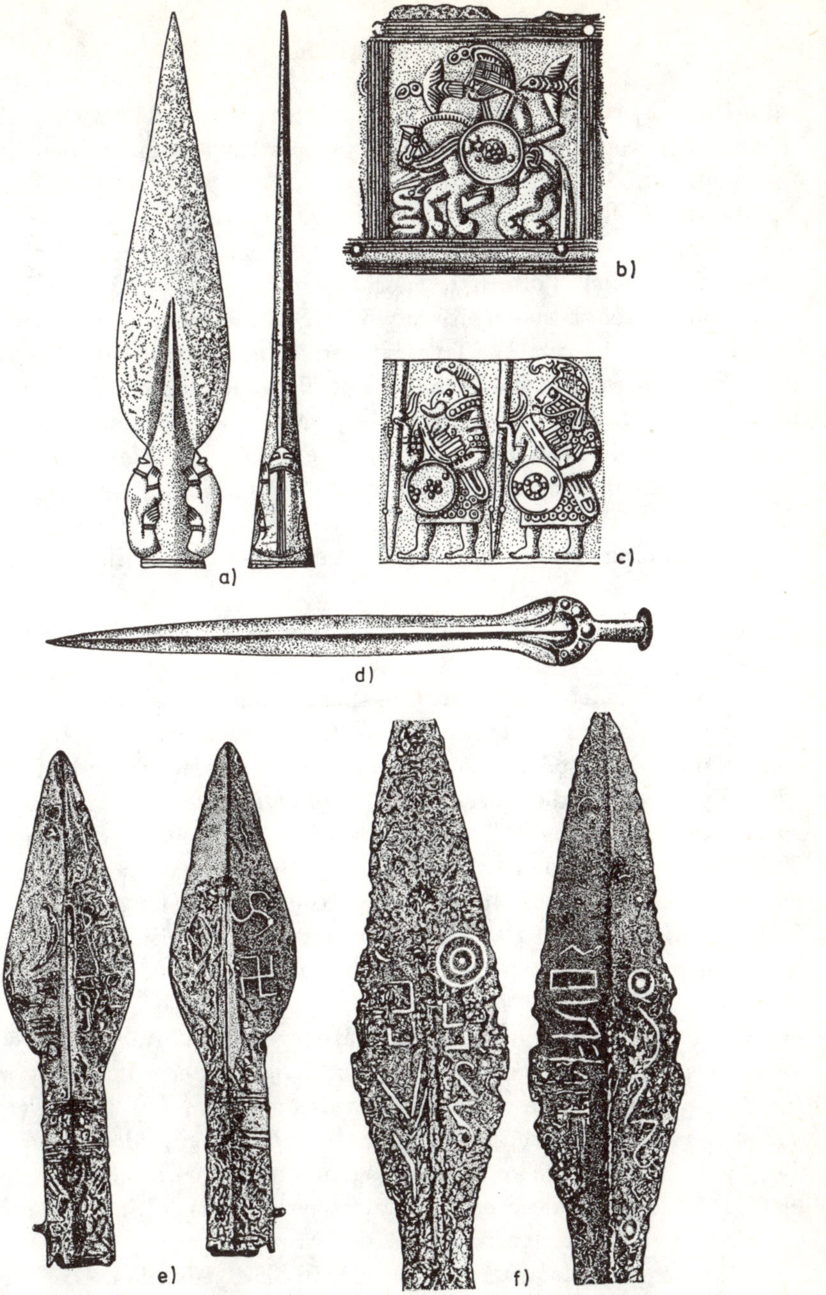

Abb. 19. Germanische Waffen
a) Lanzenspitze von Wendel (um 550) mit Ebern, b) Wodan (an. Óðinn) als Reiter auf einer Prägeplatte eines Wendelhelms (2. Hälfte des 7. Jh.s), c) zwei Krieger in voller Rüstung mit Vogelhelm, Schild, Schwert und Lanze, auf einer Prägeplatte eines Wendelhelms (2. Hälfte des 7. Jh.s), d) Schwert aus der Bronzezeit (Thorupgaarde, Laaland, um 1600 v. u. Z.), e) die Lanzenspitze von Dahmsdorf mit ostgermanischer (burgundischer?) Runeninschrift (3. Jh., Lesung: *ranja* 'Anrenner'), f) die Lanzenspitze von Kowel in Wolhynien mit gotischer Runeninschrift (3. Jh., Lesung: *tilarids* 'Angreifer')

waffen (germ. *frame*[*a*]) verbreitet. Das eiserne Schwert kam erst allmählich in Gebrauch, da es anfänglich meist nur als Tauschware zu den Germanen gelangte (Abb. 19).

Seit dem 3. Jh. u. Z. waren bei den germanischen Stämmen auch Pfeil und Bogen verbreitet. Zur Verteidigung bediente man sich im allgemeinen eines geflochtenen, hölzernen oder ledernen Schildes, dessen Bug schon häufig mit Eisen beschlagen war. Wie Schwerter, gehörten auch Helme ursprünglich mehr zum Waffenstaat der Anführer, wurden aber später, vor allem infolge des römisch-germanischen Tauschhandels, Allgemeingut. Für die germanische Altertumskunde sind jene römischen Helme von besonders hohem Wert, die von einheimischen germanischen Meistern umgeformt und mit eigenem Zierat versehen wurden. Einzelne Stämme bevorzugten eine besondere Waffenart, so z. B. die Sachsen das kurze Schwert, auf dessen Bezeichnung **sahs* auch ihr Stammesname zurückgeht.

III.1.9. Gemeinschaftsleben und Rechtsverhältnisse

Auf der behandelten Entwicklungsstufe bildete, wie gesagt, die Sippe die Grundlage der germanischen Gesellschaft. Sie war auch wirtschaftlich eigenständig und stellte eine geschlossene (autarkische) Einheit dar. Selbständig waren auch die einzelnen Familien, aus denen sich die Sippe zusammensetzte. Die Rahmen der germanischen Sippe bzw. des Stammes wurden durch die aufblühenden wirtschaftlichen Beziehungen immer mehr aufgelockert, wobei das Verhältnis zu den Kelten, in erster Linie aber zu den Römern, wichtig war. Das Eisen wurde z. B. teilweise schon v. u. Z. aus weit entlegenen Gebieten, von Kelten oder Römern, eingeführt. Nach dem Bericht des TACITUS hat auch der Tauschhandel mit Pelz schon um die Zeitwende eine bemerkenswerte Höhe erreicht. Auch Salz wurde im Tauschwege erstanden. Seit dem 2. Jh. u. Z. nahm der römisch-germanische Handel besonders rasch zu, und durch das mit dem Ausbau der römischen Grenzlinie (*Limes*) verbundene Seßhaftwerden der Südgermanen wurden die römisch-germanischen Beziehungen noch fester. Immer mehr römische Kaufleute suchten die Siedlungsräume germanischer Stämme auf, ja sie erschlossen auch das Küstengebiet der Nord- und der Ostsee. Die Römer vermittelten vor allem Hausrat und Schmuck, Textilien, Glas u. dgl. an ihre Nachbarn im Norden. Eine geschätzte Handelsware war auch der römische Wein. Die Römer führten aus den nördlichen Küstengebieten hauptsächlich Bernstein, aber auch Vieh, Leder, Pelz u. dgl. ein. Auch der Sklavenhandel begann zunehmend eine Rolle zu spielen.

Für die Ausmaße dieses Handels ist es kennzeichnend, daß er vom römischen Staat bereits im 1. Jh. u. Z. mit Steuern belegt war. Manche Gewerbe-

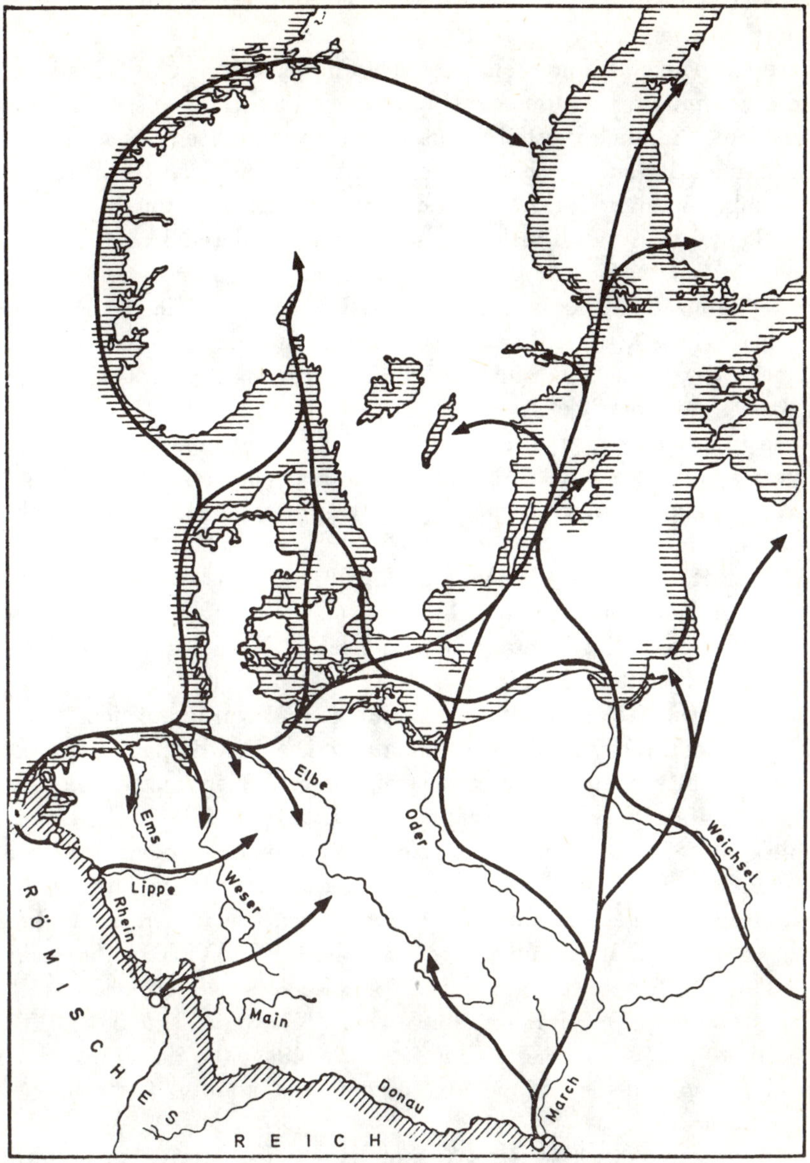

Abb. 20. Wege des germanischen Fernhandels (nach EDUARD SPROCKHOFF und BERNHARD TESCHE)

zweige der nördlichen (gallisch-germanischen) Provinzen der Römer waren geradezu auf diesen Handel eingestellt. In den römischen Provinzen und ihrer Umgebung lassen sich neben dem Tauschhandel bereits die Anfänge der Geldwirtschaft feststellen. Dadurch wurde natürlich auch die Produktion intensiver.

Historische Quellen und archäologische Funde beweisen übereinstimmend, daß die Germania der Römerzeit aus zwei großen Handelszonen bestand. Außer dem räumlich verhältnismäßig eingeschränkten Nahhandel erlangte auch der europäische Fernhandel mit den Germanen große Bedeutung. Während der Nahhandel der Grenzzone allmählich auf den Geldverkehr umgestellt wurde, verharrte der Fernhandel noch lange beim direkten Warenaustausch. Germanen spielten übrigens auch in der Vermittlung römischer Waren eine wichtige Rolle, indem sie die Erzeugnisse römischer Werkstätten an die Ostseestämme und nach Nordosteuropa beförderten. Germanisch vermittelte römische Sachgüter sind sogar östlich von Kasan gefunden worden (Abb. 20).

Diese Entwicklung, nicht zuletzt eine Folge der Römerkriege, mußte die alte germanische Gentilverfassung allmählich erschüttern. Die Verwendung von Kriegsgefangenen als Arbeitskräfte wurde allgemein, wenngleich eher in einer der mittelalterlichen Leibeigenschaft ähnlichen Weise als in Anlehnung an die klassische Sklavenhalterordnung. Aus solchen Keimen hat sich auch bei den Germanen die Gliederung der Gesellschaft in verschiedene Klassen ergeben. Die alten patriarchalischen Verhältnisse wurden aber weiterhin beibehalten.

Das Land war Gemeinbesitz des Stammes und wurde auf dem Thing, d. h. der Volksversammlung, unter die einzelnen Sippen entsprechend ihrer Kopfzahl aufgeteilt. Der ihnen zugeteilte Boden wurde von den einzelnen Familien innerhalb der Sippe bestellt. Somit bildete die Sippe eine geschlossene Markgenossenschaft, und als solche loste sie das ihr zugefallene Land unter den einzelnen Familien aus, die dann auch über den Ertrag des gemeinsam bestellten Bodens verfügten. Gemeinbesitz waren auch Wald, Wiese und Wasser, während der Viehbestand schon in dieser Periode Privateigentum war. Es ist also verständlich, daß als Wergeld (urverwandt mit lat. *vir* 'Mann', daher 'Manngeld', auch 'Blutgeld' = Geldsumme, mit der sich die Sippe des Erschlagenen die Blutrache vom Totschläger und dessen Sippe abkaufen lassen konnte) fast immer Vieh verlangt wurde.

Die Ertragsüberschüsse der Sklaven haben ihre Herren in erster Linie im Handel verwertet. Dadurch erlangten die Sklavenhalter eine vorteilhaftere wirtschaftliche Stellung als die freien Germanen, die über keine fremden Arbeitskräfte verfügten.

An der Spitze des Stammes stand der auf dem Thing von den freien Germanen gewählte Häuptling, der den Stamm als Erster unter Gleichen (lat. *primus inter pares*) zusammen mit dem Stammesrat der Sippenältesten regierte. Jedes Unternehmen, das für den ganzen Stamm von Belang war, so Krieg, Friedensschluß, Abwanderung usw., mußte in der Volksversammlung besprochen und beschlossen werden. Mit der Wandlung der wirtschaftlichen Verhältnisse und der allmählichen Entfaltung verschiedener sozialer Klassen nahm auch die Macht der Häuptlinge (zum Nachteil des Things) zu. Dieser Prozeß wurde auch dadurch beschleunigt, daß das Thing bis zuletzt eine Körperschaft der freien Germanen blieb, aus der die zunehmenden Massen der Sklaven, sogar der befreiten Sklaven, ausgeschlossen blieben. Das waren aber schon Ansätze zum F e u d a l i s m u s.

III.2. DIE RELIGION DER GERMANEN

III.2.1. Religionsgeschichte und Mythologie

Noch im 18. Jh. verstand man unter Religion im allgemeinen nur monotheistische Religionen; alles, was darüber hinaus bekannt war, wurde als Mythologie abgetan. Um die Wende zum 19. Jahrhundert erkannte man die Unhaltbarkeit dieser formalistischen Gliederung. Seitdem wurden verschiedene Versuche unternommen, um diese beiden Begriffskreise gegeneinander präziser abzugrenzen. Religion und Mythologie haben die metaphysische Grundlage sowie den Drang zu deren Konkretisierung, Verwirklichung gemeinsam. Während jedoch die Mythologie den Kreis seelisch-geistiger Vorstellungen nicht verläßt, ist jede Religion bestrebt, die ihre Basis bildenden Vorstellungen auch in der Praxis zu realisieren. So ist z. B. das Anbeten einer Naturkraft als einer Gottheit noch rein mythologisch, es wird aber zur Religion, sobald diese Verehrung einen kultischen Charakter bekommt und beginnt, sich auch im Alltag auszuwirken. Als primär ist demnach die mythische Vorstellungsbildung anzusehen, woraus sich — erst sekundär — K u l t und R e l i g i o n entwickeln. Die Entstehung der einzelnen Religionen, ihre Geschichte sowie ihr Verfall bilden den Forschungsgegenstand der R e l i g i o n s g e s c h i c h t e. Religiös und mythologisch motivierte Handlungen werden dabei als k u l t i s c h e H a n d l u n g e n erörtert. Die zusammenhängende Kette kultischer Handlungen ergibt den R i t u s, während das Gesamt der mit mythischen Personen bzw. Gruppen verbundenen kultischen Handlungen den eigentlichen K u l t erzeugt. In empirischer Hinsicht ist also die R e l i g i o n das Gesamt der Kulte und der diesen zugrunde liegenden Vorstellungen einer bestimmten Gemeinschaft.

Es liegt auf der Hand, daß die Mythologie in Entstehung und Entwicklung der Religionen demgemäß eine große Rolle spielt, andererseits aber die Religion auch mit den Künsten, vor allen Dingen mit der Dichtung, der Musik und den bildenden Künsten, verbindet. In der Terminologie moderner Religionshistoriker wird der Terminus technicus Mythologie mitunter auf die wissenschaftliche Erforschung von Mythen eingeengt, während sie das Sammeln sowie die Beschreibung des Gesamts mythischer Überlieferungen der sogenannten Mythographie zuordnen.

Die Entwicklung aller uns bekannten Religionen erhärtet die dialektische Erkenntnistheorie; die Entwicklung verläuft auch hier von den einfachen zu den komplizierteren Formen, von der Stufe der sogenannten „Augenblicksgötter" über Fetischismus, Animismus und Dämonismus zur Stufe der eigentlichen Götterbildung (Polytheismus, Monotheismus), der dann bei freiem historischem Ablauf Deismus und Atheimus folgen. Innerhalb dieser Etappen sind natürlich auch weitere Gruppierungen möglich. Der Übergang von einer Etappe der Entwicklung zur anderen ist graduell, auf allen entwickelteren Stufen sind auch die Relikte älterer, primitiverer Entwicklungsstufen erkennbar.

III.2.2. Quellen und Methoden

Die Geschichte der heidnischen altgermanischen Religion gehört zweifellos zu den besten Spiegeln der germanischen Geisteskultur. Ihre mannigfachen Quellen sind teils direkt, teils indirekt.

Von den direkten Quellen stammen die meisten Berichte über das germanische Heidentum von griechischen und römischen Autoren, so die Aufzeichnungen Plutarchs, die „Germania" des Tacitus, die Kriegsberichte von Iulius Caesar (De bello Gallico) usw. Diese Verfasser waren keine Germanen und beschrieben daher die germanische Glaubenswelt zumeist oberflächlich und ziemlich lückenhaft. Nach der Bekehrung der Germanen zum Christentum waren es zwar germanisch-christliche Verfasser, die sich über die heidnischen Sitten u. dgl. äußerten, so der Gote Jordanes, der Franke Gregor von Tours, der Langobarde Paulus Diaconus, der Angelsachse Beda Venerabilis, der Deutsche Adam von Bremen u. a., ihre Berichte zeugen aber von Verständnislosigkeit und Feindseligkeit gegenüber dem heidnischen Glauben, nicht selten entstellen sie auch die Wirklichkeit. Immerhin sind als besonders wichtig zu bezeichnen ein Brief des Bischofs von Winchester, Daniel, aus der ersten Hälfte des 8. Jh.s, ferner die berühmte Predigt des englischen Abtes Ælfric gegen den heidnischen Glauben der in England eingebrochenen Nordleute. Zu beachten ist, daß die germanischen Quellen ausnahmslos nach der Bekehrung entstanden, und unsere Kenntnisse sich — da sich die Südgermanen dem Christentum viel früher als ihre nördlichen Verwandten angeschlossen hatten — in erster Linie auf die Nordgermanen beschränken. Im Süden liegen die Anfänge des Übergangs im 5. Jh., und der Prozeß der Bekehrung war im 8. Jh. schon abgeschlossen, während er im Norden bis in das 9.—11. Jh. aufgeschoben wurde. Dieser zeitlichen Verschiebung zufolge war die heidnische Religion der Germanen im Norden imstande, sich einige Jahrhunderte lang noch selbständig zu entwickeln. Es ist also eine der wichtigsten Aufgaben der germanischen Religionsgeschichte, jede einzelne nordische Angabe umsichtsvoll daraufhin abzuwägen, ob sie nur nordisch oder aber auch für die gemeingermanische Zeit anzusetzen sei.

Unter den spätmittelalterlichen direkten Quellen sind das Werk des dänischen Historikers Saxo Grammaticus (erst im 12.—13. Jh.) und die unter dem Namen „Edda" zusammengefaßten altnordischen Mythen, Heldenlieder und Spruchdichtungen hervorzuheben. Die sogenannte „Lieder-Edda", die nach ihrem früher angenommenen Verfasser Sæmundr auch „Sæmundar Edda" heißt, enthält umfangreiche Gesänge, die die Mythen germanischer Götter und die Waffentaten mythisch-historischer Helden behandeln. Die älteste uns bekannte Handschrift der Lieder-Edda, der „Codex Regius" [= Königskodex], wurde 1250 vom Original, das ein halbes Jahrhundert älter sein dürfte, abgeschrieben. Die sogenannte „Prosa-Edda", deren Verfasser der berühmteste Isländer des 13. Jh.s, Snorri Sturluson, war, ist eigentlich ein poetisches Handbuch für die Dichter des Nordens, das aber — als Beispiele — auch mythologische Einlagen enthält und die Terminologie germanischer Mythen ausführlich behandelt.

Als indirekte Quellen kommen in erster Linie die archäologisch erschlossenen alten Kultstätten und die aufgefundenen Kultgegenstände, Runen- und Grabinschriften, Felszeichnungen (Abb. 21) sowie auf Germanen bezogene römische Inschriften, des weiteren die in Volksmärchen, Sagen und Volkssitten germanischer Völker fortlebenden Überlieferungen hinzu.

Hierher gehören auch die Orts- bzw. Personennamen, die Runennamen und die Namen der Wochentage, die religionsgeschichtlich oder mythologisch ausdeutbar sind (vgl. Abb. 22 und 23). So leben z. B. germanische Götternamen heute noch in Ortsnamen wie ne. *Wansdyke* (< ags. *Wōdnes dic*, 903: Hampshire, Somerset, Wiltshire), dt. *Godesberg* (< *Wodenesberg*, 947), die den Namen *Wodans* enthalten, ne. *Fretherne* (<ags. *Frīdorne*: Gloucestershire), ne. *Froyle* (<ags. *Frēohill*: Hampshire) und. nl. *Vroonloo* aus dem Namen von Wodans Frau, der Göttin *Frīg*, ferner ne. *Thunderfield* (< ags. *Þunresfeld*, 880: Staffordshire), dt. *Donnersberg* (Rheinland) sowie ne. *Tuesley* (< ags. *Tīwesle*), die die Verehrung zwei weiterer heidnischer Götter — *Donar* (ags. *Þunor*) und *Tīw* — bezeugen. Auf Kultorte verweisen z. B. ne. *Weyhill* (vgl. ags. *wēoh* 'heidnischer Tempel, Kultstätte'; dt. 'Weihhügel') oder dt. *Weimar* (< ahd. *Wīhmari*), das ursprünglich 'heiliges

a)
b)
c)
d)
e)
f)
g)
h)
i)
j)

Moor' bedeutete (vgl. Abb. 24). Germanische Götternamen sind auch in den Namen einiger Wochentage enthalten, vgl. dt. *Dienstag* ~ engl. *Tuesday* 'Tag des Tīw (Ziu)', dt. *Donnerstag* ~ engl. *Thursday* 'Tag des Donar', dt. *Freitag* ~ engl. *Friday* 'Tag der Freyja' oder westd. *Godenstag* (~ ns. *Gudenstag*) ~ engl. *Wednesday* ~ schw. *onsdag* ~ nl. *woensdag* 'Tag des Wodan: Mittwoch'. – Auch viele Vornamen sind kultisch-mythologisch bedingt, vgl. Namen wie *Oswald, Oswin,* deren erstes Glied mit ags. *ōs* ~ an. *áss* 'Gott, Ase' identisch ist.

Auch den k i r c h l i c h e n V o r s c h r i f t e n, Verboten und Beschlüssen, die sich auf heidnische Sitten beziehen, kommt – mit der nöti-

Abb. 21. Felszeichnungen der Bronzezeit in Südskandinavien

a) Weihung einer kultischen Hochzeit (Hvitlycke, Ksp. Tanum), b) Kampf zwischen Axtgott und Bogengott (?) (Fossum, Ksp. Tanum), c) kultische Pflugszene (Litsleby, Ksp. Tanum), d) Schiff mit Sonnensymbol (Ksp. Bottna), e) Kultprozession (Eckenberga, Östergötland), f) der Himmelsgott Tīwaz (an. Týr) (Lökeberg), g) Träger des Sonnensymbols (Stora Backa, Ksp. Backa in Bohuslän), h) Sonnenbild auf Rädern, Hirsche und Fußsohle (Disåsen, Ksp. Brastad), i) Donars Hammer (an. þórshamarr), j) Schiff mit Baum und Lurbläsern (Kalleby, Ksp. Tanum), k) Speergott (Litsleby, Ksp. Tanum) gen Vorsicht – ein gewisser Quellenwert zu, obwohl es hier besonders fraglich ist, inwiefern z. B. sich bei Aberglauben ursprünglich germanische und antikisch-östliche Traditionen auseinanderhalten lassen. Aufschlußreich sind auch viele Begriffe des germanischen Heidentums, die von der Kirche umgedeutet wurden, aber immerhin auch Anhaltspunkte bieten, z. B. dt. *Himmel*, dt. *Hölle* ~ engl. *hell*, dt. *Gott* ~ engl. *God* usw.

Noch wichtiger sind die alten Zaubersprüche, die dem Volksmund vielerorts noch bekannt sind. Im Brauchtum der germanischen Völker des Mittelalters und der Neuzeit sind immer noch viele Züge des Heidentums bewahrt. Allerdings ist bei der Verwendung dieser Quelle in Anbetracht ihrer vielfachen – antiken, christlichen, östlichen und sonstigen – Komponenten äußerste Vorsicht geboten.

Trotz der umrissenen Vielfalt der Quellen hat die germanische Religionsgeschichte große Schwierigkeiten zu bewältigen, handelt es sich doch um die Rekonstruktion eines an sich schon lückenhaften Bildes. Einerseits sind die Quellen zeitlich und räumlich nicht einheitlich: zeitlich, geographisch und dem Wert nach sehr unterschiedliche Belege sind dabei chronologisch und räumlich aufeinander abzustimmen und verläßlich zu orten. Andererseits bietet gerade der Norden die meisten Anhaltspunkte, wo aber das Heidentum nach der Bekehrung der südlichen Stammesbrüder eine Sonderentwicklung durchgemacht hat. Man kann somit nicht mit Sicherheit nur aus dem Norden Belegtes auch für die gemeingermanische Zeit voraussetzen. Durch die frühe Einsickerung christlich-östlicher Elemente werden diese Schwierigkeiten noch erhöht.

Die wichtigste Methode der Forschung ist daher auch hier die Vergleichung. Die vergleichende Religionsgeschichte bzw. die vergleichende Mythologie hat eine schwere Aufgabe in der Untersuchung verschiedener Religionen und Mythen aus verschiedenen Zeitaltern, wobei stets wirkliche oder auch nur mögliche Wechselbeziehungen und Mischungen zu beachten sind. Hinzu kommt, daß ähnliche Erscheinungen in zwei verschiedenen Mythen oder auch Religionen nicht unbedingt einer Ein- oder Wechselwirkung zuzuschreiben sind. Ähnliche historische, soziale und ideologische Voraussetzungen können auch voneinander ganz unabhängig ähnliche, sogar auch identische Vorstellungen hervorbringen. Läßt sich eine Erscheinung nicht aus dem Germanischen erklären, so ist der gangbarste Weg, zunächst bei den verwandten und benachbarten Völkern nach Analogien zu fahnden, im Falle der Germanen also bei indogermanischen, arktischen und uralischen Völkerschaften.

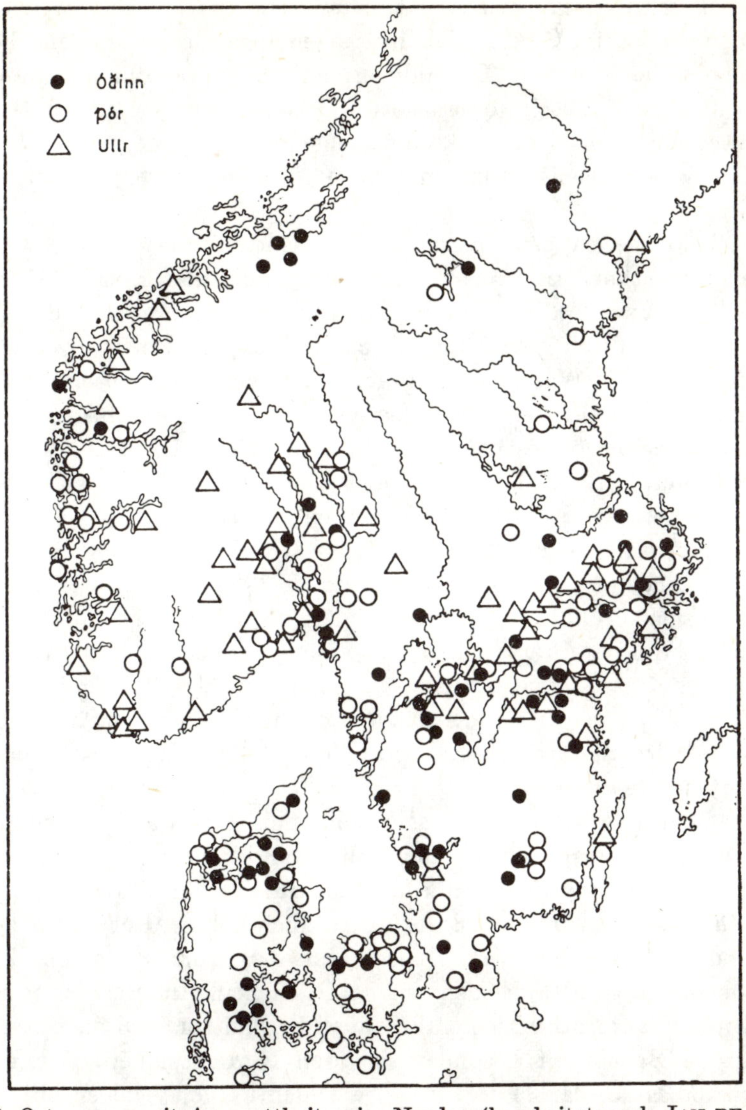

Abb. 22. Ortsnamen mit Asengottheiten im Norden (bearbeitet nach JAN DE VRIES)

III.2.3. Die Grundlagen der germanischen Religion

Die germanische Religion hat zweifelsohne indogermanische Grundlagen. Daraus kann man schließen, daß bereits vor der Auflösung der indogermanischen Einheit Polytheismus – Mehrgötterglaube – geherrscht haben dürfte. Über den Vergleich der Namen des obersten Gottes (germ. *_Tīw_[_az_] ~ gr. _Zeus_ ~ lat. _Dīespiter_/_Jupiter_ ~ ai. _Dyāus_) ist die Diskussion noch im Gange, aber ihre etymologische Zusammengehörigkeit scheint gesichert zu sein. Die indogermanischen Prägermanen waren (vgl. II.1.1.) patriarchalisch organisierte Hirten; ihre Gesellschaftsordnung spiegelte sich auch in den späteren Religionen der indogermanischen Einzelvölker wider. Das ist jedoch nur e i n Element der gemeingermanischen Religion.

Die beiden Gruppen germanischer Götter, die A s e n und die W a n e n, verkörpern zwei verschiedene soziale und kulturelle Grundelemente. Die A s e n (_Tīw_, _Wōdan_, _Donar_ u. a.) vertraten wohl den Glauben eines patriarchalisch geordneten, dynamisch-expansiven indogermanischen Hirtenvolkes; die W a n e n hingegen waren sicher Gestalten der Religion eines näher noch nicht erschlossenen, matriarchalisch organisierten Bauernvolks nichtindogermanischer, vielleicht arktischer Herkunft, dessen Glaubensvorstellungen vor allem um den F r u c h t b a r k e i t s k u l t („Mutter Erde") kreisten. Aus der Verschmelzung beider Schichten ist die Religion der gemeingermanischen Zeit entstanden. Germanische Mythen berichten über den langwierigen Kampf der Asen und der Wanen, der zuletzt mit einem Ausgleich endete. Nach einer möglichen Deutung wurde darin der Zusammenstoß der Prägermanen mit einem nordischen Bauernvolk in der jüngeren Steinzeit (etwa um 2000 v. u. Z.) bzw. ihr Ausgleich mythisiert. Erweist sich diese Auslegung religionsgeschichtlicher Vorgänge als stichhaltig, so wird dadurch in Bezug auf die Entstehung der Germanen die Substrattheorie erhärtet.

Der oberste Gott der gemeingermanischen Zeit war ursprünglich _Tīw_ (< *_Tīwaz_), der erst während der Völkerwanderung vom Schirmherrn der kriegerischen Männerbünde, _Wōdan_ (an. _Óðinn_, ahd. _Wuotan_, eigtl. wohl 'der Wütende'), verdrängt wurde. Ein ähnlich hohes Alter ist für den Gott des Donners und Gewitters, _Donar_ (an. _Þórr_), vorauszusetzen, den viele Forscher mit dem altindischen _Indra_ vergleichen. Andererseits war Donar — offenbar als Herr der Elemente — auch Beschützer der Bauern und genoß eine große Beliebtheit besonders bei den Nordgermanen. Der Kult der Göttin der Erde, der Ernte und der Fruchtbarkeit schlechthin, _Nerthus_ (_Hertha_), ist relativ gut überliefert. Eine ähnliche Funktion hatte aber auch die Göttin _Freyja_, von der sich wiederum die Göttin _Frīg_ (Wodans Frau) kaum unterscheiden läßt. Wahrscheinlich waren diese Gottheiten ursprünglich identisch und müssen als spätere Emanationen, d. h. Ausstrahlungen, aufgefaßt werden. Die Aufdeckung solcher Zusammenhänge sollte mit zu den wichtigsten Aufgaben der germanischen Religionsgeschichte gehören.

Grundidee der germanischen Religion war der S c h i c k s a l s g l a u b e. Nach ihm werden die Geschicke der Welt vom jeweiligen Stand des ununter-

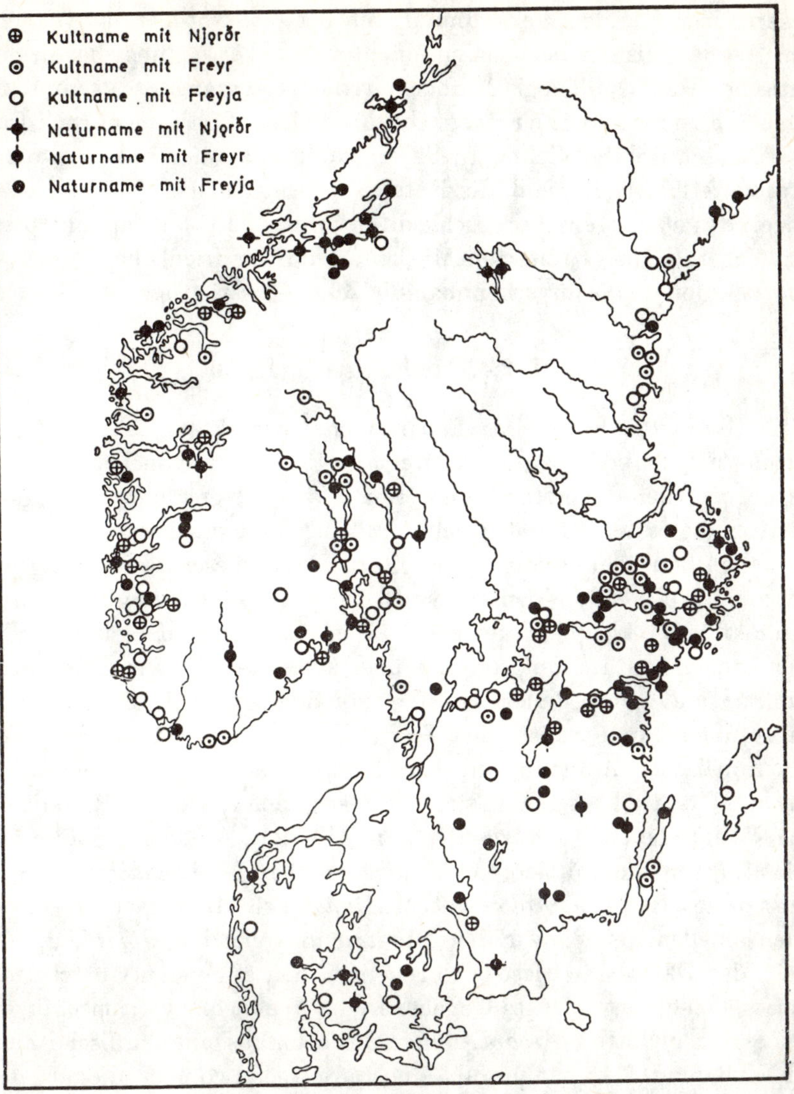

Abb. 23. Ortsnamen mit Wanengottheiten im Norden (bearbeitet nach JAN DE VRIES)

brochenen Kampfes der guten, erhaltenden mit den bösen, vernichtenden Mächten – der Götter mit den Dämonen – bestimmt. Dahinter sind die Naturkräfte – Frost, Feuer, Überschwemmung, Erdbeben, Gewitter usw. – als das Leben des Menschen bestimmende Faktoren unschwer zu erkennen. Nach dem germanischen Glauben wird durch den letzten Zusammenstoß dieser entgegengesetzten Mächte die ganze Welt vernichtet.

Dieser Untergang der Weltordnung hieß bei den Nordgermanen *Ragnarǫk*, d. h. 'Verhängnis der beratenden Mächte', ist aber bei uns eher in der sehr poetischen, doch philologisch ungenauen Übersetzung Richard Wagners als 'G ö t t e r d ä m m e r u n g' bekannt. Dem Zusammenbruch folgt ein Chaos, das absolute Nichts. In Skandinavien hat man später, wohl schon unter christlichem Einfluß, die Entstehung einer neuen Welt, neuer Götter und eines neuen Menschengeschlechts erwartet. Im Mittelpunkt dieser im christlichen Sinne erweiterten Mythen stand der friedliebende Gott *Baldr* (*Baldur*), der schon unverkennbar die Züge Christi trug.

III.2.4. Mythologie und Kult

Die Germanen haben das Leben vom Gegensatz zwischen Kälte und Wärme, Feuer und Frost, hergeleitet: der Begegnung von Feuer und Eis sei das Leben, seien die ersten Lebewesen, ja die Götter entsprungen, die dann aus Holz die ersten Menschen schufen. Auch Tacitus erwähnt, daß sich die Germanen von den Göttern herleiten. Nach dieser Vorstellung besteht zwischen Gott und Mensch kein w e s e n s b e d i n g t e r, nur ein s t u f e n m ä ß i g e r Unterschied. Die germanischen Götter sind menschenähnlich (anthropomorph), sie überragen aber die Menschen an Kraft, Verstand und Lebensdauer. Sie sind trotzdem sterblich. Darin äußert sich ein auffallend materialistischer Zug der germanischen Religion, der sonst im europäischen Altertum unbekannt ist.

Das W e l t a l l stellten sich die Germanen als einen Riesenbaum – eine 'Weltesche', an. *Yggdrasil* – vor (Abb. 25). An diesem Baum befindet sich *Midgard*, die 'mittlere Welt' der Menschen (ahd. *mittilgart* ~ an. *miðgarðr* ~ ags. *middangeard* ~ got. *midjungards*). Hauptsächlich aus nordischen Quellen kennen wir den Midgard umgebenden *Utgard*, die 'äußere Welt' der Dämonen (Riesen, Ungeheuer), den äußersten Gürtel des Weltkreises, den ein mythisches Ungeheuer, die 'Weltschlange', umschlingt. Über den Sitz der Götter, *Asgard*, stehen uns ebenfalls nur nordische Zeugnisse zur Verfügung. Man hat ihn als eine Burg irgendwo über Midgard gedacht. Der Himmel als Sitz der Götter wird zuerst in einer langobardischen Quelle erwähnt. Auch über die Unterwelt sind die Angaben uneinheitlich. Sie ist in älterer Zeit wohl mit der Begräbnisstätte der Sippe, dem Totenhügel, identisch. Erst später ist auch die Vorstellung einer allgemeinen Unterwelt, *Hel* (vgl. *Hölle*, engl. *hell*), aufgekommen. *Walhall*, das Heim der gefallenen Krieger, ist eine verhältnismäßig späte Schöpfung der Wikingerzeit.

Im kultischen Leben fiel den K u l t b ü n d e n eine besondere Bedeutung zu. Mittelpunkt des Kultes war der Totenhügel, die gemeinsame Begräbnisstätte des Bundes. Die Träger des Kultes waren ursprünglich die

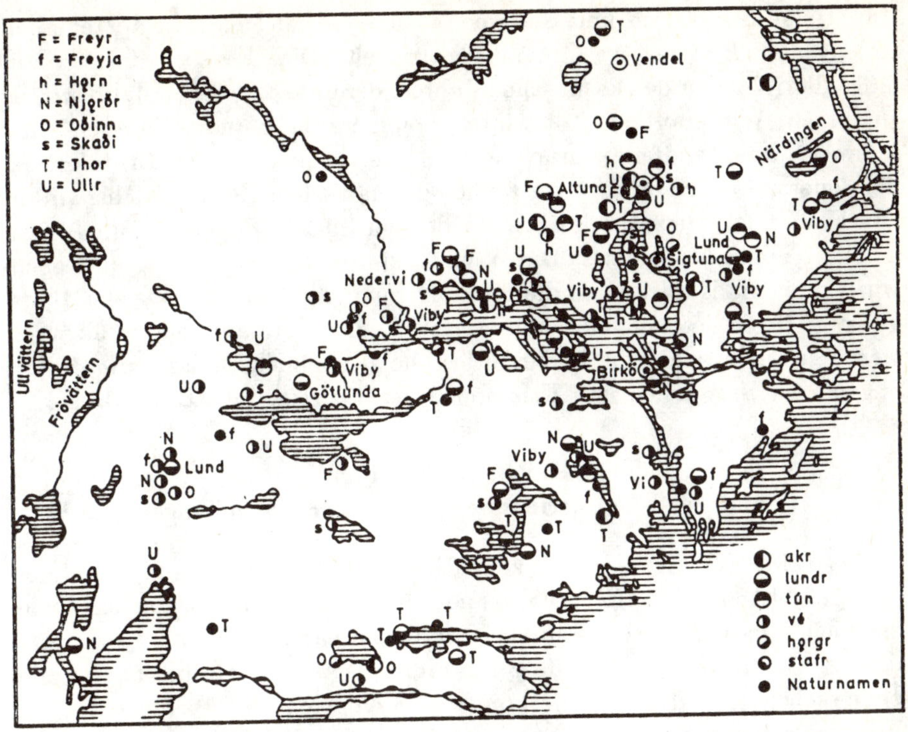

Abb. 24. Orte mit Namen germanischer Kultstätten in Mittelschweden (bearbeitet nach Jan de Vries)

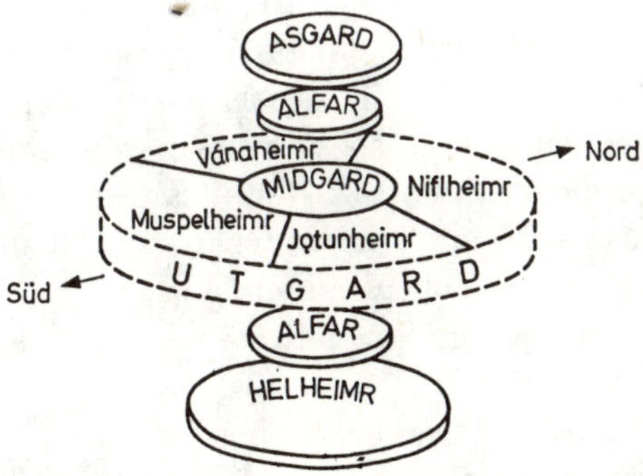

Abb. 25. Der Weltenbaum der nordgermanischen Mythologie

Niflheimr = Welt des Nebels (= der Kälte), Jǫtunheimr = Welt der Riesen, Muspelheimr = Welt des Feuers (= der Wärme), Vánaheimr = Welt der Wanen, Helheimr = Welt der Hel (= des Todes), Alfar = Elfen (oben: gute Elfen, unten: böse Elfen)

Häuptlinge der Sippen und Stämme. Vielerorts hat sich aber später auch ein eigener Priesterstand entwickelt. Die Feste folgten anfangs den Wenden des kosmischen Jahres, deren Wechsel den Jahreszeiten entsprach: Winteranfang, Mittwinter, Sommeranfang und wohl auch Mittsommer (Sonnwendfeier). Auch ein im Herbst begangenes Erntefest ist überliefert. Das Hauptfest der gemeingermanischen Zeit, der Mittwinter, lebt heute noch, wenngleich mit verändertem Inhalt substituiert, im Julfest, d. h. Weihnachten, fort. Die Wendepunkte des menschlichen Lebens wurden ebenfalls gefeiert, so die Namengebung, die Männerweihe, der Blutsvertrag, die Eheschließung und der Tod. Die germanischen Kultbünde waren zugleich politische und militärische Zusammenschlüsse, wie die der Ingwäonen, Istwäonen und Erminonen des Tacitus, vgl. II.3.1.

III.2.5. Christentum und Fortleben germanisch-mythischer Vorstellungen

Das Christentum hat zuerst bei den Ostgermanen (Goten) Fuß gefaßt, da diese auf ihren Wanderungen mit dem christlichen Süden ziemlich früh in Berührung kamen. Die Goten nahmen schon im 4. Jh. u. Z. den Arianismus als die ihrer militärischen Hierarchie am meisten entsprechende und zugleich damals – wenigstens vorübergehend – im ganzen Oströmischen Reich dominierende Form des Christentums an. Ein ähnlicher Vorgang läßt sich bei den katholisierten Südgermanen (Deutschen) und bei den Angelsachsen verfolgen. Die Festlandsachsen wehrten sich, teils aus politischen Gründen, noch im 8. Jh. gegen die Bekehrung. Der heidnische Glaube konnte sich am längsten im Norden behaupten, in Schweden sogar bis in das 11. Jh. England war, allerdings nicht ganz reibungslos, im 6.–7. Jh. bereits endgültig christianisiert, im wesentlichen dank der volkstümlichen Mission irischer Geistlicher. Auch die Art der Bekehrung war bei den einzelnen Stämmen sehr verschieden. Während Karl der Grosse die Sachsen nur durch Krieg und Massaker dazu bewegen konnte, führte man auf Island den neuen Glauben im Jahre 1000 friedlich, auf Beschluß der Volksversammlung ein, wobei sogar die heidnischen Priester (die gleichzeitig Sippenälteste waren) als Priester des Christentums anerkannt wurden.

Elemente des heidnischen Glaubens leben im Volksglauben, in Sitten und Bräuchen der germanischen Völker vielfach weiter. Ihre Aufdeckung ist eine wichtige Aufgabe der Volkskunde der germanischen Völker. Sie wurden von den christlichen Kirchen Jahrhunderte lang heftig bekämpft, doch haben sich manche als äußerst zäh erwiesen. Um so schwieriger ist aber ihre Klärung, da gerade diese Schicht heidnischer Glaubensprodukte den meisten und intensivsten antikischen, christlichen und orientalischen Einflüssen ausgesetzt war.

Der germanische W e l t e n b a u m (Lebensbaum!) erscheint als uraltes Symbol der Fruchtbarkeit in unseren Maibäumen. Die S o n n - w e n d f e i e r n in Süddeutschland und in Nordeuropa setzen alte Kultbräuche zur Erhaltung der Kraft von Feuer und Sonne fort. Der ursprünglich von magischen Vorstellungen bestimmte T a n z behauptet sich noch auf Hochzeiten u. dgl. bis in die Gegenwart. Dabei sei der anfangs in Kultbünden übliche Schwerttanz besonders erwähnt, den schon TACITUS beschreibt, und der in einzelnen deutschen (und anderen) Gegenden noch bekannt ist. Die dem Kult der Fruchtbarkeit wie des Todes verhafteten, ritual bestimmten U m g ä n g e konnten von der Kirche ohne Schwierigkeit den neuen Inhalten angeglichen werden. Auch die kultischen Bezüge des Essens wurden zivilisiert: das germanische T o t e n m a h l, ein Denkmal kannibalischer Vorzeit, das die magische Stärkung der Teilnehmer zum Ziel hatte, löste sich auf im christlichen Toten- und Taufmahl, in der Hochzeitstafel sowie im Brauchtum gemeinsamen T r i n k e n s (Liebestrank!), ja sogar in einzelnen charakteristischen Zubereitungsformen (Brezel als Sonnenrad, Gebäcke in Tier- und Menschenform, Nabel am Brotlaib u. dgl.). Der Held des M i t t w i n t e r f e s t e s, Wodan, erscheint immer noch als Weihnachtsmann, Knecht Ruprecht und in sonstige, landschaftlich sehr verschiedene Gestalten verkappt. Dem alten S o m - m e r a n f a n g entspricht die moderne Maifeier, das Fest der Wiedergeburt der Natur nach dem bezwungenen Winter.

III.3. DIE GERMANISCHE RUNENSCHRIFT

III.3.1. Schrift und Schriftkunde

Die Schrift ist das von Menschen geschaffene System vereinbarter Zeichen, das fixiert und – in Kenntnis der gegebenen Zeichen – gelesen, d. h. verstanden werden kann. Informationstheoretisch ist also die Schrift ein Informationskanal, der Koden und Entkoden ermöglicht. Sie reproduziert gewissermaßen das Sprechen und fördert damit die menschliche Kommunikation. In der Schrift wird die Sprechsprache konserviert, d. h. die Geltung der Sprache in Zeit und Raum theoretisch unbeschränkt erweitert.

Die Entstehung der Schrift ist eine Folgeerscheinung der Entwicklung der menschlichen Gesellschaft. Auf einer hohen Stufe der sozialen Schichtung bzw. Differenzierung erscheint es früher oder später als unumgänglich, das gesprochene Wort dauerhaft zu fixieren. In einem umfangreichen Staatswesen wird durch die Schrift der Verkehr voneinander weit entfernt lebender Menschen sowie unter Behörden erleichtert, die Aufzeichnung für Staat und Gesellschaft wichtiger Momente, Verordnungen, Rechtsbeschlüsse, politischer Maßnahmen u. dgl. erst ermöglicht. Auf diese Weise verhilft die Schrift nicht nur der Sprache zur Verewigung, sondern sie sichert zugleich allen Wissenschaften die Möglichkeit, längst vergangene Zeiten allseitig zu erschließen. Synchron betrachtet spielt die Kenntnis der Schrift eine außerordentlich wichtige Rolle im Unterricht der Muttersprache sowie der Fremdsprachen.

Die Entwicklung der Schrift hat eine Vergangenheit von mehreren tausend Jahren. Ihr Material, Mittel und Zeichen haben sich in Raum und Zeit nicht selten gewandelt. Neue Schriftsysteme sind z. T. sogar in unserer Zeit, z. B. in Afrika und Alaska, im Entstehen begriffen.

Auf der ältesten Stufe der Schrift hat der Mensch die zu fixierenden Personen, Gegenstände und Ereignisse einfach nachgezeichnet bzw. nachgemalt. Diese Form der Schrift, die unter den Indianern Amerikas stellenweise heute noch üblich ist, nennt man Gegenstandsschrift bzw. Bilderschrift oder Piktographie (< lat. *pictus* 'gemalt, gezeichnet' + gr. *γράφειν* 'schreiben'). Die Zeichen – die sogenannten Piktogramme – wurden an Höhlenwänden, Felsen, Steinen, Knochen oder Holz angebracht. Es waren meistens schon vereinbarte, konventionelle Zeichen, wie solche z. B. im Verkehrswesen teils heute noch üblich sind. Nachdem die direkte Verbindung von Zeichen und dem dargestellten Gegenstand verblaßte und der Sinn des Zeichens nur mehr auf Grund der Konvention zu erkennen war, wurde auch das Zeichen vereinfacht, symbolisch. Diese Art der Schrift ist die Ideographie (< lat. *idea* 'Begriff, Sinn'), die sich aus Ideogrammen – Sinnbildern (Sinnzeichen) – zusammensetzt. Zu dieser Gruppe gehören u. a. die chinesische Schrift, die Schrift der Azteken in Alt-Mexiko, ja ursprünglich auch die Keilschriften Vorderasiens, die sich später über diese Stufe hinaus entwickelten.

Es bedeutet einen qualitativen Wandel in der Geschichte der Schrift, wenn das jeweilige Zeichen nur noch einen Laut, gelegentlich eine Lautgruppe bezeichnet. Charakteristisch ist in dieser Hinsicht die Entwicklung der ägyptischen Schrift, die von der Bilderschrift über die Ideographie zu einer Stufe führte, wo ein bestimmtes Zeichen schließlich nur noch den Anlaut des Namens des bezeichneten (ursprünglich nachgemalten) Gegenstandes festhielt. Dieses Prinzip ist die sogenannte Akrophonie (< gr. *ἄκρον* 'Spitze').

Schon in dieser hochentwickelten Form kam die ägyptische Schrift zu den Phöniziern, und letzten Endes ist daraus durch vielfache Umwandlungen bzw. Kreuzungen und durch griechische Vermittlung auch unser sogenanntes lateinisches Alphabet entstanden.

Erschließung, Analyse der verschiedenen Schriftsysteme bzw. die Deutung der mit ihrer Hilfe fixierten Texte sind Aufgaben der Schriftkunde (Paläographie). Die Schriftkunde hat sowohl die Geschichte der Schrift bzw. der Schriftsysteme als auch die jeweiligen Beziehungen zwischen Sprache und Schrift aufzudecken. Eine weitere, für die zeitgenössische Praxis sehr wichtige Aufgabe erwächst aus der Ausarbeitung und der ununterbrochenen Verbesserung der Orthographie der einzelnen Sprachen.

Die Runenkunde befaßt sich mit der Geschichte der altgermanischen Schriftzeichen (Runen) und bildet einen organischen Teil der allgemeinen Schriftkunde.

III.3.2. Herkunft der Runen

Manche Runen zeigen eine auffallende Ähnlichkeit mit griechischen und lateinischen Buchstaben. Daher wollte man eine Zeitlang die Runen als Fortsetzung der römischen Schrift deuten oder sie unmittelbar auf das griechische Alphabet zurückführen. KARL WEINHOLD hat (1856) als erster erkannt, daß die Runen letzten Endes durch norditalisch-etruskische Vermittlung zu den Germanen gelangt sind. Die Runenzeichen müssen also um den Beginn unserer Zeitrechnung bei den Südgermanen aufgekommen und von Stamm zu Stamm weitergewandert sein. Es meldeten sich aber in diesem Zusammenhang bald neue Schwierigkeiten. Einige Runenzeichen lassen sich nämlich nicht aus den norditalischen Schriftsystemen erklären. FRANZ ALTHEIM vermutete, daß kimbrische Reiter, die der Niederlage von Vercellae entgangen waren, die im Val Camonica entdeckten Runen nach dem Norden mitnahmen; dies wird jedoch von den meisten Forschern — im Anschluß an ARTHUR NORDEN — bestritten. Vielleicht wurden einzelne Runen aus älteren, magischen Zwecken dienenden, z. T. auch ornamental verwendeten germanischen Elementen entwickelt und dem Runenbestand einverleibt. Auch die strenge Reihenfolge der Runen ist noch ungeklärt, um so mehr, als sie von den Reihenfolgen der im Mittelmeerraum verwendeten Schriftsysteme grundverschieden ist. Sie lassen sich nur mit der keltischen Og(h)am-Schrift vergleichen (Abb. 26). (*Og[h]am* heißt das älteste irische Alphabet, das aus Punkten und senkrechten oder schrägen Strichen besteht, die unter oder über der Linie oder diese durchkreuzend verlaufen). Diese Schrift ist bisher in rund 360 Grabinschriften des 4.—9. Jh.s u. Z. nachgewiesen worden. Der bekannte Runenforscher HELMUT ARNTZ machte einen geistreichen Versuch, die Runenfolge auf magischer, zahlenmystischer Grundlage zu erhellen. Das Problem ist aber nach wie vor offen. Das „Runen-Abc" wird nach den ersten sechs Zeichen der Runenreihe Fuþark, im Altenglischen gemäß dem Lautwandel *a* > *o* Fuþork genannt.

Die Runen dienten ursprünglich nur kultischen Zwecken; bei den Germanen ist der Runenzauber allgemein bezeugt. Das Wort Rune (got. *rūna*) selbst bedeutet 'Geheimnis' (vgl. nhd. *raunen*, engl. *to round* 'staunen'). Die Namen der einzelnen Runen haben ebenfalls magische Bedeutung.

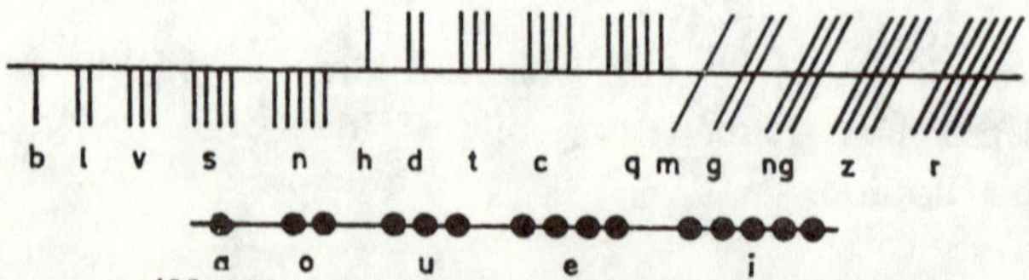

Abb. 26. Die Og(h)am-Schrift der Kelten

Die Richtung der Schrift war noch nicht endgültig festgelegt: man konnte von rechts nach links, von links nach rechts, von oben nach unten und umgekehrt schreiben oder alle diese Möglichkeiten miteinander kombinieren. Zu magischen Zwecken wurden manchmal sogar in einem laufenden Text einzelne Runen auf den Kopf gestellt.

Das älteste bisher bekannte Fuþark (sogenanntes älteres Fuþark) besteht aus 24 Zeichen, die folgendermaßen angeordnet sind:

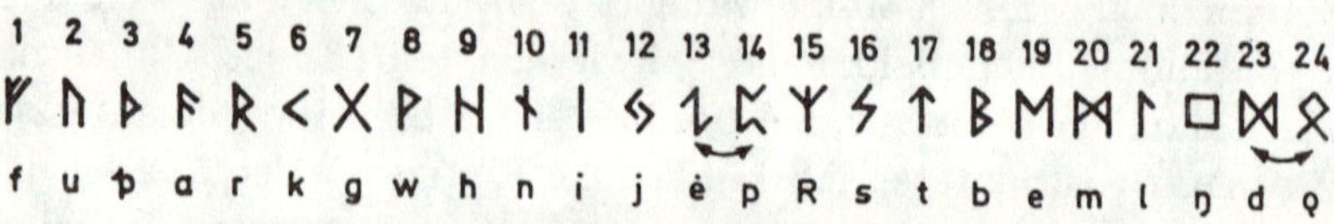

Abb. 27. Das älteste bisher bekannte Fuþark
þ = th, ė = Zwischenlaut zwischen e und i, R = runisches r (< s), ŋ = ng

Davon konnten 13 und 14 bzw. 23 und 24 auch in umgekehrter Reihenfolge angeordnet werden. Diese Runenfolge wurde in drei, aus je acht Zeichen bestehende Teile (1: *f* – *w*; 2: *h* – *s*; 3: *t* – *o*/*d*), in sogenannte „Runengeschlechter", gegliedert.

Die Runen wurden ursprünglich nicht geschrieben, sondern aus Holz geschnitzt, aufgemalt (vgl. got. *meljan* 'malen; schreiben'; allerdings stimmt dieses Wort auch zur späteren – gräzisierten – Praxis der Goten, vgl. III.3.7., was seine Heranziehung fraglich macht) bzw. eingeritzt (vgl. engl. *to write* 'schreiben', eigtl. 'reißen, ritzen'). Manche Forscher verbinden mit dem Material der Runen auch unser Wort *Buch* (engl. *book*), das etymologisch mit dem Namen der *Buche* (engl. *beech*) identisch ist, ferner das Wort *Buchstabe* (ags. *bōc-stæf*) 'Buchenstab'. Es ist jedoch wahrscheinlicher, daß

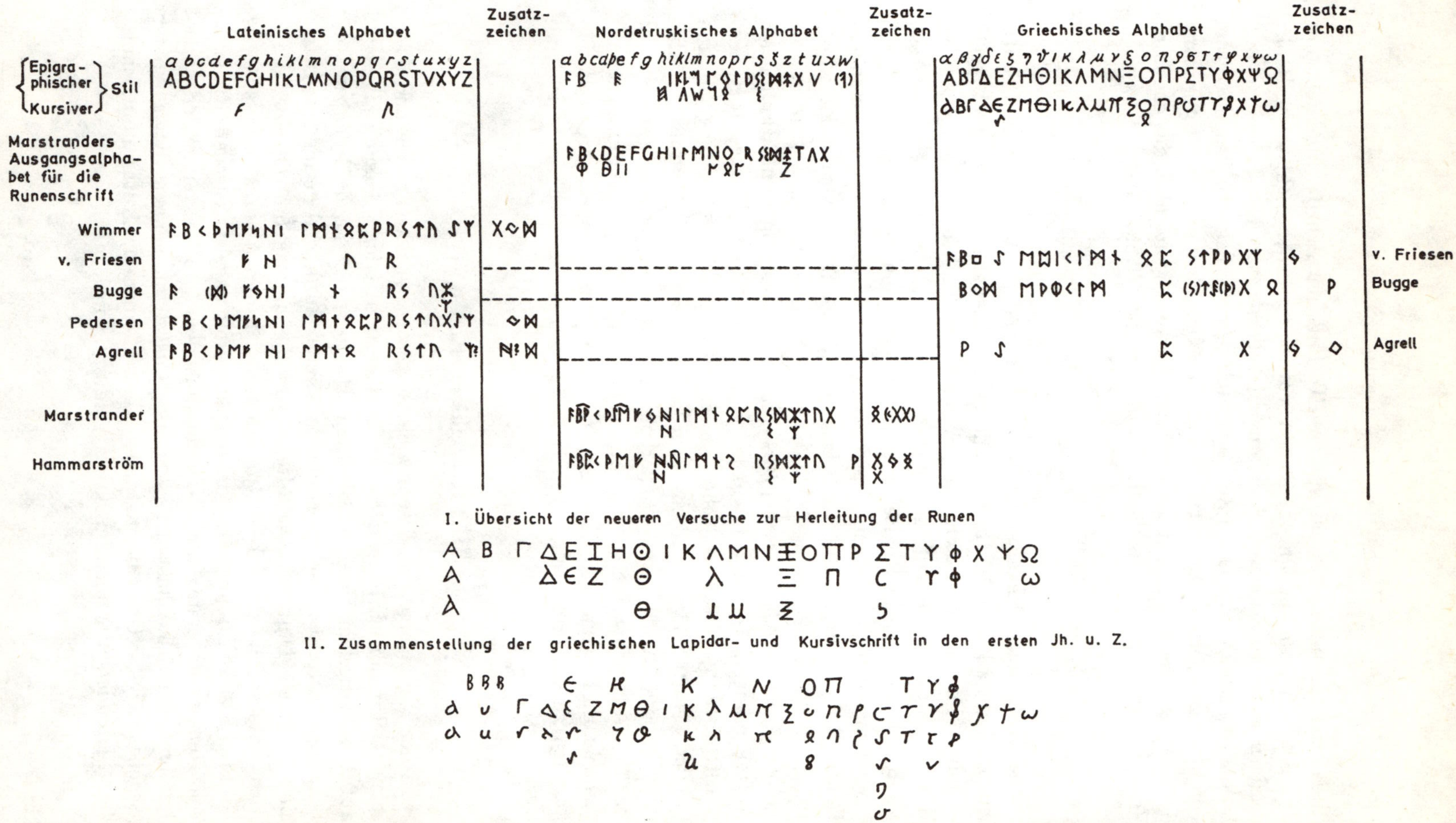

Abb. 28. Entwicklung der Runen (Zusammenstellung der Runen mit antiken Alphabeten; nach Otto v. Friesen und Helmut Arntz)

diese Bezeichnungen mit der späteren Technik der Schrift und nicht mit den Runen zusammenhängen. Runen wurden natürlich nicht nur in Holz, sondern auch in Knochen, Stein und Metalle geritzt. Das Schreiben und Lesen von Runen war lange Zeit hindurch das Privileg von Eingeweihten, von kundigen „Runenmeistern", die aus den Orakelrunen „die Bestimmung der Götter errieten". Auf diese Funktion verweist heute noch das englische Verb (*to*) *read* 'lesen', ursprünglich 'raten, erraten' (Abb. 28).

III.3.3. Quellen

Die Denkmäler des älteren Fuþarks, besonders Abwehr- und Schutzrunen, sind häufig an Waffen, Amuletten, Gebrauchs- und Schmuckgegenständen, im Norden auch auf Felsen und Grabsteinen, sogenannten R u n e n s t e i n e n, aufgefunden worden. Sie stammen meist aus dem 3.–8. Jh. u. Z. und enthalten des öfteren lediglich das Fuþark oder ein bzw. mehrere Runenzeichen. Die Zahl der auch linguistisch verwertbaren Denkmäler im älteren Fuþark beträgt etwa 100. Diese Runenfolge wurde später in Skandinavien auf 16 Zeichen vereinfacht. Diese sogenannten „jüngeren Runen" (*jüngeres Fuþark*) dienten auch schon zu nichtkultischen Aufzeichnungen. Im 13. Jh. wurden in Dänemark auch Gesetze in Runenschrift niedergeschrieben (schon in einer Handschrift, im sogenannten „Codex Runicus"), und in Schweden konnten noch zu Beginn des 20. Jh.s viele Bauern Runen lesen. Wiederbelebungsversuche jedoch, wie sie z. B. im 17. Jh. in Schweden unternommen wurden (JOHAN BURE) und eine allgemeine Einführung der Runenschrift bezweckten, blieben vereinzelt und konnten zu der lateinischen Schrift bzw. der Fraktur nicht mehr in Konkurrenz treten (Abb. 29).

III.3.4. Englische Runen

In der Wikingerzeit sind sehr viele nordische – norwegische und dänische – Runeninschriften nach England gelangt, oder sie sind z. T. sogar auf den Britischen Inseln entstanden. Hingegen ist die Zahl der zur Zeit bekannten angelsächsischen Runendenkmäler auffallend gering, insgesamt sind es einige Dutzend. Das älteste von diesen mag um die Mitte des 7. Jh.s entstanden sein. Die Runendenkmäler der Angelsachsen sind im Großteil kurze Inschriften. Von den längeren angelsächsischen Runeninschriften ist an erster Stelle die des aus dem 7. Jh. stammenden northhumbrischen Schatzkästchens (*Franks' Casket*) zu nennen. Etwas später ist jenes religiöse Gedicht entstanden, das auf einem bei Ruthwell in Schottland gefundenen steinernen Kreuz verewigt wurde.

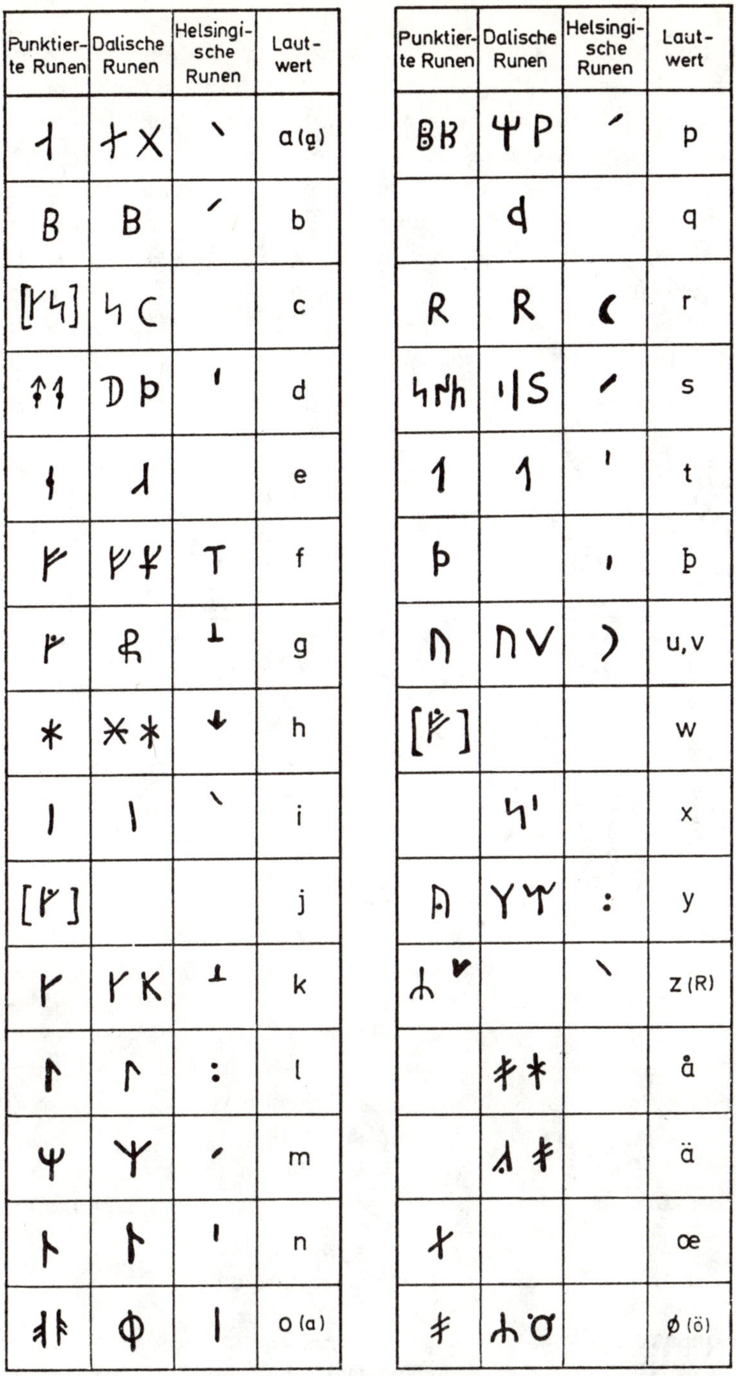

Abb. 29. Schwedische Runen

Die Nordseegermanen haben das aus 24 Zeichen bestehende ältere Fuþark, gemäß dem Lautstand ihrer Dialekte, bald mit mehreren neuen Zeichen bzw. Zeichenkombinationen ergänzt. Eine auf die Zeit um 700 datierte Inschrift, die auf dem sogenannten Themsemesser enthalten ist, bestand schon aus 28 Runen. Genau so viele Runen sind in einer Handschrift aus dem 7. Jh. (Alcuini Orthographia, Codex Salisburgiensis. Nr. 140) bezeugt. In jüngeren angelsächsischen Denkmälern meldeten sich weitere neue Runen. Das berühmte altenglische „Runenlied" (9.–10. Jh.) enthält bereits 33 Zeichen, obwohl die zusätzlich verwendeten Runen im Lied selbst textmäßig gar nicht erwähnt werden. Dieses erweiterte angelsächsische Fuþark besteht aus folgenden Runen:

Abb. 30. Englische Runen

Die Zeichen für *o* und *a* wurden aus der alten *a*-Rune gebildet, die übrigens dem Zeichen *æ* des altenglischen Fuþarks entsprach. Das Zeichen für *e* (< *æ*) wurde aus der alten *ō*-Rune entwickelt, in genauer Entsprechung des Lautwandels, vgl. germ. **ōþil* > *ǣðil* > *ēðel* 'Eigentum, Besitz'. Die *y*-Rune hat ursprünglich das *u* bezeichnet. Die neue *k*-Rune war hingegen nötig, um den Laut [k] von der *c*-Rune, das bereits palatalisiertes [k'] bezeichnete, zu unterscheiden. Ähnlich dienten die Runen g^1 und g^2 zur Unterscheidung von velarem [g] und palatalem [g']. Die Entstehung der übrigen neuen Runen des Altenglischen ist noch nicht ganz geklärt. Auch die Zeichen für *g* und *k* werden des öfteren durcheinandergebracht.

III.3.5. „Deutsche Runen"

Die Runenschrift war auch bei den Südgermanen auf dem Festland verbreitet. Ihre Denkmäler stammen zumeist aus der Zeit der Völkerwanderung und sind äußerst wortkarg, sie enthalten entweder nur das Fuþark

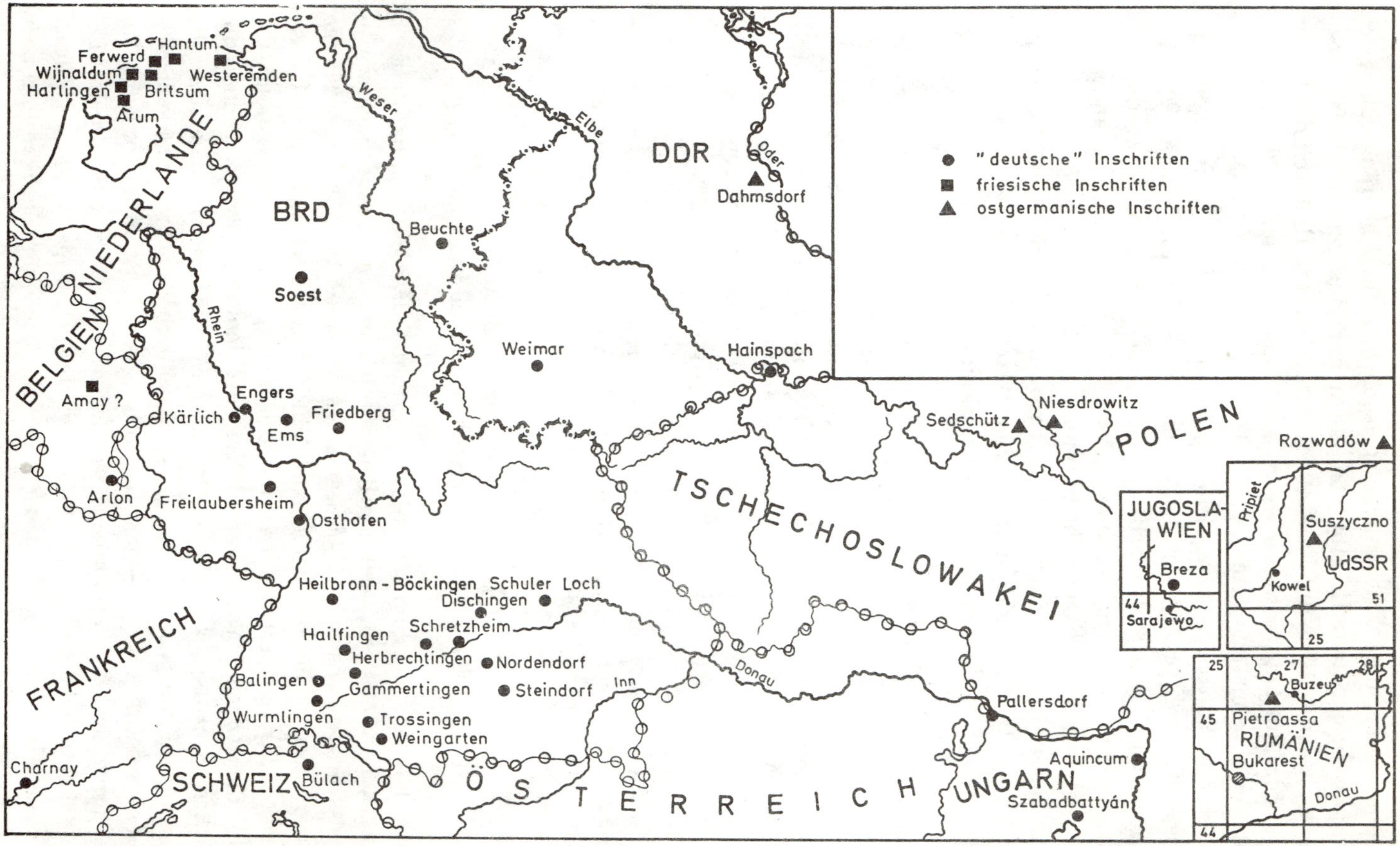

Abb. 31. Fundorte der wichtigsten Runendenkmäler des Festlandes (nach HELMUT ARNTZ und HANS ZEISS)

oder eine undeutbare Zeichenfolge, gelegentlich auch gedrängte magisch bestimmte Inschriften. Es gibt von ihnen nur eine geringe Anzahl, beiläufig 30, hauptsächlich auf Fibeln und Amuletten. Die Blütezeit der Runen war auf dem Festland, soweit man aus dem Alter der Funde schließen kann, die Merowingerzeit (6.–8. Jh. u. Z.). Das jüngste bisher belegte Vorkommen ist ein Fuþark in der 1945 aufgefundenen fuldischen Bonifatius-Handschrift aus der Zeit um die Wende des 8.–9. Jh.s. Außerdem sind uns noch zwei Fuþark-Inschriften der Südgermanen bekannt: die eine wurde in Breza bei Sarajewo in Bosnien (6. Jh.) gefunden, die andere ist auf der Spange von Charnay (in Burgund, um 580 u. Z.) entdeckt worden. Ihre Zugehörigkeit ist immer noch umstritten, doch darf es wohl als wahrscheinlich gelten, daß das Fuþark von Breza alemannisches, jenes von Charnay aber fränkisches (oder burgundisches, in diesem Falle also ostgermanisches?) Erbe ist (Abb. 31).

Was am meisten auffällt, ist der Umstand, daß beide Festlandvarianten des Fuþarks, trotz ihrer verhältnismäßig späten Entstehung, in schriftgeschichtlicher Hinsicht äußerst archaisch sind und die größte Ähnlichkeit mit dem nordgermanischen Fuþark aufweisen. Deshalb versuchten einige Runenforscher, z. B. Bernhard Salin, die Runenschrift der Südgermanen dem Import aus dem Norden zuzuschreiben. Bis jetzt ist es allerdings nicht gelungen, diese Hypothese auch wissenschaftlich zu belegen. Man dürfte eher daran denken, daß die große Ähnlichkeit auf dem damaligen (verhältnismäßigen) Konservativismus der südgermanischen Randgebiete beruhen kann, oder schon geradezu auf die Entwicklungsunfähigkeit der Runen im Süden schließen läßt.

III.3.6. Die lateinische Schrift bei den deutschen Stämmen und in England

Mit der Bekehrung zum Christentum war auch das Schicksal der kultisch gebundenen Runen trotz gelegentlicher Versuche, sie zu einer echten Gebrauchsschrift zu entwickeln, besiegelt. Die Vertreter der römischen Kirche haben in Kirchendienst, Schule und Amt nur die lateinische Schrift verwendet und propagiert. In den meisten germanischen Ländern hat die Kirche die Runen zusammen mit dem Heidentum erledigt. Zumal die amtlichen Schriftstücke wurden in lateinischer Sprache abgefaßt. Die Fixierung volkssprachlicher Texte in lateinischer Schrift hat erst viel später eingesetzt. Auf deutschem Boden hat das Christentum zur schnellen Vernichtung des Runengebrauchs wesentlich beigetragen. Schon um 700 u. Z. war unter den deutschen Stämmen die Kenntnis der Runenschrift zum großen Teil erloschen. Daß angelsächsiche Missionäre der Karolingerzeit

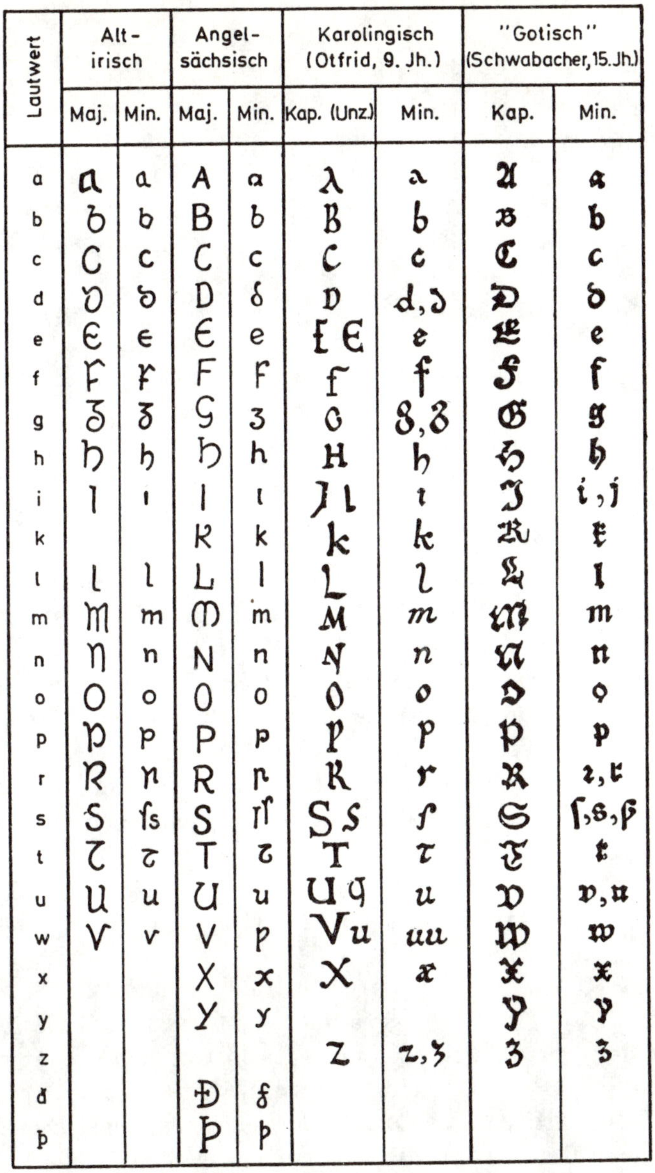

Abb. 32. Lateinische Schriftarten im Mittelalter

auch zur Verbreitung der englischen Runen vereinzelte zaghafte – und erfolglose – Versuche unternahmen, änderte nichts daran. In England und in Skandinavien, wo die Bekehrung in friedlicheren Bahnen verlief, konnten sich auch die Runen länger halten. In der Übergangszeit sind in diesen

Gebieten sogar Runeninschriften christlich-religiösen Inhalts entstanden. Schon um 700 sind allerdings lateinische Buchstaben unter die Runen eingedrungen, und um 800 war das Durcheinander bereits vollkommen: in ein und demselben Text werden die nämlichen Laute bald mit ihrem lateinischen Buchstaben, bald mit ihrem Runenzeichen niedergeschrieben. Immerhin ist es nicht leicht, den Zeitpunkt des absoluten Schwundes der Runen genau zu bestimmen, da die eine oder die andere Rune sogar in sehr späten Handschriften, manchmal ganz unerwartet, auftaucht. Es ist allerdings mehr als wahrscheinlich, daß die Runenschrift in England die normannische Eroberung (1066) nicht überstand. Die in England verbreitete Variante der lateinischen Schrift kam aber nicht unmittelbar aus Rom, sondern mit der irischen volkstümlichen Mission (insulare Minuskelschrift bzw. Halbunziale). Später aber, besonders seit der Karolingerzeit, wurden sie von der auf dem Festland bevorzugten Abart der lateinischen Schrift, den sogenannten *karolingischen Minuskeln*, allmählich verdrängt (Abb. 32).

Gewisse Anzeichen des stufenweisen Verfalls der Runen sind auch bei den südgermanischen (vordeutschen) Stämmen aufzufinden. Das Zeichen ᛒ = [b] auf der Inschrift der Fibel von Pallersdorf (Nordwestungarn, Ende des 6. Jh.s) spiegelt z. B. sicherlich schon den Einfluß der lateinischen Schrift. Das für das angehende 9. Jh. datierte Wessobrunner Gebet verwendet unter sonst lateinischen Lettern die Rune ᚷ = *g* zur Abkürzung des Präfixes *ga-*, während in der gleichaltrigen Kasseler Handschrift des Hildebrandsliedes (Sign. F 54) der Laut *w* noch mit dem Runenzeichen ᚹ wiedergegeben ist. Im Mittelalter wurden nur noch einzelne Runen als Handwerkzeichen verwendet.

III.3.7. Die Schrift der Goten

Neben den Runen der germanischen Stämme und der sie ablösenden lateinischen Schrift ist die sogenannte *gotische Schrift*, d. h. die Schrift der Goten (nicht zu verwechseln mit der mitunter ebenfalls als 'gotische Schrift' bezeichneten Fraktur!), besonders zu erwähnen. Die gotischen Handschriften sind nämlich mit eigentümlichen Buchstaben geschrieben, deren Reihenfolge, Zahlenwerte und Namen durch eine Salzburg-Wiener Alkuin-Handschrift aus dem 9. Jh., den schon erwähnten Codex Salisburgiensis, gesichert sind. Die Einführung der Schrift wird auf Grund von Angaben der griechischen Kirchenhistoriker des 5. Jh.s dem Gotenbischof Wulfila zugeschrieben. Die Schriftart ist die sogenannte „Unziale“. Der Duktus der Handschriften ist ungleich. Wulfila nahm in das von ihm geschaffene Alphabet einige Runenzeichen auf. Die Frage, warum er die ihm bekannten Runen nicht zur Grundlage seines Alphabets gemacht hat, wird meist damit beantwortet, daß an Runen zuviel heidnischer Glaube und Brauch gehangen habe. Das ist aber nach Helmut Arntz nicht anzunehmen, da Wulfila eine Buchschrift brauchte, die ihm die Runen mit ihren nur monumentalen Formen nicht liefern konnten. Dafür war die klassische Unziale besser geeignet, die den gotischen Buchstaben zugrunde liegt (also nicht die Lapidarschrift der Griechen!). Die dem Griechischen fehlenden Zeichen für *g, j, f, h* — sowie die für *r* und *s* — übernahm er aus der lateinischen Schrift. Griechisches *Θ* (= *th*) ergab sein *ƕ*, griechisches *Ψ* (= *ps*) sein *þ*. Zu den Buchstaben traten die reinen Zahlzeichen für 90 und 900, letzteres in der Form der Rune ↑, das in den Bibelhandschriften aber nicht überliefert ist (Helmut Arntz). Das gotische Alphabet des Wulfila besteht demnach aus folgenden Zeichen:

Abb. 33. Gotische Schrift

III.4. GERMANISCHE DICHTKUNST

III.4.1. Gemeingermanische Dichtung

Grundlage der germanischen Verskunst ist der Stabreim (Alliteration). Er ist auch sonst bei indogermanischen Völkern bezeugt (z. B. lat. *veni, vidi, vici* 'ich kam, ich sah, ich siegte'), seine Alleinherrschaft bei den Germanen verdankt er aber vor allem der germanischen Akzentverlagerung, die — wie schon erwähnt (vgl. II.2.3.) — die Anfangssilbe des Wortes stärker hervorhob. Berechtigt erscheint also die Annahme, die den Stabreim chronologisch mit der Akzentverlagerung bzw. der ersten (germanischen) Lautverschiebung verknüpft. Die Voraussetzungen waren demnach seit der Mitte des 1. Jahrtausends v. u. Z. gegeben.

Freilich haben auch schlichtere Formen der Dichtung bestehen können, wie sie im Volksmund heute noch, besonders als Kinderverse, geläufig sind. Zu Beginn unserer Zeitrechnung setzte sich der Stabreim auch in der germanischen Namengebung durch, z. B. in den Gruppennamen der *Istwäonen* (auch Istäwonen) — *Ingwäonen* (auch Ingäwonen) — *Irminonen* (auch Erminonen) — *Illevionen* (Hillevionen) bei Tacitus oder bei den Namen des „Nibelungenlieds“: *Gibicho* — *Gunther* — *Gernot* — *Giselher*, ursprünglich wohl auch *Krimhild* $<$ **Grimhild*.

Die Kernfrage der Verslehre ist die des Rhythmus und der rhythmischen Formen, die den Vers von der Prosa bewußt abgrenzen. Die Stabreimdichtung wurde wahrscheinlich z. T. rezitierend, z. T. — vielleicht auch musikalisch begleitet — gesungen vorgetragen.

Der Stabreim läßt sich in allen germanischen Einzelsprachen nachweisen. Verhältnismäßig wenig Spuren hat er — auch das eine Folge der gewaltsamen Bekehrung zum Christentum — im Altsächsischen (vgl. aber den „Heliand“; III.4.2.) und im Althochdeutschen hinterlassen. In der Versgeschichte der germanischen Völker sind somit überall zwei Hauptetappen zu unterscheiden: die Etappe der autochthonen Stabreimdichtung und die darauf folgende Etappe der Endreimdichtung. Letztere hat sich bei den germanischen Einzelvölkern im Laufe der Sonderentwicklung ihrer Sprachen zu verschiedenen Zeiten entwickelt.

In England hat sich die Stabreimdichtung wesentlich länger behauptet als auf dem Festland. Die Bekehrung zum Christentum hat hier mit der Aufgabe heidnischer Inhalte nicht auch die Zerstörung der überlieferten Versformen erzwungen. Der altenglische Kirchendichter Cædmon konnte z. B. die Stabreimform sogar auf christliche Hymnen anwenden und die Stabreimkunst dadurch aus ihren heidnischen Banden lösen. In den geschriebenen Quellen scheint die angelsächsische Stabreimdichtung um 700 auf, und ihre Alleinherrschaft konnte erst nach der normannischen Eroberung Englands (1066) gebrochen werden, von ihrem endgültigen Verfall kann man aber erst nach 1500 reden. Im Norden, vor allem in Island, bewährt sie sich in bestimmten Gattungen eigentlich heute noch. Die altenglische Stabreimdichtung steht sowohl in der Form als auch in der Anwendung der altsächsischen Dichtung am nächsten; jene Wendung zum Süden, die sich auch in der Entstehung des englischen Volkes und der englischen Sprache feststellen ließ, kam auch im altenglischen Schrifttum zum Durchbruch.

III.4.2. Quellen

Die altenglische Stabreimdichtung ist uns in ziemlich vielen Denkmälern, in etwa 3000 Langzeilen, überliefert. Davon sind an erster Stelle das umfangreichste, der sogenannte „Bēowulf“, und die die Schöpfungslegende der Bibel behandelnde „Genesis“ zu nennen. Von zahlreichen kleineren Inschriften und Bruchstücken abgesehen, stehen uns die Denkmäler der altenglischen Stabreimkunst in vier großen Sammlungen zur Verfügung. Es sind das die Vitellius-Handschrift (Brit. Mus. Cotton. Vitellius A XV) aus dem 10. Jh., die Junius-Handschrift (Junius XI. der Bodleiana in Oxford) aus der Zeit um 1000, das Exeter-Buch (aus der Bibliothek des Kapitels von Exeter) aus der Zeit von 1050—1072 und schließlich das Vercelli-Buch (aus der Bibliothek des Kapitels von Vercelli in Norditalien) aus der zweiten Hälfte des 10. Jh.s. Es sei angemerkt, daß ihr Material großenteils in westsächsischer Umschrift vorliegt, obwohl die Originale zumeist vermutlich im anglischen Dialekt abgefaßt worden sind.

Infolge der Bekehrung zum Christentum, und besonders infolge der unterschiedlichen Umstände dieses Vorgangs, ist die Zahl der Denkmäler altgermanischer Dichtung bei den Festlandgermanen ziemlich gering, und auch die auf uns gekommenen Texte sind meistens beschädigt oder entstellt. An erster Stelle sei das altdeutsche „Hildebrandslied“ aus dem 8.—9. Jh. (in einer Kasseler Handschrift) genannt, das eine sprachliche Mischung ober- und niederdeutscher Elemente darstellt und eine tragische Episode der gotischen Völkerwanderung erzählt, desgleichen das mythisch-epische Bruchstück „Muspilli“ (in einer Münchner Handschrift des 9. Jh.s), das eine christliche Vision des jüngsten Gerichts in germanischem Gewand enthält. Von den kleineren Fragmenten sind zu nennen: das „Wessobrunner Gebet“ (in einer Wessobrunner Handschrift von 814), das an manchen Stellen in wortwörtlicher Übereinstimmung mit der älteren Edda die heidnische Erzählung von der Schöpfung der Welt behandelt, ferner die „Merseburger Zaubersprüche“ aus dem 10. Jh. (in der Merseburger Handschrift), die durchaus heidnisch eingestellte Beschwörungsformeln sind.

Unter den literarischen Denkmälern des Altsächsischen ist zweifellos der „Heliand“ am bedeutendsten, ein Epos von 5983 Zeilen, das die christliche Geschichte des Evangeliums (vgl. *Heliand* ‘Heiland’) im Sinne der germanischen militärischen Demokratie umgedichtet nacherzählt. Es ist in zwei großen Varianten überliefert: im Codex Cottonianus (*C*) und im Codex Monacensis (*M*). Es wurde höchstwahrscheinlich um 830 u. Z. verfaßt, wie auch das andere große Denkmal altsächsischer Stabreimdichtung, die altsächsische „Genesis“. Es ist sprach- wie literarhistorisch nicht uninteressant, daß die altenglische Genesis größtenteils eine Übersetzung, an manchen Stellen sogar Transliterierung dieses altsächsischen Originals darstellt.

III.4.3. Stabreim und Versbau

Grundlage der eigenständigen germanischen Dichtung war der Vers (Zeile), genauer die Langzeile, die aus zwei Kurzzeilen (Halbzeilen) bestand. Die beiden Kurzzeilen wurden innerhalb der Langzeile, über die zwischen ihnen liegende Zäsur hinweg, vom Stabreim zusammengehalten. Zur Strophenbildung ist es erst später und auch nur bei den Nordgermanen gekommen. Jede Kurzzeile mußte wenigstens einen Stabreim enthalten; in der ersten Kurzzeile konnten auch zwei Stabreime stehen. Im letzten Entfaltungsstadium der altgermanischen Dichtkunst kam es aber auch zur weiteren Häufung von Stabreimen in beiden Kurzzeilen.

Die Stabreime – d. h. die hauptbetonten Silben („Hebungen") – wechselten mit einer unbestimmten Anzahl unbetonter Silben („Senkungen"); dem Stab konnte auch ein Auftakt vorangehen. Je ein Vers, d. i. eine aus zwei Kurzzeilen bestehende Langzeile, enthielt ursprünglich je eine geschlossene Sinneinheit, also einen Satz. Später kam es auch vor, daß der Satz erst in der zweiten Kurzzeile begann und am Ende der ersten Halbzeile des nächsten Verses (oder noch mehr verschoben) abgeschlossen wurde, wie etwa beim Enjambement (Übergreifen eines Satzes in den nächsten Vers) der modernen Dichtung. Man spricht dann vom Bogenstil, weil die Gedanken sich von Zeile zu Zeile bogenartig verzahnen.

Das Wesen des germanischen Stabreims besteht im Zusammenklang von gleich anlautenden betonten Silben („Stäbe"). Feste Konsonantengruppen wie *sp*, *st*, *sk*, *sw*, *br* usw. wurden dabei wie Lauteinheiten behandelt. Bei Vokalen bestand volle Freiheit: jeder Vokal konnte mit jedem anderen Vokal einen Stabreim bilden. Diese Regeln seien an folgenden Beispielen veranschaulicht:

1. a) ofer *br*áde *br*ímu || *Br*ýtene sōhtan
'over (the) broad sea || (they) sought (the) Britons'
(The Battle of Brunanburh, 937)

b) suuīdo *fr*ód gumo || *fr*áon sīnum
(*th*íonon *th*órfti)
'der sehr alte [=kluge] Mann || seinem Herrn
dienen sollte'
(Heliand)

2. a) *é*þel bȳþ ōferleof || *ǽ*ghwylcum men
'(an) estate is very dear || to every man'
(The Runic Poem)

b) *é*nti do uuas der *é*ino || *á*lmahtīco cot
'und da war der einzige || allmächtige Gott'
(Wessobrunner Gebet)

3. a) *Đ*éodrīc āhte || *þ*rítiȝ wintra
'Theodoric ruled || (for) thirty years'
(Deor's Lament bzw. The Song of Deor)

b) tōt ist *H*íltibrant, || *H*éribrantes sunu
'tot ist Hildebrand, || Heribrands Sohn'
(Hildebrandslied)

Vom Weiterleben alter volkstümlicher Dichtung auch nach der Bekehrung zum Christentum ist zu wenig bekannt. Stabreime kennen auch die germanischen Sprachen der Gegenwart noch, meist jedoch nur in Redewendungen wie dt. *Feuer und Flamme, Mann und Maus, Kind und Kegel, Haus und Hof, Herz und Hand, leibt und lebt, drauf und dran, Land und Leute* oder engl. *few and far, fur and feather, fire and fury, hair and hoof, hand over head, life and limb, rough and ready, rough and round, wild and woolly, thread and thrum* usw. Solche Wendungen waren besonders in der älteren Dichtersprache sehr beliebt.

III.4.4. Poetische Figuren; die Kenning

Der Bedarf an gleichanlautenden Haupttonsilben wirkte sich auf die Wortstellung und noch mehr auf die Wortwahl aus. Aus diesem Bedürfnis entwickelten die Dichter eine ausgefeilte Technik poetischer Umschreibungen, Metaphern, um ihre Gedanken in stabreimender Form ausdrücken zu können. Diese Umschreibungen – altnordisch: *Kenning* 'Kennwort, Erkennungswort' (Pl. *Kenningar*) –, d. h. zwei- oder mehrgliedriger Ersatz eines einfachen Substantivs, gewähren einen guten Einblick in die Gedankenwelt der alten Germanen. Das Hauptverbreitungsgebiet der Kenningar ist Skandinavien, aber sie waren auch bei den Westgermanen bekannt, z. B. ags. *brim-hengest* 'See-Hengst: Schiff', ags. *æsc-mann* 'Eschen-Mann: Wikinger' (<ags. *æsc* 'Esche: Speer'), ags. *brim-mann* 'See-Mann: Wikinger', ags. *brēost-hord* 'Brust-Hort: Herz', ags. *swan-rād* 'Schwanen-Weg: See, Meer' u.dgl. In den südgermanischen Denkmälern finden sich nur noch Ansätze zur Entfaltung der Kenningar, ahd. *wīg-hūs* 'Kampf-Haus: Turm', ahd. *hildi-scalc* 'Kampf-Schalk [= Diener]: Krieger'. ahd. *meri-garto* 'Meer-Garten: Erde, Welt', ahd. *līh-hamo* 'Leib-Hülle:

Körper' (vgl. nhd. *Leichnam*) u. a. Bei den südgermanischen Stämmen konnte sich dieses Mittel dichterischer Wortbildung in seiner Fülle nicht mehr entfalten, da die Stabreimdichtung hier am frühesten aufgegeben wurde.

III.4.5. Thematik der germanischen Dichtung

Die traditionelle germanische Stabreimdichtung war anfangs Gemeinbesitz der ganzen Volksgemeinschaft, der Sippe bzw. des Stammes. Dementsprechend nahm sie ihren Gegenstand aus den wichtigsten Ereignissen des Lebens der Gemeinschaft. Es ist also kein Zufall, daß unter den Denkmälern dieser Dichtkunst die Heldenlieder im Mittelpunkt stehen, die – wenngleich meistens in gefärbter, märchenhafter Form – historische Begebenheiten, Kämpfe und Geschicke historischer Persönlichkeiten behandeln. Sozialer Natur sind auch die stabreimenden Zaubersprüche bzw. Segensformeln. All diese Gattungen sind von mythischen Vorstellungen bestimmt; im Norden machten sogar die Götterlieder einen hohen Anteil der gesamten Dichtung aus.

In der Periode des Verfalls kamen mehr und mehr übersteigerte, schwülstige Formen auf, und die alte Gemeinschaftsdichtung artete, besonders im Norden, zu einer flachen Hofdichtung aus, die von Berufsdichtern, den sogenannten Skalden, ausgeübt wurde. Die Aufgaben dieser Hofdichtung wurden sowohl an den norwegischen Höfen als auch in England meistens von isländischen Skalden wahrgenommen. Der Träger der germanisch-englischen Dichtkunst, der *Skop*, ist hingegen bis zuletzt Volksdichter geblieben.

In ihrer letzten Phase wich die germanische Dichtung – besonders bei den Nordsee- und den Südgermanen und z. T. im Gegensatz zur höfischen Entwicklung in Skandinavien – der spätrömisch-christlichen Dichtung, namentlich der Hymnendichtung mit Endreimen. Daß in England z. B. manche Dichter versuchten, die alte Form durch die Aufnahme christlicher Themen zu retten, konnte nichts daran ändern. Die Wandlung der Thematik hat zwar die Kunst der Stabreimdichtung in England, in kleinerem Umfang auch auf dem Festland, verlängert, trug aber doch zu ihrem Verfall bei, indem sie den totalen Anschluß an die christliche Dichtung beschleunigte.

III.5. NAMENKUNDE

III.5.1. Quellen und Aufgaben

Die Namenkunde (oder Namenforschung, Onomastik) ist eine relativ junge Disziplin der Sprachwissenschaft. Im Namengut sind überall in der Sprachenwelt viele linguistischen Merkmale bewahrt, die in anderen Schichten des Sprachschatzes nicht mehr vorhanden sind. Daraus folgt, daß die Erforschung der Namen für die Sprachwissenschaft direkt und indirekt gleicherweise ungemein wichtig ist. Die Quellen für Personennamen sind heutzutage sehr ausgiebig: Adreßbücher, Zusammenschreibungen, Anzeiger usw. stellen einen umfangreichen Stoff bereit. Trotzdem ist es nicht einfach, die Namen einer Landschaft geographisch wie typologisch zur Gänze zu ergründen, da manche Belege immer noch nicht erschlossen sind. Für die ältere Zeit dienen vor allem Konskriptionen, Urkunden, Archivalien, Rechtsbücher, Register und — in den letzten Jahrhunderten — auch Matrikeln als Quellen.

Seinem Charakter nach zerlegt man den Namenschatz in zwei große Gruppen: in Personennamen und in Ortsnamen (geographische Namen, Toponymie). Innerhalb dieser zusammenfassenden Einheiten lassen sich aber auch kleinere Gruppen bzw. Schichten abgrenzen.

III.5.2. Personennamen

Die Personennamen sind Vornamen (oder Rufnamen), Übernamen (Spitznamen u. dgl.) oder Familiennamen. Außer den in III.5.1. genannten Quellen sind sehr viele Personennamen nur noch in Ortsnamen bewahrt, deren chronologische Belege in der Regel auch viel älter sind als die der unmittelbaren Quellen von Personennamen. Aus dem Sprachschatz der Nordsee- und der Südgermanen sind vor der Karolingerzeit beiläufig 2000 germanische Personennamen belegt; von da an sind die Quellen schon ziemlich reich und kontinuierlich.

In sprachhistorischer Hinsicht sind die Personennamen teils germanischer Herkunft, teils Entlehnungen aus Fremdsprachen. Die germanischen Personennamen waren meistens zweigliedrig (z. B. swebisch: *Ario-vistus*; ahd. *Kuon-rāt*; ags. *Bēo-wulf*); seltener scheinen die eingliedrigen Namen gewesen zu sein (z. B. ags. *Hengist*, *Horsa*), besonders in den ältesten Belegen. Im späteren haben sie jedoch die ältere Schicht zweigliedriger Namen vielfach verdrängt. Im familiären, alltäglichen Gebrauch traten nämlich die eingliedrigen Kurzformen ursprünglich zweigliedriger Namen in den Vordergrund, ähnlich wie heute, z. B. dt. *Fritz* ~ engl. *Fred* für dt. *Friedrich* ~ engl. *Frederick*, dt. *Will*(*i*) ~ engl. *Bill* für dt. *Wilhelm* ~ engl.

William. Es ist auch charakteristisch, daß in den amtlichen Urkunden eher die zweigliedrigen Vollformen, in den nur halbamtlichen oder privaten Listen hingegen eher die eingliedrigen Kurzformen erscheinen. Die meisten eingliedrigen Formen sind im allgemeinen aus dem hauptbetonten Teil der älteren zweigliedrigen Formen entstanden, z. B. dt. *Konrad* > *Kunz*(*e*), engl. *Walter* > *Walt.*

Die Personennamen waren ursprünglich auch sprachlich sinnvoll, das heißt, sie hatten einen dem Sprachstand ihrer Zeit entsprechenden, allgemein verständlichen semantischen Kern. Die Namengebung entsprach zugleich je einer Einheit der Gentilverfassung, indem die Einheit der Sippe auch in ihrem Namenschatz manifest war, vgl. *Hilde**brand*** und *Hadu**brand***. Dazu diente vor allem der Stabreim, vgl. ags. ***H**engist* und ***H**orsa* (entsprechende deutsche Belege s. unter III.4.1.). Hand in Hand mit dem Niedergang der Gentilverfassung und mit der Auflockerung der alten Sippenverbände unter dem Druck des Christentums ist auch die traditionelle Namengebung der Zersetzung anheimgefallen. Andererseits waren bereits sehr viele Namen der Sprachentwicklung zufolge semantisch verblaßt und keine „redenden Namen" mehr, da ihre Grundwörter in der Sprache nicht mehr verwendet wurden. Mit solchen archaischen Elementen des Namenguts befaßt sich vor allem die historische Namenkunde.

Vergleicht man die Personennamen vorliterarischer Zeiten mit dem Namenbestand jüngerer Epochen, so sieht man, daß die Namengebung in verschiedenen Epochen verschiedenen M o d e s t r ö m u n g e n unterlag. Die Chronologie dieser „Moden" ist für die Forschung durchaus wichtig, da sie z. B. zur zeitlichen Ortung der aus Personennamen gebildeten Ortsnamen sowie zur Klärung mancher historischer Probleme beiträgt.

Seit dem 10. Jh. war der Verfall des germanischen Namenbestands im englischen und im deutschen Bereich schon gleicherweise fortgeschritten. Von da an war es eine Rarität, wenn neue Namen aus germanischen Ansätzen gebildet wurden. Mit der Festigung des Königtums ging die Ausbreitung der Mode der königlichen Personennamen einher, z. B. dt. *Heinrich* ~ engl. *Henry* u. dgl. Die Folge davon war, daß immer mehr Menschen dieselben Namen hatten. Die Verbreitung des Christentums hat diesen bereits früher einsetzenden Prozeß nur noch beschleunigt. Damit hängt auch zusammen, daß diese Periode in der Germania namenkundlich sehr uneinheitlich ist. Das Christentum trug aber zur Verdrängung germanischer Namen nicht mit der Verbreitung von alttestamentlichen Namen, sondern von Namen christlicher H e i l i g e r bei. Es handelte sich um eine gesamteuropäische Strömung, die von Italien und Frankreich ihren Ausgang nahm. Bei der raschen Ausbreitung der Heiligennamen (wie dt.-engl.

Peter, dt. *Georg/Jörg/Jürgen* ~ engl. *George* usw.) fiel in allen Ländern Europas den neuentstandenen Bettelorden, in erster Linie den Franziskanern und den Dominikanern, eine entscheidende Rolle zu. Für die Zeit, als Eltern mit germanischen Namen ihren Kindern Namen katholischer Heiliger beilegen, ist der Bruch mit der altgermanischen Familien- und Sippentradition gesichert. Die neue Mode hat zugleich alle Gesellschaftsschichten erfaßt; für die Beliebtheit der neuen Namen spricht übrigens auch ihre restlose Einlautung, vgl. *Johannes* > dt. *Johann* ~ *Hans* bzw. engl. *John*, isl. *Jón*, nl. *Jan* usw.

Im Zeitalter des Humanismus kamen wieder klassische Namen in Mode. Auch die Reformation war den katholischen Heiligen nicht zugetan und griff mit Vorliebe auf die Namen des Alten Testaments zurück. Diese Tendenz ist übrigens bei den Anhängern protestantischer Sekten — besonders in Übersee — heute noch sehr zählebig, vgl. engl. *Abraham, Israel, Isaac, Daniel.*

Im 16. Jh. wird ganz Europa von einer neuen französischen Namenmode ergriffen: von der Vorliebe für Doppelnamen wie *Marianne* ~ engl. *Mary-Ann*, *Hans-Georg* bzw. *Hans-Jürgen* u. dgl. Das 19. Jh. ist dagegen schon ohne jegliche Tradition. Es kommen immer mehr literarische Namen auf, manchenorts, z. B. in den Vereinigten Staaten, werden sogar Familiennamen und Ortsnamen als Vornamen verwendet, vgl. *Franklin, Delano* u. dgl.

Soziale und landschaftliche Bindungen und Unterschiede spielen in der Namengebung eine außerordentliche Rolle, trotzdem harren ihre wissenschaftlichen Beziehungen immer noch der Klärung.

III.5.3. Übernamen und Familiennamen

Die präzise Bestimmung bzw. Angabe der Familienzugehörigkeit des Individuums wurde in gemeingermanischer Zeit mit einem einfachen und auch außergermanisch weit verbreiteten Griff gesichert, indem man neben dem Rufnamen der betreffenden Person auch jenen ihres Vaters angab, vgl. *Hadubrant Hiltibrantes sunu* 'Hadubrand, Hildebrands Sohn' (Hildebrandslied). Auch die meisten Sippen scheinen einen Sippennamen gehabt zu haben, z. B. *Merowinger, Karolinger* usw. Andererseits waren es die Übernamen, die die konkrete Bestimmung des gegebenen Namenträgers gewährleisteten. Sie können aber mit den Familiennamen noch nicht gleichgesetzt werden, da sie nicht erblich waren. Der Übername konnte auf den Beruf (*Schmidt* ~ engl. *Smith*), den Geburts- oder Wohnort (z. B. die Inschrift des Trinkhorns von Gallehus: *HlewagastiR HoltijaR* 'der Holte [= Holsteiner] Hleogast'), gelegentlich auf die Volkszugehörigkeit oder die Herkunft (*Sachs*[*e*], *Schwabe*, engl. *Scott*, *Wells* u. dgl.) oder sogar auf irgendeine Eigenschaft des Namenträgers (z. B. westgot. *Petrus Wamba* 'Peter Wampe') Bezug nehmen. Der Charakter der Übernamen läßt darauf schließen, daß die Entstehung von Familiennamen schon äußerst aktuell war. Eine der Hauptaufgaben der Familiennamenforschung ist es, eben diesen Prozeß zu erfassen.

In der Entstehung der Familiennamen der germanischen Völker, vor allem der Deutschen und der Engländer, kam auch dem französischen Einfluß eine große Bedeutung zu. Die Verbreitung der Familiennamen läßt sich auch soziologisch gut verfolgen. Sie traten zuerst im Kreise des Adels auf, sodann ergriffen sie auch die Schichten der Bürger und Handwerker, drangen aber erst nach längerem Zeitabstand in die Sphäre der Bauernschaft ein, zunächst jedoch nur in der unmittelbaren dörflichen Umgebung der Städte. Der Grund dafür ist freilich nicht nur in der Ausbreitung einer fremden Mode zu suchen, sondern auch darin, daß die Zahl der Träger identischer Namen immer mehr zunahm, d. h. im Bedürfnis für eine genaue Bezeichnung bei den einzelnen Namenträgern. Wo dieses Bedürfnis nicht vorhanden ist, so in der Familie oder in einer kleineren Gemeinschaft, dort kommen auch heutzutage nicht die Familiennamen, sondern die Ruf- bzw. Übernamen zur Geltung.

In der Gruppe der Familiennamen lassen sich mehrere Typen auseinanderhalten. Die schlichteste Form des Familiennamens ist der Vorname (Rufname) in der Funktion von Familiennamen, z. B. *Gottfried*, *Lorenz*, *Konrad* bzw. engl. *Geoffrey*, *Lawrence*, *Conrad*. Bei diesem Typus kommen natürlich nur solche Namen in Betracht, die in der Zeit der Entstehung der Familiennamen in Europa, d. h. im 12.–14. Jh., im Schwange waren. In England sowie in Skandinavien und in Norddeutschland ist der Typus von Familiennamen sehr verbreitet, die den Rufnamen des Vaters mit dem Grundglied *son*/*sen* 'Sohn' verbinden, z. B. *Anderson*/*Andersen*, *Hansen*, *Emerson*, *Johnson*, *Morrison*, *Dixon*, *Nixon*. Dieser Typus ist übrigens auch außergermanisch sehr beliebt, vgl. russ. *Iva**nov*** [*syn*], eigtl. 'des Iwans [Sohn]', russ. *Čern**ych*** [*syn*], eigtl. 'des Schwarzen [Sohn]'; slow. – serbokroat. *Petro**vič*** 'Peters [Sohn]', ung. *Pető**fi***/*Péter**fi***/*Péter**fia*** 'dass.', arab. ***Ibn*** *Saud* 'Sohn des Saud', hebr. ***Ben*** *Gurion* 'Sohn des G.', neulat. *Fabr**i*** [*filius*] 'des Schmiedes [Sohn]'. Ähnlich den meisten dieser ausländischen Beispiele kann das Grundglied *son*/*sen* auch im Englischen oft wegfallen, da die genitivische Form des Vornamens des Vaters zum Ausdruck der gegebenen Funktion ausreicht, vgl. *William**s***, *Jone**s***, *Matthew**s***, *Robert**s***. Dieser Typus ist innerhalb des Germanischen nur im Nordseeraum, also in England, Dänemark, Nordwestdeutschland und den Niederlanden verbreitet, vgl. dt. *Heinrich**s***, *Ewer**s***, *Siever**s***, *Peter**s***.

Abb. 34. Bildungstypen deutscher Familiennamen (nach Wolfgang Fleischer)

In Fällen, wo Vater und Sohn denselben Rufnamen trugen, konnte der Familienname aus dem mit einem Attributiv ergänzten Vornamen entstehen, z. B. *Kleinmichel*, engl. *Littlejohn* (vgl. auch frz. *Grandpierre*, ung. *Kispéter* 'Kleinpeter' u. dgl.). Übernamen bzw. Spottnamen konnten auch ohne Erweiterung zu ständigen Familiennamen gefestigt werden, vgl. *Braun(e)* ~ engl. *Brown*, *Schwarz(e)* ~ engl. *Black*. Es gibt in dieser Gruppe mitunter vollständige Satznamen wie *Shakespeare* (< *shake speare!* 'schüttle den Speer!') oder nd. *Schüddekopp* 'schüttle den Kopf!' usw.

Einen besonderen Typus bilden die Familiennamen, die auf die Herkunft, vor allem auf die stammes- bzw. volksmäßige Zugehörigkeit ihrer Träger verweisen, vgl. *Sachs(e)* ~ engl. *Sax*, *Fries(e)/Vries* ~ engl. *Frees*, *Fleming* ~ engl. *Fleming*, *Schwabe*, engl. *Scott*, *Wells* usw. – Ortsnamen sind hauptsächlich unter dem grundbesitzenden Adel zu Familiennamen geworden, vgl. *Hohenstaufen*, *Graf von Habsburg*, *Prinz von Homburg*, *Hohenzollern* bzw. *Earl of Essex*, *Halifax*. Beim mittelalterlichen Bürgertum kommen in erster Linie verschiedene Berufsnamen unter den Familiennamen vor, z. B. *Goldschmidt* ~ engl. *Goldsmith*, *Schneider* ~ engl. *Taylor*, *Weber* ~ engl. *Webster* usw. Sie sind des öfteren auch für die Wortgeschichte von Belang, da sie manchmal die Namen spätmittelalterlicher Gewerbe bewahren, die seitdem erloschen sind (vgl. *Schwertfeger*, *Goldzieher* u. dgl.). Im Zeitalter des Humanismus und der Reformation war es eine Mode in ganz Europa, Familiennamen zu gräzisieren oder zu latinisieren, wobei manchmal doch nur die Endung griechisch oder lateinisch wurde, vgl. *König* → *Basilides*, *Schmidt* → *Fabricius/Fabri/Faber* bzw. *Honter* → *Honterus*; in England sind die Spuren dieser Mode allerdings spärlicher als auf dem Festland, vgl. *Moore* → *Morus*, *Zilliacus* (Abb. 34).

Die Erforschung der germanischen Familiennamen ist nicht nur für die Sprachwissenschaft von Belang. Diese Namen spiegeln zugleich die ganze Geschichte der germanischen Völker im Mittelalter und in der angehenden Neuzeit wider.

III.5.4. Geographische Namen (Ortsnamen, Toponymik)

Unter Ortsnamen versteht man in der Namenkunde nicht nur die Namen menschlicher Siedlungen, sondern jegliche geographischen Namen (Flüsse, Bäche, Berge usw.). Ihre Deutung wird, je nach Möglichkeit, auf die ältesten urkundlichen Belege aufgebaut. Sehr wichtig ist auch die Feststellung der phonetischen Struktur der Ortsnamen, da sie die etymologische Klärung nicht selten unterstützen kann.

In semantischer Hinsicht teilt man die Ortsnamen – rein spekulativ abstrahierend – in zwei große Gruppen. Die erste Gruppe bilden die zur Ortsbezeichnung dienenden reinen Naturnamen. Die zweite Gruppe ist die der Kulturnamen, die inhaltlich über die bloße Ortsbestimmung hinausgehen und auch die die Natur gestaltende Tätigkeit des Menschen andeuten.

Eingliedrige Namen sind in beiden Gruppen sehr selten (z. B. *Haus*, *Hof*, *Dorf*, *Dörfel* ~ engl. *Thorpe*), was auch verständlich ist, da solche Bezeichnungen zu allgemein sind, um eine präzise topographische Ortung zu gewährleisten. Deshalb sind die meisten geographischen Namen zusammengesetzt. Sehr viele Namen, die heute als eingliedrig erscheinen, sind ebenfalls erst durch die Volksetymologie „vereinfacht" worden.

Landschaftsnamen verweisen oft auf das Volk bzw. den Stamm, dem die Bewohner angehören, vgl. *Bayern*, *Schwaben*, *Sachsen*, *Hessen*, *Franken*, *Preußen* bzw. engl. *Essex* (Ostsachsen), *Wessex* (Westsachsen), *Sussex* (Südsachsen), *Wales* (< ags. *Wēalas* 'die Welschen') u. dgl. Die in Ortsnamen überlieferte Endung *-ing(en)* ~ engl. *-ing(s)*, die gewöhnlich zu Personennamen hinzugefügt erscheint, weist manchmal ebenfalls auf das Volkstum bzw. die Herkunft der Einwohner hin, z. B. *Schwa**bing***, engl. ***Hastings*** (< ags. *Hæstingas*) 'Hasdinger' (Stamm). Einen altgermanischen Ortsnamentypus stellen die Komposita mit mhd. *-sâʒe/-sæʒe* ~ ags. *-sǣtan/-sǣte* 'Sassen' dar, vgl. ***Elsass***, engl. *Somer**set***, *Dor**set***. Zu dieser Gruppe sind auch die Zusammensetzungen mit ags. *-folc* 'Volk' (*Suffolk* 'Südvolk', *Norfolk* 'Nordvolk', *Freefolk* 'Freivolk') zu zählen.

Die auf die Beschaffenheit der Ortschaft verweisenden Ortsnamen sind 1. Ortsnamen im engeren Sinne oder 2. naturbedingt.

Die häufigsten Bildungselemente (Grundglieder) der ersten Gruppe sind:

ahd.	ags.	
-dorf	*-þorp*	'Dorf'
-wīh	*-wīc*	'Ortschaft' (< lat. *vicus*)
-burc	*-burg*	'Stadt, Burg'
-hūs	*-hūs*	'Haus'

Vgl. *Wein**dorf***, ***Castrop***, *Kirch**drauf*** bzw. engl. *Swan**thorpe***, ***Antrop***, *Wes**trip***; ***Weich***, *Wes**twig*** bzw. engl. *Green**wich***, *Swan**age***, *Pris**wick***; *Öden**burg*** bzw. engl. *Edin**burgh***, *Chel**brough***, *Bar**bury** Hill*; *Karls**haus***, *Schaff**hausen*** bzw. engl. *Stone**house***, *Ayr**some***.

Häufig belegt sind außerdem im Deutschen noch *-leben* 'Erbe' (z. B. *Fallers**leben***), *-hof(en)* 'eingezäunte Stelle, Hof, Gehöft' (z. B. *Pfaffen**hofen***), im Englischen *-ærn* 'Haus' (z. B. *Brew**erne**/Wald**rone**/Find**ern***), *-hāmstede* 'Heim, -stätte' (z. B. *East**hampstead***), *-hāmtūn* 'dass.' (z. B. *Nort**hampton***). Manche davon bewahren alte Flexionsformen und sind daher auch für die historische Grammatik wichtig.

Die häufigsten Elemente der zweiten Gruppe sind *-feld* und *-statt* (*-stadt*, *-stetten*) im Deutschen (vgl. *Biele**feld***, *Cann**statt***, *Wasser**stadt***, *Wasser**stetten***) bzw. *-hamm* 'Heide', *-lēah* 'Wiese', *-ēg* 'Insel, Eiland', *-feld*, *-stede* 'Statt' im Altenglischen (vgl. *Wes**tham***, *Tues**ley**/Ray**leigh**/Ack**lam**/Bar**low***, *Est**rea**/Cal**dy**/Mear**sea**/Hil**bre***, *Shef**field***, *Bur**stead**/Mil**sted**/Box**ted**/Ash**tead***). Die stärksten Bildungselemente dieser Gruppen sind jedoch ags. *-tūn* 'Zaun, Umfriedung, Stadt' und *-hām* 'Heim'. Die mit *-tūn* zusammengesetzten Ortsnamen sind auch auf dem Festland englischer Herkunft, vgl. engl. *Littlinge**ton*** ~ nordfrz. *Lidling**ton***, kommen aber vereinzelt auch im deutschen Sprachraum vor (z. B. *Groß**thun***). Hingegen ist der Typus *-heim* ~ ags. *-hām* trotz des Vorkommens in England (z. B. *Walt**ham***) auf dem Festland viel stärker belegt, vgl. *Hildes**heim***, *Oppen**heim***, *Dah**lem***.

Unter den Naturnamen sind die Komposita mit ahd. *būr* ~ ags. *-bȳre* 'Pferch, Lager', *-furt* ~ engl. *-ford* 'Furt', *-hügel/-büh(e)l/-riegel* ~ engl. *-hill*, *-born/brunn(en)* ~ engl. *-bourne* 'Quelle, Brunnen', *-bruck/-brücken* ~ engl. *-bridge*, *-bach* ~ engl. *-beck*, *-wald* ~ engl. *-wood*, *-berg* sehr häufig, vgl. *Alten**beuren**/Winter**bure*** bzw. engl. *Stock**bury**/Edmond**byers***; *Frank**furt*** bzw. engl. *Ox**ford***; *Rosen**hügel**/Katzen**bühl**/Stein**riegel*** bzw. engl. *Bex**hill***; *Pader**born**/Kalten**brunn*** bzw. engl. *Sher**bourne***; *Inns**bruck**/Saar**brücken*** bzw. engl. *Cam**bridge***; *Mühl**bach*** bzw. engl. *Mill**beck***; *Wester**wald*** bzw. engl. *West**wood***; *Schwarzen**berg*** bzw. engl. *Black**berry***.

Die deutschen Ortsnamen enthalten ihrer Herkunft nach mehrere Schichten (Abb. 35). Es gibt auch solche, die auf die Sprache der vorindogermanischen Bevölkerung Europas zurückgehen. Die Flußnamen *Isar* und *Iser* sind z. B., zusammen mit den französischen Flußnamen *Oise* und *Isère*, vermutlich ligurischer Herkunft.

Die Südgermanen haben außerdem viele Namen von anderen indogermanischen Völkern übernommen, so von Illyrern (*Imst*, *Raab* < *Arrabona*, *Cilli*), Kelten (*Regensburg*, *Kempten*, *Rhein*, *Wien* < **Vedunia*, *Glan* ~ *Glon*), sogar Venetern (*Netze*, *Aupa/Opa* [tschech. *Opava* bzw. *Upa*]) usw.

In den römischen Provinzen sind viele lateinische oder zumindest romanisierte Namen in die südgermanischen Stammesdialekte eingegangen, z. B. *Colonia* > *Köln*, *Augusta* > *Augsburg*, *Tabernae* > *Zabern*, *Castra Batava* > *Passau*. Auf romanisierte Kelten lassen Ortsnamen schließen wie *Wals* (ahd. *Walahovis*, Übersetzung von lat. *Vicus Romanicus*) bei Salzburg.

Erheblich ist die Zahl slawischer Ortsnamen im Osten und Südosten des deutschen Sprachraums, zum Teil aber auch im binnendeutschen Raum, wo es früher slawische Siedlungen gab (z. B. in Niedersachsen oder im nördlichen Bayern). Sorbisches Erbe ist bewahrt in Namen wie *Berlin*, *Brandenburg*, *Leipzig*, *Lausitz* im Nordosten, südslawisches im Südosten, vgl. *Krain*, *Plattensee*, *Gottschee* (kroat. *Kočevje*), *Kobenz* (< **Chobenza*, Steiermark). Im deutsch-böhmischen Grenzgebiet ist auch das böhmische und das slowakische Material dicht belegt, vgl. *Budějovice* > *Budweis*, **Preslav(esburc)* > *Preßburg*, **Dabrovici* > *Taberesheim*.

Der französische Einfluß ist im eigentlichen deutschen Raum minimal und beschränkt sich im großen und ganzen auf Schloßnamen, die unter französischem Kultureinfluß als Modeerscheinung entstanden sind

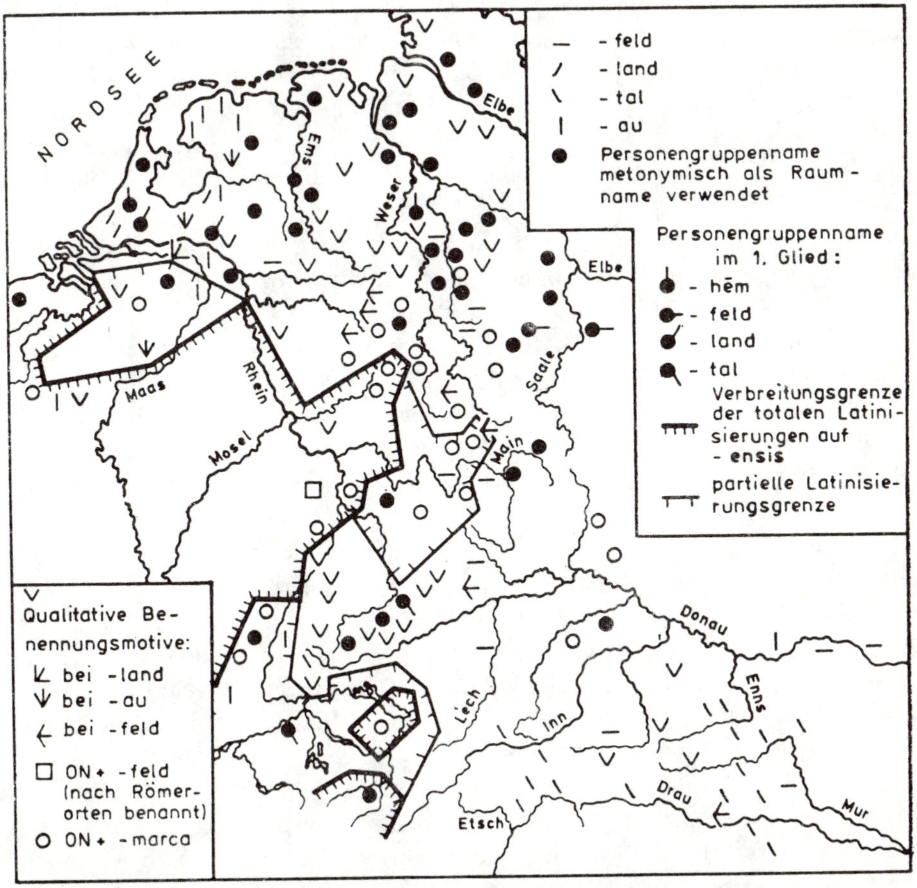

Abb. 35. Zur Namentypologie der Landschafts- und Bezirksnamen im frühmittelalterlichen Deutschland (vereinfachte Übersicht nach PETER VON POLENZ)

(*Bellevue*, *Sanssouci*). Ähnlicher Natur sind auch einige Namen aus dem Italienischen (z. B. *Belvedere* in Wien).

Auf fremdes Volkstum verweisen Namen wie *Windischgrätz*, *Ungarisch-Brod*, *Böhmisch-Waidhofen*, *Mährisch-Ostrau*, *Kroatisch-Kimling*, *Wallendorf*, *Raizenstadt* u. dgl.

Die Ortsnamen Englands sind herkunftsmäßig englisch, keltisch, nordisch, lateinisch oder französisch. Die keltischen Namen sind hauptsächlich britisch, zum kleineren Teil gälisch geprägt. Ihr Hauptverbreitungsgebiet ist auch heute das von Kelten bewohnte Wales und Schottland bzw. Irland. Hierher gehören die Namen der größeren Flüsse (*Thames*, *Avon*, *Severn*), während die Namen der Bäche meistenteils englischer Herkunft sind. In den Namen von Wäldern und Hügelländern kommen auch keltische Bestandteile – wie *barr*, *penn* – vor. Mitunter sind auch Namen britischer Städte, Festungen und Landschaften erhalten geblieben, z. B. *London*, *Kent*, *York*, *Wight*. Britischen Dorfnamen begegnet man nur dort, wo die keltische Bevölkerung sich auch nach der angelsächsischen Landnahme länger und in größerer Anzahl hat sprachlich behaupten können.

Das nordgermanische Namengut ist in ganz England bedeutend, in erster Linie in den Gebieten, die früher unter norwegischer bzw. dänischer Herrschaft standen (*Danelaw*), vgl. *Skipton* (*skip* = engl. *ship* 'Schiff'), *Keswick* (*kes* = engl. *cheese* 'Käse'), Namen mit *-wick* (= engl. *-wich*, vgl. o.). Eindeutig nordische Namenskomponenten sind z. B. *-by* 'Dorf, Stadt' (*Ketsby*), *-fell* 'Felsen' (*Whinfell*), *-holm* 'Insel ' (*Axholme*). Wo sich die Nordleute isoliert, in englisches Umland eingebettet niederließen, deuten auch die Ortsnamen auf diesen Umstand (vgl. *Normanby*) 'Normannenstadt', *Danthorpe* 'Dänendorf').

Französisch sind vor allem die Namen der Burgen und Ländereien der einstigen normannischen Herren wie *Montgomery*, *Richmond*, *Belmont*.

Ortsnamen lateinischer Herkunft sind in England selten. Sie bewahren in der Regel die Spuren der vorangelsächsischen Römerherrschaft: *Lindum Colonia* > *Lincoln*, *Augusta* > *Aust*. Vielleicht später entstanden sind die mit *-chester* (<lat. *castrum* 'Lager') und die mit *-port* (<lat. *portus* 'Hafen') zusammengesetzten Ortsnamen (z. B. *Manchester*, *Lamport*). Der für das Zeitalter des Humanismus charakteristischen klassizisierenden Mode zufolge begann man gelegentlich auch Ortsnamen französischer Herkunft entsprechend der lateinischen Etymologie zu schreiben, vgl. frz. *Pontfreit* → *Pontefract*.

Sonstige ethnische Gruppen kommen im heutigen englischen Namenschatz nur ganz vereinzelt zum Vorschein. Zu nennen sind allerdings die Friesen (vgl. *Friston*, *Fressingfield*, *Freezingham*) und die Flamen (vgl. *Flemton* < ags. *Flemingtūna*).

III.5.5. Ortsnamen als Geschichtsquelle

Die Ortsnamenforschung liefert äußerst wichtige Belege für die Erschließung der Geschichte der Völker, deren Namengut sie interpretiert. Sogar die ethnische Zugehörigkeit der Urbevölkerung einer Landschaft kann des öfteren erst an Hand der Ortsnamen festgestellt werden, vgl. engl. ***Walton*** (← ags. *Wēalas*) 'Welsche' oder ***Birkby*** (← ags. *Bretabyr*) 'Briten'.

Die Ortsnamen erhellen nicht selten auch die Fragen der germanischen Religionsgeschichte. In Ortsnamen wie dt. ***Godesberg***, engl. ***Woodnes****borough* oder ***Wednes****bury* ist z. B. der Name (bzw. Kult!) der obersten Gottheit der heidnischen Germanen, Wodans, bewahrt, während andere Ortsnamen auf ehemalige heidnische Kultstätten, heilige Haine und Opferstätten schließen lassen, vgl. *Weimar*, engl. *Weedon* und ***Holy****well* (vgl. Abb. 22–24).

Auch für die germanische Volkskunde sind die Ergebnisse der Ortsnamenforschung nicht gleichgültig. Manchmal läßt sich erst auf Grund von Ortsnamen feststellen, ob ein altgermanischer Mythos bei dem einen oder dem anderen Stamm bekannt war, so z. B. die Wielandssage bei den Angelsachsen im Ortsnamen *Wayland Smith's Cave* [: Wielands des Schmiedes Höhle].

Für die Kulturgeschichte sind Namen wie *Straßburg* oder engl. *Stretton* höchst interessant, da sie auf das einstige Vorhandensein römischer Heerstraßen (vgl. lat. *via strāta*!) verweisen. Auf die Baumaterialien der altgermanischen Zeit lassen Ortsnamen schließen wie *Steinhausen* ~ engl. *Stonehouse*, *Holzhausen* ~ nd. *Holthusen*, engl. *Bradkirk* (=*board* 'Brett' + *kirk* 'Kirche').

Auch die Merkmale der alten Gesellschaftsordnung sind in vielen Ortsnamen bewahrt geblieben. Engl. *Thingwall* läßt auf einen altgermanischen Versammlungsort des Stammes schließen (vgl. isl. *Þingvellir* : germ. *þing* 'Volksversammlung, Thing'). Königlicher Besitz wird angedeutet in Namen wie *Königswusterhausen* oder engl. *Kingston* bzw. kaiserlicher in *Kaiserslautern*, während engl. *Quinton* einst der Königin gehörte. Die Herren von engl. *Knighton* waren bewaffnete Freie, sogenannte 'königliche Vasallen' (vgl. ne. *knight* 'Ritter'), die von engl. *Charlton* hingegen freie Bauern (vgl. ags. *ceorl*).

Besonders hoch ist der Wert der Namenforschung für die eigentliche Germanistik (Anglistik, Nordistik, Niederlandistik), d. h. für die germanische Philologie, zu veranschlagen. Viele altgermanische Personennamen sind heute nur noch aus Ortsnamen herauszuschälen, z. B. der PN *Godhelm* aus dem ON *Godalming* in England. Manche altgermanische Wörter sind ebenfalls nur noch in Ortsnamen belegt. Ahd. *harz* ~ ags. *hard* 'Wald' ist z. B. nur in ONN wie *Harz* oder engl. *Hardres* auf uns gekommen. Es kommt auch nicht selten vor, daß man aus den Ortsnamen für ein Wort viel ältere Belege gewinnt, als es sonst auf Grund anderer Quellen möglich wäre. Engl. *dod* 'runder Hügel' taucht nach dem OED

(= Oxford English Dictionary) erst 1843 in Schriftquellen auf, während es in Ortsnamen schon für 1230 belegt ist.

Hinsichtlich der Mundartkunde und der Lautgeschichte tragen die Ortsnamen vor allen Dingen zur Bestimmung der Chronologie von Lautwandlungen sowie zur Verlagerung der Dialektgrenzen bei. Die semantisch gleichen englischen Ortsnamen *Stratford* und *Stretford* 'Straßfurt' bewahren z. B. einen altenglischen Dialektunterschied, indem sie beweisen, daß in altenglischer Zeit neben westsächs. *strǣt* auch engl. *strēt* vorhanden war, aus welch letzterem auch ne. *street* 'Straße' hervorging. *Naundorf* liegt in einem Gebiet, wo heute sonst *neu* gesprochen wird; der Ortsname bewahrt die ältere mundartliche Lautung *nau* 'neu'. Ortsnamen wie *Reif* (it. *Riva*) in Südtirol oder die Flußnamen *Eipel* (ung. *Ipoly*) und *Theiß* (ung. *Tisza*) im Karpatenbecken lassen darauf schließen, daß diese Namen spätestens im 12. Jh. im Deutschen bereits bekannt waren, da sie vom damals einsetzenden deutschen Lautwandel *ī* > *ei* ebenfalls erfaßt wurden.

An Hand der Namenforschung können mitunter auch alte Bevölkerungsbewegungen beleuchtet werden. Parallele Namengebung verweist meistens auf das (gelegentlich ehemalige) Nebeneinander verschiedener Volksgruppen, z. B. *Diedenhofen* ~ frz. *Thionville* (< *Theudonis villa*) im Rheinland oder *Krickerhau* ~ slowak. *Handlova* in der Slowakei, wo im Deutschen der Familienname des urkundlich belegten Lokators *Heinrich Kricker*, im Slowakischen aber sein Vorname (*Handel* ist eine Koseform von *Heinrich*) bewahrt ist. Ein anderes Beispiel: Zum Prozeß der Romanisierung der Westfranken bieten die in ihrem Siedlungsraum häufigen Ortsnamen vom Typus *Avricourt* (< *Eberhardis curtis* 'Eberhards Hof') eine hervorragende chronologische Stütze. So tritt z. B. der Ortsname *Frémécourt* (bei Metz) in dieser Form erst im 9. Jh. auf, während im 8. Jh. in den Urkunden nur die germanisch-fränkische Form *Frimarsheim* belegt werden kann.

IV. GERMANISCHE VÖLKER UND SPRACHEN

IV.1. DIE OSTGERMANEN. DAS GOTISCHE

IV.1.1. Geschichte. Quellen

Die späteren Ostgermanen bildeten ursprünglich einen Teil der Nordgermanen und verließen ihre skandinavische Heimat erst im Zuge der Völkerwanderung (2.–6. Jh. u. Z.). Die Quellen nennen viele ostgermanische Stämme, z. B. Wandalen, Gepiden, Burgunder, Rugier, Heruler. Aber größere zusammenhängende Sprachdenkmäler haben nur die Goten (got. *Gutþiuda* 'Gotenvolk', vielleicht auch 'Gotenland') hinterlassen. Die Sprachen der übrigen ostgermanischen Stämme sind uns hauptsächlich in Personennamen, Ortsnamen und in Lehnwörtern anderer Sprachen und Dialekte überliefert. Kennzeichnend für die Entwicklung des Gotischen ist der Umstand, daß es nach der Trennung von der alten nordgermanischen Heimat in fremder Umgebung als eine Sprachinsel (Ernst Schwarz) weiterlebte und erst mit der hunnischen Völkerwanderung wieder in unmittelbare Berührung mit anderen germanischen Völkern bzw. Sprachen in Mittel- und Südeuropa geriet. Für die Entwicklung des Gotischen ist also typisch, daß es manches bewahren konnte, was im übrigen germanischen Sprachgebiet weiterentwikkelt wurde. Andererseits hat sich das Gotische gewissermaßen „auf eigene Faust" entwickelt und eine Reihe sprachlicher Neuerungen hervorgebracht, die in den übrigen germanischen Sprachen fehlen. Jedenfalls ermöglicht die Untersuchung der archaischen Züge des Gotischen in hohem Grade auch die solide Rekonstruktion des Nordgermanischen im 1. Jh. v. u. Z. Nicht weniger aufschlußreich ist das Studium des Gotischen im Hinblick auf die vergleichende (allgemeine) Germanistik. Es ermöglicht nämlich die Absonderung jener südgermanischen Neuerungen, die das Nordgermanische erreicht haben, das Gotische jedoch nicht mehr beeinflußten. Auf diesem Umweg liefert das Gotische die schlagendsten Beweise dafür, daß die Nordgermanen in dieser Periode bereits als die Peripherie der Germania anzusehen sind und vom 1. Jh. v. u. Z. bis um das 6. Jh. u. Z., auch sprachlich passiv, ununterbrochen dem Einfluß vom Süden her ausgesetzt waren.

Die Goten teilt man nach ihren beiden Wanderreichen ein in West- und Ostgoten (lat. Visigot[h]i bzw. Ostrogot[h]i). Sie sind aus dem Mündungsgebiet der Weichsel in die südrussischen Steppen gedrungen. Von dort aus zogen sie, z. T. unter hunnischem Druck, z. T. mit den Hunnen verbündet, wieder nach Westen. Zuletzt haben die Westgoten in Südfrankreich und Spanien (419–711 u. Z.), die Ostgoten in Italien (bis 555 u. Z.) neue Reiche gegründet. In diesen Ländern zeugen Ortsnamen (z. B. *Marengo*), Personennamen (z. B. *Rodrigo* 'Roderich', *Alfonso*, *Fernando* 'Ferdinand') und zahlreiche Lehnwörter (it.-sp. *guerra* 'Krieg', eigentlich dasselbe Wort wie dt. *Wehr*) von ihrer Anwesenheit. Ihrer eigenen Herkunftssage nach gehörten ursprünglich auch die Gepiden zu ihnen. Von der Abstammung aus dem Norden zeugt u. a. der gotische Wortschatz, vgl. got. *wato* (Gen. *watins*) ~ an. *vatn* gegenüber dt. *Wasser* ~ engl. *water*, got. *fon* ~ an. *funi* gegenüber dt. *Feuer* ~ engl. *fire* (vgl. aber dt. ***Fun**-ke*!), got. *sauïl* [sɔ:il] ~ an. *sól* gegenüber dt. *Sonne* ~ engl. *sun* (vgl. aber daneben got. *sunno*!), ferner die gemeinsame Neuerung der Konsonantenverdopplung von germ. **i̯i̯* und **u̯u̯* zu an. *ggj* ~ got. *ddj* bzw. *ggw*, z. B. germ. **hau̯u̯ana-* 'hauen' > an. *hǫggva*; germ. **treu̯u̯o* > an. *tryggva* ~ got. *triggws* 'treu'; germ. **dai̯i̯ana-* 'säugen' > aschw. *dæggia* ~ got. *daddjan*. Diese Entwicklung ist dem übrigen Germanischen fremd.

In kultureller Hinsicht wie auch für linguistische Forschungen nehmen die sogenannten Kleingoten (lat. *Gothi minores*) des Balkans in der Umgebung von Nikopel eine besondere Stellung ein; ihr Bischof Wulfila (Ulfilas; 311–382 oder 383 u. Z.) übersetzte die Bibel ins Gotische. Wulfila war Arianer und bekehrte auch sein Volk zu dieser Sekte des Christentums; der Arianismus wurde später von den beiden Großstämmen der Goten wie auch von den übrigen Ostgermanen angenommen. Zum Zweck der Bibelübersetzung hatte Wulfila aus dem griechischen Alphabet unter Hinzunahme einiger Runenzeichen bzw. lateinischer Buchstaben eine besondere gotische Schrift geschaffen (vgl. III.3.7.). Die phonetisch-phonologischen Untersuchungen werden dadurch erleichtert, daß auch die gotische Orthographie dem Verhältnis der zeitgenössischen griechischen Aussprache zur Rechtschreibung getreu folgt. Die Grundlage der Übersetzung war der griechische Bibeltext, obwohl auch die lateinische Variante beachtet wurde. So wurde z. B. die Lautung *ng* in griechischer Weise mit *-gg-*, langes *ī* mit *ei* wiedergegeben. Besonders aufschlußreich ist die Schreibweise griechischer und lateinischer Lehnwörter für das Studium sowohl des zeitgenössischen Lautbestandes des Gotischen als auch des Griechischen bzw. des Lateinischen.

Wulfilas Bibel wurde nach der Christianisierung auch von den übrigen verwandten (ostgermanischen) Stämmen übernommen. Sie fand sowohl bei den Ostgoten in Italien als auch bei den Westgoten in Spanien, ja sogar bei den Wandalen in Nordafrika Verwendung. Die uns bekannten

Handschriften scheinen w e s t g o t i s c h zu sein, obwohl die späteren Varianten auch ostgotischer Einflüsse nicht entbehren. Die grundlegende Handschrift, der sogenannte ,,Codex Argenteus" [Silberkodex] wurde im Werdener Kloster (Westfalen) aufgefunden, von Kaiser RUDOLF II. nach Prag gebracht und ist von dort aus nach dem Dreißigjährigen Krieg (1648) als Kriegsbeute nach Schweden gekommen. Der Kodex befindet sich seitdem – nach einem kurzen Zwischenspiel in den Niederlanden – in Uppsala. Auszüge aus der gotischen Bibel wurden zuerst im ausgehenden 16. Jh. in den Niederlanden veröffentlicht. Die erste vollständige Ausgabe wurde 1665 in Dordrecht besorgt. Außer der Bibel sind auch vereinzelte gotische Runeninschriften, Bibelauslegungen (S k e i r e i n s), Urkunden und Glossen auf uns gekommen.

Im 16. Jh. berichtete der flämische Diplomat AUGERIUS GISLAIN VON BUSBECQ in Konstantinopel von den K r i m g o t e n, die dem Sultan jedes Jahr Tribut brachten. BUSBECQ hat von ihrer Sprache 86 Wörter aufgezeichnet (1562). Diese Wörter setzen außer Zweifel, daß die Krimgoten tatsächlich dem östlichen Zweig der Germanen angehörten. Ihre nähere genetische Bestimmung ist aber z. T. noch immer ungeklärt. In der Neuzeit – wohl im 18. Jh. – ist dieses gotische Restvolk auf der Krim völlig in seiner (hauptsächlich tatarischen) Umgebung aufgegangen. Gotische Lehnwörter sollen auch aus der Sprache der Krimtataren ermittelt worden sein.

Die ostgermanischen Stämme scheinen sprachlich einander sehr nahegestanden zu sein. Vielleicht aus diesem Grunde wurden sie von den Römern nach einem – einst wohl dem mächtigsten – ihrer Stämme verallgemeinernd als W a n d a l e n bzw. W i n d i l e r (lat. *Vindelici*) bezeichnet (Abb. 36).

IV.1.2. Die gotische Sprache. Lautsystem

Das Lautsystem des Gotischen ist verhältnismäßig einfach und weicht von der Lage in der germanischen Grundsprache unter allen Stammessprachen noch am wenigsten ab. Infolge der frühen Abwanderung der Goten aus der eigentlichen Germania wurde ihre Sprache von vielen, sonst gemeingermanischen Neuerungen nicht mehr erfaßt. Als Wichtigstes ist im Gotischen der U m l a u t (gräzisiert: M e t a p h o n i e) noch unbekannt, dessen Wesen darin bestand, daß tiefe Vokale (*a*, *o*, *u*) unter dem assimilativen Einfluß benachbarter Laute ihre Klangfarbe ändern und sich in die nach der Zungenstellung entsprechenden hohen Vokale verwandeln, vgl. dt. ***Fuß* → *Füße***, engl. *foot* → *feet* 'dass.', an. *fótr* → *føtr* 'dass.' gegenüber got. *fotus* → *fotuns* (Akk. Pl.) 'dass.'; ahd. *sezzen* ~ ags. *settan* (engl. *set*) ~ an. *setja* gegenüber got. *satjan* 'setzen' usw. Dem stehen die inneren Entwicklungen des gotischen Lautsystems gegenüber. Im Gotischen lassen sich z. B. am frühesten die Auswirkungen der Tendenz zur Reduktion bzw. Aufgabe der unbetonten Vokale im Auslaut feststellen.

Ein phonologisch-morphologischer Archaismus ist die nominale *s*-Endung (z. B. got. *dag*-**s** 'Tag'), die ihr Gegenstück im Griechischen (z. B. *οἶκο-ς* 'Haus') und im Lateinischen (z. B. *domu-s* 'Haus') hat. Im Altnordischen wurde dieses *-s* im Wege des Rhotazismus zu (*R* >) *-r* und fiel später weg, mit Ausnahme des Isländischen und des Färöischen (z. B. *dagur* 'Tag' gegenüber schw.-dän.-norw. *dag* 'dass.'). In allen anderen germanischen Sprachen ist es geschwunden (vgl. ahd. *tag* ~ ags. *dæg* 'dass.'). Auch im Spätostgermanischen zeigen sich schon die Anzeichen dieses *r*-Schwunds zunächst in der Stellung nach *r* (bereits bei WULFILA !), vgl. *stiur* 'Stier', *baur* 'Knabe', *unsar* 'unser'. Die aus dem 6. Jh. belegten ostgotischen und wandalischen Personennamen (ostgot. *Ufitahari*, *Gudilub* bzw. *Geilamir*, *Gunthamund* usw.) zeigen schon den vollen Schwund, während das Krimgotische noch im 16. Jh. zu schwanken scheint, vgl. krimgot. *tag* ≠ got. *dags* 'Tag', krimgot. *stul* ≠ got. *stols* 'Stuhl', aber krimgot. *wintsch* 'Wind', *statz* 'Land' (got. *staþs*).

Eine der meistumstrittenen Fragen des gotischen Vokalismus ist die der Diphthonge. Die Junggrammatiker haben die in WULFILAS Text aufscheinenden Digraphe *ai*, *au*, *ei*, *iu* im allgemeinen in doppelter Weise ausgelegt. Für *ei* nahmen sie die Aussprache [iː], für *iu* die Aussprache [iu] an, dagegen waren sie der Ansicht, *ai* sei offenes [ɛː], *au* offenes [ɔː] — gemäß den griechischen Regeln der damaligen Orthographie —, aber [ai] bzw. [au] in den Fällen, wo sie im Gotischen für indogermanische Diphthonge stehen. In ihren Textausgaben wird daher die monophthongische Aussprache besonders kenntlich gemacht: *wait* [wait] 'ich weiß', aber *waír* [wɛːr] 'Mann' bzw. *aukan* [aukan] 'vermehren', aber *baúrgs* [bɔːrks] 'Stadt, Burg'. Nach verschiedenen Gegenmeinungen hat zuletzt VIKTOR SCHIRMUNSKI die phonologische Unhaltbarkeit dieser spekulativen Trennung überzeugend widerlegt, indem er nachwies, daß diese alten Diphthonge im Gotischen des WULFILA bereits monophthongiert waren. Somit sind die alleinigen Lesungen [ɛː] für *ai* und [ɔː] für *au* (also auch *wait* [wɛːt] bzw. *aukan* [ɔːkan]). Mit einer in Kenntnis der heutigen Lehrmeinungen unserer Wissenschaftsgeschichte verblüffend modernen Argumentation wurde diese Einheitlichkeit der monophthongischen Aussprache des Bibelgotischen zuerst in der gotischen Grammatik von HANS CONNON VON DER GABELENTZ und JOHANNES LÖBE 1846 (!) dargelegt; ihre Grammatik bietet übrigens heute noch die umfassendste Beschreibung des Gotischen, nicht zuletzt für die gotische Syntax, die auch für die gegenwärtige Forschung unentbehrlich ist.

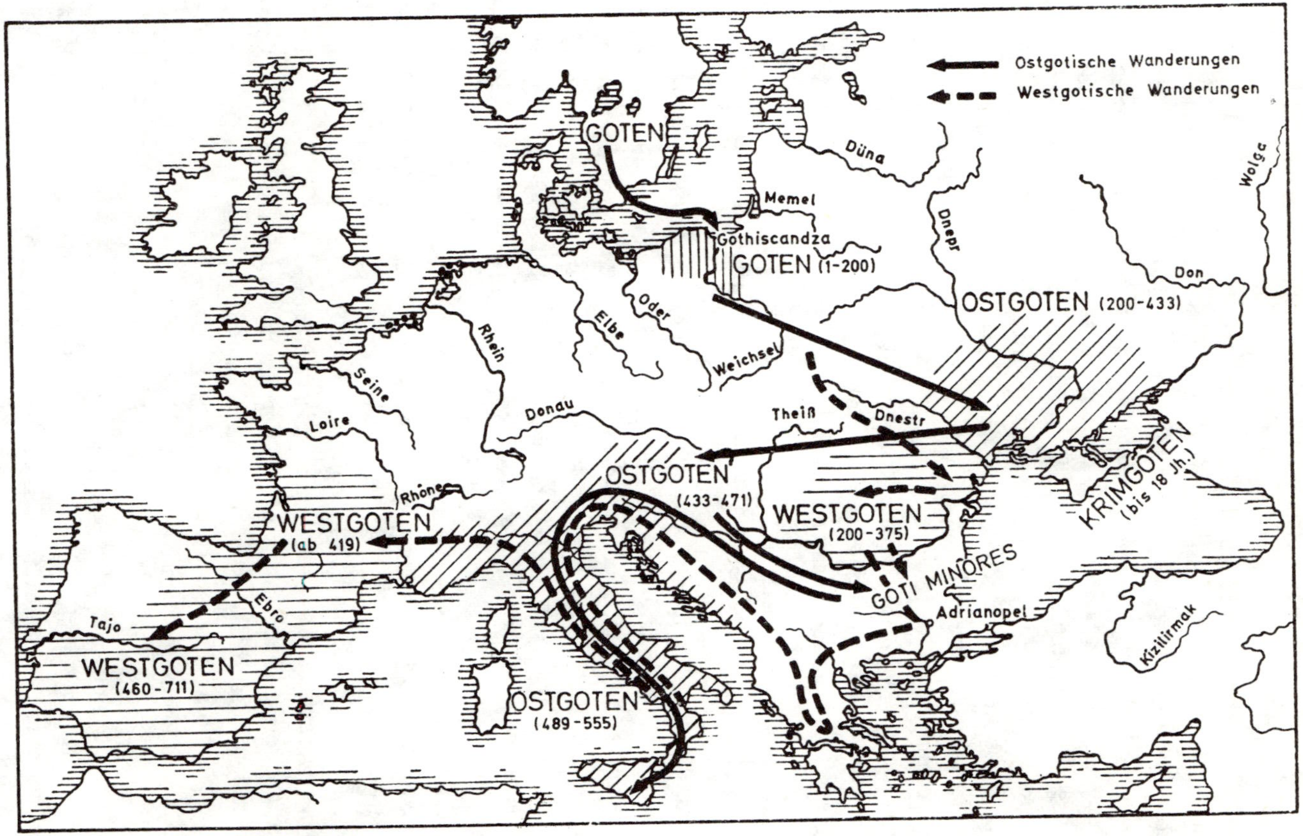

Abb. 36. Die Goten (nach ERNST SCHWARZ)

Der bibelgotische Vokalismus besteht demnach aus folgenden Phonemen: *a, o, u, e, i* und *iu*.

Der Konsonantismus ist eindeutiger: *b, d, g, p, t, k* sind Verschlußlaute; *l* und *r* sind Liquiden; *m* und *n* sowie das nach griechischem Muster durch *-gg-* bzw. *-gk-*/*-gg-* wiedergegebene [ŋ] sind Nasale; *f, w, h, þ, s, z* sind Reibelaute, wobei *h* im Anlaut einfacher Hauchlaut, in sonstigen Stellungen vielleicht noch ein *ach*-Laut ist; *þ* entspricht englischem *th*, das heißt, es kann je nach seiner Stellung stimmlos [θ] oder stimmhaft [ð] sein. Die Ligatur *ƕ* bezeichnet die Lautkombination [hw], *q* die Konsonanz [kw]. Es sei angemerkt, daß *b, d, g* zur Zeit Wulfilas vermutlich Verschlußlaute waren im Anlaut und in der Stellung nach Konsonanten, sonst aber wurden sie spirantisch: *ƀ* (= *w*), *đ* (=ð), *ǥ* (= γ), z. B. *barn* [barn] 'Kind', *wamba* [wamba] 'Bauch, Wampe', aber *giban* [giƀan] 'geben'; *dags* [daks] 'Tag', *hund* [hund] 'hundert', aber *þiuda* [θiuða] 'Volk'; *gaggan* [gaŋgan] 'gehen', aber *liuga* [liuǥa] 'Ehe'.

IV.1.3. Grammatische Struktur

Auch die Morphologie des Gotischen stand der germanischen Grundsprache besonders nahe. Bei den Nomina wurden die drei Genera, in der Kategorie des Numerus neben Singular und Plural auch noch der Dualis unterschieden, z. B. *weis* 'wir' ≠ *wit* 'wir beide', *izwis* 'euch' ≠ *igqis* 'euch beide(n)' bzw. in der Verbalflexion *sokjam* 'wir suchen' ≠ *sokjos* 'wir (beide) suchen', *sokeiþ* 'ihr sucht' ≠ *sokjats* 'ihr (beide) sucht', *sokeiþ!* 'sucht (ihr)!' ≠ *sokjats!* 'sucht (ihr beide)!'.

Von den Kasus der Nominalflexion waren als selbständige Formen noch Nominativ, Akkusativ, Genitiv und Dativ, z. T. auch Vokativ (*hairdeis* 'Hirt' ≠ *hairdi!* 'Hirt!'), bei den Pronomina, wenngleich bruchstückhaft, auch der Instrumentalis (z. B. *þe[h]* 'damit, mit diesem', *ƕe?* 'mit wem?', *ni þeei* 'nicht, als...') vorhanden.

Ein indogermanisches Merkmal ist der formale Zusammenfall von Nominativ und Akkusativ der Neutra in allen Numeri (*waurd* 'Wort' — *waurda* 'Wörter' = Nom.-Akk.).

Die Deklination der Substantiva war nach Stammklassen unterschieden:

Vokalische („starke") Klassen: 1. *a*-Stämme mit Maskulina und Neutra, z. B. *dags* m. 'Tag', *waurd* n. 'Wort'. Unterklassen gemäß den Stammvarianten *ja-* (z. B. *hairdeis* m. 'Hirt', *kuni* n. 'Geschlecht') und *wa-* (z. B. *þius* m. 'Diener, Knecht', *triu* n. 'Baum'); 2. *ō*-Stämme als Klasse der meisten Feminina (parallel zu der *a*-Klasse!), z. B. *giba* f. 'Gabe'. Unterklassen nach den Stammvarianten *jō* (*bandi* f. 'Fessel') und *wō-* (*mawi* f.

'Magd'); 3. *i*-Stämme mit Maskulina und — hauptsächlich — Feminina, z. B. *gasts* m. 'Gast', *laiseins* f. 'Lehre'. Die Maskulina sind im Singular bereits ganz zu der *a*-Klasse übergetreten; 4. *u*-Stämme mit Maskulina und einigen Feminina, z. B. *sunus* m. 'Sohn', *handus* f. 'Hand'. Ein einziges Neutrum scheint hierher gehört zu haben, das zugleich Singulare tantum war: *faihu* 'Geld' (<'Vieh').

Konsonantische Klassen: 1. *n*-Stämme („schwache" Deklination) umfassen die Mehrzahl der konsonantischen Stämme, die meistens Maskulina und Feminina, nur vereinzelt auch Neutra sind. Die Hauptformen zeigen Ablautvarianten in den Endungen, vgl. *guma* 'Mensch', *gumin* 'Menschen' (Pl.); 2. *r*-Stämme: wie in der indogermanischen Grundsprache, gehören auch im Gotischen Verwandtschaftsnamen hierher, z. B. *broþar* m. 'Bruder', *swistar* f. 'Schwester', *fadar* m. 'Vater', *dauhtar* f. 'Tochter'; 3. *nd*-Stämme als die Klasse der substantivierten Part. Präs., vgl. *frijonds* 'Freund' (< *frijon* 'lieben').

Andere Stammklassen sind nur in Spuren erhalten. Nicht selten wurden die Klassen verwechselt bzw. miteinander vermischt, ja manchmal läßt sich der Übertritt kleinerer Klassen zu den größeren feststellen. Die Stämme lassen sich am leichtesten — in der Regel — am Dat. Pl. erkennen, vgl. 1. *dagam*, *waurdam*; *hairdjam*, *kunjam*; *þiwam*, *triwam*; 2. *gibom*; *bandjom*; *maujom*; 3. *gastim*, *laiseinim*; 4. *sunum*, *handum*.

Bei den Pronomina ist — außer dem Dualis — ein charakteristisches Merkmal des Gotischen, daß das Personalpronomen der 3. Pers. nicht wie im Nordgermanischen, sondern parallel zum Südgermanischen gebildet wurde: *is* ~ dt. *er*, *si* ~ dt. *sie* (engl. *she*), *ita* ~ dt. *es* (engl. *it*), wobei die drei Genera auch im Plural gekennzeichnet waren: *eis* m., *ijos* f., *ija* n. 'sie'. Das Demonstrativum *sa* m. 'der', *so* f. 'die', *þata* n. 'das' versah bereits im Gotischen in mancher Hinsicht die Funktion des bestimmten Artikels.

Wie in der germanischen Grundsprache, konnte das Adjektiv auch im Gotischen stark oder schwach flektiert werden. In der starken Flexion folgten die Adjektiva z. T. den Regeln des *a*- (*ja*-, *wa*-) Stammes, z. T. denen der *i*- bzw. *u*-Stämme der Substantiva. Die schwache Deklination der Adjektiva war mit jener der Substantiva vollkommen gleich.

Von den Numeralien wurden die ersten drei Kardinalzahlen nach den drei Genera unterschieden und flektiert, vgl. 1. *ains* m., *aina* f., *ain*[*ata*] n. 'eins'; 2. *twai* m., *twos* f., *twa* n. 'zwei'; 3. *þreis* m.- f., *þrija* n. 'drei'.

Im System des Verbs sind außer dem Dualis (s. o.) auch weitere Archaismen bewahrt. Am wichtigsten ist das Vorhandensein des echten (synthetischen) Passivs im Präsens, z. B. Ind. *nima* 'ich nehme' $\neq$ *nimada* 'ich werde genommen'; Opt. *nimau* 'ich würde nehmen' $\neq$ *nimaidau* 'ich würde genommen werden', des weiteren die Verwendung der Reduplikation (auch Verdoppelung), die in der Wiederholung eines bestimmten Wortteils besteht. Wie in der indogermanischen Grundsprache, diente sie auch im Gotischen zur Bildung des Präteritums einer Gruppe der Verba. (Den indogermanischen Stand spiegeln z. B. lat. *do* 'ich gebe' ≠ *dedi* 'ich gab' und gr. *παιδεύω* 'ich erziehe' ≠ *πεπαίδευκα* 'ich erzog' wider.) Diese Verba sind im Gotischen *haldan* 'halten' (*haihald*), *fahan* 'fangen' (*faifah*), *slepan* 'schlafen' (*saislep*), *haitan* 'heißen' (*haihait*), *ƕopan* 'prahlen' (*haiƕop*), *aukan*, 'vermehren' (*aiauk*), *letan* 'lassen' (*lailot*), *gretan* 'weinen' (*gaigrot*), *redan* 'raten' (*rairoþ*), *tekan* 'berühren' (*taitok*), *saian* 'säen' (*saiso*), *waian* 'wehen' (*waiwo*). Darunter sind einige zugleich ablautend. Diese germanische Form der Reduplizierung wird, da das verdoppelte Element nur reduziert auftritt, auch gebrochene Reduplikation genannt.

Das gotische Verb kennt zwei grundlegende, synthetisch gebildete Tempora: das Präsens und das Präteritum. Das Futurum wird in der Regel mit dem Präsens oder mit Hilfe von Präfixen (neben dem Präsens) bzw. mit Umschreibungen ausgedrückt. Die drei Modi waren der Indikativ, der Optativ und der Imperativ. Der Optativ versah gleichzeitig die Funktion des Konjunktivs. Die Nominalformen des gotischen Verbs waren der Infinitiv, das Partizip des Präsens und das Partizip des Präteritums, welch letzteres gewöhnlich passivisch gebraucht wurde.

Über die starken und die schwachen Verba vgl. II.2.3. In einigen Grammatiken werden als eine besondere Gruppe jene Verba behandelt, die das Präteritum und das Partizip des Präteritums (genauer: das perfekte Partizip) ohne Fugenvokal bilden, während ihre Präsensformen in allem den Regeln der 1. Klasse folgen, z. B. *þagkjan* 'denken' — *þahta* 'dachte'.

Wie früher dargelegt, sind uns auch einige germanische Präteritopräsentien nur aus dem Gotischen belegt (vgl. II.2.3.). Die indogermanischen *-mi*-Verba sind dagegen mit einem einzigen Verb vertreten: *im* 'ich bin', *is* 'du bist', *ist* 'ist', *siju* 'wir (beide) sind', *si(j)um* 'wir sind', *si(j)uþ* 'ihr seid', *sind* 'sie sind' usw. Es ist eigentlich ein Wurzelverb, da es jeglicher Stammbildungssuffixe entbehrt. Vom indogermanischen *es*-Stamm wird dabei außer den obigen Formen (Präs. Ind.) noch das Präs. Opt. (*si[j]au* 'ich sei/wäre' usw). gebildet; die sonstigen Tempora und die Verbalnomina stellt das Verb *wisan* 'sein' (vgl. dt. *Wesen*, *ver-wesen*, *ge-wesen*), das zur 5. Ablautsreihe gehört. Diese Ergänzung durch einen anderen Stamm heißt auch Suppletivismus.

Eine gotische — und im allgemeinen auch germanische — Besonderheit ist, daß das Präs. Opt. von *wiljan* 'wollen' eigentlich den Indikativ ersetzt (*wiljau* 'ich will').

IV.1.4. Wortschatz

Auf die besonderen nordgermanischen Beziehungen des gotischen Wortschatzes wurde bereits verwiesen (vgl. IV.1.1.). Sprachgeographisch noch interessanter sind jene Formen, die außer dem Gotischen nur dem Altschwedischen eigen sind, z. B. got. *bagms* ~ aschw. *bagn* 'Baum', got. *kriustan* ~ aschw. *krysta* 'knistern', was die Ortung der alten Wohnsitze der Goten im südöstlichen Skandinavien erhärtet.

An Archaismen fehlt es auch im gotischen Wortschatz nicht. Es handelt sich ab und zu sogar um Wörter, die zweifellos indogermanisches Erbe sind, im germanischen Kreis jedoch isoliert dastehen, z. B. got. *aþn* 'Jahr' (vgl. lat. *annus* < **atnos* 'dass.').

Ebenso aufschlußreich sind die Sonderschichten der Entlehnungen. Das Gotische kennt z. B. keltische und lateinische Lehnwörter, die – zumindest in derselben Lautung – sonst in keiner germanischen Sprache bekannt sind, vgl. got. *kelikn* (< gall. *cēlicnon*) 'Turm', got. *lukarn* (< lat. *lucerna*) 'Lampe, Licht', got. *Kreks* (< lat. *Graecus*) 'Grieche' u. dgl. m.

Einer jüngeren Lehnschicht gehören vermutlich Wörter an wie got. *aket* (< lat. *acetum*) 'Essig', got. *anno* (< lat. *annona*) 'Sold', got. *aurali* (< lat. *orarium*) 'Tuch', got. *aurkjus* (< lat. *urceus*) 'Krug', got. *sulja* (< lat. *solea*) 'Sohle', got. *bwssaun* (< gr. *βύσσον*) 'feine Leinwand' und freilich auch solche Lehnübersetzungen wie got. *diswiss* 'Abschied, Abzug' (< gr. *ἀνάλυσις* 'dass.').

Auf der südrussischen Steppe werden Wörter wie *ulbandus* (vgl. lat. *elephantus*!) 'Kamel' (!) und *smakka* 'Feige' ins Gotische gekommen sein. Für alte slawische Einwirkung zeugt got. *plinsjan* 'tanzen' (<asl. *plęsati*, vgl. russ. пляска 'Volkstanz').

IV.1.5. Textprobe

Atta unsar, þu in himinam, weihnai namo þein. Qimai þiudinassus þeins. Wairþai wilja þeins, swe in himina jah ana airþai. Hlaif unsarana þana sinteinan gif uns himma daga. Jah aflet uns þatei skulans sijaima, swaswe jah weis afletam þaim skulam unsaraim. Jah ni briggais uns in fraistubnjai, ak lausei uns af þamma ubilin; unte þeina ist þiudangardi jah mahts jah wulþus in aiwins.

(*Codex Argenteus*. MATTHÄUS VI. 9–13.)

atta m. 'Vater'; *unsar* 'unser' (~*ana* Akk. Sing. m.; ~*aim* Dat. Pl.); *þu* 'du'; *in* 'in'; *himin/s* m. 'Himmel' (~*am* Dat. Pl.; ~*a* Dat. Sing.); *weihnan* 'geweiht werden' (3. Sing. Präs. Opt.); *namo* n. 'Name'; *þeins* 'dein' (Nom. Sing. m.; *þein* Nom. Sing. n.; *þeina* Nom. Sing. f.); *qiman* 'kommen' (3. Sing. Präs. Opt.); *þiudinassus* m. 'Land, Reich, Königreich'; *wairþan* 'werden' (3. Sing. Präs. Opt.); *wilja* m. 'Wille'; *swe* 'wie, so wie'; *jah* 'und, so'; *ana* 'an, auf'; *airþa* f. 'Erde' (~*i* Dat. Sing.); *hlaifs* m. 'Brot' (*hlaif* Akk. Sing.); *sa, so, þata* 'der, die, das' (*þana* Akk. Sing. m.; *þaim* Dat. Pl.; *þamma* Dat. Sing. m.-n.); *sinteins* 'täglich' (*sinteinan* Akk. Sing. m.); *giban* 'geben' (*gif* 2. Sing. Imp.); *uns* 'uns'; *himma daga* 'heute' (< **his* 'dieser' + *dags* 'Tag'); *afletan* 'vergeben, entlassen' (*aflet* 2. Sing. Imp.; *afletam* 1. Pl. Präs. Ind.); *þatei* 'daß, weil, wenn'; *skula* m. 'Schuldner' (~*ns* Nom. Pl.); *sijaima* 'wir seien/wären' (1. Pl. Präs. Opt. → *wisan* 'sein'); *swaswe* 'wie auch, so wie'; *weis* 'wir'; *ni* 'nicht'; *briggan* 'bringen' (2. Sing. Präs. Opt.); *fraistubni* f. 'Versuchung' (*fraistubnjai* Dat. Sing.); *ak* 'aber, doch'; *lausjan* 'befreien, erlösen' (2. Sing. Imp.); *af* 'von'; *ubil*(*o*) n. 'Übel' (*ubilin* Dat. Sing.); *unte* 'weil, denn'; *ist* 'ist' (→ *wisan*); *þiudangardi* f. 'Königreich'; *mahts* f. 'Macht'; *wulþus* m. 'Pracht, Herrlichkeit'; *aiws* m. 'Zeit, Ewigkeit' (*aiwins* Akk. Pl.).

IV.2. DIE NORDGERMANEN

IV.2.1. Geschichte und Verbreitung

Von allen Germanen siedelten die Nordgermanen am weitesten entfernt von den südeuropäischen Kulturzentren des klassischen Altertums; somit ist es auch kein Wunder, daß die Autoren über sie am wenigsten zu berichten wußten.

Der römische Historiker PLINIUS DER ÄLTERE faßte sie unter dem Namen Illeviones (Hilleviones) zusammen. Nach ihm sollen sie in 500 Gauen gelebt haben. Im 44. Kapitel der „Germania" des TACITUS wird der Stamm der Sviones erwähnt, die Vorfahren der heutigen Schweden, die in der altnordischen Überlieferung unter dem Namen *Svíar* bekannt sind (vgl. *Sverige* 'Reich der Svíar: Schweden'). Dieser Stamm lebte ursprünglich in der Gegend des Mälarsees und breitete seine Macht allmählich über das ganze Land aus. Bei dem griechischen Geographen PTOLEMAIOS erscheint im 2. Jh. u. Z. der andere Hauptstamm des Nordens, die Gauten, deren Name eine Ablautsvariante des Stammesnamens der Goten ist und in geographischen Namen wie *Gotland* und *Göteborg* 'Gotenburg' noch heute lebt. Die Dänen werden erst später, im 6. Jh., bei dem Historiker der Goten, JORDANES, und bei dem Griechen PROKOP erwähnt.

Infolge der Stammeswanderungen hat sich die einheitliche altnordische Grundsprache früh in einen westlichen und einen östlichen Zweig gespalten. Den Westzweig vertrat das Altnorwegische, dessen südwestliche Mundarten von Umsiedlern im 9.–10. Jh. nach Island verpflanzt wurden. Um diese sogenannte „Landnahmezeit" (an. *landnámatíd*) begann die Trennung des Isländischen vom Norwegischen. Der Ostzweig bestand aus dem Altschwedischen und dem Altdänischen. Ab 1500 dürfen wir von Neuisländisch, Neuschwedisch bzw. Neudänisch sprechen. Demnach gliederten sich die nordgermanischen Sprachen – NB: historisch-genetisch; typologisch vgl. jedoch V.5.! – folgendermaßen auf:

Altnordisch

- westlicher Zweig
  - Isländisch (Färöisch)
  - Norwegisch
- östlicher Zweig
  - Dänisch
  - Schwedisch

Abb. 37. Gliederung der nordgermanischen Sprachen

Nordgermanische Sprachen werden in unserer Zeit in Dänemark, Norwegen, Schweden, im Küstengebiet Finnlands und in Island gesprochen; ein dem Isländischen sehr nahe stehendes, aber über eine eigene Schriftsprache verfügendes nordgermanisches Idiom herrscht auf den Färöischen Inseln im Nordwesten von Großbritannien.

IV.2.2. Quellen

Den nordgermanischen Sprachen, vor allem dem Altnordischen und dem heute noch in mancher Hinsicht archaischen Isländischen, kommt in der Erforschung der germanischen Sprachgeschichte eine besondere Bedeutung zu. Sie bieten uns ein überaus reiches Quellenmaterial zur Erschließung ältesten Sprachzustandes. Diese Quellen bestehen z. T. aus den – dank den Wikingern auch außerhalb Skandinaviens vorhandenen – Runeninschriften, die größtenteils schon veröffentlicht sind. Diese weittragende Aufgabe wurde in erster Linie von zwei norwegischen Gelehrten, Sophus Bugge und Magnus Olsen, gelöst. Noch wichtiger ist vielleicht jenes historische und schöngeistige Schrifttum, das in Island nach der Bekehrung zum Christentum (1000) niedergeschrieben wurde. Da die Christianisierung in Island nicht erzwungen wurde, sondern auf friedlichem Wege erfolgte, wurden die heidnischen Überlieferungen im Gegensatz zum europäischen Festland nicht ausgerottet.

Die erste Gruppe der isländischen Quellen bilden die in stabreimenden Strophen verfaßten Lieder der „Edda". Sie sind z. T. heidnische Mythen, z. T. Heldenlieder und gereimte Lebensweisheiten bzw. Überlieferungen in der Form der Spruchdichtung (Gnomen). Ihre Verfasser sind unbekannt (vgl. III.4.2.). Eine weitere Quellengruppe ergibt die nordische Skaldendichtung, die gekünstelt-barocke Hofdichtung der Wikingerzeit, die z. T. jedoch stark mythologisch gebunden ist. Linguistisch betrachtet, ist die dritte Gruppe der Quellen am allerwichtigsten: die Sagaliteratur. Die ältesten „Sagas" (Pl. auch _Sögur_) enthalten z. T. isländische Familiengeschichten aus der Landnahmezeit, z. T. die Vitae norwegischer Herrscher, in einem schlichten, realistisch bestimmten Prosastil. Sprachlich tradieren sie die zeitgenössische Umgangssprache und bieten somit – im Vergleich zu der Übersetzungsliteratur bei den übrigen germanischen Völkern – mehr Gelegenheit zur Untersuchung der von fremden Einflüssen mehr oder minder unberührten germanischen Syntagmatik und Syntax.

IV.2.3. Altnordisch

Die altnordische Sprache hat noch ziemlich deutlich Merkmale der germanischen Grundsprache bewahrt. Die Endung des Nominativs Sing. einzelner Deklinationsklassen (_-s_), die in anderen germanischen Sprachen (über _-z_ > ʀ >) zu _r_ gewandelt wurde bzw. abgefallen ist, ist in ihr als ʀ erhalten geblieben, z. B. got. _dag**s**_ ~ an. _daga**ʀ**_ 'Tag' (< germ. _*dagaz_), got. _wulf**s**_ ~ an. _wulfa**ʀ**_ 'Wolf' (< germ. _*wulfaz_), got. _gast**s**_ ~ an. _gasti**ʀ**_ 'Gast' (< germ. _*gastiz_). In der Bewahrung der auslautenden (nebentonigen) Vokale erwies sich das Altnordische als noch altertümlicher als das Gotische, vgl. an. _horna_ gegenüber got. _haurn_ 'Horn'.

Bis zur Wikingerzeit wurde dieser archaische Zustand jedoch weitgehend aufgegeben. Die Neuerungen der Wikingerzeit sind auch für die Geschichte des Englischen sehr wichtig, da die stärksten Einwirkungen des Nordischen auf das Englische gerade in diese Zeit fallen.

Immer stärker trat der Abfall auslautender Vokale und Konsonanten (Apokope) und der Ausfall wenig betonter Vokale (Synkope) in Erscheinung, z. B. _horna_ > _horn_ 'Horn', Pl. _*hornu_ > _horn_ 'Hörner'; _*landu_ (Pl.) > _lǫnd_ 'Länder'. – Parallel zur Reduktion setzte sich auch der Umlaut bzw. die Brechung durch, z. B. _*landu_ > _lǫnd_ 'Länder'; _*gastiʀ_ > _gestr_ 'Gast'; _*herto_ > _hjarta_ 'Herz'; _*erþu_ > _jǫrð_ 'Erde'.

Vor hinteren Zungenvokalen schwand anlautendes _j_ bzw. _w_, z. B. _*jēra_ > _ár_ 'Jahr'; _*juka_ > _ok_ 'Joch'; _*wulfaʀ_ > _úlfr_ 'Wolf'; _*wurða_ > _orð_ 'Wort'. – Auslautendes _n_ wurde zunächst nasaliert, dann endgültig aufgegeben, z. B. _*geƀan_ > _gefa_ [geva] 'geben'; _*ohsan_ > _oxa_ (Akk.) 'Ochse'.

Besonders häufig war die Lautangleichung (Assimilation) von Konsonanten, z. B. _*gulþa_ > _goll_ 'Gold', _*finþan_ > _finna_ 'finden', _*stainaʀ_ > _steinn_ 'Stein', _*stōlaʀ_ > _stóll_ 'Stuhl', _*lausaʀ_ > _lauss_ 'lose'.

Gleichzeitig mit der Umstellung des Lautsystems, teilweise als Folge davon, wird das Konjugationssystem weiter vereinfacht: an.

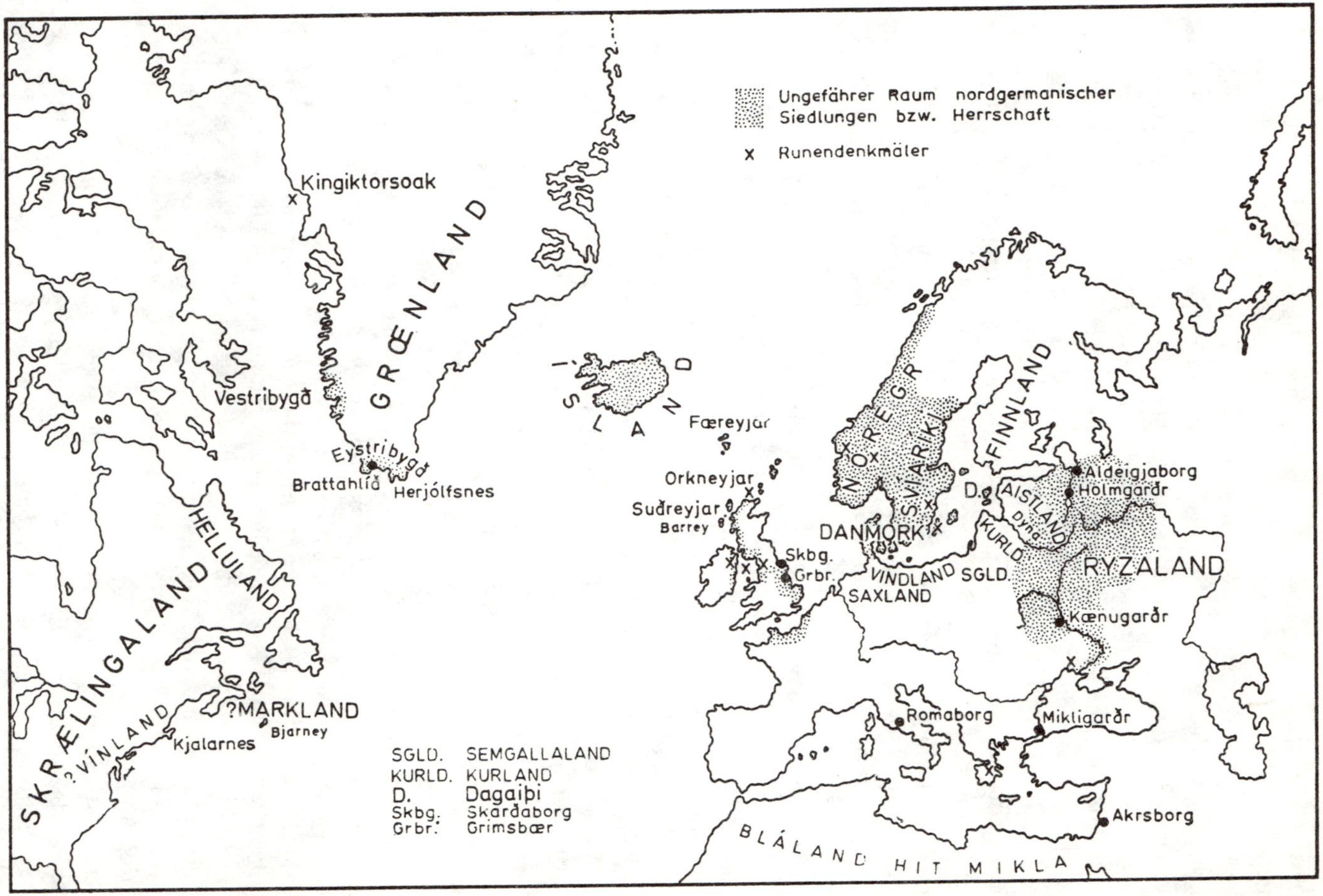

Abb. 38. **Die Ausbreitung der Nordgermanen (nach E. V. Gordon)**

bindiʀ* 'du bindest' und *bindiþ* 'er bindet' lauten im Alṭisländischen schon gleich: *bindr.* Als Neuerung kommt im Nordischen ein synthetisches Passiv auf, das auch die Funktion des Mediums erfüllt, mit dem Sondermerkmal, daß es eigentlich als Reflexivum gebildet wurde, z. B. *kalla* 'nennen' → *kalla-sik*** 'nennen sich' → *kalla**s**(**k**)* 'genannt/gerufen werden: heißen'. Im Kreis der germanischen Sprachen ist es eine nordische Besonderheit, daß der aus dem Demonstrativum entwickelte bestimmte Artikel nicht vor, sondern hinter das zu bestimmende Substantiv gestellt wird, z. B. *dagr* 'Tag' → *dagr-inn* 'der Ṭag'. Auch neue Pronomina sind in dieser Zeit im Nordgermanischen verallgemeinert worden, vgl. *hann* 'er', *hon* 'sie' usw.

Es sei angemerkt, daß die Nordgermanen in der Wikingerzeit noch alle ihre Stammesdialekte als eine Sprache betrachteten, die sie einheitlich *dǫnsk tunga* 'dänische Sprache' nannten. Die bewußte Unterscheidung der nordischen Einzelsprachen wurde erst im Spätmittelalter üblich, nachdem die sprachlichen Unterschiede größer geworden waren (Abb. 38).

Die Trennung des West- und des Ostzweiges war im 10. Jh. bereits ganz offenkundig. Der Westzweig – Altnorwegisch und Altisländisch – trägt in dieser Zeit den gemeinsamen Namen *norrœn* 'Nordisch' oder *norrœnt mál* 'nordische Sprache'. Die wichtigsten Merkmale der Trennung der beiden Zweige lassen sich im Folgenden zusammenfassen:

Im Ostzweig wurden die alten Diphthonge monophthongiert, z. B. aisl.-anorw. *steinn* ≠ aschw.-adän. *stēn* 'Stein', aisl.-anorw. *auga* ≠ aschw. *øgha* ∼ adän. *øghe* 'Auge', aisl. *heyra* ∼ anorw. *høyra* ≠ aschw. *høra* ∼ adän. *høre* 'hören'. – Im Ostzweig wurde der Umlaut nicht so weitgehend verallgemeinert wie im Norrøn, vgl. aisl. *kømr* ≠ aschw.-adän. *komer* 'er kommt', aisl. *væri* ≠ aschw.-adän. *vāre* 'er wäre', aisl. *lǫnd* (> *lönd*) ≠ aschw.-adän. *land* 'Länder', aisl. *sǫk* (> *sök*) ≠ aschw. *sak* 'Sache' usw.

Im östlichen Zweig wurde *y* > *iu* diphthongiert vor den Lautverbindungen *-ngw-*, *-nkw-* und *-ggw-*, z. B. aisl. *syngva* ≠ aschw. *siunga* ∼ adän. *siunge* 'singen' (Brechung). Die anlautende Konsonanz *vr-* blieb im Osten erhalten, im Westen wurde sie dagegen zu *r-* vereinfacht, vgl. aschw. *vriþa* ≠ aisl. *rīða* 'winden, drehen'. Auch die Assimilation von Konsonantengruppen ist im Ostzweig seltener als im Westen, vgl. aschw.-adän. *œnkia* ≠ aisl.-anorw. *ekkia* 'Witwe', aschw.-adän. *mantul* ≠ aisl.-anorw. *mǫttul* 'Mantel'.

Die Dativendung des Plurals ist in der Deklination der *u*-Stämme im Westen das altertümliche *-unum*, im Osten hingegen *-umin*, z. B. aisl.-anorw. *fót**unum*** ≠ aschw.-adän. *fot**umin*** 'Füßen'. Das reflexivische Passiv wurde im Osten ebenfalls vereinfacht, vgl. aschw.-adän. *kalla**s*** gegenüber aisl.-anorw. *kalla**sk*** 'genannt/gerufen werden, heißen'.

IV.2.4. Textproben

(a) *Goldenes Horn von Gallehus* (Nordschleswig, 5. Jh.). Runeninschrift.

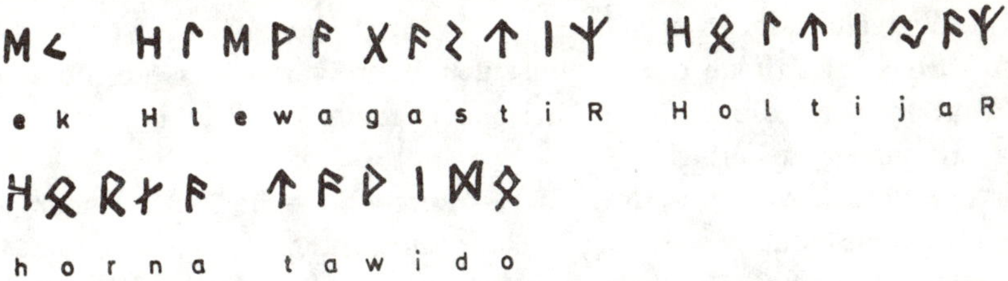

ek 'ich'; *HlewagastiR* m. (PN); *HoltijaR* 'der Holte, der aus Holt stammende' (vgl. aisl. *holt* 'Wald'); *horna* 'Horn' (Nom.-Akk. Sing. n.); *tawido* 1. Pers. Sing. Prät. Ind. → *taujan* 'tun, machen, verfertigen'.

(b) *Brakteat von Tjurkö* (Blekinge, Schweden, 5. Jh.). Runeninschrift.

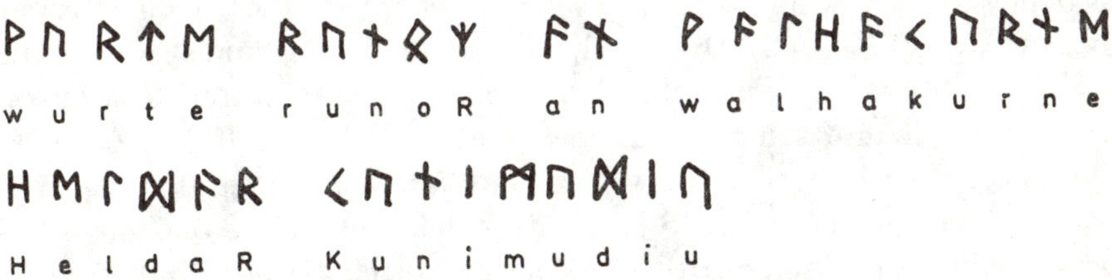

wurte 1. Pers. Sing. Prät. Ind. → **wurkjan/wirkjan* '(be)wirken, verfertigen'; *runoR* Akk. Pl. → *rūna* 'Rune'; *an* 'an, auf'; *walhakurne* Dat. Sing. → **walha-* 'fremd' + **kurna-* 'Korn, Getreide, Kern' > *walhakurna* 'fremdes Korn/Getreide' = 'Gold' (Kenning, vgl. III.4.4.!); *HeldaR* m. (PN); *Kunimudiu* Dat. Sing. → *Kunimu(n)d* (PN).

IV.2.5. Isländisch

IV.2.51. Geschichte. Quellen

Das zum Westzweig der nordgermanischen Sprachen gehörende I s l ä n d i s c h e steht unter den heutigen germanischen Sprachen dem Altnordischen, ja man darf sagen, dem Gemeingermanischen am nächsten. Sein Verbreitungsgebiet beschränkt sich so gut wie ausschließlich auf die Inselrepublik *Island* (d. h. 'Eisland'). Die Größe des Landes beträgt 102 829 km², die Zahl der Einwohner liegt etwas über 210 000. Das Land ist von zahlreichen kleineren, z. T. unbewohnten Inseln bzw. Inselgruppen umgeben. Island ist das westlichste Land Europas, seine Hauptstadt ist *Reykjavík* (d. h. 'Rauchbucht'). Außer in Island leben Isländer in größerer Anzahl nur in den Vereinigten Staaten und in Kanada. Das innere Land, etwa 75% der Gesamtfläche, ist unbewohnt; die Bevölkerung ist hauptsächlich in den Städten und Dörfern bzw. auf Gehöften an den Küstenstreifen ansässig. Im Wirtschaftsleben stehen Fischfang und Viehzucht an erster Stelle, der Ackerbau ist infolge der ungünstigen Klimaverhältnisse unbedeutend. Die Staatsform ist die parlamentarische Demokratie. Die Bevölkerung ist fast ausnahmslos lutherisch.

Vor dem 9. Jh. waren es nur irische Mönche, die die damals noch unbewohnte Insel besuchten, um dort Klöster zu gründen. In der zweiten Hälfte des 9. Jh.s, zwischen 850 und 870, besetzten norwegische Siedler das Land, die im Ergebnis der Wikingerzüge vor der feudalen Umstellung Norwegens hier eine neue Heimat suchten (*landnámatíd* 'Landnahmezeit'). Seit 930 besteht die Volksversammlung der Isländer als oberste gesetzgebende Körperschaft (*Alþingi* 'Althing: All-Ding'). Die Bekehrung zum Christentum wurde im Jahre 1000 ebenfalls vom Alþingi verordnet. Nach verschiedenen mißglückten Versuchen gelang es nach 1261 König HÁKON HÁKONSSON (1217–1263), Grönland, wo damals noch isländische Kolonien bestanden, Norwegen anzuschließen. Sein Sohn MAGNUS LAGABÆTIR (1263–1280) dehnte seine Macht auch auf Island aus. In der Folgezeit teilte Island die Geschichte Norwegens und kam 1380 unter dänische Herrschaft, obschon es seine Selbständigkeit – mehr formal als ökonomisch – gewissermaßen bewahren durfte. Die Angriffe ausländischer Piraten, vulkanische Ausbrüche (1783), vor allen Dingen aber der Umstand, daß die Dänen die Wirtschaft und den Außenhandel des Landes restlos an sich gerissen hatten, stürzten Island im 17.–18. Jh. in das schlimmste wirtschaftliche Elend. Bis 1854 gewährten die Dänen z. B. ausländischen Handelsleuten keinen Zutritt zum Land, und es gelang dem isländischen Volk erst nach einem langwierigen politischen Kampf, im Jahre 1874 gewisse politische Rechte zu erzwingen, indem der dänische König die Tätigkeit des Alþingi – wenngleich in sehr beschränktem Rahmen – wieder bewilligte. Der Erste Weltkrieg zwang Dänemark zu weiteren Zugeständnissen: 1918 mußten die Dänen die staatliche Selbständigkeit Islands innerhalb der dänisch-isländischen Personalunion anerkennen. Während des Zweiten Weltkriegs wurde das Inselland von amerikanischen und britischen Truppen besetzt; am 17. Juli 1944 löste sich Island auf Grund einer Volksabstimmung von Dänemark los und konstituierte sich zu einer unabhängigen Republik. Seit 1946 ist auch Island Mitglied der UNO.

Wie schon angedeutet (vgl. IV.2.2.), liefert die isländische Literatur in vieler Hinsicht die wichtigsten Quellen für die Forscher der nordgermanischen Sprachen wie auch der germanischen Kulturgeschichte. Die altisländische Literatur erlebte im 11.–13. Jh. ihre Blütezeit. Die fremde

Kolonisation beschwor zwangsläufig auch den Verfall des literarischen Lebens herauf. Erst im ausgehenden 14. Jh. zeichneten sich die Anfänge einer neuen Strömung in der Literatur ab: es war das die *Ríma*-Dichtung, wobei die *ríma* (eigtl. 'Reim') im großen und ganzen der europäischen Ballade bzw. Romanze entspricht. Das Zeitalter der Reformation (1750–1835) war vom religiösen Schrifttum beherrscht. Um die Mitte des vorigen Jahrhunderts hat die erstarkende nationale Bewegung der europäischen Romantik auch in Island zum Sieg verholfen. Um die Jahrhundertwende, besonders aber im 20. Jh., vollzog sich die Wiedergeburt der isländischen Literatur auf der Grundlage des Realismus, nicht zuletzt dank dem Schaffen solcher hervorragenden Dichter wie Halldór K. Laxness, Sigurður Nordal und Kristmann Guðmundsson.

Die wichtigsten Schriftdenkmäler befinden sich in der sogenannten Arnamagnæanischen Sammlung in der Universitätsbibliothek von Kopenhagen, deren Grundlagen zu Beginn des 18. Jh.s von einem der größten isländischen Gelehrten, Árni Magnússon (†1730), geschaffen wurden. Bedeutende Handschriften werden auch in der Königlichen Bibliothek von Kopenhagen aufbewahrt, vor allem die wichtigste Handschrift der Eddalieder („Codex Regius"). Zwei weitere wichtige Sammlungen isländischer Handschriften liegen in der Universitätsbibliothek in Uppsala und in der Königlichen Bibliothek von Stockholm in Schweden.

Die wertvollsten Handschriften im Besitz dieser Institutionen sind das Gesetzbuch „Grágás" ('Graugans') vom Ende des 13. Jh.s; der „Codex Regius" ('Königlicher Kodex') mit den Eddaliedern von 1270; die „Morkinskinna" ('Morsches Lederbuch') mit den norwegischen Königssagen aus der Zeit um 1260; die Handschrift der Abschriften von der Prosa-Edda von Snorri Sturluson aus dem 13. Jh., die sogenannte „Kringla"; die im Hinblick auf die Geschichte der Orthographie und der Sprache äußerst wichtigen „Annales Regii" ('Königliche Jahrbücher') aus dem angehenden 14. Jh.; der „Codex Wormianus" aus der zweiten Hälfte des 14. Jh.s, der auch schon Traktate über die Grammatik des Isländischen enthält; das „Flateyjarbók" ('Buch von Flatey') vom Ende des 14. Jh.s, eine der wertvollsten Quellen der nordischen Geschichtsschreibung.

IV.2.52. Altisländisch

Die altisländische Periode wird in der einschlägigen Literatur vom 9. bis um die Mitte des 16. Jh.s angesetzt. Dem Laienbewußtsein ist diese Abgrenzung unbekannt: die Unterschiede zwischen Alt- und Neuisländisch sind dermaßen geringfügig, daß die Sprachträger beides als e i n e Sprache empfinden.

Innerhalb des Altisländischen ist die Sprache der dichterischen Denkmäler besonders altertümlich. Nur in Gedichten sind solche alte Merkmale belegt wie die – enklitisch entstandene – Suffigierung der Pronomina (z. B. *emk* anstelle von *em ek* 'bin ich'), der Gebrauch der Negationspartikel *-a(t)*, z. B. *veitka* anstatt *veit ek eigi* 'weiß ich nicht', u. dgl.

Im Gegensatz zu den übrigen nordgermanischen Sprachen hat das Altisländische altes *h* in den Anlautskonsonanzen *hl-*, *hr-*, *hn-* bewahrt, z. B. *hleifr* 'Brot, Laib' (got. *hlaifs*, engl. *loaf*), *hringr* 'Ring' (engl. *ring*, vgl. etwa got. *hrops* 'Ruf'), *hníga* 'neigen, beugen (sich)' (vgl. got. *hneiwan*).

Lange Zeit hindurch lassen sich nur kaum nennenswerte Abweichungen des Altisländischen von den westnorwegischen Dialekten vermerken. Erst vom 13. Jh. an nimmt allmählich die Trennung der beiden Sprachvarianten größere Ausmaße an. Die gemeinsame Bezeichnung *norrønt mál* 'nordische Sprache' war sogar noch in der klassischen Periode des Altisländischen (12.–14. Jh.) im Umlauf; der Begriff 'isländische Sprache' (*íslenzkt mál*) tauchte das erste Mal im 15. Jh. auf, und zwar infolge der raschen Weiterentwicklung des Norwegischen vom 14. Jh. an, woran das Isländische nicht mehr teilhatte. Dieser Umstand erklärt die Vielfalt der Bezeichnungen für die letzten Endes gleiche Sprache in der Literatur wie *Altisländisch*, *Altnorwegisch*, *Altwestnordisch* oder einfach *Altnordisch*.

Die altisländischen Texte wurden vom Anfang an in lateinischer Schrift niedergeschrieben, obwohl auch vereinzelte – spätere – Runeninschriften aus Island bekannt sind. Die lateinische Schrift kam aus zwei Quellen nach Island: z. T. aus der karolingischen Minuskelschrift, z. T. aber aus England (vgl. III.3.6.). Die Graphematik war während der ganzen altisländischen Periode uneinheitlich. Die heute in den Textausgaben übliche Normalisierung beruht auf der wissenschaftlichen Textkritik der Neuzeit. Danach wird das folgende „altisländische" Alphabet verwendet: *a, á, b, d, ð, e, é, f, g, h, i, í, j, k, l, m, n, o, ó, p, r, s, t, u, ú, v, x, y, ý, z, þ, ǿ (ǽ), ø, ǿ, ǫ*. Die Bezeichnung der Länge (*á, é* usw.) wurde aus der ags. Graphematik übernommen. *f* wird im Wortanlaut als [f], sonst als stimmhaftes [v] ausgesprochen; *p* ist im allgemeinen [p], aber [f] in der Stellung vor *t* und *s*; *y, ý* sind gerundet, d. h. [y] bzw. [y:]; *z* bezeichnet – wie im Deutschen – die Affrikate [ts]; *ǿ* und *ǽ* geben gleichsam ein langes offenes [ɛ:] wieder; *ø, ǿ* waren ursprünglich labiales [ø] bzw. [ø:], wurden aber ziemlich früh zu [æ] bzw. [æ:] entrundet. Der Lautwert von *ǫ* war ursprünglich labiales [ɔ], seit dem 13. Jh. aber gerundetes [ø]. Das Altisländische besaß außerdem drei Diphthonge: *au, ei, ey*.

Auf einige wichtigere Lautveränderungen der altnordisch-altisländischen Periode wurde bereits verwiesen (vgl. IV.2.3.). Ergänzend sei hier noch das Allerwichtigste angeführt:

1. Der Umlaut wurde weitgehend durchgeführt. Man unterscheidet folgende Varianten des Umlauts: (a) den *a*-Umlaut, der durch den Schwund von nebentonigem *a* verursacht wurde, z. B. **kurna* > *korn* 'Korn, Getreide', **þeoða* > *þjóð* 'Volk'; (b) den *i*-Umlaut, den die regressive Assimilation infolge eines nebentonigen *i* noch in der altnordischen Periode herbeiführte, wobei dieses *i* (noch im Altnordischen) wegfiel, z. B. an. *gastiʀ* > aisl. *gestr* 'Gast', *bók* 'Buch' — *bǿkr* 'Bücher', *mús* 'Maus' — *mýss* (< **mūsiʀ*) 'Mäuse', *heyra* 'hören' (vgl. got. *hausjan* [hɔ:sjan]); (c) den *ʀ*-Umlaut, z. B. aisl. *kýr* 'Kuh' (vgl. ahd. *kuo*, ags. *cū*), aisl. *gler* 'Glas' (vgl. ahd. *glas*, engl. *glass*); (d) den sekundären *i*-Umlaut, bei dem den Umlaut bedingendes *i* der Nebentonsilbe erhalten blieb, z. B. got. *katils* gegenüber aisl. *ketill* 'Kessel'; (e) den *u*-Umlaut, z. B. aisl. *bǫrn* (< *barnu*) 'Kinder'; (f) den sekundären *u*-Umlaut, der sich im Altisländischen generell durchsetzte, in den altnorwegischen Dialekten hingegen in der Regel nicht eintrat, z. B. aisl. *faðir* 'Vater', aber *fǫdur* in den Objektkasus des Singulars.

2. Der andere folgenschwere Wandel im Vokalismus war die Brechung, wobei das *-e-* der Stammsilbe unter der Einwirkung eines nebentonigen *-a-* oder *-u-* zu *-ja-* bzw. *-jǫ-* „gebrochen" wurde, z. B. **berga* > *bjarg* 'Berg' bzw. **bergu* > *bjǫrg* 'Berge' (Pl.). Der nebentonige Vokal, der den Wandel ausgelöst hatte, fiel aus, ausgenommen, wenn die Brechung erst sekundär, analogisch erfolgte.

Der Konsonantismus hat sich wenig geändert, allerdings griffen verschiedene Assimilationstendenzen immer mehr um sich, so die verschiedenen Abarten des Nasalschwundes (z. B. aisl. *Þórr* gegenüber ahd. *Donar* ~ ags. *Þunor*; aisl. *drekka*, aber dt. *trinken* ~ engl. *drink*), desgleichen wurde *h*, außer im Anlaut, verdrängt (wie im Englischen!), vgl. got. *slahan*, aber aisl. *slá* 'schlagen' usw.

Die morphologische Struktur des Altisländischen — wie auch die des Neuisländischen und des damit eng verwandten Färöischen (vgl. IV.2.6.) — war im Vergleich zu den übrigen germanischen Sprachen sehr archaisch und hatte sich von der germanischen Grundsprache noch nicht wesentlich entfernt. Bei den Nomina wurden die drei Genera, bei den Pronomina (aber beim Verb nicht mehr) auch der Dualis unterschieden, z. B. *vér* 'wir' ≠ *vit* 'wir beide', (*þ*)*ér* 'ihr' ≠ (*þ*)*it* 'ihr beide'.

Die Deklination hat noch in beiden Numeri (Sing. ≠ Pl.) den Nominativ, Akkusativ, Genitiv und Dativ als Kasus bewahrt; Vokativ und Instrumentalis waren bereits geschwunden.

Die substantivischen Paradigmen lassen sich, genauso wie im Gotischen, nach Stammklassen auseinanderhalten. Die vokalischen Stammklassen waren: 1. *a*-Stämme (mit den Varianten *ja*-, *ia*- und *wa*-), z. B. *dagr* m. 'Tag', *land* n. 'Land'; *-ja-*: *herr* m. 'Heer', *sker* n.

'Schäre, Klippe'; *-ia-*: *hersir* m. 'Führer', *kvǽði* n. 'Lied'; *-wa-*: *sǫngr* m. 'Gesang', *hǫgg* n. 'Schlag, Hieb'; 2. *ō*-Stämme (mit den Varianten *jō-*, *iō-* und *wō-*), z. B. *skǫr* f. 'Haupthaar'; *jō-*: *ey* f. 'Insel'; *-iō-*: *heiðr* f. 'Heide'; *-wō-*: *dǫgg* f. 'Tau'; 3. *i*-Stämme, z. B. *gestr* m. 'Gast', *ǫxl* f. 'Achsel'; 4. *u*-Stämme, z. B. *vǫllr* m. 'Feld, Wiese'. Die Genusverteilung unter den Stämmen ist dieselbe wie im Gotischen (vgl. IV. 1. 3.). Die konsonantischen Stämme waren: 1. *n*-Stämme („schwache" Deklination), z. B. *hani* m. 'Hahn', *hjarta* n. 'Herz', *saga* f. 'Saga, Sage, Geschichte', *gleði* f. 'Freude, Frohsinn'; 2. *r*-Stämme (Klasse der Verwandtschaftsnamen), z. B. *faðir* m. 'Vater', *bróðir* m. 'Bruder', *móðir* f. 'Mutter', *dóttir* f. 'Tochter', *systir* f. 'Schwester'; 3. *nd*-Stämme (Klasse der substantivierten Partizipien), z. B. *bóndi* m. 'Bauer, Landwirt'. Als eine 4. Gruppe erweist sich hier — im Gegensatz zum Gotischen, wo nur Reste davon vorhanden sind — die Klasse der reinen Stämme sehr produktiv, ja sie riß sogar Wörter aus anderen Klassen an sich, z. B. *fótr* m. 'Fuß' (aus der *u*-Klasse), *rǫng* f. 'Spant, Rippe'.

Es ist anzumerken, daß diese Klassen auch im Altisländischen des öfteren durcheinandergebracht werden, das heißt, die Tendenz der Einverleibung kleinerer Klassen in die größeren kam auch hier schon zur Geltung. Im Unterschied zu den übrigen germanischen Sprachen konnte sich aber diese innere Entwicklungstendenz im Isländischen bis heute nicht restlos durchsetzen.

Bei den Pronomina verdient das Personalpronomen der 3. Person besonders erwähnt zu werden, da es einen spezifisch nordischen Charakter trägt (*hann* 'er', *hón* 'sie'); das Neutrum (*þat* 'es') sowie der für alle drei Genera gleiche Plural (*þeir* 'sie') ist gleich der entsprechenden Form des Demonstrativpronomens. Wie in den nordischen Sprachen im allgemeinen, wird der aus dem Demonstrativum entwickelte Artikel auch im Altisländischen als Suffix verwendet (Schlußartikel oder suffigierter Artikel), z. B. *armr* m. 'Arm' → *armr-**inn*** 'der Arm', *skǫr* f. 'Haupthaar' → *skǫr-**in*** 'das Haupthaar', *land* n. 'Land' → *land-**it*** n. 'das Land'. Daneben wurde auch der freistehende Adjektivartikel gebraucht, z. B. ***hinn*** *nǽsta dag* 'der nächste Tag; am nächsten Tag'.

Das Adjektiv wurde stark und schwach dekliniert. Die starke Deklination des Adjektivs folgte im allgemeinen den Regeln der Stammklassen der Substantiva, während die schwache Deklination im großen und ganzen mit jener der „schwachen" Substantiva identisch war.

Unter den Numeralien war *einn* 'ein' auch als unbestimmter Artikel von Bedeutung und wurde nach den drei Genera flektiert wie auch *tveir* m., *tvǽr* f., *tvau* n. 'zwei' bzw. *þrír* m., *þrjár* f., *þrjú* n. 'drei' und — über das Gotische hinaus! — auch *fjórir* m., *fjórar* f., *fjǫgur* n. 'vier'.

Die altisländischen Verba sind z. T. stark, z. T. schwach. Die starken Verba — etwa 250 an der Zahl — gliedern sich in 6 bzw. 7 Ablautsreihen vgl. II. 2. 3.: 1. *gripa* – *greip* – *gripum* – *gripinn* 'greifen'; 2. *bjóða* – *bauð* – *buðum* – *boðinn* '(ge)bieten, befehlen'; 3. *binda* – *batt* – *bundum* – *bundinn* 'binden'; 4. *nema* – *nam* – *námum* – *numinn* 'nehmen'; 5. *lesa* – *las* – *lásum* – *lesinn* 'lesen'; 6. *fara* – *fór* – *fórum* – *farinn* 'fahren'. Die 7., reduplizierend-ablautende Klasse (vgl. im Gotischen, IV. 1. 3.) ist nur noch in Spuren zu erkennen, z. B. *sá* 'säen' – *sera* 'ich säte' < **seʀō* < **sesō*, vgl. got. *saiso*. – Die vier Stammklassen der schwachen Verba sind: 1. -*ō*-Stämme wie *kalla* (< **kallōn*) → *kallaða* 'nennen, rufen'; 2. -*ja*-Stämme, z. B. *telja* (< **taljan*) → *talða* 'sagen, erzählen'; 3. -*ia*-Stämme wie *føra* → *førða* 'führen'; 4. -*ē*-Stämme, z. B. *vaka* (< **vakēn*) → *vakþa* 'wachen'.

In der Gruppe der Präteritopräsentien kennt, wie das zu sehen war (vgl. II.2.3.), nur das Altisländische die Verba *mun*/*munum*, Prät. *mynda* 'werden' (4. Ablautsreihe) und *kná*/*knegum*, Prät. *knátta* 'können' (5. Ablautsreihe). Das Verbum substantivum ist auch im Altisländischen ein Wurzelverb, also athematisch, indem es die Personalendungen zur Wurzel (also zum Verbalstamm) hinzufügt: *em* 'bin', *est* ~ *ert* 'bist', *es* ~ *er* 'ist', *erum* 'wir sind', *eruð* 'ihr seid' *eru* 'sie sind' bzw. im Präs. Opt. *sjá, sér, sé, sém, séð, sé*. Die übrigen Formen werden auch hier von *vera* (~ got. *wisan*, ahd.-ags. *wesan*; 5. Ablautsreihe) geliefert.

Die im Lautsystem des Altisländischen um die Mitte des 13. Jh.s aufgekommenen Wandlungen führten stufenweise zum Neuisländischen über, ohne im grammatischen Bau der Sprache tiefere Spuren hinterlassen zu haben. Immerhin seien als Neuerungen erwähnt die Entrundung (*ǿ* > *ǽ*, z. B. *dǿma* > *dǽma* 'urteilen'); der Zusammenfall von Umlauts-*ǫ* mit offenem *ø* (bezeichnet seit 1500 gleichsam als *ö*, z. B. *lǫnd* > *lönd* 'Länder'); die neue Aussprache von *é* mit *j*-Vorschlag [je:], z. B. *fé* [fje:] 'Vermögen'; die Auflösung von auslautendem postkonsonantischem *r* zu *ur*, z. B. *maðr* > *maður* 'Mann'; der Wandel *vá* > *vo*, z. B. *váði* > *voði* 'Gefahr'; die Umstellung von -*sk* > -*z*(*k*) > -*st* beim Passiv, z. B. *kallask* > *kallazk* > *kallast* 'genannt/gerufen werden: heißen'; die – mit den südwestnorwegischen Mundarten übereinstimmende – Aussprache [d̥l] der Lautgruppen *ll* und *rl*, vgl. *fjall* [fjad̥l] 'Berg', *karl* [kʰad̥l] 'Mann'.

IV.2.53. Neuisländisch

Das Neuisländische hat, wie bereits erwähnt wurde, die grammatische Struktur des Altisländischen in ihren Hauptzügen bewahrt, nur im L a u t - s y s t e m ist es, vor allem um die Mitte des 16. Jh.s bzw. danach, zu größeren Neuerungen gekommen. Der Trend zur Entrundung nahm zu, vgl. aisl. *kømr* > nisl. *kemur* 'kommt'; *y* und *ý* fielen mit *i*, *í* zusammen, z. B. aisl. *fyrir* [fyrir] > nisl. *fyrir* [fe:rir] 'vor'; *au* > [øɪ], z. B. aisl. *auga*

[auga] > nisl. *auga* [øɪga] ‘Auge’. Langes *á*, *æ*, *ó* wurden diphthongisch, z. B. aisl. *mál* [ma:l] > nisl. *mál* [maul] ‘Rede, Sprache’, aisl. *mæla* [mɛ:la] > nisl. *mæla* [maɪla] ‘reden, sprechen’, aisl. *sól* [so:l] > nisl. *sól* [soul] ‘Sonne’. In offenen Silben wurden die alten kurzen Stammvokale gedehnt, vgl. aisl. *fara* [fara] > nisl. *fara* [fa:ra] ‘fahren’, aisl. *lifa* [liva] > nisl. *lifa* [le:va] ‘leben’, aisl. *koma* [k^{h}oma] > nisl. *koma* [k^{h}o:ma] ‘kommen’. (NB: aisl. *i*, *y* > nisl. [e], z. B. *lifa* [le:va], *fyrir* [fe:rir].)

Auslautendes *t* wurde in Nebentonsilben zu *ð*, z. B. aisl. *þat* > nisl. *það* ‘das, dies’, aisl. *húsit* > nisl. *húsið* ‘das Haus’, manchmal auch *k* > *g*, z. B. aisl. *mjǫk* > nisl. *mjög* ‘sehr’, aisl. *ek* > nisl. *ég* ‘ich’, aisl. *ok* > nisl. *og* ‘und’. Charakteristisch ist die Präaspiration von langem *kk* [^{h}k], *pp* [^{h}p], *tt* [^{h}t], die das Neuisländische mit dem Färöischen verbindet (vgl. IV.2.62.).

Anlautandes *vr-* wurde zu *r-* vereinfacht, vgl. aisl. *vréka* > nisl. *reka* ‘treiben, verfolgen’.

Der alte Dualis wurde funktionell aufgegeben, dafür hat er bei den Pronomina den alten Plural verdrängt (z. B. aisl. *vér* ‘wir’ und *vit* ‘wir beide’, aber nisl. *við* ‘wir’, ebenso aisl. *þit* ‘ihr beide’, aber nisl. *þið* ‘ihr’) bzw. die alten Pluralformen in die Sphäre des gehobenen Stils gerückt (nisl. *vér* ‘wir’, *þér* ‘ihr’).

Vermutlich hat sich auch das System der Betonung vereinfacht, worauf man jedoch nur aus dem Vergleich mit den übrigen nordgermanischen Sprachen schließen kann.

Das Isländische ist heute eine verblüffend einheitliche Sprache. Minimale lautliche Abweichungen bestehen nur zwischen den Küstengebieten der West-Ost- und Nord-Süd- bzw. der Nord-Ost- und West-Süd-Achse. Am auffälligsten erscheint die Aussprache [kv] von geschriebenem *hv* im Norden und im Westen. Da das Zentrum des Westens zugleich die Hauptstadt ist, wird diese Aussprache zunehmend normativ. Das Vorhandensein von Mundarten in Island wurde früher ignoriert; die moderne isländische Dialektologie verdankt besonders viel den richtungweisenden Arbeiten des schwedischen Dialektologen Karl Hampus Dahlstedt (Abb. 39).

IV.2.54. Wortschatz

Das Isländische hat während seiner langen Sonderentwicklung äußerst wenige fremde Elemente übernommen; die lexikalischen Entlehnungen sind z. T. international, z. T. stammen sie aus dem Englischen, dem Dänischen und in geringerem Maße aus anderen europäischen Sprachen, z. B. *tóbak* ‘Tabak’, *gas* ‘Gas’, *bíll* ‘Automobil’, *vír* (< engl. *wire*) ‘Draht’, *skáti* (< engl. *scout*) ‘Pfadfinder’, *slæmt* (< d. *slemt*) ‘schade, leider’, *spaug* (< d. *spøg*) ‘Spaß, Ulk’, *dama* (< frz. *dame*) ‘Dame’ u. dgl.

Die bewußte Sprachpflege, die dem Purismus gleichkommt, war von jeher bestrebt, die mit dem wissenschaftlichen und technischen Fortschritt verbundenen neuen Begriffe mit den Mitteln der Muttersprache auszudrücken. Eine gute Möglichkeit dazu bestand in der semantischen

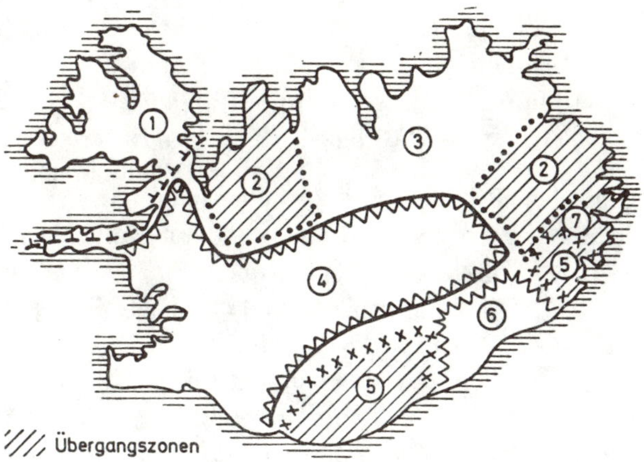

Abb. 39. Mundartgrenzen auf Island (bearbeitet nach Kenneth G. Chapman)

Typen:
1. B, D, G: dn: Monophthong vor ng
2. p ~ B, t ~ D, k ~ G: dn: Diphthong vor ng
3. p, t, k: dn: Diphthong vor ng
4. B, D, G: dn: Diphthong vor ng
5. B, D, G: dn ~ rn: Diphthong vor ng
6. B, D, G: rn: Diphthong vor ng
7. p ~ B, t ~ D, k ~ G: rn: Diphthong vor ng

Erneuerung alter, z. T. veralteter Wörter, vgl. aisl. *síma* 'Faden, Garn, Seil' → nisl. *sími* 'Telephon; Telegraph', aisl. ***vél*** 'Kunst, Sachverstand, List' → nisl. ***vél*** 'Maschine' (vgl. dt. *Wasser****kunst***!). Ein weiteres Mittel ergab sich aus der Wortzusammensetzung, vgl. aisl. *lyf* 'starkes Mittel (Gift oder Arznei)' → nisl. *lyf* 'Medikament' und nisl. *sali* m. 'Verkäufer' (→ aisl. *selja* 'verkaufen') → nisl. *lyfsali* m. 'Apotheker' oder aisl. *leikr* 'Spiel' → nisl. *leikur* 'Spiel, Schauspiel' und aisl.-nisl. *hús* 'Haus' → nisl. *leikhús* 'Theater'.

Im Vergleich zu den übrigen germanischen Sprachen der Gegenwart bedeutet der Anspruch auf Sprachreinheit auch einen Rückschlag, nämlich die mannigfache Isolierung des Isländischen, in erster Linie im Bereich der modernen internationalen Begriffe. Das sei an der nachstehenden — als Modell zu verstehenden — Vergleichstabelle veranschaulicht:

neuisländisch		englisch	deutsch
togleður	['Zugleder']	*gum*	*Gummi*
kvikmynd	['Lebendes Bild']	*film*	*Film*
lýðveldi	['Menschenmacht']	*democracy*	*Demokratie*
þjóðveldi	['Volksmacht']	*republic*	*Republik*
heimspeki	['Weltweisheit']	*philosophy*	*Philosophie*
hreyfill	['Bewegender']	*motor*	*Motor*
eind	['Einheit']	*atom*	*Atom*
flokkur	['Haufen, Klasse, Gruppe']	*party*	*Partei*
verkfræðingur	['Arbeitsverständiger']	*engineer*	*Ingenieur.*

Das neuisländische Namengut ist ebenso archaisch und eigenständig. Die Ortsnamengebung pflanzt eindeutig altisländische Traditionen fort bzw. belebt sie wieder, vgl. *Jórsalaborg* 'Jerusalem', *Suðurálfa* [= 'Süd-Weltteil'] 'Afrika', *Vesturheimur* [= 'West-Welt'] 'Nordamerika', *Lundúnaborg* 'London', *Niðarós* 'Trondheim' (an.), *Eyjaálfa* [= 'Inselwelt'] 'Australien' u. dgl. Ähnlich verhält es sich mit den Personennamen, vgl. Vornamen wie *Árni, Arnór, Baldur, Egill, Einar, Sigurður, Þorkell* (männlich) bzw. *Brynhildur, Guðrún, Ingiríður, Sigríður* (weiblich). Erwähnenswert ist der Umstand, daß echte Familiennamen in Island eine Seltenheit sind, und wo sie bei der autochthonen Bevölkerung vorkommen, sind sie bewußter Namenschöpfung auf Grund literarischer Einflüsse (z. B. *Bergmann*) oder nach geographischen Namen (z. B. *Laxness*) entsprungen. Gemäß der altgermanischen Sippentradition wird dem Vornamen (etwa in der Funktion des Familiennamens) der Vatername (im Genitiv) mit der Ergänzung *-son* 'Sohn' bzw. *-dóttir* 'Tochter' nachgesetzt, z. B. *Stefán Einarsson* 'Stefan, Sohn des Einar' bzw. *Katrín Einarsdóttir* 'Katharina, Tochter des Einar'. Auch in den Adreßbüchern werden die Personen in der alphabetischen Reihenfolge der Vornamen angeführt, anders als im übrigen Europa, wo man die Vaternamen der Isländer als Familiennamen behandelt.

IV.2.55. Textproben

Zur Veranschaulichung des engen Zusammenhangs von Alt- und Neuisländisch seien zwei Varianten des Vaterunsers angeführt:

(a) *Altisländisch*

Faðir Vor, sá þú ert á himnum. Helgist nafn þitt. Til komi þitt ríki. Verði þinn vili, svo á jǫrðu sem á himni. Gef oss í dag vort dagligt brauð. Og fyrirlát oss vorar skuldir, svo sem vér fyrirlátum vorum skuldu-nautum. Og inn leið oss eigi í freistni. Heldr frelsa þú oss af illu: þvíat þitt er ríkit, máttr og dýrð um aldir alda.

(Übersetzt v. ODDR GOÐSKALKSSON, hrsg. 1540. MATTHÄUS VI. 10–13.)

(b) *Neuisländisch*

Faðir vor, þú sem ert í himnunum, helgist nafn þitt. Komi ríki þitt. Verði vilji þinn, svo á jörðu sem á himni. Gef oss í dag vort daglegt brauð; og gef oss upp skuldir vorar, svo sem vér og höfum gefið upp skuldunautum vorum. Og leið oss ekki í freistni, heldur frelsa oss frá illu.

faðir m. 'Vater'; *vor* 'unser' (*~t* Akk. Sing. n., *~ar* Akk. Pl. f., *~um* Dat. Pl.); *sá* m. 'der, jener'; *þú* 'du'; *ert* 2. Pers. Sing. Präs. Ind. bzw. *er* 3. Pers. Sing. Präs. Ind. → *vera* 'sein'; *á* 'in, an'; *himinn* m. 'Himmel' (*himnum* Dat. Pl., *himni* Dat. Sing.); *helgist* 3. Pers. Sing. Präs. Opt. Pass. → *helga* 'heiligen'; *nafn* n. 'Name'; *þinn* Nom. Sing. m. 'dein' (*þitt* Nom. Sing. n.); *til komi* 3. Pers. Sing. Präs. Opt. → *koma til* 'ankommen, zukommen'; *ríki* n. 'Reich, Land, Macht'; *verði* 3. Pers. Sing. Präs. Opt. → *verða* 'werden'; *vili* m. 'Wille'; *svo* 'als, so . . . wie/als'; *jǫrð* f. 'Erde' (*~u* Dat. Sing.); *sem* 'so, als'; *gef* 2. Pers. Sing. Imp. → *gefa* 'geben'; *oss* 'uns'; *í dag* 'heute'; *dagligr* '(all)täglich' (*dagligt* Akk. Sing. n.); *brauð* n. 'Brot'; *og* 'und'; *fyrirláta* 'vergeben' (*fyrirlát* 2. Pers. Sing. Imp.; *fyrirlátum* 1. Pers. Pl. Präs. Ind.); *skuld* f. 'Schuld' (*~ir* Akk. Pl.); *vér* 'wir'; *skuldunautr* m. 'Schuldner' (*skuldu-nautum* Dat. Pl.); *inn leið* 2. Pers. Sing. Imp. → *leiða inn* '(hin)einführen'; *eigi* 'nicht'; *í* 'in'; *freistni* f. 'Versuchung'; *heldr* 'eher, lieber'; *frelsa* 2. Pers. Sing. Imp. → *frelsa* 'erlösen, befreien'; *af* 'von'; *illr* 'übel' (*illu* Dat. Sing. n.); *þvíat* 'weil, denn'; *máttr* m. 'Macht'; *dýrð* f. 'Herrlichkeit'; *aldr* m. 'Alter' (*um aldir alda* 'in [aller] Ewigkeit').

Ergänzugen zum neuisländischen Text: *sem* 'wer, der, was, das, als'; *himnunum* Dat. Pl. → *himinn* m. 'Himmel'; *vilji* → aisl. *vili*; *daglegt* → aisl. *dagligt*; *gefa upp* 'vergeben'; *höfum* 1. Pers. Pl. Präs. Ind. → *hafa* 'haben' (*vér höfum gefið upp* 1. Pers. Pl. Perf. Ind. 'wir haben vergeben'); *ekki* → aisl. *eigi*; *heldur* → aisl. *heldr*; *frá* 'von'; *illur* → aisl. *illr*.

IV.2.6. Färöisch

IV.2.61. Geschichte. Quellen

Im Kreise der nordischen bzw. der germanischen Sprachen nimmt das Färöische (auch *Färingisch*, fär. *Føroysk*), d. h. die Sprache der Bevölkerung der Färöischen Inseln (*Føroyar*, d. *Færørne*, d. h. 'Schafinseln') zwischen England und Island im Atlantik, eine besondere Stellung ein. Die Inselgruppe besteht aus 24 kleineren Inseln vulkanischer Herkunft mit einer Gesamtfläche von 1399 km². Die Zahl der Einwohner liegt über 38 000. Die größte Insel ist Streymoy mit der Hauptstadt Tórshavn. Die Hauptbeschäftigungen der Bevölkerung sind – ähnlich wie in Island – Fischfang und Schafzucht.

Während der Streifzüge der Wikinger haben norwegische Siedler die Inseln besetzt. Ihre weiteren Geschicke glichen dem Schicksal der Isländer. Das kleine Inselland kam unter norwegische Oberhoheit, dann zusammen mit Norwegen an die dänische Krone. Die Befreiungsbewegung der Färinger gegen die dänische Unterdrückung hat sich in größerem Ausmaß während des 19. Jh.s entfaltet. Im Zweiten Weltkrieg wurde das Land von englischen Truppen besetzt; seit 1948 verfügen die Färöer über eine Autonomie im Rahmen Dänemarks.

Aus den Jahrhunderten des Mittelalters sind nur vereinzelte Denkmäler des Färöischen erhalten, insgesamt einige Runeninschriften und Urkunden. Um so überwältigender ist der aus dem Mittelalter durch mündliche Überlieferung auf uns gekommene Nachlaß der Volksdichtung, in erster Linie die färöischen Balladen, die auf den Inseln heute noch lebhaft gepflegt werden. Thematisch knüpfen diese Balladen an die altgermanische Epik an und verarbeiten vor allem die nordischen Varianten der Nibelungensage mit den Mitteln der Balladen, die traditionelle Tanzbegleitung als Vortragsweise mit einbegriffen. Das Fehlen an Versuchen zur schriftlichen Festigung der eigenen Literatur läßt sich damit erklären, daß in der langen Epoche der Dänenherrschaft keine Mittel gescheut wurden, um die Muttersprache der Färinger zugunsten des Dänischen zurückzudrängen. Die offizielle Sprache sowohl im öffentlichen Leben als auch im Unterricht und seit der Einführung der Reformation auch in der Kirche war das Dänische. Infolgedessen mußte das Färöische Jahrhunderte lang lediglich als gesprochene Umgangssprache sein Dasein fristen, weshalb auch keine einheitliche Schrifttradition bestehen konnte. Gleichzeitig mit dem Erstarken des Nationalbewußtseins im 18., besonders aber im 19. Jh. schlossen sich die Besten der färöischen Intelligenz zur Erneuerung der Nationalsprache und zur Rettung der großartigen Schöpfungen der Volksdichtung zusammen. Die ersten Balladenaufzeichnungen sind Jens Christian Svabo (Ende des 18. Jh.s) zu verdanken. Die erste systematische Beschreibung der färöischen Grammatik besorgte der große dänische Germanist Rasmus Rask in seiner 1811 veröffentlichten nordgermanischen Sprachgeschichte.

Die zielbewußte Sammlung und Herausgabe der Balladen verdanken wir Venzel Ulrik Hammershaimb (1819–1909: „Færøsk Anthologi“. 1886–1891). Die von Sven Grundtvig und J. Bloch zusammengestellte große Balladensammlung (*Corpus carminum Færoensium.* 1872–1876) wird als Handschrift im Dänischen Volkskundearchiv in Kopenhagen aufbewahrt.

Die Schaffung einer einheitlichen färöischen Orthographie ist ebenfalls das Verdienst von Hammershaimb, der zuerst 1846 Texte auf Grund der neuen Rechtschreibung mitteilte, dann 1854 seine in vieler Hinsicht heute noch wichtige färöische Grammatik herausgab. Geleitet von dem Gedanken einer Überdachung der erheblichen Unterschiede der auf den einzelnen Inseln gesprochenen Mundarten sowie von der Absicht, an die historische Tradition anzuknüpfen — und nicht zuletzt angeregt von führenden zeitgenössischen Nordisten in Norwegen und Dänemark —, regelte er die Einheitsorthographie nach einem streng etymologischen

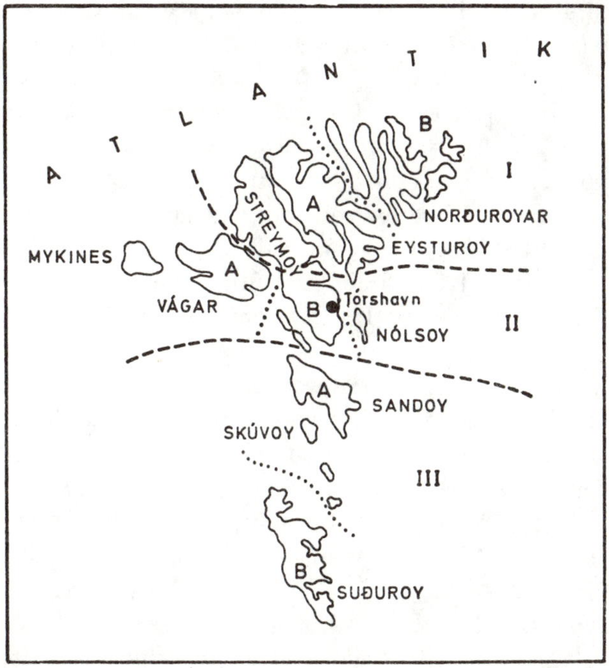

Abb. 40. Dialekträume auf den Färöern (nach Jørgen Rischel)

I Nordfäröisch: *A* Nordwestfäröisch (Nordstreymoy, Eysturoy), *B* Nordostfäröisch (Norðuroyar); *II Mittelfäröisch:* *A* Westmittelfäröisch (Vágar, Mykines), *B* Zentralmittelfäröisch (Südstreymoy), *C* Ostmittelfäröisch (Nólsoy); *III Südfäröisch:* *A* Sandoy (mit Skúvoy), *B* Suðuroy

Prinzip. Als Grundlage dazu diente das Altisländische; ein Umstand, der die färöische Schriftsprache ihrer Schwester, dem Isländischen, wieder sehr nahe brachte.

In den 90er Jahren des vorigen Jahrhunderts begann ein zäher Kampf um die Zulassung des Färöischen als Amtssprache. 1939 wurde Färöisch die Sprache des Unterrichts, dann auch die der Kirche und des Rundfunks. Seit der Schaffung der Autonomie ist es dem Dänischen auch im amtlichen Gebrauch gleichgestellt.

IV.2.62. Lautsystem

Das färöische Alphabet enthält folgende Grapheme: *a, á, b, d, ð, e, f, g, h, i, í, j, k, l, m, n, o, ó, p, r, s, t, u, ú, v, y, ý, æ, ø* (oder *ö*).

Phonetisch gesehen, zerfällt das Land in drei Dialekträume, von denen die zentral-nördliche Inselgruppe (Streymoy) der bedeutendste ist. Zu dieser Gruppe gehört auch Tórshavn, dessen Sprachgebrauch sich immer mehr als einheitliche umgangssprachliche Norm durchsetzt (Abb. 40).

Ähnlich den stark und schwach betonten Parallelformen des Englischen unterscheiden sich auch die Phoneme des Färöischen nach ihrer kurzen bzw. zerdehnten Aussprache, vgl. *a* [a] bzw. [ɛa], *á* [ɔ] bzw. [ɔa], *ó* [oe] bzw. [ɔu], *ey* [ɛ] bzw. [ɛɪ], usw.; *í* ist im allgemeinen diphthongisch [ɷʏ], *ø* ist gerundetes [œ] bzw. [ø:], *y* und *ý* werden genauso wie *i, í* ausgesprochen, *æ* stimmt in der Aussprache mit *a* überein.

Den Konsonantismus zeichnet eine gewisse Palatalisierung bzw. Affrizierung aus, was das Färöische mit dem Englischen zu verbinden scheint, z. B. *djór* [ɟɔur] 'Tier', *genta* [ɟɛn̥ta] 'Mädchen', *hjól* [çɔul] 'Rad', *ketil* [çe:tɪl] 'Kessel', *nýtsla* [nɷʃla] 'Nutzen', *sjúkur* [ʃʉukɷr] 'krank', *skip* [ʃi:p] 'Schiff', *skjóta* [ʃɔuta] 'schießen', *stjørna* [ʃœdna] 'Stern'.

ð wird in der Regel gar nicht gesprochen (z. B. *blað* [blɛa] 'Blatt'), oder aber als Hiatustilger ersetzt, z. B. *maður* [mɛawr] 'Mann', *suður* [su:wur] 'Süden', *leðrið* [lɛgri] 'das Leder', *siður* [si:jɷr] 'Sitte'.

Die Konsonantenverbindung *hv* wird als [kv] ausgesprochen, z. B. *hvat* [kvɛat] 'was'. *ll* und *nn* lauten des öfteren [d̥l] bzw. [d̥n] wie im Neuisländischen und in den südwestnorwegischen Mundarten, z. B. *fjall* [fjad̥l] 'Berg', *seinni* [sai̥d̥n] 'später'. Das Färöische teilt mit dem Neuisländischen auch die Präaspiration bei *kk, tt, pp,* z. B. *gakk* [gaʰk] 'geh!', *mítt* [mɷ̥ʏʰt] n. 'mein' usw. (vgl. IV.2.53.). Anlautendes *k, p, t* sind – wie im Neuisländischen, Englischen und Deutschen – behaucht: [kʰ], [pʰ], [tʰ].

Auch die Assimilationserscheinungen zeigen manchmal einen neuisländischen Charakter, vgl. *-vn-* > [m̥], z. B. *javnt* [jam̥t] 'eben'; *-avn-* > [aun], z. B. *havn* [haun] 'Hafen', usw.

Im allgemeinen läßt sich feststellen, daß das Färöische phonetisch-phonologisch den südwestnorwegischen Dialekten am nächsten steht; die Übereinstimmungen mit dem Neuisländischen sind ebenfalls in Südwestnorwegen bekannt. Sprachgeographisch sehr aufschlußreich sind die Beziehungen zum Englischen hinsichtlich der Affrikaten und der Palatalisierung.

IV.2.63. Grammatische Struktur

Der grammatische Bau des Färöischen stimmt mit jenem des Neu- und Altisländischen überein, vgl. IV.2.52 und IV.2.53. Das Nomen hat alle drei Genera, zwei Numeri, in diesen beiden je vier Kasus (Nom., Akk.,

Gen., Dat.). Immerhin beschränkt sich der Genitiv meistens auf geographische Ortsbestimmungen, z. B. *til Havnar* 'in/nach Tórshavn', (*í*) *millum Grønlands og Íslands* 'zwischen Grönland und Island', auf feste Wortgefüge wie *til skips* 'an Bord', *til jóla* 'zu Weihnachten', und auf Komposita, z. B. *arbeiðsmaður* 'Arbeitsmann, Arbeiter', *handaverk* 'Handarbeit', obwohl die Dichter bestrebt sind, den Genitiv auch sonst zu beleben. Die Umgangssprache zieht allerdings die Umschreibungen mit Präpositionen vor, z. B. *hesturin* ***hjá*** *Jógvani* 'Johanns Pferd'; wörtlich: 'das Pferd bei Johann' (*hjá* 'bei'), *ein koppur* ***av*** *te* 'eine Tasse Tee'; wörtlich: 'eine Tasse von Tee' (*av* 'von', vgl. engl. *of*).

Die nach den alten Stammklassen geordneten Paradigmen sind erhalten geblieben. Das A d j e k t i v unterscheidet die sogenannte „starke" und die „schwache" Deklination. Auch der Gebrauch des suffigierten Artikels stimmt zum Isländischen, z. B. *bátur* m. 'Boot' → *báturin* 'das Boot', *hurð* f. 'Tür' → *hurðin* 'die Tür', *borð* n. 'Tisch' → *borðið* 'der Tisch'. Daneben wird auch der freistehende bestimmte Artikel gebraucht, z. B. ***hin*** *gamli* m. 'der alte/Alte'.

Wie im Isländischen, hat der alte D u a l i s bei den P e r s o n a l p r o n o m i n a die Pluralformen verdrängt, vgl. *vit* 'wir', *tit* 'ihr'. Das gilt sogar von den Possessiva, vgl. *okkara* 'unser', *tykkara* 'euer'. Das Personalpronomen der 3. Pers. Sing. zeigt den allgemeinen nordischen Typus: *hann* 'er', *hon* 'sie', *tað* 'es'. Ein Sondermerkmal des Färöischen ist die Unterscheidung der drei Genera im Plural des Personalpronomens der 3. Person, vgl. *teir* m., *tær* f., *tey* n. 'sie'.

Von den N u m e r a l i e n werden *ein* 'ein' und *tveir* 'zwei' nach den drei Genera flektiert.

Auch das Färöische unterscheidet zwischen starken und schwachen V e r b a. Die Ablautsreihen der starken Verba sind: 1. *grípa — greip — gripu — gripið* 'greifen'; 2. *bjóða — beyð — buðu — boðið* '(ge)bieten, rufen'; 3. *binda — bant — bundu — bundið* 'binden'; 4. *bera — bar — bóru — borið* 'tragen'; 5. *lesa — las — lósu — lisið* 'lesen'; 6. *fara — fór — fóru — farið* 'fahren'.

Die vier Klassen der schwachen Verba: 1. *kasta* 'werfen' — *kastaði*; 2. *nevna* 'nennen' — *nevndi*; 3. *krevja* 'wünschen' — *kravdi*; 4. *búgva* 'leben, wohnen' — *búði*.

Die athematischen Formen des Verbum substantivum sind *eri* 'bin', *ert* 'bist', *er* 'ist', *eru* 'wir/sie sind, ihr seid'; die übrigen Formen werden von *vera* 'sein' gebildet.

Wie in allen nordgermanischen Sprachen, sind Reflexivbildungen (z. B. ***óttast*** 'sich fürchten') sowie zusammengesetzte Tempora gängig, vgl. *eg havi verið* 'ich bin gewesen' (Perf.), *eg hevði verið* 'ich war gewesen' (Plusquamperf.). Allgemein ist auch die Verwendung von Hilfsverben, z. B. *vera* 'sein', *hava* 'haben' *verða* 'werden', *blíva* 'werden', *skula* 'sollen', *vilja* 'wollen', *munna* 'sich erinnern', *kunna* 'können', *mega* 'mögen'.

IV.2.64. Textprobe

Faðir okkara, tú sum ert í himlinum! Heilagt verði navn títt, komi ríki títt, verði vilji tín, sum í himlinum, soleiðis eisini á jørðini, gev okkum í dag okkara dagliga breyð, og fyrigev okkum skuldir okkara, sum vit eisini fyrigeva teimum, ið okkum skylda, og leið okkum ikki í freistingar, men frels okkum frá tí illa! Tí títt er ríkið og maktin og æran í allar ævir.

(Übersetzt von VICTOR DANIELSON. MATTHÄUS VI. 10–13.)

Im Vergleich zu den isländischen Varianten (vgl. IV.2.55.) sei angemerkt: *tú* ~ *þú*; *títt* ~ *þitt*; *tín* ~ *þinn*; *sum* ~ *sem*; *navn* ~ *nafn*; *gev* ~ *gef*; *breyð* ~ *brauð*; *ikki* ~ aisl. *eigi* bzw. nisl. *ekki*; *frels* ~ *frelsa*; *tí* ~ *því(at)*; *makt(in)* ~ aisl. *máttr*, ferner *okkara* 'unser' (Nom. Sing. m. und Nom.-Akk. Sing. n. *okkum* 'uns'); *heilagt verði* 'geheiligt werde' (3. Pers. Sing. Präs. Opt. Pass., vgl. aisl.-nisl. *helgist*); *himmal* m. (auch *himin* m.) ~ aisl.-nisl. *himinn*; *soleiðis* 'so, als'; *eisini* 'auch'; *fyrigeva* 'vergeben'; *vit* 'wir'; *teimum* Dat. Pl. → *hann/hon/tað* 'er/sie/es'; *ið* 'welcher/welche/welches'; *skylda* 3. Pers. Pl. Präs. Ind. → *skylda* 'schulden'; *freisting* f. 'Versuchung' (~*ar* Akk. Pl.); *men* 'aber, doch'; *tí* 'denn, weil'; *æra* f. 'Ehre, Herrlichkeit'; *ævi* f. 'Alter, Leben' (*í allar ævir* 'in aller Ewigkeit').

IV.2.7. Norwegisch

IV.2.71. Geschichte. Quellen

Norwegisch (*Norsk*) ist die Sprache des Staatsvolkes im norwegischen Königreich im Westen der Skandinavischen Halbinsel, zwischen dem Skagerrak und dem Nordkap. Die Oberfläche Norwegens (norw. *Norge*) umfaßt 324 219 km², die Einwohnerzahl liegt bei 3,9 Millionen. Die Hauptstadt des Landes ist Oslo (bis 1925 Kristiania nach König CHRISTIAN IV., der die Stadt im 17. Jh. wieder aufbauen ließ). Unter den kleineren Außenbesitzungen Norwegens ist Spitzbergen (norw. *Svalbard*) am bedeutendsten. Norwegen ist ein typisches Gebirgsland; Holzgewinnung, Bergbau und Wasserbau spielen eine große Rolle in seinem Wirtschaftsleben. Für den Handel sind Fisch- und Walfang, Papierindustrie und Elektrizitätserzeugung besonders wichtig. Norwegens Handelsflotte ist die drittgrößte der Welt. Seine Bevölkerung ist zum größten Teil in den Südprovinzen ansässig; im Norden wohnen vor allem Lappen und Finnen. Die Mehrheit der Einwohner gehört der lutherischen Kirche an. Seiner Staatsform nach ist Norwegen eine konstitutionelle Monarchie; die gesetzgeberische Macht liegt beim *Storting* ('Groß-Ding'), dem norwegischen Parlament.

Die Gründung des norwegischen Staates geht auf die Wikingerzeit zurück und ist mit dem Namen König HARALDS I. (etwa 850—933; HARALD SCHÖNHAAR) verbunden, der 872 das vereinte Heer der norwegischen Jarls besiegte und damit die Vereinigung des Landes ermöglichte. Danach wanderten viele seiner Gegner nach Island bzw. in die spätere Normandie in Frankreich aus. Am Anfang des 11. Jh.s führte König OLAF II. im ganzen Land das Christentum ein. Die Aufstände des Adels, die der Bekehrung gefolgt waren, konnte erst König SVERRE im angehenden 13. Jh. bezwingen; dadurch war auch die Zentralmacht des Königtums gesichert. Norwegens Blütezeit fiel im Mittelalter in das 14. Jh., ihr wurde aber durch das Eindringen der norddeutschen Hanse ein jähes Ende bereitet. Die Hanse hat das Handelsleben des Landes restlos unter ihre Kontrolle gebracht. Im 15. Jh. verlor Norwegen sogar seine nominelle Unabhängigkeit, nachdem es 1397 mit Dänemark vereinigt worden war. Von nun an wurde das Land bis 1814 von dänischen Beamten regiert. 1814 wurde Dänemark gezwungen, im Kieler Frieden Norwegen an Schweden abzutreten. Die Versuche der Norweger zur Wiedergewinnung ihrer alten Freiheit scheiterten an der Politik der Großmächte, und sie mußten 1815 die Union mit Schweden eingehen. Im Ergebnis des darauf folgenden und beinahe 100 Jahre währenden Unabhängigkeitskampfes ist es 1905 dem norwegischen Volk gelungen, seine staatliche Freiheit auf parlamentarischem Wege zu erringen.

Infolge der großen Wirtschaftskrisen um die Jahrhundertwende wanderten viele Norweger nach Übersee, in erster Linie nach den Vereinigten Staaten aus, wo die Zahl der Bürger norwegischer Abstammung heute noch sehr hoch ist. Im Ersten Weltkrieg konnte Norwegen seine Unabhängigkeit retten, aber im Zweiten Weltkrieg wurde das Land 1940 von deutschen Truppen besetzt. Die Regierung emigrierte; in Norwegen kam QUISLINGS Kollaborationsregierung an die Macht. An der Befreiung des Landes hatte die norwegische Widerstandsbewegung ausschlaggebenden Anteil. Norwegen ist Mitglied der UNO und seit 1949 auch der NATO.

Die ältesten Denkmäler der norwegischen Sprache sind Runeninschriften, deren Großteil aus dem 11. Jh. stammt, aber manche gehen auf das 7.—8. Jh. zurück. Einige von den bereits in lateinischer Schrift überlieferten Eddaliedern sowie manche Schöpfungen der Skaldendichtung sind ebenfalls norwegischer Herkunft. Die auf uns gekommenen ältesten Handschriften sind in der zweiten Hälfte des 12. Jh.s entstanden. Sie enthalten z. T. historische, z. T. religiöse Aufzeichnungen, aber es gibt darunter auch Rechtsbücher und literarische Werke. Die bekannteste Handschrift aus dieser Zeit ist der um die Mitte des 13. Jh.s verfaßte „Königsspiegel“ (*Konungs skuggsjá*, lat. *Speculum regale*). Manche isländische Sagas sind uns nur in norwegischen Abschriften überliefert.

IV.2.72. Altnorwegisch

Das Altnorwegische (*norrønt mál* 'nordische Sprache') war im wesentlichen, wie wir dargelegt haben (vgl. IV.2.3.), mit dem Altisländischen identisch. Jedenfalls lassen schon die ältesten Aufzeichnungen auf eine mundartliche Auffächerung des norwegisches Sprachgebiets schließen. Vor allem zwei größere Bereiche zeigten erhebliche Unterschiede: das 'Ostland' (*Østland*) mit Oslo als Mittelpunkt — zusammen mit dem nördlicher gelegenen *Trøndelag*, dessen Zentrum Niðarós (heute Drontheim, norw. Trondhjem oder Trondheim) war — und das 'Westland' (*Vestland*) mit seinem Mittelpunkt Bergen. Die Mundarten im Ostland-Trøndelag werden als o s t n o r w e g i s c h e, jene im Westland als w e s t n o r w e g i s c h e D i a l e k t e zusammengefaßt.

Im Westnorwegischen wurde — wie auch im Altisländischen — der sekundäre *u*-Umlaut durchgeführt (z. B. *mǫnnum* 'den Männern'), im Ostnorwegischen nicht (*mannum* 'dass.'). Im Osten wurde hingegen, genauso wie im Altschwedischen und im Altdänischen, die Lautgruppe *ia* palatalisiert, z. B. *hjǽrta* gegenüber westnorw. *hjarta* 'Herz'. Von einem kleineren Teil des Westens abgesehen, wurde *i* > *e*, *u* > *o* in den Nebentonsilben bzw. in unbetontem Auslaut, z. B. *konor* 'Frauen' (≠ aisl. *konur* 'dass.'), *skáler* 'Schalen, Tassen' (≠ aisl. *skálir*). Im allgemeinen ist festzustellen, daß die Entwicklung des ostnorwegischen Dialektes mehr zum Schwedischen und Dänischen, die des Westnorwegischen aber zum Isländischen parallel verlief. Dabei war im Osten die Monophthongierung der Diphthonge vor Liquiden, Nasalen und Konsonantenverbindungen besonders charakteristisch, z. B. *høyra* > *høre* 'hören', *drøyma* > *drømme* 'träumen', *haust* > *høst* 'Herbst'. Das Schwergewicht im wirtschaftlichen und kulturellen Leben des Landes fiel in altnorwegischer Zeit dem Westen und dem Norden zu; dementsprechend wurde auch die Sprachnorm von den Zentren dieser Gebiete, d. h. von Niðarós (Drontheim) und Bergen, bestimmt.

Im angehenden 14. Jh. wurde Oslo das Herz des Landes, was auch dem Ostnorwegischen zum Aufstieg verhalf. Trotz dieser inneren Verschiebungen stimmte das Norwegische in seiner grammatischen Struktur in dieser Periode noch im großen und ganzen mit dem A l t i s l ä n d i s c h e n überein (vgl. IV.2.3.). Von der zweiten Hälfte des 14. Jh.s an setzten jene bedeutenden Sprachveränderungen ein, die die beiden Sprachen voneinander trennten und das Norwegische strukturmäßig dem Dänischen und dem Schwedischen näher brachten. An erster Stelle sei auf den raschen Verfall des nominalen und des verbalen F l e x i o n s s y s t e m s hingewiesen, was seinerseits die strengste Regelung der vorher ziemlich ungebundenen Wortfolge bedingte. Das Erstarken der deutschen Hanse beschleunigte die massenweise Einströmung lexikalischer und sonstiger Elemente aus dem N i e d e r d e u t s c h e n (vgl. IV.4.5.). Das ganze System der (kurzen bzw. langen) Silbendauer wurde umgeformt. Der östliche Dialekt kam sowohl im Lautsystem als auch in seinem grammatischen Bau dem S c h w e d i s c h e n immer näher; er entwickelte u. a. eine neuartige Klasse der schwachen Verba, z. B. *tru* 'glauben' → *trudde* (Prät.; vgl. IV.2.94.). Im Süden lassen sich gleichzeitig Wandlungen verfolgen, die zur Entwicklung des D ä n i s c h e n parallel verlaufen, z. B. die Lenierung der stimmlosen Fortes *p, t, k* zu *b, d, g*, vgl. *gape* > *gabe* 'gaffen', *mat* > *mad* 'Speise, Essen' usw.

Nach dieser sprachlichen Gärung im 14. Jh. konnte sich das Norwegische jedoch weder festigen noch erneuern, vor allem deshalb nicht, weil infolge der 1397 besiegelten Union mit Dänemark im öffentlichen Leben das Dänische zur Amtssprache erhoben und mit der Verbreitung der Reformation die Muttersprache der norwegischen Bevölkerung zugunsten des Dänischen sogar aus der Kirche verbannt wurde. Die Verbindung mit Schweden war nicht von derart verhängnisvollen Folgen für das Norwegische und äußerte sich hauptsächlich in der Auffüllung der Lexik mit schwedischen Entlehnungen. Das alles hatte naturgemäß zur Folge, daß die Kluft zwischen der Schriftsprache und den gesprochenen Varianten der Volkssprache immer größer wurde, und die beiden Sprachformen so weitgehend voneinander abwichen, daß die Auflösung ihrer Widersprüche bis heute noch nicht restlos gelingen konnte.

IV.2.73. Entstehung des Neunorwegischen

Die Entwicklung des Neunorwegischen wurde auf der Ebene der S c h r i f t s p r a c h e vom Anfang des 16. Jh.s an bis in das 19. Jh. vom D ä n i s c h e n bestimmt, und zwar so weitgehend, daß während dieser langen Periode die einzige Amtssprache Norwegens das Dänische war. Auch die norwegischen Dichter griffen in ihren Werken zum Norwegischen nur als zu einem Mittel der Charakter- bzw. Milieuzeichnung, d. h. der *couleur locale*, zuliebe. Die zwischen den Ebenen der Schriftsprache und den Dialekten allmählich entstehende norwegische G e m e i n s p r a c h e nahm jedoch – trotz allen Strebens nach einer möglichst vollkommenen Angleichung an die dänische Norm – die Elemente der norwegischen V o l k s s p r a c h e in zunehmendem Maße in sich auf, vor allen Dingen im Bereich des W o r t s c h a t z e s sowie der vom Dänischen grundsätzlich verschiedenen I n t o n a t i o n. Als Gegenpol zu der von den Bauern gesprochenen 'L a n d s p r a c h e' (*landsmål*) ist diese dänisch-norwegische regionale Umgangssprache die Sprache des norwegischen Bürgertums, die 'S t a d t s p r a c h e' (*bymål*) geworden.

Nachdem Norwegen 1814 seine Unabhängigkeit von Dänemark wiedererlangt hatte, begann auch das Ringen um die Schaffung der eigenständigen norwegischen Schriftsprache. Dieser Sprachkampf wurde vom Anbeginn in zwei Richtungen ausgetragen. Die Mehrheit der Dichter beschritt den Weg der allmählichen Trennung vom Dänischen, ersetzte die dänischen Wörter durch ihre norwegischen Äquivalente, räumte auch in der Grammatik den typisch norwegischen Formen immer mehr Platz ein, ja sie entwickelte im Anschluß an die Volkssprache einen besonderen norwegischen schriftsprachlichen Stil (HENRIK VERGELAND u. a.). Ein begeisterter Lehrer, KNUD KNUDSEN, veröffentlichte schon 1881 ein puristisches Wörterbuch und ging mit aller Zähigkeit an die Verdrängung der dänischen Schriftsprache von den Bühnen Norwegens. Er war der Wegbereiter der Orthographiereform des 20. Jh.s und übte auf den Sprachgebrauch der hervorragendsten norwegischen Vertreter des bürgerlichen Realismus (HENRIK IBSEN, BJØRNSTJERNE BJØRNSON) eine große Wirkung aus. Die somit geschaffene und sich immer selbständiger gebarende dänisch-norwegische Sprachform wurde nach 1890 auf die Anregung BJØRNSONS hin als 'Reichssprache' (*riksmål*), d. h. 'Staatssprache', bezeichnet.

Die radikale Intelligenz Norwegens wollte indessen in ihren Zielsetzungen, besonders von den revolutionären Ideen der Romantik angefeuert, viel weiter gehen. Teils von der Herausgabe altnorwegischer Texte beeindruckt, teils von der Erschließung der Volkspoesie angeregt, trachtete sie nach der Erhebung der Sprache des schlichten Volkes auf das Niveau einer Schriftsprache bzw. einer gewählteren Umgangssprache. Um die Mitte des vorigen Jahrhunderts ist es einem begeisterten norwegischen Dichter-Philologen, IVAR AASEN, geglückt, von den konservativen westlichen Dialekten ausgehend, die Grundlagen für eine vom Dänischen unabhängige, blutvolle norwegische Schriftsprache zu schaffen, die er die 'Sprache des Landes', d. h. des Landvolkes (*landsmål*), nannte. In den 80er Jahren des 19. Jh.s wurde auch dieser Sprachform der Rang einer Amtssprache zuerkannt. Heute gilt das *landsmål* meistens als 'Neunorwegisch' (*nynorsk*) schlechthin, während das daneben gebrauchte *riksmål* nunmehr als 'Buchsprache' (*bokmål*) verwendet wird. Die Auseinandersetzung zwischen diesen beiden Sprachvarianten ist immer noch nicht abgeschlossen. Das *landsmål* kommt am stärksten in den Westprovinzen zur Geltung, während das *riksmål* sich vor allem in den Ostprovinzen und in der Hauptstadt zu bewähren weiß. Von Seiten der Dichter und Gelehrten fehlt es nicht an Bemühungen, die beiden Sprachvarianten in einer höheren Einheit zu verschmelzen. Der erste Schritt in dieser Richtung war die Orthographiereform des *riksmål* (1907), bei der die dänischen Schreibregeln der richtigen Aussprache des Norwegischen entsprechend modifiziert wurden.

Diesem Ansatz sind 1917 und 1938 weitere Reformen gefolgt. Die verdänischte Schreibung *b, d, g* für altes norw. *p, t, k* wurde rückgängig gemacht (z. B. *gribe* > *gripe* 'greifen' usw.), manche Sondermerkmale des

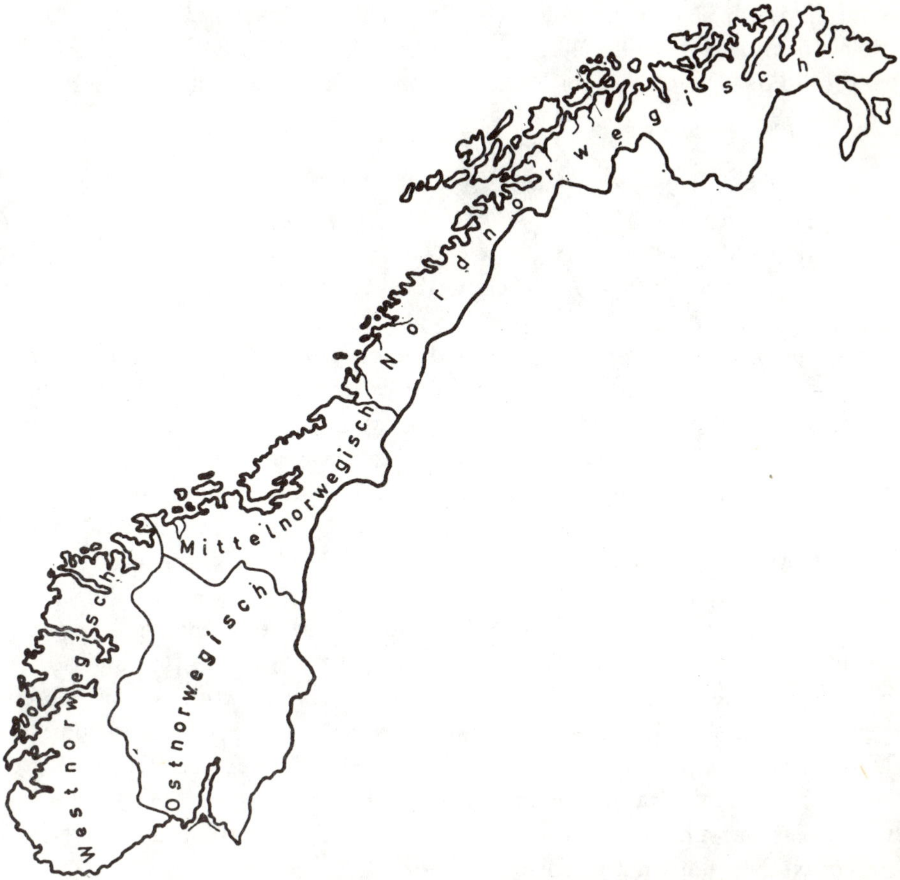

Abb. 41. Die Mundarten Norwegens (nach Einar Lundeby und Ingvald Torvik)

norwegischen Flexionssystems wurden eingeführt (z. B. *hester* 'Pferde' anstatt von dän. *heste* 'dass.'); und vielleicht als Wichtigstes wurde das Femininum der Nomina als eigene Kategorie auch in der Schriftsprache wieder eingebürgert, entgegen dem Dänischen, das Maskulinum und Femininum nicht mehr auseinanderhält (vgl. IV.2.84.). Der Gebrauch der Diphthonge, die im Dänischen nicht geläufig sind, wurde auch in der Schreibe — in der Form von Digraphen — weitgehend zugelassen, z. B.

sten ∼ *stein* 'Stein', *gøk* ∼ *gauk* 'Gauch', *hø* ∼ *høy* 'Heu'. Für das Schriftbild ist es besonders kennzeichnend, daß 1917 in Anlehnung an das Schwedische die Schreibung *å* für dänisch bedingtes *aa* [ɔ:] verordnet wurde.

Beide Varianten des Norwegischen sind heute im Gebrauch, und wenn das *riksmål* in der Hauptstadt und den übrigen Städten Ostnorwegens bevorzugt wird, so verfügt auch das *landsmål* über seine Festungen, unter welchen an erster Stelle Bergen zu nennen ist; ja, beide Varianten finden sowohl in der Presse und im Rundfunk als auch im Unterricht Verwendung.

IV.2.74. Neunorwegisch

Das gegenwärtige norwegische Alphabet besteht aus den folgenden Graphemen: *a, b, c, d, e, f, g, h, i, j, k, l, m, n, o, p, q, r, s, t, u, v, w, x, y, z, æ, ø, å.*

Die Länge der Vokale wird nicht besonders bezeichnet. *æ* ist offenes [æ], z. B. *være* [være] 'sein'; *ø* ein offenes [ø], z. B. *sjø* [ʃø:] 'See'. Ein gerundeter Laut ist auch *y* [y], z. B. *lykke* [lykkə] 'Glück'. Das moderne Graphem *å* (früher *aa*) gibt offenes [ɔ:] wieder, z. B. *hår* [hɔ:r] 'Haar'. Besonders typisch ist — wie auch im Schwedischen — die dunkle (labiale) Aussprache von langem *a*, also [å], z. B. *fare* [få:rə] 'Gefahr'. *e* ist in Nebentonsilben ein Murmelvokal [ə], z. B. *ikke* [ikkə] 'nicht', kann aber zwischen Konsonanten auch wegfallen, z. B. *hatten* [hattn̥] 'der Hut'. Die Digraphe werden gemäß der Aussprache geschrieben (*ei, øy, ai, oi*), nur *au* lautet [øu], z. B. *sau* [søu] 'Schaf'.

Im Konsonantismus sei vor allem die vereinfachte Aussprache der etymologisch bedingten Verbindungen *hv* [v], *kj* [ç], *sj* [ʃ], *rs* [ʃ], *gj* [j], *hj* [j], *tj* [ç] hervorgehoben. Vor hohen Vokalen wird *k* zu [ç], z. B. *kirke* [çirkə] 'Kirche', *g* in derselben Stellung zu [j], z. B. *gi* [ji:] 'geben'. Die Konsonantengruppe *sl* lautet innerhalb eines Morphems [ʃl], z. B. *slem* [ʃlem] 'schlimm'. Das leitende Prinzip der norwegischen Orthographie ist das phonetische: die Buchstaben *x, z, w, q* kommen eigentlich nur in Namen und in Fremdwörtern vor.

Wie im Schwedischen, ist die Intonation auch im Norwegischen phonematisch relevant. Es werden ein einfacher (I) und ein zweifacher (II) Ton unterschieden. Ton I ist fallend-steigend, z. B. *bønder* [bø′nnər] 'Bauern' (Pl.), Ton II ist steigend-fallend-steigend, wobei der Ton am Ende höher ansteigt als am Anfang, z. B. *bønner* [bø‵nnə́r] 'Bohnen' (Pl.).

Die grammatische Struktur wurde im Vergleich zum Altnorwegischen stark vereinfacht. Das Nomen unterscheidet zwar noch die drei Genera (z. B. *stein***en** m. 'der Stein'; *høn***a** f. 'die Henne'; *dyr***et** n. 'das Tier'), kennt aber nur zwei Numeri (Sing. ≠ Pl.) und darin je zwei Kasus (Nominativ ≠ Genitiv). Funktionell werden die übrigen Kasus bereits durch Präpositionen ersetzt. Der Genitiv ist zwar im Norwegischen noch produktiv, trotzdem kann er auch durch Präpositionalkonstruktionen abgelöst werden, z. B. *fjellets topp* ~ *toppen* ***av*** *fjellet* 'der Gipfel des Berges'.

Beim Artikel werden drei Genera unterschieden, und er wird, wie im Nordgermanischen überhaupt, dem Substantiv suffixartig, als Schlußartikel, angehängt. Es gibt daneben auch einen freistehenden Artikel, der aber nur in Attributivgefügen und mit dem Schlußartikel kombiniert vorkommt, z. B. *katt**en*** 'die Katze' → ***den*** *hvite katt**en*** 'die weiße Katze'. Auch der unbestimmte Artikel unterscheidet drei Genera, z. B. ***en*** *man* m. 'ein Mann', ***ei*** *høne* f. 'eine Henne', ***et*** *eple* n. 'ein Apfel'.

Mit der Aufgabe der Nominalflexion wurden auch die Unterschiede der Stämme aufgehoben. Das neunorwegische Substantiv wird nach der Bildungsweise des Plurals verschiedenen Klassen zugeordnet, deren es fünf gibt: 1. *-er* (mit oder ohne Umlaut), z. B. *båt* 'Boot' → *båter* Pl., *bok* 'Buch' → *bøker* Pl.; 2. *-r* (mit oder ohne Umlaut), z. B. *hane* 'Hahn' → *haner* Pl., *ku* 'Kuh' → *kyr* Pl.; 3. *-e*, z. B. *arbeider* 'Arbeiter' → *arbeidere* Pl.; 4. *-ø*, z. B. *barn* 'Kind' → *barn* Pl.; 5. enthält isolierte Fälle, d. h. Relikte ehemaliger kleinerer Klassen, z. B. *øye* 'Auge' → *øyne* Pl., *far* 'Vater' → *fedre* Pl. u. dgl.

Das Adjektiv kann stark (z. B. *en* ***stor*** *gate* 'eine große Straße') oder schwach (z. B. *den* ***stora*** *gata* 'die große Straße') dekliniert werden.

Die Pronomina haben den Dualis aufgegeben; das Pronomen der 3. Pers. unterscheidet nur noch im Sing. die drei Genera, vgl. *han* 'er', *hun* 'sie', *det* 'es', aber *de* 'sie' Pl. Ein besonderer „Nordismus" ist die Korrelation von Possessiva und Reflexiv-Possessiva, z. B. ***han*** *leser* ***sin*** *bok* 'er liest sein (eigenes) Buch' ≠ ***han*** *leser* ***hans*** *bok* 'er liest sein Buch [: d. h. das Buch eines anderen!:]'; vgl. auch die Korrelation свой und его/ее im Russischen!

Bei den Numeralien werden die Genusunterschiede nur noch bei 'eins' auseinandergehalten: *en* m., *ei* f., *ett* n.

Das Verb drückt nur die Kategorie des Tempus, des Modus und des Genus verbi aus; Numerus und Person werden an den Verbalformen nicht angezeigt. Das Verb ist aktiv (z. B. *kalle* 'rufen, nennen') oder passiv (z. B. *kalles* 'gerufen/genannt werden: heißen'). Es gibt drei Modi: Indikativ (z. B. *jeg leser* 'ich lese'), Imperativ (z. B. *les!* 'lies!') und Konjunktiv (z. B. *jeg skulle/ville lese* 'ich würde lesen'). Der Konjunktiv ist immer zusammengesetzt; über einen selbständigen (Flexions-) Konjunktiv verfügen nur noch die Hilfsverba und einige Verba in isolierter — redensartmäßiger — Verwendung, z. B. *leve!* '(es) lebe!' u. dgl.

Es werden auch im Neunorwegischen starke und schwache Verba unterschieden. Die sechs Klassen der starken Verba sind: 1. *gripe — grep — grepet* 'greifen'; 2. *by — bød — budt/buden* 'rufen, (an)bieten, empfehlen'; 3. *binde —*

bandt – *bundet* 'binden'; 4. *bære* – *bar* – *båret* 'tragen'; 5. *gi* – *ga(v)* – *gitt* 'geben'; 6. *fare* – *for* – *faret* 'fahren'. Selbstverständlich gibt es, infolge verschiedener Lautwandlungen usw., auch da mehrere Unterklassen. Die schwachen Verba zerfallen im Grunde in 3 Gruppen: 1. *kaste* 'werfen' → *kastet* oder *kasta* (Prät.); 2. *lese* 'lesen' → *leste* (Prät.); 3. *bygge* 'bauen' → *bygde* (Prät.). In diesem System wurden manche Verba völlig isoliert, z. B. *komme* – *kom* – *kommet* 'kommen', *si* – *sa* – *sagt* 'sagen'.

Die Hilfsverba sind größtenteils Präteritopräsentien, vgl. *kan* 'kann' – *kunne* (Prät.), *skal* 'soll' – *skulle* (Prät.), *vet* 'weiß' – *visste* (Prät.) usw. Das Verbum substantivum ist suppletivisch: *være* 'sein', *er* 'bin/bist/ist/sind/seid/sind', *var* 'war/warst/war/waren/waret/waren', *vært* 'gewesen'.

Um so reicher ist das Neunorwegische an Tempora. Neben dem alten Präsens und Präteritum wurden als zusammengesetzte Tempora entwickelt: das Perfekt (*jeg har lest* 'ich habe gelesen'), das Plusquamperfekt (*jeg hadde lest* 'ich hatte gelesen'), das Futur (*jeg skal lese* 'ich werde lesen'), das Futurum exactum (*jeg skal/vil ha lest* 'ich werde gelesen haben') sowie das Vorfutur – auch „Vergangenheitsfutur" oder Konditionalis I genannt – (*jeg ville/skulle lese* 'ich würde lesen'), ferner das Vorfuturum exactum bzw. Konditionalis II (*jeg skulle/ville ha lest* 'ich würde gelesen haben'). Im großen und ganzen stimmt dieses Tempussystem mit dem deutschen und dem englischen überein.

Die Nominalformen des Verbs sind der Infinitiv, der gleichlaufend mit den neuen Tempora auch neue, zusammengesetzte Formen entwickelte, z. B. (*å*) *gå* 'gehen' (Inf. I), (*å*) *ha gått* 'gegangen sein' (Inf. II).

Person und Numerus werden bei der Verbalflexion nur durch das Personalpronomen ausgedrückt, z. B. *jag er* 'ich bin', *du er* 'du bist', *han/hun/det er* 'er/sie/es ist', *vi er* 'wir sind', *dere er* 'ihr seid', *de er* 'sie sind'.

Im Vergleich zum Altnorwegischen spielen auch die Präpositionen eine viel größere Rolle, da sie – gleich dem Englischen – die aus dem System ausgemerzten Kasus zu ersetzen haben. Wie im Englischen (und aus ähnlichen sprachgeschichtlichen Gründen) wurde die Gebundenheit der Wortstellung gefestigt.

IV.2.75. Textproben

(a) *Altnorwegisch*

Sva er sagt at a Grœnalannde ero gros goð oc ero þar bu goð oc stor þviat mœnn hafa þar mart nauta oc sauða oc er þar smiorgerð mikel oc osta lifa mœnn við þat mioc oc sva við kiot oc við allz conar vœiðe bœðe við reine holld oc hvala oc sœla oc biarnar oc fœðaz mœnn við þat þar a lannde.

(*Speculum regale.* Kap. 18. Zweite Hälfte des 13. Jh.s.)

sva 'so'; *er* 3. Pers. Sing. Präs. Ind. → *vera* 'sein'; *sagt* Part. Prät. → *seggja* 'sagen'; *at* 'daß'; *a* 'auf, an'; *Grønaland* 'Grönland'; *ero* 3. Pers. Pl. Präs. Ind. → *vera* 'sein'; *gros* (aisl. *gras*) n. 'Gras'; *goð* Nom. Sing. n. → *góðr* 'gut'; *oc* 'und'; *þar* 'da, dort'; *bu* (aisl. *bú*) 'Gehöft, Besitztum'; *stor* 'groß'; *þvíat* 'weil'; *mænn* (aisl. *menn*) Nom. Pl. → *maðr* m. 'Mann, Mensch'; *hafa* 'haben'; *mart* Akk. Sing. n. → *margr* 'viel'; *naut* n. 'Vieh' (~*a* Gen. Pl.); *sauðr* m. 'Schaf' (*sauða* Gen. Pl.); *smiorgerð* (nisl. *smjörgerð*) f. 'Butterherstellung'; *mikel* (aisl. *mikill*) 'groß'; *ostr* m. 'Käse' (*osta* Gen. Pl.); *lifa* 3. Pers. Plur. Präs. Ind. → *lifa* 'leben'; *við* 'mit'; *mioc* (aisl. *mjǫk*) 'viel, sehr'; *kiot* (aisl. *kjǫt*) n. 'Fleisch'; *all* 'all' (~*z* Gen. Sing. m.-n.); *cona* f. 'Art, Schlag' (~*r* Gen. Sing.); *væiðe* (aisl. *veiða*) 'jagen' (Pl. Präs. Ind.); *bæðe* (aisl. *bæði*) n. → *báðir* . . . *oc* 'sowohl . . . als auch'; *rein* (aisl. *hreinn*) m. 'Ren' (~*a* Gen. Pl.); *holld* n. 'Fleisch'; *hvalr* m. 'Wal' (*hvala* Gen. Pl.); *sælr* (aisl. *selr*) m. 'Seehund' (*sæla* Gen. Pl.); *biǫrn* m. 'Bär' (*biarnar* Gen. Pl.); *fæða* (aisl. *fæða*) 'füttern' (~*z* Pl. Präs. Ind. Pass.); *lannd* (aisl. *land*) 'Land'.

(b) *Neunorwegisch* (*riksmål/bokmål!*)

Norge har en lang kyst, og nordmennene begynte tidlig å seile på sjøen. De hadde da ikke så store skip som vi har nå. Med de vakre Vikingskipene seilte de helt til England og Frankrike. I moderna tid har landet en meget stor handelsflåte, en av de største i verden, og en kan møte norske skip på alle verdenshav. Det norske flagget vaier i hver større havn.

(I. Marm—A. Sommerfelt: *Norwegian.* [3]1957.)

har Präs. Ind. → *ha* 'haben' (*hadde* Prät. Ind.); *en* m. 'ein(er), man'; *lang* 'lang'; *kyst* m. 'Küste'; *og* 'und'; *nordmennene* 'die Norweger' (Pl. ← *nordmann* 'Norweger'); *begynte* Prät. Ind. → *begynne* 'beginnen'; *tidlig* 'zeitlich, früh'; *å* (Infinitivzeichen, vgl. engl. *to*, dt. *zu*); *seile* 'segeln' (*seilte* Prät. Ind.); *på* 'auf, an'; *sjø* m. 'See, Meer'; *de* 'sie, die, jene (Pl.)'; *da* 'dann'; *ikke* 'nicht'; *så* 'so, solch'; *stor* 'groß' (~*e* Pl., *større* Komp., *største* Superl.); *skip* n. 'Schiff(e)' (~*ene* 'die Schiffe'); *som* 'als, wie'; *vi* 'wir'; *nå* 'nun, jetzt'; *med* 'mit'; *vakre* Pl. → *vakker* 'schön'; *helt* 'ganz' Adv.; *til* 'bis'; *Frankrike* n. 'Frankreich'; *i* 'in'; *modern* 'modern' (~*a* Pl.); *tid* f. 'Zeit(alter)'; *land* n. 'Land' (~*et* 'das Land'); *meget* 'sehr'; *handelsflåte* f. 'Handelsflotte'; *av* 'von, aus' (Genitivpartikel!); *verd* f. 'Welt' (*i* ~*en* 'auf der Welt'); *kan* Präs. Ind. → *kunna* 'können'; *møte* 'begegnen'; *norsk* 'norwegisch' (~*e* Pl. bzw. schwacher Sing.); *alle* 'alle' (Pl.); *verdenshav* n. 'Weltmeer, Ozean'; *flagg* n. 'Flagge' (~*et* 'die Flagge'); *vaier* Präs. Ind. → *vaie* 'wehen'; *hver* 'jeder'; *havn* m. 'Hafen'.

IV.2.8. Dänisch

IV.2.81. Geschichte. Quellen

Dänisch (*Dansk*) ist die Staatssprache des auf der Halbinsel Jütland (dän. *Jylland*) und auf den Inseln um Jütland gelegenen Königreiches

Dänemark (dän. *Danmark*). Das Gebiet des Landes umfaßt 43 069 km², die Zahl der Einwohner liegt um 5 Millionen. Die Hauptstadt der konstitutionellen Monarchie ist Kopenhagen (dän. *København*, d. h. 'Hafen der Kaufleute'). Dänemark ist ein Industrie-Agrarland; Viehzucht und Ackerbau sind auch am Weltmaßstab gemessen ausgezeichnet. Bedeutend sind außerdem der Fischfang und der Schiffsbau sowie die Schiffahrt. Von seinen ehemaligen Kolonien gehören — mehr oder weniger autonom — nur noch die Färöer und Grönland zu Dänemark. Die überwiegende Mehrheit der Bevölkerung bilden die Dänen; im Süden (Schleswig) lebt eine deutsche Minderheit, in den Außengebieten wohnen Färinger und — in Grönland — Eskimos. Seit dem Sieg der Reformation sind die Dänen vorwiegend Lutheraner.

Als der südlichste Stamm der Nordgermanen spielten die Dänen eine außergewöhnlich große Rolle in der Wikingerzeit. Die Verwandlung der dänisch besiedelten Gebiete in einen feudalen Staat wurde im 9. Jh. vollzogen und manifestierte sich im 10. Jh. in der Gründung des Königreiches Dänemark. (Der erste Dänenkönig, Harald Blauzahn, starb 985.) Haralds Sohn und Nachfolger auf dem Thron, Sveinn, eroberte England, wo dann Knut der Grosse vorübergehend ein einheitliches Reich schuf, das eine Zeitlang Dänemark, Norwegen und England zusammenschloß (1018—1035). Auch Schonen (Skåne in Südschweden) gehörte zu diesem Reich und wurde erst 1658, im Frieden von Roskilde, nach dem Dänisch-Schwedischen Krieg an Schweden abgetreten. Die Blütezeit der dänischen Macht im Mittelalter fiel in das 12.—13. Jh., aber schon im 14. Jh. geriet das Land unter die Herrschaft der norddeutschen Hanse. 1397 wurde Dänemark mit Schweden und Norwegen in der Kalmarer Union vereinigt, aus der Schweden 1523 endgültig ausschied. Norwegen blieb jedoch bis 1814 ein integrierender Bestandteil des dänischen Königreichs. Ende des 15. Jh.s wurde das deutsche Grenzgebiet (Schleswig-Holstein) einverleibt. Die Luthersche Reformation wurde auch in Dänemark eingeführt, und in diesem Zusammenhang nahm das Land am Dreißigjährigen Kriege teil (1618—1648). Im Laufe der Kriege im 17.—18. Jh. wurde Dänemark gezwungen, seine Vormachtstellung immer mehr Schweden zu überlassen. Mit dem frühen Anschluß Norwegens waren auf der anderen Seite auch die Außengebiete Norwegens, in erster Linie Island, dänisch geworden. Dänemark wurde auch in die Napoleonischen Kriege verwickelt, später (1848/49 bzw. 1864) stand es im Krieg mit Deutschland, der mit dem Verlust von Schleswig-Holstein endete. Der wirtschaftliche und kulturelle Aufstieg Dänemarks in der Neuzeit setzte erst im 19. Jh. ein. Im Ersten Weltkrieg blieb das Land neutral, und nach dem Krieg erhielt es von Deutschland sogar noch Schleswig zurück. Im Zweiten Weltkrieg wurde Dänemark von deutschen Truppen besetzt (1940–1945). Nach seiner Befreiung trat das Land der UNO bei.

Die ältesten Denkmäler der dänischen Sprache sind hauptsächlich Runensteine, d. h. Grabdenkmäler mit Inschriften aus der Wikingerzeit. In dieser Epoche haben die dänischen Wikinger bei der nordischen Besiedlung weiter Gebiete in Ostengland und in der Normandie die größte Rolle gespielt. Der Niederschlag dieser Expansion ist heute noch zu erkennen am Namengut und am Wortschatz des Englischen und des Französischen, vgl. Ortsnamen wie *Grimsby* ('Dorf des Grimr' ← dän. *by* 'Dorf, Stadt') in England, *Cherbourg* ('Schärenburg') in Frankreich usw. bzw. engl. *husband* 'Ehemann' (~dän. *husbond*[*e*] 'Bauer, Hauswirt'), engl. *take* 'nehmen' (~dän. *tage* 'dass.'), engl. *sky* 'Himmel' (~dän. *sky* 'Wolke'), engl. *law* 'Gesetz' (~dän. *lov* 'dass.'), frz. *équiper* 'ausrüsten' (zu dän. *skib* 'Schiff', vgl. isl. *skipa* '[vor allem Schiffe] ausrüsten, organisieren') usw.

Volkssprachliche Handschriften erscheinen in Dänemark (wie auch bei den Schweden) ziemlich spät. Die älteste uns bekannte dänische Handschrift, die Gesetze enthaltende Runenhandschrift (!), der sogenannte *Codex Runicus* (heute in der Universitätsbibliothek von Kopenhagen) ist gegen Ende des 13. Jh.s entstanden. Aus dem 14. Jh. sind schon zahlreiche Gesetzbücher aus verschiedenen Teilen des Landes bekannt. Gleichaltrig mit diesen sind einige Legendenfragmente und Arzneibücher. Dank einem reichhaltigen Namenmaterial ist das Grundbuch König WALDEMARS (*Valdemars Jordebog*) besonders für die nordische (und allgemein germanische) Onomastik von großer Bedeutung.

Das dänische Sprachmaterial aus dem 14.–15. Jh. ist ziemlich dürftig und größtenteils religiöses Schrifttum: Legenden, Gebetbücher und Erbauungsliteratur, d. h. in erster Linie Übersetzungen, die nach schwedischem Vorbild in den dänischen Klöstern besorgt wurden. Im ausgehenden 15. Jh. erschien das erste Druckwerk in dänischer Sprache, die 'Dänische Reimchronik' (*Den danske Rimkrønike*).

IV.2.82. Altdänisch

Die Sprache der dänischen Runendenkmäler aus der Wikingerzeit ist im großen und ganzen mit jener der zeitgenössischen norwegischen und schwedischen Inschriften identisch, insonderheit im Hinblick auf die Morphologie. Im Lautstand hingegen lassen sich bereits einzelne charakteristische dänische Merkmale verzeichnen, so die Vereinfachung der anlautenden Konsonantenverbindung *hr-* im 9. Jh. (z. B. aisl. *Hrólfr* ~ adän. *RoulfR* 'Rolf' PN), ferner die Monophthongierung der Diphthonge, z. B. aisl. *steinn* ~ adän. *stēn* 'Stein', aisl. *dauðr* ~ adän. *tuþr* 'tot' u. dgl. Die Sprache der Handschriften vom Ende des 13. Jh.s weicht von den isländischen und norwegischen Denkmälern schon viel stärker ab, weist dagegen eine um so größere Ähnlichkeit mit dem Altschwedischen auf. Die mundartlichen Unterschiede waren in dieser Periode bereits in Dänemark selbst ganz erheblich, was infolge des Fehlens einer einheitlichen schriftsprachlichen Norm nur noch gesteigert wurde.

Im Frühaltdänischen waren die germanischen Laute *p*, *t*, *k* postvokalisch noch erhalten (z. B. *gripæ* 'greifen'); *t* und *þ* wurden unterschieden (z. B. *tak!* 'nimm!' ≠ *thak* 'Dach'), und der Prozeß der Monophthongierung war schon abgeschlossen; vgl. *bein* > *ben* 'Bein', *auga* > *øghæ* 'Auge', *leysa* > *løsæ* 'lösen'. Der sekundäre *u*-Umlaut ist – wie im Schwedischen – unterblieben, vgl. aisl. *lǫnd*, aber adän. *land* 'Länder', wie auch der sekundäre *i*-Umlaut, vgl. aisl. *tekr* gegenüber adän. *takær* 'er nimmt'. Im absoluten Wortauslaut wurden die nebentonigen Vokale in fast allen Mundarten reduziert, z. B. *bæræ* [bæ:rə] (< *bera*) 'tragen', *bondæ* [bondə] (< *bóndi*) 'Bauer, Wirt', *varæ* [varə] (< *varu*) 'sie waren'.

Die Zersetzung der Nominalflexion war schon im Gange. Zunächst war die altnordische Nominativendung -ʀ > -*r* (vgl. aisl. *dagr* 'Tag') geschwunden, wodurch der Nominativ mit dem Akkusativ zusammenfiel. Der Synkretismus ging im seeländischen Dialekt einen Schritt weiter und warf auch den Dativ mit diesem gemeinsamen Kasus zusammen. Danach konnte das Substantiv im Singular nur noch einen allgemeinen Kasus (z. B. *thiuf* 'der/den/dem Dieb') und einen Genitiv (z. B. *thiufs*) unterscheiden. Der Plural kannte gleichzeitig eine einzige Form, z. B. *thiuf* (Nom., Akk., Gen., Dat. Pl.). Der jütländische Dialekt neigte zur totalen Abschaffung der Flexion der Substantiva. Das Paradigmensystem der Pronomina war verständlicherweise besser erhalten und bildete daher im Altdänischen bereits ein Teilsystem im Gesamtsystem der Sprache. Wortschatz und Syntax waren inzwischen noch ziemlich altertümlich.

Im Spätmittelalter begann sich das Altdänische um so rascher zu verändern, und zwar meistens parallel zur gleichzeitigen Umwandlung des Altschwedischen (vgl. IV. 2.92.). Altes *ā* wurde zu *ō*, wie (um 1300) vor bestimmten Lautgruppen auch kurzes *a* zu *o* wurde, z. B. *gaard* [gɔ:rd] 'Hof', *hollæ* [hollə] 'halten'. Diesem Wandel hat sich in bestimmter Lautumgebung auch anlautendes *va*- unterzogen, z. B. *vagn* > *vogn* 'Wagen'. Der alte Diphthong *iu* wurde in der Stellung nach Konsonant + *l*/*r* sehr früh zu *y*, vgl. *fliude* > *flyde* 'fließen'. Altes *p*, *t*, *k* wurde nach Vokalen zu *b*, *d*, *g* lenisiert, z. B. *gripe* > *gribe* 'greifen', *bite* > *bide* 'beißen', *ake* > *age* 'fahren, treiben'; in einem Teil der Mundarten entwickelten sich diese Laute zu den Spiranten [v, ð, ǥ] weiter, obwohl dies in der Schrift keinen Niederschlag fand, vgl. *gribe* [grivə], *bide* [biðe], *age* [age]. Diese Erscheinung wird in

Anlehnung an die erste (germanische) und die zweite (hochdeutsche) Lautverschiebung (vgl. II. 2. 2. bzw. IV. 4. 2.) auch dritte oder dänische Lautverschiebung genannt. Vor Hinterzungenvokalen wurde altes *gh* [g] zu *w*, vgl. *lywe* 'lügen', *mawe* 'Magen'. Vor Vorderzungenvokalen entwickelte sich derselbe Laut dagegen zu [j], z. B. *vei* 'Weg', *fløi* 'er flog'. In den Lautgruppen *ld*, *nd* wurde *d* assimiliert, z. B. *holle* 'halten' (engl. *hold*), *binne* 'binden' (engl. *bind*). Kurze Vokale wurden in offenen Silben gedehnt, z. B. *tale* [ta:lə] 'sprechen', *leve* [le:və] 'leben'.

Der A k z e n t soll in dieser Periode schon dem heutigen ähnlich gewesen sein. Im angehenden 16. Jh. ist sogar schon der die dänische Rede auch heute so unmißverständlich charakterisierende 'Stoß' (*stød*) belegt, d. h. die phonetische Erscheinung, bei der die Stimmbänder während der Lautbildung einen momentanen Verschluß bilden und damit den Weg der ausströmenden Luft unterbrechen. Diese anfangs nur phonetische Erscheinung hat sich im Folgenden zu einem wichtigen phonologischen Merkmal des Dänischen entwickelt, vgl. *hund* [hun'] 'Hund', aber — ohne *stød* – *hun* [hun] f. 'sie'. Das für die ältere Zeit angenommene doppelte Intonationssystem wurde – von einigen wenigen Mundarten abgesehen – gleichzeitig aufgegeben.

Am Ende der altdänischen Periode wurde das Genitiv-*s* auf alle Genera, Numeri und Stämme ausgedehnt. Auch das Pluralzeichen der vokalisch auslautenden Neutra wurde vereinheitlicht (*-r*: *rige* 'Reich, Staat' – *riger* 'Reiche, Staaten'), während die Neutra mit konsonantischem Auslaut, die den Plural vom Singular ursprünglich nicht unterschieden hatten, im Plural ein *-e* annahmen (*-e*: *hus* 'Haus' → *huse* 'Häuser'). Der Endvokal der mit *-ere* gebildeten Nomina agentis wurde, wie im Deutschen und im Englischen, abgeschliffen, z. B. *dommere* > *dommer* 'Richter'.

Hand in Hand mit den weitgehenden phonologischen und morphologischen Wandlungen wurde gegen Ende der altdänischen Zeit auch die W o r t s t e l l u n g, ja der S a t z b a u überhaupt, wesentlich verändert. Der W o r t s c h a t z erfuhr, besonders in der Blütezeit der Hanse, eine gewaltige n i e d e r d e u t s c h e Überlagerung.

IV.2.83. Entstehung des Neudänischen

Von der ersten Hälfte des 16. Jh.s an haben sich die im Dänischen stufenweise durchgeführten Verschiebungen in einem typologisch neuen Sprachsystem konsolidiert. Die Verbreitung der Buchdruckerkunst hat die Entstehung der neudänischen S c h r i f t s p r a c h e in hohem Grade gefördert. In diesem Prozeß kam der Reformation, da sie mit der Verbreitung der nationalsprachigen Bibel zur Schaffung der sprachlichen Einheit beitrug, keine geringe Bedeutung zu. Eine der größten sprachlichen Leistungen des dänischen literarischen Lebens im 16. Jh. war gerade die Übersetzung der Bibel („Bibel Christians III.“, 1550), ein Produkt der Zusammenarbeit der besten Geister der Zeit. Die Übersetzungsliteratur stand auch in der weltlichen Dichtung an erster Stelle. Beinahe ebenso Wichtiges hat A. S. VEDEL vollbracht, indem er die „Dänische Geschichte“ (*Gesta Danorum*) des berühmten dänischen Historikers des Mittelalters, SAXO GRAMMATICUS (etwa 1150—1216), ins Dänische übertrug (1575); eine mutige Tat in der Blütezeit des Humanistenlateins bzw. der Herrschaft der deutschen Umgangssprache am Königshof wie auch beim dänischen Adel und Bürgertum! Unter solchen Umständen ist es verständlich, daß auch das Dänische des 17. Jh.s von deutschen Wörtern und Wendungen geradezu strotzte. Es ist kein Zufall, daß von allen nordgermanischen Sprachen das Dänische heute noch den stärksten deutschen Einfluß aufweist. Das Barockdeutsch hat indessen auch sonstige, vor allem französische lexikalische Elemente an die neudänische Umgangssprache vermittelt. In der Zwischenzeit wurde das Interesse für die Nationalsprache auch in Dänemark wach. Diesem Interesse ist das wichtigste dänische Werk des ausgehenden 17. Jh.s, die „Dänische Sprachkunst“, d. h. Sprachlehre, von PEDER SYV (*Den danske Sprog-Kunst*, 1685) zu verdanken.

In dieser frühen Periode des Neudänischen war die Orthographie noch besonders unausgeglichen. Sie rückte im 18. Jh. ebendeshalb in den Vordergrund der Bemühungen um die dänische Sprache. In den Bestrebungen zur Ausarbeitung einer einheitlichen Rechtschreibung wurden zwei verschiedene Prinzipien vermengt: das etymologisch-historische und das phonetische Prinzip. Dies hatte zur Folge, daß die Orthographie der neudänischen Schriftsprache die gesprochene (gehobene) Umgangssprache Dänemarks nur zum Teil widerspiegelt. Andererseits hat die orthographische Normung, genauer das Schriftbild, auf die gesprochene Umgangssprache zurückgewirkt. In der Lexik haben sich gleichzeitig puristische Tendenzen gemeldet. In der zweiten Hälfte des 18. Jh.s wurden eine Menge neue Wörter geprägt zum Ersatz für fremde, hauptsächlich deutsche Elemente. Allerdings sind diese Neuschöpfungen des Purismus zum größten Teil nichts anderes als aus dänischen Morphemen nach deutschen Vorlagen erstellte Lehnübersetzungen wie dt. *Gegenstand* → dän. *genstand*, dt. *Leidenschaft* → dän. *lidenskab*, dt. *bewundern* → dän. *beundre* u. dgl. In geringerem Maße wurden auch schwedische Muster nachgeahmt (z. B. *øde* ‘Schicksal’), ja sogar einzelne altdänische Lexeme neubelebt (z. B. *gåde* ‘Rätsel’). Der dänische Purismus erstreckte sich auch auf die Regeln des Satzbaues, wobei er vor allen Dingen die lateinischen bzw. die — weniger relevanten — deutschen Einflüsse zu entfernen trachtete. Im gleichen Zuge verjüngten die

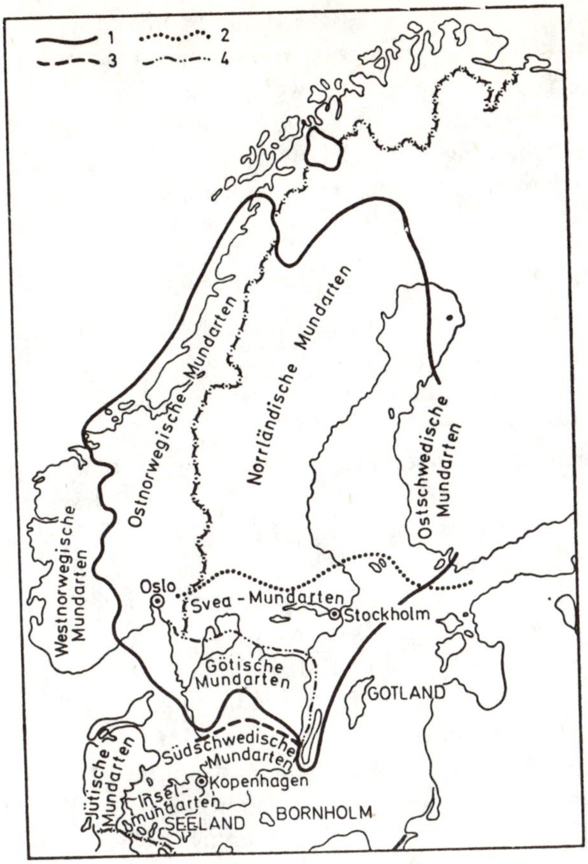

Abb. 42. Sprachgeographische Gliederung des Nordgermanischen (nach Michail Ivanovič Steblin-Kamenskij)

1 Verbreitung des „dicken" /l/, *2* Südgrenze der „norrländischen Palatalisierung", *3* Südgrenze des Nasalschwundes im Schlußartikel, *4* Südgrenze des *t*-Schwundes im Schlußartikel

Dichter die Schriftsprache mit Elementen aus dem Wortschatz der dänischen Bauerndialekte.

Gegen Ende des 19. Jh.s wurde die Bezeichnung der langen Vokale mit Verdoppelung (z. B. *huus* > *hus* 'Haus') aufgegeben, nur am Digraph *aa* hielt man zur Wiedergabe von [ɔ:] fest, vgl. *faa* [fɔ:] 'bekommen'. Um die Jahrhundertwende wurden bereits Rechtschreibungswörterbücher zusammengestellt. Von den amtlichen Reformen war der Beschluß von 1900 am wichtigsten, der die aus der Verbalflexion in der Spreche seit langem verschwundene Unterscheidung von Singular und Plural beseitigte.

Schon damals wurde auch die Bezeichnung von *aa* [ɔ:] nach schwedischer Art (mit *å*) gestattet; zur Vorschrift ist dies jedoch erst nach der Orthographiereform von 1948 geworden, genauso wie die Aufgabe der seit dem 18. Jh. nach deutschem Vorbild üblichen Großschreibung der Substantiva. Die Neuerungen in der Rechtschreibung haben die dänische Schriftsprache ihren nordgermanischen Schwestersprachen auch im Schriftbild wieder entschieden näher gebracht (Abb. 42).

IV.2.84. Neudänisch

Seit der Orthographiereform von 1948 enthält das dänische Alphabet die folgenden Grapheme: *a, b, c, d, e, f, g, h, i, j, k, l, m, n, o, p, q, r, s, t, u, v, w, x, y, z, æ, ø, å*. Von diesen kommen *c, q, w, x, z* nur in Namen und in Fremdwörtern vor.

Die Aussprache des Vokals *æ* ist offenes [ɛ:] bzw. [æ], die von *ø* ist gerundetes [ø], während *å* (früher: *aa*) langes [ɔ:] festhält. Obwohl die moderne dänische Rechtschreibung die Vokaldauer unmittelbar nicht anzeigt, ist die Quantität im Dänischen von phonologischer Relevanz, z. B. *bonde* [bonə] 'Bauer' ≠ *bone* [bo:nə] 'bohnern, scheuern', *kølle* [k^{h}øle] 'Keule' ≠ *køle* [k^{h}ø:le] 'kühlen'. *a* [a] wird palatal ausgesprochen, aber neben *r* erscheint es stark gerundet als [å:]. Vor *r* wird auch *e* bzw. *æ* offener ([æ]). *ø* [ø] lautet ebenfalls oft als offeneres [œ].

Die Diphthonge des Dänischen sind [ai], z. B. *eje* [aiə] 'eigen'; [ɔi], z. B. *øje* [ɔiə] 'Auge'. Infolge der Vokalisierung bestimmter Konsonanten in Lautverbindungen entstehen auch weitere Diphthonge, z. B. *-av-* [au], vgl. *havn* [haun] 'Hafen'; *-yv-* [yv], vgl. *syv* [syu] 'sieben'; *-ov-* [ɔu], vgl. *lov* [lɔu] 'Gesetz'; *-ev-* [ɛu], vgl. *evne* [ɛunə] 'Fähigkeit'; *-øv-* [œu], vgl. *søvnig* [sœuni] 'schläfrig', ja manchmal auch *-eb-* [eu], z. B. *peber* [peuər] 'Pfeffer' und *-øg-* [ɔi], z. B. *øgle* [ɔilə] 'Eidechse'. Der bereits behandelte 'Stoß' (*stød*) wird, trotz seiner phonologischen Relevanz, in keiner Weise bezeichnet, vgl. IV.2.83.

Von den Konsonanten sind *p, t, k* in der Stellung vor haupttonigen Vokalen behaucht [p^h, t^h, k^h], *b, d, g* sind dagegen Halblenes wie im Deutschen. In intervokalischer Stellung sowie nach Vokalen wird *d* zum interdentalen Reibelaut [ð] und fällt nachher des öfteren völlig weg; parallel dazu erscheint in denselben phonetischen Stellungen auch *g* spirantisch: [g]. Die Verdoppelung der Konsonanten in der Schrift gibt nicht die Länge der Konsonanten, sondern — wie im Deutschen — die Kürze des voraufgehenden Vokals an, z. B. *læsse* [lɛsə] 'laden, belasten'. *z* und *s* lauten gleicherweise [s].

Die wichtigsten Konsonantenverbindungen sind *sj* [ʃ], z. B. *sjælden* [ʃɛlən] 'selten'; *-ti-* [ʃ] (in französischen Wörtern), z. B. *patient* [pa'ʃen'd]

'Patient'; in *sp*, *st*, *sk* bleibt *s* stets unverändert, also *spæk* [spɛk] 'Speck', *stol* [sto:l] 'Stuhl', *skøn* [skø:n] 'schön'. Assimilierte Aussprache liegt vor in *dt* [d], z. B. *godt* [gɔd] 'gutes, gut Adv.'; *ds* [s], z. B. *plads* [plas] 'Platz'; *nd* [n], z. B. *mand* [man'] 'Mann'; *ld* [l], z. B. *guld* [gul] 'Gold'; *rd* [r], z. B. *fjerde* [fjɛ:rə] 'vierter'. Ausnahmen gibt es doch auch. *hj* und *hv* lauten immer [j] bzw. [v], z. B. *hjem* [jɛm'] 'heim, Heim' bzw. *hvem* [vɛm'] 'wer'.

Der Akzent ist durchaus germanisch, dagegen ist die für das Neunorwegische und das Neuschwedische charakteristische doppelte Intonation unbekannt (vgl. IV.2.74. bzw. IV.2.94.).

Die Bausteine der grammatischen Struktur wurden im Vergleich mit dem Altdänischen sehr stark verändert. Von den drei Genera ist nur das Neutrum selbständig geblieben, während das Maskulinum und das Femininum in einem gemeinschaftlichen Geschlecht, dem sogenannten *Utrum*, vereinigt wurden. Dieser Vorgang zeigt sich auch in den Formen des für die nordischen Sprachen so typischen suffigierten Artikels, z. B. *mand* 'Mann' → *mand**en*** 'der Mann' und *kone* 'Frau' → *kone**n*** 'die Frau' bzw. *barn* 'Kind' → *barn**et*** 'das Kind'. Genauso beim unbestimmten Artikel, z. B. ***en*** *mand*, ***en*** *kone*, aber ***et*** *barn*. Abweichend vom Schwedischen und vom Norwegischen wird der in Attributivgefügen gängige freistehende Artikel in deutscher Weise gebraucht, d. h. ohne Schlußartikel, z. B. ***den*** *store mand* 'der große Mann' (vgl. schw. ***den*** *stora mann**en***), ***det*** *store hus* 'das große Haus', ***de*** *gode børn* 'die guten Kinder'. Die drei Genera werden nur noch von der 3. Pers. Sing. des Personalpronomens unterschieden, vgl. *han* 'er', *hun* 'sie', *det* 'es'.

Das Nomen kennt keinen Dualis mehr. Die alten Stammklassen wurden auf die Gruppierung nach der Pluralbildung umgestellt: 1. *-e* (mit oder ohne Umlaut), z. B. *dreng* 'Knabe' → *drenge*, *fader* 'Vater' → *fædre*; 2. *-(e)r* (mit oder ohne Umlaut), z. B. *by* 'Stadt' → *byer*, *bog* 'Buch' → *bøger*; 3. *-ø* (mit oder ohne Umlaut), z. B. *ord* 'Wort' → *ord*, *barn* 'Kind' → *børn*. Das alte Kasussystem wurde vereinfacht, indem sowohl im Singular als auch im Plural neben dem allgemeinen Kasus nur der Einheitsgenitiv erhalten ist, z. B. *broder* 'Bruder' ≠ *broders* 'des Bruders' bzw. im Pl. *brødre* ≠ *brødrenes*. Die Kasusfunktionen werden auch im Neudänischen mit Präpositionalkonstruktionen ausgedrückt, nicht selten auch anstatt des Genitivs, z. B. *husets tag* ~ *taget* **på** *huset* 'das Dach des Hauses', eigtl. 'des Hauses Dach' bzw. 'das Dach auf dem Haus'.

Die zwei Genera werden im Singular auch beim Adjektiv unterschieden, vgl. *den frisk**e** luft* 'die frische Luft', aber *stor**t** hus* 'großes Haus'.

Das Pronomen bildet ein Diasystem innerhalb des Nominalsystems, wie auch sonst in den nordischen (und germanischen) Sprachen, vgl. *han* 'er' ≠ *ham* 'ihn, ihm' ≠ *hans* 'sein(er)'. Unter den Possessiva ist das Verhältnis von *hans/hendes* und *sin/sit* dasselbe wie im Norwegischen und im Schwedischen (vgl. IV.2.74. bzw. IV.2.94.).

Bei den Numeralien werden das Genus und einige Reste der Flexion nur noch an 'ein' erkenntlich, vgl. *en* m./f., *et* n. bzw. *den ene arm* 'der eine Arm'.

Das Verb kann stark oder schwach sein. Die dänischen Reflexionen der herkömmlichen Ablautsreihen sind die folgenden: 1. *gribe — greb — grebet* 'greifen'; 2. *byde — bød — budt* '(an)bieten, gebieten'; 3. *binde — bandt — bundet* 'binden'; 4. *bære — bar — båret* 'tragen'; 5. *give — gav — givet* 'geben'; 6. *fare — for — faret* 'fahren'. Infolge der vielfachen Lautveränderungen sind freilich mehrere Unterklassen entstanden, die in der beschreibenden Grammatik als eigene Reihen gruppiert werden. Manche Verfasser unterscheiden nicht weniger als 13 Klassen des starken Verbs im Dänischen. Das System der Hilfsverba stimmt mit jenem des Norwegischen bzw. des Schwedischen überein (vgl. IV.2.74. bzw. IV.2.94.), d. h. sie gehören historisch größtenteils zu der Gruppe der Präteritopräsentien, z. B. *kan* 'kann' — *kunne* 'konnte'. Das Verbum substantivum bildet seine Tempusformen auch hier von verschiedenen Stämmen, vgl. *være* 'sein', *er* 'ist', *var* 'war', *været* 'gewesen'.

Die schwachen Verba zerfallen in zwei Klassen: 1. *elske* 'lieben' — *elskede* (Prät.); 2. *spise* 'speisen' — *spiste* (Prät.). Bei der 2. Klasse ist im Präsensstamm auch der Umlaut häufig, im Gegensatz zum Präteritum, das — aus lautgeschichtlichen Gründen — nicht umgelautet wurde, vgl. *sætte* 'setzen' → *satte*, *smøre* 'schmieren' → *smurte*, *gøre* 'tun' → *gjorde*.

Das System der Tempora wurde, ähnlich dem Norwegischen, stark erweitert. Neben dem herkömmlichen Präsens und dem Präteritum sind an weiteren Tempora aufgekommen: das Perfekt (*jeg har elsket* 'ich habe geliebt'), das Plusquamperfekt (*jeg havde elsket* 'ich hatte geliebt'), das Futurum (*jeg vil/skal elske* 'ich werde lieben'), das „Vergangenheitsfuturum" — der sogenannte Konditionalis I — (*jeg vilde/skulde elske* 'ich würde lieben'), das Futurum exactum oder Futurum II (*jeg vil/skal have elsket* oder *jeg får elsket* 'ich werde geliebt haben') und dessen Entsprechung in der Vorvergangenheit, der Konditionalis II (*jeg vilde/skulde have elsket* 'ich würde geliebt haben'). Der Konjunktiv ist nur im Präsens synthetisch (selbständig), z. B. *jeg/du* usw. *elske* '(wenn) ich liebte' usw. Der Imperativ besitzt zwei synthetische Formen: *elsk!* 'liebe!' und *elsker!* 'liebt!' — Die Funktion des Imperativs wird in der 1. Pers. Pl. mit Umschreibung ausgedrückt: *lad os elske!* 'laß uns lieben! Lieben wir!' (vgl. engl. *let us love!*). Das Merkmal des Infinitivs ist im allgemeinen die Endung *-e* (*spis-e* 'speisen') und wird im vollen Gebrauch mit der Präposition *at* als Infinitivzeichen ergänzt, z. B.

at** spise*, vgl. engl. ***to** eat* (~ dt. ***zu** essen*). Es gibt zwei Partizipien: *elsk**ende (Präs.) 'liebend' und *elsk**et*** (Prät.) 'geliebt'.

Auch das P a s s i v wird nach gemeinnordischen Regeln gebildet: *jeg elske**s*** (Präs.) 'ich werde geliebt', *jeg elsk**edes*** (Prät.) 'ich wurde geliebt', *jeg **er** elsk**et*** (Perf.) 'ich bin geliebt worden', *jeg **var** elsk**et*** (Plusqu.) 'ich war geliebt worden' usw., aber auch eine weitere Umschreibung ist möglich, und zwar mit der Einschaltung von *blive* 'bleiben; werden' als Hilfsverb, z. B. *jeg elskes* = *jeg **bliver** elsk**et*** (Präs.), *jeg elskedes* = *jeg **blev** elsk**et*** (Prät.) usw. Es handelt sich dabei um die im Germanischen auch sonst übliche Unterscheidung von Z u s t a n d s- und V o r g a n g s p a s s i v.

Singular und Plural wurden im Schriftdänischen früher auseinandergehalten, z. B. *jeg elsker* 'ich liebe', aber ***vi** elske* 'wir lieben'; heute ist jedoch die Nivellierung der Numeri vollzogen, vgl. *jeg elsker* 'ich liebe', *du elsker* 'du liebst', ***vi** elsker* 'wir lieben', *de elsker* 'sie lieben' usw.

Der durchgreifenden Vereinfachung des Flexionssystems zufolge zeichnet sich das Dänische der Gegenwart durch die umfassende Verwendung von P r ä p o s i t i o n a l g e f ü g e n und einer streng gebundenen W o r t s t e l l u n g aus.

IV.2.85. Textproben

a) *Altdänisch*

Fathær oc mothær ær sum oc dotær nest at æruæ. sun til ful lot. oc dotær til half lot; æn of af giftæs sun æller dotær ællær bathe. liuænde fathær oc mothær. tha faræ the af bo. sun mæth ful oc dotær mæt half lot. allæ æin ful lot sum theræ fathær hauær. for utæn fæthrinis iorth. oc the aruæ ær han ærfdæ sithen han fec theræ mother. ællær theræ mothær sithen hun fec theræ fathær.

(*Seeländisches Landrecht.* Ende des 13. Jh.s.)

fathær m. 'Vater' (hier auch Dat. Sing.); *oc* 'und'; *mothær* f. 'Mutter' (hier auch Dat. Sing.); *ær* Präs. Ind. → *væræ* 'sein'; *sun* m. 'Sohn'; *dotær* f. 'Tochter'; *nest* 'nächst'; *at* 'daß'; *æruæ* (an. *erfa*) 'erben' (*ærfdæ* 1. Pl. Präs. Konj.); *til* 'zu'; *ful* 'voll'; (aisl. *hlutr*) m. 'Erbteil'; *half* 'halb'; *æn* 'doch'; *of* 'wenn, ob'; (*at*) *giftæ* Pl. Präs. Konj. Pass. 'heiraten'; *ællær* 'oder'; *bathe* (aisl. *báðir*) 'beide'; *liuænde* Pl. Part. Präs. → *liuæ* 'leben'; *tha* 'da, dann'; *faræ* Pl. Präs. Konj. → *faræ* 'fahren'; *the* 'sie' Pl.; *af* 'von'; *bo* (aisl. *bú*) 'Gehöft, Gut'; *mæth* 'mit'; *ællæ æin* 'ein jeder, jeglicher, jedweder'; *sum* 'das, welches, als'; *theræ* Gen. Pl. → an. *sá* 'er'; *hauær* Sing. Präs. Ind. → *hauæ* 'haben'; *for utæn* 'außer, ausgenommen'; *fæthrinis* Gen. Sing. → *fathær* s. o.; *iorth* f. 'Erde, Land, Grund und Boden'; *aruæ* (aisl. *erfð*) f. 'Erbe, Erbschaft'; *ær* 'welcher/welche/welches'; *han* m. 'er'; *sithen* 'seitdem, nachdem'; *fec* Prät. Ind. → an. *fá* 'bekommen'; *hun* f. 'sie'.

(b) *Neudänisch*

København blev grundlagt i den tidlige middelalder af biskop Absalon. Den udviklede sig snart til en betydelig handelsby på grund af beliggenheden ved Øresund, der forbinder Østersøen med verdenshavene. Navnet København betyder „købmændenes havn", og endnu er havnen, som er anlagt mellem Sjælland og Amager, den største og viktigste i Skandinavien.

(H. A. Koefoed: *Danish*. 1958.)

blev Prät. Ind. → ***blive*** 'werden'; ***grundlagt*** Part. Prät. → ***grundlægge*** 'begründen, gründen'; ***i*** 'in'; ***den*** m./f. 'der/die'; ***tidlig*** 'zeitlich, früh'; ***middelalder*** u. 'Mittelalter'; ***af*** 'von, durch'; ***biskop*** m. 'Bischof'; ***udvikle sig*** 'sich entwickeln'; ***snart*** 'schnell, rasch'; ***til*** 'zu'; ***en*** m./f. 'ein/eine'; ***betydelig*** 'bedeutend'; ***handelsby*** u. 'Handelsstadt'; ***på grund af*** 'auf Grund + Gen.', ***beliggenhed*** u. 'Lage'; ***ved*** 'bei, an'; ***der*** 'welcher/welche'; ***forbinde*** 'verbinden'; ***Østersø(en)*** 'Ostsee'; ***med*** 'mit'; ***verdenshav*** 'Weltmeer, Ozean' (***~ene*** Pl.); ***navn*** n. 'Name'; ***betyde*** 'bedeuten'; ***købmand*** m. 'Kaufmann, Handelsmann' (***købmændenes*** Gen. Pl.); ***havn*** u. 'Hafen'; ***og*** 'und'; ***endnu*** 'noch'; ***er*** Präs. Ind. → ***være*** 'sein'; ***som*** 'der/die/das'; ***anlagt*** Part. Prät. → ***anlægge*** 'anlegen'; ***mellem*** 'zwischen'; ***Sjælland*** 'Seeland'; ***størst(e)*** Superl. → ***stor*** 'groß'; ***viktigst(e)*** Superl. → ***viktig*** 'wichtig'.

IV.2.9. Schwedisch

IV.2.91. Geschichte. Quellen

Schwedisch (*svenska*) ist heute die Staatssprache Schwedens (*Sverige*), wo sie von etwa 98% einer Bevölkerung von 8,1 Millionen als Muttersprache gesprochen wird. Bedeutende schwedische M,nderheiten sind in Finnland (9% der Bevölkerung!), in den Vereinigten Sitaaten und in Kanada ansässig, kleinere schwedische Siedlungen sind aber auch sonst, vor allem in Südamerika, Afrika und Australien zu finden. In Finnland ist Schwedisch neben dem Finnischen sogar zweite Amtssprache.

Die Oberfläche des Landes beträgt 449 750 km², die Hauptstadt ist Stockholm. Schweden ist ein hochentwickeltes Industrieland mit bedeutendem Handel und einer sehr intensiven Landwirtschaft. Die Holz-, Papier- und Eisenindustrie sorgen für eine bedeutende Ausfuhr. Forstwirtschaft, Fischerei und Rinderzucht sind äußerst modern entwickelt. Der Staatsform nach ist Schweden eine konstitutionelle Monarchie. Seit der Einführung der Reformation gehört die überwiegende Mehrzahl der Schweden der lutherischen Kirche an.

Das schwedische Volk ist aus den nordgermanischen Stämmen hervorgegangen, die die Osthälfte der Skandinavischen Halbinsel bewohnt haben. Im 6. Jh. u. Z. hatte der auch dem späteren Volk und Land den Namen gebende Stamm der S v í a r (bei TACITUS *Sviones*) die südlich von ihm ansässigen G a u t e n unterjocht. In der Wikingerzeit setzten sich auch die Schweden in Bewegung, aber sie suchten in erster Linie im Osten neue Handelswege und politische Beziehungen. Die schwedischen Wikinger, die sowohl in den Quellen als auch in der Geschichtsschreibung meistens als W a r ä g e r bezeichnet werden, sind über das Baltikum und Rußland hinweg bis nach Byzanz vorgedrungen, und sie spielten auch in der Festigung der Feudalstaaten von Kiew und Nowgorod eine Rolle. Im 9. Jh. haben dänische und deutsche Missionare mit der Bekehrung der heidnischen Stämme Schwedens begonnen, abgeschlossen wurde dieser Vorgang allerdings erst im 12. Jh. Gleichzeitig begann Schwedens „Drang nach Osten". König ERIK IX. hatte Finnland noch im Laufe des 12. Jh.s annektiert, im Jahre 1319 vereinigte dann MAGNUS VII. Schweden und Norwegen. Aus dieser Verbindung erwuchs 1397 die Kalmarer Union von Schweden, Norwegen und Dänemark. Die Schweden waren auch im Rahmen der Union auf die Sicherung ihrer politischen Unabhängigkeit bedacht, was zu Beginn des 16. Jh.s zum nationalen Aufstand gegen die Dänenherrschaft führte. Mit der Thronbesteigung GUSTAVS (I.) WASA (1523–1560) wurde wieder eine nationale Dynastie gegründet. Der darauf folgende allmähliche Aufstieg Schwedens zur Großmacht war mit der Besetzung der meisten Ostseeprovinzen, Kareliens sowie der dänischen Gebiete Südschwedens verbunden. Im Laufe des 17. Jh.s riß Schweden sogar noch Pommern und weite Gebiete des übrigen Norddeutschlands (Rügen, Bremen usw.) an sich, was mit seiner großen Rolle im Dreißigjährigen Krieg zusammenhing. Die Großmachtstellung Schwedens in Europa wurde erst im großen Nordischen Krieg (1700–1721) von der unter russischer Führung gebildeten Koalition gebrochen. In den Napoleonischen Kriegen wurde Schweden bereits zur Abtrennung Finnlands an das Russische Reich gezwungen.Der Wiener Kongreß (1813–1814) vereinigte Schweden erneut mit Norwegen; diese Personalunion wurde erst 1905 aufgehoben. Schwedens weitere Entwicklung wurde vor allem dadurch begünstigt, daß es sich nach 1815 aus allen internationalen Konflikten herauszuhalten wußte. 1946 schloß sich auch Schweden der Organisation der Vereinten Nationen an.

Ähnlich wie in den übrigen nordgermanischen Sprachen, sind die ältesten Sprachdenkmäler des Schwedischen R u n e n i n s c h r i f t e n, die z. T. aus dem 9.–10. Jh., vorwiegend aber aus der Zeit um die Wende des 11.–12. Jh.s stammen. Aus Uppland allein sind etwa 1200 Inschriften zum Vorschein gekommen; die Gesamtzahl der schwedischen Runeninschriften macht aber mehr als das Doppelte aus. Es sind das größtenteils G r a b i n s c h r i f t e n, daher lexikalisch wie strukturell ziemlich monoton. Die unmittelbar auf die Wikingerzeit folgende Periode verging mit der

Festigung des Christentums und des Feudalwesens (12.–13. Jh.), sie ist demzufolge auch viel ärmer an Schriftdenkmälern. Gegenüber Island und Norwegen blieb Schweden mit den Anfängen des kontinuierlichen Schrifttums in lateinischen Lettern mehr als hundert Jahre zurück. Zeitlich wurde es in dieser Hinsicht sogar von Dänemark überholt. Die ersten Denkmäler in lateinischer Schrift waren Rechtsbücher wie das „Westgötische Gesetzbuch" (*Västgötalag*), das im angehenden 13. Jh. niedergeschrieben wurde. Die meisten Gesetzbücher sind jedoch erst im 14. Jh. entstanden, z. B. das berühmte Landrecht des Königs Magnus Eriksson (*Magnus Erikssons landslag*). Eine zweite Schicht der frühesten Handschriften bildeten die Produkte des religiösen Schrifttums, z. B. die „Altschwedische Legendensammlung" (*Fornsvenska legendariet*) und die Offenbarungen der hl. Birgitta. Aus demselben Zeitalter stammen die aus erst zu Beginn des 17. Jh.s herausgegebenen Quellen bekannten historischen Werke, besonders Reimchroniken wie die „Erikschronik" (*Erikskrönikan*), ferner das berühmte Traktat über die königliche Verwaltung (*Konungastyrelsen*) u. dgl. m.

Das 14.–16. Jh. ist an religiös ausgerichteten Denkmälern besonders reich. Zum größten Teil sind es Legenden, biblische Erzählungen, Gebetbücher und allerlei Erbauungsliteratur. Nach west- und mitteleuropäischen Vorlagen entstanden zur gleichen Zeit die damals aktuellen Gattungen der weltlichen Vers- und Prosaliteratur wie Ritterromane, Reimchroniken, Arzneibücher usw. Die wichtigsten Sammlungen dieses Schrifttums sind im *Codex Oxenstierna* (Stockholm) und im sogenannten „Buch des Jöns Budde" (*Jöns Buddes bok*) enthalten. Für die Sprachgeschichte besitzen vielleicht einen noch höheren Wert die vom 14. Jh. an dicht belegten Urkunden. Gegen Ende des 16. Jh.s war der Buchdruck auch bereits in Schweden verbreitet; von dieser Zeit an stehen uns die verschiedensten Quellen in großer Zahl zur Verfügung.

IV.2.92. Altschwedisch

Die Geschichte der schwedischen Sprache wird von der Forschung im allgemeinen in zwei große Perioden – Altschwedisch (*fornsvenska*) und Neuschwedisch (*nysvenska*) – zerlegt. Innerhalb dieser Abschnitte ist auch eine detailliertere Chronologie möglich. So wird das Altschwedische in drei weitere Unterabteilungen eingeteilt: 1. Runenschwedisch (*runsvenska*) zwischen 800 und 1225, 2. Klassisches Altschwedisch (*klassisk fornsvenska*) etwa von 1225 bis 1375 und 3. Spätaltschwedisch (*senfornsvenska*) bzw. Mittelschwedisch (*medelsvenska*) zwischen 1375 und 1526.

Runenschwedisch ist die Sprachform der Runeninschriften Schwedens. Trotz aller ihrer Probleme bieten die Inschriften den Erforschern der schwedischen wie auch germanischen Namenkunde ein sehr dankbares Material. Aufschlußreich ist auch der Wortschatz der Inschriften. Allerdings wird die sprachliche Analyse dieser Denkmäler dadurch erschwert, daß die schwedischen Runeninschriften im jüngeren Fuþark geritzt wurden, dessen 16 Zeichen zur Wiedergabe des vollen Lautstandes nicht ausreichten (vgl. III.3.2.). Es hat z. B. zwischen stimmhaften und stimmlosen Verschluß- bzw. Reibelauten, aber auch zwischen umgelauteten und umlautslosen Vokalen keinen Unterschied gemacht. Die Vokalquantität wurde ebensowenig bezeichnet. Immerhin bieten diese Runen einige Anhaltspunkte zur Bestimmung gewisser phonetischer Merkmale: das Nebeneinander von zwei *r*-Runen (ᚱ = *r* und ᛦ = *ʀ*) bzw. ihre Verwechslung beweist z. B., daß der germanische Wandel *s* > *z* > *ʀ* > *r* im Altschwedischen schon abgeschlossen war, z. B. *þaiʀ* 'sie', *runaʀ* 'Runen'. Inschriften Mittelschwedens bewahren sogar noch im 11. Jh. die alten Diphthonge: *stain* (nschw. *sten*) 'Stein', *austr* (nschw. *öster*) 'Ost' usw. Dagegen sind in den Handschriften ausschließlich monophthongierte Formen belegt, z. B. *sten, øster*. Dieser Lautwandel war als eine Art Neuerung der Wikingerzeit im 9. Jh. in Dänemark aufgekommen und drang von dort auch nach dem Norden, in erster Linie nach Schweden, vor. Es ist leicht möglich, daß die für das Schwedische und Norwegische der Gegenwart so charakteristische Doppelheit des musikalischen Akzents bereits in dieser Periode wirksam war, vgl. IV.2.74.

Das klassische Altschwedisch zeichnet sich infolge historischer Ursachen durch eine starke Einwirkung des Norwegischen und des Dänischen aus. Dies machte sich sowohl im Wortschatz als auch in der Orthographie geltend. Das aus dem Fuþark übernommene Zeichen *þ* wurde erst gegen Ende des 14. Jh.s von der digraphischen Bezeichnung *th* bzw. *dh* abgelöst. Die Vokallänge wurde nach dänischem (bzw. deutschem) Vorbild durch einfache Verdoppelung angegeben, z. B. *naal* [na:l] 'Nadel'. Das Lautsystem zeigt im Vergleich zu der voraufgegangenen Periode folgende wichtigere Veränderungen: 1. Die Monophthongierung wurde vollzogen (*stein* > *sten*); 2. *e* wurde zu [æ] geöffnet (*vegr* > *vægher* 'Weg'); 3. *ia* wurde zu *iæ*, *iu* zu *y* palatalisiert (*hiarta* > *hiærta* 'Herz' bzw. *briuta* > *bryta* 'brechen'); 4. die Brechung wurde verwirklicht, z. B. **syngva* > *siungva* 'singen'; 5. vor auslautendem *r* (< *ʀ*) wurde ein Sproßvokal (*e*) entwickelt, z. B. *vegr* > *vægher* 'Weg', dann wurde dieses *r* allmählich abgebaut, vgl. *hæstar* > *hæsta* 'Pferde', *vir* > *vi* 'wir' usw. Hingegen ist der sekundäre *u*-Umlaut, im Gegensatz zum Altisländischen, unterblieben, z. B. aisl. *lǫnd* ≠ aschw. *land* 'Länder'.

In der grammatischen Struktur des Altschwedischen wurden beim Nomen drei Genera, zwei Numeri und in beiden vier Kasus

(Nominativ, Akkusativ, Genitiv, Dativ) unterschieden. Das System der Paradigmen baute sich auf Stammklassen auf. Der suffigierte Artikel war im Gebrauch, jedoch tendierte das Altschwedische (im Gegensatz zum Altisländischen, wo in der Flexion die Kasusendungen sowohl dem betreffenden Nomen als auch seinem Artikel angehängt wurden) dahin, die Kasusendung nur zum suffigierten Artikel hinzufügen, vgl. aisl. *hand*|***in*** 'die Hand' und *hand**ar***|*inn**ar*** Gen., aber aschw. *hand**in*** und Gen. *hand*|*inn**a**(**r**)*.

Eine ähnliche Tendenz zur Modernisierung läßt sich in der Grammatik des Verbs feststellen, wo die Personalendungen im Präsens der starken Verba schon in dieser Periode zusammenfielen, z. B. *iak/þu/han skiuter* 'ich schieße, du schießt, er schießt', im Gegensatz zum Präteritum, wo sich die Unterscheidung noch behaupten konnte, vgl. *iak skøt* 'ich schoß', *þu skøst* 'du schossest', *han skøt* 'er schoß'.

Die vom Süden nach Norden gerichtete sprachliche Durchdringung wurde in spätaltschwedischer (oder genauer: mittelschwedischer) Zeit erst recht augenfällig. Die schwedische Kanzleisprache schloß sich auch in der Orthographie dem dänischen Usus an, z. B. *rike* > *rige* 'Reich, Land', *skip* > *skib* 'Schiff' usw. Auch am Wortende wurde nach dänischem Muster sehr häufig ein *-e* geschrieben anstatt des schwedischen Vollvokals *-a*, z. B. *bruka* > *bruge* 'brauchen'. Gleichzeitig wurden mehrere bedeutende Lautwandlungen durchgeführt: 1. Hinterzungenvokale wurden geschlossener, z. B. *ā* [a:] > *å* [å:], vgl. *bater* [ba:ter] > *båt* [bå:t] 'Boot'; 2. In offenen Silben wurden die alten Kürzen gedehnt, z. B. *sova* [so:va] 'schlafen'; 3. Kurzes *a* wurde in gewissen Stellungen zu *o*, vgl. *gardher* [gorder] 'Hof' (nschw. *gård*).

Auslautende Vokale in nebentoniger Stellung wurden auch im Mittelschwedischen reduziert, aber nicht in dem Maße wie im Dänischen und im Norwegischen, da die Reduktion bei [a] stehen blieb, vgl. dän. *gade* ~ schw. *gata* 'Straße, Gasse'. Geschlossenes kurzes *i*, *y*, *u* wurde offener: *liva* > *leva* 'leben', *sydher* > *sødher* 'Süden', *hugh* > *hogh* 'Verstand, Gedanke'. Im Konsonantismus erwies sich die Aufgabe von [θ] als besonders charakteristisch: *thing* [θiŋg] > *ting* 'Ding'. Die Quantitätsverhältnisse wurden ebenfalls verschoben, z. B. *gaf* [gaf] > *gaf* [ga:f] 'gab'.

Auch das morphologische System wurde weiter vereinfacht. Die Nominalflexion gab die Unterscheidung von Akkusativ und Dativ auf, vgl. *dagher* > *dag* 'Tag: Nom., Akk., Dat.'. Das allgemeine Zeichen des Genitivs war bereits in dieser Periode die *s*-Endung.

Der Wortschatz wurde mit vielen Entlehnungen bereichert. Mit der Bekehrung zum Christentum kamen teils griechisch–lateinische, teils altsächsische und altenglische Elemente ins Altschwedische, z. B. *kyrka* 'Kirche', *biskop* 'Bischof', *brev* 'Brief, Breve', *helgon* 'Heiliger', *bikt* 'Beichte', *himmel* 'Himmel'. Die Expansion der Hanse zeitigte einen Überfluß an niederdeutschen Lexemen, wie *skåp* 'Schrank, Kasten', *bädd* 'Bett', *frukost* 'Frühstück', *språk* 'Sprache', *fri* 'frei', *klen* 'schwach' (vgl. dt. *klein*), *arbeta* 'arbeiten', *fråga* 'fragen'. Der deutsche Einfluß war auch in der Wortbildung sehr groß und bereicherte die schwedische Sprache mit einer langen Reihe neuer Bildungsaffixe, wie dt. *be-* > schw. *bi-/be-*, dt. *für-/vor-* > schw. *för-*, dt. *-in(ne)* > schw. *-inna*, dt. *-heit* > schw. *-het* usw.

IV.2.93. Entstehung des Neuschwedischen

Die in mittelschwedischer Zeit vollzogenen sprachlichen Wandlungen haben schon die Entstehung des Neuschwedischen vorbereitet. Auch in diesem Entwicklungsgang lassen sich einzelne Etappen feststellen. In der schwedischen Sprachgeschichte unterscheidet man gewöhnlich zwei Perioden des Neuschwedischen: 1. das Frühneuschwedische (1526–1732) und 2. das eigentliche Neuschwedische (von 1732 an).

Die Ausformung des Frühneuschwedischen war mit der Abschüttelung des dänischen Joches, mit dem Erringen der Unabhängigkeit Schwedens und dem von der Reformation eingeleiteten geistigen Aufstieg verbunden. Gleichzeitig mit der Verbreitung der Reformation verbreitete sich auch die Buchdruckerkunst, was vor allen Dingen den Prozeß der Vereinheitlichung der Orthographie beschleunigte. Die 1526 erschienene Übersetzung des Neuen Testaments wurde zum Vorbild der schriftschwedischen Sprachnorm. Eine noch größere Bedeutung kam der „Gustav-Wasa-Bibel" (*Gustav Vasas Bibel*. 1540–1541) zu. Obwohl sie als Bibelübersetzung schon stilbedingt voller Archaismen war, förderte sie in großem Maße die Verdrängung des Einflusses des Dänischen. Andererseits ist sie unter dem Einfluß der deutschen Reformation entstanden und vermittelte daher auch deutsche Spracheigenheiten an die schwedische Schriftsprache, und zwar nicht nur im Wortschatz, sondern auch in Form syntaktischer Germanismen. Diese Bibelübersetzung war – mit geringfügigen Abänderungen – in Schweden praktisch sogar noch im angehenden 20. Jh. allgemein und offiziell in Gebrauch. Man kann sich gut vorstellen, wie weit sie im Laufe von vier Jahrhunderten auf die Entwicklung der schwedischen Schrift- bzw. Gemeinsprache hat einwirken können.

Die Kanzleisprache hat sich im Vergleich dazu doch langsamer verändert und konnte auch mit den dänischen Sprachmerkmalen nicht so schnell und radikal aufräumen, stand aber andererseits, im Hinblick auf die grammatische Struktur, der gesprochenen Umgangssprache zweifellos näher als der feierlich-erhabene Stil der Bibel.

In der schwedischen Literatur des 16.—17. Jh.s traten auch schon echte volkssprachliche Züge in den Werken einzelner Dichter hervor. Es setzte sogar die bewußte Sprachpflege ein. In einer Kirchenverordnung wurde bereits der Schutz des Schwedischen vor Überfremdung sowohl durch das Lateinische als auch durch das Deutsche als eine wichtige Aufgabe aller Pfarrer und Schulmeister bezeichnet (1575). In der ersten Hälfte des 17. Jh.s forderte Gustav Adolf die Zusammenstellung eines Wörterbuchs des Schwedischen, und er dachte auch an die Gründung eines Universitätskatheders für den muttersprachlichen Unterricht. Die schwedischen Schüler von Johann Amos Comenius wollten bereits den Unterricht in allen Stufen auf das Schwedische umstellen, und am Ende des 17. Jh.s bemühten sich die Gelehrten Schwedens schon um einen besseren Einklang von gesprochener Sprache und Orthographie. Gleichzeitig wurden zwei Grammatiken des Schwedischen veröffentlicht und die Regeln der Rechtschreibung verfeinert. Zu Beginn des 18. Jh.s ist dann auch das erste schwedische Wörterbuch erschienen.

Von den in der behandelten Periode vollzogenen Wandlungen ist vor allem die Ausdehnung der Palatalisierung von *g*, *k*, *sk* vor hohen Vokalen zu nennen: die Lautverbindungen *sj* und *skj* wurden in dieser Periode zu [ʃ], die Gruppe *tj* zu [tç] bzw. [tʃ], z. B. *siu* [ʃy:] 'sieben', *sken* [ʃe:n] 'Schein', *skiorta* [ʃɔrta] 'Hemd', *köpa* [tçø:pa] 'kaufen'. Die Lautgruppen *hj*, *lj*, *dj* wurden zu [j] wie auch *hv* zu [v] vereinfacht, vgl. *hiärta* [jɛrta] 'Herz', *liud* [jʊ:d] 'Laut', *diup* [jʊ:p] 'tief', *hvass* [vas] 'scharf', *g* nach Liquiden wurde zur selben Zeit spirantisiert, z. B. *varg* [varj] 'Wolf', *talg* [talj] 'Talg'. Auch die Morphologie wurde noch mehr vereinfacht. Von den selbständigen Kasus konnte sich neben dem allgemeinen Kasus nur der Genitiv bewähren, ja das Pluralzeichen strebte nach einem weitgehenden Ausgleich. Als ein neues Personalpronomen meldete sich die satzphonetische Scheideform *Ni* 'Sie', z. B. *sagen-I* > *sage-Ni* 'sahen Sie, saht Ihr'. In der Konjugation wurde die Funktion des Plurals immer mehr durch den (schon früher vereinheitlichten) Singular versehen, allerdings kam dieses Merkmal noch für längere Zeit nur in der Spreche, nicht aber in der Schreibe zur Geltung.

Die eigentliche neuschwedische Periode wird in der schwedischen Sprachwissenschaft von der Mitte des 18. Jh.s, namentlich vom Erscheinen des „Schwedischen Argus" (*Then Swänska Argus*) von Olov Dalin (1708—1763) an gerechnet. Das war das erste belletristische Prosawerk, das dem gesprochenen Schwedisch zum literarischen Rang verhelfen wollte. Ein Zeitgenosse Dalins, Johan Ihre, Professor in Uppsala, gab das erste etymologische Wörterbuch des Schwedischen heraus (*Glossarium Svio-gothicum*. 1769), in dem der Verfasser — vor der Entstehung der ver-

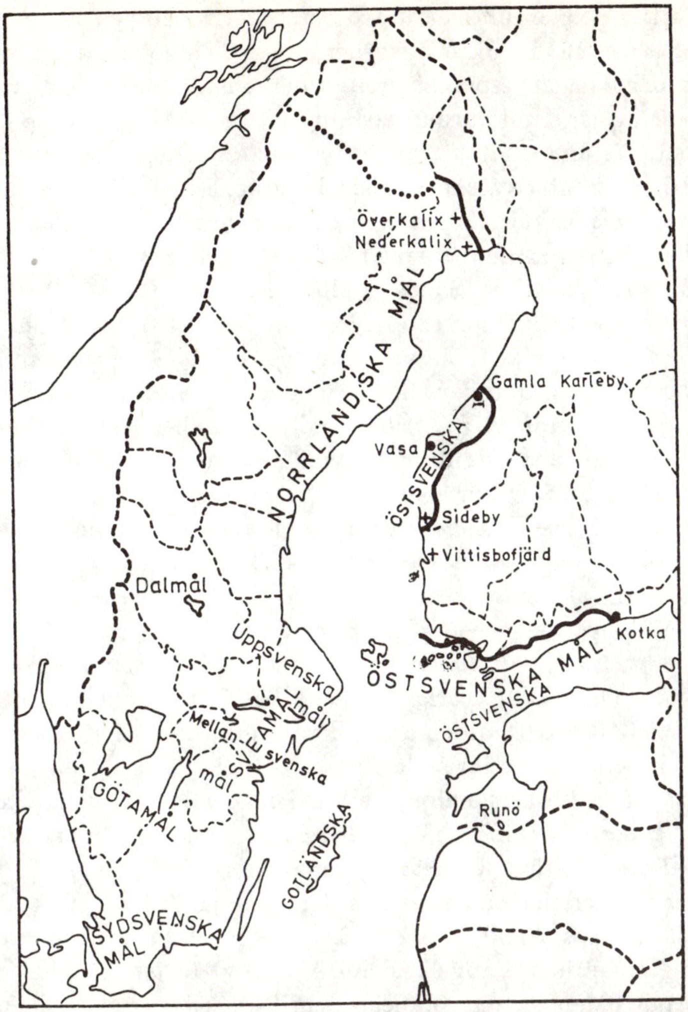

Abb. 43. Die schwedischen Mundarten (nach ELIAS WESSÉN und GÖSTA BERGMAN)

gleichenden Methode! — nicht nur die interne Verwandtschaft der germanischen Sprachen, sondern auch deren Beziehungen zum Griechischen und Lateinischen darlegte. IHRE vernachlässigte indessen auch die Synchronie nicht und war zusammen mit seinen Schülern um die praktische Entwicklung des Schwedischen bemüht. Parallel mit IHREs Arbeit hat die Schwedische Akademie der Wissenschaften verschiedene Rechtschreibungsbücher, Wörterbücher und Grammatiken herausgegeben. Im allgemeinen scheint sich die Sprachform der Hauptstadt in dieser Zeit im schrift- und umgangssprachlichen Gebrauch zur Alleinherrschaft aufgeschwungen zu haben. Das große Zeitalter der bewußten Ausarbeitung der modernen Norm war auch in Schweden das 19. Jh. Damit wurden die örtlich gebundenen, regionalen Varianten der Umgangssprache hinter der einheitlichen Nationalsprache immer mehr in den Hintergrund gedrängt. Dieser Prozeß setzte bereits im angehenden 17. Jh. ein und beschwor die Auflösung der Bauerndialekte herauf. Ein charakteristisches Beispiel dafür liefert die Umbildung der Kategorie des Genus der Nomina. In den meisten Bauerndialekten Schwedens ist die Dreiteilung der G e n e r a heute noch bewahrt (z. B. *stolen* m. 'der Stuhl', aber *sola* f. 'die Sonne' und *huset* n. 'das Haus'). Die Umgangssprache sowie die Schriftsprache dagegen haben schon seit frühneuschwedischer Zeit nach der Nivellierung von Maskulinum und Femininum gestrebt, eine Tendenz, die nach dem Aufstieg der Stockholmer Norm auch allgemein gültig wurde (z. B. *stolen* und *solen*, aber *huset*). Diese Stockholmer Besonderheit wird übrigens von manchen Sprachhistorikern auf niederdeutschen Einfluß zurückgeführt.

Die neuschwedische Periode zeichnet sich auch durch die unerhörte Bereicherung der L e x i k aus. Der d e u t s c h e Einfluß war um die Mitte des 17. Jh.s am allerstärksten. Nach dem Dreißigjährigen Krieg strömte erneut eine Menge deutscher Wörter ins Schwedische, z. B. *fänrik* (< dt. *Fähnrich*), *munter* (< dt. *munter*), *gruva* (< dt. *Grube*) 'Bergwerk', bzw. f r a n z ö s i s c h e Wörter durch deutsche Vermittlung, z. B. *respekt*, *affär* usw. Viele Präfixe wurden unter dem Einfluß des Deutschen aktiviert, z. B. *an-* (vgl. *anföra* 'anführen, lenken'), *ge-* (vgl. *gehör* 'Gehör') u. dgl. Die Terminologie der Seefahrt nahm viele n i e d e r l ä n d i s c h e Elemente auf, z. B. *kätting* '(Schiffs-) Kette', *bramsegel*. Unterdessen erwachte auch das schwedische Nationalbewußtsein, und dank der zielbewußten Arbeit der Dichter wurden manche alte n o r d g e r m a n i s c h e Wörter wiederbelebt, z. T. um die Wende des 17.—18. Jh.s, noch mehr aber in der Strömung der Romantik im angehenden 19. Jh., z. B. *ätt* 'Geschlecht', *fager* 'schön', *mäla* 'reden' u. dgl. Manche Schriftsteller starteten einen Kampf gegen die lexikalische Überfremdung, die dem Schwedischen am Ende des 19. Jh.s infolge der massenweisen Übernahme d ä n i s c h e r, n o r w e g i s c h e r und e n g l i s c h e r Wörter drohte, vlg. dän. *digtning* > schw. *diktning* 'Dichtung, Gedicht', dän. *betingelse* > schw. *betingelse* 'Bedingung', engl. *strike* > schw. *strejk* 'Streik', engl. (*to*) *start* > schw. *starta* 'starten', engl. *rails* > schw. *räls* 'Geleise'. Die politischen Bewegungen des 20. Jh.s haben den schwedischen Wortbestand auch um „sowjetische" (r u s s i s c h e) Lehnwörter und Lehnübersetzungen erweitert, z. B. *sovjet* 'Sowjet', *bolsjevik* 'Bolschewik', *femårsplan* 'Fünfjahrplan', *sputnik*.

Die Schwedische Akademie der Wissenschaften hatte sich noch gegen Ende des 18. Jh.s die Reform der Rechtschreibung zum Ziel gesetzt. 1801 wurde die Rechtschreibungslehre von CARL GUSTAF AF LEOPOLD herausgegeben, die u. a. schon die Schreibung der Fremdwörter nach den Regeln der schwedischen Aussprache festlegte, wie z. B. frz. *famille* > schw. *familj* 'Familie'. 1869 wurde in Stockholm die erste Nordische Orthographiekonferenz einberufen, deren Hauptziel darin bestand, die Rechtschreibung der einzelnen nordgermanischen Sprachen aufeinander abzustimmen. Dank der damit ausgelösten Reformbewegung rückte die schwedische Orthographie der gesprochenen Sprache viel näher.

IV.2.94. Neuschwedisch

Das moderne schwedische Alphabet besitzt die folgenden Grapheme: *a, b, c, d, e, f, g, h, i, j, k, l, m, n, o, p, q, r, s, t, u, v, w, x, y, z, å, ä, ö.*

Von den Vokalen ist *o* bald [o:], bald [u:], z. B. *kol* [kʰo:l] 'Kohle', aber *bo* [bu:] 'wohnen'; *e* ist geschlossenes [e:] oder [e]; *ä* bezeichnet das offene [ɛ] bzw. [ɛ:], z. B. *häl* [hɛ:l] 'Ferse'; *ö* ist offenes [ø:] oder geschlossenes [ö], z. B. *hög* [hø:g] 'hoch', aber *högg* [hög] 'hieb'; *å* bezeichnet offenes [ɔ] oder langes (geschlossenes) [o:], z. B. *blått* [blɔt] n. – *blå* [blo:] u. 'blau'. *y* wird ähnlich dem dt. *ü* ausgesprochen, z. B. *flyta* [fly:ta] 'fließen' bzw. *flytta* [flyta] 'bewegen'. Die Digraphe *au, eu* sind in der Regel auch in der Aussprache zweigliedrig, vgl. *aula* [aula] 'Aula', *Europa* [euro:pa].

Von den Konsonanten werden *g* und *k* vor hohen Vokalen in Hochtonsilben palatalisiert, z. B. *giva* [ji:va] 'geben', *kämpe* [tʃempe] 'Kämpe, Held', bzw. wird *g* auch nach Liquiden im Auslaut palatal, vgl. *färg* [fɛrj] 'Farbe', *älg* [ɛlj] 'Elch'. *p, t, k* sind im Anlaut vor Vokalen leicht behaucht wie im Deutschen. *s* und *z* sind immer stimmloses [s]. Die Digraphe *dj, gj, hj, lj* lauten gleicherweise [j], z. B. *djup* [jʊ:p] 'tief', *gjort* [jurt] 'gemacht' (zu *göra* [jø:ra] 'machen'), *hjul* [jʊ:l] 'Rad', *ljus* [jʊ:s] 'Licht'. Die Aussprache von *kj* und *tj* ist [tʃ], vgl. *kjol* [tʃʊ:l] 'Rock', *tjänst* [tʃɛnst] 'Dienst'. Die Graphemverbindungen *sch, sj, skj, stj, ssj* sowie *-si-/-ssi-* in der Endung *-(s)sion* bzw. *-tion* französischer Lehnwörter lauten [ʃ], vgl. *schack* [ʃak] 'Schach(spiel)', *sjö* [ʃø:] 'See, Meer', *skjorta* [ʃurta] 'Hemd', *stjärna* [ʃɛrna] 'Stern', *explosion* [eksploʃu:n] 'Explosion', *nation* [naʃu:n] 'Nation'. Das Digraph *sk* ist vor hohen Vokalen [ʃ], sonst im allgemeinen [sk]: *skepp* [ʃep] 'Schiff', *skinka* [ʃiŋka] 'Schinken', aber *skarp* [skarp] 'scharf', *sko* [sku:] 'Schuh'. *ck* und *ch* lauten [k], z. B. *lock* [lok] 'Deckel' bzw. *och* [ok] 'und' – letzteres doch meistens nur [ɔ]. Fremdwörter, die ihre ursprüngliche Schreibung – ganz oder z. T. – beibehalten, folgen natürlich anderen Regeln, vgl. *chaufför* [ʃɔfø:r], *clown* [klaun] u. dgl.

Der Akzent kennt, wie im Norwegischen, zwei musikalische Töne (vgl. IV.2.74.), die dem Schwedischen eine für fremdes Gehör einigermaßen indigniert klingende Musikalität verleihen.

Der morphologische Bau ist, ähnlich dem Dänischen und dem Norwegischen, ziemlich einfach und steht mit diesen zusammen im Gegensatz zum Isländischen und zum Färöischen. Substantiva und Adjektiva unterscheiden nur zwei Genera, nämlich das Neutrum (z. B. *huset* 'das Haus') und das gemeinschaftliche Geschlecht (für Maskulinum und Fermininum), das sogenannte *Utrum* (z. B. *gossen* 'der Knabe' und *flickan* 'das Mädchen'). Das Nomen hat zwei Numeri (Singular ≠ Plural). Die Flexionsklassen werden nach der Bildungsweise des Plurals gruppiert: 1. *-or*: *blomma* 'Blume' → *blommor* [blumur] Pl.; 2. *-ar*: *dag* 'Tag' → *dagar* Pl.; 3. *-er* : *rad* 'Reihe' → *rader* Pl.; 4. *-n* : *bi* 'Biene' → *bin* Pl.; 5. *-Ø* : *hus* 'Haus' → *hus* Pl.; 6. *-r* : *sko* 'Schuh' → *skor* Pl. – Die Klassen 2, 3, 5 und 6 zerfallen in Unterklassen, z. B. 2. *mo(de)r* 'Mutter' → *mödrar* Pl.; 3. *tand* 'Zahn' → *tänder* Pl.; 5. *fa(de)r* 'Vater' → *fäder* Pl.; 6. *bonde* 'Bauer, Wirt' → *bönder* Pl. – Zur Klasse 4 lassen sich eigentlich die Reste der historischen *n*-Klasse („schwache Deklination") stellen, z. B. *öga* 'Auge' → *ögon* Pl., *öra* 'Ohr' → *öron* Pl. u. dgl.

Der Artikel ist entweder suffigiert (z. B. *by* 'Stadt' → *byn* 'die Stadt'; *bok* 'Buch' → *boken* 'das Buch' bzw. *hus* 'Haus' → *huset* 'das Haus'; *öga* 'Auge' → *ögat* 'das Auge') oder freistehend-adjektivisch, letzterer wird jedoch wie im Norwegischen (und abweichend vom Dänischen) mit dem Schlußartikel kombiniert, vgl. ***den*** *stora* *staden* 'die große Stadt', ***det*** *stora* *huset* 'das große Haus'. Als unbestimmter Artikel fungiert das Zahlwort *en/ett* 'eins'. Das Adjektiv kann stark und schwach dekliniert werden. Von den Kardinalzahlen zeigt nur noch *en/ett* 'ein' die Spuren der Flexion. Das Personalpronomen der 3. Person unterscheidet im Singular noch drei Genera: *han* 'er', *hon* 'sie', *det* 'es'. Das Personalpronomen bildet auch hinsichtlich der Flexion ein Diasystem, denn während das Substantiv z. B. neben der Grundform (Nominativ – Akkusativ – Dativ) nur den Genitiv kennt, besitzt das Personalpronomen neben Nominativ und Genitiv auch einen Objektkasus für Akkusativ und Dativ, z. B. *jag* 'ich', *min/mitt* 'mein', *mig* 'mich, mir' bzw. *han* 'er', *hans* (und *sin/sitt*) 'sein', *honom* 'ihn, ihm' usw. Bei den Possessivpronomina besteht zwischen *hans* m., *hennes* f. und *sin/sitt* 'sein, ihr' dasselbe Verhältnis wie im Norwegischen und im Dänischen, vgl. IV.2.74. und IV.2.84.

Die Kategorien des Verbs unterscheiden sich im wesentlichen nicht von denen des Norwegischen und des Dänischen (vgl. IV.2.74. bzw. IV.2.84.). Immerhin verdient es angemerkt zu werden, daß im gehobeneren Stil Singular und Plural noch auseinandergehalten werden, vgl. *skriver* 'schreibe, schreibst, schreibt', aber *skriva* 'wir/sie schreiben, ihr schreibt'. Diese Unterscheidung ist aber keine Vorschrift mehr, und der Singular wird normalerweise auch für den Plural eingesetzt. Wie in allen nordischen Sprachen, ist das P a s s i v auch im Schwedischen beliebt, z. B. *kalla* 'nennen, rufen' → *kallas* 'genannt/gerufen werden: heißen'. Die Verba sind im Neuschwedischen z. T. „stark", z. T. „schwach". Die herkömmlichen Gruppen der starken Verba sind: 1. *gripa* — *grep* — *grepo* — *gripit* 'greifen'; 2. *bjuda* — *bjöd* — *bjödo* — *bjudit* 'bieten'; 3. *binda* — *band* — *bundo* — *bundit* 'binden'; 4. *bära* — *bar* — *buro* — *burit* 'tragen'; 5. *giva* (~ *ge*) — *gav* — *gåvo* — *givit* (~ *gett*) 'geben'; 6. *fara* — *for* — *foro* — *farit* 'fahren, reisen'. Die beschreibende Grammatik hält sich, von praktischen Überlegungen geleitet und den in den germanischen Einzelsprachen eingetretenen Lautwandlungen entsprechend, an eine andere Gruppierung. Die streng s y n c h r o n i s c h e Gruppierung der ablautenden Verba sieht im Schwedischen folgendermaßen aus:

1.	*i-e-i*:	*skriva*	—	*skrev(o)*	—	*skrivit*	'schreiben';
2.	*a-o-u*:	*draga*	—	*drog(o)*	—	*dragit*	'ziehen';
3.	*u-ö-u*:	*bjuda*	—	*bjöd(o)*	—	*bjudit*	'bieten';
4.	*y-ö-u*:	*frysa*	—	*frös(o)*	—	*frusit*	'frieren';
5.	*ä-a-u-u*:	*bära*	—	*bar/buro*	—	*burit*	'tragen';
6.	*i-a-u-u*:	*spinna*	—	*spann/spunno*	—	*spunnit*	'spinnen'.

Unterklassen sind freilich auch hier zahlreich vorhanden.

Die Klassen der schwachen Verba sind: 1. *kalla* 'nennen, rufen' → *kallade* Prät.; 2. *läsa* 'lesen' → *läste* Prät.; 3. *bygga* 'bauen' → *byggde* Prät. Phonetisch bedingte Unterklassen sind auch hier bekannt, z. B. *sy* 'nähen' → *sydde*.

Die Hilfsverba sind auch im Schwedischen größtenteils Präteritopräsentien, vgl. *kan* 'kann' — *kunde*; *skall* 'soll' — *skulle*; *vet* 'weiß' — *visste*; *vill* 'will' — *ville* usw. Das Verbum substantivum bewahrt den nordgermanischen Typus: *vara* 'sein' — *är* 'ist' — *äro* 'sind' — *var* 'war', *varit* 'gewesen'.

Das System der T e m p o r a ist mit jenem des Norwegischen und des Dänischen identisch (vgl. IV.2.84.). Es ist leicht verständlich, daß der totale typologische Umbau des morphologischen Systems im Vergleich zum Altschwedischen die strenge Festlegung der W o r t s t e l l u n g zur Folge hatte.

IV.2.95. Textproben

(a) *Altschwedisch*

Tula lit raisa stain þinsat sun sin Haralt bruþur Inkuars, þaiR furu trikila fiari at kuli auk austarlarni kafu tun sunarla a Sirklanti.

(*Ingvars Stein.* Gripsholm, Wikingerzeit.)

In normalisierter Umschrift:

Tola let ræisa stæin þensa at sun sinn Harald, broður Ingvars. þæir foru drængila fjarri at gulli ok austarla ærni gafu. Dou sunnarla a Serklandi.

Tola f. (Frauenname); *let* 3. Pers. Sing. Prät. Ind. → (*láta*) 'lassen, veranlassen'; *ræisa* 'errichten'; *stæin* m. 'Stein, Grabstein'; *þensa* Akk. Sing. m. 'dieser'; *at* 'zu, für; zum Andenken an'; *sun* m. 'Sohn'; *sinn* 'sein/ihr'; *Harald* m. (Männername); *broður* m. 'Bruder'; *Ingvar* m. (Männername, vgl. russ. Игор), *~s* Gen. Sing.; *þæir* 'sie' Pl.; *foru* Pl. Prät. Ind. → *fara* 'fahren'; *drængila* 'tapfer' Adv. → *drængr* m. 'Kerl, tapferer Mann'; *fjarri* 'fern'; *gull* m. 'Gold' (*~i* Dat. Sing.); *ok* 'und'; *austarla* 'im Osten' (< *austr* 'Osten'); *ærn* m. 'Adler' (*~i* Dat. Sing.); *gafu* Pl. Prät. Ind. → *gefa* 'geben'; *dou* Pl. Prät. Ind. → *deyja* 'sterben, hinscheiden'; *sunnarla* 'im Süden' (< *sunnr* 'Süden'); *a* (aisl. *á*) 'an, auf, in'; *Serkland* n. 'Sarazenerland' (die Gegend des Kaspischen Meers; im Neuisländischen ist es der Name von Marokko, verallgemeinert auch von ganz Nordafrika).

(b) *Neuschwedisch*

I Klosterbackens hantverksmuseum har det fallit sig särskilt naturligt att låta hantverkare arbeta i versktäderna. När museet ställdes upp skedde det till stor del med hjälp av gamla hantverkare: de skänkte verktyg och redskap, och de placerade ut varje föremål just på den plats där det hörde hemma. Och i många fall kunde man få dem att under åtminstone någon tid arbeta i verkstaden.

(*Allsvensk Samling* 1961, Nr. 5.)

i 'in'; *Klosterbacken* (Freilichtmuseum in der schwedischen Stadt Åbo [fi. Turku] in Finnland; *~s* Gen. Sing.); *hantverksmuseum* n. 'Handgewerbemuseum'; *har* Präs. Ind. → *ha(va)* 'haben'; *det* n. 'das, diese, es'; *falla sig* 'geschehen, vorkommen' (*fallit* Part. Prät.; *sig* 'sich'); *särskilt* 'besonders'; *naturlig* 'natürlich' (*~t* Adv.); *att* 'daß'; *låta* 'lassen'; *hantverkare* u. 'Handwerker' (hier Pl.); *arbeta* 'arbeiten'; *verkstad* u. 'Werkstatt' (*verkstäderna* 'die Werkstätten'); *när* 'als, dann'; *museet* (bestimmte Form von *museum* n.); *ställa upp* 'aufstellen' (*ställdes* Prät. Ind. Pass.); *skedde* Prät. Ind. → *ske* 'geschehen'; *till stor del* 'zum großen Teil, größtenteils'; *med* 'mit'; *hjälp* u. 'Hilfe'; *av* Präposition des Besitzers, vgl. engl. *of*; *gamla* Pl. → *gammal* 'alt'; *de* 'sie' Pl.; *skänkte* Prät. Ind. → *skänka* 'schenken'; *verktyg* n. 'Werkzeug'; *och* 'und'; *redskap* n. 'Ausrüstung, Mittel, Werkzeug'; *placerade ut* Prät. Ind. → *placera ut* 'ausstellen'; *varje* 'jeder'; *föremål* n. 'Gegenstand'; *just* 'just, eben, genau'; *på* 'auf, an'; *den* 'der/die; jener/jene'; *plats* u. 'Platz'; *på den plats där* 'auf jenem Platz'; *där* 'dort'; *hörde* Prät. Ind. → *höra* 'hören; gehören', (*~ hemma* 'dorthin gehören', vgl. *hemma* 'heim'); *i många fall* 'in manchen Fällen; oft, vielmals'; *kunde* Prät. Ind. → *kunna* 'können'; *man* 'man'; *få* 'bekommen, erhalten'; *dem* 'sie, jene' (Akk. Pl.); *under* 'unter'; *åtminstone* 'zumindest, mindestens, wenigstens'; *någon* 'irgend-'; *tid* u. 'Zeit'.

IV.3. NORDSEEGERMANEN

IV.3.1. Heimat auf dem Festland

Bei der Bestimmung der ursprünglichen Siedlungsräume der nordseegermanischen Stämme sind ihre sprachlichen Merkmale von besonders hohem Wert. Eine spezifisch nordseegermanische Erscheinung ist die Palatalisierung von germ. *a* (z. B. an. *dagaʀ ∼ ags. *dæg* 'Tag', lat. [*via*] *strata* > ags. *strǣt* 'Straße') sowie der Wandel *ā* > *ō* vor Nasal (germ. *māna > ags. *mōna* 'Mond'). Als besondere Ingwäonismen (vgl. IV.3.3.) können wir den Nasalausfall auch vor *s*, *f*, *þ* anführen, z. B. ags. *gōs* 'Gans', *fīf* 'fünf', *ōðer* 'ander-'. Sehr früh, wohl im 9.–10. Jh., trat auch die Palatalisierung von *k* und *g* ein: *k* > *kj* > *tj* > [tʃ] sowohl auf den Britischen Inseln als auch bei den Friesen auf dem Festland, sogar in alten Lehnwörtern, z. B. lat. *caseus* > ags. *cēse* [tʃēze] > engl. *cheese* 'Käse', lat. *coquina* > engl. *kitchen* 'Küche', was für das hohe Alter der Erscheinung spricht. Der Umstand, daß diese Merkmale nicht nur im Englischen, sondern auch im Friesischen, ja in vielen Fällen auch im Altsächsischen, belegt sind, beweist, daß der Prozeß des Ausgleichs nordseegermanischer Stammesdialekte noch auf dem Festland, vor der angelsächsischen Landnahme (also im 5. Jh.) begann.

Es gibt engere Berührungen auch mit dem Nordgermanischen, die zum eigentlichen Westgermanischen im Gegensatz stehen. Die 1. und die 2. Person im Singular des Verbs 'sein' lauten z. B. altnordisch *em* und *est*, westgermanisch (altsächsisch) aber *bium* und *bist*. Das Altenglische steht zwischen den beiden Großgruppen mit seinen fakultativen Formen *eom* ∼ *bēo*(*m*) bzw. *eart* ∼ *bist*. Die nordisch bestimmten Formen sind im Altenglischen sehr alt und deuten auf eine frühere Einheit des Nordseegermanischen mit dem Nordgermanischen hin. Der spätere Vorstoß südlicher Formen bzw. die Aufgabe der nordischen Formen sind sekundäre Erscheinungen im Englischen.

Auf der anderen Seite zeigt das Altenglische manche Züge des germanischen Südens. Vor allem unter den Beugungsformen finden sich viele gemeinsame Neuerungen. Diese Entwicklung läßt sich nur so verstehen, daß die Heimat der Nordseegermanen auf dem Festland auch geographisch zwischen den Siedlungsräumen der Nord- und der Südgermanen lag.

Ein ähnliches Ergebnis bringt die wortgeographische Untersuchung: Neben vielen ingwäonisch-südgermanischen Gemeinsamkeiten gibt es auch uralte Übereinstimmungen mit dem Norden. Dem ags. *of* > engl. *of* entspricht an. *of*, got. *af*, im Gegensatz zu südlichem *fana* ∼ *fona* 'von'. Ags. *hara* > engl. *hare* 'Hase' hat nur im Altnordischen ein Gegenstück: an. *héri* (dän.-schw. *hare*); im Süden kam hier der Rhotazismus nicht zur Geltung. Ags. *bere* (> engl. *barley*) 'Gerste' entspricht an. *barr* 'dass.', ein Wort, das im Süden gar nicht bekannt war; dafür wurde ein anderes (ebenfalls indogermanisches!) Lexem verwendet (ahd. *gersta* 'Gerste').

Die Aussage der Wortgeographie beweist also, daß das Altenglische teils mit dem Norden, teils mit dem Süden zusammengeht. Somit liefert auch der Wortschatz wichtige Bausteine für die Annahme, die alte Heimat der Nordseegermanen habe sich zwischen den wortgeographischen Landschaften des Nord- und des Südgermanischen befunden. Wollten wir diesen auf Grund der Sprachgeographie erschlossenen Siedlungsraum auch geographisch festlegen, kommen wir zum Küstengebiet der Nordsee und zur Halbinsel Jütland.

IV.3.2. Stammeskundliche und archäologische Quellen

Die ältesten historischen Quellen über die germanischen Stämme, welche die Britischen Inseln erobert haben, sind keltischen Ursprungs. Ein Kirchenhistoriker britischer Abstammung, GILDAS, hat in seinem Werk (um 500) die Eroberer als *Saxones* bezeichnet. Papst GREGOR DER GROSSE und der byzantinische Historiker PROKOP erwähnten sie hingegen um die Mitte des 6. Jh.s als *Angiloi*, PROKOP verwendete sogar den Volksnamen *Frissones* 'Friesen'. Das älteste, auf den Britischen Inseln entstandene germanische Geschichtswerk, die englische Kirchengeschichte des nordenglischen Kirchenvaters BEDA VENERABILIS (*Historia ecclesiastica gentis Anglorum*, um 730) schreibt hingegen, daß Britannien von drei germanischen Stämmen erobert wurde. Ihre Namen sind bei ihm: *Saxones*, *Angli* und *Iutae*. Es besteht kein Grund daran zu zweifeln, daß BEDA sich dabei auf die mündliche Überlieferung seines Volkes stützte. Auf dem Festland hat sich als zusammenfassende Bezeichnung der Volksname *Angli* durchgesetzt, hauptsächlich um die Inselgermanen von den auf dem Festland gebliebenen *Sachsen* unterscheiden zu können.

Der Historiker der Langobarden, PAULUS DIACONUS, gebrauchte in der zweiten Hälfte des 8. Jh.s als erster die zusammenfassende Bezeichnung *Angli Saxones*. Im selben Sinne kam auch die Variante *Saxones Angli* vor. Manche Forscher, z. B. J. W. CLARK, sind der Meinung, daß dies noch keine eigentlich zusammenfassenden Namen waren und lediglich zur Abgrenzung der Inselbewohner von den Festlandsachsen dienten. Seit König ALFRED war auch der englische Königstitel *Rex Angulsaxonum*; aus dieser Form wurde die in mittellateinischen Texten sehr gängige Form *Anglo-Saxones* gebildet. Das lateinische Wort wurde erst von den englischen Historikern des angehenden 17. Jh.s in der auch heute üblichen Form *Anglo-Saxons* verenglischt. Diese Bezeichnung bezog sich ursprünglich nur auf die nordseegermanische Bevölkerung der Britischen Inseln, gilt aber in unserer Zeit bereits im allgemeinen für die Bewohner sämtlicher englischer Sprachräume der Erde („Angelsachsen"). In der sprachwissenschaftlichen Literatur wird der Begriff *Angelsächsisch* (engl. *Anglo-Saxon*) oft für die älteste Periode der englischen Sprachgeschichte (—1100) reserviert. Um Mißverständnissen vorzubeugen, ist es allerdings richtiger, *Altenglisch* zu verwenden, um so mehr, als die Autoren jener Zeit selbst ihre Sprache als *lingua Anglica* bzw. als *Englisc* 'Englisch' bezeichneten.

Auf dem Festland traten die S a c h s e n und die A n g e l n bereits in der Antike in Erscheinung. TACITUS erwähnte nur die Angeln, bei dem Geographen PTOLEMAIOS erschienen bereits auch die Sachsen (Mitte des 2. Jh.s u. Z.) als Bewohner der Südspitze der „Kimbrischen Halbinsel", d. h. des heutigen Holsteins. Bei den römischen Autoren des 3. Jh.s treten die germanischen Stämme, die das gallische und das britannische Küstengebiet brandschatzten, unter den Namen *Saxones* und *Franci* auf. In Anlehnung an die Quellen der Antike hat sich früher ziemlich hartnäckig die Ansicht behauptet, die angelsächsischen Stämme seien direkt aus Holstein ausgewandert. Heute gilt es aber als allgemein anerkannt, daß die Ausgangsbasis für die Eroberung der Britischen Inseln das Mündungsgebiet der Elbe und der Weser war. Diese Annahme wird auch durch archäologische Funde unterstützt, vgl. III.1.5 und III.1.6. Die A n g e l n (*Angli*) wurden, wie gesagt, schon bei TACITUS (Germania, Kap. 40) erwähnt, jedoch ohne die nähere Bestimmung ihrer Heimat. Allenfalls erschienen sie da unter den Stämmen an der unteren Elbe. Nach BEDA siedelten die Angeln in einem Gau *Angulus* (ags. *Angul*) auf dem Festland zwischen den Sachsen und den Jüten. Nach der Chronik des englischen Grafen ÆÞELWEARD aus der Zeit um 1000 soll das Zentrum dieses Gebiets Schleswig gewesen sein. Ein Teil Schleswigs trägt in der Tat heute noch den Namen *Angeln*. Die Untersuchung des Sprachmaterials läßt die Feststellung zu, daß es zwischen der Sprache der Sachsen und der Angeln bereits auf dem Festland dialektale Unterschiede gab. Die englischen Mundarten weisen zugleich mehr nordgermanisch bestimmte Wörter auf, was ebenfalls dafür zu sprechen scheint, daß sie den Nordgermanen näher, d. h. nördlich von den Sachsen, beheimatet waren.

Der bei BEDA genannte Stamm der *Iutae* wurde zumeist mit den J ü t e n gleichgesetzt. Der Umstand, daß im heutigen Jütland (dän. *Jylland*) Dänisch, also Nordgermanisch, und nicht Nordseegermanisch gesprochen wird, erklärt sich daraus, daß die Halbinsel nach der Abwanderung der eigentlichen Jüten, eines nordseegermanischen Stammes, von nordgermanischen (dänischen) Stämmen besetzt wurde, die den alten Landschaftsnamen übernahmen. Gleichzeitig trat der Volksname *Eutae* in der Rheinmündung auf. Die hier – d. h. im Raum zwischen Koblenz und Düsseldorf – erschlossenen, früher den Franken zugeschriebenen archäologischen Funde stimmen andererseits mit den gleichaltrigen Funden in Kent fast völlig überein. Daraus schloß man – so Ernst Schwarz – auf eine primäre Abwanderung der Jüten von Jütland zur Rheinmündung, der dann der Zug mit den Sachsen und Angeln gemeinsam nach den Inseln folgte.

Bei der Eroberung Englands sind im wesentlichen nur die schon bei Prokop erwähnten Friesen auf dem Kontinent zurückgeblieben. Aber ihre Spuren finden sich auch in einigen Ortsnamen in Großbritannien, vgl. III.5.4.

Die Quellen der Stammeskunde und der Archäologie beweisen also ebenfalls, was die linguistische Forschung herausfand. Die Heimat der germanischen Eroberer der Britischen Inseln auf dem Festland lag an der Nordseeküste, auf dem Gebiet von Dänemark und dem nordwestlichen Deutschland (Abb. 44).

IV.3.3. Das Ingwäonenproblem

In sprachlicher Hinsicht bestehen viele Übereinstimmungen einerseits zwischen Angelsächsisch, Friesisch und Festlandsächsisch (Altsächsisch), andererseits zwischen Gotisch und Deutsch, genauer den oberdeutschen Dialekten. Von diesen Übereinstimmungen ausgehend, hat Ferdinand Wrede 1924 seine Ingwäonische Theorie erarbeitet. Er stellte fest, daß der Nasal *n* vor stimmlosen Spiranten sowohl im Niedersächsischen als auch im Schwäbisch-Alemannischen – also im westoberdeutschen Bereich – geschwunden ist (z. B. engl. *five* ∼ schwäb. *faif* 'fünf', engl. *us* ∼ schwäb. *os/aus* 'uns'), noch mehr, daß der Einheitsplural der Verba im Präsens ebenfalls in beiden Räumen charakteristisch ist. Wrede folgerte daraus, die beiden Gebiete hätten in der Zeit nach dem Sturz des römischen Imperiums eine Art ingwäonische Einheit gebildet. Ihre später erfolgte Trennung schrieb er dem angenommenen Vorstoß der Goten zu, der einen Keil zwischen sie getrieben haben soll. Diese Auffassung der ingwäonischen Einheit hat sich als irrig erwiesen. Die nämlichen Sprachmerkmale der beiden erwähnten Gruppen stellen keine gemeinsamen Neuerungen dar, sondern sie sind die Folgen der zu verschiedenen Zeiten und voneinander unabhängig vollzogenen Verwirklichung älterer gemeinsamer Tendenzen.

Für die ehemalige eigentlich ingwäonische – d. h. nordseegermanische – sprachliche Einheit gibt es trotzdem handfeste Beweise, auf die als erster Otto Bremer (1900) verwiesen hat. Seine Feststellungen wurden später zum Teil von Ferdinand Wrede, in den letzten Jahrzehnten aber vor allem von Theodor Frings, William Foerste, Ernst Schwarz und

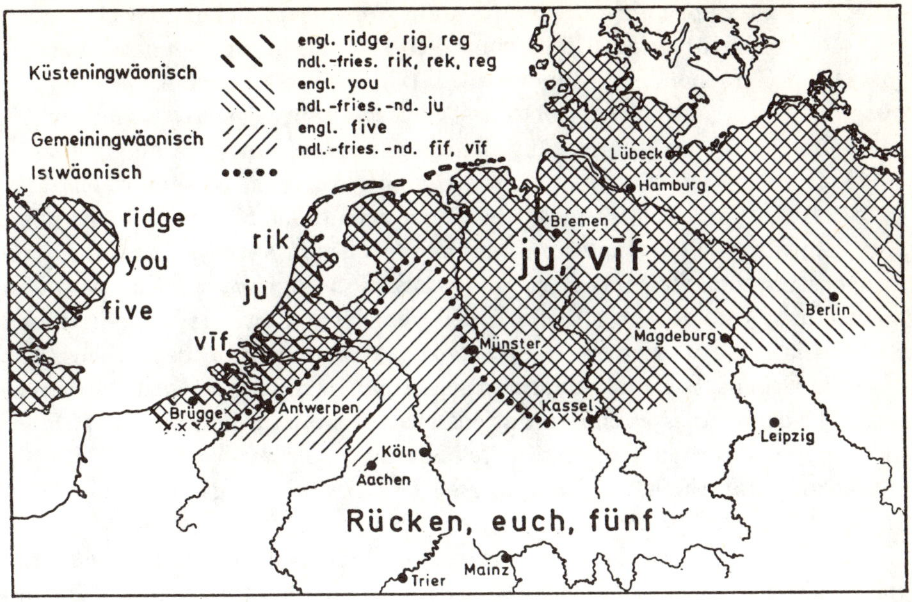

Abb. 44. Gliederung des Ingwäonischen (nach THEODOR FRINGS und GOTTHARD LERCHNER)

VIKTOR SCHIRMUNSKI weiterentwickelt. Seit WREDE erst nennen wir die gemeinsamen Sprachmerkmale der Nordseegermanen Ingwäonismen.

Die hierherzuzählenden Lautmerkmale sind die folgenden:

1. Die Palatalisierung von germ. *$\bar{e}_1$ (> an./ahd. *ā!*) zu *ǣ*, *ē*, z. B. ahd. *tāt* ~ aisl. *dāþ*, aber ags. *dǣd*/*dēd* ~ afr. *dēd*(*e*) 'Tat';

2. Die dazu parallele Palatalisierung von germ. **ā* und **a*, vgl. got. *stafs* ~ ahd. *stap* ~ aisl. *stafr*, aber ags. *stæf*/*stef* ~ afr. *stef* ~ as. *steph* (neben *staf!*) 'Stab';

3. *i* für *e* bzw. *u* für *o* vor *m* bzw. zwischen Lippenlaut und *l*, z. B. ahd. *nëman*, aber as.-ags. *niman* ~ afr. *nima* 'nehmen'; ahd. *quoman*, aber as. *kuman* ~ ags. *cuman* ~ afr. *cuma* 'kommen'; ahd. *wolf*, aber ags.-as. *wulf* 'Wolf'. Diese Erscheinung kennzeichnet auch das Langobardische und ist dort vermutlich das Ergebnis früherer Nachbarschaft mit den Ingwäonen, vgl. IV.4.7.;

4. Als einer der typischsten Ingwäonismen erscheint der mit Ersatzdehnung verbundene Nasalschwund vor stimmlosen Spiranten, z. B. ahd. *gans*, aber ags.-afr. *gōs* (> engl. *goose*) ~ as. *gās*/*gōs* 'Gans'; ahd. *finf*, aber as.-ags.-afr. *fīf* (> engl. *five*) 'fünf'; ahd. *andar*, aber ags. *ōđer* (> engl. *other*) ~ afr. *ōther* ~ as. *ōđar*/*āđar* (neben *andar!*) 'ander(er)';

5. Palatalisierung von *k* und *g* vor hohem Vokal oder vor *j* bzw. die noch weiterführende Affrizierung dieser Laute in mehreren nordseegermanischen Sprachen bzw. Mundarten, z. B. dt. *Kinn*, aber engl. *chin* (< ags. *cin* [tʃin, k'in]) ~ afr. *szin* [tʃin] 'dass.'; dt. *legen*, aber ags. *lecgan* [ledʒan] ~ afr. *ledza* 'legen'. In Spuren läßt sich diese Erscheinung, die auch Assibilierung oder Zetazismus heißt, sogar im Altsächsischen ausweisen (vgl. IV.3.6.), ja sie griff zum Teil auch auf das Niederländische über;

6. Ein allgemeiner Ingwäonismus ist die Spirantisierung von *g* in bestimmten Stellungen, z. B. ags. *gierd* > engl. *yard* 'Hof', afr. *iēva* 'geben' usw. Infolge dieses Lautwandels verschwand das Präfix *ge-* in diesen Sprachen, vgl. ags. *gebrocen* > me. *ibroke(n)* > ne. *broken* 'gebrochen';

7. Im Gegensatz zum Südgermanischen haben die Ingwäonen die spirantische Aussprache von altem auslautendem *ƀ* bewahrt, z. B. ahd. *wīp*, aber ags.-afr.-as. *wīf* (engl. *wife*) 'Weib';

8. Die *r*-Metathese, z. B. ahd.-got. *brinnan*, aber ags. *beornan* (engl. *burn*) ~ afr. *barna/berna*, mnd. *bernen* 'brennen'.

Auch in der Morphologie lassen sich mehrere Ingwäonismen ermitteln, so in der Flexion des Substantivs (z. B. die Verallgemeinerung der alten Pluralendung *-ōs* als Pluralzeichen, vgl. engl. *master***s** 'die Meister', nl. *burger***s** ~ afrikaans *burgher***s** ~ nd. *börger***s** 'die Bürger'), im System der Pronomina (z. B. got. *mis* ~ aisl. *mér* ~ ahd. *mir*, aber ags. *mē/me* ~ afr. *mī/mi* ~ as. *mī/mi/me* ~ mnl. *mij/me* 'mir'; got. *is* ~ ahd. *ër*, aber an. *hann* gegenüber ags. *hē/he* ~ afr. *hī/hi* ~ as. *hē/he/hie* ~ nd. *hē/hei* ~ nl. *hij* 'er'), vor allen Dingen aber in der Verbalflexion, wo der Plural für alle drei Personen vereinheitlicht wurde, vgl. IV.3.3.–IV.3.6.

Unter den lexikalischen Ingwäonismen hervorzuheben ist der Gegensatz von germ. **druknu-* > ahd. *trockan* 'trocken' und **drugi-* > ags. *drȳge* (> engl. *dry*) ~ mnd. *drüüge* ~ nd. *dröge* ~ nl. *droog* 'trocken'. Laut der Statistik von Ernst Schwarz gibt es unter 3575 altenglischen Wörtern 223 (also 6,1%), deren Entsprechungen nur bei den Ingwäonen, also im Altsächsischen und im Altfriesischen, zu finden sind.

IV.3.4. Englisch

IV.3.41. Geschichte

Englisch ist heute eines der wichtigsten Mittel im internationalen Verkehr und in dieser Funktion in allen Weltteilen verbreitet. Nicht nur spricht die Mehrheit der Bevölkerung in England, den Vereinigten Staaten von Amerika, in Kanada, Australien und Neuseeland Englisch als ihre Muttersprache, sondern es ist zugleich Amtssprache in den Außengebieten dieser Länder, in den Mitgliedstaaten des Commonwealth sowie in den unabhängig gewordenen ehemaligen Kolonien Großbritanniens. Englisch ist zur Zeit schon die Muttersprache von ungefähr 300 Millionen Menschen; es ist somit die bedeutendste germanische Sprache der Gegenwart. Von den Überseevarianten des Englischen (vgl. IV.5.3.) abgesehen, nimmt unter den Dialekten Großbritanniens das Schottische (engl. *Scots*) oder *Lallans* (< *Lowland* 'Unterland') — NB: nicht das Gälische! — eine besondere Stellung ein; es gilt zwar nicht als eine auch amtlich anerkannte Schriftsprache, ist aber immerhin — in verschiedenen Abarten — die Umgangssprache von ungefähr 3,5—4 Millionen Untertanen Großbritanniens (vgl. IV.5.21.).

Wie in den voraufgegangenen Abschnitten dargelegt wurde, waren die Vorfahren der Engländer, die nordseegermanischen Stämme der Angeln, der (West-) Sachsen und der Jüten, aus dem heutigen Dänemark und Nordwestdeutschland von der Mitte des 5. Jh.s an auf die Britischen Inseln ausgewandert. Über die Einzelheiten der Landnahme sind wir wenig unterrichtet, da die verwendbaren historischen Quellen erst später entstanden und in vieler Hinsicht auch widerspruchsvoll sind. Nach Gildas hätten die inselkeltischen Briten in ihren Kämpfen gegen die ebenfalls keltischen Pikten 446—447 den römischen Konsul Galliens, Aetius, um Hilfe gebeten, sich dann aber, da die Römer sich aus dem Bruderzwist der Kelten heraushielten, an die Sachsen gewandt. Es handelt sich hier offensichtlich um eine nachträgliche Kosmetik der Tatsachen. Beda legt den Zeitpunkt der Landnahme auf das Jahr 449, was mit einem gewissen Spielraum auch annehmbar ist, denn die archäologischen Funde lassen ebenfalls auf die Mitte des 5. Jh.s schließen. Die Invasion soll nach Beda als eine einmalige Aktion und zwar in Kent abgelaufen sein. Er nennt sogar die Anführer der landnehmenden Germanen: Hengest (d. h. 'Hengst') und Horsa (d. h. 'Roß'). Das scheint allerdings dafür zu sprechen, daß Beda aus der volkstümlichen Tradition schöpfte. In Wirklichkeit läßt sich die Invasion nur als ein in verschiedenen Etappen erfolgter Prozeß vorstellen, auch nicht etwa von einem Punkt, sondern von mehreren Seiten in Süd-Nord-Richtung ausgehend, entlang den größeren Flüssen, vor allem von der Themsemündung gegen das Binnenland.

Stichhaltig ist die Mitteilung Bedas, daß die Jüten in Kent, auf der Insel Wight und den gegenüberliegenden Küsten, die Angeln im späteren Ost- und Mittelengland, Northumbrien und im ehemaligen Mercien, die Sachsen dagegen in den Gebieten der späteren Königreiche Ost-, Süd- und Westsachsen Fuß faßten (Abb. 45).

In altenglischer Zeit erstreckte sich der westsächsische Siedlungsraum von der mittleren Themse bis Hampshire; von da stießen die Westsachsen im 6. Jh. nach Westen vor. Ihr Zentrum lag vermutlich um Oxford. Im weiteren Verlauf ist auch hier mit einer englischen Überlagerung zu rechnen. Die Umstände der Besetzung der ostsächsischen Gebiete harren noch der Klärung. Der südsächsische Bereich wurde schon frühzeitig, im 5. Jh. germanisiert, obwohl hier wohl auch andere Stämme

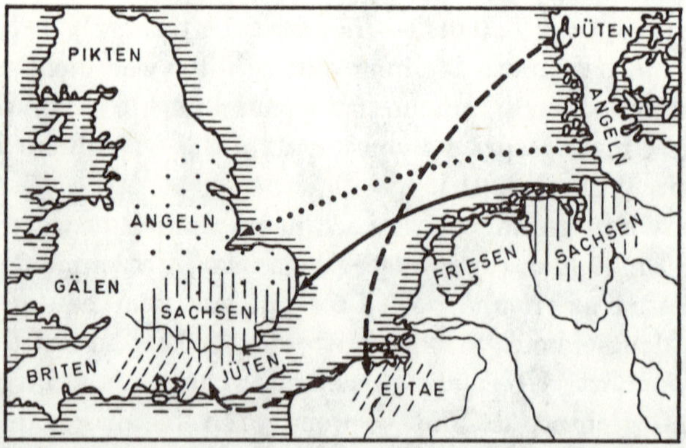

Abb. 45. Die Landnahme der Angelsachsen (nach Ernst Schwarz)

mit im Spiele waren. Zwischen dem west- und dem ostsächsischen Gebiet war ein sächsisches Zentrum entstanden, das in der späteren Entwicklung Englands eine große Bedeutung erlangte; da liegt nämlich London, das anfangs in ost-, vom Ende des 9. Jh.s an aber in westsächsischem Besitz war. Die Eigenständigkeit der Jüten war ziemlich früh geschwunden und gegen Ende des 7. Jh.s wurde auch Wight von den Westsachsen überflutet.

Vom eigentlich englischen Siedlungsraum ist aus der altenglischen Zeit ziemlich wenig bekannt. Ostengland (Norfolk und Suffolk) ist früh besiedelt worden; Mittelengland und die englische „Mark" (*Mercien*, d. h. 'Mark, Grenzland') wurden von der Ostküste her besetzt.

Die erste Etappe der angelsächsischen Landnahme war um 600 abgeschlossen. Zunächst waren keine geschlossenen germanischen Räume, sondern zerstreute Siedlungshorste entstanden, wobei sich kleinere oder auch größere keltische „Inseln" noch längere Zeit hindurch haben halten können. Die germanischen Eroberer ergriffen zuerst von den fruchtbaren Flußtälern Besitz und verdrängten die unterworfene keltische Bevölkerung in die Wald- und Gebirgsgegenden. Die Kelten wurden — im Gegensatz zu der Ansicht der meisten älteren Historiker Englands — nicht ausgerottet, sondern sie wurden — wie wir es übrigens auch von Beda erfahren — geknechtet. Vor der Knechtung ist ein Teil der Briten wieder auf das Festland, in die heutige Bretagne, gezogen. Anfangs bestanden nur spärliche Kulturbeziehungen zwischen den Eroberern und der Urbevölkerung, obwohl das frühe Auftreten keltischer Personennamen bei Germanen auf die Zunahme der Mischehen schließen läßt. Auffallend gering ist die Zahl keltischer Entlehnungen im Altenglischen; sie beschränken sich, außer den Orts- und Personennamen, auf einige Tiernamen sowie auf die Bezeichnungen einiger spezifischer Werkzeuge der Landwirtschaft (vgl. IV.3.43.).

Im Laufe des 7.–8. Jh.s wurde die Herrschaft der Germanen auf ganz Großbritannien ausgedehnt. Damit schrumpften die freien keltischen Gebiete, wenn auch in ununterbrochenen Kämpfen, immer mehr zusammen. Im Süden wurde in dieser Periode von Wessex die aggressivste Kolonisierung betrieben. Die drei Fürstentümer von Wales konnten ihre Unabhängigkeit in altenglischer Zeit noch behaupten. Das Nachbarland Cornwall war dagegen im ersten Drittel des 10. Jh.s gezwungen, sich den anstürmenden Westsachsen zu ergeben. Um den Besitz Cumberlands wurde der Kampf mit wechselndem Glück geführt, und es kam erst gegen Ende des 11. Jh.s unter englisches Joch. Im wesentlichen konnte auch Schottland noch seinen keltischen Charakter bewahren und wurde erst im ausgehenden 14. Jh. zu einem gemischten gälisch–englischen Land. Dieser Prozeß ging mit der allmählichen und äußerst zähen Ausbreitung der englischen Bevölkerung einher. Die Ausmaße dieses Vordringens werden auch dadurch markiert, daß der in diesen Landstrichen gesprochene englische Dialekt bereits im 12. Jh. die Sprache des schottischen Königshofes war (vgl. IV.5.21.).

Die in der Folge der germanischen Landnahme entstandenen neuen Reiche führten nicht nur mit den Kelten, sondern auch miteinander ununterbrochen Kriege, die um die Zentralisierung der Macht ausgefochten wurden. Diese war zuerst um die Wende des 6.–7. Jh.s dem kentischen König ÆÞELBERHT geglückt, obwohl die Besiegten eher nur in eine vasallenmäßige Abhängigkeit von ihm gerieten. Zur gleichen Zeit begann der Kampf um die Zentralmacht auch im Norden. ÆÞELFRIÐ, König von Bernicien, dehnte seine Macht am Ende des 6. Jh.s auf die ganze Insel aus, erlitt aber 613 eine entscheidende Niederlage von Mercien. Danach besetzte Mercien Mittelengland, Wessex und Ostengland. Dieser englischen Herrschaft haben die Westsachsen zu Beginn des 9. Jh.s ein Ende bereitet, als ECGBERHT, König von Wessex, Mercien besiegte und Kent, Surrey, Sussex, Essex, Ostengland und 830 sogar den Norden von Wales eroberte.

In der Epoche dieser scharfen politischen Kämpfe der germanischen Reiche begann auch die Bekehrung zum christlichen Glauben. Papst GREGOR DER GROSSE entsandte 597 den Prior AUGUST mit einer großen Schar von Missionaren nach Kent. AUGUST wurde 601 Erzbischof von Canterbury und sandte von da seine Missionare zu den verschiedenen germanischen Stämmen aus. Diesem von oben gelenkten Bekehrungswerk hat sich das Volk vielerorten widersetzt und die Geistlichen nicht selten vertrieben. Der Aktion der Bekehrung wurde von der aus den irischen Klöstern in Gang gesetzten volksnahen Mission zum Sieg verholfen; sie wurde dann allerdings wieder unter Roms Kontrolle gebracht. Gegen Ende des 7.Jh.s war schon im wesentlichen ganz Großbritannien christlich. Damit wurde auch England dem Kreis der zeitgenössischen europäischen Kultur angeschlossen; es wurde die lateinische Schrift eingeführt, und dank der Gründung von Klosterschulen entwickelte sich auch die mittelalterliche Geschichtsschreibung Englands (vgl. III.3.6.).

Einen Wendepunkt in der Entwicklung Englands bedeutete die normannische Eroberung im Jahre 1066. Die Machtübernahme Wilhelms I. (des Eroberers) brachte die politisch-militärische Festigung des Feudalwesens mit sich. In den Kämpfen der Lehnsherren wurde 1215 die *Magna Charta* geboren, die bereits die Grundlagen der englischen Konstitution bestimmte. Der Kampf um die Besitzungen der königlichen Dynastie in Frankreich mündete in den Hundertjährigen Krieg der beiden Länder, der erst 1337 ein Ende nahm. In den darauf folgenden „Rosenkriegen" (1459–1485) wurden in der wirtschaftlich-sozialen Gärung des ausgehenden 15. Jh.s hinter den Kulissen dynastischer Interessen die Wege zur modernen Entwicklung angebahnt.

Während der Herrschaft des Hauses Tudor eroberte die europäische Reformation auch England. Im 16. Jh. begann sich der Handel auszuweiten; gleichzeitig wurde in den Kämpfen der Stuarts und Tudors bzw. in der mit Oliver Cromwells Namen verbundenen Puritanischen Revolution (1642–1649), obwohl sie letzten Endes der Übermacht erlag, der moderne englische Parlamentarismus begründet. Daran vermochte nicht einmal die Restauration etwas zu ändern, besonders nachdem in der Glorreichen Revolution von 1688 die reaktionäre Herrschaft Jakobs II. gestürzt worden war. Damit gelangte die politische Macht in die Hände der von Robert Walpole geführten Whig-Partei, d. h. des aufstrebenden Bürgertums und der kleinen Gutsbesitzer, im Gegensatz zu der aristokratischen Tory-Partei. In raschem Tempo entfalteten sich in der gleichen Zeit die Großmachtbestrebungen Englands: nach der Eroberung Irlands und dem Anschluß von Schottland (1707) war Großbritannien aus der Taufe gehoben. Die Bank of England wurde zum Hauptzentrum des Welthandels (1694). Außer der erfolgreichen Teilnahme an den Kriegen in Europa konnte England seine Positionen während des 18. Jh.s auch in Indien und — trotz des Unabhängigkeitskrieges in Amerika — in anderen Teilen der Welt, vor allem in Australien und Neuseeland, festigen. Dank der Industrierevolution verwandelte sich das kapitalistische England zur bedeutendsten Großmacht der Erde. Nach dem Zweiten Weltkrieg konnten sich jedoch seine Kolonien in Asien und Afrika nach und nach befreien, sind allerdings großenteils im Rahmen des Commonwealth mit Großbritannien heute noch eng verbunden.

IV.3.42. Quellen

Die aus der Verschmelzung der englischen, sächsischen und jütischen Stammesdialekte hervorgegangene englische Sprache wird historisch, mit mehr oder weniger Abweichungen in der inneren chronologischen Abgrenzung, in drei große Perioden eingeteilt: 1. Altenglisch (*Old English*) von den Anfängen bis zur normannischen Eroberung (1066) bzw. 1100; 2. Mittelenglisch (*Middle English*) von 1100 bis zum 16. Jh.; 3. Neuenglisch (*New* oder. *Modern English*) vom 16. Jh. an.

Im Hinblick auf das Quellenmaterial der altenglischen Zeit ist es besonders wichtig und im Vergleich mit anderen germanischen Sprachen äußerst günstig, daß in England von den Anfängen der Schriftlichkeit an nicht nur lateinisch, sondern auch in der Volkssprache geschrieben wurde. Daher ist das zur Verfügung stehende Material (trotz der Vernichtung vieler Handschriften während der normannischen Eroberung) nicht nur sehr alt, sondern auch reichhaltig. Die ersten altenglischen Glossen datieren aus dem angehenden 8. Jh., ihre Masse jedoch stammt aus dem 10.–11. Jh. Die vom Ende des 11. Jh.s bzw. aus dem 12. Jh. auf uns gekommenen Glossen zeigen bereits die Merkmale des Übergangs zum Mittelenglischen. Außer den großangelegten poetischen Sammlungen (vgl. III.4.2) sind zahlreiche Urkunden bzw. Urkundenabschriften erhalten geblieben. Auch die Zahl der in lateinischen Texten verstreuten englischen Vokabeln bzw. – und vor allem – Namen ist nicht gering. Dies gilt in erhöhtem Maße von Bedas Kirchengeschichte, deren älteste bekannte Handschrift um die Mitte des 8. Jh.s entstand. Die Forschung wird aber dadurch erschwert, daß die altenglischen Texte vom 10. Jh. an fast ausnahmslos – sogar im englischen Sprachbereich – im westsächsischen Dialekt geschrieben wurden, noch mehr, auch ältere englische Texte wurden ins Westsächsische umgesetzt, dem aber in der weiteren Entwicklung des Englischen nur eine bescheidene Rolle zufiel. Das eigentlich englische (Anglisch: *Anglian*) Material beschränkt sich meistenteils auf interlineare Glossen.

Der literaturfreundlichen Politik des im ausgehenden 9. Jh. herrschenden Königs Alfred verdanken wir die wertvollsten Prosadenkmäler der altenglischen Zeit, so die bereits erwähnte Kirchengeschichte von Beda, die westsächsische Übersetzung der Weltgeschichte des Orosius usw. Auch mit der Abfassung der sowohl für die Sprachgeschichte als auch für die Historiographie sehr wichtigen Angelsächsischen Chronik (*Anglo-Saxon Chronicle*) wurde unter Alfreds Herrschaft begonnen. Nach Alfreds

Regierungszeit, um die Wende des 10.—11. Jh.s war die literarische Tätigkeit des Abtes ÆLFRIC von besonderer Bedeutung; nicht nur seine Homilien (*Homilies*) und sein Heiligenleben (*Saints' Legends*) sind wichtig, sondern auch seine „Gespräche" (*Colloquium*), die die gesprochene Umgangssprache mit deren Wortschatz und Wendungen fixierten. Am Ausgang der altenglischen Periode entstand eines der bedeutendsten Denkmäler der Zeit, der letzte Abschnitt der Angelsächsischen Chronik, der nach seinem Entstehungsort auch *Peterborough Chronicle* genannt wird. Die letzte Eintragung dieser Sammlung stammt von 1154, d. h. aus der Entwicklungsphase des Mittelenglischen. (Über die englischen Runendenkmäler s. III.3.4.)

Die Quellen des Mittelenglischen fließen zwar noch reicher, sie sind aber ziemlich unausgeglichen, da die Sprache der Literatur nach der normannischen Eroberung in erster Linie das Kirchenlateinische bzw. die aus der Normandie nach England eingeführte Variante des Französischen, das sogenannte Anglonormannische (*Anglo-Norman*) war. Auf der anderen Seite haben sich in den englischen Texten die in altenglischer Zeit entstandenen und die in der Zwischenzeit erfolgten sprachlichen Neuerungen kaum widerspiegelnden Schrifttraditionen noch ziemlich lange halten können. Das geschriebene Material war schon im 14. Jh. sehr umfangreich, hat sich aber während des 15. Jh.s vervielfacht, nachdem das Pergament vom viel einfacher und billiger herzustellenden Papier abgelöst worden war. Im 15. Jh. wurde der Buchdruck auch in England eingeführt — der erste Buchdrucker Englands war WILLIAM CAXTON (ungefähr 1422–1491) —; von da an ist das Quellenmaterial, das sich auch für sprachhistorische Zwecke eignet, kontinuierlich und überaus reich.

IV.3.43. Altenglisch

Im Altenglischen, d. h. in der Zeit zwischen 700 und 1100 unterscheidet man gewöhnlich vier Hauptdialekte in England, und zwar 1. das Northhumbrische (*Northumbrian*) nördlich von der Humber bis zur Forth; 2. das Mercische oder Binnenländische (*Mercian*) in Mittelengland, zwischen Themse und Humber; 3. das Westsächsische (*West-Saxon*) südlich der Themse, mit Ausschluß von Kent und einem Teil von Surrey, wo 4. das Kentische (*Kentish*) geherrscht hat. Northumbrisch und Mercisch waren Dialekte der Angeln, Westsächsisch war der Dialekt der Sachsen, Kentisch aber jener der Jüten (Abb. 46).

Da die überwiegende Mehrzahl der Sprachdenkmäler der altenglischen Zeit im westsächsischen Dialekt auf uns gekommen ist, wird unter Altenglisch in der Regel Westsächsisch verstanden, das sich chronologisch folgender-

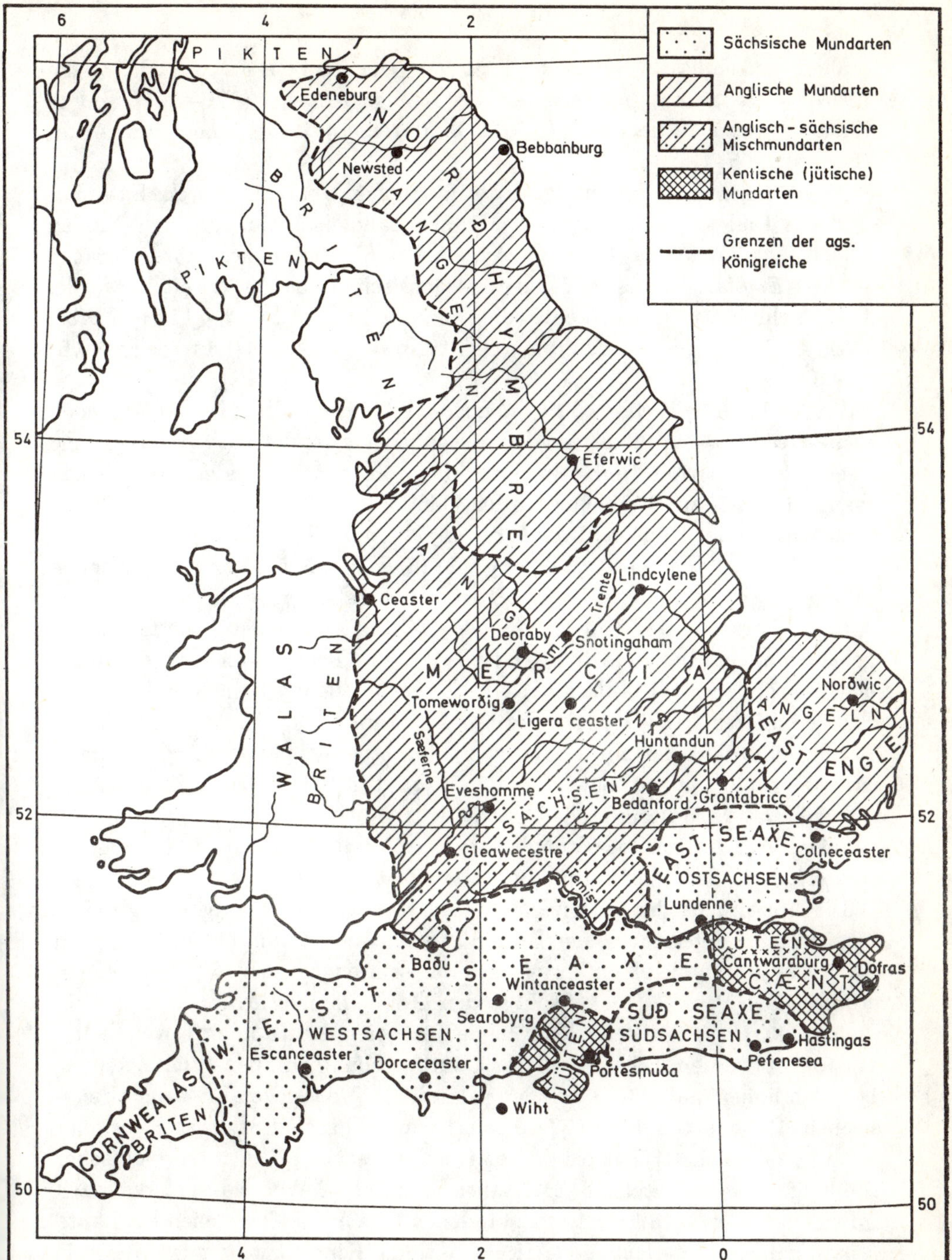

Abb. 46. Altenglische Mundarten (nach VLADIMIR DMITRIEVIĆ ARAKIN und KARL BRUNNER)

maßen aufschlüsseln läßt: 1. Früh- oder Altwestsächsisch (*Early West Saxon*) im Zeitalter des Königs Alfred (871–901) und 2. Spätwestsächsisch (*Late West Saxon*) in der Zeit des Abtes Ælfric (955–1025).

Es sei angemerkt, daß infolge des anfänglichen Übergewichts des Stammes und des Dialektes der Angeln das ganze Land nach ihnen seinen Namen erhielt (ags. *Englaland* 'Land der Angeln'), ja die Bezeichnung ihrer Sprache – ags. *Englisc* – auch auf den westsächsischen Dialekt erweitert wurde. Die Fachliteratur zieht heute die Bezeichnung Altenglisch vor, aber – besonders im älteren Schrifttum – ist auch Angelsächsisch gängig.

Von einer einheitlichen Orthographie ist in altenglischer Zeit noch keine Rede. In den modernen Textausgaben verwendet man meistens eine nachträglich normierte Rechtschreibung, die mit folgenden Graphemen manipuliert: 1. zur Bezeichnung der Vokale: *a*, *æ*, *e*, *i*, *o*, *u*, *y* bzw. 2. zur Bezeichnung der Konsonanten: *b*, *c*, *d*, *þ*, *ð*, *f*, *g*, *h*, (*k*), *l*, *m*, *n*, *p*, *r*, *s*, *t*, *w*, *x*.

Die Vokale können auch lang sein (*ā*, *ǣ*, *ē*, *ī*, *ō*, *ū*, *ȳ*) bzw. Diphthonge bilden (*ea*/*ēa*, *eo*/*ēo*, *ie*/*īe*, *io*/*īo*). Diese Buchstaben spiegeln nicht die Ausspracheregeln des Englischen der Gegenwart, sondern sie folgen im großen und ganzen dem phonetischen Prinzip der Orthographie. *æ* wird als offenes [ɛ], *ǣ* als offenes [ɛ:] ausgesprochen; *y*, *ȳ* sind die Grapheme für gerundetes [y], [y:]. Der zweite Bestandteil der Diphthonge ist ein Reduktionsvokal, der mit *a* oder *e* bzw. mit *o* bezeichnet wird, vgl. *ea* [æə], *ēa* [ɛ:ə], *eo* [eo], *īo* [i:o] usw.; *ie*, *īe*, *io*, *īo* sind frühaltenglische Diphthonge, die sich im Spätaltenglischen gewandelt haben, vgl. *ie* > *i*/*y*, *īe* > *ī*/*ȳ*, *io* > *eo*, *īo* > *ēo*. Im Spätaltenglischen waren *y* und *ȳ* nur noch im Schriftbild erhalten, denn sie wurden bereits zu *i* bzw. *ī* entrundet.

Die Aussprache der Konsonanten steht den heutigen englischen bzw. allgemein-germanischen Regeln etwas näher, immerhin gibt es auch da Sondermerkmale. *þ* entspricht stimmlosem englischem *th* [θ], *ð* seinem stimmhaften Paar *th* [ð], obwohl in den Originalhandschriften wie auch in vielen Textausgaben beide Grapheme für beide Laute auch abwechselnd verwendet werden. *c* ist in velarer Lautumgebung in allen Stellungen [k] bzw. vor hohen (palatalen) Vokalen palatales [k'], das gegen Ende der altenglischen Periode schon zu [tʃ] affriziert wurde. Parallel dazu ist *g* vor oder nach hohem Vokal [j], sonst [g] bzw. spirantisches [g] in intervokalischer Stellung. Dieser Prozeß der Palatalisierung betraf aber die vor oder nach infolge der Umlautung entstandenen hohen Vokalen stehenden Laute *k* bzw. *g* nicht. Das heißt: *ċild* [k'ild > tʃild] 'Kind' bzw. *weġ* [wej ~ wei̯] 'Weg', aber *cynn* [kyn > kin] 'Geschlecht' (< **kuni*), *gǣst* [gɛ:st] 'du gehst' (< **gāst*). Die Verbindung *cġ* gibt die Affrikate [dʒ] wieder, z. B.

secgan 'sagen'. Manche Sprachhistoriker schreiben auch den Wandel *sc* [sk] > [ʃ] der altenglischen Periode zu, vgl. ausführlicher IV.3.45. Die Reibelaute *f* und *s* sind in intervokalischer Stellung sowie zwischen einem stimmhaften Konsonanten und einem Vokal stimmhaftes [v] bzw. [z], z. B. *seolfor* [seolvor] 'Silber', *ofer* [over] 'über', *wesan* [wezan] 'sein', a b e r *lēof* [lɛ:of] 'lieb', *sōð* [so:ð] 'wahr'. *h* ist im Wortanlaut [h], sonst nach hohem Vokal stimmloses [ç], nach tiefem Vokal stimmhaftes [x] wie im Deutschen, z. B. *hātan* [ha:tan] 'heißen', *feohtan* [fæoçtan] 'fechten', *ðōhte* [ðo:xte] 'dachte'.

Die B e t o n u n g folgte, mit Ausnahme der Fremdwörter, den gemeingermanischen Regeln.

Im Vergleich zu der germanischen Grundsprache hat das L a u t s y s t e m des Altenglischen folgende Wandlungen durchgemacht:

1. *a* wurde in geschlossenen Silben bzw. auch in offenen Silben, falls die Nachsilbe ein *e* oder *i* enthielt, zu *æ* palatalisiert, z. B. **dag* > *dæg* 'Tag', **ak(e)r* > *æcer* 'Acker'. Vor Nasal ist es *a* geblieben bzw. zu *o* verdumpft worden, z. B. *lang* ~ *long* 'lang';

2. Die Vokale *æ, e, i* wurden vor *h* bzw. vor *l* + Kons., *r* + Kons. oder *h* + Kons. zu kurzen Diphthongen „gebrochen": *æ* > *ea*, *e* > *eo*, *i* > *io*, z. B. germ. **eh* > ags. *eoh* 'Pferd', germ. **haldan* > ags. **hældan* > *healdan* 'halten', germ. **berg* > ags. *beorg* 'Berg', germ. **fehtan* > ags. *feohtan* 'fechten';

3. Nach anlautendem *c, g* oder *sc* wurden *æ, ǣ, e* diphthongiert: *æ* > *ea*, z. B. germ. **skal* > ags. **scæl* > *sceal* 'soll' (engl. *shall*); *ǣ* > *ēa*, z. B. ags. **gǣr* > *gēar* 'Jahr'; *e* > *ie*, z. B. ags. **sceran* > *scieren* 'scheren';

4. Innerhalb der sogenannten westgermanischen Einheit, d. h. zusammen mit dem Südgermanischen, hat das Altenglische die einfachen Konsonanten gedehnt („geminiert") vor *j*, wonach dieses *j* verschwand, z. B. **cwæljan* > *cwellan* 'töten' (engl. *kill*), **lægjan* > *lecgan* 'legen'. Davon bildete nur *r* eine Ausnahme, vgl. **swærjan* > *swerian* 'schwören';

5. Das Altenglische hat zwei Arten des Umlauts verwirklicht: (a) den sogenannten *-i-* (*-j-*)-Umlaut und (b) den sogenannten *o-/a-* bzw. *u*-Umlaut, je nachdem, welches von diesen ursprünglich in der Nachsilbe des umlautfähigen Vokals der Hochtonsilbe stand, z. B. **bōci* > *bēc* 'Bücher' (*i*-Umlaut), **fōdjan* > *fēdan* 'füttern' (*j*-Umlaut), **alo* > *ealu* 'Bier, Äl' (engl. *ale*) (*o*-Umlaut). Die Umlautentsprechungen sind: *a/o* > *e*, z. B. *mann* 'Mann' → *menn* 'Männer'; *ā* > *ǣ*, z. B. *brād* 'breit' → *brǣdan* 'verbreiten'; *æ* > *e*, z. B. **stædi* → *stede* 'Stätte'; *o* > *e*, z. B. *dohtor* 'Tochter' → *dehter* Dat. Sing.; *ō* > *ē*, z. B. *gōs* 'Gans' → *gēs* 'Gänse'; *u* > *y*, z. B. *full* 'voll' → *fyllan* 'füllen'; *ū* > *ȳ*, z. B. *mūs* 'Maus' → *mȳs* 'Mäuse'; *ea* > *ie*, z. B. *eald* 'alt' → *ieldra* 'älter'; *ēa* > *īe*, z. B. *hēah* 'hoch' → *hīehst* 'höchst'; *eo/io* > *ie*,

z. B. *weorc* ‘Werk, Arbeit’ → *wyrcan* ‘wirken, arbeiten’; *ēo/īo* > *īe*, z. B. *lēoht* ‘Licht’ → *līehtan* ‘leuchten’. – Der sekundäre *o/u*-Umlaut ist erst um 700 aufgekommen und blieb im allgemeinen auf den englischen Dialekt beschränkt.

Überdies kam es zu weiteren, weniger relevanten Lautwandlungen. An dieser Stelle sei von ihnen bloß die ebenfalls auf die Zeit um 700 datierte altenglische Ersatzdehnung angeführt, wobei *h* nach *l* + Vokal oder *r* + Vokal ausgestoßen, der voraufgehende Hochtonvokal jedoch gedehnt wurde, z. B. *mearh* ‘Pferd’, aber *mēares* Gen. Sing., **sleahan* > *slēan* ‘schlagen’.

Die wichtigsten V o k a l v e r ä n d e r u n g e n sind in Abb. 47 tabellarisch zusammengefaßt:

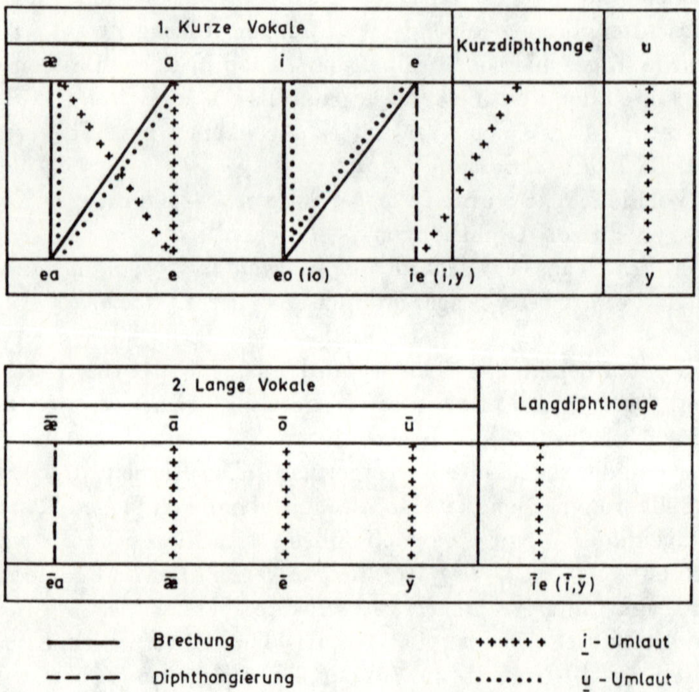

Abb. 47. Vokalismus des Altenglischen

Für die weitere Entwicklung des Englischen war aber die fortdauernde R e d u k t i o n des Vokalismus der Nebensilben von besonderer Bedeutung, da sie – wie zu sehen sein wird – letzten Endes auch in der typologischen Umbildung der grammatischen Struktur zu einem der entscheidenden Faktoren wurde.

Sonst hat sich das Altenglische während der 400 Jahre seiner Entwicklung verhältnismäßig langsam und wenig verändert.

Das Substantiv unterschied die drei Genera und parallel dazu die nach den Stämmen geordneten Paradigmen: 1. Die *a*-Stämme (*dæg* m. 'Tag', *word* n. 'Wort') mit den Varianten der *ja*-Stämme (*ende* m. 'Ende', *rīce* n. 'Reich, Land') und der *wa*-Stämme (*snaw* m. 'Schnee', *trēow* n. 'Baum, Holz'); 2. Die *ō*-Stämme (*gifu* f. 'Gabe') mit den Varianten der *jō*-Stämme (*hild* f. 'Kampf') und der *wō*-Stämme (*trēow* f. 'Treue'); 3. Die *i*-Stämme, z. B. *drinc* m. 'Trank', *cwēn* f. 'Frau', *sife* n. 'Sieb'; 4. Die *u*-Stämme, z. B. *sunu* m. 'Sohn', *hand* ~ *hond* f. 'Hand', des weiteren bei den konsonantischen Stämmen: 1. Die *n*-Stämme (sogenannte „schwache" Deklination), z. B. *guma* m. 'Mensch', *tunga* f. 'Zunge, Sprache', *ēage* n. 'Auge'; 2. Die *r*-Stämme der Verwandtschaftsnamen, z. B. *fæder* m. 'Vater', *mōdor* f. 'Mutter'; 3. Die *nd*-Stämme (substantivierte Partizipien), z. B. *frēond* m. 'Freund'; 4. Die *s*-Stämme, z. B. *cealf* n. 'Kalb', ferner einige, bereits in altenglischer Zeit im Zerfall begriffene, isolierte Gruppen, z. B. die Paradigmen von *fōt* m. 'Fuß', *bōc* f. 'Buch' u. dgl. Schon im Altenglischen läßt sich die Einschmelzung der weniger belasteten Stammklassen in die größeren, vor allem in die *a*- bzw. die *ō*-Klasse, beobachten.

Das Adjektiv war entweder „stark" oder „schwach". Die schwache Deklination folgte jener der substantivischen *n*-Stämme, während innerhalb der „starken" Deklination die *a-/ō*-Stämme (z. B. *gōd* m., f., n. 'gut'), die *ja-/jō*-Stämme (z. B. *grēne* m., n. ≠ *grēnu* f. 'grün') und die *wa-/wō*-Stämme (z. B. *geolu* 'gelb' → *gealwes* Gen. Sing. m.-n.) auseinandergehalten wurden.

Von den Kardinalzahlen werden (wie die Adjektiva) nach den drei Genera unterschiedlich dekliniert: *ān* 'ein'; *twēgen* m., *twā* f., *twā* ~ *tū* n. 'zwei' und *þrī(e)* m., *þrēo* f.-n. 'drei'.

Die Personalpronomina der 1. und der 2. Person haben noch im Gegensatz zu den übrigen Nomina den Dualis neben dem Singular und dem Plural gekannt, z. B. *wē* 'wir' ≠ *wit* 'wir beide', *gē* ~ *gīe* 'ihr' ≠ *git* 'ihr beide'. Ein ähnlicher Archaismus ist der Instrumentalis bei einigen Demonstrativ- bzw. Interrogativpronomina, z. B. *þȳ* ~ *þon* → *sē/sēo/þæt* 'der/die/das, jener/jene/jenes', *þȳs* ~ *þis* → *þēs/þis* 'dieser', *hwȳ* ~ *hwī* → *hwā/hwæt* 'wer, was'. Die übrigen Nomina hatten nur vier Kasus: Nominativ, Akkusativ, Genitiv und Dativ.

Das Personalpronomen der 3. Person wurde im Altenglischen mit einem *h*-Vorschlag gebildet, im Gegensatz zu den südgermanischen Sprachen, vgl. *hē* 'er', *hēo* ~ *hī(e)* ~ *hȳ* 'sie', *hit* 'es' bzw. *hīe* (*hēo*, *hī*, *hy*, *hig*) im Plural.

Die Verba waren teils „stark", teils „schwach". Die Klassen der starken Verba sowie die Präteritopräsentien s. II.2.3.

Die schwachen Verba gliederten sich in drei Klassen: 1. *nerian* 'retten' — *nere***de** Prät., *hȳran* 'hören' — *hȳr***de** Prät., *tellan* 'erzählen' — *teal***de** Prät.; 2. *lōcian* 'schauen, blicken' — *lōc***ode** Prät.; 3. nur in Resten, z. B. *habban* 'haben' — *hæfde* Prät., d. h. das Präteritum nach der 2., das Präsens eigentlich nach der 1. Klasse.

Die athematischen Verba des Indogermanischen waren nur noch in Relikten vorhanden, z. B. *wesan* ~ *bēon* 'sein' — *eom* ~ *bēo(m)* 'bin' usw., *sī(e)* ~ *bēo* 'ich sei', *wes* ~ *bēo* 'sei!' — *wæs* 'war'; des weiteren *wille* 'will', *nylle* (< *ne wille*) 'will nicht'; *dōn* 'tun'; *gān* 'gehen' — *ēode* 'ging' (vgl. got. *iddja*).

Es ist ein charakteristisches Merkmal der Konjugation, daß im Plural die drei Personen formal zusammengefallen sind. Sonst waren die grammatischen Kategorien des Verbs vom gemeingermanischen flektierenden Typus nicht verschieden, vgl. im Altisländischen (IV.2.52.), im Färöischen (IV.2.63.) oder im Althochdeutschen (IV.4.63.).

Der altenglische W o r t s c h a t z zeigt neben den allen germanischen Sprachen gemeinsamen bzw. den in gemeingermanischer Zeit übernommenen L e h n w ö r t e r n an drei Punkten eigenartige Merkmale: 1. Im spezifisch n o r d s e e g e r m a n i s c h e n Wortgut („Ingwäonismen", vgl. IV.3.3.); 2. im Bereich der nach der Landnahme entlehnten F r e m d w ö r t e r ; 3. in den altenglischen Besonderheiten der W o r t - b i l d u n g.

Die Großzahl der g r i e c h i s c h — l a t e i n i s c h e n Lehnwörter haben die Angeln noch vom Festland mitgenommen. Solche sind z. B. gr. *κυριακόν* > ags. *cirice* 'Kirche' (vgl. nl. *kerk*, schw. *kyrka* usw.), gr.-lat. *discus* 'Schüssel, Scheibe' > ags. *disc* 'Schüssel' (vgl. dt. *Tisch*), lat. *piper* > ags. *pipor* 'Pfeffer' (vgl. nl. *peper*, schw. *peppar* usw.), lat. *vīnum* > ags. *wīn* 'Wein' (vgl. nl. *wijn*, norw.-dän.-schw. *vin*, got. *wein*) usw. Erst nach der Landnahme können ins Englische gedrungen sein solche Wörter wie lat. *Latinus* > ags. *læden* 'lateinisch, Latein-', lat. *pīrus* > ags. *pere* ~ *peru* 'Birne', lat. *turris* > ags. *tor* 'Turm'.

Die c h r i s t l i c h e M i s s i o n hat weitere lateinische (z. T. ursprünglich griechische) Fremdlinge heimisch gemacht, z. B. *forca* 'Forke, Gabel', *nunna* 'Nonne', *prēost* 'Priester', *munuc* 'Mönch', sowie eine Menge von L e h n ü b e r s e t z u n g e n inspiriert, wie *gōdspell* 'Evangelium', eigentlich 'gute Botschaft' gleich gr. *εὐαγγέλῑον* < *εὐ* 'gut' + *ἀγγελῖα* 'Botschaft'.

Auffällig selten sind Entlehnungen aus dem I n s e l k e l t i s c h e n, und auch bei diesen ist es meistens strittig, ob sie aus dem Gälischen oder aus dem Kymrischen stammen. Außer den Orts- und Personennamen (vgl. III.5.4.) gehören z. B. *pen* 'Bergspitze, Gipfel', *bin(n)* 'Korb', *broc(c)* 'Dachs' und vielleicht auch *hog(g)* 'Ferkel' hierher.

Zur Zeit — und als Folge — der Streifzüge der nordgermanischen Wikinger wurden große Gebiete des Landes für kürzere oder längere Frist zweisprachig, zum Teil auch entfremdet. Auch ihre Sprache fand einen

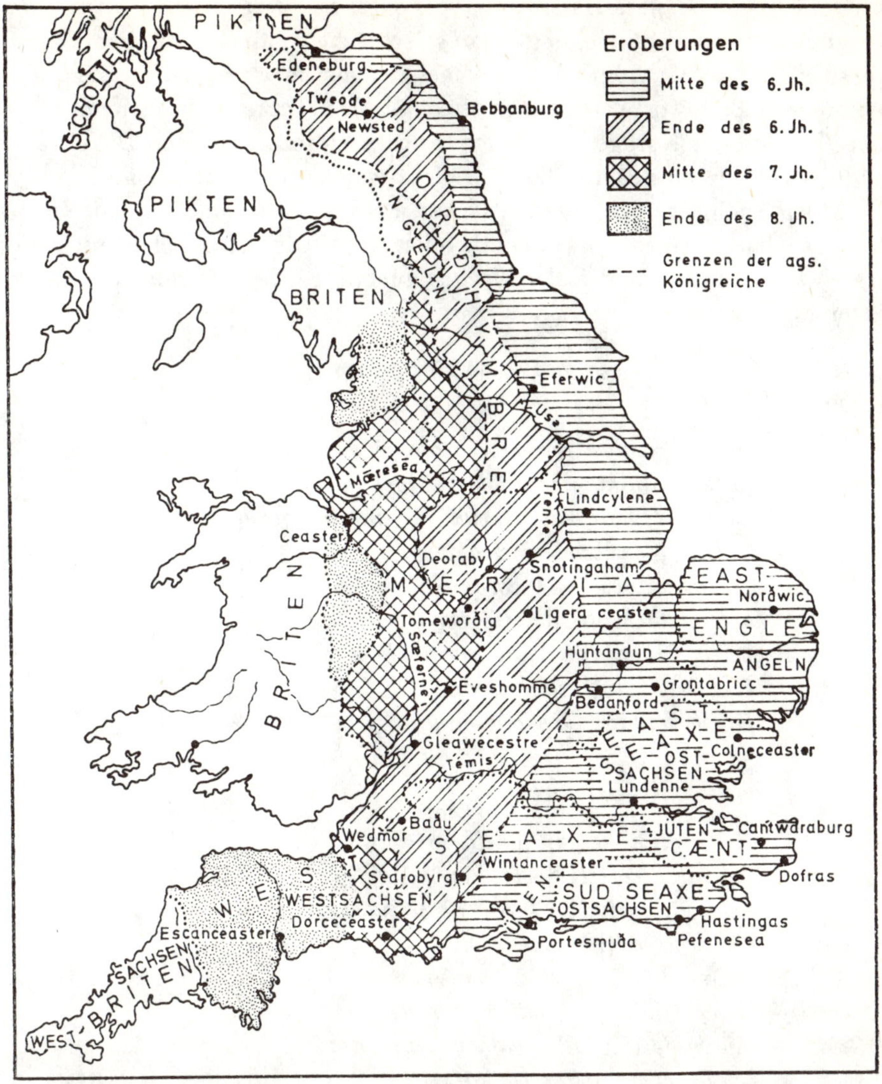

Abb. 48. England zur Zeit der nordseegermanischen Eroberungen (nach Karl Brunner)

Niederschlag im Englischen. Die Zugehörigkeit zu einer der beiden Quellensprachen (Norwegisch oder Dänisch) läßt sich infolge ihrer großen Affinität meistens nicht genau bestimmen. Zu den in unseren altenglischen Texten besonders häufig belegten n o r d g e r m a n i s c h e n Lehnwörtern zählen z. B. *fēolaga* (engl. *fellow*) 'Genosse, Kamerad', *cnīf* (engl. *knife*) 'Messer', *hūsbonda* 'Bauer, Hauswirt' (vgl. engl. *husband* 'Mann'), *lagu* ~ *lage* (engl. *law*) 'Gesetz', *wrang* (engl. *wrong*) 'schlecht, schlimm'. Aus dem Charakter der Denkmäler folgt, daß die meisten der in altenglischer Zeit übernommenen Lehnwörter erst in mittelenglischen Texten aufscheinen, als die dem Einfluß der Nordgermanen mehr ausgesetzten englischen Dialekte den südlichen (d. h. westsächsischen) Dialekt wieder zurückdrängen.

In der Nachfolge der normannischen Eroberung strömten auch französische Elemente in zunehmender Anzahl ins Englische; auch diese treten zumeist erst im Mittelenglischen auch in der Schriftsprache in dichter Streuung hervor.

IV.3.44. Textproben

(a) *Westsächsisch*

Nū wē sculan herian || heofonrīces Weard,
Metodes mihte || ond his mōdgeþonc,
weorc Wuldorfæder, || swā hē wundra gehwæs,
ēce Drihten || ord onstealde.
Hē ǣrest gescēop || eorðan bearnum
heofon tō hrōfe, || hālig Scyppend;
ðā middongeard || moncynnes Weard,
ēce Dryhten, || æfter tēode
fīrum foldan || Frēa ælmihtig.

(b) *Northumbrisch* (= *Anglisch*)

Nū scylun hergan || hefaenrīcaes uard,
metudæs maecti || end his mōdgidanc,
uerc uuldurfadur, || suē hē uundra gihuaes
ēci dryctin, || ōr āstelidæ;
hē ǣrist scōp || aelda barnum
heben til hrōfe, || hāleg scepen,
thā middungeard || moncynnæs uard;
ēci dryctin || æfter tīadae
fīrum foldun, || frēa allmectig.

Primo cantauit Caedmon instud carmen.

(CÆDMONs *Hymne*. BEDA, 8. Jh.)

nū 'nun, jetzt'; *wē* 'wir'; *sculan* ~ *scylun* 1. Pl. Präs. Ind. *sculan* 'sollen' (engl. *shall*); *herian* ~ *hergan* 'hören'; *heofonrīce* (*hefaenrīcae*) n. 'Himmelreich' (~*s* Gen. Sing.); *weard* (*ward*) m. 'Wärter, Beschützer', *Metod* (*metud*) m. 'Herr, Schöpfer, Gott' (~*es* Gen. Sing.); *mihte* (*maecti*) Akk. Sing.

→ *miht* f. 'Macht'; *ond* (*end*) 'und'; *his* m. 'sein'; *mōdgeþonc* (*mōdgidanc*) m. 'Gedanke, Idee, Vorhaben, Plan'; *weorc* (*werc*) n. 'Werk'; *Wuldorfæder* (*Wuldurfadur*) m. 'Vater der Herrlichkeit: Gott' (hier Gen. Sing.); *swā* (*swē*) 'so ... als, wie'; *hē* 'er'; *wundor* n. 'Wunder' (*wundra* Gen. Pl.); *gehwā* '(ein) jeder' (*gehwæs* Gen. Sing. n.); *ēce* (*ēci*) 'ewig'; *Drihtin* (*Dryhtin, dryctin*) m. 'Herr, Führer' (vgl. dt. **Truch**-*seß*); *ord* (*ōr*) n. 'Anfang'; *onstealde* (*āstelidæ*) 3. Sing. Prät. Ind. → *onstellan* 'anstellen, einrichten, stellen'; *ǣrest* 'zuerst'; *scōp* (*gescēop*) 3. Sing. Prät. Ind. → *scyppan* (*gescyppan*) '(er)schaffen'; *eorðe* f. 'Erde' (*eorðan* Gen. Sing.); *aelda* Pl. m. 'Menschen, Menschheit' (*ælde* Gen. Pl.); *bearn* (*barn*) n. 'Kind' (*~um* Dat. Pl.); *heofon* (*heben*) m. 'Himmel'; *tō* (engl. *to*) 'zu'; *til* (engl. *till*, an. *til*) 'zu'; *hrōf* m. 'Dach' (*~e* Dat. Sing.); *hālig* 'heilig'; *Scyppend* (*scepen*) m. 'Schöpfer'; *ðā* (*thā*) 'dann'; *middungeard* m. 'Midgard: Erde, Welt'; *mancynn* (*moncynn*) n. 'Menschheit, Menschengeschlecht' (*~es* Gen. Sing.); *æfter* '(da)nach, dann'; *tēode* (*tīadæ*) 3. Sing. Prät. Ind. → *tēon* 'schaffen, formen, bilden'; *fīras* Pl. m. 'Menschen, Leute, Menschheit' (*fīrum* Dat. Pl.); *folde* f. 'Erde, Welt' (*foldun* Akk. Sing.); *Frēa* m. 'Herr, Gott'; *ælmihtig* (*allmectig*) 'allmächtig'.

IV.3.45. Mittelenglisch

Die vier Jahrhunderte (1100–1500) des auf das Altenglische folgenden Mittelenglischen zeichnen sich durch den Vorstoß der Ortsmundarten aus. Dementsprechend bieten die mittelenglischen Quellen sprachlich kein so einheitliches Bild wie die Denkmäler des Altenglischen, welch letztere gutenteils in éinem Dialekt — dem Westsächsischen — abgeschrieben wurden. Das Streben nach einer einheitlichen Schriftlichkeit läßt sich aber — besonders gegen Ende der mittelenglischen Zeit — gut verfolgen, d. h. im 15. Jh., als dieser Prozeß auch durch die einzelnen Klöster und Kanzleien gefördert wird. Eine außerordentlich große Rolle spielte dabei die königliche Kanzlei in London, deren Sprachgebrauch bald im ganzen Land zum Vorbild wurde. Trotzdem beschränkte sich Londons Einfluß noch ziemlich lang auf die Grafschaften des Südens, denn der politischen Lage zufolge wurde gleichzeitig auch in Nordengland ein paralleler Integrierungsprozeß in Gang gesetzt, und zwar auf der Basis der Klöster in Yorkshire bzw. der yorkischen (also nordenglischen) Mundart. Ein ähnliches Zentrum entstand — ebenfalls auf nordenglischer Grundlage — in Edinburgh, der Residenzstadt der Könige von Schottland. Das letztere hat seine Eigenständigkeit auch im 15. Jh. nicht aufgegeben und konnte sich auch in der neuenglischen Periode behaupten (vgl. IV.5.21.), während sich York in der zweiten Hälfte des 15. Jh.s der Londoner Norm anschloß. Das hängt unmittelbar damit zusammen, daß Londons wirtschaftliche, politische und kulturelle Bedeutung in dieser Zeit gewaltig zunahm. Der Londoner Norm folgten die Schriften Wycliffs und die von seinem Kreis ausgehenden Bibelübersetzungen, sie wurde auch für den Sprachgebrauch der hervorragendsten Dichter der Zeit (wie CHAUCER) maßgebend. Und nicht zuletzt: von London aus begann sich der englische Buchdruck auszubreiten. Daraus erhellt auch der scheinbare Bruch der altenglischen Sprachtradition: die in mittelenglischer Zeit begonnene Entwicklung zur Schrift- und Nationalsprache stützte sich nicht auf den ausschlaggebenden Dialekt des Altenglischen, d. h. auf das Westsächsische, sondern auf die eigentlichen englischen (anglischen) Mundarten.

Diesem Umstand gemäß untersucht und beschreibt man den mittelenglischen Sprachzustand in erster Linie auf Grund des sprachlichen Zentrums, d. h. des Mittelländischen (*Midland Dialect*). Die ganze Periode gliedert man in der Regel in drei Etappen: 1. Frühmittelenglisch (*Early Middle English*) zwischen 1100 und 1200; 2. Klassisches Mittelenglisch (*Normal Middle English*) von 1200 bis 1400; 3. Spätmittelenglisch (*Late Middle English*) zwischen 1400 und 1500. Die erste Etappe stand noch dem Altenglischen sehr nahe; in der letzten Periode hingegen waren schon alle Wesensmerkmale des Neuenglischen im Lautsystem sowie in der Grammatik fertig. Die großen Dialekträume der Zeit waren — neben dem Mittelländischen, das das Mercische fortführte — der südliche Dialekt als Entsprechung der südlichen (sächsischen) Mundarten des Altenglischen, ferner der aus den northumbrischen Mundarten des Altenglischen entwickelte nördliche Dialekt (Abb. 49). Das Kentische war in dieser Zeit schon im südlichen Dialekt aufgegangen.

Die Schreibgewohnheiten setzten zwar die altenglische Tradition fort, trotzdem gerieten sie nach der normannischen Eroberung stark unter den Einfluß des Französischen. Dem Nebeneinander dieser beiden Normen sind schon in mittelenglischer Zeit eine Menge Anomalien entsprungen. Das ags. *ǣ* wurde mit *e* bezeichnet, z. B. ags. *hwǣte* > me. *whēte* 'Weizen'. Die Schreibung von *y* und *i* wurde völlig durcheinandergebracht, nachdem die beiden Phoneme zusammengefallen waren. Nach französischem Muster wurde der Buchstabe *c* auch zur Bezeichnung von [ts], dann auch von [s] verwendet, wie auch *ch* zur Wiedergabe der Affrikate [tʃ] bzw. *g* (abwechselnd mit *j*) für [dʒ]. Die Grapheme *þ* und *ð* wurden im Mittelenglischen nach und nach durch das Digraph *th* ersetzt. Die im Altenglischen noch übliche Bezeichnung der Vokallänge ist aus dem Schriftbild allmählich verschwunden.

Im Vergleich mit dem Altenglischen hat sich im Lautsystem des Mittelenglischen vor allem der Vokalismus verändert, indem die alten langen Monophthonge diphthongiert (z. B. *-ā-* vor *h* : ags. *tāhte* > me. *tauhte* 'lehrte'), die alten Diphthonge hingegen meistens monophthongiert wurden, vgl. ags. *dēor(e)* > me. *dēre* 'teuer', ags. *hearpe* > me. *harpe*

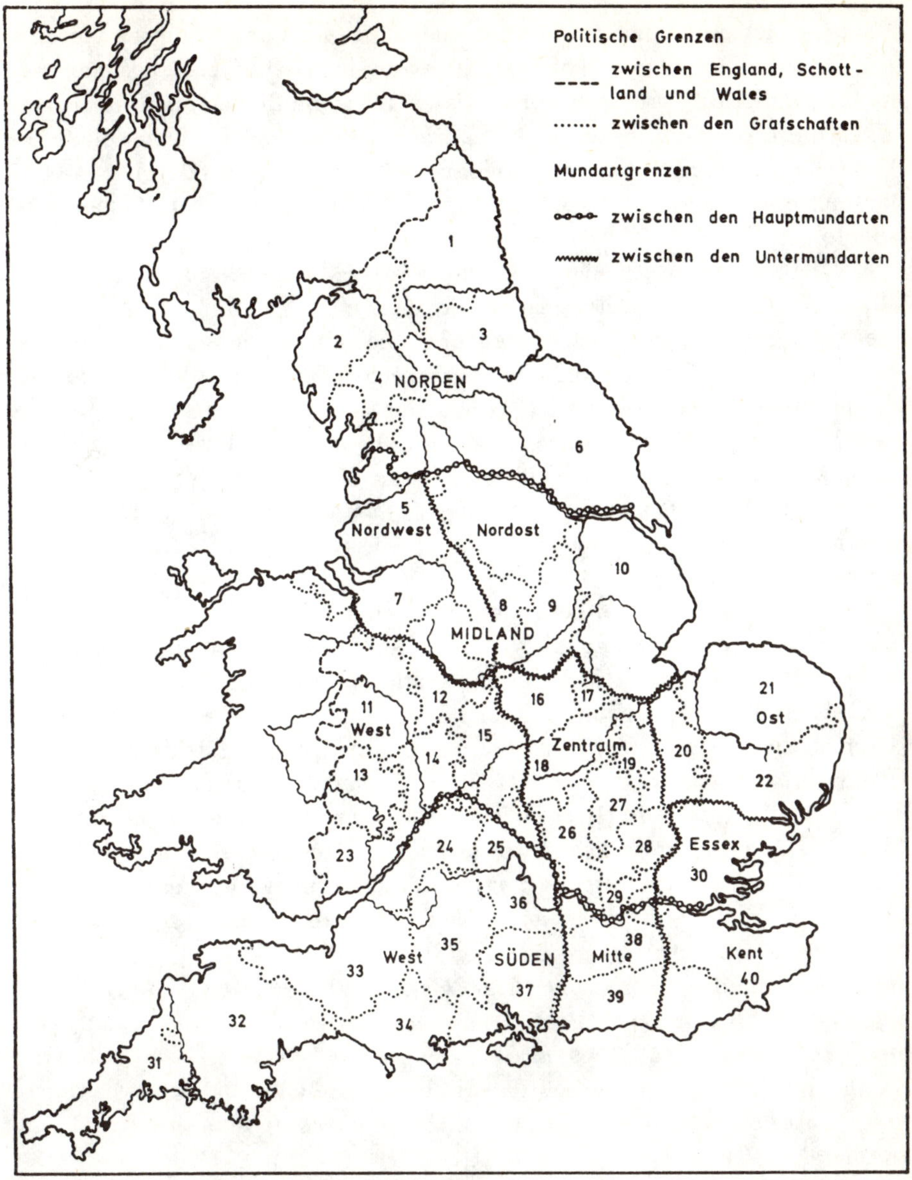

Abb. 49. Mittelenglische Mundarten (nach KARL BRUNNER)

1 Northumberland, *2* Cumberland, *3* Durham, *4* Westmoreland, *5* Lancashire, *6* Yorkshire, *7* Cheshire, *8* Derby, *9* Nottingham, *10* Lincoln, *11* Shropshire, *12* Stafford, *13* Hereford, *14* Worcester, *15* Warwick, *16* Leicester, *17* Rutland, *18* Northampton, *19* Huntingdon, *20* Cambridge, *21* Norfolk, *22* Suffolk, *23* Monmouth, *24* Gloucester, *25* Oxford, *26* Buckingham, *27* Bedford, *28* Hertford, *29* Middlesex, *30* Essex, *31* Cornwall, *32* Devon, *33* Somerset, *34* Dorset, *35* Wiltshire, *36* Berkshire, *37* Hampshire, *38* Surrey, *39* Sussex, *40* Kent

'Harfe' u. dgl. Auch die Quantitätsverhältnisse der Vokale wurden verschoben. Betonte Kurzvokale in offener Silbe wurden gedehnt, z. B. ags. *nama* > me. *nāme* 'Name', wie auch vor gewissen Konsonantengruppen, z. B. ags. *cild* > me. *chīld* 'Kind', ags. *ald* > me. *āld* ~ *ōld* 'alt'. Die langen Vokale des Altenglischen wurden dagegen vor langem Konsonanten oder vor Konsonantengruppen gekürzt, z. B. *fēol* > me. *fell* 'fiel', ags. *sōhte* > me. *sohte* 'suchte'.

Als viel folgenschwerer erwies sich die Entwicklung der Vokale der Nebensilben. Während das Altenglische die einzelnen Vokalphoneme auch in nebentoniger Stellung noch ziemlich sauber auseinandergehalten hatte, wurde diese Differenzierung im Mittelenglischen aufgegeben, und die Nebentonvokale wurden n e u t r a l i s i e r t, d. h. im sogenannten Schwa – [ə] – nivelliert. Die allgemeinste graphematische Bezeichnung dafür war *e*, z. B. ags. *sunu* > me. *sone* 'Sohn', ags. *lufian* > me. *lov*(*i*)*en* 'lieben'.

Im Auslaut wurden auch die Phoneme *m* und *n* neutralisiert, vgl. ags. *horsum* > me. *horse*(*n*) 'den Pferden', ja dieses *n* wurde allmählich ganz aufgegeben.

All dies führte einen weitgehenden Zusammenfall einzelner grammatischer Formen der Nomina wie auch der Verba herbei und beschleunigte dadurch die analytische Umstrukturierung der englischen Grammatik.

Im K o n s o n a n t i s m u s ist in dieser Periode der Wandel *sc* [sk'] > [ʃ] erfolgt, z. B. ags. *scip* [sk'ip] > me. *ship* [ʃip] 'Schiff', genauso der Wandel *c* [k'] > [tʃ], vgl. ags. *cild* [k'ild] > me. *chīld* [tʃi:ld] 'Kind', bzw. der Wandel *g* [g'] > [dʒ], z. B. ags. *brycg* [bryg'] > me. *brigge* [bridʒə] 'Brücke'. Ags. spirantisches *g* wurde zu *w*, während *j* und *w* vokalisiert erschienen, wodurch ein neues System der Diphthonge aufkam, z. B. ags. *fugel* > me. *fuwel* ~ *fowel* [fouəl] 'Vogel', ags. *weg* > me. *wey* [wai] 'Weg', ags. *āgen* > me. *ōwen* [ouən] 'eigen' usw.

In den Anlautskonsonanzen *hl*, *hr*, *hn* und *hw* wurde das *h* abgestoßen, z. B. ags. *hlāf* > me. *lāf* 'Brot, Laib', ags. *hring* > me. *ring* 'Ring', ags. *hnutu* > me. *nute* 'Nuß', ags. *hwǣte* > me. *whēte* ~ *wēte* 'Weizen', aber die Lautgruppe *hw* blieb in den nordenglischen Mundarten bis heute bewahrt, so ist die Aussprache von *what* 'was' z. B. [wɔt] im Süden, aber [hwat] im Norden.

Aus dem Gesagten ist ersichtlich, daß im Mittelenglischen bereits alle wesentlichen Elemente des heutigen englischen Lautsystems vorhanden waren.

Das S u b s t a n t i v hat die Kategorie des Genus so gut wie eliminiert bzw. das grammatische Genus zugunsten des natürlichen Genus ausgemerzt, z. B. ags. *wīf* n. → me. *wif*(*e*) f. 'Weib', mit Ausnahme des Personalpronomens der 3. Person Sing., das alle drei Genera weiterhin beibehielt, vgl. *hē̆* 'er', *shē* ~ *hē*(*o*) 'sie', (*h*)*it* 'es'. Das System der Paradigmen wurde ebenfalls abgeschliffen, indem sich im Plural alle Kasus integrierten, und auch im Singular konnte nur noch der Genitiv seine Endung behaupten. Das Adjektiv unterschied nur noch die Numeri (Singular ≠ Plural), die Kasus nicht mehr. Auch das alte System der Stammklassen wurde zersetzt. Praktisch hat die alte *a*- bzw. *ō*-Klasse (Plur. : ags. *-as* > me. *-es*) alle übrigen Stämme aufgesogen bis auf vereinzelte Reliktformen älterer Klassen, wie z. B. den Plural der alten *n*-Stämme, vgl. *oxen* 'Ochsen', *eyen* 'Augen', *brethren* 'Brüder', *children* 'Kinder', *kine* 'Kühe' u. dgl., oder aber die umgelauteten Plurale wie *fēt* 'Füße' (zu *fōt* 'Fuß'), *men* 'Männer, Menschen' (zu *man* 'Mann, Mensch').

Das A d j e k t i v machte zwischen „starker" und „schwacher" Flexion nur noch sehr bruchstückhaft einen Unterschied, z. B. *wīs* 'weise' → *þe wīse man* 'der weise Mann'. Zu guter Letzt hat auch das N u m e r a l e die Flexion erledigt.

Das P r o n o m e n kannte den Dualis nicht mehr, bewahrte jedoch in seinem Teilsystem neben Nominativ und Genitiv den Objektkasus (Akkusativ-Dativ), z. B. *ic*(*h*) 'ich' — *mȳn* 'mein' — *me* 'mich, mir'.

Das Demonstrativum *þe* (*the*) versah (in weder nach dem Genus noch dem Numerus und dem Kasus unterschiedener Form) schon die Funktion des bestimmten A r t i k e l s.

Das V e r b war auch im Mittelenglischen entweder stark oder schwach. Die Ablautsreihen waren die folgenden: 1. *drīven* — *drōf* — *driven* 'treiben'; 2. *shēten* — *shēt* — *shōten* 'schießen'; 3. *bīnden* — *bōnd* (*bānd*) — *boūnden* 'binden'; 4. *nimen* ~ *nemen* — *nam* (*nōm*) — *nōmen* (*nāmen*) — *numen* 'nehmen'; 5. *ēten* — *ēt* (*at*) — *ēten* — *eten* 'essen'; 6. *fāren* — *fōr* — *fōren* — *fāren* 'fahren'. Ebensowenig zeigen die Präteritopräsentien Veränderungen, vgl. 1. *owe* 'habe, besitze' — *ogte* ~ *oughte*; 2. *wōt* 'weiß' — *wist*(*e*); 3. *can* (*con*) 'kann' — *cūþe* (*couth*[*e*]); 4. *dar* 'wage' — *durste* (*dorste* ~ *dirste*); 5. *þarf* 'bedarf' — *þurfte* (*þor*[*f*]*te*); 6. *shal* (*shul* ~ *shol*) 'soll' — *sholde* (*shulde*); 7. *mon* 'muß' — *mond* (*munde*); 8. *mai* 'mag' — *mi*(*g*)*hte* (*moughte*); 9. *mōt* 'muß' — *moste* (*muste*). Die übrigen Verba dieser Gruppe haben die Zeit des klassischen Mittelenglischen nicht mehr erlebt. Die athematischen Verba haben ihre Sondermerkmale noch bewahrt, vgl. *bē*(*n*) 'sein', *am* 'bin', *art* ~ *ert* 'bist', *is* ~ *es* 'ist', *arn* ~ *are* 'sind' usw.; *willen* 'wollen', *will* 'will', *wolde* 'wollte'; *dōn* 'tun'; *gō*(*n*) 'gehen'. Das Präteritum des letzteren wurde im Altenglischen suppletivisch gebildet: *ēode* 'ging' (vgl. lat. *ī-re* 'gehen', russ. идти 'dass.'; got. *iddja* 'ging' usw.). Diese Form wurde im Mittelenglischen durch das Präteritum von *wēnden* 'wenden' → *wente* abgelöst.

Das schwache Verb hatte noch zwei Klassen, je nachdem, ob es sein Präteritum mit dem Tempuszeichen *-ed*(*e*) oder *-de*/*-te* bildete: 1. *liven* 'leben' — *livede*; 2. *lōsen* 'verlieren' — *loste*. Es handelt sich aber auch hier nur um einen einfachen phonetischen Unterschied; morphologische Differenzen gab es zwischen den beiden Klassen nicht.

Obwohl die Kategorien des Verbs bei weitem nicht so konsequent beseitigt wurden wie die des Nomens, sind auch in diesem Bereich bedeutende Wandlungen erfolgt, vor allem infolge der Ergänzung der herkömmlichen Tempora durch das Perfekt und dessen weitere Variationsmöglichkeiten wie Plusquamperfekt usw. Es ist nicht ausgeschlossen, daß diese Erweiterung der Tempora der Kontaktentwicklung mit den nordgermanischen Sprachen zu verdanken ist. Sie machte eine allgemeinere und präzisere Verwirklichung der *Consecutio temporum* möglich, begründete zugleich die das moderne Englisch kennzeichnende Gegenüberstellung des durativen und des perfektiven Aspektes.

Die Tendenz zur analytischen Struktur hat sich auch darin manifestiert, daß die Rolle der Präpositionen im Mittelenglischen im Vergleich zum Altenglischen geradezu potenziert wurde.

Der Wortschatz ließ nunmehr auch in der Schreibe den gewaltigen Einfluß der nordgermanischen Sprachen erkennen. Manche Fremdlinge aus dem Norden vermochten sogar ihre englischen Konkurrenten zu verdrängen, z. B. *egg* 'Ei' (ags. *ǣg* > me. *ei*), (*to*) *get* 'bekommen' (das etymologisch entsprechende ags. *-gietan* kam nur in Komposita vor!), *gift* 'Gabe' (neben ags. *gift* > me. *yift*), *sister* 'Schwester' (neben ags. *sweostor* > me. *swuster*), (*to*) *take* 'nehmen' (anstatt von ags. *niman* > me. *nimen* ~ *nemen* 'dass.') usw. — Es wurden in England freilich auch nordgermanische Wörter eingebürgert, die ohne solche innere Konkurrenz dastanden, z. B. an. *bǫrkr* (~ adän. *bark*) > engl. *bark* 'Rinde', an. *klubba* > engl. *club* 'Stumpf', an. *leggr* > engl. *leg* 'Bein', an. *lopt* (adän. *loft*) > engl. *loft* 'Dachboden' (vgl. dt. *Luft*), an. *skinn* > engl. *skin* 'Haut'. Der nordgermanische Einfluß war im Norden und im Westen der Hauptinsel Großbritanniens, besonders in Schottland, noch größer als anderswo, vgl. engl. *church* [tʃəːtʃ] gegenüber schott. *kirk* [k^{h}əːk] 'Kirche' (~ an. *kirkja*), engl. *churl* [tʃəːl] gegenüber schott. *carl* [k^{h}aːl] 'Kerl' (< an. *karl*).

Für die weitere Entwicklung der englischen Lexik war der nach der normannischen Eroberung einsetzende Einfluß des Französischen vielleicht von noch größerer Bedeutung. Vor der normannischen Eroberung hat es im Englischen nur vereinzelt auch französische Elemente gegeben, wie etwa ags. *prūt* ~ *prūd* > engl. *proud* 'stolz', ags. *castel* > engl. *castle* 'Kastell, Schloß, Burg, Stadt'. Im angehenden 12. Jh. sind sie dagegen auch schon in der Schriftlichkeit dicht belegt, vor allem bei den vornehmeren Gesellschaftsschichten. In semantischer Hinsicht sind darunter besonders zahlreich vertreten die Ausdrücke des kirchlichen Lebens (z. B. *tomb* 'Grab', *comfort* 'Trost', *chaplain* 'Kaplan'), die Terminologie des Rittertums und des Kriegshandwerks (z. B. *count* 'Graf', *baron* 'Freiherr', *noble* 'edel, Edelmann', *dame* 'Dame', me. *werre* > engl. *war* 'Krieg', *siege* 'Belagerung, Bestürmung', *peace* 'Friede', *combat* 'Kampf, Schlacht', *lance* 'Lanze') und des Rechtswesens (z. B. *warrant* 'Vollmacht', *council* 'Rat[sversammlung]', *counsel* 'Rat'), obschon auch die Begriffe des täglichen Lebens nicht ausstehen, z. B. *carpenter* 'Tischler', *painter* 'Maler, Anstreicher', *tailor* 'Schneider', *chair* 'Stuhl', *mason* 'Maurer', *bacon* 'Speck', *beef* 'Rindfleisch'.

Das Französische hat übrigens auch viele lateinische Kulturwörter an das Mittelenglische vermittelt, genauso wie sonst in ganz West- und Mitteleuropa. Darin hat auch die Verbreitung des religiösen Schrifttums eine große Rolle gespielt. Andererseits ist der Gebrauch gelehrter lateinischer Ausdrücke und Wendungen — der sogenannten *aureate terms* — in der englischen Dichtersprache des 15. Jh.s eine allgemeine Mode geworden.

IV.3.46. Textprobe

Now ys Yngland alle in fyght,
Moche peple of consyens lyght,
Many knyghtes, and lytyl of myght,
Many lawys, and lytylle ryght;
Many actes of parlament,
And few kept wyth tru entent;
Lytylle charyté and fayne to plese;
Many a galant penyles,
And many a wondurfulle dysgyzyng
By umprudent and myssavysyng;
Grete countenanse and smalle wages,
Many gentillemen and few pages;
Wele besene and strong thevys
Moch bost of there clothys,
But wele I wot they lake none othys.

(*On the Times.* Mitte des 15. Jh.s.)

now 'nun, jetzt'; *ys* (*is*) 'ist'; *Yngland* 'England'; *alle* 'all-, ganz'; *in* 'in'; *fyght* 'Kampf, Gefecht'; *moch*(*e*) 'viel'; *peple* 'Volk'; *of* Präp. d. Gen.; *consyens* 'Gewissen'; *lyght* 'leicht, leichtsinnig, unbedeutend'; *many* 'mancher'; *knyght* 'Ritter' (~*es* Pl.); *and* 'und'; *lytyl*(*le*) 'klein, wenig'; *myght* 'Macht'; *lawe* 'Gesetz' (~*s* Pl.); *ryght* 'Recht, Gerechtigkeit'; *acte* 'Akte, Gesetz(entwurf)' (~*s* Pl.); *parlament* 'Parlament, Reichstag'; *few* 'wenig'; *kept* Part. Prät. → *kepen* 'halten, einhalten, bewahren, beachten'; *wyth* 'mit'; *tru* 'treu, gerecht, ehrlich'; *entent* 'Gemüt, Mut, Achtung, Ziel(setzung), Vorhaben'; *charyté* 'Wohltätigkeit, Freigiebigkeit'; *fayn*(*e*) 'zufrieden, geneigt, gewillt, heiter'; *to* 'zu' (auch als Infinitivpartikel!); *plese(n)* 'gefallen'; *a* 'ein' (auch als unbestimmter Artikel); *galant* 'zuvorkommend, lieb, galant, ritterlich'; *penyles* 'geldlos, ohne Geld'; *wondurful(le)* 'wunderbar, wundervoll, großartig'; *dysgyzyng* 'Umkleidung, Aufputz, Umwandlung'; *by* 'bei, durch'; *umprudent* 'unklug, unüberlegt'; *myssavysyng* 'schlechte Beratung'; *grete* 'groß'; *countenanse* 'Gesicht, Verhalten, Benehmen'; *small(e)* 'klein'; *wage* 'Lohn, Steuer' (~*s* Pl.); *gentil(le)man* 'Edelmann, Gutsbesitzer'; *page* 'Page, Knappe' (~*s* Pl.); *wele* 'wohl, gut'; *besene* Part. Prät. → *beseen* 'sehen, besehen, erblicken, sichern'; *strong* 'stark'; *thevys* Pl. → *theef* 'Dieb, Verbrecher'; *bost* 'Gerede, Geschwätz, Prahlerei'; *there* 'jene; ihre' (Pl.); *clothys* Pl. → *cloth* 'Kleid'; *but* 'aber'; *I* 'ich'; *wot* 1. Pers. Sing. Präs. Ind. → *witen* 'wissen'; *they* 'sie' Pl.; *lake* 3. Pers. Pl. Präs. Ind. → *lakken* 'entbehren, bedürfen, nötig haben'; *none* 'keinerlei'; *othys* Pl. → *oth* 'Eid, Schwur, Schwören'.

IV.3.47. Entstehung des Neuenglischen

Die Graphematik der englischen Texte des 16. Jh.s stand der heutigen bereits sehr nahe, im Gegensatz zum Lautstand des Frühneuenglischen, der sich seitdem, besonders aber im Laufe des 18. Jh.s, erheblich gewandelt hat. Die Geschichte des Neuenglischen ist eigentlich die der englischen Gemeinsprache der Gegenwart, deren Anfänge mit der Ausbreitung der Sprachnorm Londons in mittelenglischer Zeit über ganz England verbunden sind. In einschlägigen Werken begegnet man heute noch ab und zu der Ansicht, das Neuenglische sei von Geoffrey Chaucer (ungefähr 1340–1400) bzw. nach einer anderen Meinung vom verdienstvollen Bibelübersetzer John Wycliff (1320–1384) geschaffen worden. Das sind aber verfehlte Überbewertungen der Rolle der Persönlichkeit, wie sie auch hinsichtlich der sprachreformistischen Tätigkeit Luthers in der deutschen Sprachgeschichte zum Teil heute noch herumgeistern (vgl. IV.4.67.).

Die englische Schriftsprache sowie ihre gesprochene Variante, die englische Gemeinsprache (*Standard English*, also das, was in Bezug auf die Aussprache heute meistens als *Received Pronunciation* bezeichnet wird), wurden vom englischen Volk geschaffen. Die Rolle von Chaucer, Wycliff u. a. bestand — wie darauf der russische Anglist Aleksandr Ivanovič Smirnickij mit Recht verwiesen hat — nicht in der Schöpfung des Neuenglischen, sondern in der schriftsprachlichen Verbreitung der Londoner Norm.

Wie bereits angedeutet wurde, kam in der Herausbildung der Londoner Sprachnorm dem nördlich von London gesprochenen Ostmittelländischen (*East Midland Dialect*) eine entscheidende Bedeutung zu. Dieser Dialekt hatte — nicht zuletzt dank seiner sprachgeographischen Stellung — u. a. den unübertrefflichen Vorzug, daß er imstande war, die ungestörte Kommunikation zwischen den Sprechenden der nördlichen und der südlichen Mundarten zu sichern, bildete also eine Art „englische Durchschnittssprache", worauf JOHN DE TREVISA schon 1387 verwies: *þerefore it is þat Mercii, þat beeþ men of myddel Engelond . . . understondeþ bettre þe side langages, norþerne and souþerne, þan norþerne and souþerne understondeþ eiþer oþer* ['Deshalb ist es so, daß die Mercier, das sind die Leute von Mittelengland . . . die seitlichen Sprachen, Nördlich und Südlich, besser verstehen als die Nordländer und die Südländer einander'].

Der Londoner Dialekt griff zunächst in der Schriftlichkeit um sich. Die gesprochene Sprache richtete sich noch überall im Lande nach den Ortsmundarten. Der Prozeß nahm noch in mittelenglischer Zeit seinen Anfang, dehnte sich aber auf Schottland erst in der neuenglischen Periode aus, da sich die aus den Mundarten der Umgebung von Edinburgh entwickelte schottische Schriftsprache dort besser behaupten konnte als die Mundarten der eigentlichen englischen Grafschaften. Die schottische Variante des Englischen, die im 15.—16. Jh. eine reiche Dichtung aufblühen ließ, wurde erst in der zweiten Hälfte des 16. Jh.s, vor allem unter dem Druck der von dem Süden ausgehenden Reformation und des Anschlusses an England, zurückgedrängt. Nachdem JAKOB VI. im Jahre 1603 König von England geworden war und seinen Hof aus Edinburgh nach London verlegt hatte, war auch das weitere Schicksal der Sprachentwicklung entschieden. Das Schottische konnte sich nur noch als die örtlich gebundene Umgangssprache der Gebildeten bewähren, sonst lebt es nur in den Mundarten der schottischen Bauern (und Dichter!) weiter, vgl. IV.5.21.

In frühneuenglischer Zeit wurden verschiedene Versuche gemacht zur Regelung der englischen Rechtschreibung, aber ohne nennenswerten Erfolg. Der erste Buchdrucker Englands, WILLIAM CAXTON, zugleich Verleger der Werke CHAUCERS, trug mit seinen Drucken zu der landweiten Verbreitung der Londoner Sprachnorm und Schreibgewohnheiten in hohem Maße bei. CAXTON war vorsätzlich beflissen, das Englische zu „modernisieren", d. h. eine über den Ortsmundarten stehende allgemeine Norm zu entwickeln. Bald war auch die Sprachpflege nicht zu umgehen, vor allen Dingen in Bezug auf den Wortschatz; es wurde ein Kampf entfacht gegen die Latinismen, die das englische Wortgut bedrückten, und die man zutreffend als 'Tintenfaß-Ausdrücke' (*inkhorn terms*) bezeichnete. Daraus erwuchs schon im 16. Jh. eine auf breiter Basis angelegte Lexikographie. Gleichzeitig — und noch mehr im 17. Jh. — gab es mehrere Versuche zur Systematisierung und Erneuerung der englischen Orthographie. Auch diese Bestrebungen haben nur Teilergebnisse gezeitigt, indem die Schreibweise einzelner lexikalischer Elemente von Fall zu Fall vereinheitlicht wurde.

Im 17. Jh. entstand die erste normative Schulgrammatik der englischen Sprache, naturgemäß nach dem Vorbild der traditionellen Grammatik des Lateinischen.

Im Prozeß der sprachlichen Integrierung wurde nicht nur das Schottische auf den Stand der Bauernmundart bzw. einer regionalen Umgangssprache zurückgewiesen. Gleichzeitig nahm auch die Verdrängung der keltischen Sprachen und der in manchen Landstrichen damals noch gesprochenen nordgermanischen Idiome einen beschleunigten Verlauf. Demzufolge wurde der Geltungsbereich des Irischen, des Gälischen und des Kymrischen stark eingeengt, während das Kornische im 18. Jh. dem Englischen endgültig seinen Platz räumen mußte (vgl. IV.5.22.).

Vom 17. Jh. an hat sich das Neuenglische im Zuge der Kolonisationen auch in Übersee immer mehr verbreitet. Damit war mehreren Varianten des Englischen die Möglichkeit geboten, sich mehr oder weniger selbständig fortzuentwickeln (vgl. IV.5.3.). Seit der Jahrhundertwende wirken diese neuentstandenen Varianten, mit dem Amerikanischen an der Spitze, sogar in der Formung der Sprachnorm auf England mitbestimmend zurück.

IV.3.48. Neuenglisch

Das Neuenglische hebt sich vom Mittelenglischen insonderheit bei der Behandlung der Vokale ab. Die mehrere Jahrhunderte (15.–18. Jh.!) umfassende gewaltige Umwandlung des englischen Vokalismus ist die große Vokalverschiebung (*Great Vowel Shift*). In diesem Prozeß wurden die Langvokale in Haupttonsilben diphthongiert oder um eine Stufe weiter gedehnt, z. B. me. *take(n)* [ta:kən] > ne. *take* [teik] 'nehmen', me. *child* [tʃɪ:ld] > ne. *child* [tʃaild] 'Kind', me. *stōn* [stɔ:n] > ne. *stone* [stoun] 'Stein', me. *hous* [hu:s] > ne. *house* [haus] 'Haus', bzw. me. *sę̄* [sɛ:] > ne. *sea* [sɪ:] 'See, Meer', me. *mōn* [mo:n] > ne. *moon* [mu:n] 'Mond'. Die viel früher begonnene Reduktion der Vokale der Nebentonsilben wurde mit dem endgültigen Schwund dieser Vokale abgeschlossen, z. B. me. *loven* [luvən] > ne. *love* [lʌv] 'lieben', me. *lokede* [lo:kədə] > ne. *looked* [lukt] 'sah, lugte'.

Der Konsonantismus blieb im großen und ganzen unverändert. Mit Ausnahme des Schottischen haben sämtliche englische Mundarten die Varianten [ç] und [x] des Phonems /h/ aufgegeben, vgl. me. *night* [niç't] > ne. *night* [naɪt] 'Nacht'. Um die Wende des 17.–18. Jh.s ist das erste Element der anlautenden Konsonantenverbindungen *wr-*, *kn-* und *gn-* weggefallen, z. B. me. *wrīten* [wrɪ:tən] > ne. *write* [raɪt] 'schreiben', me. *knight* [kniç't] > ne. *knight* [naɪt] 'Ritter'.

Das neuenglische Alphabet enthält die folgenden Grapheme: *a*, *b*, *c*, *d*, *e*, *f*, *g*, *h*, *i*, *j*, *k*, *l*, *m*, *n*, *o*, *p*, *q*, *r*, *s*, *t*, *u*, *v*, *w*, *x*, *y*, *z*.

Die O r t h o g r a p h i e folgt fast ausschließlich dem historischen Prinzip und spiegelt daher bei weitem nicht die Aussprache wider. Verhältnismäßig allgemein sind im Hinblick auf ihre Aussprache die Buchstaben *b* [b], *d* [d], *f* [f], *h* [h], *j* [dʒ], *k* [k, kʰ], *l* [l], *m* [m], *n* [n], *p* [p, pʰ], *q* [kw], *r* [r], *s* [s, z], *t* [t, tʰ], *v* [v], *w* [w], *y* [i, j], *z* [s, z] sowie gewisse Digraphe, z. B. *ch* [tʃ], *sh* [ʃ], *th* [θ, ð]. Das Schriftbild fällt durch die Häufigkeit der vokalischen Digraphe auf, die jedoch zumeist keineswegs eine diphthongische Aussprache bezeichnen, vgl. *breakfast* [brekfast] 'Frühstück', *sea* [sɪ:] 'See', *shoe* [ʃu:] 'Schuh', *book* [buk] 'Buch', *field* [fɪ:ld] 'Feld', *sheep* [ʃɪ:p] 'Schaf', *freit* [fri:t] 'Aberglaube, Amulett', *feud* [fju:d] 'Lebensgut' *would* [wud] 'wollte' u. dgl.

Die englische G r a m m a t i k der Gegenwart ist im Vergleich zu den voraufgegangenen Entwicklungsstadien — und am Flexionssystem gemessen — sehr einfach geworden. (Der Begriff „einfach" ist in diesem Falle freilich höchst relativ; das sprachökonomische Gleichgewicht des Englischen zeigt sich dafür in der weitgehenden „Komplizierung" der Syntax und der Semantik!) Die in mittelenglischer Zeit entfaltete Tendenz zum a n a l y t i s c h e n S p r a c h b a u wurde noch verstärkt, indem das System der Flexion beinahe völlig abgebaut wurde. Der Gebrauch der neuen analytischen Formen hat sich verstärkt, die archaischen Formen wurden dagegen isoliert bzw. aufgegeben.

Das S u b s t a n t i v unterscheidet die Genera im allgemeinen nur noch nach dem natürlichen Geschlecht, aber auch dies erhellt erst an Hand des Bezugs der Personalpronomina der 3. Pers. Sing. Relikte sind immerhin vorhanden, z. B. *man-of-war* f. 'Kriegsschiff', *child* n. 'Kind' u. dgl. Die Absonderung der Stämme wurde vollauf ausgemerzt; die Substantiva lassen sich nur nach ihrer Pluralbildung in Klassen einordnen, vgl. 1. -(*e*)*s*, z. B. (a) *cat* 'Katze' — *cats* Pl., *fox* 'Fuchs' — *foxes* Pl.; (b) mit Auslautslenierung, z. B. *wife* 'Weib, Frau' — *wives* Pl.; 2. mit Umlaut, z. B. *man* 'Mann' — *men* Pl., *woman* 'Frau' — *women* Pl., *foot* 'Fuß' — *feet* Pl., *goose* 'Gans' — *geese* Pl., *mouse* 'Maus' — *mice* Pl. Die Reste der alten schwachen sowie der *r*- bzw. Wurzeldeklination sind absolut isoliert, so *child* → *children* 'Kinder', *brother* → *brethren* 'Brüder' (semantisch differenziert von regelrechtem *brothers*!), *ox* → *oxen* 'Ochsen'. Zur Gruppe 2 lassen sich in sprachhistorischer Hinsicht auch einige Wörter stellen, die den Plural ohne Pluralzeichen oder Umlaut bilden (z. B. *sheep* 'Schaf' → *sheep* 'Schafe') und in der Synchronie eine 3. Klasse darstellen.

Neben dem allgemeinen Kasus hat sich nur der inflektive („sächsische") Genitiv, und zwar auf alle ehemaligen Genera und den Plural erstreckt, behaupten können (Endungs-*s*), z. B. *father* 'Vater' → *father***'s** 'des Vaters' bzw. *fathers***'** 'der Väter'. Dafür werden aber immer mehr P r ä p o s i t i o -

Nalkonstruktionen bevorzugt (mit der Präposition *of*, z. B. ***of** the house* 'des Hauses').

Das Adjektiv unterscheidet weder die Genera noch die Numeri oder die Flexionsformen, vgl. (*a*) ***good** man* 'ein guter Mann' ~ *the **good** man* 'der gute Mann', (*a*) ***good** wife* 'eine gute Frau', *the **good** wife* 'die gute Frau' bzw. ***good** men* 'gute Männer', *the **good** man's* 'des guten Mannes'. Genauso vereinfacht wurden die Numeralien.

Von den Pronomina hält das Personalpronomen (bzw. das Possessivum) der 3. Pers. Sing. die drei Genera noch auseinander: *he* 'er', *she* 'sie', *it* 'es'. Die Pronomina bilden auch sonst ein Diasystem innerhalb der Nomina, indem sie neben dem Nominativ und Genitiv auch noch den Objektkasus (Akkusativ-Dativ) kennen, z. B. *I* 'ich', *my* ~ *mine* 'mein', *me* 'mich, mir'. Das Personalpronomen der 2. Pers. Sing. (*thou* 'du') wurde mit allen seinen Formen (*thee* 'dich, dir', ferner *thy* ~ *thine* 'dein') peripherisch bzw. in gewisse Stilsphären verdrängt. Sowohl in der Schrift- als auch in der Umgangssprache wurde es durch *you* – d. h. das Pronomen der 2. Pers. Pl. – ersetzt.

Das Verb ist nach dem Genus verbi aktiv (*I ask* 'ich frage') oder passiv (*I am asked* 'ich werde gefragt'). Es gibt vier Modi, und zwar Indikativ (*I ask*), Subjunktiv (*I should ask* 'ich würde fragen' usw.), Konjunktiv (*I ask* ~ *I may ask* ~ *I should ask*) und Imperativ (*ask!*). Wie gezeigt wurde, ist neben dem allgemeinen Aspekt (*I ask*) der durative Aspekt (*I am asking* 'ich bin fragend; ich frage [eben]') aufgekommen. Neben den alten grundlegenden Tempora, d. h. dem Präsens (*I ask*) und dem Präteritum (*I asked* 'ich fragte'), wurde ein weites Netz von umschriebenen Konstruktionen mit modalen Hilfsverben in temporaler Funktion entwickelt, nämlich das Futurum (*I shall ask* 'ich werde fragen'), das Perfekt (*I have asked* 'ich habe gefragt'), das Plusquamperfekt (*I had asked* 'ich hatte gefragt'), das Futurum exactum (*I shall have asked* 'ich werde gefragt haben'), natürlich auch im durativen Aspekt: Präsens (*I am asking* 'ich frage'), Präteritum (*I was asking* 'ich fragte'), Futurum (*I shall be asking* 'ich werde fragen'), Perfekt (*I have been asking* 'ich habe gefragt'), Plusquamperfekt (*I had been asking* 'ich hatte gefragt') bzw. das Futurum exactum (*I shall have been asking* 'ich werde gefragt haben').

Die Verhältniszahlen der schwachen und der starken Verba verschoben sich bereits im Mittelenglischen zugunsten der schwachen Verba. Im Neuenglischen kommt diese Tendenz noch stärker zur Geltung, ja manche starken Verba sind sogar zu den schwachen hinübergetreten. (Gegenbeispiele sind äußerst selten!) Es wurde sogar die Opposition von Singular und Plural aufgegeben, nur die 3. Pers. Sing. bewahrt noch die Endung *-s* im Präsens Ind., z. B. *I/you/we/they ask* 'ich frage, du fragst, wir/sie fragen, ihr fragt' gegenüber *he/she/it asks* 'er/sie/es fragt'. Die Reihenverteilung der starken Verba wurde ebenfalls umgestellt.

Me. *dōn* > ne. *do* 'tun' wurde zum Hilfsverb und im 19. Jh. schon die einzige Möglichkeit verbaler Negation, vgl. älteres *I know not* → *I* **do** *not know* 'ich weiß nicht'. In ähnlicher Weise baute sich *do* in die Konstruktion von Fragesätzen ein, z. B. *you know it* 'du kannst/kennst/weißt es', aber **do** *you know it?* 'kannst/kennst/weißt du es?'.

Es versteht sich, daß all dies auch in der Syntax zu großen Veränderungen führen mußte; in diesem Zusammenhang wurde einerseits die strengste *Consecutio temporum*, andererseits die feste Wortfolge verwirklicht.

Die Bereicherung des neuenglischen Wortbestands spiegelt den allseitigen Fortschritt der Technik, der Wissenschaft und der Kultur wider. Humanismus und Renaissance gingen mit dem Aufstieg der Kultur einher und vermittelten dem Englischen eine Menge lateinischer und griechischer Termini. Nach der Statistik des österreichischen Anglisten Karl Brunner (Innsbruck) gibt es unter den 20 000 Titeln des englischen etymologischen Wörterbuchs von Walter W. Skeat rund 2880, die auf diese Weise aus dem Lateinischen unmittelbar ins Englische gelangten. Nicht selten wurde die Schreibung alter französischer Entlehnungen nachträglich latinisiert, z. B. *perfect* für me. *perfet* ~ *parfet* 'perfekt', *picture* (vgl. lat. *pictura*) für me. *painture* 'Gemälde, Bild' usw. Die Latinisierung verblieb des öfteren beim Schriftbild, ohne die Aussprache beeinflussen zu können, z. B. (lat. *dubitum* ~) *doubt* 'Zweifel' wird trotz des eingeschobenen *b* als [daut] ausgesprochen, (lat. *victualia* ~) *victuals* 'Lebensmittel' lautet ungeachtet des sekundären *c* immer noch [vitl̥z]. Ziemlich häufig wurden französische Lehnwörter nur teilweise latinisiert, z. B. me. *aventure* > ne. *adventure* (~ mlat. *adventura*) 'Abenteuer', me. *enterchange(n)* > ne. *interchange* (vgl. lat. *inter-*) 'austauschen, wechseln'. Infolge lateinischer, manchmal auch französischer Vermittlung nahmen auch griechische Lehnwörter eine lateinisch oder französisch bedingte Form an, z. B. *phosphorus* 'Phosphor', *phantasm* (< gr. *φάντασμα*) 'Phantasma'. Mit der Entwicklung der Technik hat sich auch, wie andernorts in Europa, die Zahl der auf griechischer Grundlage geschaffenen Fachausdrücke vermehrt, z. B. *telescope* 'Teleskop', *telephone* 'Telephon', *photography* 'Photographie'.

Es sei hier noch angemerkt, daß die französischen Elemente in mittel- und neuenglischer Zeit nicht mehr über das Anglonormannische vermittelt wurden, sondern durch Kulturstrahlung direkt aus Paris nach England kamen, vor allem im Zeitalter des „Sonnenkönigs" Ludwig XIV., aber auch durch das ganze 18. Jh. Vom 19. Jh. an ist der französische Einfluß kaum der Erwähnung wert. Neuere französische Lehnwörter sind z. B.

blouse [blauz] 'Bluse', *police* 'Polizei', *machine* 'Maschine', *garage* 'Garage', *canteen* 'Kantine'.

Im Ergebnis traditioneller wirtschaftlicher Verbindungen wurden auch niederländische Wörter – vor allem technisch bedingt – ins Englische einverleibt. Die englisch–flämischen Beziehungen waren seit dem 10.–11. Jh. von großer Bedeutung, zumal mit den normannischen Eroberern sich auch flämische Söldner in England niedergelassen haben. Ihre Siedlungen im südwestlichen Wales konnten ihre sprachliche Eigenständigkeit bis in das 16. Jh. bewahren. Im 14. Jh. hat EDWARD III. flämische Weber in London und sonst in den Städten angesiedelt, denen sich im Zeitalter der Reformation zahlreiche Gruppen der wegen ihrer Religion verfolgten flämischen Protestanten anschlossen. Das wichtigste Faktum ist aber zweifellos, daß der Seeverkehr Westeuropas im ganzen Mittelalter bis zum 17. Jh. zum größten Teil von niederländischen Handelsleuten abgewickelt wurde. Beredte Zeugen der Beziehungen der beiden Völker sind die niederländischen Entlehnungen des Englischen wie *stripe* 'Streifen, Band' (nl. *streep*), *spill* 'Spindel' (nl. *spil*), *spool* 'Weberspule' (nl. *spoel*), *deck* 'Deck' (nl. *dek*), *dock* 'Dock' (nl. *dok*), *bulwark* 'Bastei, Bollwerk' (nl. *bolwerk*), *mart* 'Markt' (nl. *markt*), *groat* 'Groschen' (< mnl. *groot*), *easel* 'Staffelei' (< nl. *ezel* 'dass.'), *sketch* 'Entwurf, Skizze' (< nl. *schets*).

Aus anderen Sprachen Europas sind Entlehnungen in nur viel geringerer Anzahl ins Englische gedrungen. Italienische Wörter haben sich hauptsächlich in der Terminologie der Musik (*opera, libretto*), der Malerei (*fresco*) und des Handels (*dispatch*) eingebürgert. Wörter aus dem Spanischen wurden zum größten Teil im 16. Jh., in der Glanzperiode der Großmacht Spanien, übernommen, z. B. *armada, negro* 'Neger', *sherry*. Deutsche Lehnwörter haben den Wortschatz des Englischen zum Teil in der Wissenschaft, zum Teil dank der Übernahme deutscher Einrichtungen, Speisen, Getränke usw. bzw. zur Bezeichnung deutscher Spezifika bereichert, z. B. *quartz, nickel, kindergarten, sauerkraut, bock*(*beer*) 'Bock(bier)', *blitz* 'Blitzkrieg', *Kaiser*.

Vereinzelt wurden keltische Wörter auch in neuenglischer Zeit übernommen, z. B. *whisk*(*e*)*y* < gäl. *uisge beatha* 'Lebenswasser: *Aqua vitae*', *clan, plaid*.

Auch international gewordene ungarische Wörter fanden Eingang in den englischen Wortschatz, vgl. *coach* 'Kutsche', *hussar* 'Husar', *goulash* 'Gulasch' u. dgl. Die nach dem Ersten, in größerem Maße jedoch nach dem Zweiten Weltkrieg entstandenen internationalen Beziehungen, neue ökonomische, technische und kulturelle Bedingungen haben auch viele russische, vor allem sowjetrussische Entlehnungen gezeitigt, vgl. *vodka, verst* 'Werst', *soviet, bolshevik, sputnik*.

Es ist allzu natürlich, daß im Zeitalter der großen Kolonisationen das Englische auch aus dem Wortgut der Eingeborenensprachen in Übersee reichlich schöpfte, ja exotische Wörter in großer Zahl auch an andere Sprachen vermittelte, z. B. aus den Indianersprachen (*tobacco* 'Tabak', *tomato* 'Tomate', *potato* 'Kartoffel', *cocoa* 'Kakao'), aus Indien (*shampoo*, *pyjama*, *bungalow*), Australien (*boomerang*, *kangaroo*) usw.

IV.3.49. Textproben

(a) *Frühneuenglisch*

And that commyn Englysshe that is spoken in one shyre varyeth from another in so moche that in my dayes happened that certayn marchauntes were in a ship in Tamyse for to have sayled over the see into Zelande. And for lacke of wynde thei taryed atte forlond; and wente to land for to refreshe them. And one of thaym, named Sheffelde, a mercer, came in to an hows and axed for mete, and specyally he axyd after eggys. And the goode wyf answerede that she coude speke no Frenshe. And the marchaunt was angry; for he also coude speke no Frenshe, but wolde have hadde egges; and she understode hym not. And thenne at laste a nother sayd that he wolde have eyren. Then the good wyf sayd that she understod hym wel.

(William Caxton: *Eneydos*. 1491. Vorwort.)

and 'und'; *that* 'das, daß'; *commyn* 'gemein(sam)'; *Englysshe* 'Englisch'; *is* 'ist'; *spoken* 'gesprochen'; *in* 'in'; *one* 'ein(er)'; *shyre* 'Grafschaft'; *varyeth* 3. Sing. Präs. Ind. → (*to*) *vary* 'variieren, verändern'; *from* 'von'; *another* 'einander'; *so* 'so'; *moche* 'viel, sehr'; *my* 'mein'; *dayes* Pl. → *day* 'Tag'; *happened* 3. Sing. Prät. Ind. → (*to*) *happen* 'geschehen, vorkommen'; *certayn* 'gewiß'; *marchaunt* 'Kaufmann' (~*es* Pl.); *were* 3. Pl. Prät. Ind. → (*to*) *be* 'sein'; *a*(*n*) 'ein'; *ship* 'Schiff'; *Tamyse* 'Themse'; *for to* 'um . . . zu'; *have* 'haben' (hier Hilfsverb); *sayled* Part. Prät. → (*to*) *sail* 'segeln'; *over* 'über'; *the* (bestimmter Artikel, vgl. dt. *der/die/das*); *See* 'See'; *into* 'in + Akk., nach'; *Zelande* 'Seeland' (Provinz in den Niederlanden); *for* 'für, wegen, infolge'; *lacke* 'Mangel, Fehlen'; *of* (Präp. des Genitivs); *wynde* 'Wind'; *thei* 'sie' Pl.; *taryed* 3. Pl. Prät. Ind. → (*to*) *tarry* 'sich beunruhigen'; *atte* (= *at the*) 'an/auf/bei dem, zu + Dat.'; *forlond* 'Gestade, Küste'; *wente* Pl. Prät. Ind. → (*to*) *go* 'gehen'; *land* 'Land'; *refreshe* 'erfrischen'; *them* 'sie, sich' Akk. Pl. (= *themselves*); *of thaym* 'von/unter ihnen'; *named* Part. Prät. → (*to*) *name* 'nennen, heißen'; *mercer* 'Tuchhändler'; *came* 3. Sing. Prät. Ind. → (*to*) *come* 'kommen'; *hows* 'Haus'; *axed* 3. Sing. Prät. Ind. → (*to*) *ax* (= *ask*) 'fragen, bitten'; *for* 'um'; *mete* 'Speise'; *specyally* 'speziell'; *he* 'er'; *eggys* ~ *egges* Pl. → *egg* 'Ei'; *goode* 'gut'; *wyf* 'Weib, Frau'; *answerede* 3. Sing. Prät. Ind. → (*to*) *answer* 'antworten'; *she* 'sie' Sing. Nom.; *coude* 3. Sing. Prät. Konj. → *can* 'kann'; *speke* 'sprechen'; *no* 'nein, kein'; *Frenshe* 'Französisch'; *was* 3. Sing. Prät. Ind. → (*to*) *be* 'sein'; *angry* 'zornig'; *for* 'weil, denn'; *also* 'auch'; *but* 'aber'; *wolde* 3. Sing.

Prät. Ind. → *will* 'will'; *hadde* Part. Prät. → (*to*) *have* 'haben' (Hilfsverb); *understod*(*e*) 3. Sing. Prät. Ind. → (*to*) *understand* 'verstehen'; *hym* 'ihn'; *not* 'nicht'; *thenne* 'dann'; *at laste* 'zuletzt, endlich, schließlich'; *sayd* 3. Sing. Prät. Ind. → (*to*) *say* 'sagen'; *eyren* Pl. → me. *ey* 'Ei'; *wel* 'wohl'.

(b) *Modernes Englisch*

Our language has stood up well to the strain of the half-century; it has not lost its adaptability or its power of invention. These powers, it is true, are too often exercised in perverse ways; the citadel of pure English is more than ever besieged by a horde of vulgarisms. But the noble instrument has never been better handled than it is by the best writers, and notably by the best journalists, of an age that is indeed sore beset, but that keeps the flag bravely flying.

(Robert William Chapman: *Epilogue*. 1951.)

our 'unser'; *language* 'Sprache'; *has* 3. Sing. Präs. Ind. → (*to*) *have* 'haben' (Hilfsverb); *stood up* Part. Prät. → (*to*) *stand up* 'aufstehen, widerstehen (+ *to* 'zu'); *the* (bestimmter Artikel); *strain* 'Überspanntheit, Hatz'; *of* (Präp. des Genitivs); *half-century* 'halbes Jahrhundert'; *it* 'es'; *not* 'nicht'; *lost* Part. Prät. → (*to*) *lose* 'verlieren'; *its* 'sein' n.; *adaptability* 'Anpassungsvermögen'; *or* 'oder'; *power* 'Kraft, Macht' (∼*s* Pl.); *invention* 'Invention, Einbildungsvermögen, Phantasie'; *these* Pl. → *this* 'dieser'; *is* 'ist'; *true* 'wahr'; *are* 'sind'; *too* 'zu' Adv.; *often* 'oft'; *exercised* Part. Prät. → (*to*) *exercise* 'exerzieren, üben, verhärten, peinigen'; *in* 'in'; *perverse* 'pervers, widerwärtig'; *ways* Pl. → *way* 'Weg, Weise'; *citadel* 'Zitadelle, Hochburg'; *pure* 'pur, rein'; *English* 'Englisch'; *more* 'mehr, eher'; *than* 'denn, als'; *ever* 'immer'; *besieged* Part. Prät. → (*to*) *besiege* 'belagern, bestürmen'; *by* 'bei, durch, von'; *a*(*n*) (unbestimmter Artikel); *horde* 'Horde'; *vulgarism* 'vulgärer Ausdruck'; *but* 'aber'; *noble* 'nobel, edel'; *instrument* 'Instrument, Mittel'; *never* 'nie'; *been* Part. Prät. → (*to*) *be* 'sein'; *better* 'besser'; *handled* Part. Prät. → (*to*) *handle* 'handhaben, lenken'; *best* 'bester'; *writers* Pl. → *writer* 'Schriftsteller'; *and* 'und'; *notably* 'hauptsächlich, vor allem'; *journalists* Pl. → *journalist*; *age* 'Zeitalter, Alter'; *that* 'welches'; *indeed* 'in der Tat'; *sore* 'schwer, peinlich'; *beset* Part. Prät. → (*to*) *beset* 'beunruhigen, stören, zusetzen'; *keeps* 3. Sing. Präs. Ind. → (*to*) *keep* 'halten'; *flag* 'Flagge'; *bravely* 'brav, tapfer'; *flying* Part. Präs. → (*to*) *fly* 'fliegen, flattern, wehen (Fahne)'.

IV.3.5. Friesisch

IV.3.51. Geschichte. Quellen

Den südlichsten Zweig des Nordseegermanischen bildet das Friesische (*Frysk*). Die staatliche Selbständigkeit fehlt dem Friesischen: das Volk der Friesen lebt zum größten Teil in der Provinz *Friesland* im Norden der Niederlande (Holland), deren Oberfläche etwa 34 000 km² und deren

Einwohnerzahl ungefähr eine halbe Million beträgt. Die Hauptstadt der Provinz ist *Ljouwert* (nl. *Leeuwarden*). Die Basis der ökonomischen Struktur bildet die Viehzucht, insonderheit die Rinderzucht. Außerhalb Frieslands sprechen ungefähr 15 000—20 000 Menschen auf den Inseln und im Küstengebiet der Nordsee, auf deutschem, niederländischem und südwestdänischem Gebiet bis nach Schleswig-Holstein, Friesisch als ihre Muttersprache. Die *Friesischen Inseln* gliedern sich in drei Gruppen (West, Ost, Nord); am bekanntesten sind Sylt, Helgoland und Norderney als internationale Ferieninseln. Eine stark eingeschrumpfte Gruppe bewahrt auch um Oldenburg im nordwestdeutschen Saterland noch ihre ostfriesische Mundart. Die Gesamtzahl der Friesen, die Friesisch als ihre Muttersprache sprechen, wird auf 300 000 geschätzt.

Auch die Verfasser der Antike hatten Kenntnis von dem Stamm der Friesen. Tacitus unterschied in seiner „Germania" die Groß- und die Kleinfriesen (*Frisii maiores* bzw. *minores*) im Mündungsgebiet des Rheins. Bei Plinius dem Älteren werden die Stammesnamen *Frisii* und *Frisiavones* genannt.

Der Freiheit der Friesen wurde der erste Schlag im 8. Jh. von den Franken versetzt, ohne daß der Eroberung eine sprachliche Assimilierung gefolgt wäre. Die Bekehrung der Friesen hatte schon vorher begonnen, als in Wiltaburg (heute Utrecht), im einstigen Friesengebiet, das erste Bistum errichtet wurde. Das Werk der Bekehrung wurde teils vom Wiltaburger Bischof Willibrord, teils von Bonifatius mit Hilfe angelsächsischer Missionare geleitet. Nachdem sich die Friesen Karl dem Grossen angeschlossen hatten, befreite sie der Kaiser vom Kriegsdienst und sicherte ihnen die Freiheit zu. Somit waren die Friesen, im Gegensatz zu den übrigen Völkern des Frankenreiches, nur zu der Abgabe des Kirchenzehents verpflichtet. Die königliche Gewalt über die Friesen wurde bis zum 11. Jh. von einem königlichen Grafen ausgeübt, bis sich die sieben Küstengaue der Friesen zusammenschlossen und die Herrschaft des Grafen abschüttelten. Die Vertreter dieser Gaue hielten ihre Jahresversammlung bei Aurich, am sogenannten „Upstalboom", d. h. dem Baum des obersten Gerichts, von der Mitte des 14. Jh.s an aber in Groningen ab.

In der Verteidigung ihrer Freiheit haben die Friesen 1256 den holländischen Grafen Wilhelm II., den der Papst zum deutschen König gekrönt hatte, umgebracht. Nach hundert Jahren schwerster Kämpfe gelang es den Niederländern erst im 14. Jh., Westfriesland zu erobern. Ihre endgültige Pazifizierung glückte jedoch erst 1523 dem römisch-deutschen Kaiser Karl V. 1579 schloß sich Friesland der sogenannten Utrechter Union der nordniederländischen Provinzen an, wurde aber innerhalb dieser Vereinigung von einem eigenen Statthalter regiert. Der Statthalter Frieslands und

Prinz von Oranien, WILHELM IV., wurde 1748 zum Generalstatthalter über alle sieben Provinzen der Niederlande ernannt, und seine Würde wurde für erblich erklärt.

Ostfriesland, dessen Mittelpunkt Emden war, wurde 1454 als Land in das Römische Reich deutscher Nation eingegliedert und 1654 zum Fürstentum erhoben. 1744 wurde es dem vordringenden Preußen angeschlossen. Seitdem hat sich die ostfriesische Entwicklung vollauf im deutschen Rahmen gestaltet. Die Unterschiede in den neuzeitlichen Geschicken des West- und des Ostfriesischen erklären sich daraus, daß in den Niederlanden ein politischer Sprachenkampf nicht ausgetragen wurde, während auf deutschem Reichsgebiet das Friesische auch offiziell zurückgedrängt worden war.

Außer einigen, hinsichtlich ihrer Herkunft sehr problematischen, sogenannten friesischen Runeninschriften sind die ältesten Denkmäler des Friesischen Rechtsbücher und Urkunden aus dem 13.–16. Jh. aus Ost- und Westfriesland.

IV.3.52. Anglofriesische Sprachgemeinschaft. Dialekte des Friesischen

Im Kreise der germanischen Sprachen der Gegenwart steht das Friesische mit dem Englischen in engster Verbindung. Die englisch–friesischen Gemeinsamkeiten lassen sich auch heute schon nach einem flüchtigen Vergleich erkennen, besonders wenn man sie dem mit dem Friesischen unmittelbar benachbarten Niederländischen und Niederdeutschen gegenüberstellt. Um diesen Sachverhalt zu veranschaulichen, sei nachstehend eine tabellarische Darstellung von KLAAS FOKKEMA — auszugsweise — mitgeteilt:

Vokalismus:

	niederländisch	friesisch	englisch	deutsch
1.	*glad*	*glêd* [-æ-]	*glad*	(*froh*)
	zak	*sek*	*sack*	*Sack*
2.	*slapen*	*sliepe* [-iə-]	*sleep*	*schlafen*
	daad [-a:-]	*died*	*deed*	*Tat*
	schaap	*skiep*	*sheep*	*Schaf*
	maal	*miel*	*meal*	*Mahl*
3.	*maan*	*moanne* [-uə-]	*moon*	*Mond*
4.	*groen* [-u:-]	*grien*	*green*	*grün*
	zoeken	*siikje* [-i:-]	*seek*	*suchen*
	dun	*tin*	*thin*	*dünn*
5.	*vlees* [-e:-]	*flêsk*	*flesh*	*Fleisch*

Konsonantismus:

1. *n*-Schwund:

gans	*goes* [-u:-]	*goose*	*Gans*
ander	*oar* [-oə-]	*other*	*ander-*

2. *k* > *tsj* [tʃ]:

kaas	*tsiis* [tʃi:s]	*cheese*	*Käse*
kerk	*tsjerke*	*church*	*Kirche*

3. *eg* ~ *ag*-Kontraktion:

dag	*dei* [-ai]	*day*	*Tag*
weg	*wei*	*way*	*Weg*
hagel	*heil*	*hail*	*Hagel*

4. *g* > *j*:

gisteren	*juster*	*yesterday*	*gestern*

Die eigenständige Entwicklung des Friesischen hat freilich auch manche Erscheinungen hervorgebracht, die weder dem Niederländischen noch dem Englischen oder dem Deutschen bekannt sind, z. B. nl. *zingen* ~ dt. *singen* ~ engl. *sing* ≠ fr. *sjonge*; nl.-dt. *recht* ~ engl. *right* ≠ fr. *rjocht*; nl. *glijden* ~ dt. *gleiten* ~ engl. *glide* ≠ fr. *glide*; nl. *rijden* ~ dt. *reiten* ~ engl. *ride* ≠ fr. *ride*; nl. *huis* ~ dt. *Haus* ~ engl. *house* ≠ fr. *hûs*.

Man darf aber nicht außer acht lassen, daß das Friesische mit südgermanischen, in erster Linie mit sächsischen und fränkischen Mundarten Verkehrsgemeinschaften eingegangen war und sich im engsten Kontakt mit ihnen entwickelte. Dieser Umstand erklärt jene Merkmale der friesischen Sprache, die sie mit den Südgermanen verbinden, das Englische und das Westsächsische aber nach deren Abwanderung nach Britannien nicht mehr erreichten. Es wurde auch die Ansicht laut, die „englischen" Züge des Friesischen seien der sprachlichen Überschichtung einer auf das Festland zurückgekehrten angelsächsischen Volksgruppe zuzuschreiben. Die Wahrscheinlichkeit dieser Hypothese ist nach dem gegenwärtigen Stand der Forschung gleich Null.

Auf Grund der engen Verwandtschaft des Englischen mit dem Friesischen ist es in der Fachliteratur üblich geworden, von diesen beiden — als Überbegriff — als von einer größeren Einheit des Anglofriesischen zu sprechen.

Im Frühmittelalter war das Verbreitungsgebiet des Friesischen wesentlich größer als heute. Einst war auch das ganze Gebiet zwischen Weser und Lauwers friesisch. Von diesem ostfriesischen Bereich ausgehend, haben kleinere Gruppen von Friesen die Nordseeküste bis nach Schleswig-Holstein in Besitz genommen. Die vordringenden Franken und Sachsen haben dieses zusammenhängende Siedlungsgebiet an mehreren Stellen zerschnitten und stark zurückgeschoben. Die Ostfriesen sind in ihrer niederdeutschen (niedersächsischen) Nachbarschaft fast restlos aufgegangen, deshalb spricht man heute vom „Ostfriesischen" auch als einer Mundart des Niederdeutschen, vgl. IV.4.5. Wie erwähnt, hat nur eine kleine Restgruppe ihren alten ostfriesischen Dialekt im nordwestdeutschen Saterland (Niedersachsen) bis heute bewahrt (Abb. 50).

Im Friesischen unterscheiden wir in der Gegenwart vier Dialekte, und zwar das auf den Inseln und in einem schmalen Streifen der Westküste von Schleswig-Holstein gesprochene Nordfriesische, das saterländische Ostfriesische, das im westlichen Küstengebiet Frieslands und auf den ihm vorgelagerten Inseln verbreitete Westfriesische, ferner das im größten Teile Frieslands herrschende Mittelfriesische. Die moderne friesische Schriftsprache, das Gemeinfriesische, hat sich aus dem Mittelfriesischen entwickelt. Diese Sprachform wird vor allem von den friesischen Dichtern und Prosaikern gebraucht, ja sie ist auch die Sprache des friesischen Unterrichts. Ihre Formen sind durchaus elastisch, und sie verschließt sich keineswegs der Aufnahme von Wörtern und Wendungen der volkstümlichen Dialekte.

Die friesische Gemeinsprache hat – besonders in den Städten – zahlreiche Wörter, morphologische Merkmale und Redewendungen aus dem Niederländischen übernommen. Die friesische Sprachpflege richtet sich zur Zeit hauptsächlich gegen diese Fremdlinge. Andererseits hat aber auch das Niederländische, besonders im „holländischen" Norden, in großer Zahl friesische Elemente absorbiert, vgl. IV.4.34.

IV.3.53. Altfriesisch

Die Sprache der ältesten friesischen Denkmäler war das Altfriesische, das ungefähr bis 1500 in Friesland, sogar in den seitdem – sprachlich – fast ganz niederländisch gewordenen Städten, offizielle Amtssprache war. Nachdem aber Frieslands Unabhängigkeit verlorengegangen war, wurde auch das Friesische aus dem öffentlichen Gebrauch verdrängt. Das Schrifttum in friesischer Sprache setzte dann erst nach 1600 wieder ein. Das war aber schon die Periode des Neufriesischen, bei deren Anfängen im 17. Jh. besonders die Tätigkeit des westfriesischen Dichters Gijsbert Japiks (1603–1666) Erwähnung verdient.

Ein charakteristisches Merkmal der altfriesischen Runendenkmäler besteht darin, daß sie zum Teil die auf englischem Boden entstandenen Neuerungen des Fuþarks teilen, z. B. bei der neuen Bezeichnung von *o* (ᚩ), vgl. III.3.4.

Das Altfriesische stand dem Altenglischen sehr nahe. Den *i*-Umlaut des aus germ. **ai* entwickelten *ā* hat es gleich dem Altenglischen realisiert, vgl. germ. **dailiz* > afr. *dēl* ~ ags. *dǣl* 'Teil', was sonst in den germanischen Sprachen nicht durchgeführt wurde. Eine Parallele dazu bildete der *i*-Umlaut von germ. *ū*, z. B. germ. **brūþiz* > afr. *brēd* ~ ags. *brȳd* 'Braut' (vgl. ahd. *brūt*).

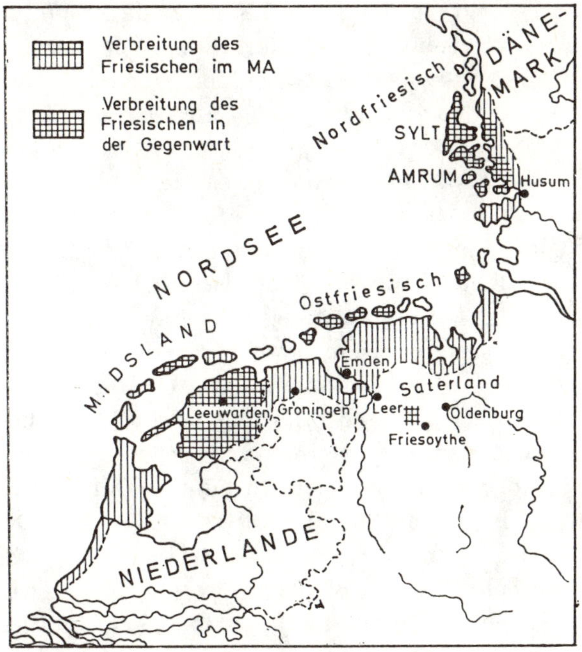

Abb. 50. Historische Verbreitung des Friesischen (nach Klaas Fokkema)

Ähnliche Gemeinsamkeiten sind auch in der Morphologie und in der Wortbildung bzw. im Wortschatz vorhanden. Ganz wie im Altenglischen wurden die Formen der drei Personen des Plurals in der Verbalflexion auch im Altfriesischen nicht unterschieden, indem ihre gemeinsame Endung im Präs. Ind. -*(i)ath*, im Prät. Ind. *-on*/*-un* war, vgl. afr. *drīvath* (*drīveth*) ~ ags. *drīfað* 'wir/sie treiben, ihr treibt' bzw. afr. *bēdon* ~ ags. *bēodan* 'wir/sie boten, ihr botet'.

Der suppletivische Komparativ bzw. Superlativ von germ. **lutil* 'klein, wenig' wurde sowohl im Altfriesischen als auch im Altenglischen vom Stamm **les-* gebildet, vgl. afr. *lessa* ~ ags. *lǣssa* 'kleiner' bzw. afr. *lēst* ~ ags. *lǣst* 'kleinst-' (vgl. ne. *less, least*). Das Nordseegermanische geht also auch in dieser Hinsicht eigene Wege, denn in allen übrigen Gruppen erfolgte diese Bildung von einem anderen Stamm (germ. **min*[*n*]-, vgl. lat. *min-us*), vgl. got. *minniza* ~ an. *minnr* ~ ahd. *minniro* 'minder' bzw. got. *minnists* ~ an. *minzt* ~ ahd. *minnist* 'mindest'.

Merkwürdigerweise besitzt aber das Altfriesische auch Merkmale, die engere Beziehungen zum A l t n o r d i s c h e n herstellen, als dies sonst von den Nordseegermanen bekannt ist. Hierher gehört vor allem das afr. Pluralzeichen *-ar*, z. B. afr. *dagar* 'Tage' ~ an. *dagar* gegenüber ags. *dagas* ~ as. *dagōs*. Ähnliches liegt vor in der mit *-r-* gebildeten Formvariante afr. *twēr* 'zwei' (allerdings neben *twēn*), vgl. an. *tveir* gegenüber ags. *twēgen*, as. *twēne* ~ *twēna*. Ernst Schwarz zählt auch den Wandel *in* > *jun* zu diesen „Nordgermanismen", vgl. afr. *sjunga* (> nfr. *sjonge*) 'singen' ~ adän. *sjungœ* ~ schw. *sjunga*, aber ags. *singan*, ferner die steigenden Diphthonge wie in afr. *sjuka* ~ an. *sjúkna* 'erkranken, siechen'.

Andererseits wiederum bestehen auch Verbindungen zwischen dem Altfriesischen und den südgermanischen Sprachen, die dem Altenglischen nicht eigen sind, z. B. das fallweise Unterlassen des R h o t a z i s m u s wie in afr. *hasa* ~ ahd. *haso* 'Hase' gegenüber ags. *hara*. Ähnliches läßt sich im friesischen Wortschatz beobachten.

In den altfriesischen Textdenkmälern wurde die l a t e i n i s c h e S c h r i f t verwendet ohne die Einführung zusätzlicher Buchstaben für spezifisch germanische Laute. So wurde [θ, ð] schon im Altfriesischen mit *th* bezeichnet; *u* und *v*, *w* traten in einem bunten Durcheinander für den Vokal [u] wie für die Konsonanten [v] und [w] auf. Dasselbe Durcheinander läßt sich bei *k* und *c* vermerken. Die Laute [j] und [i] erscheinen in der Regel als *i* in der Schrift. Die Vokallänge ist nur in den westfriesischen Denkmälern angegeben, und zwar durch Verdoppelung (z. B. *ee* [e:]), oder aber nach den Gewohnheiten der niederländischen Orthographie, z. B. *oe* [u:]. In den modernen Textausgaben wird die Länge mit dem Zirkumflex oder einem Balken über dem Graphem wiedergegeben, z. B. *âge* oder *āge* 'Auge'. Das altfriesische Lautsystem stand übrigens dem altenglischen besonders nahe.

Das N o m e n unterschied drei Genera, zwei Numeri (Singular ≠ Plural), in beiden Numeri vier Kasus (Nominativ, Akkusativ, Genitiv und Dativ), obwohl der Verfall der Kasusendungen und der damit verbundene Synkretismus schon in altfriesischer Zeit zu vermerken waren. Die an Hand des Altenglischen besprochenen vokalischen und konsonantischen Stämme wurden auch hier auseinandergehalten: 1. *a*-Stämme, z. B. *dī* m. 'Tag', *wīf* n. 'Weib'; 2. *ō*-Stämme, z. B. *ieva* f. 'Gabe'; 3. *i*-Stämme, z. B. *dēl* m. 'Teil', *tīd* f. 'Zeit', *spiri* n. 'Speer'; 4. *u*-Stämme, z. B. *sūnu* m. 'Sohn', *hōnd* ~ *hānd* f. 'Hand', *fīa* n. 'Vieh', bzw. unter den konsonantischen Stämmen: 1. *n*-Stämme („schwache" Deklination), z. B. *kampa* ~ *kempa* m.

'Kämpe, Krieger', *tunge* ~ *tonge* f. 'Zunge', *āge* n. 'Auge'; 2. *r*-Stämme, z.B. *brōther* m. 'Bruder', *swester* ~ *suster* f. 'Schwester'; 3. *nd*-Stämme, z. B. *friond* ~ *friund* m. 'Freund'; 4. *s*-Stämme, z. B. *ālder* m. 'Elter: einer der Eltern', *klāth* n. 'Kleid'. Gleich dem Altenglischen kamen auch im Altfriesischen noch Relikte weiterer konsonantischer Klassen vor, z. B. *fōt* m. 'Fuß' — *fēt* Pl.; *kū* f. 'Kuh' — *ky* Pl. usw.

Das Adjektiv unterschied zwischen starker und schwacher Deklination. Die schwache Deklination stimmte auch im Altfriesischen zu jener der substantivischen *n*-Stämme, während in der starken Deklination sich die Elemente der substantivischen und der pronominalen Flexion vermengten, wie in den germanischen Sprachen auch sonst.

Von den Numeralien wurden folgende nach den drei Genera unterschiedlich als Adjektiva gebeugt: *ān* m. — *ēn* f.-n. 'ein', *twēn* ~ *twēr* m. bzw. *twā* f.-n. 'zwei' und *thrē* m. — *thria* f. — *thriu* ~ *thria* n. 'drei'.

Bei den Pronomina haben die Personalpronomina der 1. und 2. Person ursprünglich den Dualis vom Plural unterschieden, ihn jedoch zu Beginn der Schriftlichkeit im großen und ganzen bereits auch beseitigt, mit Ausnahme des Nordfriesischen, das diese Kategorie zum Teil noch heute bewahrt, vgl. afr. **wit* > nordfr. *wat* ~ *wœt* 'wir beide', afr. **jit* > nordfr. *jat* ~ *jœt* 'ihr beide' bzw. **unk* > *unk* ~ *onk* 'uns beide(n); Akk.-Dat.' Die Demonstrativpronomina kannten teilweise noch im Altfriesischen den selbständigen Instrumentalis, z. B. ***thī*** ~ ***dī*** → *thi* ~ *dī* ~ *thē* m. || *thiu* ~ *dio* ~ *thio* f. || *thet* ~ *dat* ~ *that* n. 'der/die/das, jener/jene/jenes'. Das Personalpronomen der. 3. Pers. Sing. wurde gleich dem Altenglischen mit *h*-Prothese gebildet: *hī* ~ *hē* 'er', *hiu* ~ *hio* 'sie', aber *it* ~ *et* 'es' gegenüber ags. *hit*. Die Formen des Plurals wurden nach den Genera nicht mehr gesondert behandelt (*hia* 'sie').

Die Verba waren teils „stark", teils „schwach". Die Ablautsreihen der starken Verba waren: 1. *grīpa* — *grēp* — *grīpon* — *grīpen* 'greifen'; 2. *biada* — *bād* — *bēdon* — *ebēden* 'bieten'; 3. *bīnda* — *bānd* — *būndon* — *būnden* 'binden'; 4. *nima* — *nam* — *nōmin* — *nimin/nimen* 'nehmen'; 5. *iēva* — *ief* — **iēvon/iōven* — *eiēven* 'geben'; 6. *fara* — *fōr* — *fōron* — *eferin/efaren* 'fahren'.

Die Präteritopräsentien (nach den Ablautsreihen geordnet) waren die folgenden: 1. *wēt* 'weiß' (Negationsform *nēt* 'weiß nicht') — *wiste* Prät.; *āch* 'habe, besitze' — *āchte/ōchte* Prät.; 2. **dāg* (*daech* ~ *daegh* [da:x]) 'tauge' — *dōgt* Prät.; 3. *kan* 'kann' — **kūthe/kūd* Prät.; **thārf/thōrf* 'darf, bedarf' — *thorste/dorste* Prät.; **dar/dōr/dūr* 'wage' — *dorste* Prät.; 4. *skil/skel* (*skol, sal*) 'soll' — *skōlde/sōlde* Prät.; 5. *mī/mei* 'mag' — *machte/mochte* Prät.; 6. *mōt* 'muß, darf' — *moste* Prät.

Die schwachen Verba bildeten drei verschiedene Klassen: 1. *ja*-Stämme, z. B. *nēria* 'retten' — ***nērede*** (***nērda***) Prät.; 2. *ō*-Stämme, z. B. *makia* 'machen' – *mak***ade** Prät.; 3. *ai*-Stämme, z. B. *habba* 'haben' – *hē***de** Prät. bzw. *libba* 'leben' – *lif***de** Prät.

Die athematischen Verba des Indogermanischen waren nur noch in Resten vorhanden: *wesa* 'sein' – *bem/bim* ~ *ben/bin* 'bin' usw., *sē* ~ *sye/sīe* 'ich sei', *wes*! 'sei!', *was* 'war', *wēron* 'waren' usw., *ewesen* 'gewesen'; *willa* 'wollen' (Negationsform: *nel*[*i*] 'will nicht'); **dōn* 'tun' – *dūe* 'ich täte' usw. – *dēde* 'tat' – *dēn* 'getan'; *gān* 'gehen' und *stān* 'stehen' (Part. Prät.: *stēn*).

IV.3.54. Neufriesisch

Das Neufriesische, d. i. die friesische Gemeinsprache der Gegenwart, ist im niederländischen Friesland entstanden. Seine Grundlage bildet somit der mittelfriesische Dialekt. Die O r t h o g r a p h i e ist teils phonetisch, teils etymologisch-historisch, was dem Fremden, genauso wie beim Färöischen (vgl. IV.2.62.), große Schwierigkeiten bereitet.

Die Grundgrapheme des A l p h a b e t s sind *a*, *â*, *b*, *c*, *d*, *e*, *é*, *ê*, *f*, *g*, *h*, *i*, *j*, *k*, *l*, *m*, *n*, *o*, *ô*, *p*, *r*, *s*, *t*, *u*, *ú*, *û*, *v*, *w*, *y*, *z*. Die mit diakritischen Zeichen versehenen Buchstaben bilden keine Sonderposten im ABC und werden unter dem entsprechenden Grundzeichen angeordnet. Sowohl zur Bezeichnung der Vokale als auch der Konsonanten werden zahlreiche Digraphe, sogar auch Trigraphe verwendet: *ae*, *ai*, *au*, (*aw*), *ea*, *ee*, *ei*, *eo*, *eu*, *ie*, *ii*, *ij*, *oa*, *oe*, *oi*, *oo*, *ou*, (*ow*), *uo*, *ue*, *ui* bzw. *aei*, *eau*, *ieu*, (*iuw*), *oai*, *oei*, andererseits *ch*, *dzj*, *ng*, *nj*, *sj*, *stj*, *tsj*, *zj*.

â, *ê*, *ô*, *û* sind Längen, wobei in der Aussprache *â* und *ô* identisch sind: [oː]. Nach niederländischem Muster wird der Laut [y] mit *u* bezeichnet, z. B. *brulloft* [brylloft] 'Hochzeit, eigtl. Brautlauf', *druije* [dryjə] 'trocknen'. Verdoppelung dient zur Angabe der Vokallänge: *ee* [ɪː], z. B. *heech* [hɪːç] 'hoch'; *ii* [iː], z.B. *piip* [pɪːp] 'Pfeife'; *oo* [oː], z.B. *rook* [roːk] 'Geruch, Duft'. Eine alte niederländische orthographische Regel ist erhalten im Digraph *ae*, dessen Aussprache langes [aː] ist, z. B. *baes* [baːz] 'Wirt' (vgl. am. *boss*!), wie auch in *oe* [u, uː], z. B. *koeke* [kuːkə] 'Kuchen', obwohl sich dahinter auch eine diphthongische Aussprache verbergen kann, z. B. *boer* [buːər] 'Bauer'. Zu den übrigen Buchstabenkombinationen vgl. *eo* [y·ə], z. B. *freon* [fry·ən] 'Freund'; *oa* [o·ə], z. B. *soan* [so·ən] 'Sohn'; *ea* [e·ə], z. B. *hea* [he·ə] 'Heu'; *ie* [i·ə], z. B. *iepen* [i·əpm̥] 'offen'; *uo* und *ue* [u·ə], z. B. *fuer* [fu·ər] 'Feuer'; *ow* [ou], z. B. *jowe* [jou·ə] 'geben'; *aei* [aːi], z. B. *Maeije* [maːijə] 'Mai'; *eau* [y·ə], z. B. *dreaun* [dry·ən] 'getrieben'; *ieu* [i·u], z. B. *ieu* [i·u] 'Jahrhundert, Zeitalter'; *oai* [o·i] bzw. [ua·i], z. B. *moai* [mo·i] 'schön' bzw. *boaijem* [bua·iəm] 'Boden'; *oei* [ui], z. B. *ploeije* [pluijə] 'pflügen'.

Die Aussprache von *y* ist [i] – und dementsprechend ist es alphabetisch unter dem Buchstaben *i* eingeordnet –, z. B. *yn* [in] 'in', bzw. kann es manchmal diphthongisch sein: [ij], z. B. *wy* [wiːj] 'wir'.

Die Vokale der Nebentonsilben sind reduziert, vgl. *honger* [hoŋər] ‘Hunger’, *mile* [mi:lə] ‘Meile’.

Besonders charakteristisch für das Friesische sind die steigenden Diphthonge, z. B. *ljocht* [li̯ó:xt] ‘Licht’, *ljurk* [li̯ýrk] ‘Lerche’ u. dgl.

Von den Graphemgruppen für Konsonanten seien erwähnt: *ch* [g], z. B. *each* [e·əg] ‘Auge’; *dz* [dʒj], z. B. *eidze* [aidʒjə] ‘eggen’; *tsj* [tʃ], z. B. *tsjerke* [tʃerkə] ‘Kirche’; *sj* [ʃ], z. B. *sjen* [ʃen] ‘sehen’. In den Lautverbindungen *sk, st, sp, sw, sn, sm, sl* bleibt *s* unverändert [s], vgl. *skip* [skep] ‘Schiff’, *stom* [stom] ‘stumm’, *spinne* [spinnə] ‘spinnen’, *swiet* [swi·ət] ‘süß’, *snie* [sni·ə] ‘Schnee’, *smel* [smel] ‘schmal’, *slepe* [sle:pə] ‘schleppen’. Auch die Konsonanz *wr* ist erhalten geblieben, z. B. *wrâld* [wro:d] ‘Welt’, aber *hw* wird nur noch ohne *h* ausgesprochen, z. B. *hwa* [wa:] ‘wer’.

Das Substantiv unterscheidet nur noch zwei Genera, und zwar ein gemeinschaftliches Geschlecht für ehemalige Maskulina und Feminina sowie das Neutrum, vgl. *de master* ‘der Meister’ und *de masterske* ‘die Meisterin’ gegenüber *it wiif* ‘das Weib’, *it skrift* n. ‘das Heft, die Schrift, das Schreiben’. Die alte Ordnung der Paradigmen gemäß den einzelnen Stämmen wurde im Neufriesischen nach der Weise der Pluralbildung umgruppiert: 1. *(-e)n*, z. B. *goune* ‘Gulden’ — *gounen* Pl., *brêge* ‘Brücke’ — *brêggen* Pl.; 2. *-s*, z. B. *fûgel* ‘Vogel’ — *fûgels* Pl.; 3. *-Ø* (auch mit Umlaut), z. B. *bern* ‘Kind’ — *bern* Pl., *skiep* ‘Schaf’ — *skiep* Pl., aber *kou* ‘Kuh’ — *kij* Pl., *goes* ‘Gans’ — *gies* Pl. Es kommt auch die Kombinierung der 1. und der 2. Gruppe vor, z. B. *reed* ‘Schlittschuh’ — *redens* Pl., andererseits gibt es auch — aus lauthistorischen u. ä. Gründen — isolierte Formen wie *dei* ‘Tag’ — *dagen* Pl., *kleed* ‘Kleid’ — *klean* Pl., *skoech* ‘Schuh’ — *skuon* Pl., *man* ‘Mann’ — *manlju* Pl. (eigtl. *Mannsleute*!). Von den nominalen Kasusendungen hat das Friesische neben der Grundform nur den Genitiv bewahrt (Endung *-s*), aber auch dieser wird meistens syntagmatisch umschrieben wie im Neuenglischen, vgl. *syn wiif**s** mem* ‘die Mutter seiner Frau’, aber häufiger sind doch Lösungen wie *mem **har** stoel* ‘[der] Mutter ihr Stuhl’ (*har* ‘ihr-’), ferner die Kombination beider Möglichkeiten, z. B. *de mem **fan** de master**s*** ‘die Mutter vom Meister’. Bei einigen Wörtern kommt ausnahmsweise auch noch der „schwache“ Genitiv vor, z. B. *heit* ‘Vater’ → *heit**e** klean* ‘des Vaters Kleider’, auch im Plural: *Friez**ene** fryheit* ‘der Friesen Freiheit’. Der alte Dativ lebt nur noch in Ausdrücken, z. B. *to lân**ne** komme* ‘zu Lande kommen, d. h. landen, an Land gehen’ (< *lân* ‘Land’).

Der bestimmte Artikel ist — nach dem Umbau des Genussystems — *de* (männlich und weiblich) bzw. *it* (sächlich). Der unbestimmte Artikel *in* wurde auch hier vom Zahlwort ‘eins’ gebildet.

Das Adjektiv unterscheidet noch zwischen der „starken“ und der

„schwachen“ Deklination: *in* ***bêst*** *minske* ‘(eine) beste Frau’, aber *de* ***bêste*** *heit* ‘der beste Vater’.

Das Personalpronomen der 3. Pers. Sing. hält die drei Genera noch auseinander: *hy* ~ *er* ‘er’, *hja* ~ *sy/se* ‘sie’, *it* ‘es’, aber im Plural gibt es nur noch eine einheitliche Form: *hja* ~ *se* ‘sie’. Die Formvarianten verweisen eindeutig auf den Übergangscharakter des Friesischen zwischen dem Nordsee- und dem Südgermanischen.

In der Kategorie der Numeralien werden auch bei *ien* ‘ein’, *twa* ‘zwei’ und *trije* ‘drei’ keine Sonderformen nach den Genera gebildet. Dagegen können alle Kardinalzahlen Pluralformen mit -(*e*)*n* bilden wie im Niederländischen, z. B. *yn* ***trijen*** ‘in (den) dreien’ usw.

Das System der Tempora ist dem niederländischen gleich, d. h. neben dem synthetischen Präsens (*ik nim* ‘ich nehme’) und Präteritum (*ik naem* ‘ich nahm’) wurden auch zusammengesetzte Tempora entwickelt, und zwar mit den Hilfsverben *hawwe* ‘haben’ und *wêze* ‘sein’ bzw. *sille* ‘sollen’ (für ‘werden’, vgl. ne. *shall*!), so das Perfekt (*ik ha*[*w*] ~ *hab nommen* ‘ich habe genommen’), das Plusquamperfekt (*ik hie nommen* ‘ich hatte genommen’), das Futurum (*ik sil nimme* ‘ich werde nehmen’) und das Futurum exactum (*ik soe nimme*). Mit dem Hilfsverb *wêze* ‘sein’ z. B. *ik bin kommen* ‘ich bin gekommen’ usw.

Mit *wêze* bzw. *wurde* ‘werden’ können auch im Friesischen Formen des Passivs gebildet werden: *ik wurd oannommen* ‘ich werde angenommen’ u. dgl.

Die Nominalformen des Verbs sind der Infinitiv (*nimme* ‘nehmen’), das Part. Präs. (*nimmend*[*e*] ‘nehmend’) und das Part. Prät. (*nommen* ‘genommen’).

Auch der Singular des Imperativs hat eine eigene Form: *nim!* ‘nimm!’

Das friesische Verb ist entweder „stark“ oder „schwach“. Die Klassen der starken Verba sind: 1. *gripe* — *griep* (*grypte*) — *grepen* (*grypt*) ‘greifen’; 2. *biede* — *bea* — *bean* ‘bieten’; 3. *bine* — *boun* — *boun* ‘binden’; 4. *nimme* — *naem* (*nôm*) — *nommen* ‘nehmen’; 5. *lêze* — *lies* — *lêzen* ‘lesen’; 6. *farre* — *foer* (*fear*) — *fearn* ‘fahren’. In der synchronisch-beschreibenden Grammatik wird noch eine 7. Reihe angeführt: *litte* — *liet* — *litten* ‘lassen’.

Die schwachen Verba gliedern wir in zwei Klassen: 1. Inf. auf -*e*, z. B. *prate* ‘plaudern’ — *praette* Prät., *miene* ‘meinen’ — *miende* Prät.; 2. Inf. auf -*je*, z. B. *wenje* ‘wohnen’ — *wenne* Prät., *arbeidzje* ‘arbeiten’ — *arbeide* Prät. Die entsprechenden Partizipien Präteriti sind *praet*, *miend* bzw. *wenne*, *arbeide*.

Die Präteritopräsentien entsprechen dem regelmäßigen germanischen Typus, vgl. *wit* ‘weiß’ — *wist* Prät.; *kin* ‘kann’ — *koe* Prät.; *mei* ‘mag’ —

mocht Prät.; *doar* 'darf, wage' – *doarst* Prät.; *dooch* 'tauge' – *doogde* Prät.; *moat* 'muß' – *moast* Prät.

Das System der Personalendungen ist im Vergleich zum Altfriesischen im allgemeinen unverändert geblieben, vgl. Präs. Ind. *ik nim* 'ich nehme', *dou nimst*(*e*) ~ *jo nimme* 'du nimmst ~ Sie nehmen'; *hy*/*hja*/*it nimt* 'er/sie/es nimmt', *wy*/*jimme*/*hja nimme* 'wir/sie nehmen, ihr nehmet'. Ähnlich im Prät., vgl. *ik naem* 'ich nahm', *dou naemst*(*e*) ~ *jo namen* 'du nahmst ~ Sie nahmen', *hy*/*hja*/*it naem* 'er/sie/es nahm', *wy*/*jimme*/*hja namen* 'wir/sie nahmen, ihr nahmt'.

IV.3.55. Textproben

(a) *Altwestfriesisch*

Thit is landriocht Fresen ād sceltā rʒ. Thi grewa, ther an Freslande wessa scel, hi scel wessa fulre berde bern and sin riocht unforloren. Hi scel ti Suthermutha incoma and coma to Franekere mith breve ād mith insigile.

(*Altfriesisches Schulzenrecht.* 15. Jh.)

Orthographie des Originals: im Glossar stehen die normalisierten altfriesischen Formen in eckigen Klammern: *thit* n. 'dies(es)'; *is* 'ist'; *landriocht* [*lândriucht*] n. 'Landrecht'; *Fresena* Gen. Pl. → [*Frêsa*] m. 'Friese'; *ād* [Abkürzung für *and*] 'und'; *sceltā rʒ* [Abkürzung für *skeltanriucht*] n. 'Schulzenrecht'; *thi* m. 'der'; *grewa* [*grêwa*] m. 'Graf'; *ther* m. 'der, wer'; *an* 'in'; *Freslande* Dat. Sing. → [*Frêsland*] n. 'Friesland'; *wessa* [*wêsa*] 'sein'; *scel* [*skel*] 3. Pers. Sing. Präs. Ind. 'soll'; *fulre* Gen. Sing. f. → *ful* 'voll, vollberechtigt'; *berde* f. 'Geburt'; *bern* Part. Prät. → *bera* 'tragen, gebären'; *sin* [*sîn*] n. 'sein'; *riocht* [*riucht*] n. 'Recht'; *unforloren* [*unforlern*] 'unverloren'; *ti* (~ *to*) 'zu, bei'; *Suthermutha* [*Sûthermûtha*] f. 'Südliche Flußmündung'; *incoma* [*inkoma*] 'hereinkommen'; *coma* ~ *koma* [*kuma*] 'kommen'; *Franekere* Dat. Sing. → [*Frâneker*] 'Franeker' ON; *mith* 'mit, durch'; *breve* Dat. Sing. [*brêf*] m.-n. 'Brief'; *insigile* Dat. Sing. [*insigel*] n. 'Siegel'.

(b) *Neufriesisch*

(1) *Blanke seilen op 'e marren,*
Rûkend hea yn swé op 't lân;
Seinehotsjen, ljurkesangen,
Blauwe himel, sinnebrân.
't Swiere fé yn griene greiden,
Swiet gerûs troch hege reiden,
Bûgende ieren yn 'e bou –
Heitelân, hoe moai bistou!

(Piter Jelles Troelstra: *Heamoanne.*)

blank 'blank, weiß, glänzend' (~*e* Pl.); *seil* n. 'Segel' (~*en* Pl.); *op* 'auf'; *'e* (= *de*) Pl. (bestimmter Artikel); *mar* n. 'Meer' (~*ren* Pl.); *rûkend* Part. Präs. → *rûke* 'duften'; *hea* n. 'Heu'; *yn* 'in'; *swé* n. 'Schwade'; *'t* (= *it*) n. (bestimmter Artikel); *lân* n. 'Land, Feld'; *seinehotsjen* 'Sensendengeln'; *ljurkesang* m. 'Lerchen(ge)sang' (~*en* Pl.); *blau* 'blau' (~*we* Sing. m.); *himel* m. 'Himmel'; *sinnebrân* m. 'Sonnenbrand, Sonnenschein'; *swier* 'schwer'; *fé* n. 'Vieh'; *grien* 'grün'; *greide* f. 'Weide' (~*n* Pl.); *swiet* 'süß'; *gerûs* n. 'Geräusch'; *troch* 'durch'; *hege* Pl. → *heech* 'hoch'; *reid* n. 'Ried, Röhricht' (~*en* Pl.); *bûgende* Part. Präs. → *bûgje* 'beugen'; *ier* f. 'Ähre' (~*en* Pl.); *bou* m. 'Gehöft'; *heitelân* n. 'Vaterland, Heimat'; *hoe* 'wie'; *moai* 'schön'; *bistou* 'bist du'; *heamoanne* m. 'Heumond: Juli'.

(2) *Yn sawn dagen wierne wy foar St. Ubes. Dêr laeit in baer foar in stuiting, en dêr binne wy yn ien ruk oer rekke, of om wierheit to sprekken, fjouwerkant oersmiten op in stik lân, dêr 't it sâlt krekt op heapen stiet as hjir de reaken hea yn de ongetiid. Wy hawwe de ballêst oan de iene kant fan it skip útsketten, en oan de oare kant is ús it sâlt 'er wer ynsketten; en doe hat de klokmakker fan de kening fan Portegal ús mei trije-tûzen horloazjefearren wer fan it lân ôfholpen: dat wier in divelskinstener, dat siz ik jimme.*

(Eeltsje Halbertsma: *Skipperslatyn.*)

yn 'in'; *sawn* 'sieben'; *dagen* Pl. → *dei* 'Tag'; *wierne* 1. Pl. Prät. Ind. → *wurde* 'werden'; *wy* 'wir'; *foar* 'vor'; *St. Ubes* ON; *dêr* 'da, dort' (formales Subjekt wie ne. *there* ~ dt. *es*); *laeit* 3. Sing. Präs. Ind. → *lizze* 'liegen'; *in* 'ein' (unbestimmter Artikel); *baer* n. 'Wehr, Deich, Schranke, Geländer'; *stuiting* 'Deich, Staudamm'; *en* 'und'; *binne* Pl. Präs. Ind. → *wêze* 'sein'; *ien* 'einzig'; *ruk* n. 'Ruck'; *oer* 'über'; *rekke* 'reichen' (auch Part. Prät.); *of* 'oder'; *om . . . to* 'um . . . zu'; *wierheit* 'Wahrheit'; *sprekken* 'sprechen'; *fjouwerkant* 'vierkant(ig)'; *oersmiten* 'überschmeißen' (auch Part. Prät.); *op* 'auf'; *stik* 'Stück'; *lân* 'Land, Feld'; *'t* (= *hat*) 3. Sing. Präs. Ind. → *hawwe* 'haben' (Hilfsverb); *it* n. 'das' (bestimmter Artikel); *sâlt* 'Salz'; *krekt* 'genau, direkt'; *heap* 'Haufen' (~*en* Pl.); *as* 'als, wie'; *hjir* 'hier'; *reak* '(Heu)Schober' (~*en* Pl.); *hea* 'Heu'; *ongetiid* 'Zeit der Heumahd'; *ballêst* 'Ballast'; *oan* 'an'; *kant* 'Kante'; *fan* 'von'; *skip* 'Schiff'; *útsketten* Part. Prät. → *útsjitte* 'ausschütten, über Bord werfen'; *oare* 'ander-'; *is* 'ist'; *ús* 'uns'; *er* (= *dêr*) 'da, dort'; *ynsketten* Part. Prät. → *ynsjitte* 'einschütten, einschiffen'; *doe* 'dann'; *klokmakker* 'Uhrmacher'; *kening* 'König'; *Portegal* 'Portugal'; *mei* 'mit'; *trije-tûzen* 'dreitausend'; *horloazjefear* 'Uhrfeder' (~*ren* Pl.); *ôfholpen* Part. Prät. → *ôfhelpe* 'aushelfen'; *dat* n. 'das, jenes', *wier* 3. Pers. Sing. Prät. Ind. → *wêze* 'sein'; *divelskinstener* 'Zauberer, Tausendkünstler' (wörtlich: 'Teufelskünstler'); *siz* 1. Pers. Sing. Präs. Ind. → *sizze* 'sagen'; *ik* 'ich'; *jimme* 'ihr; euch'; *skipperslatyn* 'Seemannslatein'; *wer* 'wieder'.

IV.3.6. Altsächsisch

IV.3.61. Geschichte. Quellen

Im Gebiet des heutigen Norddeutschlands, an der Nordsee, siedelte eine der bedeutendsten Gruppen der Nordseegermanen, der Stamm der Sachsen. Starke Abteilungen dieses Großstammes haben zusammen mit den Angeln und den Jüten auch an der Eroberung Großbritanniens teilgenommen, ja, sie konnten dort in altenglischer Zeit sogar die Führung unter den Germanen an sich reißen. Diese auf die Inseln übergesiedelten Westsachsen vermochten nach ihrer endgültigen Trennung von den südgermanischen Nachbarn ihren nordseegermanischen Charakter auch in ihrer Sprache zu bewahren. Nicht so hingegen ihre auf dem Festland verbliebenen Stammesbrüder, die besonders seit der Karolingerzeit in eine immer stärkere Kontaktentwicklung mit den Südgermanen, d. h. den Stämmen des erminonischen Bundes des TACITUS, gerieten. Infolge dieser Bindungen zum Süden wurde die Sprache der Festlandsachsen immer mehr „verdeutscht", so daß ihre Dialekte sich in der mittleren Periode ihrer Sprachentwicklung schon unter die der Niederdeutschen einreihten und dementsprechend in eine der wichtigen Grundschichten der in Entstehung begriffenen gesamtdeutschen Spracheinheit verwandelten. Über diese mittelniederdeutsche Periode vgl. IV.4.52. Es ist leicht verständlich, daß diese mittelniederdeutsche Sprachform sich viel langsamer konstituierte als das parallele mittelhochdeutsche (vgl. IV.4.65): ihre Anfänge dürfen wir erst im angehenden 13. Jh. ansetzen. Das ist zugleich das Zeitalter, in dem die Festlandsachsen auch sprachlich schon zu den deutschen Stämmen zu zählen sind, und ihre ingwäonische, d. h. nordseegermanische Herkunft nur noch in Relikten, in den sogenannten „Ingwäonismen", auszuweisen ist.

Der Stammesname der Sachsen verweist auf ihre charakteristische Waffe, den *Sachs* (as. *sahs*), d. h. 'Messer; Schwert mit einer Schneide'. Als Heiden versahen sie auch ihre Hauptgottheit Tīw mit dem entsprechenden Epitheton *Sahsnōt* (< *nōt* 'Genosse, Freund, Kamerad, Waffenbruder'). Der Sachsenname kommt auch schon bei den Historikern und Geographen der Antike, so z. B. bei PTOLEMAIOS, vor. Nach den Beschreibungen sollen die Sachsen mit ihren Streifzügen das westeuropäische Küstengebiet in ständiger Unruhe gehalten haben. Zur Abwehr ihrer Einfälle errichteten die Römer zwischen der Loire und der Schelde eine gewaltige Verteidigungslinie, das sogenannte *litus Saxonicum* ('Sachsenküste'). Um die Mitte des 5. Jh.s haben sie sich an der Seite der Römer als Verbündete in den Kämpfen gegen die Hunnen hervorgetan. In dieser Zeit besetzten einige ihrer Abteilungen die Küstengegend Nordfrankreichs, die wahrscheinlich dann ebenfalls zu einer Ausgangsbasis der Invasion gegen Britannien wurde.

Der sächsische Stammesverband war letzten Endes aus dem Zusammenschluß von drei ingwäonischen Stämmen – den Chauken, den Engern (lat. *Angrivarii*) und den Cheruskern – unter der Führung der Sachsen im 3.–4. Jh. u. Z. entstanden. Von da an war der sächsische Stammesverband ein bestimmender politischer Faktor im Nordwesten Europas. Unter dem Druck der Sachsen waren um 400 z. B. die Langobarden gezwungen, nach Süden auszuweichen (vgl. IV.4.71.). Um die Mitte des 6. Jh.s ist es ihnen im Verein mit den Franken gelungen, den Stamm der Thüringer niederzuwerfen und ihren Einflußbereich im Osten bis zur mittleren Elbe auszudehnen. Der Versuch der Sachsen, dem fränkischen Vormarsch Einhalt zu gebieten, mißlang hingegen, obwohl sie darin auch von anderen germanischen Stämmen unterstützt wurden. Im 8. Jh. brach der Stammesverband der Sachsen unter dem Druck der Franken zusammen. Selbst ihr Fürst WIDUKIND ließ sich taufen, und 852 wurde im Rahmen des Frankenreiches das Herzogtum Sachsen begründet. Von dieser Zeit an ist das Schicksal der Sachsen im Zuge der fränkischen, später der deutschen Geschichte, damit organisch verbunden, geformt worden.

Unter Altsächsisch, das in der älteren Literatur auch Altniederdeutsch genannt wird, verstehen wir die im 9.–12. Jh. gesprochene Sprache der sächsischen Bevölkerung im Raum zwischen Rhein, Elbe, Nordsee und dem Harz. Die Grenzen dieses Gebiets waren im Norden die Schlei, im Osten die Linie Kiel–Lauenburg entlang der Elbe (ganz bis zum Zusammenfluß der Elbe und der Saale), im Süden die Harzgegend bis zur Werra (Westfalen miteinbegriffen), im Westen die Linie Elberfeld–Essen–Groningen (Abb. 51).

Dieses Riesengebiet des sächsischen Stammesverbandes können wir in vier Stammes- und Raumeinheiten einteilen: 1. Westfalen (mlat. *Westfalahi*); 2. Engern (lat. *Angrarii*) an der Weser; 3. Ostfalen (mlat. *Ostfalahi*); 4. Nordalbingen jenseits der Elbe, d. h. das Land um Hamburg, Holstein (mlat. *Holtsati* < germ. 'Waldbewohner') und Dietmarschen an der See.

Das Altsächsische ist uns in Handschriften aus dem 9.–12. Jh. überliefert. Außer dem Namengut sind zwei große zusammenhängende Sprachdenkmäler an erster Stelle zu nennen, und zwar der *Heliand* (d. h. 'Heiland'), der in Stabreimversen Christi Leidensweg den Evangelien nacherzählt, und die *Genesis*, die die biblische Schöpfungslegende bearbeitet (vgl. III.4.2.). Beide poetischen Denkmäler stammen aus dem 9. Jh.: der *Heliand* enthält beinahe 6000, die *Genesis* ungefähr 300 Langzeilen. Ihre wertvollsten Handschriften sind die Bamberg-Münchener (*Monacensis*: *M*) und die Londoner (*Cottonianus*: *C*), ferner die *Genesis*-Handschrift des Vatikans (*V*).

In linguistischer Hinsicht sind die kleineren Denkmäler vielleicht noch wichtiger, da der *Heliand* und die *Genesis*, dank den Umständen ihrer Entstehung, vielfach auch südliche, andererseits aber auch englische Einflüsse

Abb. 51. Der altsächsische Sprachraum im 9. Jh. u. Z. (nach William Foerste und Hans Joachim Gernentz)

spiegeln. Die kleineren Denkmäler umfassen Segensprüche, Kirchenurkunden und Steuerlisten, z. T. auch interlineare Glossen bzw. in lateinischen Urkunden enthaltene altsächsische Wörter und Wendungen.

IV.3.62. Das Altsächsische

Die altsächsischen Schreiber verwendeten die bei den Franken entstandene Variante der lateinischen Schrift, die sogenannte karolingische M i n u s k e l. Die G r a p h e m a t i k war noch nicht einheitlich: die Textausgaben teilen die Originale z. T. buchstabengetreu, z. T. in normalisierter Umschrift mit.

Das normalisierte A l p h a b e t des Altsächsischen besteht aus folgenden Graphemen: *a*, *b*, *ƀ*, *c*, *d*, *đ*, *e*, *f*, *g*, *h*, *i*, *j*, *k*, *l*, *m*, *n*, *o*, *p*, *q*, *r*, *s*, *t*, *u*, *w*, *z*. Die Vokallänge wird mit dem Zirkumflex oder einem Balken über dem Buchstaben bezeichnet: *ā*, *ē*, *ī*, *ō*, *ū* oder *â*, *ê*, *î*, *ô*, *û*. Zur Bezeichnung der

Diphthonge werden Digraphe verwendet: *au, ei, eo, eu, ia, ie, io, iu, oe, ou, ua, uo.*

Die langen Konsonanten werden verdoppelt: *bb, dd, ss, rr, kk* usw., *c* und *q* kommen vor allem in den Digraphen *ch* [ç, x] und *qu* [kw] vor. In lateinischen Lehnwörtern gibt *c* je nach der Stellung [k] oder [ts] wieder. Aus der altenglischen Orthographie entlehntes *ƀ* und *đ* bezeichnen spirantisches *b* [w] bzw. *d* [ð]. Der stimmlose interdentale Reibelaut [θ] wird mit eem Digraph *th* festgehalten. *z* wird in altsächsischen Wörtern als [ts], in Fremdwörtern bzw. in fremden Namen als [z] ausgesprochen, z. B. *bezto* [betsto] 'der beste', aber *Zacharias* [zaxarias] PN.

Die Orthographie der Originale ist freilich bei weitem nicht einheitlich. Sie schreiben bald *th*, bald *đ* sowohl für den stimmlosen als auch für den stimmhaften interdentalen Reibelaut; [w] bezeichnen sie häufig mit *uu* usw. Nach altenglischem Vorbild wurden die langen Vokale nicht selten mit dem Akut gekennzeichnet (*á, é* usw.).

Ein charakteristisches nordseegermanisches Merkmal – ein Ingwäonismus – des Altsächsischen ist (parallel zum Altenglischen und zum Altfriesischen) der mit Ersatzdehnung gekoppelte Nasalschwund vor Reibelauten, vgl. as. *ōthar* [o:ðar] 'ander-' (≠ ahd. *ander*), as. *sīđ* 'Weg' (≠ got. *sinþs*); as. *ūs* 'uns' (≠ ahd. *uns*), as. *fīf* 'fünf' (≠ ahd. *finf*), ebenso die Palatalisierung von *k*, obwohl dieser Wandel vor der Affrikate [tʃ] haltmachte und als [ts] realisiert wurde, z. B. as. *sprekean* [spretsan] 'sprechen' (≠ ne. *speech* [spi:tʃ]), as. *bizi* [bitsi] 'Bach' (≠ ahd. *bach*). Ein sowohl von den übrigen nordseegermanischen als auch von den südgermanischen Sprachen abweichendes altsächsisches Charakteristikum ist der Wandel der Konsonanz *hs* zu [ss] in spätaltsächsischer Zeit, z. B. *flahs* > *flas* 'Flachs' (≠ ags. *fleax*, afr. *flax*, ahd. *flahs*). Diese Erscheinung drang vom altsächsischen Gebiet im 10.–12. Jh. auch nach dem Süden vor und machte sich vor allem in den nord- und mitteldeutschen Mundarten bzw. auf hochsprachlicher Ebene im Niederländischen (einschließlich des Afrikaans) geltend.

Die Metathese der Liquiden erscheint im Altsächsischen zumeist in derselben Form wie im Altenglischen und im Altfriesischen, z. B. as. *hros* > *hers* 'Pferd' (~ ags. *hors*), aber ahd. *hros* > *Roß*.

Der *i*-Umlaut wurde auch im Altsächsischen durchgeführt, aber nicht in dem Maße wie im Altenglischen und im Altnordischen, z. B. got. *satjan* ≠ as. *settian* 'setzen', aber got. *mērjan* 'verkünden' ~ as. *māri* 'berühmt' gegenüber ags. *mǣre* ~ an. *mǿrr* 'berühmt'. In dieser Hinsicht zeigte das Altsächsische (zusammen mit dem Althochdeutschen) ein langsameres Entwicklungstempo als das Altenglische, vgl. as. *sōkian* (~ ahd. *suohhen*), aber ags. *sēcan* ~ afr. *sēka* 'suchen'; as. *mūsi* (~ ahd. *mūsi*), aber ags. *mȳs* 'Mäuse' u. dgl. — Ähnlich verhält es sich mit dem *u*-Umlaut, z. B. as. *ātum* ~ ahd. *āʒʒum*, aber an. *ǫtum* 'wir aßen'; as. *eƀur* ~ ahd. *ebur*, aber ags. *eofor* 'Eber'; as.-ahd. *naht*, aber ags. *neaht* 'Nacht'.

Die Reduktion der Nebentonsilben hat auch im Altsächsischen um sich gegriffen, aber — wie dies auch aus dem Schriftbild hervorgeht — viel langsamer als im Altenglischen und im Altfriesischen. Andererseits ging das Altsächsische auch in der Entwicklung eines Sproßvokals (Einschubvokals) in den Konsonantenverbindungen $r+h$, $l+h$ bzw. Konsonant$+w$ in nebentoniger Stellung mit dem Althochdeutschen zusammen, z. B. (*forhta*) > *forahta* 'Furcht', (*bifelhan*) > *bifelahan* 'befehlen', (*farwa*) > *farawi* (~ ahd. *farawa*) 'Farbe'. Zwar fehlt diese Erscheinung in den altenglischen Denkmälern (vgl. *fyrhto*, *befēolan* usw.), doch ist sie den englischen Mundarten keineswegs fremd, vgl. schott. [warəld] 'Welt' (ne. *world*), schott. [arəm] 'Arm' (ne. *arm*), schott. [filəm] 'Film' (ne. *film*).

Das Substantiv unterschied zwei Numeri (Singular ≠ Plural), drei Genera und vier Kasus (Nominativ, Akkusativ, Genitiv, Dativ). Bei einigen Deklinationsklassen war im Singular auch noch der Instrumentalis vorhanden, z. B. bei den *a*-Stämmen wie *hross* 'Pferd' → *hrossu* 'mit (dem) Pferd'; bei den *i*-Stämmen wie *wini* 'Freund' → *wini*(*u*) 'mit dem Freund'. Die Spuren des alten Lokativs lassen sich nur noch aus versteinerten Gefügen rekonstruieren, z. B. **hūsi* → *te hūs* 'zu Hause'.

Gemäß den Stammbildungssuffixen hat das altsächsische Substantiv folgende Paradigmen gekannt: (a) Vokalische Stämme: 1. *a*-Stämme (*dag* m. 'Tag', *word* n. 'Wort') mit den Varianten der *ja*-Stämme (*endi* m. 'Ende', *rīki* n. 'Reich, Land') und der *wa*-Stämme (*snēo* m. 'Schnee', *treo* ~ *trio* n. 'Baum, Holz'); 2. *ō*-Stämme (*geƀa* f. 'Gabe') mit den Varianten der *jō*-Stämme (*blīdzea* f. 'Freude, Frohsinn') und der *wō*-Stämme (*treuwa* f. 'Treue'); 3. *i*-Stämme, z. B. *wini* m. 'Freund', *tīd* f. 'Zeit', *urlagi* n. 'Krieg'; 4. *u*-Stämme, z. B. *sunu* m. 'Sohn', *hand* f. 'Hand', *fehu* n. 'Vieh', ferner (b) die konsonantischen Stämme: 1. *n*-Stämme („schwache Deklination"), z. B. *gumo* m. 'Mensch', *tunga* f. 'Zunge', *ōga* n. 'Auge'; 2. *r*-Stämme, z. B. *brōđar* m. 'Bruder', *swestar* f. 'Schwester'; 3. *nd*-Stämme partizipialer Herkunft, z. B. *friund* m. 'Freund'; 4. die Relikte einiger älterer Stammklassen wie *fōt* n. 'Fuß' (Pl. *fōti*), *man* m. 'Mann, Mensch' (Pl. *man* ~ *men*), *bōk* f. 'Buch' (Pl. *bōk*). Die kleineren Stammklassen wurden auch im Altsächsischen immer mehr den größeren Klassen angeglichen.

Das Adjektiv wurde entweder „stark" oder „schwach" flektiert. Die schwache Deklination entsprach auch hier der substantivischen *n*-Deklination, während die starke Deklination sich nach den *a*- und *ō*-Stämmen richtete (z. B. *gōd* m.-f.-n. 'gut'), natürlich auch da mit den Varianten der *ja-/jō-* bzw. der *wa-/wō*-Stämme, z. B. *grōni* ~ *grōne* m.-f.-n. 'grün' bzw. *glau* 'klug' → *glauwes* Gen. Sing. m.-n.

Von den Numeralien wurden – nach den Genera unterschieden – gleich dem Adjektiv flektiert: *ēn* 'ein'; *twēne* ~ *twēna* m., *twā* ~ *twō* f., *twē* n. 'zwei' und *thria* ~ *thrie* m., *threa* f., *thriu* ~ *thrū* n. 'drei'.

Einige Pronomina haben noch den alten Dualis bewahrt, so von den Personalpronomina *wit* 'wir beide' (Akk.-Dat. *unk*; Gen. *unkero* ~ *unkaro*), *git* 'ihr beide' (Akk.-Dat. *ink*), das Interrogativum *hweđar* ~ *hweđer* 'welcher von beiden' sowie die Possessiva *unka* 'unserer beider', *inka* 'eurer beider'. Innerhalb des Paradigmas einzelner Demonstrativa war noch im Singular der Instrumentalis erhalten: *thiu* n. → *that* n. 'das, jenes', *thius* n. → *thit* n. 'dieses', bzw. auch beim Interrogativum *hwat* 'was': *hwi(u)* ~ *hwō* ~ *huo* ~ *hū*.

Das Personalpronomen der 3. Person trägt zum guten Teil einen nordseegermanischen Charakter, vgl. *hē* ~ *he* bzw. *hi(e)* ~ *hī* 'er', *siu* 'sie', *it* ~ *et* 'es', ja es wurden die drei Genera auch noch im Plural unterschieden, vgl. *sia* (*sie, sea*) m.-n. ≠ *siu* f. 'sie', obwohl hier *siu* gelegentlich schon auch als Maskulinum auftrat.

Das Verb war im Altsächsischen entweder „stark“ oder „schwach“. Die Ablautsreihen der starken Verba waren: 1. *grīpan* – *grēp* – *gripun* *gigripan* 'greifen'; 2. *biodan* – *bōd* – *budun* – *giboden* 'bieten'; 3. *bindan* – *band* – *bundun* – *gibundan* 'binden'; 4. *niman* (~ *neman*) – *nam* – *nāmun* – *ginuman* 'nehmen'; 5. *lesan* – *las* – *lāsun* – *gilesan* 'lesen'; 6. *faran* – *fōr* – *fōrun* – *gifaran* 'fahren'.

Die Präteritopräsentien bildeten gemäß den einzelnen Ablautsreihen die folgenden Gruppen: 1. *wēt* 'weiß' – *wissa* Prät. (Negationsform: *nēt* 'weiß nicht'); *ēgun* 'wir haben/besitzen' – *ēhta* Prät.; 2. *dōg* 'taugt' – *dugi* Opt.; 3. *gionsta* 'gönnte' (nur dieses Präteritum ist belegt!); *kan* 'kann' – *konsta* Prät. (Part. Prät.: *kūđ*!); *gidar* 'wage' – *gidorsta* Prät.; *tharf* 'bedarf' – *thorfta* Prät.; 4. *skal* 'soll' – *skolda* Prät.; *farman* 'verneine, verabscheue' (→*munan* Inf.) – *farmonsta/farmunste* Prät. (Opt.: *muni*); 5. *mah* ~ *mag* 'mag, vermag' – *mahta/mohta* Prät.; 6. *mōt* 'muß' – *mōsta* Prät.

Die schwachen Verba bildeten drei Klassen: 1. *ja*-Stämme, z. B. *nerian* 'retten' – *nerida* Prät., *tellian* 'erzählen' – *talda* Prät., *hōrian* 'hören' – *hōrda* Prät., *kussian* 'küssen' – *kussta* Prät.; 2. *ō*-Stämme, z. B. *lōkoian* 'schauen' – *lōkoda* Prät., *makon* 'machen' – *makoda* Prät.; 3. *ai*-Stämme, z. B. *hebbian* (*habbian*) 'haben' – *habda/habda* ~ *hadda* Prät. Diese letzte Klasse ist aber im Altsächsischen nur noch ein Restparadigma, da die ursprünglich hierhergehörenden germanischen Verba größtenteils bereits in die 1. bzw. 2. Klasse übergetreten waren.

Die Reste der athematischen Verba waren noch ebenfalls im Schwange, so beim Verbum substantivum (*wesan* 'sein'), vgl. *bium/biun/bion* 'bin', *bis*(*t*) 'bist', *is*(*t*) 'ist' (mit der Verneinungsform *nis*[*t*] 'ist nicht'), Pl. *sind*(*un*)/*sindon/sundon*, Opt. *sī, sīs* usw.; beim Verbum *dōn* 'tun' (*ik dōn* 'ich tue') – *deda/dede* Prät., ferner *gān* 'gehen', *stān* 'stehen' sowie beim ursprünglich optativischen Verb *willien/wellian* 'wollen', vgl. *ik willi*(*u*) ~ *ik welliu* 'ich will' usw.

Das altsächsische Verb besaß die Kategorien des Genus verbi (Aktiv und Passiv), des Tempus (Präsens und Präteritum), des Modus (Indikativ, Optativ und Imperativ), des Numerus (Singular und Plural) sowie der Verbalnomina (Infinitiv, Part. Präs. und Part. Prät.). Die Flexion vertritt auch da den nordseegermanischen Typus, insofern im Plural alle drei Personen vereinheitlicht wurden, vgl. *drīƀan* 'treiben': Sing. Präs. Ind. 1. *drīƀu/drīƀo* 'ich treibe', 2. *drīƀis* 'du treibst', 3. *drīƀiđ/drīƀid/drīƀit* 'er/sie/es treibt', 1.–3. Pl. *drīƀad/drīƀađ/drīƀat*, Ind. Präs. Sing. 1. *drēf*, 2. *driƀi*, 3. *drēf*, 1.—3. Pl. aber *driƀun/driƀon*; Sing. Präs. Opt. 1. *drīƀe/drīƀa*, 2. *drīƀes/drīƀas*, 3. *drīƀe/drīƀa*, aber 1.–3. Pl. *drīƀen/drīƀan*, ferner Sing. Prät. Opt. 1. *driƀi/drīƀe*, 2. *drīƀis*, 3. *drīƀi/drīƀe*, aber 1.—3. Pl. *driƀin*. Mit Hilfsverben konnte man schon im Altsächsischen passive Formen bilden; *wesan* 'sein' + Part. Prät., z. B. *nū is Krist giboran* 'nun ist Christus geboren' (Zustandspassiv); *werđan* 'werden' + Part. Prät., z. B. *wurdun farworpan* 'sie wurden verworfen' (Vorgangspassiv). In ähnlicher Weise wurden mit den Hilfsverben *hebbian* 'haben' und *wesan* 'sein' das Perfekt (z. B. *haƀad farwerkot* 'hat verwirkt', *bium kuman* 'bin gekommen') und das Plusquamperfekt (*habda ginerid* 'hatte gerettet' bzw. *wārun kuman* 'waren gekommen') gebildet.

IV.3.63. Textproben

(a) In normalisierter Umschrift:

Thō he gibolgan geng,
swīđo thrīstmōd thegan || for is thiodan standen,
hard for is hērron: || ni was imu is hugi twīfli,
blōđ an is breostun, || ak he is bil atōh,
swerd bi sīdu, || slōg imu tegegnes
an thene furiston fīund || folmo krafto,
that thō Malchus warđ || mākeas eggiun,
an thea swīđaron half || swerdu gimālod:
thiu hlust warđ imu farhawan: || he warđ an that hōƀid wund,
that imu herudrōrag || hlear endi ōre
beniwundun brast| || blōd aftar sprang,
wel fan wundun. || Thō was an is wangun skard
the furisto thero fīundo.

(*Heliand*. Zeile 4869–4881. 9. Jh.)

Thō 'da, dann, als'; *he* 'er'; *gibolgan* 'zornig, erzürnt'; *geng* 3. Pers. Sing. Prät. Ind. → *gān/gengan* 'gehen'; *swīđo* 'schnell, geschwind'; *thrīstmōd* 'vertrauensvoll'; *thegan* m. 'Degen, Mann, Vasall, Lehensmann' (vgl. ne. *thane*); *for* 'vor, für'; *is* Gen. Sing. → *he* 'er'; *thiodan* m. 'König'; *standen* Pl. Prät. Ind. → *stān/standan* 'stehen'; *hard* 'hart, tapfer, mutig'; *hērron* Dat. Sing. → *hērrō* m. 'Herr'; *ni* 'nein, nicht, kein'; *was* 3. Pers. Sing. Prät. Ind. → *wesan* 'sein'; *imu* Dat. Sing. → *he* 'er'; *hugi* m. 'Gedanke, Mut, Gemüt'; *twīfli* 'zweifelnd'; *blōđ* 'zaghaft'; *an* 'an'; *breostun* Dat. Pl. → *breost* n. 'Brust'; *ak* 'aber, doch'; *bil* n. 'Schwert'; *atōh* 3. Pers. Sing. Prät. Ind. → *atiohan* 'ziehen, zücken'; *swerd* n. 'Schwert' (~*u* Instr. Sing.); *bi* 'bei, von, aus'; *sīdu* Dat. Sing. → *sīda* f. 'Seite, Lende'; *slōg* 3. Pers. Sing. Prät. Ind. → *slahan* 'schlagen'; *tegegnes* 'entgegen, gegenüber'; *thene* Akk. Sing. → *the* m. 'der, jener'; *furiston* Akk. Sing. → *furisto* m. '(aller)erster'; *fīund* m. 'Feind, Bösewicht: Teufel' (~*o* Gen. Pl.); *folmo* Gen. Pl. → *folmos* Pl. m. 'Hände', *krafto* Gen. Pl. → *kraft* m.-f. 'Kraft'; *that* 'daß; das'; *warđ* 3. Pers. Sing. Prät. Ind. → *werđan* 'werden'; *mākeas* Gen. Sing. → *māki* m.-n. 'Schwert'; *eggiun* Dat. Pl. → *eggia* f. 'Klinge, Schwertklinge: Schwert'; *thea* Akk. Sing. → *thiu/thia* f. 'die, jene'; *swīđaron* Akk. Sing. f. (Komp.) → *swīđra* 'recht(seitig)'; *half* f. 'Seite, Hälfte'; *gimālod* Part. Prät. → *mālon* 'bezeichnen, mit einem Mal versehen'; *hlust* f. 'Ohr'; *farhawan* Part. Prät. → *farhauwan* 'zerhauen'; *hōƀid* n. 'Haupt, Kopf'; *wund* 'wund, verwundet'; *herudrōrag* 'vom Schwert blutig'; *hlear* (*hleor*) n. 'Wange, Gesicht'; *endi* 'und'; *ōre* (*ōra*) n. 'Ohr'; *beniwundun* Dat. Pl. → *beniwunda* f. 'tödliche Wunde oder Verwundung'; *brast* 3. Pers. Sing. Prät. Ind. → *brestan* 'brechen, bersten'; *blōd* n. 'Blut'; *aftar* 'dann, danach, nachher'; *sprang* 3. Pers. Sing. Prät. Ind. → *springan* 'springen'; *wel* 'wohl, sicherlich, weh'; *fan* 'von'; *wundun* Dat. Sing. → *wunda* f. 'Wunde'; *wangan* Dat. Pl. → *wanga* f. 'Wange, Gesicht'; *skard* 'verwundet, versehrt'; *thero* Gen. Pl. 'derer, ihr'.

(b) Altsächsischer Text mit altenglischer Übersetzung
(Orthographie des Originals)

(1) *Altsächsisches Original*:

Nu uuit hriuuig mugum
sorogon for them sîđa, || *uuand he hunk selƀo giƀôd,*
that uuit hunk sulic uuîti || *uuardon scoldin,*
harama mêstan.

(*Genesis*. Zeile 664–667.)

(2) *Altenglische* (*westsächsische*) *Übersetzung*:

Nū wit hrēowige magon
sorgian for þis sīðe: || *forþon hē unc self bebēad,*
þæt wit unc wīte || *warian sceolden,*
hearma mǣstne.

(*Genesis*. Zeile 799–803.)

Im Glossar ist die erste Form altsächsisch; die (normalisierten) altenglischen Entsprechungen stehen in eckigen Klammern.

nu [*nū*] 'nun, jetzt, schon, weil, da'; *uuit* [*wit*] 'wir beide'; *hriuuig* [*hrēowig*] 'besorgt, bekümmert, kummervoll'; *mugun* [*magon*] Pl. Präs. Ind. → *mugan* [*magan*] 'mögen'; *sor(o)gon* [*sorgian*] 'sorgen'; *for* 'für'; *them* Dat. Sing. m.-n. → *the/that* 'der/das; jener/jenes' bzw. (*þīs* → *þēs/þeos* 'dieser/dieses'); *sîđa* Dat. Sing. → *sīđ* m. 'Weg, Weise, Schicksal' (*sīðe* Dat. Sing. → *sīð* m. 'dass.'); *uuand* (*hwand*) 'denn, weil, da' (*forþon* 'dass.'); *he* [*hē*] 'er'; *hunk* ∼ *unk* [*unc*] 'uns beide(n)'; *selƀo* [*self*] 'selber, selbst'; *giƀôd* 3. Pers. Sing. Prät. Ind. → *giƀiodan* 'gebieten' [*bebēad* → *bebīodan* 'dass.']; *that* [*þæt*] 'daß'; *sulic* (*sulik*) 'solch-'; *uuiti* (*wîti*) [*wīte*] n. 'Strafe, Pein, Übel'; *uuardon* [*warian*] 'verwehren, abwehren, verhüten, (ver)meiden'; *scoldin* Pl. Prät. Opt. → **skulan* 'sollen' [*sceolden* → *sculan/sceolan* 'dass.']; *harama* Akk. Pl. → *harm* m. 'Harm, Sorge' [*hearma* Gen. Pl. → *hearm* 'dass.']; *mêstan* Akk. Pl. m. → *mêst* 'meist, größt-' [*mǣstne* Akk. Pl. m. → *mǣst* 'dass.'].

IV.4. DIE SÜDGERMANEN

IV.4.1. Heimat und Verbreitung

Die in der Fachliteratur meistens unter dem Namen „Westgermanen" zusammengefaßte, doch aus den bereits angeführten Bedenken besser als Südgermanen zu bezeichnende Gruppe trat zuerst in den Sichtkreis des klassischen Altertums. Im Auftrag der griechischen Kaufleute von Massilia (heute Marseille) hat der griechische Handelsmann Pytheas im 4. Jh. v. u. Z. die Nordseeküste bereist und ist mit dem germanischen Stamm der Teutonen in Berührung gekommen. Das war aber damals ein Ausnahmefall, denn die Römer waren sogar noch zweihundert Jahre später nicht imstande, Germanen und Kelten voneinander zu unterscheiden.

Nähere Beziehungen zum Mittelmeerraum wurden erst nach der Südwanderung germanischer Stämme möglich. Dadurch haben die Germanen das keltische Siedlungsgebiet im heutigen West- und Süddeutschland gesprengt und sind in die unmittelbare Nachbarschaft der Römer gekommen. Soviel uns heute bekannt ist, zogen zuerst die Stämme der Kimbern und der Teutonen um 120 v. u. Z. aus Jütland über Süddeutschland, Pannonien (das heutige Westungarn und seine Nachbargebiete in Österreich bzw. Kroatien) und die Alpen gegen Italien und Gallien. Eine Zeitlang schien es so, als ob sie das Römische Reich stürzen würden; die Römer konnten ihre Angriffe erst nach schweren Kämpfen abwehren und sie schließlich völlig vernichten. Die nächste Welle der Germanen richtete sich auf den Rhein und die Donau. Iulius Caesar war bereits gezwungen, in Gallien auch gegen germanische Heere zu kämpfen. Zur Zeit des Tacitus (um 100 u. Z.) hatten die Südgermanen die Linie Donau—Rhein schon überall erreicht, an mehreren Stellen sogar überschritten.

Aus dieser Zeit sind die drei großen germanischen Kultbünde der Westgermanen — d. h. der Südgermanen und der Nordseegermanen — überliefert: Istwäonen am Rhein (Weser-Rhein-Germanen), Ingwäonen an der Nordsee (Nordseegermanen) und Erminonen (Elbgermanen) im Binnenland. Diese Kultbünde sind auf Grund ethnischer Verwandtschaft und sozialhistorischer Interessengemeinschaft zustande gekommen und bald auch politisch bedeutend geworden.

Zum Bund der Istwäonen gehörten hauptsächlich jene Stämme, die später (nach 258) unter dem Namen Franken erscheinen. Den Kern der Ingwäonen bildeten die Angeln, die Friesen und die Sachsen (seit dem 4. Jh.). Unter den wichtigsten Stämmen der Erminonen sind hervorzuheben die Sweben (Vorfahren der Schwaben), die Langobarden, die — aus dem Nordwesten gekommen — zuletzt in der Poebene in Norditalien ein Reich gründeten, an das noch der Name *Lombardei* erinnert, und die ihre germanische Sprache später zugunsten des Italienischen aufgaben, die Hermunduren (die vermutlichen Vorfahren der Thüringer), die Alemannen, die Quaden (in Mähren und in der Slowakei) und die Markomannen (die germanischen Vorfahren der Baiern).

Hauptsächlich aus dem Stammesdialekt der istwäonischen Bataver ist im Bereich der heutigen Niederlande das Altniederfränkische — die Grundlage des Niederländischen — entstanden.

Die ursprünglich nordseegermanischen — ingwäonischen — Festlandsachsen sind nach dem Anschluß an das Frankenreich der Karolinger auch sprachlich immer mehr zu der Gruppe der Südgermanen übergegangen.

Im Zuge der sprachlichen Integrierung der südlichen Stämme ist die Gruppe des Hochdeutschen entstanden, deren älteste schriftlich belegte Periode das Althochdeutsche, letzten Endes also das Gesamt miteinander im engsten Kontakt entwickelter Dialekte war. Von diesen Stämmen seien die Franken, die in der Merowinger- und Karolingerzeit die Grundlagen für das heutige Frankreich und Deutschland geschaffen haben, besonders genannt. Im Namen der Franzosen lebt ebenfalls ihr Stammesname weiter. Während der weiteren Entwicklung der deutschen Dialekte ist die fränkische Einheit auch sprachlich gesprengt worden. Aus den niederfränkischen Mundarten sind — außer dem bereits erwähnten Niederländischen — auch andere niederdeutsche Mundarten entstanden. Die mittelfränkischen und die oberfränkischen Mundarten wurden zu mittel- bzw. oberdeutschen Dialekten weiterentwickelt, während die Westfranken, d. h. die Franken jenseits des Rheins, sprachlich in ihrer galloromanischen Umgebung aufgegangen waren und zum mitbestimmenden Faktor der französischen Sprachgeschichte wurden. Dieser Zerfall des Fränkischen wurde von manchen Forschern irrtümlich verabsolutiert, wobei man das Augenmerk nur auf einige Sprachmerkmale richtete. Friedrich Engels hat in seinem Werk *Der fränkische Dialekt* (1881/1882) als Erster auf die innere, auch in der Gegenwart noch bestehende Einheit der fränkischen Mundarten hingewiesen. Die Richtigkeit seiner Auffassung wurde auch von den Resultaten der modernen Sprachgeographie erhärtet, was wissenschaftshistorisch um so wichtiger ist, als die Sprachgeographie in Unkenntnis der Engelsschen Arbeit erst viel später zu demselben Ergebnis kam.

Das Verbreitungsgebiet der eigentlich südgermanischen — d. h. festlandgermanischen — Sprachen umfaßt heute in Europa den deutschen Sprachraum — also die Bundesrepublik Deutschland, die Deutsche Demokratische Republik, Österreich, die deutsche Schweiz, Luxemburg und Liechtenstein —, die Niederlande und den flämischen Raum in Belgien und in Nordfrankreich. Deutsche Sprachinseln gibt es aber auch in der Sowjetunion, in Polen, in der Tschechoslowakei, in Ungarn, Rumänien, Jugoslawien, Italien, Frankreich, Belgien und Dänemark, ja auch in vielen Ländern in Übersee, so in den ehemaligen deutschen Kolonien, in der Südafrikanischen Republik, in Australien, Kanada und den Vereinigten Staaten bzw. in den südamerikanischen Ländern (vgl. IV.4.6.).

Aus den deutschen Mundarten des Mittelalters hat sich das Jiddische, die Sprache eines großen Teiles der Juden in West-, Mittel- und Osteuropa, zu einer selbständigen Schriftsprache entwickelt, die auch in Übersee, vor allem im nordöstlichen Küstengebiet der Vereinigten Staaten sowie in Israel (aber nicht als Amtssprache) gesprochen wird (vgl. IV.4.9.).

Im Bundesstaat Pennsylvanien in den USA hat sich auch der Dialekt der in erster Linie aus der Pfalz stammenden deutschen Bauern, das Pennsilfaanische, zu einer Schriftsprache fortentwickelt (vgl. IV.4.8.).

Das Niederländische hat sich in Übersee zum Teil in den ehemaligen holländischen und belgischen Kolonien, besonders in Indonesien und in Zaire (ehemaliger Belgisch-Kongo) verbreitet (vgl. IV.4.3.). Sogar die lateinische Orthographie der indonesischen Sprache beruht auf niederländischen Vorbildern. Aus niederländischen Dialekten ist die Schrift- und Gemeinsprache der Buren in Südafrika, das Afrikaans, entstanden (vgl. IV.4.4.).

IV.4.2. Die Problematik der westgermanischen Einheit. Die zweite (althochdeutsche) Lautverschiebung

Die gegenseitigen Verbindungen und Überschneidungen der Sprachen aller dieser Stämme wurden von der Forschung in verschiedener Weise gedeutet. Man dachte zunächst an eine einheitliche „urdeutsche" Sprache. Diese Annahme hat sich aber nicht halten lassen (vgl. IV.4.63.). Heute noch gehen die Meinungen über das Problem der westgermanischen und der ingwäonischen Einheit stark auseinander. Manche Forscher wollen Westgermanisch nur noch als einen rein geographischen Begriff gelten lassen. Auch sehen sie in „Ingwäonisch" zumeist nur eine wissenschaftliche Abstraktion. Es ist jedoch Theodor Frings und Viktor Schirmunski gelungen, unter dem spezifischen Aspekt der Sprachgeographie nachzuweisen, daß diese Einheiten wirklich bestanden haben, ja daß sie zum Teil bis heute weiter bestehen. Nur darf man sich diese Sprachbünde nicht als erstarrte Größen vorstellen, denn sie wurden aus alten Kernen heraus im Zuge mannigfacher Verschränkungen und Überschneidungen, Verschmelzungen wie Differenzierungen der einzelnen Stammesdialekte geformt. Ihr Fortleben erblickt Theodor Frings in der heutigen Dreiteilung von Niederländisch — Niederdeutsch — Hochdeutsch. Auf Grund der Sprachverschiebungen zieht er es aber vor, anstatt von Ingwäonisch, Istwäonisch und Erminonisch eher von Küstendeutsch, Binnendeutsch und Alpendeutsch-Süddeutsch zu sprechen.

Über die stammeskundlichen Belange dieser Problematik haben wir schon gesprochen (vgl. IV.4.1.); nachstehend soll versucht werden, die gemeinsamen Merkmale der westgermanischen Sprachen zusammenzufassen.

Im Lautsystem ist spezifisch westgermanisch die westgermanische Konsonantendehnung („Gemination", d. h. Konsonantenverdoppelung) durch ein folgendes *j*, zum Teil auch durch *w*, *r*, *l* in der Stellung nach kurzem Vokal, z. B. germ. **bidjan* > westgerm. **biddjan* > ahd. *bitten*, as. *biddian*, ags. *biddan*, afr. *bidda* 'bitten' gegenüber got. *bidjan*; as. *akkar*, afr. *ekker*, ahd. *ackar* 'Acker' (aber ags. *æcer*!) gegenüber got. *akrs*; germ. **apla-* > westgerm. **appla* > ags. *æppel*, nd.-nl. *appel*, ahd. *apful* 'Apfel' gegenüber an. *epli*.

Allgemein westgermanisch ist das frühe Abstoßen des auslautenden *-s* der Nomina, z. B. got. *dags* ~ an. *dag(a)r*, aber ags. *dæg* ~ ahd. *tag* 'Tag', ferner der Wandel *ð* > *d* (> ahd. *t*), z. B. aisl. *faðir*, aber as. *fadar*, ags. *fæder*, afr. *feder*, ahd. *fater* 'Vater'. Der gotonordischen Gruppe gegenüber haben die westgermanischen Sprachen die Lautgruppen *ngw*, *nkw*, in postvokalischer Stellung auch *kw* und (manchmal) *hw* vereinfacht, z. B.

got. *siggwan* [siŋgwan], aber ags., as., ahd. *singan* 'singen'; got. *sigqan* [siŋkwan], aber ags., as., ahd. *sinkan* 'sinken'; got. *naqaþs* [nakwaθs], aber ags. *nacod*, ahd. *nackod* 'nackt'; got. *saiƕan* [sɛ:çwan], aber as., ahd. *sëhan*, ags. *sēon* 'sehen'.

Ein wichtiges westgermanisches Merkmal der grammatischen Struktur ist das deklinable G e r u n d, das in den ost- und den nordgermanischen Dialekten unbekannt war, vgl. ags. *niman* → *to nimenne* (Dat.), ahd. *nëman* → *nëmannes* (Gen.), → *zi nëmanne* (Dat.) 'nehmen'. Bei der Bildung der suppletiven Formen des Verbs 'sein' wurde der idg. Stamm **es-* 'sein' mit idg. **bhū-* 'sein' (vgl. lat. *fui* 'war', russ. быть 'sein') kombiniert, z. B. got. *im*, aisl. *em*, aber as. *bium*, ags. *bēo*(*m*), afr. *bem*/*bim* ~ *ben*/*bin*, ahd. *bim* 'bin' usw.

Der Nominativ Sing. der Maskulina der *n*-Stämme wird in der gotonordischen Gruppe mit der Endung *-a*, *-e* (*-i*), in den westgermanischen Sprachen mit *-o* (< idg. *-ō*) gebildet, z. B. got. *hana* ~ aisl. *hane*/*hani*, aber ags. *hona* (<**hanō-*) ~ as., ahd. *hano* 'Hahn'.

Das N u m e r a l e 'zwei' wird in den beiden Gruppen ebenfalls unterschiedlich gebildet. Das Maskulinum des Gotischen (*twai*) und des Altnordischen (aisl. *tveir*) entspricht — etymologisch — dem Neutrum des Westgermanischen (ags. *twā*, as. *twē*, ahd. *zwei*); das Maskulinum wird in den westgermanischen Sprachen mit dem adjektivischen *n*-Suffix konstruiert, z. B. as. *twēne*, ahd. *zwēne*, ags. *twēgen*.

Über die gemeinsamen Grundlagen hinaus spiegeln die gemeinsamen Merkmale der westgermanischen Sprachen in der W o r t b i l d u n g die spätere Kontaktentwicklung wider. Nur westgermanisch belegt ist ursprünglich die Umgestaltung gewisser alter Wörter zu Bildungssuffixen, z. B. ahd. *-heit*, ags. *-hād* '-heit' (aus ahd. *heit*, ags. *hād*, as.-afr. *hēd* 'Zustand, Lage'), vgl. ahd. *magat* ~ ags. *mæġð* 'Magd, Jungfrau' → ahd. *magatheit* ~ ags. *mæġðhād* 'Jungfräulichkeit' (vgl. ne. *maidenhood* ~ *maidenhead*), ferner ahd. *-tuom* '-tum' und ahd. *-schaft*, ags. *scap* (vgl. ahd. *heit* ~ got. *haidus* 'Wesen, Weise'; ahd. *tuom* ~ got. *doms* 'Gericht, Urteil, Handlung'; ahd. *scaft* zu 'schaffen').

Westgermanisch ist der Gebrauch von ahd. *anti*/*enti*/*inti*/*unti*, as. *ande*/*endi*, afr. *and*(*a*)/*end*(*a*), ags. *and*/*ond*/*end*, nl. *en* (<*end*) 'und' gegenüber got. *jah* bzw. *auk*, aisl. *ok* 'dass.'. Ähnliche Gemeinsamkeiten zeigen die K o n j u n k t i o n e n der Nebensätze im Westgermanischen.

Nur westgermanisch belegt sind manche E i n z e l w ö r t e r, die aus dem Gotonordischen fehlen, z. B. ahd. *grōʒ* ~ as. *grōt* ~ ags. *grēat* ~ afr. *grāt* 'groß' (gegenüber got. *mikils* ~ aisl. *mikill* 'dass.'); ahd. *scāf* ~ as., anfrk. *scāp* ~ ags. *scēap* ~ afr. *skēp* 'Schaf' (gegenüber got. **awi* ~ aisl. *ǽr* 'dass.'); ahd., as. *kneht* ~ ags. *cniht* ~ afr. *kniuht* 'Knecht' (→ engl.

'Ritter'), aber auch Wörter wie dt. *Eidechse*, *Hering*, *Geist*, *klein*, *sprechen* u. dgl.

Daneben sind auch die Neuerungen recht interessant, die das Westgermanische mit dem Nordgermanischen verbinden. So ist germ. *ē* (-$\bar{e}_1$) in beiden Gruppen zu *ā* geworden, z. B. as. *lātan*, ags. **lātan* > *lœtan*, ahd. *lāʒan*, aber got. *lētan* 'lassen'. Es wurde der Rhotazismus durchgeführt, z. B. ags.-afr. *māra*, as.-ahd. *mēro*, an. *meire*, aber got. *maiza* 'größer' bzw. 'mehr'. Die germanische Lautgruppe *þl-* wurde zu *fl-*, im Gegensatz zu got. *þl-*, und was sehr wichtig ist, die Perfektumschreibung mit 'sein' und 'haben' beschränkte sich ebenfalls auf diese beiden Bereiche. Manche Wörter lassen sich nur nord- und westgermanisch nachweisen.

All dies spricht dafür, daß wir an dem Begriff der westgermanischen Sprachgemeinschaft, wenn auch nicht so verabsolutierend wie früher, weiterhin festzuhalten haben. Diese Einheit wurde in lautlicher Hinsicht am stärksten von der sogenannten zweiten oder althochdeutschen Lautverschiebung erschüttert. Dieser Wandel, der *mutatis mutandis* die erste (germanische) Lautverschiebung fortführte, war spätestens im 5. Jh. u. Z. von den südgermanischen Stämmen, und zwar aus dem Bereich der Stammessprachen der Baiern, der Langobarden und der Alemannen ausgegangen. Von da aus breitete er sich in ziemlich raschem Tempo auch nach Norden aus und erreichte bereits im 7.—8. Jh. auch die Franken am Rhein. Vor einigen Jahren hat RUDOLF SCHÜTZEICHEL zwar versucht, die zweite Lautverschiebung im Fränkischen als eine eigenständige, autochthone Wandlung zu deuten, seiner Theorie können wir jedoch, da sie handfester Beweise entbehrt, nicht beipflichten. Die zweite Lautverschiebung ist in Abb. 52 tabellarisch zusammengefaßt.

Germ. *p*, *t*, *k* wurden im Wortanlaut, in gedehnter Stellung sowie nach *l*, *r*, *m*, *n* auch im In- und Auslaut affriziert: *p* > *pf*, *t* > [ts], *k* > [kx, kç], z. B. ne. *pound* ≠ ahd. *pfunt* 'Pfund'; ne. *tide* ≠ ahd. *zīt* [tsi:t] 'Zeit'; ne. *corn* ≠ ahd. *chorn* [kxɔrn] 'Korn'; ne. *help* ≠ ahd. *hëlpfan* 'helfen'; ne. *thorp*(*e*) [θɔ:rp] ≠ ahd. *dorpf* 'Dorf'; ne. *swart* ≠ ahd. *swarz* 'schwarz'; ne. *holt* ≠ ahd. *holz* 'Holz, Gehölz, Wald'; ne. *work* ≠ ahd. *wërch* [wɛrkç] 'Werk'; ne. *apple* ≠ ahd. *apful* 'Apfel'; ne. *set* ≠ ahd. *sezzan* [setstsan] 'setzen'; ne. *awake* ≠ ahd. *we*(*c*)*chan* [we(kx)kxan] 'wecken'.

Dieselben germanischen Laute wurden in intervokalischer Stellung und im postvokalischen Auslaut zu stimmlosen Reibelauten: *p* > *f*/*ff*, *t* > *ʒ*/*ʒʒ* [s, ss], *k* > *ch* [ç, x], z. B. ne. *sleep* ≠ ahd. *slâ*(*f*)*fan* 'schlafen'; ne. *eat* ≠ ahd. *eʒʒan* [essan] 'essen'; ne. *make* ≠ ahd. *machon* [maxon] 'machen'; ne. *ship* ≠ ahd. *scif* 'Schiff'; ne. *foot* ≠ ahd. *fuoʒ* [fuɔs] 'Fuß'; ags. *ic* [ik] ≠ ahd. *ih* 'ich'. In einigen oberdeutschen Mundarten wurde dieser Stand noch weiter entwickelt.

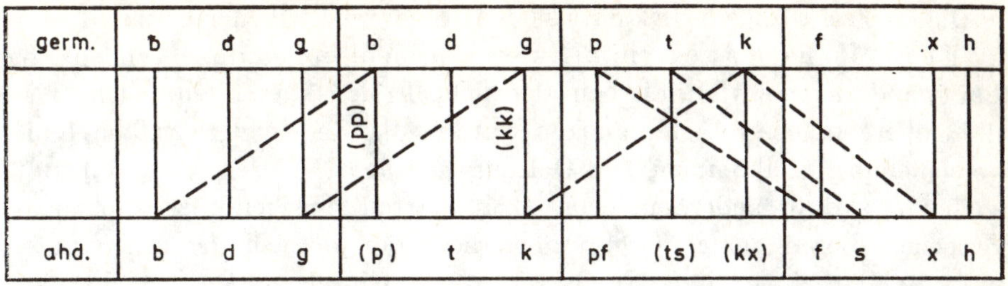

In den einzelnen altdeutschen Dialekten:

<table>
<tr><th>germ.</th><th>b~ƀ</th><th>d~đ</th><th>g~ǥ</th></tr>
<tr><td>As.</td><td rowspan="2">beran
geƀan
sibbia, -a</td><td rowspan="2">dohter
biodan
biddian, -en</td><td>geƀan, ōǥa,
liggian</td></tr>
<tr><td>Mittelfrk.</td><td rowspan="4">geban
ouga
liggen</td></tr>
<tr><td>Rheinfrk.</td><td rowspan="3">beran
geban
sibba, sippa</td><td>dohter, biodan
bitten</td></tr>
<tr><td>Süd-(rhein)frk.</td><td>dohter, biotan
bitten</td></tr>
<tr><td>Ostfrk.</td><td rowspan="3">tohter
b-, piotan
b-, pitten</td></tr>
<tr><td>Alem.</td><td>peran, k-, geban,
sippa</td><td>g-, keban, ouga~
ouka, likken</td></tr>
<tr><td>Bair.</td><td>peran, g-, kepan
sippa</td><td>g-, kepan, ouga~
ouka, likken</td></tr>
</table>

<table>
<tr><th>germ.</th><th colspan="2">p</th><th colspan="2">t</th><th colspan="2">k</th></tr>
<tr><td>As.</td><td>opan</td><td rowspan="2">plegan
appul
helpan</td><td>etan</td><td>tehan</td><td>makon</td><td rowspan="5">kind</td></tr>
<tr><td>Mittelfrk.</td><td rowspan="6">offan</td><td rowspan="6">ezzan</td><td rowspan="6">zehan</td><td rowspan="6">mahhōn</td></tr>
<tr><td>Rheinfrk.</td><td>plegan
appul
helpfan</td></tr>
<tr><td>Süd (rhein)frk.</td><td>plegan
apful
helpfan</td></tr>
<tr><td>Ostfrk.</td><td rowspan="2">pflegan
apful
helpfan</td></tr>
<tr><td>Alem.-Bair.</td><td>chind</td></tr>
</table>

Abb. 52. Die zweite (althochdeutsche) Lautverschiebung (nach Hans Krahe)

Die sprachgeographische Schule gliederte die deutschen Mundarten in der Regel danach, ob sie diese Tendenz der Lautwandlungen entfaltet haben oder nicht. In den süddeutschen – d. h. oberdeutschen – Mundarten wurden die Regeln der zweiten Lautverschiebung vollkommen zur Geltung gebracht, in den norddeutschen – d. h. niederdeutschen – Mundarten hingegen überhaupt nicht. Zwischen diesen beiden Großräumen liegt der Bereich der sogenannten mitteldeutschen Mundarten, deren Einzelgruppen sich dem aus dem Süden vordringenden Wandel in verschiedenem Grade anschlossen, vgl. IV.5.13. Die in der Sprachgeographie als grundlegend angenommene Grenzlinie der nieder- und der hochdeutschen (d. h. mittel- und oberdeutschen) Mundarten ist die „Benrather Linie" (nach dem Ort, wo diese Linie am Rhein, unweit der niederländischen Grenze, ihren Anfang nimmt). Von den westgermanischen Schriftsprachen der Gegenwart haben Neuhochdeutsch, Jiddisch und Pennsilfaanisch die zweite Lautverschiebung zur Gänze oder doch teilweise durchgeführt, während Niederdeutsch, Niederländisch, Afrikaans sowie das gesamte Nordseegermanische (Englisch, Schottisch, Friesisch) in dieser Hinsicht noch auf dem gemeingermanischen Stand verharren (Abb. 53).

IV.4.3. Niederländisch (Flämisch-Holländisch)

IV.4.31. Geschichte. Quellen

Niederländisch ist die Staatssprache der Niederlande (nl. *Koninkrijk der Nederlanden* 'Königreich der Niederlande', kurz *Nederland*), außerdem die mit dem Französischen gleichgestellte Staatssprache Belgiens (*Koninkrijk België* bzw. frz. *Royaume de Belgique* 'Königreich Belgien'), wo sie zugleich die Muttersprache der flämischen Bevölkerung ist. Das Gebiet der Niederlande umfaßt 33 716 km², die Zahl der Einwohner beträgt etwas mehr als 13 Millionen (davon sind 10% Friesen, s. IV.3.51.). Von den annähernd 10 Millionen Einwohnern des 30 507 km² umfassenden Belgien bekennen sich ungefähr 54% zu der südlichen (flämischen) Variante des Niederländischen als zu ihrer Muttersprache. Eine kleinere flämische Minderheit gibt es außerdem noch im nordwestlichen Frankreich, an der Grenze Belgiens. Niederländisch ist auch die offizielle Sprache der niederländischen Besitzungen in Übersee (Niederländische Antillen und Surinam, d. h. Niederländisch-Guayana in Südamerika), aber die Kenntnis des Niederländischen ist auch in den ehemaligen niederländischen und belgischen Kolonien (Indonesien, Zaïre) verbreitet. Die Hauptstadt der Niederlande ist – nominell – Amsterdam bzw. – praktisch – Den Haag (*'s Gravenhage*); die Hauptstadt Belgiens ist Brüssel (*Brussel*, frz. *Bruxelles*). Wirtschaftlich ist Belgien ein entwickeltes Industrieland, die Niederlande sind ein entwickeltes Industrie-

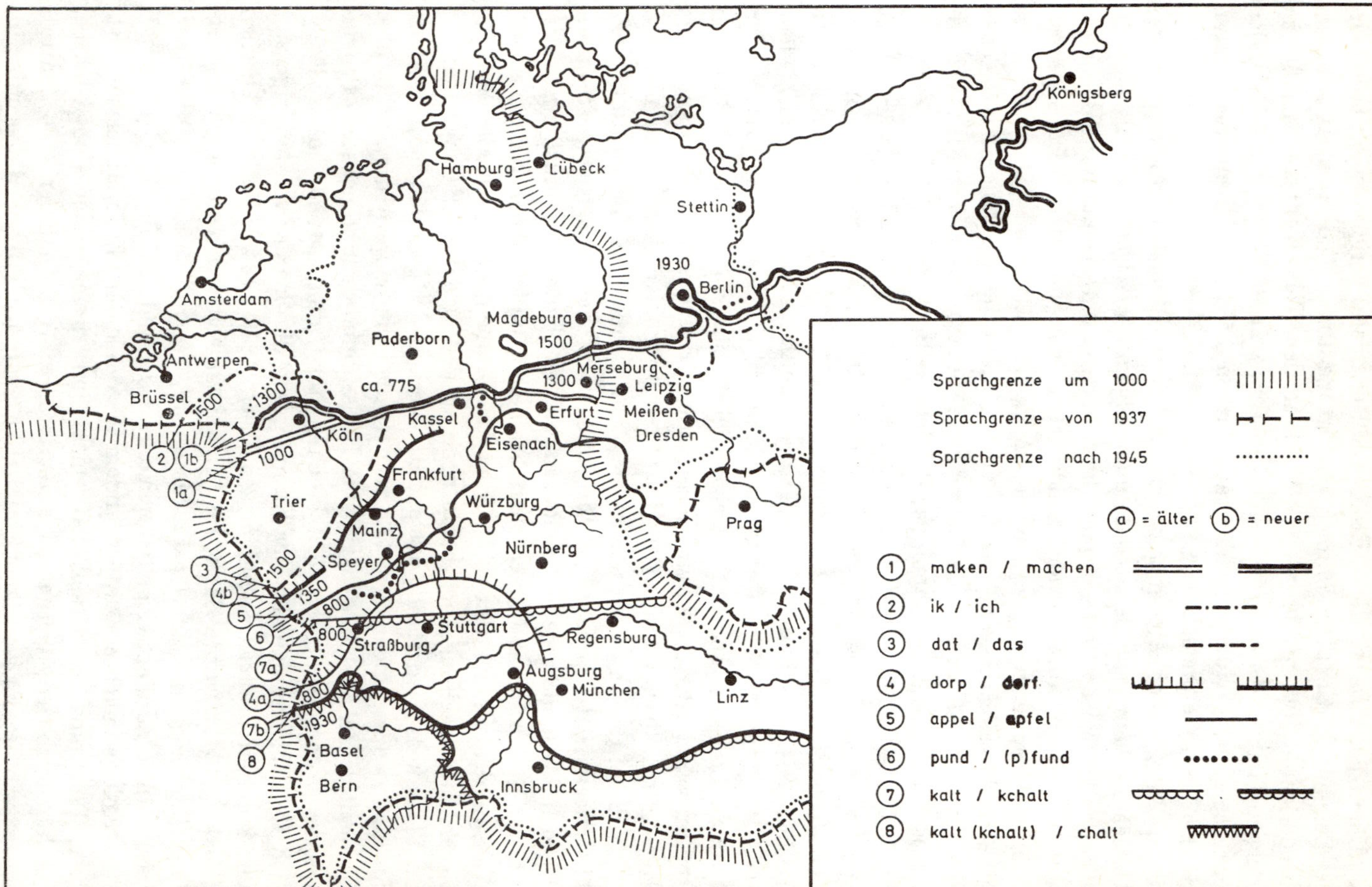

Abb. 53. Grenzen der zweiten Lautverschiebung (bearbeitet nach HUGO MOSER und VIKTOR SCHIRMUNSKI)

und Agrarland. Der Kohlen-, Eisen- und Buntmetallbergbau spielt besonders in Belgiens Nationaleinkommen eine große Rolle. Die Handelsflotte der Niederlande steht an der vierten Stelle in der Welt. Konfessionsmäßig ist Belgien fast zur Gänze römisch-katholisch, während in den Niederlanden etwa 45% der Bevölkerung der katholischen, 55% der reformierten (kalvinischen) Kirche angehören.

Im Zuge seiner Ausbreitung hat sich das Römische Reich auch das Gebiet der heutigen Niederlande und Belgiens einverleibt und die hier ansässigen keltischen und germanischen Stämme unterjocht. Nach der übereinstimmenden Aussage der antiken Historiker und der archäologischen Funde waren zu jener Zeit in diesem Raum östlich bzw. nordöstlich des Rheins die Friesen, westlich des Rheins die ebenfalls germanischen Bataver beheimatet, während das heutige Belgien vom festlandkeltischen (gallischen) Stamm der Belgier besetzt war. Im 5. Jh. u. Z. wurde auch dieses Gebiet von den Franken überrannt und auf diese Weise späterhin zum Bestandteil des Römischen Reiches Deutscher Nation. Nach dem Tode KARLS DES GROSSEN wurde der Süden der Niederlande an Lothringen angeschlossen, wurde aber bereits im 12. Jh. in verschiedene feudale Fürstentümer (Brabant, Luxemburg usw.) aufgeteilt. Im Norden spielte schon in dieser Zeit das eigentliche Holland die führende Rolle. Im 15. Jh. kamen die gesamten Niederlande in den Besitz des burgundischen Herzogtums bzw. 1482 an das Haus Habsburg. Nachdem Kaiser KARL V. 1555 diese Provinzen seinem Sohn, dem spanischen König PHILIPP II., überlassen hatte, begann der Freiheitskampf der bürgerlich-protestantischen Niederlande gegen die feudal-katholische Unterdrückung der Spanier. An der Spitze dieses bürgerlichen Freiheitskampfes stand WILHELM VON NASSAU (der „SCHWEIGSAME"), Prinz von Oranien, den die niederländische Geschichtsschreibung auch heute noch als den eigentlichen Begründer der unabhängigen Niederlande ansieht. Im Verlauf des Freiheitskampfes ist es Spanien zwar gelungen, seine Herrschaft über die Südprovinzen (d. h. über das heutige Belgien) zu sichern, aber Holland und die übrigen sechs Provinzen des Nordens brachten 1579 die Utrechter Union zustande und erklärten sich 1581 für unabhängig. Der Kampf gegen die Spanier wurde fortgesetzt und mündete in den Dreißigjährigen Krieg (1618—1648). Im Westfälischen Frieden (1648) wurde dann die Unabhängigkeit der vereinigten Niederlande, der sogenannten Generalstaaten (nl. *General-Staten*) endgültig anerkannt. Im 17. Jh. entwickelten sich die Niederlande zu einer der bedeutendsten Kolonialmächte Europas, indem sie dank der Niederländischen Ost- bzw. Westindischen Gesellschaft nicht nur riesige Gebiete in Übersee, sondern auch den Welthandel unter ihre Kontrolle nahmen. Die Zentralmacht wurde vom jeweiligen Statthalter der freien Provinzen ausgeübt; im

Jahre 1747 wurde die Würde der Statthalterschaft zugunsten des Hauses Oranien für erblich erklärt.

England und Frankreich gegenüber haben die Niederlande ihre Weltmachtstellung und ihre politische Freiheit in den schweren Kämpfen der sogenannten Niederländischen Kriege behauptet, und im Volksaufstand gegen die „große Allianz" (1688–1697) konnten die Niederlande die französischen Truppen LUDWIGS XIV., die die unter spanischer Herrschaft stehenden Südprovinzen besetzt hatten, zurückdrängen. Holland konnte sogar in die englische Politik aktiv eingreifen, nachdem der Statthalter der Niederlande, WILHELM III., im Jahre 1686 der Herrschaft der STUARTS ein Ende bereitet hatte und, ohne die Würde des Statthalters aufzugeben, zum englischen König gewählt wurde. Das englisch–niederländische Bündnis erntete seinen größten Erfolg im Spanischen Erbfolgekrieg (1701–1714). Im Ergebnis des Krieges kamen die Südprovinzen nach dem Rastätter Frieden in den Besitz Österreichs. In ihrer Position im Welthandel wurden aber die Nordprovinzen während des 18. Jh.s hinter England auf den zweiten Platz verwiesen.

Mit der großen Französischen Revolution (1789) brach in der Entwicklung der gesamten Niederlande eine neue Epoche an, ja im Süden entfachte sie noch im selben Jahr die sogenannte Brabantische Revolution, die letztlich mit der Herrschaft der Österreicher aufräumte. Die Revolutionsarmee der Franzosen besetzte 1794 die südlichen, 1795 auch die nördlichen Provinzen, welch letztere zur Batavischen Republik umgebildet wurden. Nach 15 Jahren Scheinunabhängigkeit hat NAPOLEON sie Frankreich angeschlossen. Nach den Napoleonischen Kriegen wurden die belgischen und die holländischen Provinzen auf dem Wiener Kongreß (1815) zum Königreich der Niederlande vereinigt. Mit der belgischen Revolution von 1830 schieden jedoch die Südprovinzen von diesem Königreich aus, und im Londoner Vertrag von 1831 wurde bereits das unabhängige Königreich Belgien von den europäischen Mächten anerkannt.

Im Ersten Weltkrieg sind die Niederlande unabhängig geblieben, während Belgien von deutschen Truppen besetzt wurde. Im Zweiten Weltkrieg hat dieses Schicksal auch die Niederlande ereilt. Nach 1945 wurden sowohl die Niederlande als auch Belgien von den um ihre Befreiung ringenden Völkern gezwungen, auf den größten Teil ihrer Kolonien in Übersee zu verzichten. Nach dem Zusammenschluß der ehemaligen Niederländischen Ostindischen Inseln ist 1949 das unabhängige Indonesien entstanden. Surinam und die Niederländischen Antillen erhielten 1954 eine interne Autonomie. 1960 wurde der einstige Belgisch-Kongo zur freien Republik Zaire, und 1962 wurde nach einer internationalen Entscheidung Niederländisch-Neuguinea unter dem Namen Irian der Indonesischen Republik angeschlossen.

1947 haben Belgien, die Niederlande und Luxemburg den Zusammenschluß der Benelux-Staaten (< *Be*lgië – *Ne*derland – *Lux*emburg) geschaffen; seit 1949 sind alle drei Staaten Mitglieder der NATO bzw. seit 1957 auch der Europäischen Wirtschaftsgemeinschaft.

Als älteste Quellen der niederländischen Sprache gelten die altniederfränkischen Glossen (sogenannte *Malberger Glossen*) der *Lex Salica*, d. h. des Gesetzbuches der Salischen Franken. Dieses Gesetzbuch stammt aus der Karolingerzeit; seine älteste bekannte Variante geht auf die Regierungszeit CHLODWIGS zurück. Aus dem 9.–10. Jh. sind die Übersetzungen einiger Psalmen des Alten Testaments – ziemlich bruchstückhaft – auf uns gekommen. Ein sehr wertvolles Material bilden außerdem die niederfränkischen Glossen lateinischer Urkunden sowie die alten Orts- und Personennamen der Niederlande.

Aus mittelniederländischer Zeit sind auch die Denkmäler der schöngeistigen Literatur schon sehr zahlreich erhalten. Unter den Schöpfungen des mittelalterlichen Minnesangs sind besonders die von hochdeutschen Einflüssen nicht freien Gedichte des hervorragendsten niederländischen Minnesängers des 12. Jh.s HEINRICH VON VELDEKE (nl. HENRIK VAN VELDEKE) zu erwähnen. Von den Denkmälern des 13. Jh.s sind die lyrischen und die umfangreichen didaktischen Dichtungen des Flamen JACOB VAN MAERLANT (ungefähr 1235–1300) sowie die um 1270 entstandene epische Variante der alten niederfränkischen Tierfabel *Van de Vos Reinaerde* zu nennen ('Reinart der Fuchs'; das Sujet wurde auch von GOETHE in seinem *Reineke Fuchs* bearbeitet). Die Heimat der niederländischen Dichtung des 13. Jh.s sind Limburg, Brabant und Flandern. Die Schriften der Dichter dieser Zeit zeugen schon (worauf MAERLANT auch bewußt hindeutete) von schriftsprachlichen Bestrebungen. Für die Entstehung der modernen niederländischen Schriftsprache kam neben den Dichtern auch den Grammatikern und in erster Linie der im Auftrag der protestantischen (holländischen) Provinzen in den Jahren 1619–1637 besorgten Bibelübersetzung die größte Bedeutung zu. Diese sogenannte Staatenbibel (nl. *Statenbijbel*) hatte in der Entwicklung des Niederländischen eine ähnliche Rolle wie die LUTHERsche Bibel in Deutschland. Die Bibelübersetzer haben u. a. schon die Regeln der Grammatik und der Rechtschreibung des Niederländischen festgelegt.

IV.4.32. Entstehung des Niederländischen

Die niederländische Sprache (*Nederlands*) ist letzten Endes aus den Stammesdialekten der das Gebiet der heutigen Niederlande und Belgiens besetzenden Franken, Sachsen und Friesen entstanden.

Die F r i e s e n gehören, wie bereits erwähnt, heute noch zu der Gruppe der Nordseegermanen, aber während der Jahrhunderte langen Koexistenz wurden bedeutende friesische Gruppen den Franken angeglichen, und auf diese Weise haben manche friesische Sprachmerkmale auch ins Niederländische Eingang gefunden, z. B. die alte germanische Konsonanz *ft* gegenüber frk. *cht* (vgl. nl. *bruiloft* 'Hochzeit, Brautlauf' neben nl. *lopen* 'laufen', früher auch 'tanzen'), die Aufgabe der Präfixe *ge-* und *be-* in manchen Wörtern (z. B. *heel* — neben *geheel* — 'ganz, heil'; *horen* — neben *behoren* — 'gehören'), die Lautverbindungen *sj* und *tj* (z. B. *sjouwen* [ʃauwə] 'schleppen', *tjalk* [tjalk] 'Schiff'. Viele Wörter und Namen friesischer Herkunft sind ebenfalls allgemein niederländisch geworden, z. B. *moot* 'Scheibe', *krioelen* 'wimmeln', *Ritsert* (neben nfrk. *Rijkert*) 'Richard', *Jasper* (neben nfrk. *Gaspar* ~ *Caspar*) 'Kaspar', *gland* (neben nfrk. *gloed*) 'Glut' usw. Die Frequenz der friesischen Elemente ist in den nördlichen Provinzen besonders stark, wo das friesisch-niederländische Nebeneinander die sprachliche Wechselwirkung am meisten hat fördern können.

Auch die S a c h s e n bildeten ursprünglich einen Teil der nordseegermanischen Sprachgruppe, aber entfernten sich infolge ihrer Kontakte zum Südgermanischen immer mehr von dieser alten Gemeinschaft und gingen allmählich auch sprachlich zum Südgermanischen über. Diese „versüdlichten" Sachsen hinterließen nicht nur ihre direkten Spuren im Niederländischen, sondern durch den in der Blütezeit der Hanse um sich greifenden niederdeutschen Einfluß überschichteten sie auch von außen her die Mundarten sowie die Schriftsprache der Niederlande. Das sächsische S u b s t r a t hat vor allem die nordöstlichen Dialekte des Niederländischen durchdrungen. Dem nfrk. Diphthong *ij* [ei] entspricht z. B. im holländischen Dialekt die monophthongische sächsische Aussprache [i:], z. B. *vrij* [ʋrei] gegenüber nordnl. [ʋri:] 'frei' (vgl. nd. *fri* 'dass.'). Der Einfluß der H a n s e läßt sich hauptsächlich am W o r t s c h a t z verfolgen, besonders in der Terminologie des Handels, des Rechts, der Kirche und der Kriegskunst, z. B. *schok* 'Schock: 60 Stücke', *diefstal* 'Diebstahl', *heilzaam* 'heilsam', *oproer* 'Aufruhr', *overrompelen* 'überrumpeln' u. dgl.

Letzten Endes geht jedoch das Niederländische auf den a l t n i e d e r f r ä n k i s c h e n Dialekt zurück, der einen integrierenden Bestandteil der südgermanischen Stammesdialekte bildete. Die fränkischen Dialekte sind eigentlich auf Grund der zweiten (althochdeutschen) Lautverschiebung in drei große Gruppen zerfallen, wobei das Niederfränkische von dieser Lautintention ganz unberührt blieb, vgl. nl. *pond* 'Pfund', *helpen* 'helfen', *appel* 'Apfel' bzw. *schip* 'Schiff'; nl. *tijd* 'Zeit', *zwart* 'schwarz', *hout* 'Holz', *zetten* 'setzen' bzw. *eten* 'essen', *voet* 'Fuß'; *koren* 'Korn' (ahd. *chorn*!), *werk* 'Werk' (ahd. *werch*!); *maken* 'machen', *ik* 'ich'. Das Verbreitungsgebiet der niederfränkischen Dialekte umfaßt in der Gegenwart den Großteil der Niederlande und das mit Holland benachbarte deutsche Grenzland bis zum Rhein (sogenannter Kölner Raum). Den historischen Kern dieses Sprachraums haben die salischen Franken (*Salier*) gebildet, die nach dem salzigen Zuidersee bzw. dem an dem See gegründeten Gau *Salland* benannt wurden.

In der historischen Entwicklung des Niederländischen werden – ähnlich wie im Deutschen und im Englischen – drei große Perioden unterschieden: 1. Altniederfränkisch (*Oudnederfrankisch*) im 7.–11. Jh.; 2. Mittelniederländisch (*Medelnederlands*) vom 12. bis zum 16. Jh.; 3. Neuniederländisch (*Nieuwnederlands*) vom 17. Jh. an.

Das Altniederfränkische war in seinen wesentlichen Merkmalen mit jenen südgermanischen und zum Teil auch mit jenen nordseegermanischen Sprachen identisch, die von der zweiten Lautverschiebung nicht ergriffen wurden. In westgermanischer Weise ist der Umlaut eingetreten, vgl. *betero* 'besser' (≠ got. *batiza*), *heri* 'Heer' (≠ got *harjis*), *hella* 'Hölle, Unterwelt' (≠ got. *halja*), die Konsonantendehnung (Gemination), die Apokope vom germanischen Nominativsuffix *-*z* (vgl. got. *dags* < germ. **dagaz*), z. B. anfrk. *dag* 'Tag', u. dgl.

Die normierte Reihe (Alphabet) der altniederfränkischen Grapheme enthält die folgenden Einheiten: *a, b, c, d, e, f, g, h, i, j, k, l, m, n, o, p, q, r, s, t, u, v, w.* In Fremdwörtern und Namen werden auch *x, y, z* verwendet. In altniederfränkischen Lexemen wird mit *c* meistens [k], mit *v* ein stimmhafter labiodentaler Reibelaut (vgl. *gevon* [gevon] 'geben'), mit *th* das Phonem [θ,ð] bezeichnet. Die Aussprache von *w* ist bilabial wie im Englischen. Die Vokallänge wird durch den Zirkumflex oder einen übergesetzten Balken wiedergegeben: *â, ê, î, ô, û* bzw. *ā, ē, ī, ō, ū*. Germ. **ō* wurde im Altniederfränkischen – genauso wie im Althochdeutschen, aber im Gegensatz zum Altsächsischen – zu *uo* diphthongiert, z. B. *rīcduom* 'Reichtum'; parallel dazu wurde germ. **io* > *ia*, z. B. *thiat* 'Volk'.

Lange Konsonanten werden verdoppelt geschrieben. Der Buchstabe *h* bezeichnete im Anlaut das [h], in sonstigen Stellungen den sogenannten *ach*-Laut [x], z. B. *haldan* [haldan] 'halten', aber *naht* [naxt] 'Nacht'.

In der Lautgruppe *sc* [sk] wurde *k* schon in dieser Periode spirantisch, also > *sch* [sç], z. B. *schalc* [sçalk] 'Schalk, Knecht, Kerl'. Die Konsonantenverbindung *-hs-* [xs] wurde allmählich vereinfacht, vgl. *ohso* [oxso:] 'Ochse', aber *vusso* [ʋusso:] 'Fuchs' (< *vuhso*).

Auch der grammatische Bau des Altniederfränkischen war von westgermanischem Schlag. Das Substantiv unterschied die drei Genera und die Stammklassen der Paradigmen nach vokalischen bzw. konsonantischen Stämmen. Vokalische Stämme: 1. *a*-Stämme (*dag* m. 'Tag', *wort* n. 'Wort') mit den Varianten der *ja*-Stämme (*putte* f. 'Brunnen', vgl. dt. *Pfütze*) und der *wa*-Stämme (*snēo* m. 'Schnee'); 2. *ō*-Stämme (*geva* f. 'Gabe') mit den Varianten der *jō*- und der *wō*-Stämme; 3. *i*-Stämme; 4. *u*-Stämme. — Konsonantische Stämme: 1. *n*-Stämme („schwache Deklination"), z. B. *tunga* f. 'Zunge', *ōga* n. 'Auge'; 2. *r*-Stämme, z. B. *bruother* m. 'Bruder'; 3. partizipiale *nd*-Stämme; 4. Relikte älterer Stammklassen, z. B. *man* m. 'Mann' usw.

Das Adjektiv hat die Unterscheidung der starken und der schwachen Deklination bewahrt. Numeralien und Pronomina zeigten ebenfalls keine nennenswerte Abweichung vom zeitgenössischen germanischen Typus. Auch das Altniederfränkische unterschied zwischen starker und schwacher Verbalflexion und begann — wie das Altsächsische u. a. — die zusammengesetzten Verbalkonstruktionen zu entwickeln.

In der mittelniederländischen Periode ist es — ähnlich den anderen süd- und nordseegermanischen Sprachen — auch im holländisch-flämischen Sprachgebiet zu weittragenden sprachlichen Wandlungen gekommen. Die im Ergebnis der Reduktion der nebentonigen Vokale um sich greifende Neutralisierung ging Hand in Hand mit der Verschmelzung der Kasus der Nomina (Synkretismus). Die vokalischen Stämme haben besonders im Süden das auslautende reduzierte *-e* [ə] im Nominativ-Akkusativ ziemlich lange gehalten, z. B. *sprake* f. 'Sprache', (anfrk. *ruggi* >) *rucghe* m. 'Rücken' usw., aber die nördlichen Dialekte haben die Lage rascher geklärt und ließen dieses *-e* nur bei den Feminina bis ins Neuniederländische gewähren bzw. in einem einzigen Maskulinum (*vrede* 'Friede') und einem simplen Neutrum (*einde* 'Ende') sowie in der mit dem Präfix *ge-* gebildeten Gruppe der Kollektiva, z. B. *gebergte* n. 'Gebirge' (< *berg* 'Berg'). Verhältnismäßig besser konnte sich die sogenannte „schwache" (*n*-) Klasse halten. Die Genitivendung *-s* wurde immer allgemeiner, eine seltene Ausnahme bildeten nur die *r*- bzw. *u*-Stämme, z. B. *des vader* 'des Vaters', *des sone/soon* 'des Sohns'. Ein Teil der Neutra hat auch noch im Mittelniederländischen im Nominativ-Akkusativ des Plurals kein Pluralzeichen erhalten, z. B. *woort* n. 'Wort' und 'Wörter', aber wie im Mittelhochdeutschen wurde das Pluralzeichen *-er* zunehmend verwendet, z. B. *kint* n. 'Kind' → *kinder* 'Kinder'. Vom 14. Jh. an wurde das Pluralzeichen *-s* vermutlich unter sächsischem und friesischem Einfluß immer allgemeiner verwendet, sogar in Fällen, wo dies früher nicht möglich war, vgl. *gulden* m. 'Gulden' → *guldens* Pl., *sanger* m. 'Sänger' → *sangers* Pl. Zur feineren Nuancierung der Bedeutungsinhalte haben immer mehr Wörter doppelte Pluralformen gebildet, z. B. *blad* n. 'Blatt' → *bladen* 'Blätter (Papier)' und *bladeren* 'Blätter (vom Baum)'. Als eine allgemeine mittelniederländische Tendenz hat sich die Umstellung des Singulars auf die „starke" und des Plurals auf die „schwache“ Flexion gemeldet. Auch die Umschreibung des Genitivs wurde im 15. Jh. allgemein, z. B. *de heer* **des** *huizes* 'der Herr des Hauses' → *de heer* **van den** *huis/huize* 'der Herr von dem Haus(e)'. Die Deklination des A d j e k t i v s hat sich der Entwicklung des Substantivs angeschlossen.

Von den P r o n o m i n a hat sich das ursprüngliche Demonstrativum in der Verwendung als Artikel endgültig festgesetzt: *de/die* m.-f. 'der/die' bzw. *dat(te)* ~ *'t* 'das', obwohl das Neutrum im 17. Jh. durch das Personalpronomen *het* 'es' verdrängt wurde. Das System der Personalpronomina hat sich gewandelt. Das Pronomen der 2. Pers. Sing. *du* 'du' und seine Kasusformen Gen. *dijns* ~ *dijner*, Akk.-Dat. *dij* wurden im 16.–17. Jh. aus dem Gebrauch verdrängt bzw. – wie übrigens auch im Englischen – durch die Formen der 2. Pers. Plur. *gij* ~ *ge* bzw. *jij* ~ *je* abgelöst. Zur Bezeichnung der 3. Pers. Sing. wurden nebst der Unterscheidung der drei Genera die *h*-prothetischen Formen bewahrt (*hij* 'er', *het* ~ *et* ~ *'t* 'es'), obwohl im Femininum ein doppeltes System zum Vorschein trat: *si* ~ *soe* ~ *su* 'sie', Gen. *hare(r)* → *haer(re)* 'ihr-', Dat. *hare* 'ihr', Akk. *si* ~ *ze* ~ *hare* 'sie'. Der Akkusativ des Personalpronomens der 3. Person war im Mittelniederländischen zugleich ein Reflexivum (*hem* m., *ze* f., *het* n. 'sich'), das aber im 17. Jh. – unter deutschem Einfluß – in beiden Numeri vom Reflexivpronomen *zich* fast völlig verdrängt wurde.

Im System der V e r b a wurden die Gruppen der „starken“ und der „schwachen“ Verba auch weiterhin auseinandergehalten. Die Stammvokalwechsel der starken Verba nach den einzelnen Ablautsreihen waren die folgenden:

1.	anfrk.	*ī*	— *ei*	— *i*	— *i*
	mnl.	*ī*	— *ee*	— *ē*	— *ē*
2.	anfrk.	*ū/ie*	— *ou*	— *u*	— *o*
	mnl.	*ū/ie*	— *oo*	— *ō*	— *ō*
3.	anfrk.	*e/i*	— *a*	— *o/u*	— *u/o*
	mnl.	*e/i*	— *a*	— *o*	— *o*
4.	anfrk.	*e/i*	— *a*	— *ā*	— *u/o*
	mnl.	*ē*	— *a*	— *ā*	— *ō*
5.	anfrk.	*e/i*	— *a*	— *ā*	— *e/i*
	mnl.	*ē*	— *a*	— *ā*	— *ē*
6.	anfrk.	*a*	— *uo*	— *uo*	— *a*
	mnl.	*ā*	— *oe*	— *oe*	— *ā*

Die „schwachen“ Verba wurden im Altniederfränkischen nach den *ja*-, *ō*- und *ē*-Stämmen unterschieden. Diese Unterscheidung wurde in mittelniederländischer Zeit eliminiert, bloß die *ja*-Klasse hat infolge des Umlauts des Stammvokals einige Spuren davon beibehalten, vgl. **drinkjan* > mnl. *drenken* 'tränken'.

Die Klassen der Präteritopräsentien waren im Mittelniederländischen — nach den einzelnen Ablautsreihen — die folgenden: 1. *weet/weit* 'weiß' — *wiste* Prät., 2. *dooch* 'tauge' — *dochte* Prät.; 3. *(j)an* 'gönne, wünsche' — *onde/onste* Prät.; *can* 'kann' — *conde/co(n)ste* Prät.; *dar/der* 'wage' — *dorste/durste/dorde* Prät.; *darf/derf* 'darf, bedarf' — *dorste/durste* bzw. *dorfte/durfte* Prät.; 4. *sal/sel* 'soll' — *soude* Prät.; 5. *mach* 'mag, vermag' — *mochte* Prät.; 6. *moet* 'muß' — *moste/moeste* Prät.

Die Reste der athematischen Verba waren im Mittelniederländischen: (a) das Verbum substantivum: *sijn* 'sein' — *bim* (*bin/ben*) 'bin', *best* (*bes/bist*) 'bist', *es/is* (*ist*) 'ist', Plural: 1. *sijn*, 2. *sijt*, 3. *sijn* (= analogische Form; im Altniederfränkischen war es noch *sint*!), Optativ *si(j)* usw., *was* 'war', *waren* 'waren', Part. Prät. *ghesijn* oder *ghewesen* 'gewesen'; (b) *doen* (*doeien*) 'tun' — *dede* Prät., Part. Prät. *gedaen*; (c) *gaen* 'gehen'; (d) *staen* 'stehen'; (e) *willen* 'wollen'.

Im Hinblick auf die Personalendungen wurde das altniederfränkische System im Mittelniederländischen einfacher, indem die Vokale der Nebentonsilben auch hier n e u t r a l i s i e r t wurden:

Präsens Indikativ

		anfrk.	mnl.
Sing.	1.	*-e/-i*	*-e*
	2.	*-as*	*-(e)s/-(e)st*
	3.	*-e/i*	*-e*
Pl.	1.	*-on*	*-en*
	2.	*-it/-et*	*-(e)t*
	3.	*-on(-in/-en)*	*-en.*

Die Kategorien des Verbs sind übrigens mit dem allgemeinen germanischen Typus identisch. Im Vergleich zum Altniederfränkischen wurde der Gebrauch der umschriebenen Formen — zum Teil um das T e m p u s (Perfekt, Plusquamperfekt usw.), zum Teil um das P a s s i v bzw. den mit dem Tempus kombinierten M o d u s auszudrücken — im Mittelniederländischen verallgemeinert.

In der Entwicklung des Niederländischen kam dem K r ä f t e s p i e l der südlichen und der nördlichen Provinzen bzw. Dialekte eine außerordentliche Rolle zu. Zu Beginn des niederländischen Schrifttums herrschten die südlichen — altniederfränkischen — Mundarten vor, und der niederländische Sprachgebrauch des 13. Jh.s beruhte auf dem b r a b a n t i s c hlimburgischen (flämischen) Dialekt. Die starken deutschen Einflüsse im 14., ferner die französischen im 15.—16. Jh. haben die Entfaltung der analytischen Tendenzen des Niederländischen in hohem Grade beschleunigt: Zwischen 1345 und 1425 waren die niederländischen Provinzen von bayrischen Grafen regiert worden, von 1425 an wurden dagegen fast 150 Jahre hindurch (bis 1568) im Rahmen des Burgundischen Herzogtums die Bande der niederländisch-französischen Beziehungen enger geschnürt.

Trotz der wiederholten orthographischen Anstrengungen der Grammatiker schien es im 16. Jh. bereits so, als entwickelten sich zumindest drei niederländische Dialekte — Flämisch, Holländisch und Brabantisch (im engeren Sinne) — zu eigenständigen Schriftsprachen. Die historischen Voraussetzungen haben sich aber nach 1585 grundlegend verändert, als die Spanier auch Antwerpen besetzten und damit der freien kulturellen Entwicklung der Südprovinzen Einhalt geboten. In den darauffolgenden Jahrzehnten verstärkte sich zwar der brabantische Einfluß im Norden, da ein großer Teil der Brabanter Dichter und Rhetoriker nach dem freien Norden geflüchtet war und dort die südliche Sprachnorm verbreitete. Letzten Endes wurde aber der weitere Weg des Niederländischen von der Möglichkeit der freien Sprachentwicklung bestimmt. Das 17. Jh. stand bereits im Zeichen des Vormarsches der nördlichen (holländischen) Dialekte. Ein Niederschlag dieser seitdem anhaltenden Aufwärtsbewegung ist darin zu erblicken, daß die Begriffe *Niederlande* und *Niederländisch* im internationalen (und im einheimischen) Sprachgebrauch — obwohl irreführend — immer mehr durch *Holland* und *Holländisch* (*Hollands*) ersetzt werden, obwohl sich diese eigentlich nur auf eine Nordprovinz beziehen ließen und ihr erweiterter Gebrauch höchstens als eine Stilfigur *pars pro toto* zu bejahen ist. Die Niederländer selbst haben ihre Sprache im Mittelalter nur *Dietsch* [dɪ:ts] oder *Duutsch* [du:ts], später *Duitsch* [dɔits], d. h. 'Deutsch' genannt. Im 17. Jh. wurde — als Gegenüberstellung zum rechtsrheinischen *Hochdeutsch* — die Bezeichnung *Nederduitsch* 'Niederdeutsch' allgemein, welch letzteres dann nach der Gründung des Königreichs der Niederlande im Jahre 1813 von der zuerst 1518 belegten Bezeichnung *Nederlandsch* (heute *Nederlands*) 'Niederländisch' verdrängt wurde. Der ältere Name ist im englischen Volksnamen *Dutch* 'Niederländisch', das auch zur Bezeichnung der Sprache dient, heute noch erhalten.

Gewisse Sprachmerkmale des Südens haben sich immerhin auch in der im Norden geformten Schriftsprache allgemein durchgesetzt, z. B. die Diphthongierung von altem *ū* und *ī*, vgl. (*hūs* >) *huis* 'Haus', (*mīn* >) *mijn* 'mein'.

Die im 17. Jh. aufkommende niederländische Schriftsprache wurde äußerst stark beeinflußt von der bereits erwähnten protestantischen

Bibelübersetzung (*Staten-Bijbel*, 1619–1637), die – dank ihrer raschen Verbreitung, und weil sie überall gelesen wurde – zur Festigung der schriftsprachlichen Norm des Niederländischen in allen Teilen des Landes und in

Abb. 54. Dialekträume in den Niederlanden (nach Jan van Ginneken und C. G. N. de Vooys)

jeder Hinsicht beitrug. Die erste eigentliche Grammatik des Niederländischen, der „Dialog von der niederdeutschen Literatur" (*Twespraack der Nederduytsche Letterkunst*) war noch 1584 in Amsterdam erschienen, aber die bewußte Sprachpflege setzte erst im 17. Jh. ein, zum Teil auf die Initiative der nach dem Vorbild der französischen Akademie gebildeten Künstlergesellschaft (*Nil Volentibus Arduum*). 1795, nach der Gründung der Batavischen Republik, beauftragte die Regierung verschiedene Experten mit der Erstellung einer einheitlichen offiziellen Grammatik bzw. Orthographie. Die von Matthijs Siegenbeck und Petrus Weiland 1805–1806 niedergelegten Regeln der Rechtschreibung waren im Königreich der Niederlande bis 1883 in Geltung, als sie von der modernen Orthographie von L. A. TE WINKEL und MATTHIJS DE VRIES amtlich ersetzt wurden. Von kleineren Neuerungen abgesehen, hat erst die Orthographiereform von 1947 eine größere Wende bedeutet, die unter anderem die Bezeichnung der Vokallänge übersichtlicher machte, die Schreibung von nicht gesprochenen Konsonantengruppen vereinfachte usw., ohne jedoch damit das Lesen des älteren Schrifttums zu erschweren.

Den historischen Umständen entsprechend, war das Tempo der sprachlichen Entwicklung in den südlichen (flämischen) Provinzen viel langsamer. Während sich die Schriftsprache in den Provinzen des Nordens frei weiterentwickeln konnte, verharrte die niederländische Schriftlichkeit im Süden weiterhin auf dem im 16. Jh. erreichten Stand. Die Amtssprache wurde, besonders nach dem Anschluß Flanderns an Frankreich im Jahre 1794, das Französische. Die Intelligenz der südlichen Niederlande sprach und schrieb nur mehr fast ausschließlich französisch, was die Einschrumpfung der schriftsprachlichen Lexik zur Folge hatte. Dieser Sprachwechsel nahm solche Ausmaße an, daß das Niederländische im Süden ernstlich bedroht war, in den Status einer einfachen Bauernsprache ohne Schriftnorm zurückzufallen. Nicht einmal die Bestrebungen der österreichischen Regierung, die 1777 den Versuch unternahm, den Dialekt von Antwerpen zur Schrift- und Amtssprache zu erheben, konnten daran etwas ändern. In der Zeit nach dem Wiener Kongreß (1815) waren der Norden und der Süden bereits so weit auseinandergewachsen, daß auch die zentralen Maßnahmen zur Einführung der im Norden gängigen Sprachnorm scheiterten. 1839, nach der Gründung des Königreichs Belgien, wurde das Französische trotz der flämischen Mehrheit der Bevölkerung die einzige Amtssprache des neuen Staates.

Gegen diese zunehmende Überfremdung trat die sogenannte „Flämische Bewegung" (*Vlaams[ch]e beweging*) auf den Plan, die sich vor allen Dingen die Einführung der niederländischen Schriftsprache zum Ziel setzte. Der Führer der Bewegung, JAN FRANS WILLEMS, hat schon 1837 unter dem Titel *Belgisch Museum* ein Kulturblatt herausgegeben. Um diese Zeitschrift scharten sich die Besten der flämischen Literatur (HENDRIK CONSCIENCE u. a.). Ihre Bemühungen mündeten in den ersten flämischen Sprachkongreß, der 1841 in Gent abgehalten wurde. 1864 hat die belgische Regierung die Einführung der „holländischen" Orthographie verordnet und in den Beschlüssen von 1873, 1878 und 1883 das Niederländische dem Französischen als Amtssprache gleichgestellt, seine Kenntnis auch den französischen (wallonischen) Beamten vorgeschrieben und den Unterricht des Niederländischen in den Schulen der flämischen Gebiete eingeführt. Dank diesen Bestrebungen entstand 1886 die Königliche Flämische Akademie (*Koninklijke Vlaamsche Academie*), die Hochburg des flämischen Geisteslebens in Belgien. Die flämische Frage ist aber bis heute nicht restlos gelöst, und der flämisch-wallonische Sprachenkampf ist immer noch nicht beigelegt.

IV.4.33. Neuniederländisch

Die neuniederländische Orthographie verwendet die folgenden Grapheme: *a, b, c, d, e, f, g, h, i, j, k, l, m, n, o, p, q, r, s, t, u, v, w, x, y, z*.

Diphthonge werden durch Digraphe bzw. Trigraphe, ja sogar Tetragraphe bezeichnet: *au* [ɔu] bzw. *ou* [ɔu], *ei* [ɛi] bzw. *ij* [ɛi], *ui* [œi, œy], *uw* [y:u], andererseits *aai* [a:i], *ooi* [o:i], *oei* [u:i], *ieuw* [i:u] und *eeuw* [e:u]. Die Graphemverbindungen *ie, oe, eu* entsprechen den langen Monophthongen [i:], [u:] und [ø:], z. B. *ziek* [zi:k] 'siech, krank', *hoed* [hu:t] 'Hut', *deur* [dø:r] 'Tür'. Die Vokallänge wird sonst durch Verdoppelung kenntlich gemacht: *aa* [a:], z. B. *maar* [ma:r] 'aber, doch'; *ee* [e:], z. B. *zee* [ze:] 'See, Meer'; *oo* [o:], z. B. *noord* [no:rt] 'Nord'; *uu* [y:], z. B. *duur* [dy:r] 'teuer', aber die Verdoppelung unterbleibt vor Konsonant+Vokal, d. h. in offener Silbe, vgl. *steen* [ste:n] 'Stein', aber *stenen* [ste:nən] 'Steine'. *u* wird als gerundetes [y, y:] bzw. als [œ] ausgesprochen, z. B. *nu* [ny:] 'nun, jetzt', aber *nut* [nœt] 'Nutzen'. Es sei angemerkt, daß kurzes *i* offener ist als im Deutschen: *ik* [ɪk, ək] 'ich'. In nebentoniger Stellung werden *e, i, ij* in der Regel als [ə] ausgesprochen, z. B. *zitten* [zɪtən] 'sitzen', *monnik* [mɔnək] 'Mönch', *lelijk* [le:lək] 'häßlich'.

Die Verdoppelung der Konsonanten dient – wie im Deutschen – zur Bezeichnung der Kürze des voraufgehenden Vokals, z. B. *pen* 'Feder' – *pennen* [penən] Pl.; *pot* 'Topf' – *potten* [potən] 'Töpfe'. *y* lautet in Fremdwörtern [i] bzw. [y], in niederländischen Namen aber gemäß der älteren Orthographie [ɛɪ], z. B. *Dyck* [dɛɪk].

Nötigenfalls wird der Akzent mit einem Akut über dem Vokal angedeutet, z. B. *een* 'ein', aber *één* 'einzig' u. dgl. Diakritisches *ë* verweist darauf, das *e* in der Buchstabenfolge *ie* gesprochen wird, vgl. *indien* [ɪndi:n] 'wenn, indem', aber *Indië* [ɪndɪje] 'Indien'.

Die Konsonanten *p, t, k* sind – im Gegensatz zum Deutschen und zum Englischen wie auch zu den nordgermanischen Sprachen – nie behaucht. *g* ist im Auslaut oder vor Fortes [x], z. B. *droog* [dro:x] 'trocken', *liegt* [li:xt] 'lügt', sonst spirantisches [g̡], z. B. *goed* [g̡u:t] 'gut', *dagen* [da:g̡ən] 'Tage'. *b* und *d* verlieren im Auslaut ihren Stimmton: *ik heb* [ɪk hɛp] 'ich habe', *brood* [bro:t] 'Brot'. Die Buchstabengruppe *sch* lautet [sx], in postvokalischer Stellung im Wortauslaut aber [s], z. B. *schip* [sxɪp] 'Schiff', *Belgisch* [belgi:s] 'belgisch'. *sj, stj* werden als [ʃ] ausgesprochen, vgl. *sjaal* [ʃa:l] 'Schal', *meisje* [mɛɪʃe] 'Mädchen', *kastje* [kaʃe] 'Kästchen'.

w ist ein leicht gerundeter Dental [ʋ], während *v* die stimmhafte Variante von *f*, d. h. labiodentales [v] darstellt, vgl. *water* [ʋa:tər] 'Wasser', aber *vader* [va:dər] 'Vater'. In der Konsonanz *wr* ist *w* zu [v] geworden, z. B. *wrak* [vrak] 'Wrack'. *c*, *x*, *y*, *q* kommen normalerweise nur in Fremdwörtern bzw. in archaisch geschriebenen niederländischen Namen vor. Die Aussprache von *z* ist nie affriziert wie im Deutschen, sondern spirantisches [z], vgl. *ezel* [e·zəl] 'Esel'. Auslautendes *s* wird in Flexionsformen bzw. in Ableitungen vor Vokal immer stimmhaftes [z], z. B. *huis* [hœys] 'Haus' — *huizen* [hœyzən] 'Häuser'. Das Digraph *ch* lautet [x], vgl. *nacht* [naxt] 'Nacht', *nichtje* [nɪxje] 'Nichte', es bezeichnet also — im Gegensatz zum Deutschen — stets den *ach*-Laut. Fremdwörter behalten ihre ursprüngliche Schreibung und Aussprache des öfteren bei, z. B. *machine* [maʃi:nə] 'Maschine'.

Das Substantiv unterscheidet im Neuniederländischen die drei Genera, obschon der Prozeß der Verschmelzung von Maskulinum und Femininum sehr fortgeschritten ist: ***de*** *man* m. 'der Mann', ***de*** *vrouw* f. 'die Frau', **het** *boek* n. 'das Buch'. Die Verteilung der Paradigmen nach Stammklassen wurde im Niederländischen im wesentlichen aufgegeben, und die Paradigmen der Substantiva lassen sich nach ihrer Pluralbildung gruppieren: 1. -(*e*)*n*, z. B. *man* — *mannen* m. 'Mann — Männer', *vrouw* — *vrouwen* f. 'Frau — Frauen', *boek* — *boeken* n. 'Buch — Bücher', *bediende* — *bedienden* m.-f. 'Bediente'; 2. -*s*, z. B. *oom* — *ooms* m. 'Oheim, Onkel' Sing.-Pl., *kamer* — *kamers* f. 'Zimmer' Sing.-Pl., *kopje* — *kopjes* n. 'Tasse — Tassen'; 3. -*eren*, z. B. *kind* — *kinderen* n. 'Kind — Kinder'. In einigen Fällen wird im Plural auch der Stammvokal verändert, z. B. *smid* — *smeden* m. 'Schmied — Schmiede', *stad* — *steden* f. 'Stadt — Städte', *schip* — *schepen* n. 'Schiff — Schiffe'. Von den nominalen Kasusendungen hält sich noch — vor allem in der Schriftsprache — der Genitiv: *de hoed een****s*** *goede****n*** *man****s*** 'der Hut eines guten Mannes', *de hoed een****er*** *goed****e*** *vrouw* 'der Hut einer guten Frau', *de hoeden zijn****er*** *dochters* 'die Hüte seiner Töchter'. Allgemeiner ist jedoch die Umschreibung mit der Präposition *van* 'von', z. B. *de hoed* ***van*** *den vader* 'der Hut von dem Vater', während die Umgangssprache die Pronominalkonstruktionen vorzieht wie *Jan* ***zijn*** *hoed* 'Hans sein Hut' (*zijn* 'sein'), *Marie* **haar** [= dər] *hoed* 'Maria ihr Hut' (*haar* 'ihr'). Nur in erstarrten Syntagmen kommt noch der Dativ vor, z. B. *ten* ***allen*** *tijde* 'zu aller Zeit, jederzeit', *van goede****n*** *huiz****e*** 'von gutem Hause' usw. Die Kasusendungen wurden in ihrer Beziehungsfunktion im Satz durch Präpositionalkonstruktionen abgelöst wie im Englischen und in den meisten deutschen Mundarten.

Der bestimmte Artikel ist *de* 'der/die' bzw. *het* ∼ *'t* 'das'. Die Rolle des unbestimmten Artikels fällt auch hier dem Zahlwort *een* 'ein' zu.

Das A d j e k t i v hält noch „starke“ und „schwache“ Formen auseinander, z. B. *het goede boek* ‘das gute Buch’, aber *een goed boek* ‘ein gutes Buch’.

Das P e r s o n a l p r o n o m e n der 3. Pers. Sing. unterscheidet die drei Genera (*hij* ‘er’, *zij* ~ *ze* ‘sie’, *het* ‘es’), aber im Plural ist diese Unterscheidung nicht mehr vorhanden (*zij* ~ *ze* ‘sie’).

Im Gegensatz zum Altniederfränkischen wird heute auch bei den N u m e r a l i e n *een* ‘ein’, *twee* ‘zwei’ und *drie* ‘drei’ nach dem Genus kein Unterschied gemacht bzw. bei *een* nur in der Funktion des Artikels, aber auch da immer weniger.

Im System der T e m p o r a sind das Präsens (*ik houd* ‘ich halte’) und das Präteritum (*ik hield* ‘ich hielt’) als synthetische Formen isoliert. Die zusammengesetzten Tempora werden mit den Hilfsverben *hebben* ‘haben’ oder *zijn* ‘sein’ und dem Part. Prät. des Hauptverbs gebildet, so das Perfekt (*ik heb gehouden* ‘ich habe gehalten’), das Plusquamperfekt (*ik had gehouden* ‘ich hatte gehalten’). Das Futurum und das Futurum exactum werden mit dem Hilfsverb *zullen* ‘sollen’ und dem Infinitiv des Hauptverbs konstruiert: *ik zal houden* bzw. *ik zou houden*. Mit dem Verbum substantivum gebildet werden Verba der Bewegung u. dgl., z. B. *gaan* ‘gehen’: *ik ben gegaan* ‘ich bin gegangen’ (Perf.), *ik was gegaan* ‘ich war gegangen’ (Plusqu.) usw.

Das P a s s i v wird im Niederländischen mit dem Hilfsverb *worden* ‘werden’, das Zustandspassiv mit *zijn* ‘sein’ gebildet, vgl. *het ei wordt gekookt* ‘das Ei wird gekocht’ bzw. *het ei is gekookt* ‘das Ei ist gekocht’.

Die N o m i n a l f o r m e n des Verbs sind der Infinitiv (*houden* ‘halten’), das Partizip des Präsens (*houdend*[*e*] ‘haltend’) und das Partizip des Präteritums (*gehouden* ‘gehalten’). Beim letzteren verbindet das Präfix *ge-* in seiner Funktion das Niederländische heute noch besonders klar mit dem südgermanischen Typus.

Das niederländische V e r b ist heute noch entweder „stark“ oder „schwach“. Die Gruppen der starken Verba nach den Ablautsreihen sind: 1. *grijpen* — *greep* — *grepen* — *gegrepen* ‘greifen’; 2. *bieden* — *bood* — *boden* — *geboden* ‘bieten, gebieten’; 3. *binden* — *bond* — *bonden* — *gebonden* ‘binden’; 4. *nemen* — *nam* — *namen* — *genomen* ‘nehmen’; 5. *lezen* — *las* — *lazen* — *gelezen* ‘lesen’; 6. *varen* — *voer* — *voeren* — *gevaren* ‘fahren’.

Die „schwachen“ Verba zerfallen nur noch phonetisch bedingt in zwei Gruppen, je nachdem, ob sie das Präteritum mit *-te* (1) oder mit *-de* (2) bilden, z. B. *hopen* ‘hoffen’ → *hoopte* bzw. *branden* ‘brennen’ → *brandde* Entsprechend ist auch das Partizip des Präteritums *gehoopt* ‘gehofft’ bzw. *gebrand* ‘gebrannt’.

Die Präteritopräsentien vertreten den regelrechten germanischen Typus, soweit sie nicht nach dem Muster anderer Typen umgebaut wurden, z. B.

weet 'weiß' – *wist* Prät.; *kan* 'kann' – *kon* (Pl. *konden*) Prät.; *mag* 'mag' – *mocht* Prät.; *zal* 'soll' – *zou* (Pl. *zouden*) Prät.; *moet* 'muß' – *moest* Prät.; *wil* 'will' – *wou/wilde* (Pl. *wilden*) Prät.

Reste der athematischen Verba sind in einigen Formen von *zijn* 'sein' bewahrt, vgl. *ben* 'bin', *bent* 'bist, seid', *is* 'ist', *zijn* 'sind', *was* 'war', *waren* 'waren', *geweest* 'gewesen'.

Das System der Personalendungen wurde weitgehend nivelliert, vgl. *lachen* 'lachen': Präs. Ind. Sing. 1. Pers. *lach* 'lache', 2.–3. Pers. *lacht* 'lachst, lacht', Pl. 1., 3. Pers. *lachen* 'wir/sie lachen', 2. Pers. *lacht* 'ihr lacht' bzw. Prät. Ind. Sing. 1.–3. Pers. *lachte*, Pl. 1., 3. Pers. *lachten*, 2. Pers. *lachte*.

IV.4.34. Der holländische und der flämische Dialekt

Die beiden Hauptverbreitungsgebiete des Niederländischen besitzen infolge der Unterschiede der alten Stammesdialekte und der Unterschiedlichkeit der im Laufe der Geschichte eingetretenen Einflüsse und Überschichtungen eine nicht geringe Anzahl abweichender Sprachmerkmale. Praktisch lassen sich diese Unterschiede ungefähr mit jenen zwischen Englisch, Amerikanisch und Australisch bzw. zwischen Deutsch, Österreichisch und Schweizerdeutsch vergleichen. Das bedeutet zugleich, daß die meisten Unterschiede in der gesprochenen Umgangssprache bzw. in der Aussprache festzustellen sind, während sie in der Schreibsprache mehr übertüncht bzw. verwischt werden.

Die flämische Variante des Niederländischen enthält unter dem Einfluß des Französischen sehr viele Gallizismen bzw. Lehnkonstruktionen aus dem Französischen, die im holländischen Norden meistens unbekannt sind, vgl. holl. *ik weet niet wat* **te** *zeggen* 'ich weiß nicht was zu sagen' (d. h. 'was ich sagen soll', vgl. auch engl. *what to say*) gegenüber fläm. *ik weet niet* ***wat zeggen*** = frz. ***que dire*** 'was sagen' mit Weglassen der Konjunktion *te* 'zu' wie im Französischen; holl. *over ene wet stemmen* 'über ein Gesetz (ab)stimmen', aber fläm. ***ene*** *wet stemmen* wie frz. *voter* ***une*** *loi* u. dgl. Besonders auffallend sind die französischen Vorlagen in der Verwendung der Präpositionen, vgl. holl. ***uit*** *dit oogpunt beschouwd* gegenüber fläm. ***onder*** *dit oogmerk* = frz. **sous** *ce point de vue* 'in dieser Hinsicht'; holl. *rekening houden* ***met***, aber fläm. *rekening houden* ***van*** = frz. *tenir compte* ***de*** 'einer Sache Rechnung tragen, mit etw. rechnen' u. dgl.

Es gibt überdies auch viele Abweichungen im Gebrauch der Präpositionen, die mit dem Einfluß des Französischen nichts zu tun haben, z. B. holl. ***binnen*** *korten tijd* gegenüber fläm. ***op*** *weinigen tijd* 'in kurzer Zeit'; holl. *behoudens door*, aber fläm. *mits* 'durch, mittels'. Die Trennbarkeit der Verbalpräfixe ist mitunter ebenfalls unterschiedlich, z. B. holl. *ik haalde* ***over***, aber fläm. *ik* ***overhaalde*** 'ich holte (her/hin)über', d. h., der syntagmatischen Konstruktion des Holländischen entspricht in diesem Falle eine einfache Zusammensetzung im Flämischen. Nicht selten sind die Abweichungen der Wortinhalte sonst übereinstimmender Lexeme, z. B. *uitroepen*= holl. 'ausrufen', aber fläm. 'erklären, äußern'.

F r e m d w ö r t e r werden von flämischen Schriftstellern sorgfältiger gemieden als von den Holländern, vgl. holl. *redacteur*, aber fläm. *opsteller* 'Redakteur, Redaktor'; holl. *secretaris*, aber fläm. *geheimschrijver* 'Sekretär' (vgl. älteres dt. *Geheimschreiber* !).

Die schriftsprachliche Variante des H o l l ä n d i s c h e n bewahrt hingegen f r i e s i s c h e und s ä c h s i s c h e Elemente in größerer Anzahl als das Flämische, z. B. die Lautung [i:] anstelle von nfrk. [ɛɪ] in *iep* [i:p] 'Ulme' für zu erwartendes **ijp* [ɛɪp], ferner friesisches [e:] anstelle von nfrk. [ɪ:] in *veertig* [fe:rtəx] 'vierzig' für zu erwartendes **viertig* [fɪ:rtəx].

Die Entwicklung wird in der Gegenwart immer mehr durch den A u s g l e i c h der beiden Sprachräume gekennzeichnet, da die niederländische G e m e i n s p r a c h e, d. h. die gesprochene Variante der Hochsprache, sowohl im Norden als auch im Süden die holländischen wie auch die flämischen Ortsmundarten allmählich überdacht. Zur gleichen Zeit wurde der „Hollandisierung" des Friesischen dank dem nationalen Aufschwung in Friesland Einhalt geboten, und nunmehr kommt das Friesische in den von Friesen bewohnten Gebieten der nordwestlichen Niederlande als Schrift- und Gemeinsprache immer entschiedener zur Geltung (vgl. IV.3.5.).

IV.4.35. Textproben

(a) *Altniederfränkisch*

Uuanda betera ist ginātha thīna ovir līf; lepora mīna lovon sulun thī. Sō sal ik quethan thī an līve mīnin, in an namon thīnin hevon sal ik heinde mīni.

(*Psalm LXII.* [*LXIII.*] 4–5.)

In eckigen Klammern stehen die (normalisierten) althochdeutschen Entsprechungen zur Veranschaulichung der zeitgenössischen Unterschiede innerhalb des Südgermanischen.

wanda 'weil, denn' [*hwanta*]; *betera* 'besser' [*bezziro*]; *ist* 'ist'; *ginātha* f. 'Gnade' [*gināda*]; *thīna* f. 'deine' [*dīn*]; *ovir* 'über, mehr als' [*ubar*]; *līf* m.-n. 'Leben' [*līb*]; *lepora* Pl. → *lepor* m. 'Lippe' [*lëffur*]; *mīna* Pl. → *mīn* 'mein'; *lovon* 'loben' [*lobōn, lōbēn*]; *sulun* 3. Pers. Pl. Präs. Ind. → [*sulen, skulan*] 'sollen'; *thī* 'dich' [*dih*]; *sō* 'so, also'; *sal* 1. Pers. Sing. Präs. Ind. → *sulen* 'sollen'; *ik* 'ich' [*ih*]; *quethan* 'nennen, erwähnen, zitieren' [*que-*

dan]; *an* 'an, in' [*ana*]; *līve* Dat. Sing. → *līf*, s. o.; *mīnin* Dat. Sing. m.-n. → *mīn*, s. o.; *in* 'und' [*anti*]; *namon* Dat. Sing. → [*namo*] m. 'Name'; *thīnin* Dat. Sing. m.-n. → *thīn*, s. o.; *hevon* '(er)heben' [*heffen*]; *heinde* Akk Pl. → [*hand*] f. 'Hand'; *mīni* Akk. Pl. → *mīn*, s. o.

(b) *Mittelniederländisch*

Sô wê der minnen is sô vrût
dat hê der minnen dînen kan,
ende hê dore minne pîne dût,
dê is ein vele minnesâlech man.
Van minnen komet allet gût,
dî minne maket reinen mût,
wat solde ich âne minne dan?

(HENRIK VAN [= HEINRICH VON] VELDEKE, etwa 1150—1210.)

In eckigen Klammern stehen zum Vergleich die entsprechenden (normalisierten) mittelhochdeutschen Lautungen.

sô wê 'wenn jemand, wer, der' [*swër*]; *der* Gen. Sing. f. 'der'; *minnen* Gen. Sing. f. → *minne* 'Minne, Liebe'; *is* 'ist' [*ist*]; *sô* 'so, solch-'; *vrût* (+ Gen.) 'klug, gewandt, verständig, kund' [*vruot*]; *dat* 'daß' [*daȝ*]; *hê* 'er' [*ër*]; *dînen* 'dienen, huldigen, fröhnen' [*dienen*]; *kan* 'kann'; *ende* 'und' [*und*(*e*)]; *dore* 'durch' [*dur*(*ch*)]; *pîne* f. 'Mühe, Bemühung, Pein'; *dût* 'tut' [*tuot*]; *dê* m. 'der, jener' [*dër*]; *ein* m. 'ein' (unbestimmter Artikel) bzw. 'einzig, allein, bloß, lediglich'; *vele* 'viel, sehr' [*vil*(*e*)]; *minnesâlech* 'glücklich in der Liebe' [*minnesælec*]; *man* m. 'Mann, Mensch'; *van* 'von' [*von*]; *komet* 3. Pers. Sing. Präs. Ind. → [*komen*] 'kommen'; *allet* n. 'alles, immer' [*alleȝ*]; *gût* n. 'Güte': *allet gût* 'alles Gute' [*guot*]; *dî* f. 'die, jene' [*diu*]; *maket* 'macht, tut, schafft' [*machet*]; *reinen* Akk. Sing. m. → *rein* 'rein, vollkommen, tadellos'; *mût* m. 'Mut, Gemut, Geist, Seele, Vorsatz' [*muot*]; *wat* 'was' [*waȝ*]; *solde* 1. Pers. Sing. Prät. Opt. → [*soln*] 'sollen'; *ich* [!] 'ich'; *âne* 'ohne'; *dan* 'dann, also, in dieser Weise' [*dan*(*ne*)].

(c) *Frühneuniederländisch*

Onze spraeck wort tegenwoordigh in 's Gravenhage, de Raetkamer der Heeren Staten en het hof van hunnen Stedehouder en t' Amsterdam, de maghtighste koopstadt der weerelt, allervolmaeckst gesproken by lieden van goede opvoedinge, indien men der hovelingen en pleiteren en kooplieden onduitsche termen uitsluite; want out Amsterdamsch is te mal, en plat Antwerpsch te walgelijck en niet onderscheidelijck genoegh. Hierom moeten wy deze tonghen matigen en mengen en met kennisse besnoeien; ook niet alte latijnachtigh, nochte te naeugezet en nieuwelijcks Duitsch spreken, maer zulcks dat de tong haer eigenschap niet en verlieze, waervan de hervormers onzer Spraecke niet geheel vrij zijn.

(JOOST VAN DEN VONDEL: *Aenleidinge ter Nederduitsche Dichtkunst.* 1650.)

In eckigen Klammern werden zum Vergleich die modernen Formen beigegeben.

onze 'unsere'; *spraeck(e)* f. 'Sprache' [*spraak*]; *wort* 'wird' [*wordt*], *tegenwoordigh* 'gegenwärtig' [*tegenwoordig*]; *in* 'in'; *'s Gravenhage* ON 'Den Haag'; *de* m.-f. 'der/die' (bestimmter Artikel); *Raetkamer* f. 'Rat, Kammer' [*raadkamer*]; *der* Gen. Sing. f. und Gen. Pl. 'der' (bestimmter Artikel); *Heeren* Pl. → *heer* m. 'Herr'; *Staten* Pl. → [*staat*] m. 'Staat, Provinz, (sozialer) Stand'; *en* 'und'; *het* n. 'es, das'; *hof* n. 'Hof(haltung)'; *van* 'von' (auch als possessivische Präposition, vgl. dt. *von*, engl. *of*); *hunnen* Dat. Sing. → *hun* 'ihr-' (Possessivpronomen); *Stedehouder* m. 'Statthalter'; *t'* ~ *te* 'zu, bei, in'; *maghtighste* f. (Superlativ) → *maghtigh* 'mächtig' [*machtig|ste*]; *koopstadt* f. 'Handelsstadt' [*koopstad*]; *weerelt* f. 'Welt' [*wereld*]; *allervolmaeckst* (Superlativ) 'allervollkommenst-' [*allervolmaakst*]; *gesproken* Part. Prät. → [*spreken*] 'sprechen'; *by* 'bei, durch' [*bij*]; *lieden* Pl. → *lui* 'Leute'; *goede* Sing. f. → [*goed*] 'gut'; *opvoedinge* f. 'Erziehung' [*opvoeding*]; *indien* 'wenn, indem'; *men* 'man' (allgemeines Subjekt); *hovelingen* Pl. → [*hoveling*] m. 'Höfling'; *pleiteren* Pl. → [*pleiter*] m. 'Advokat, Rechtsanwalt, Verteidiger'; *kooplieden* Pl. → *koopman* m. 'Kaufmann'; *onduitsche* Pl. → [*onduits*] 'undeutsch, fremdartig'; *termen* Pl. → [*term*] m. 'Terminus, Ausdruck, Wort'; *uitsluite* 3. Pers. Sing. Präs. Opt. → [*uitsluiten*] 'ausschließen'; *want* 'weil, dann'; *out* Sing. n. 'alt, veraltet' [*oudt*]; *Amsterdamsch* n. 'Amsterdamisch(er Dialekt)' [*Amsterdams*]; *is* 'ist'; *te* 'zu' [*toe*]; *mal* 'dumm, töricht'; *plat* 'platt, gemein, alltäglich'; *Antwerpsch* n. 'Antwerpener Dialekt' [*Antwerps*]; *walgelijck* 'ekelhaft, abscheulich, widerwärtig' [*walgelijk*]; *niet* 'nicht'; *onderscheidelijck* 'unterschiedlich' [*onderscheidelijk*]; *genoegh* 'genug' [*genoeg*]; *hierom* 'deshalb, darum'; *moeten* 'müssen'; *wy* 'wir' [*wij*]; *deze* Pl. 'diese'; *tonghen* Pl. → [*tong*] f. 'Zunge, Sprache'; *matigen* 'mäßigen'; *mengen* 'mengen, mischen'; *met* 'mit'; *kennisse* f. 'Kenntnis, Wissen(schaft)' [*kennis*]; *besnoeien* 'beschneiden, beschränken, verdumpfen'; *ook* 'auch'; *alte* 'allzu' [*al* + *toe*]; *latijnachtigh* 'lateinartig' [*latijnachtig*]; *nochte* 'weder ... noch' [*noch*]; *naeugezet* Part. Prät. → [*nazetten*] 'nachsetzen, zurückdrängen, hindern'; *nieuwelijcks* 'neuartig, modisch' [*nieuw* 'neu']; *Duitsch* n. 'Deutsch, Niederländisch' [*Duits* 'Deutsch']; *spreken* 'sprechen'; *maer* 'aber, jedoch' [*maar*]; *zulcks dat* 'solch- . . ., der/die/das' [*zulks*]; *haer* f. 'ihr-' [*haar*]; *eigenschap* f. 'Eigenschaft'; *verlieze* 3. Pers. Sing. Präs. Opt. → [*verliezen*] 'verlieren'; *waervan* 'wovon' [*waarvan*]; *hervormers* Pl. → *hervormer* m. 'Reformer, Erneuerer'; *onzer* Gen. Sing. f. → *onze* 'unsere', s. o.; *geheel* 'ganz'; *vrij* 'frei'; *zijn* 'sind'.

(d) *Neuniederländisch*

Het Nederlands is een Germaanse taal. Reeds vóór het begin van onze jaartelling woonden er Germanen in Nederland. De Germaanse dialecten, door de nakomelingen van deze en andere Germanen in Noord- en Zuid-Nederland gesproken, onderscheidt men in drie hoofdgroepen: Nederfrankisch, Saksisch en Fries. Nederfrankisch sprak men in het midden en in het zuiden van Nederlanden, in de Belgische provinciën Vlaanderen, Antwerpen, Brabant en

Limburg. Het Saksisch werd in het oosten, het Fries in het noorden en westen van Nederland gesproken. Er zijn geen scherpe grenzen te trekken tussen Frankische, Saksische en Friese streken. Ongemerkt gaat ook het ene dialect in het andere over; vandaar dat er overgangsdialecten zijn.

(Th. G. G. Valette: *Het Nederlands.* 1931.)

het n. 'das' (bestimmter Artikel); *Nederlands* n. 'Niederländisch'; *is* 'ist'; *een* m.-n., *ene* f. 'ein/eine' (unbestimmter Artikel); *Germaanse* Sing. f. → *Germaans* 'germanisch'; *taal* f. 'Sprache'; *reeds* 'schon, bereits'; *vóór* 'vor'; *begin* n. 'Beginn'; *van* 'von' (possessivische Präposition); *onze* 'unser-'; *jaartelling* f. 'Zeitrechnung' (< *jaar* 'Jahr' + *telling* 'Zählung'); *woonden* 3. Pers. Pl. Prät. Ind. → *wonen* 'wohnen'; *er* 'es' (Formsubjekt); *Germanen* Pl. → *Germaan* m. 'Germane'; *in* 'in'; *Nederland* n. 'Niederlande, Holland'; *de* m.-f. 'der/die' (bestimmter Artikel); *dialecten* Pl. → *dialect* n. 'Dialekt, Mundart'; *door* 'durch, von'; *nakomelingen* Pl. → *nakomeling* m. 'Nachkomme, Abkömmling'; *deze* 'dieser/diese' bzw. 'diese' Pl. (Demonstrativum); *en* 'und'; *andere* 'andere' Pl.; *Noord-* 'Nord-'; *Zuid-* 'Süd-'; *gesproken* Part. Prät. → *spreken* 'sprechen'; *onderscheidt* 3. Pers. Sing. Präs. Ind. → *onderscheiden* 'unterscheiden'; *men* 'man' (allgemeines Subjekt); *drie* 'drei'; *hoofdgroepen* Pl. → *hoofdgroep* f. 'Hauptgruppe'; *Nederfrankisch* n. 'Niederfränkisch'; *Saksisch* n. 'Sächsisch'; *Fries* n. 'Friesisch'; *sprak* 3. Pers. Sing. Prät. Ind. → *spreken* 'sprechen'; *midden* n. 'Mitte'; *zuiden* n. 'Süden'; *Belgische* Pl. → *Belgisch* 'belgisch'; *provinciën* Pl. → *provincie* f. 'Provinz'; *Vlaanderen* n. 'Flandern'; *werd* 3. Pers. Sing. Prät. Ind. → *worden* 'werden'; *oosten* n. 'Osten'; *noorden* n. 'Norden'; *westen* n. 'Westen'; *zijn* 'sein, sind'; *geen* 'kein'; *scherpe* Pl. → *scherp* 'scharf'; *grenzen* Pl. → *grens* f. 'Grenze'; *te* 'zu' (und Infinitivzeichen, vgl. dt. *zu*, engl. *to*); *trekken* 'ziehen'; *tussen* 'zwischen'; *streken* Pl. → *streek* f. 'Strecke, Landschaft, Landstrich'; *ongemerkt* 'ungemerkt, unbemerkt'; *gaat ... over* 3. Pers. Sing. Präs. Ind. → *gaan ... over* 'übergehen'; *vandaar* 'deshalb'; *dat* 'daß, weil'; *overgangsdialecten* Pl. → *overgangsdialect* n. 'Übergangsmundart'.

IV.4.4. Afrikaans

IV.4.41. Historischer Überblick

Das *Afrikaans* (d. h. „Afrikanisch") ist die Muttersprache der Buren (<afrik. *boer* 'Bauer'), d. h. der aus den Niederlanden stammenden weißen Einwohner der Republik Südafrika (*Republiek van Suid-Afrika*, engl. *Republic of South Africa*). Die Buren bezeichnen sich selbst als *Afrikaander*, d. h. 'Afrikaner'. Das Land erstreckt sich über 1 221 042 km². Von der Bevölkerung, etwa 22 Millionen Einwohnern, sind etwa 12% Buren, 10% Mulatten, etwa 11% Engländer, während die überwiegende Mehrheit (67%) die Neger bilden. In den Außenbesitzungen des Landes, d. h. in den Mandatsgebieten Walvis Bay und Südwestafrika (Namibia), sind 6% der Gesamtbevölkerung von etwa einer halben Million Buren (daneben 75% Neger,

3 % Deutsche), und auch ein Teil der Weißen in Rhodesien, wo die weißen Kolonisten ungefähr 5,7 % der Bevölkerung ausmachen, bekennt sich zum Afrikaans als Muttersprache. Afrikaans ist (zusammen mit dem Englischen) die Amtssprache der Republik Südafrika (und von Südwestafrika) (Abb. 55).

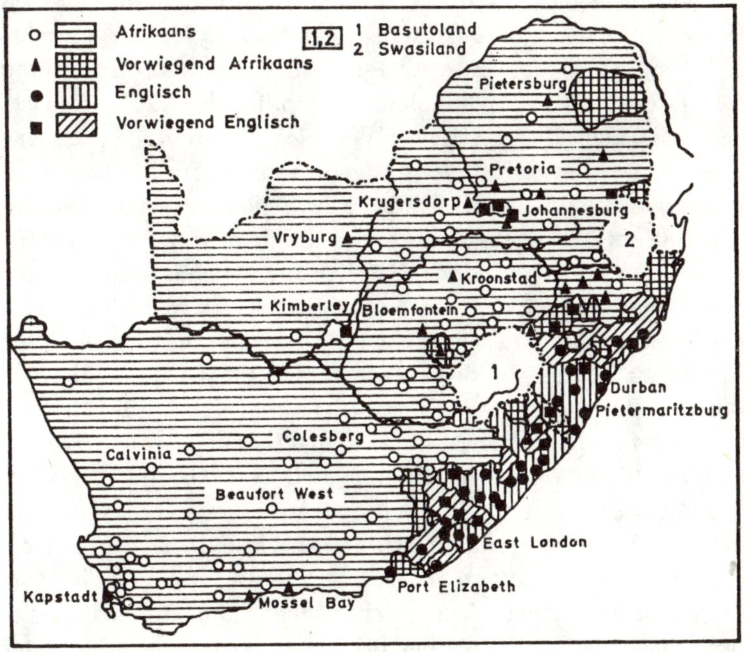

Abb. 55. Die Sprachen Südafrikas (nach Erik Holm)

Hauptstadt des Landes ist Pretoria; das Parlament sitzt in Kapstadt (*Kaapstad*, engl. *Cape Town*). Südafrika ist ein Industrie-Agrarland mit sehr entwickeltem Bergbau und mit einer bedeutenden Schwer- und Leichtindustrie. Im Abbau von Chromerz und Gold steht es an erster, von Mangan, Vanadium und Diamanten an zweiter, von Uran an dritter Stelle in der Welt. In der Landwirtschaft ist die Viehzucht (Schafe und Rinder) am wichtigsten.

Das an der Südspitze Afrikas gelegene Kapland (auch Kapprovinz, urspr. Kapkolonie) wurde für Europa vom portugiesischen Seefahrer Bartolomeu Diaz 1487/88 entdeckt, als dieser, unterwegs nach Indien, den schwarzen Erdteil umsegelte. Ständige Siedlungen wurden aber erst nach 1652 angelegt, als die Holländisch-Ostindische Kompanie die Kapstadt als Flottenstützpunkt gründete und die Umgebung kolonisierte. Der erste niederländische Gouverneur, JAN VAN RIEBEECK, siedelte die ersten weißen Kolonisten aus verschiedenen Provinzen der Niederlande im neuerschlossenen Kapland an. Von hier aus begann die Expansion der Kolonisten nach Norden: 1760 überschritten weiße Jäger schon den Oranje, ihnen folgten die Züge der Bauern, die der Ausbeutungspolitik der Kompanie durch die Abwanderung in das Innere des Landes zu entweichen suchten. Im Laufe der sogenannten Kaffernkriege, die sie gegen die ihre Heimat verteidigenden Neger führten, ist es den Buren gegen Ende des 18. Jh.s gelungen, im nördlichen Grenzland der Kapkolonie endgültig Fuß zu fassen. Um dieselbe Zeit war aber das britische Weltreich schon dabei, seinen niederländischen Konkurrenten zu verdrängen. Den Auftakt dazu bildete die Besetzung des Kaplands durch britische Truppen im Jahre 1795. Die Kapprovinz wurde zwar zwischen 1803 und 1806, in den letzten Jahren der Batavischen Republik (vgl. IV.4.31.), vorübergehend wieder holländisch, wurde allerdings schon 1806 von England (scheinbar für immer) zurückerobert. Die Gegensätze zwischen dem Burenvolk und der britischen Verwaltung führten in den dreißiger Jahren des 19. Jh.s zur Auswanderung der Masse der Buren aus dem Kapland. In den Jahren 1835—1836 (bzw. danach) gründeten diese Auswanderer — nach dem „Großen Treck" (afrik. *die Groot Trek* 'der Große Zug') — nördlich vom Oranje und von dessen rechtem Nebenfluß, dem Vaal, die Freistaaten Transvaal und Oranje, die auch von den Briten anerkannt wurden, während sie die dritte Burenrepublik, Natal, schon 1843 annektierten. Allerdings war England bestrebt, besonders nach der Entdeckung der reichen Diamantfelder, die beiden anderen Burenstaaten ebenfalls der britischen Krone zu unterwerfen. 1871 wurden zunächst die Diamantfelder von britischen Truppen besetzt. Die englische Expansion, die der Erschließung der Goldreviere im Norden gefolgt war, entfachte 1899 den Burenkrieg. Im Friedensvertrag von Vereeniging (1902) wurde der Sieg der Briten kodifiziert, und dementsprechend wurden 1910 das Kapland, Natal, der Oranjefreistaat und Transvaal in der Südafrikanischen Union als englisches Dominium vereinigt. Die Ausübung des römisch-niederländischen Rechts wurde den Buren weiterhin zugesichert, ebenso der Gebrauch des Afrikaans als zweiter Amtssprache neben dem Englischen. Zum ersten Präsidenten der Union wurde der Burengeneral LOUIS BOTHA gewählt. Die weitere Entwicklung des Landes war vor allem von den innenpolitischen Verhältnissen, d. h. von Parteikämpfen, bestimmt. Die von General JAN C. SMUTS (1870—1950) geführte Unionspartei strebte nach einer Zusammenarbeit der Afrikaander und der englischen Bevölkerungsteile im Rahmen des Britischen Reiches, während die von General JAMES B. M. HERTZOG (1866—1942) gegründete Nationalistenpartei seit 1913 konsequent für die Lostrennung von England und für die Sicherung der Suprematie der Buren arbeitete. Im Ersten Weltkrieg besetzten südafrikanische Truppen die deutsche Kolonie Deutsch-südwestafrika, die von der Organisation der Vereinten Nationen nach dem Zweiten Weltkrieg zum Mandatsgebiet der Südafrikanischen Union erklärt wurde. Am Zweiten Weltkrieg nahm Südafrika an der Seite Englands teil. 1952 begannen die Nationalisten unter DANIEL MALAN und HENDRIK FRENSCH VERWOERD mit der Politik der A p a r t h e i d, die die nichtweißen Bevölkerungsgruppen diskriminiert. Die Apartheidpolitik wurde in mehreren Beschlüssen des Commonwealth verurteilt, aber die südafrikanische Regierung hat diesen nicht Folge geleistet, sondern sie ist 1960 aus dem Commonwealth ausgetreten. 1961 wurde die von Großbritannien unabhängige Republik Südafrika gegründet.

IV.4.42. Das Afrikaans

Das Afrikaans verwendet das folgende A l p h a b e t : *a*, *b*, *c*, *d*, *e*, *f*, *g*, *h*, *i*, *j*, *k*, *l*, *m*, *n*, *o*, *p*, *q*, *r*, *s*, *t*, *u*, *v*, *w*, *x*, *y*, *z*. Davon kommen *c*, *q*, *x*, *z* nur in Fremdwörtern und in Namen mit alter Orthographie vor, z. B. *Ceylon*, *Chinees* (neben *Sjinees*) 'Chinese, chinesisch'.

Die Länge der V o k a l e wird in geschlossener Silbe durch Verdoppelung angedeutet, z. B. *jaar* [ja:r] 'Jahr', *week* [ve:k] 'Woche', *boom* [bo:m] 'Baum', *uur* [y:r] 'Uhr'. Langvokale in offener Silbe werden nicht besonders bezeichnet, da sie regelrecht lang sind, z. B. *jare* [ja:rə] 'Jahre', *weke* [ve:kə] 'Wochen', *bome* [bo:mə] 'Bäume', *ure* [y:rə] 'Uhren'. Langes [e:] wird auch im absoluten Auslaut als *ee* geschrieben, vgl. *nee* [ne:] 'nein', *see* [se:] 'See, Meer', während das Digraph *ie* kurzes [i] bzw. langes [i:] bezeichnet, z. B. *diep* [dip] 'tief', aber *dier* [di:r] 'Tier'. Die Vokalkürze kann auch durch die Verdoppelung des nachfolgenden Konsonantenzeichens angezeigt werden, vgl. *lees* [le:s] 'lesen', aber *lesse* [lɛsə] 'Lektionen, Aufgaben' (← *les* [lɛs] 'Lektion'). Kurzes *i* lautet [ə], z. B. *vis* [fəs] 'Fisch', wie auch *e* in nebentoniger Stellung, z. B. *lepel* [le:pəl] 'Löffel', *tesaam* [təˈsa:m] 'zusammen', *diepte* [diptə] 'Tiefe'. Das Digraph *ae* bezeichnet immer z w e i Laute wie in *daeliks* [da:ələks] 'täglich'. E i n e n Laut bezeichnen hingegen *oe* [u, u:] und *eu* [ø, ø:], z. B. *boek* [buk] 'Buch', *boer* [bu:r] 'Bauer' bzw. *deur* [dø:r] 'Tür'.

Diphthongisch werden gesprochen *aai* (z. B. *saai* [sa:i] 'Saat, säen'), *au* (z. B. *Australië* [oustra:liə] 'Australien'), *ei* (z. B. *brein* [brəin] 'Hirn', vgl. nd. *Brägen* ~ ne. *brain*), *eeu* (z. B. *leeu* [le:u] 'Löwe'), *ieu* (z. B. *nieu* [niu:] 'neu'), *oi* (z. B. *goiingsak* [xoiəŋsak] 'Leinensack'), *ooi* (z. B. *mooi* [mo:i] 'nett, fesch'), *ou* (z. B. *sout* [sout] 'Salz'), *oei* (z. B. *koei* [kui] 'Kuh'), *ui* (z. B. *huis* [hœys] 'Haus') und – in alter niederländischer Weise – *y*, z. B. *pyl* [pəil] 'Pfeil'. Der Buchstabe *u* gibt [œ] wieder, z. B. *put* [pœt]

'Quelle' (vgl. dt. *Pfütze*). Getrennte Aussprache von zwei aufeinander folgenden *e* bzw. *ee* wird durch Diärese (d. h. durch ein Trema über dem zweiten Buchstaben) angegeben, vgl. *see* [se:] 'See, Meer', aber *seë* [se:ə] 'Seen, Meere' bzw. *voël* [fo:əl] 'Vogel'. Der Zirkumflex verweist auf offene Aussprache des betreffenden Lautes, z. B. *sê* [sɛ:] 'sagen', *wîe* [vɛ:ə] 'Keile' (← *wig* 'Keil'), *môre* [mɔ:rə] 'Morgen, morgen', *brûe* [brœ:ə] 'Brücken' (← *brug* 'Brücke').

Die K o n s o n a n t e n *p, t, k* werden, wie auch im Niederländischen, in keiner Stellung behaucht. Vom Niederländischen abweichend werden *v* und *f* in derselben Weise als stimmloses [f] ausgesprochen, z. B. *vee* [fe:] '1. Vieh; 2. fegen' und *fabriek* [fabri:k] 'Fabrik'. Im Wortauslaut werden *d* und *b* stimmlos, vgl. *bed* [bɛt] 'Bett', *Job* [jɔp] 'Job, Hiob'. *g* lautet in der Regel [x], z. B. *goed* [xut] 'gut', *maag* [ma:x] 'Magen', *liggaam* [ləxa:m] 'Leichnam', jedoch zwischen Liquiden und Vokalen als [g], z. B. *burger* [bœrgər] 'Bürger', *gevolge* [xəfɔlgə] 'Erfolge' (← *gevolg* 'Erfolg'). Der Laut [g] wird in Fremdwörtern mit *gh* geschrieben, z. B. *ghong* 'Gong'. Die Aussprache von *h* ist stimmhaftes [ɦ], vgl. *hand* [ɦant] 'Hand'. Das Digraph *sj* bezeichnet [ʃ], z. B. *sjieling* [ʃiləŋ] 'Shilling, Schilling'; *tj* lautet im Wortanlaut [tʃ], im Deminutivsuffix *-tje* (zusammen mit *-dje*) dagegen als palatalisiertes *k* [c], vgl. *tjek* [tʃɛk] 'Scheck', aber *tafeltje* [ta:fəlcə] 'Tischlein', *beeldje* [be:lcə] 'Bildchen'. *w* ist labiodental, wird aber in den Lautgruppen *kw* und *sw* etwas stärker gerundet.

Im Gegensatz zum Niederländischen ist die starke N ä s e l u n g der Vokale vor der Konsonanz *ns* sehr charakteristisch (ausgenommen, es sei ein Plural), z. B. *mens* [mɛ̃:s] 'Mensch' gegenüber nl. [mɛns]; *kans* [kɑ̃:s] 'Chance', *ons* [ɔ̃:s] 'wir, uns'.

Der g r a m m a t i s c h e B a u des Afrikaans zeichnet sich im Vergleich zu den übrigen germanischen Sprachen durch eine tiefgreifende „Vereinfachung", d. h. einen Abbau der Morphologie, aus. In sprachtypologischer Hinsicht ist das Afrikaans nicht nur unter den germanischen, sondern im großen und ganzen unter den indogermanischen Sprachen schlechthin dem (wurzel)isolierenden Typus am nächsten gekommen.

Das Substantiv (wie auch das Adjektiv) unterscheidet k e i n e G e n e r a mehr, nur noch das Personalpronomen der 3. Pers. Sing. (*hy* 'er', *sy* 'sie', *dit* 'es') verweist auf das natürliche Geschlecht, vgl. ***die*** *man* 'der Mann', ***die*** *vrou* 'die Frau', ***die*** *huis* 'das Haus'. Relikte des Neutrums (nl. *het*) sind noch selten, in Redewendungen erhalten, z. B. *om* ***'t*** *ewe* 'alles eins'. Die Kasusendungen wurden vollauf beseitigt (außer bei den Pronomina).

Die S u b s t a n t i v a werden gemäß den Pluralzeichen gruppiert: 1. *-e*, z. B. *tand* 'Zahn' — *tande* Pl., bzw. mit Konsonantenschwund, z. B. *dag*

'Tag' — *dae* Pl., *pad* 'Pfad' — *paaie* Pl., oder aber mit Umlaut wie in *stad* 'Stadt' — *stede* Pl., *skip* 'Schiff' — *skepe* Pl. Außerdem wird bei dieser Gruppe auslautendes *f* zu *w*, vgl. *wolf* 'Wolf' — *wolwe* Pl.; 2. *-s*, z. B. *oom* 'Oheim, Onkel' — *ooms* Pl.; 3. *-(e)ns*, z. B. *wa* 'Wagen' — *waens* Pl., *hawe* 'Hafen' — *hawens* Pl.; auch mit Konsonantenschwund, z. B. *brug* 'Brücke' — *brûens* (neben *brûe* und *brugge*) Pl.; 4. *-ere*, z. B. *volk* 'Volk' — *volkere* Pl.; 5. *-ers*, z. B. *kind* 'Kind' — *kinders* Pl., bzw. auch hier mit dem Auslautswandel *f* > *w*, vgl. *kalf* 'Kalb' — *kalwers* Pl.

Die A d j e k t i v a bewahren noch zum Teil die Spuren der Unterscheidung der starken und der schwachen Deklination, vgl. *'n donker nag* oder *'n donkere nag* 'eine dunkle Nacht', aber dies ist bereits bei weitem nicht mehr allgemein.

Die P r o n o m i n a weisen zum Teil noch den selbständigen Objektiv (Akkusativ-Dativ) auf, vgl. *ek* 'ich' — *my* 'mich, mir'; *hy* 'er' — *hom* 'ihn, ihm'; *sy* 'sie' — *haar* 'sie (Akk.), ihr (Dat.)'. Im Plural ist auch dieses schon geschwunden: *ons* 'wir, uns', *julle* 'ihr, euch', *hulle* 'sie, ihnen'. Es sind das zugleich Reflexiva, vgl. *hy gedra* **hom** 'er benimmt sich', *ons beroepen* ***ons*** 'wir berufen uns'.

Das N u m e r a l e *een* 'ein' dient in reduzierter Form — als *'n* (sprich [ə]!) — auch als unbestimmter A r t i k e l des Singulars, vgl. *'n man* 'ein Mann', *'n vrou* 'eine Frau', *'n huis* 'ein Haus'.

Die nominalen Kasusendungen werden — nicht nur umgangssprachlich! — durch Präpositionalfügungen ersetzt, z. B. *die jas* **van** *Jan* 'die Jacke *von* Hans', aber auch durch Possessivpronomina, z. B. *Jan* **se** *jas* 'Hans seine Jacke'.

Auch das V e r b wird durch die Tendenz zur Isolierung gekennzeichnet. Der Verbalstamm stellt zugleich alle Formen des Präsens, während das Partizip der Vergangenheit mit dem Vorschlag des Präfixes *ge-* gebildet wird, vgl. *skryf* 'schreib-; schreiben': *ek/jy/hy/ons/julle/hulle skryf* 'ich schreibe/du schreibst/er schreibt/wir schreiben/ihr schreibt/sie schreiben' bzw. *geskryf* 'geschrieben'. Das Perfekt wird durch die Verbindung dieses Partizips mit den Stammformen des Hilfverbs *hê* 'haben' gebildet, also *ek/jy* usw. *het geskryf* 'ich habe geschrieben, du hast geschrieben' usw., desgleichen das Plusquamperfekt, vgl. *ik had geskryf* 'ich hatte geschrieben'. Das Futurum bildet man durch die Verbindung des Hilfsverbs *sal* 'soll-, sollen' und des Stammes des Sinnverbs, z. B. *ek sal skryf* 'ich werde schreiben' bzw. *ek sal geskryf het* 'ich werde geschrieben haben' (Futurum exactum).

Zur Bildung des P a s s i v s bzw. des Zustandspassivs dienen die Hilfsverba *word* 'werden' bzw. *wees* 'sein': *dit word geskryf* 'es wird geschrieben', *dit is geskryf* 'es ist geschrieben', *dit was geskryf* 'es war geschrieben'. Im

Futurum: *dit sal geskryf word* 'es wird geschrieben werden', *dit sal geskryf geword het* 'es wird geschrieben worden sein' bzw. *dit sal geskryf wees* 'es wird geschrieben sein'.

Der direkte Imperativ ist mit dem Stamm identisch, z. B. *wees* 'sein' und *wees!* 'sei!, seien Sie!' usw. Daneben sind auch umschriebene Formen üblich, z. B. *skryf!* 'schreib(e)!' neben *laat hom skryf!* 'laß ihn schreiben!' bzw. *hy moet skryf!* 'er muß schreiben!' (als Imperativ).

Das einfache Präteritum ist nur noch bei den Hilfsverba vorhanden: *wees* 'sein' — *was* 'war' (neben *was gewees* 'war gewesen'); *hê* 'haben' — *had* 'hatte' (neben *het gehad* 'hat gehabt'). Hierher gehören schon auch die aus alten Präteritopräsentien entwickelten Hilfsverba, vgl. *weet* 'weiß, wissen' — *wis* 'wußte'; *sal* 'soll(en)' — *sou* 'sollte'; *kan* 'kann, können' — *kon* 'konnte'; *will* 'will, wollen' — *wou* 'wollte'; *moet* 'muß, müssen' — *moes* 'mußte'; *mag* 'mag, mögen' — *mog* 'mochte'. Zu dieser Gruppe wurde auch *dink* 'denken, meinen' gestellt mit dem Präteritum *dog/dag* 'dachte' (neben *het gedink* 'hat gedacht').

Infolge der Entwicklung des isolierenden Partizips sind die alten Partizipien der Vergangenheit mancher (ehemals „starker") Verba nicht verschwunden, sondern sie wurden zu echten Adjektiva. Aus ihnen lassen sich für die Vorstufe des Afrikaans folgende Ablautsreihen rekonstruieren:

Präsens	Part. Prät.		Adjektiv
1. *skryf* 'schreib-'	*geskryf*	:	*geskrewe* 'geschrieben'
2. *verbied* 'verbiet-'	*verbied*	:	*verbode* 'verboten'
3. *bind* 'bind-'	*gebind*	:	*gebonde* 'gebunden'
4. *inneem* 'einnehm-'	*ingeneem*	:	*ingenom* 'eingenommen'
5. *lees* 'les-'	*gelees*	:	*beleze* 'belesen'.

Die 6. Reihe zeigt diese Differenz — infolge der Identität der Stammvokale — nicht, vgl. *oordra* 'übertragen' — *het oorgedra* 'hat über(ge)tragen' und *oorgedra* 'übertragen' als Adjektiv.

Es sei angemerkt, daß das Präfix *ge-* bei Verba, die mit trennbaren Präfixen zusammengesetzt sind, zwischen dem Präfix und dem Verb zu stehen kommt, während es bei Verba mit untrennbarem Präfix ausbleibt, also wie im Niederländischen und im Deutschen, vgl. *ingeneem* 'eingenommen', *oorgedra* 'übergetragen' bzw. *verbied* 'verboten' (Part.) und *verbode* 'verboten' (Adj.).

Der vollständige Infinitiv wird mit dem Vorsatz *om te* 'um zu' und dem Verbalstamm gebildet, z. B. **om te** *wees* 'sein', **om te** *skryf* 'schreiben'. Bei einigen Verba genügt auch *te* 'zu' allein (wie im Englischen *to go* 'gehen'), z. B. ***te** begin* 'beginnen', ***te** blyk* 'blicken, schauen', ***te** skyn* 'scheinen'. In ganz seltenen Ausnahmefällen ist der volle Infinitiv mit dem bloßen Stamme gleich, z. B. *kom* 'kommen', *wil* 'wollen'.

Ein Merkmal des Afrikaans ist die verbindliche doppelte Verneinung, die geradezu französisch anmutet (vgl. frz. *ne ... pas*), z. B. *hy staan **nie** op **nie*** 'er steht nicht auf' (← *opstaan* 'aufstehen' + *nie* 'nicht').

In sprachhistorisch-genetischer Hinsicht ist das Afrikaans eine Tochtersprache des Niederländischen, die aus den Splittern verschiedener niederländischer Mundarten letzten Endes im 17.–18. Jh. im Kapland entstand. Daher wurde es in der älteren Literatur auch als *Kapholländisch* bezeichnet. Die Orthographie und der Wortschatz des Afrikaans wurden in hohem Grade von der niederländischen Umgangssprache (bzw. Verkehrssprache) der Zeit der Kolonisierung Südafrikas bestimmt. Die älteren Denkmäler des Afrikaans sind hauptsächlich Schöpfungen der Volksdichtung. Seit Ende des vorigen Jahrhunderts aber hat es eine zunehmende schöngeistige Literatur aufzuweisen und verfügt über Presse und Buchwesen. Die Regeln der Grammatik und der Orthographie des Afrikaans wurden von der Südafrikanischen Akademie für Wissenschaft und Kunst (*Suid-Afrikaanse Akademië vir Wetenskap en Kuns*) als höchster Instanz des südafrikanischen Kulturlebens festgelegt.

IV.4.43. Textproben

(a) *Mnr. du Plessis loop by 'n slagterswinkel in. „Het julle vis?" vra hy. „Dit spyt my" antwoord die slagter; „ons het geen vis nie. Maar wat van 'n likker vet skaapboud?" „Moenie bog praat nie!" sê meneer du Plessis. „Hoe kan ek nou vir my vrou gaan vertel dat ek 'n lekker vet skaapboud gevang het?"*

(M. P. O. Burgers: *Afrikaans*. 1957.)

Mnr. = *meneer* 'Herr'; *du Plessis* [dy plə'si] (Familienname); *inloop, loop in* 'her-/hineingehen'; *by* 'bei, zu'; *'n* 'ein' (unbestimmter Artikel); *slagterswinkel* 'Fleischbank'; *het* Präs. Ind. → *hê* 'haben'; *julle* 'Sie'; *vis* 'Fisch'; *vra* 'fragen'; *hy* 'er'; *dit* 'es; dieses'; *spyt my* 'tut mir leid; ich bedauere'; *antwoord* 'antworten'; *die* (bestimmter Artikel); *slagter* 'Fleischer'; *ons* 'wir'; *geen* 'kein(er), niemand, nichts'; *nie* 'nicht'; *maar* 'aber'; *wat* 'was'; *van* 'von, über'; *likker* 'lecker'; *vet* 'fett'; *skaapboud* 'Schafskeule'; *moenie* = *moet nie* 'doch nicht ...' (eigtl. 'muß nicht': Prohibition); *praat bog* 'Unsinn reden, faseln'; *sê* 'sagen'; *hoe* 'wie'; *kan* 'kann'; *ek* 'ich'; *nou* 'nun, jetzt'; *vir* 'für'; *my* 'mein'; *vrou* 'Frau'; *gaan* 'gehen'; *vertel* 'erzählen'; *dat* 'daß'; *gevang* Part. Prät. → *vang* 'fangen'.

(b) *Daar het 'n doring boompie*
vlak by die pad gestaan,
waar lange ossespanne
met sware vragte gaan.

En eendag kom daarlanges
'n ossewa verby
Wat met sy sware wiele
dwars-oor die boompie ry.

„Jy het mos doring struikie,
my anderdag gekrap;
en daarom het my wiele
jou kroontjie plat getrap."

Die ossewa verdwyn weer
agter 'n heuweltop,
en langsaam buig die boompie
sy stammetjie weer op.

Sy skoonheid was geskonde;
sy bassies was geskeur;
Op een plek was die stammetjie
so amper middeldeur.

Maar tog het daardie boompie
weer stadig reggekom,
want oor sy wonde druppel
die salf van eie gom.

Ook het die loop van jare
die wonde weggewis;
net een plek bly 'n teken,
wat onuitwisbaar is.

Die wonde word gesond weer
as jare kom en gaan,
maar daardie merk word groter
en groei maar aldeur aan.

(Du Toit: *Vergewe en Vergeet.*)

1. *daar* 'da, dort'; *het* Präs. Ind. → *hê* 'haben'; *'n* (unbestimmter Artikel); *doring boompie* 'Dornbäumchen'; *vlak by* 'ganz nahe (bei)' (< *flak* 'flach, eben'); *die* (bestimmter Artikel); *pad* 'Pfad'; *gestaan* Part. Prät. → *staan* 'stehen'; *waar* 'wo'; *lange* Pl. → *lang* 'lang'; *ossespanne* Pl. → *ossespan* 'Ochsengespann'; *met* 'mit'; *sware* Pl. → *swaar* 'schwer'; *vragte* Pl. → *vrag* 'Fracht, Ladung, Last, Bürde'; *gaan* 'gehen';

2. *en* 'und'; *eendag* 'eines Tages'; *kom* 'kommen'; *daarlanges* 'dort entlang/vorüber'; *ossewa* 'Ochsenwagen'; *verby* 'vorbei'; *wat* 'was, das'; *sy* 'sein'; *wiele* Pl. → *wiel* 'Rad'; *dwars-oor* 'quer über'; *ry* 'reiten, fahren';

3. *jy* 'du'; *mos* Prät. Part. → *moet* 'müssen'; *doring struikie* 'Dornsträuchchen'; *my* 'mich'; *anderdag* 'ein anderes Mal, neulich'; *gekrap* Part. Prät. → *krap* 'kratzen'; *daarom* 'darum'; *jou* 'dein'; *kroontjie* 'Krönchen'; *plat* 'platt, flach'; *getrap* Part. Prät. → *trap* 'treten';

4. *verdwyn* 'verschwinden'; *weer* 'wieder'; *agter* 'hinter'; *heuweltop* 'Hügelspitze, Gipfel'; *langsaam* 'langsam'; *buig . . . op* 'aufbiegen, -richten'; *stammetjie* 'Stämmchen';

5. *skoonheid* 'Schönheit'; *was* 'war'; *geskonde* Part. Prät. (Adj.) → *skend* 'schänden'; *bassies* Pl. → *bassie* 'Rinde Dem.' (vgl. dt. *Bast*, nl. *bast*);

geskeur Part. Prät. → *skeur* 'zerreißen'; *op* 'auf'; *een* 'ein' (Numerale); *plek* 'Stelle, Platz'; *so* 'so'; *amper* 'beinahe'; *middeldeur* 'mittendurch, entzwei (-gebrochen)';

6. *maar tog* 'dennoch' (← *maar* 'aber' + *tog* 'doch'); *daardie* 'jener'; *stadig* 'allmählich'; *reggekom* Part. Prät. → *regkom* 'zurückkommen, zu sich kommen, sich erholen'; *want* 'denn'; *oor* 'über'; *wonde* Pl. → *wond* 'Wunde'; *druppel* 'tropfen, tröpfeln'; *salf* 'Salbe'; *van* 'von'; *eie* 'eigen-'; *gom* 'Gummi, Harz';

7. *ook* 'auch'; *loop* 'Lauf'; *jare* Pl. → *jaar* 'Jahr'; *weggewis* Part. Prät. → *wegwis* 'wegwischen'; *net* 'gerade, eben'; *bly* 'bleiben'; *teken* 'Zeichen'; *onuitwisbaar* 'unauslöschlich'; *is* 'ist';

8. *word* 'werden'; *gesond* 'gesund'; *as* 'als'; *merk* 'Merkmal, Zeichen (hier Narbe)'; *groter* Komp. → *groot* 'groß'; *aangroei* 'anwachsen; zunehmen, größer werden'; *aldeur* 'mit der Zeit'.

IV.4.5. Niederdeutsch

IV.4.51. Zur Geschichte

Das Niederdeutsche (nd. *Nedderdüütsch*) – mit seinem im volkstümlichen Gebrauch gängigeren Namen: *Platt* oder *Plattdeutsch* (nd. *Platt* bzw. *Plattdüütsch*) aus *platt* 'einfach, schlicht, Gemein-' – ist die Muttersprache der alteingesessenen Bevölkerung Norddeutschlands, das heißt, sein eigentliches Verbreitungsgebiet umfaßt heute Brandenburg und Mecklenburg in der Deutschen Demokratischen Republik bzw. Niedersachsen, Schleswig-Holstein, Westfalen, das nördliche Hessen und zwei wichtige Hansestädte – Bremen und Hamburg – in der Bundesrepublik Deutschland. Sprachgeographisch liegt dieser Bereich also nördlich von der sogenannten Benrather Linie, d. h. von der Grenze der zweiten (althochdeutschen) Lautverschiebung, und erstreckt sich auf das Verbreitungsgebiet jener deutschen Mundarten, deren Raum wir als Norddeutschland (nd. *Nedderdüütschland*) zusammenfassen. Vor dem Zweiten Weltkrieg gehörten sprachlich auch Pommern und größtenteils Ostpreußen zu diesem Sprachraum, die auf Grund des Potsdamer Abkommens an Polen bzw. an die Sowjetunion angeschlossen wurden. Niederdeutsche Sprachinseln bestehen außerhalb der DDR und der BRD in Dänemark, Polen, in der Sowjetunion, der Slowakei und vor allem in Übersee (USA, Kanada, Südamerika, Südafrika, Australien).

Im norddeutschen Wirtschaftsleben stehen Ackerbau und Viehzucht bzw. im Küstengebiet der Ost- und der Nordsee der Fischfang und die Schiffahrt an erster Stelle. Die Hafenstädte der Nordsee sind auch heute sehr wichtige Zentren des Welthandels. Im Südwesten des niederdeutschen Raumes, im Ruhrgebiet, befindet sich eines der bedeutendsten Industriegebiete Deutschlands, das Kernland der deutschen Schwerindustrie.

In seinen geschichtlichen Anfängen begann sich Norddeutschland aus dem im 9. Jh. gegründeten sächsischen Herzogtum heraus zu entwickeln, dessen Kern das heutige Niedersachsen bildete, das aber zugleich den Raum zwischen Elbe und Rhein umfaßte. Der Sachsenherzog HEINRICH I. wurde 919 zum deutschen König gewählt, sein Sohn, OTTO I., war der erste Kaiser des Römischen Reiches Deutscher Nation. Vom sächsischen Herzogtum wurde im 12. Jh. die Eroberung der ostelbischen Gebiete organisiert („Drang nach Osten"). Unter dem Vorwand der Bekehrung der heidnischen Slawen unterwarf der Sachsenherzog HEINRICH DER LÖWE um die Mitte des 12. Jh.s die ostelbischen Slawenstämme und gründete in ihrem Land das Herzogtum Mecklenburg. Gleichzeitig unterwarf Herzog ALBRECHT DER BÄR die Slawen an der Elbe; ihre Nachkommen haben die Mark Brandenburg gegründet, in deren Bereich im 13. Jh. auch Berlin, die spätere Hauptstadt des Deutschen Reiches entstand. Die Slawenländer wurden nach ihrer Eroberung mit Kolonisten aus den westlichen Provinzen des Reiches, vor allem aus Niedersachsen, Westfalen, nicht zuletzt aber auch aus den Niederlanden besiedelt. Parallel dazu ging man auch an die Besetzung der baltischen Länder. Auf Grund der Handelsbeziehungen der norddeutschen Städte sind in Estland, Lettland, Litauen und dem damals sprachlich noch baltischen Preußen niederdeutsche Handels- und Kirchenniederlassungen entstanden. 1201 ist in der Dünamündung Riga als Ausgangsbasis der deutschen Eroberung des Baltikums gegründet worden. Im Laufe des 13. Jh.s gerieten die baltischen Länder in die Botmäßigkeit der Deutschen. Zur Eindeutschung der Bevölkerung kam es aber nicht, da nur die Mitglieder der herrschenden Klassen – Ritter und Kirchenadel – Deutsche waren, das Volk blieb unverändert.

Preußen – das spätere Ostpreußen – fiel der Aggression des deutschen und des polnischen Adels anheim. Der Papst hat die zwei während der Kreuzzüge entstandenen Ritterorden, den Schwertbrüderorden und den Deutschen Orden vereinigt. Nach der Niederwerfung der Litauer, der Letten und der Preußen gründete dieser vereinigte Ritterorden das Ordensland Ostpreußen, wo Marienburg (heute Małbork in Polen) 1309 Sitz des Hochmeisters wurde. Dem Drang nach Osten setzte der Nowgoroder Fürst ALEXANDER NEWSKI ein Ende, nachdem er 1242 das Ordensheer am Tschudsee entscheidend geschlagen hatte. 1410 gelang es den vereinigten Streitkräften der Polen, Litauer und Russen, den Deutschen Orden bei Grünwalde (Tannenberg) endgültig zu besiegen. 1466 mußten die Ritter die feudale Oberhoheit Polens als Vasallen des polnischen Königs anerkennen.

Im Westen war der Aufstieg Norddeutschlands vor allen Dingen mit dem Aufschwung des deutschen Handels verbunden. Sein Bestreben richtete sich zunächst auf den Nordseeraum und England, ja bis zum 16. Jh. wurde sogar der Außenhandel Englands zum großen Teil von niederdeutschen Kaufleuten abgewickelt. Auf englischem Boden ist auch die erste feste Gemeinschaft deutscher Kaufleute, die *Hanse* (auch *Hansa*) entstanden, die in London – unter kölnischer Führung – eine Faktorei besaß (Abb. 56). Vom 12. Jh. an haben die norddeutschen Kaufleute auch die Ostseeländer in ihren Interessenbereich einbezogen. Während dieser Expansion wurde Lübeck nach seiner Neugründung zum Zentrum des Ostseehandels. Der „Rostocker Bund baltischer Städte und Herren", d. h. der norddeutschen Hanse, räumte dann im ausgehenden 13. Jh. mit der flämischen, der friesischen, der schwedischen und selbst mit der brandenburgischen Konkurrenz auf, wodurch Lübeck seine Stellung als Mittelpunkt des Ost–West-Handels für Jahrhunderte behalten konnte. Über die Faktorei in Brügge wurde auch Flandern in die Interessensphäre der Hanse eingegliedert. Später bekamen die Kaufleute von Lübeck, Hamburg und Köln den gesamten nordeuropäischen Handel zwischen England und Nowgorod in die Hand. In der zweiten Hälfte des 14. Jh.s waren bereits 57 Städte im Kölner Bund zusammengeschlossen. Diese Vereinigung zwang auch Dänemark in die Knie und sicherte sich damit für über ein Jahrhundert den Handel Skandinaviens. Nach dieser Blütezeit, mit dem beginnenden Aufstieg des Kapitalismus, vor allem infolge der Verlagerung der wichtigsten Wege des Welthandels vom Ostseeraum in die Weltmeere, setzte der allmähliche Verfall der Hanse ein, die im 17. Jh. praktisch wie rechtlich aufhörte zu existieren; nur noch die Bezeichnung „Hansestadt" für Lübeck, Hamburg und Bremen erinnert an die alte Herrlichkeit. Mit dem Niedergang der Hanse war aber auch die eigenständige historische Entwicklung Norddeutschlands beendet, bzw. sie mündete in die gesamtdeutsche Entwicklung. Über die Geschicke der mit Norddeutschland einst organisch verbundenen Niederlande s. IV.4.31.

IV.4.52. Quellen. Mittelniederdeutsch

Hinsichtlich seiner Herkunft geht das Niederdeutsche, wie zu sehen war (vgl. IV.3.6.), auf das A l t s ä c h s i s c h e zurück. Daneben fiel dem A l t n i e d e r f r ä n k i s c h e n, also der Grundsprache des Niederländischen der Gegenwart, die von niederländischen – hauptsächlich flämischen – Auswanderern auch nach den Ostgebieten Norddeutschlands (vor allem nach Mecklenburg) verpflanzt wurde, eine große Rolle zu. Was die Entwicklungsphasen des Niederdeutschen anbelangt, trat es nach seiner altsächsischen bzw. altniederfränkischen Vorgeschichte im 13. Jh. in seine mittlere Stufe, die als M i t t e l n i e d e r d e u t s c h (nd. *Mid-*

dennedderdüütsch) bezeichnet wird. Die Blütezeit des Mittelniederdeutschen fiel naturgemäß mit der Glanzperiode seiner tragenden Macht, des wichtigsten ökonomischen, sozialen und politischen Faktors im Norden, der Hanse, zusammen. Ebenso ist der Verfall des Mittelniederdeutschen mit dem Niedergang der Hanse im 16. Jh. verbunden. Vom 17. Jh. an spricht man bereits vom Neuniederdeutschen (nd. *Ninedderdüütsch*), vom eigentlichen Platt bzw. Plattdeutsch (nd. *Plattdüütsch*).

Die ältesten Literaturdenkmäler des Mittelniederdeutschen sind uns nur in modernisierten Varianten wie z. B. dem Lied vom Untergang des Gotenkönigs ERMANARICH (*Ermenrikes Dot*) aus einem Druck des 16. Jh.s, oder aber in Übersetzungen wie der im 13. Jh. ins Norwegische übersetzten *Dietrichsage* (*Thidrekssaga*), überliefert. Die Quellen aus dem 13. Jh. sind teils Rechtsbücher und Urkunden wie z. B. das Braunschweiger *Jus Ottonianum* (1227?), der ostfälische *Sachsenspiegel* (1221—1224) von EIKE VON REPGOW und verschiedene Stadtbücher (Lübeck 1263 u. dgl.). Die bisher bekannte älteste niederdeutsche Urkunde stammt aus Hildesheim (1272). Im 14.—15. Jh. vermochte das Niederdeutsche das Lateinische aus den städtischen Kanzleien völlig zu verdrängen: ihnen folgte die Kirche im 16. Jh.

Die Geschichtsschreibung war anfangs lateinisch (ADAM VON BREMEN), aber die *Gandersheimer Reimchronik* (1216) des Pfaffen EVERHARDT wurde schon niederdeutsch verfaßt, wie auch die *Sächsische Weltchronik* (1230—1231) des EIKE VON REPGOW. Aus dem 14. Jh. ist uns das niederdeutsche *Hohe Lied* des Magdeburger Patriziers BRUN VON SCHÖNEBECK sowie die Sammlung der Kirchenlieder des Geistlichen KÖNEMANN überliefert.

Abb. 56. Der Machtbereich der Hanse →

Kleinstädte der Hanse: Ahaus, Ahlen, Anklam, Arnheim, Arnsberg, Aschersleben, Attendorn, Beckum, Belgard, Berlin, Bielefeld, Billerbeck, Björneborg, Bocholt, Bochum, Bockenem, Borghorst, Borken, Brandenburg, Braunsberg, Brilon, Buxtehude, Demmin, Dinant, Doesburg, Dorsten, Duderstadt, Dülmen, Düsseldorf, Einbeck, Elbing, Elburg, Emmerich, Essen, Fellin, Gardelegen, Geseke, Goldingen, Gollnow, Göttingen, Greifenberg, Greifswald, Gronau, Groningen, Halberstadt, Halle, Haltern, Hameln, Hamm, Hannover, Hardewijk, Haselünne, Hasselt, Hattem, Havelberg, Helmstedt, Herford, Hildesheim, Iserlohn, Kamen, Kammin, Kiel, Koesfeld, Kokenhusen, Kolberg, Kölln, Korbach, Köslin, Kulm, Kyritz, Lemgo, Lemsal, Lennep, Lippstadt, Lünen, Meppen, Merseburg, Minden, Mühlhausen, Naumburg, Neuß, Nimwegen, Nordhausen, Northeim, Oldenzaal, Ommen, Osterburg, Osterode, Paderborn, Perleberg, Pernau, Pritzwalk, Quedlinburg, Ratingen, Recklinghausen, Rheine, Roermond, Roop, Rügenwalde, Rüthen, Salzwedel, Schlawe, Schwerte, Seehausen, Solingen, Stade, Stargard, Stavoren, Stendal, Stettin, Stolp, Tangermünde, Telgte, Tiel, Treptow, Uelzen, Unna, Usedom, Uslar, Venlo, Vreden, Warburg, Warendorf, Wenden, Werben, Werl, Werne, Wesel, Windau, Wipperfürth, Wollin, Wolmar, Wyborg, Zaltbommel, Zutphen

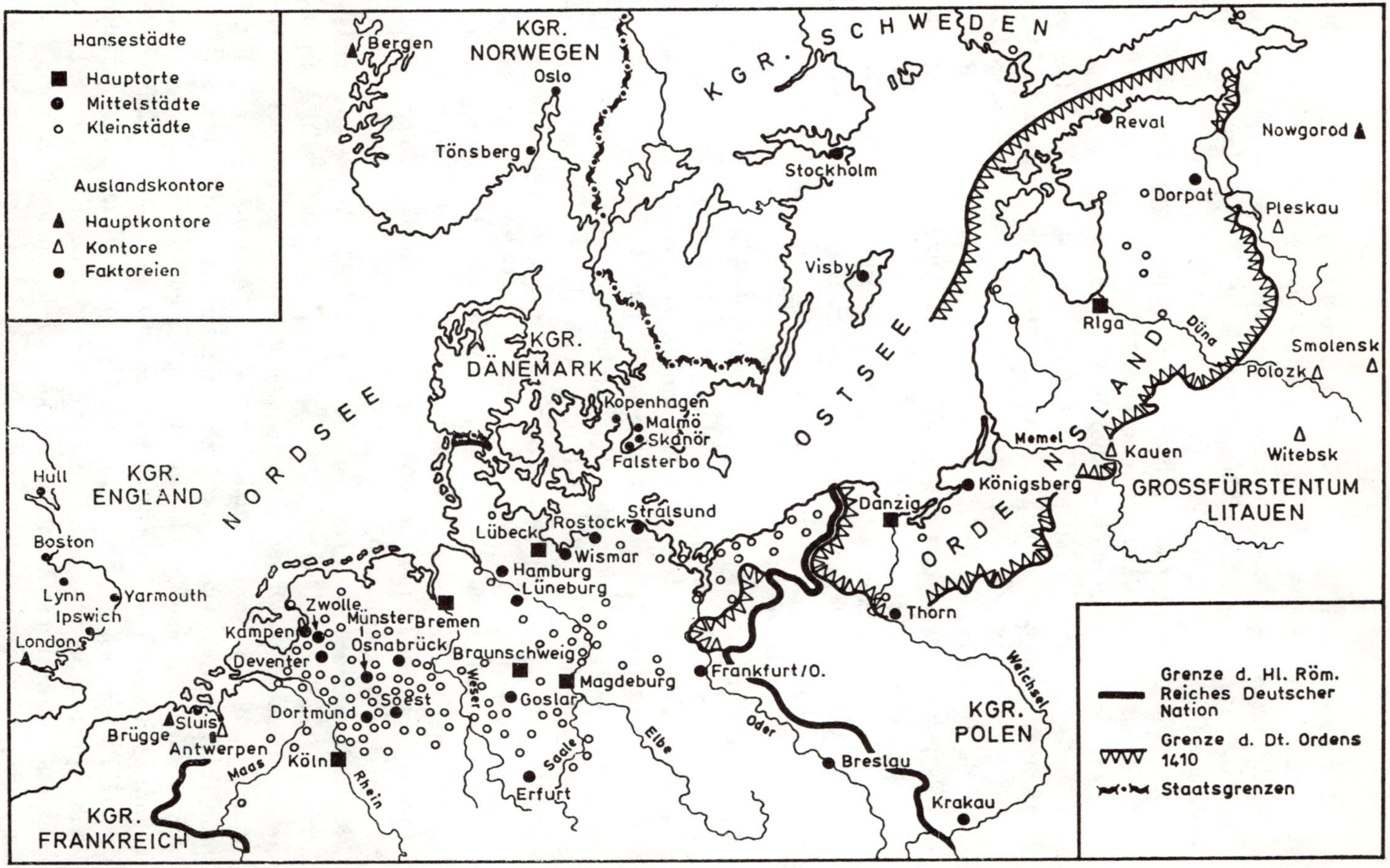

Hansestädte
Hauptorte
Mittelstädte
Kleinstädte
Auslandskontore
Hauptkontore
Kontore
Faktoreien
KGR. NORWEGEN
KGR. SCHWEDEN
KGR. DÄNEMARK
KGR. ENGLAND
KGR. FRANKREICH
KGR. POLEN
GROSSFÜRSTENTUM LITAUEN
ORDENSLAND
NORDSEE
OSTSEE
Bergen
Oslo
Tönsberg
Stockholm
Visby
Reval
Dorpat
Nowgorod
Pleskau
Riga
Düna
Smolensk
Polozk
Witebsk
Memel
Kauen
Königsberg
Danzig
Thorn
Weichsel
Kopenhagen
Malmö
Skanör
Falsterbo
Stralsund
Rostock
Wismar
Lübeck
Hamburg
Lüneburg
Bremen
Braunschweig
Magdeburg
Goslar
Erfurt
Saale
Elbe
Oder
Frankfurt/O.
Breslau
Krakau
Zwolle
Münster
Kampen
Osnabrück
Deventer
Soest
Dortmund
Köln
Rhein
Weser
Maas
Brügge
Sluis
Antwerpen
Hull
Boston
Lynn
Yarmouth
Ipswich
London
Grenze d. Hl. Röm. Reiches Deutscher Nation
Grenze d. Dt. Ordens 1410
Staatsgrenzen

Die bedeutendste dichterische Leistung der mittelniederdeutschen Zeit ist das komische Epos vom Reineke Fuchs (*Reynke de Vos.* Lübeck 1498), das eigentlich eine köstliche Satire des mittelalterlichen Feudalstaates enthält. Die Spitzenleistung des mittelniederdeutschen Kirchendramas ist das *Redentiner Osterspiel* aus dem 15. Jh.

In sprachlicher Hinsicht läßt sich die mittelniederdeutsche Zeit durch den Ausgleichsprozeß der Mundarten charakterisieren. Im Vollzug dieser Integrierung war die überlandschaftliche, die verschiedenen Mundarten gewissermaßen in einem Durchschnitt verschmelzende Lübecker schrift- und gemeinsprachliche Norm entstanden, die in dieser Funktion in ganz Norddeutschland beispielgebend wurde. Im Schriftgebrauch läßt sich in der ganzen Periode die Kreuzung der hochdeutschen und der niederländischen Orthographie bzw. die doppelte Orientierung verfolgen. Die Ausbreitung hochdeutscher Elemente in der Zeit vor dem Aufstieg der Hanse ist besonders dem Durchbruch der feudal-ritterlichen Kultur zuzuschreiben. Mit der Entfaltung der norddeutschen Städte wurde dieser Einfluß wieder zurückgedrängt, und in seiner mittleren Entwicklungsperiode war das Niederdeutsche bereits in ganz Norddeutschland die Sprache der Schriftlichkeit. Sogar die Anfänge der LUTHERschen Reformation standen im Norden Deutschlands noch im Zeichen des Niederdeutschen. Die erste norddeutsche Variante der *Luther-Bibel* war die niederdeutsche Übersetzung JOHANN BUGENHAGENS im 16. Jh. Die Sprache des Kirchenliedes und der Predigt war auch nach dem 16.—17. Jh. noch das Niederdeutsche.

Als eine Folge des Verfalls der Hanse wurde der hochdeutsche Einfluß wieder stärker. Der Niedergang der Hanse bedeutete zugleich auch den Niedergang des norddeutschen Bürgertums, der Hauptstütze der niederdeutschen Schriftsprache. Die Überhandnahme der deutschen Duodezfürsten und des Hochadels sowie der Vorstoß der ostmitteldeutschen Handelszentren wie Leipzig und Breslau (heute Wrocław in Polen) führten zum Aufstieg der ostmitteldeutschen Kanzleisprache. In den Kanzleien der Hansestädte wurde das Niederdeutsche vom 16. Jh. an von der mitteldeutschen, letztlich also hochdeutschen Norm in einem harten Konkurrenzkampf allmählich verdrängt. Ein geradezu klassisches Beispiel für die Durchdringung des Nordens stellt der Dialekt Berlins dar, der seinen ursprünglich niederdeutschen Charakter zugunsten des Mitteldeutschen fast restlos verlor und seitdem als eine Art mitteldeutsche Sprachinsel (bzw. -halbinsel) in seiner niederdeutschen Umgebung weiterlebte, vgl. IV.5.45. Im 17.—18. Jh. ist im Kreise des norddeutschen Bürgertums aus der Mischung der niederdeutschen Dialekte und der auf der Ebene der Schriftsprache als sprachlicher Mehrwert anerkannten hochdeutschen Norm eine aus hoch- und niederdeutschen Elementen gebildete Umgangssprache entstanden, die man seit dem Beginn des 18. Jh.s mit einem niederdeutschen Wort *Missingsch* (d. h. Meißnisch) nannte.

Der Sprachzustand der mittleren Periode des Niederdeutschen läßt sich als ein Analogon zum Mittelniederländischen betrachten. Die grammatische Struktur ist, wie auch die des Mittelniederländischen, gekennzeichnet durch eine rasche Vereinfachung, die im 16.—17. Jh. schon den gegenwärtigen Stand erreichte, vgl. IV.4.33. Auch in seiner Lautstruktur hat das Niederdeutsche in derselben Zeit den heutigen, im Schriftniederdeutschen gültigen Stand erreicht.

Charakteristisch ist vor allem das Fehlen der zweiten (hochdeutschen) Lautverschiebung, vgl. nd. *Punt* (∼ ne. *pound*) 'Pfund'; nd. *Appel* (∼ ne. *apple*) 'Apfel'; nd. *Topp* (∼ ne. *top*) 'Zopf'; nd. *helpen* (∼ ne. *help*) 'helfen'; nd. *deep* (∼ ne. *deep*) 'tief'; nd. *to* (∼ ne. *to*) 'zu'; nd. *Katt* (∼ ne. *cat*) 'Katze'; nd. *Witt* (∼ ne. *wit*) 'Witz'; nd. *Water* (∼ ne. *water*) 'Wasser'; nd. *wat* (∼ ne. *what*) 'was'; nd. *maken* (∼ ne. *make*) 'machen'; nd. *Eek(boom)* (∼ ne. *oak*) 'Eiche(nbaum)'; nd. *ik* (∼ nl. *ik*) 'ich' usw. — Die alte Konsonantenverbindung *-hs-* wurde zu *-ss-* angeglichen, z. B. *wassen* 'wachsen', *Oß* 'Ochse' (auch gegenüber ne. *ox*!), allerdings nicht so folgerichtig wie im Niederländischen, vgl. IV.4.32. Altes anlautendes *þ* wurde im Mittelniederdeutschen zu *d*, vgl. *dre* (≠ ne. *three*) 'drei', *dar* (≠ ne. *there*) 'da(r)', *Dörp* (≠ ne. *thorp*[*e*]) 'Dorf' usw. Die Lautverbindungen *-nd-*/*-nt-*, *-ld-*/*-lt-* und *-rd-* (< *-rð-*) wurden im (ursprünglichen) Inlaut assimilatorisch zu *-nn-*, *-ll-*, *-rr-* vereinfacht: *anners* 'anders', *ünnen* 'unten', *Feller* 'Felder', *hollen* 'halten', *warrn* 'werden', nicht aber im Auslaut: *Land* 'Land' (gegenüber Pl. *Länner* 'Länder'), *Feld* 'Feld', *hart* (< *hard*) 'hart'.

Die Konsonanzen *sl*, *sm*, *sn*, *sw* — sowie *sp* und *st* — sind in ihrer ursprünglichen Qualität erhalten geblieben: *slapen* [sla:pən] 'schlafen', *small* [smal] 'schmal', *Sne* [sne:] 'Schnee', *Swester* [swestər] 'Schwester', nur die Verbindung *sr* hat sich zu [ʃr] gewandelt (z. B. *schreeg* [ʃre:χ] 'schräg'), bzw. *sk* [sx] wurde zu [ʃ], vgl. *Schipp* [ʃip] 'Schiff', *Fisch* [fiʃ] 'Fisch', *waschen* [vaʃən] 'waschen'. Im allgemeinen ist auch die Anlautsgruppe *wr* bewahrt, z. B. *wrantig* 'rauh, mürrisch', *wringen* 'auswinden'.

Der Vokalismus erscheint ebenfalls archaischer als im Neuhochdeutschen: *Huus* 'Haus', *Hüüs* 'Häuser', *Wief* [vi:f] 'Weib', bzw. als in den oberdeutschen Mundarten: *deep* ≠ obd. [ti:əf] (< ahd.-mhd. *tiof* ∼ *tief*) 'tief', *Broder* ≠ obd. [bru:ədə] (< ahd.-mhd. *bruoder*) 'Bruder'. Altes *au* und *ai* wurden in der Regel monophthongiert, z. B. *Boom* 'Baum', *Steen* 'Stein'. Hinsichtlich der Reduktion bzw. des Schwundes der Vokale in nebentoniger Stellung nahm das Niederdeutsche ein rascheres

Tempo als die hochdeutsche Schriftsprache, vgl. *ik warr* 'ich werde', *Kaart* 'Karte' u. dgl.

Seit dem 17. Jh. lebt das Niederdeutsche in erster Linie in den gesprochenen Mundarten weiter. Sprachgeographisch werden innerhalb des niederdeutschen Raumes zwei Hauptgebiete unterschieden: 1. das altsächsische (= westniederdeutsche) Stammland und 2. das ostelbische (= ostniederdeutsche) Kolonialland. Die Gruppe der westniederdeutschen Mundarten umfaßt das Westfälische (im Raum Münster, Paderborn, Dortmund, Bielefeld und Osnabrück), das Ostfälische (im Raum Hannover, Hildesheim, Braunschweig, Goslar und Göttingen) sowie das Nordniedersächsische, d. h. das eigentlich Niedersächsische (Bremen, Minden, Lüneburg und Hamburg), das verniederdeutschte Ostfriesische (Emden, Aurich), das Schleswigische (Itzehoe, Neumünster, Kiel) und das Holsteinische (Flensburg, Husum). Die Ostgruppe zerfällt in das Nordmecklenburgische und das Nordbrandenburgische, das Mittelbrandenburgische und das Ostpommersche, die sich vor 1945 im Osten im Ost- und im Westniederpreußischen fortsetzten (Abb. 57).

Auf der Grundlage verschiedener niederdeutscher Mundarten begann sich die Sprache Norddeutschlands um die Wende des 18./19. Jh.s wieder den — allerdings nicht amtlichen — Rang einer Schriftsprache zu erringen. In diesem Prozeß haben besonders zwei Dichter eine große Rolle gespielt: der Holste Klaus Groth (1819—1899) und der Mecklenburger Fritz Reuter (1810—1874). Mit ihrer Dichtung blühte die niederdeutsche Literatur wieder auf, und nach langen Diskussionen über die Fragen der Orthographie wurden auf Grund der hochdeutschen Schreibe, der Orthographie der niederländischen Schwestersprache und der mittelniederdeutschen Schrifttradition im Jahre 1919 die *Lübecker Richtlinien* veröffentlicht. In Anlehnung an diesen Beschluß wurde 1935 die nunmehr als einheitlich geltende neuniederdeutsche Rechtschreibung festgelegt, die seitdem in amtlich bestimmten Veröffentlichungen, z. T. auch in Schulbüchern bzw. im kirchlichen Gebrauch u. dgl. allgemein verwendet wird. In Schwerin (DDR) besteht ein erfolgreiches niederdeutsches Theater mit reicher Tradition.

Manche Forscher (und Laien) möchten das Niederdeutsche nur noch als einen Dialekt bzw. als eine Dialektgruppe der deutschen Nationalsprache einstufen. Streng linguistisch betrachtet wird aber diese Einstufung den sprachlichen Tatsachen nicht gerecht. Die offizielle deutsche Staatssprache spielt heute auch im Leben der Norddeutschen bereits die Rolle der Amtssprache, ja in vieler Hinsicht der Nationalsprache schlechthin. Immerhin

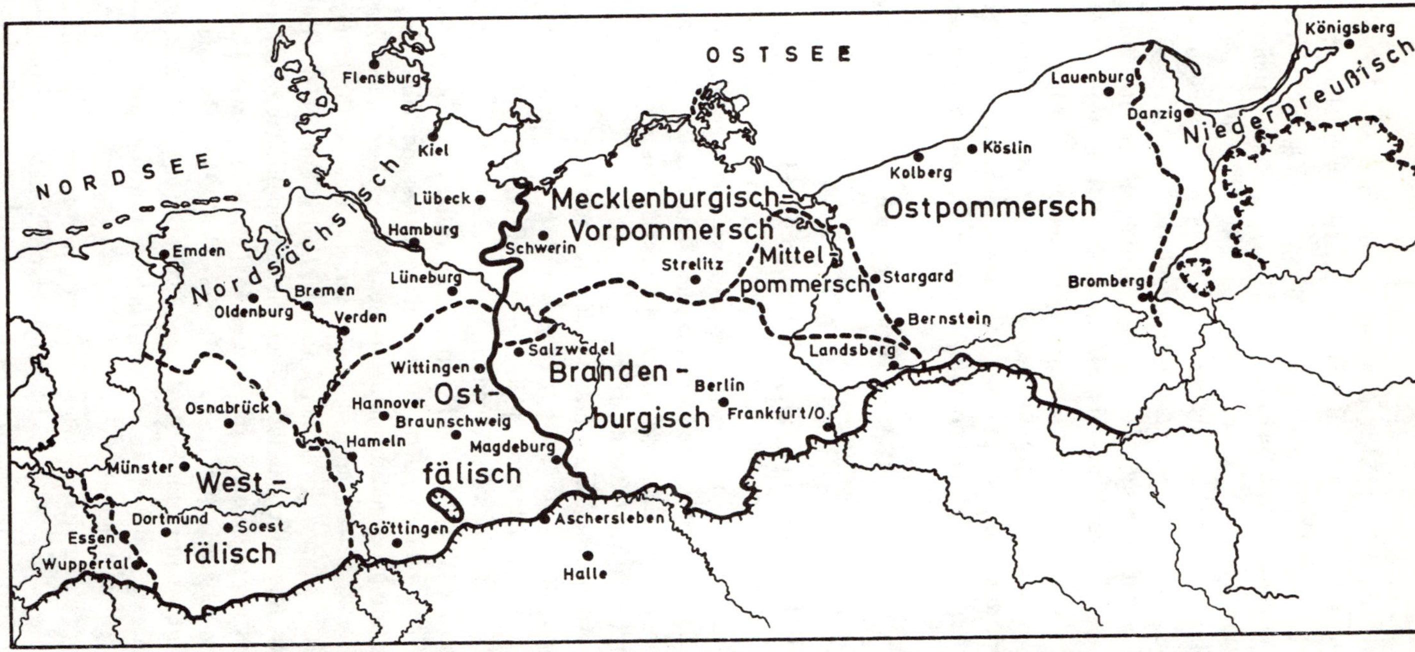

Abb. 57. Neuniederdeutsche Mundarten vor dem Zweiten Weltkrieg (nach WILLIAM FOERSTE)

lebt und entwickelt sich über den niederdeutschen Mundarten und neben der hochdeutschen Staats- und Schriftsprache auch eine niederdeutsche Schrift- und Gemeinsprache, die sich nicht nur als die Umgangssprache gebildeter Volksschichten, sondern zugleich als ein paralleles Ausdrucksmittel des norddeutschen Kulturlebens bewährt. Für den Linguisten hat es einen besonderen Reiz, sozusagen mit den eigenen Augen verfolgen zu können, wie sich eine germanische Sprache von ihren nordseegermanischen („ingwäonisch-altsächsischen") Anfängen über die bereits südgermanische („istwäonische") Stufe des Mittelniederdeutschen zum hochdeutschen („erminonischen") Stadium hin verwandelt. Die Norddeutschen bilden schon seit langem einen organischen Teil der deutschen Nation, somit ist anzunehmen, daß sie — ohne eine ökonomische und politische Selbständigkeit — letzten Endes auch sprachlich „verhochdeutscht" werden.

IV.4.53. Neuniederdeutsch

Das heutige System der niederdeutschen O r t h o g r a p h i e beruht, soweit es sich nicht um die nach phonetischer Genauigkeit strebende Festhaltung linguistisch wichtiger Mundarttexte handelt, auf den 1935 bestätigten Regeln. Die niederdeutsche Orthographie wurde dabei nach dem Zeichensystem der neuhochdeutschen Rechtschreibung ausgerichtet, ohne jedoch das sogenannte Dehnungs-*h* zu übernehmen, vgl. nd. *leren* 'lehren', nd. *Kaal* 'Kohle'.

Das niederdeutsche E i n h e i t s a l p h a b e t besteht aus den folgenden Graphemen: *a, ä, b, c, d, e, f, g, h, i, j, k, l, m, n, o, ö, p, q, r, s, ß, t, u, ü, v, w, x, y, z.* (*y* kommt jedoch nur in Fremdwörtern und in niederdeutschen Namen mit alter Orthographie vor.)

Die Länge der V o k a l e wird in offener Silbe nicht besonders bezeichnet (z. B. *bliven* 'bleiben', *Fru* 'Frau'): in geschlossener Silbe dient — konsequent wie im Niederländischen — die Verdoppelung des Graphems zu diesem Zweck, z. B. *aa*, (*ää*), *ee, oo, öö, uu, üü*, bzw. *ie* für langes [i:], vgl. *Haan* 'Hahn', *Eekboom* 'Eiche(nbaum)', *Döör* 'Tür', *Uul* 'Eule', *Füür* 'Feuer' bzw. *Kiel* 'Keil, Kiel'. Nach neuhochdeutschem Muster ist die doppelte Schreibung von *e* für langes [e:] in offenem Auslaut ziemlich verbreitet in Wörtern wie *nee* 'nein', *See* 'See', *Tee* 'Tee' usw. Die Diphthonge sind *au* [au], z. B. *Aust* [aust] 'Ernte'; *ei* [ae], z. B. *eisch* [aeʃ] 'schlimm, unartig'; *eu* [ɔi], z. B. *Heu* [hɔi] 'Heu' (neben *Hau*); *oi* [oɪ], z. B. *moi* [moɪ] 'schön, angenehm'.

Die Verdoppelung der K o n s o n a n t e n verweist nur auf die Kürze des vorausgehenden Vokals, z. B. *Kopp* 'Kopf', *hollen* 'halten', *nütt* 'nützlich', *ossing* 'wild, wütend', bzw. *ck* bei *k*, z. B. *Fack* [fak] 'Fach'.

Die Schreibung von *d* und *t* im Auslaut folgt — trotz gleicher Aussprache — dem neuhochdeutschen Usus, z. B. *Dood* [do:t] 'Tod', aber *doot* [do:t] 'tot', jedoch wird nach Vokalen, die länger als im Neuhochdeutschen sind, stets *d* geschrieben, z. B. *Lüüd* 'Leute', *Broot* 'Brot', aber *Brööd* 'Brote' Pl. Die Grapheme *v* und *f* lauten im Anlaut gleicherweise als stimmloses [f], ihr Gebrauch richtet sich ebenfalls nach dem Neuhochdeutschen, z. B. *vör* [før] 'vor', aber *för* [før] 'für', *vull* [ful] 'voll', aber *fuul* [fu:l] 'faul', *Fisch* [fiʃ] 'Fisch' usw. Abweichend vom Neuhochdeutschen wird aber *w* nur im Wortanlaut geschrieben, sonst wird auch der stimmhafte Laut [v] durch *v* bezeichnet, vgl. *Wief* [vi:f] 'Weib', aber *geven* [ge:vən] 'geben'. *g* und *gg* bezeichnen gleichzeitig den Verschlußlaut [g] und den entsprechenden Reibelaut [ç, x], dessen graphematisches Zeichen sonst — wo er mit dem orthographischen Stand im Neuhochdeutschen übereinstimmt — das Digraph *ch* ist. *q* kommt nur mit *u* ergänzt vor, z. B. *quick* [kwik] 'quick'. Ähnlich dem Neuhochdeutschen kann *s*, gemäß seiner Stellung, stimmhaftes [z] und stimmloses [s] wiedergeben, vgl. *Sünn* [zyn] 'Sonne', *lesen* [le:zən] 'lesen', *Hüüs* [hy:z] 'Häuser', aber *du leest* [le:st] 'du liest'. Das „scharfe" *ß* wird ebenfalls in neuhochdeutscher Weise verwendet (vgl. IV.4.68.), z. B. *Oß* [os] 'Ochse', aber *Ossen* [osən] 'Ochsen'. Es sei angemerkt, daß *sp* und *st* — mit der Ausnahme einiger ostniederdeutscher Mundarten — stets [sp] bzw. [st], nicht aber [ʃp], [ʃt] wiedergeben: *Steen* [ste:n] 'Stein', *Speel* [spe:l] 'Spiel'. Der Laut [ʃ] wird stets mit *sch* wiedergegeben: *Scho* [ʃo:] 'Schuh', *Schaap* [ʃa:p] 'Schaf', *schriven* [ʃri:vən] 'schreiben', *Wisch* [viʃ] 'Wiese'. *x* wird auch im Niederdeutschen als [ks] gelesen, z. B. *nix* [niks] 'nichts'; *z* und *tz* als [ts], vgl. *Zippel* [tsip(ə)l] 'Zwiebel' bzw. *letzt* [letst] 'letzt-'. Die Graphemverbindung *tsch* bezeichnet die Affrikate [tʃ], z. B. *Quitsch* [kwitʃ] 'Quecke'.

Nach dem Vorbild des Neuhochdeutschen werden die Substantiva mit großem Anfangsbuchstaben geschrieben: *leven* 'leben', aber *Leven* 'Leben', *schaden* 'schaden', aber *Schaden* ∼ *Schaad* 'Schaden'.

Das Substantiv unterscheidet noch teilweise die drei Genera: *de Mann* m. 'der Mann' — *den Mann* 'den/dem Mann' (Akk.-Dat.); *de Fru* f. 'die/der Frau' (Nom.-Akk.-Dat.); *dat Huus* n. 'das/dem Haus' (Nom.-Akk.-Dat.). Die Gruppierung nach Stammklassen wurde auch im Niederdeutschen nach der Pluralbildung umstrukturiert: 1. -*(e)n*: *Barg* m. 'Berg' — *Bargen* Pl., *Dünn* f. 'Schläfe' — *Dünnen* Pl., *Hart* n. 'Herz' — *Harten* Pl. bzw. *Muur* f. 'Mauer' — *Muur(e)n* Pl., *Gadder* n. 'Gitter' — *Gaddern* Pl. Mitunter tritt auch Wechsel des Stammvokals ein, z. B. *Spitt* n. 'Spieß' — *Speten* Pl. Auch der Auslautskonsonant wird gelegentlich verändert, z. B. *Tiet* f. 'Zeit' — *Tiden* Pl.; 2. -*er* (mit oder ohne Umlaut), z. B. *Dook* m.-n. 'Tuch' — *Döker* Pl., *Land* n. 'Land' — *Länner* Pl., *Lief* n. 'Leben' — *Liver*

Pl.; 3. *-s*, z. B. *Balken* m. 'Balken' — *Balkens* Pl., *Bäcker* m. 'Bäcker' — *Bäckers* Pl., *Deern* f. 'Mädchen' — *Deerns* Pl., *Dotter* n. 'Dotter' — *Dotters* Pl., *Buttje* m. 'kleiner Mann, Strolch' — *Buttjes* Pl.; 4. *-Ø* (meistens mit Umlaut, bisweilen auch mit Veränderung des Konsonanten des Stammauslauts), z. B. *Aal* m. 'Aal' — *Aal* Pl., *Aas* n. 'Aas' — *Öös* Pl., *Bank* f. 'Bank' — *Bänk* Pl., *Foot* m. 'Fuß' — *Fööt* Pl., *Fuust* f. 'Faust' — *Füüst* Pl. bzw. *Deef* m. 'Dieb' — *Deev* Pl. Auch das Kasussystem des Substantivs wurde eingeengt: die ohnehin gemeinsame Form des Akkusativs und Dativs wird so gut wie nur noch im Sing. Mask. besonders kenntlich gemacht. Die Verwendungssphäre des Genitivs ist äußerst begrenzt (im großen und ganzen ähnlich wie im Neuenglischen, vgl. IV.3.48.), z. B. *Nawers Soot* 'Nachbars Brunnen'.

Das Adjektiv unterscheidet noch zum Teil die Formen der „starken" und der „schwachen" Deklination sowie die Genera, vgl. *en lüttjet Kind* n. 'ein kleines Kind', *de kranke Bost* f. 'die kranke Brust', *de hellen Tran* 'die hellen Tränen'.

Von den Numeralien ist *een* 'ein' in reduzierter Form (*en*) zugleich der unbestimmte Artikel.

Das Pronomen hat den Dualis aufgegeben. Das Personalpronomen der 3. Pers. Sing. hält die drei Genera auseinander (*he* ~ *hei* 'er', *se* ~ *sei* 'sie', *et* ~ *'t* 'es'). Kennzeichnend ist der Zusammenfall von Akkusativ und Dativ: *mi*(*k*) 'mich, mir', *di*(*k*) 'dich, dir' usw.

Das niederdeutsche Verb ist entweder „stark" oder „schwach". Die Ablautsreihen der starken Verba sind: 1. *gripen* — *greep* — *grepen* — *grepen* 'greifen'; 2. *beden* — *bood* — *boden* — *baden* 'bieten'; 3. *binnen* — *bunn* — *bunnen* — *bunnen* 'binden'; 4. *nemen* — *neem* — *nemen* — *namen* 'nehmen'; 5. *lesen* — *lees* — *lesen* — (*leest*) 'lesen'; 6. *fragen* — *froog* — *frogen* — (*fraagt*) 'fragen'.

Die Präteritopräsentien sind, nach den Ablautsreihen geordnet: 1. *weet* 'weiß' — *wüß* Prät.; 2. *döög* 'tauge' — *döch* Prät.; 3. *kann* 'kann' — *kunn* Prät.; *dörf* (*dröff*) 'darf' — *dörv* (*dröff*) Prät.; 4. *schall* 'soll' — *schull* Prät. (vgl. ne. *shall*); 5. *mag* 'mag' — *much* Prät.; 6. *mutt* 'muß' — *müß* Prät.

Die schwachen Verba bilden im wesentlichen eine Gruppe: *setten* 'setzen' — *sett* Part. Prät., *wennen* 'wenden' — *wendt* Part. Prät.

Die athematischen Verba wurden in die Ablautsreihen der starken Verba eingegliedert, ein Relikt stellt nur die Formenreihe des Hilfsverbs *sien* ~ *wesen* 'sein' dar, vgl. *bün* 'bin', *büst* 'bist', *is* 'ist', *sünd* 'sind, seid, sind', *was* ~ *weer* 'war', *weerst* 'warst', *weren* 'waren, waret, waren', *wees!* ~ *si!* 'sei!' — *weest!* ~ *siet!* 'seid!', *wesen* ~ *west* 'gewesen'. Das ursprünglich optativische Verb *willen* 'wollen' folgt dem Muster der Präteritopräsentien: *will* 'will' — *wull* 'wollte'.

Die Formen des Optativs sind bereits mit jenen des Präteritums zusammengefallen, z. B. *keem* 'kam' und 'käme', oder sie werden mit Hilfe des Optativs von *doon* 'tun' umschrieben, vgl. *wat se sik inbill'n* ***ded*** 'was sie sich einbilden täte (d. h. würde)'. *Doon* ist auch sonst sehr häufig als Hilfsverb strapaziert, obwohl sein Gebrauch noch bei weitem nicht so streng geregelt ist wie im Neuenglischen, vgl. *wat ik weten* ***do*** 'was ich weiß' (eigtl. 'was ich wissen tue'), *wat ik beden* ***do*** 'was ich bitte' (eigtl. 'was ich bitten tue') usw.

In der Kategorie der Tempora sind die Formen der 1. und der 2. Pers. Sing. im Präteritum bei den schwachen Verba schon mit den entsprechenden Formen des Präsens zusammengefallen: *ik arbeid* 'ich arbeite' und 'ich arbeitete', *du arbeidst* 'du arbeitest' und 'du arbeitetest'. Die 3. Pers. Sing. weicht davon ab: *buut* 'baut', aber *bu* 'baute'. Die Personalendungen des Plurals des Präsens wurden im Westen des niederdeutschen Sprachraums nach dem Vorbild des Altsächsischen (also nach der 2. Pers. Pl.) vereinheitlicht, vgl. *wi drievt* 'wir treiben', *ji drievt* 'ihr treibt', *se drievt* 'sie treiben', während im Osten, also in Mecklenburg, das (ältere) hochdeutsche Modell zur Geltung kommt: *wi driven, ji drievt, si driven.* Der Plural des Präteritums geht einheitlich auf *-en* aus, vgl. *wi dreven* 'wir trieben', *ji dreven* 'ihr triebet', *si dreven* 'sie trieben'.

Der Imperativ kennt zwei selbständige Formen, z. B. *bu!* 'baue!' und *buut!* 'baut!'.

Im Part. Prät. wurde das Präfix *ge-* im Gegensatz zum Niederländischen, aber im Einklang mit dem Neuenglischen, beseitigt, vgl. *arbeidt* 'gearbeitet', *buut* 'gebaut'. Mit den Hilfsverben *sien* ~ *wesen* 'sein' bzw. *hebben* 'haben' und *warrn* 'werden' verbunden, dient das Partizip der Vergangenheit (bzw. der Infinitiv) zur Bildung zusammengesetzter Zeitformen, z. B. *ik heff buut* 'ich habe gebaut' (Perf.), *ik harr buut* 'ich hatte gebaut' (Plusqu.); desgleichen mit dem Infinitiv, vgl. *ik warr buen* 'ich werde bauen' (Futurum) usw. Die Passivformen werden ähnlich wie im Neuhochdeutschen (und sonst in den germanischen Sprachen) gebildet, vgl. *ik warr leert* 'ich werde gelehrt (= unterrichtet)' usw.

IV.4.54. Niederdeutsche Elemente in der neuhochdeutschen Schriftsprache

Das Niederdeutsche ist, obwohl es im Laufe der historischen Entwicklung des deutschen Volkes ununterbrochen der Durchdringung seitens seiner südlichen Schwestersprache ausgesetzt war, keineswegs passiv geblieben, sondern es hat seinerseits in verschiedenen Epochen zu der Bereicherung und der Verfeinerung der hochdeutschen Schrift- und Gemeinsprache in mancher Weise beigetragen. Im Hochmittelalter wurde vor allem die ritterlich-feudale Terminologie des Mittelhochdeutschen durch niederdeutschen (und niederländischen) Beitrag erweitert, vgl. im Wortschatz z. B. nd.-mnl. *ridder* > mhd. *ritter* 'Ritter' gegenüber regelrechtem mhd. *rîtære* > nhd. *Reiter*, nd.-mnl. *wâpen* > mhd. *wâpen* 'Wappen' gegenüber regelrechtem mhd. *wâfen* > nhd. *Waffe(n)* u. dgl., aber es gehören auch sonstige Wörter mit ganz allgemeinem semantischem Gehalt wie nhd. *Kleid* gegenüber mhd. *wât* 'dass.', nhd. *Glück* gegenüber mhd. *sælde* 'dass.' usw. zum niederdeutschen Bestandteil des Hochdeutschen.

Dank dem sprachlichen Einfluß der Hanse sind viele niederdeutsche Wörter noch im Ausgang der mittelhochdeutschen bzw. zu Beginn der neuhochdeutschen Zeit gesamtdeutsch geworden, z. B. mnd.-mnl. *waar* > nhd. *Ware*, mnl. (mnd.) *over* > nhd. *Ufer* anstelle von obd. *Kaufmannschatz* bzw. *Gestade*. Im Wege der Ausbreitung des zwischen dem Süden und dem Norden stehenden mitteldeutschen („Lutherschen" bzw. „meißnischen") Sprachgebrauchs haben sich in der deutschen Schriftsprache viele Wörter eingebürgert, deren Lautung die Herkunft aus dem Niederdeutschen ohnehin verrät, z. B. *fett* neben obd. *feist*, *Stoppel* neben obd. *Stupfel*, *Lippe* neben obd. *Lefze*, *Hafer* neben obd. *Haber*, *Schacht* neben obd. *Schaft* u. dgl.

Der Einfluß des Niederdeutschen läßt sich in der deutschen Terminologie der Schiffahrt und im sonstigen Sprachgebrauch der Seeleute verständlicherweise besonders gut verfolgen, vgl. *Strand* und *Küste*, *Klippe* (vgl. ne. *cliff*), *Düne*, *Bucht*, *Moor*, *Boot*, *Kiel*, *Tau* 'Seil', *Deck* (gegenüber obd. *Dach*), *Flagge*, *Hafen*, *Wrack*.

Über den Wortschatz hinaus hat das Niederdeutsche auch auf die Grammatik der deutschen Gemeinsprache eingewirkt. Hierher zu zählen ist zum Teil die Bewahrung des synthetischen Präteritums (im Gegensatz zu der oberdeutschen Entwicklung), des weiteren die Verallgemeinerung des genitivischen *-s* (z. B. *Mutters Hut*) sowie die Zunahme der Pluralformen auf *-s* (z. B. *Müllers* gegenüber obd. *Müllern*; *Mädels* gegenüber obd. *Mädel* bzw. *Mädeln*), der um sich greifende Gebrauch von *haben* als Hilfsverb neben Verben wie *stehen*, *liegen*, *sitzen* (*ich* ***habe*** *gestanden/gelegen/gesessen* gegenüber obd. *ich* ***bin*** *gestanden/gelegen/gesessen*). Nicht zuletzt seien freilich auch die niederdeutschen Züge in der normierten deutschen Hochlautung erwähnt sowie die Orts- und Personennamen niederdeutscher Herkunft wie *Hannover*, *Wittenberge* bzw. *Jens*, *John* und *Frings*, *Jensen*.

In diesem Zusammenhang sei auch an den außerordentlichen Einfluß des Niederdeutschen auf die nordgermanischen Sprachen, besonders während der Herrschaft der Hanse, erinnert, vgl. IV.2.83. und IV.2.93.

IV.4.55. Textproben

(a) *Mittelniederdeutsch*

Id gheschach vp eynen pynxstedach,
Datmen de wolde vnde velde sach
Grone staen myt loff vnde gras,
Vnde mannich fogel vrolich was
Myt sange in haghen vnde vp bomen;
De krůde sproten vnde de blomen;
De wol rǒken hir vnde dar;
De dach was schone, dat weder klar.

(*Reynke de Vos*. Lübeck, 1498.)

id 'es'; *gheschach* 'geschah'; *vp* 'auf, an'; *eynen* Dat. Sing. m. 'ein'; *pynxstedach* m. 'Pfingsttag'; *datmen* 'daß man'; *de* (bestimmter Artikel); *wolde* m. 'Wald'; *vnde* 'und'; *velde* n. 'Feld'; *sach* 'sah'; *grone* 'grün' (Adv.); *staen* 'stehen'; *myt* 'mit'; *loff* n. 'Laub'; *gras* n. 'Gras'; *mannich* 'manch-'; *fogel* m. 'Vogel'; *vrolich* 'fröhlich'; *was* 'war'; *sange* Dat. Sing. n. → 'Sang, Gesang, Lied'; *in* 'in'; *haghen* Dat. Pl. m. → 'Hag, Hecke'; *bomen* Dat. Pl. m. → 'Baum'; *krůde* Pl. n. → 'Kraut'; *sproten* 3. Pl. Prät. Ind. → 'sprießen'; *blomen* Pl. f. → 'Blume'; *wol* 'wohl'; *rǒken* 3. Pl. Prät. Ind. → 'riechen, duften'; *hir* 'hier'; *dar* 'dort, da'; *dach* m. 'Tag'; *schone* 'schön' (Adv.); *dat* 'das'; *weder* n. 'Wetter'; *klar* 'klar, hell, heiter'.

(b) *Neuniederdeutsch*

1. *Nordniedersächsisch* (*in der modernen Orthographie*):

Ik wull, wi weern noch kleen, Jehann,
Do weer de Welt so groot!
Wi seten op den Steen, Jehann,
Weest noch? bi Nawers Soot.
An Heben seil de stille Maan,
Wi segen, wa he leep,
Un snacken, wa de Himmel hooch
Un wa de Soot wull deep.

(Klaus Groth: *Min Jehann*. 1852.)

ik 'ich'; *wull* 1. Pers. Sing. Prät. Opt. → *willen* 'wollen'; *wi* 'wir'; *weern* 1. Pers. Pl. Prät. Opt. → *wesen* 'sein'; *noch* 'noch'; *kleen* 'klein'; *Jehann* 'Johann'; *do* 'da, dann'; *weer* 3. Pers. Sing. Prät. Ind. Opt. → *wesen* 'sein'; *de* m./f. 'der/die': *den* Akk. Sing. m. (bestimmter Artikel); *Welt* f. 'Welt'; *so* 'so'; *groot* 'groß'; *seten* 1. Pers. Pl. Prät. Ind. → *sitten* 'sitzen'; *op* 'auf, an'; *Steen* m. 'Stein'; *weest* 2. Pers. Sing. Präs. Ind. → *weten* 'wissen'; *bi* 'bei'; *Nawer* m. 'Nachbar' (~*s* Gen. Sing.); *Soot* m. 'Brunnen, Ziehbrunnen'; *an* 'an'; *Heben* m. 'der hohe Himmel' (vgl. ne. *heaven*); *seil* 3. Pers. Sing. Prät. Ind. → *seilen* 'segeln'; *still* 'still' (~*e* Nom. Sing. m.); *Maan* m. 'Mond'; *segen* 1. Pers. Pl. Prät. Ind. → *seegen* 'sehen'; *wa* 'wie'; *he* 'er'; *leep* 3. Pers. Sing. Prät. Ind. → *lopen* 'laufen, wandeln'; *un* 'und'; *snacken* 'plaudern'; *Himmel* m. 'Himmel'; *wull* 'wohl'; *deep* 'tief'; *min* 'mein'.

2. *Mecklenburgisch* (*in der Orthographie des Verfassers*):

„Wi krig'n doch nich dat Heu taurecht,"
Seggt Bur Fischer tau Kammin. —
„Jehann! — Jehann!" röppt hei den Knecht.
„Wo Deuwel mag de Bengel sin?"
Na, endlich krüppt Jehann heruter ut dat Stroh:
„Wat will Hei denn! Hir bün ik jo!" —
„Hürst du denn nich, dat ik hir rohr?
Wat kümmst du nich, wat makst du dor?"
„O, nicks nich, Herr! ik leg en beten.
Hüt middag heww 'k so dick mi freten,
Un wull en lüttes Spirken slapen."
„Wo is den Krischan?" — „Ik bün ok tau Hannen,"
Seggt de un kümmt nu ok heruter schaben.
„Na, segg! wat makst denn du dor baben?"
„O, nicks nich, Herr! Ik hülp Jehannen."

(Fritz Reuter: *De Hülp.* 1859.)

wi 'wir'; *krig'n* 'kriegen'; *nich* 'nicht'; *dat* 1. 'das' (bestimmter Artikel, n.), 2. 'daß'; *taurecht* 'zurecht'; *seggt* 'sagt' (*segg!* 2. Pers. Sing. Imp.); *Bur* 'Bauer'; *tau* 'zu'; *Jehann* 'Johann' (~*en* Akk.-Dat.Sing.); *röppt* 'ruft'; *hei* 'er' (*Hei* 'Er': auch beim Siezen als Anrede im Sing. wie im älteren Hochdeutsch); *den* 'den, dem' (bestimmter Artikel); *Deuwel* 'Teufel'; *de* 'der, die' (bestimmter Artikel, m.-f.); *sin* 'sein' (Inf.); *krüppt* 'kriecht'; *heruter* 'heraus'; *ut* 'aus'; *wat* 'was'; *hir* 'hier'; *bün* 'bin'; *ik, 'k* 'ich'; *jo* 'ja'; *hürst* 'hörst'; *ik rohr* 'röhren: schreien rufen'; *kümmst* 'kommst'; *makst* 'machst'; *dor* 'da'; *nicks* 'nichts' (~ *nich* 'überhaupt nichts', eigtl. *nichts nicht*); *leg* '(ich) liege'; *en beten* 'ein bißchen'; *hüt* 'heute'; *middag* 'Mittag, mittags'; *heww 'k* 'habe ich'; *mi* 'mich'; *freten* '(voll) gefressen'; *un* 'und'; *wull* 'wollte' (1. Pers. Sing. Prät. Ind bzw. Konj.); *en* 'ein' (unbestimmter Artikel); *lüttes* Nom.-Akk. Sing. n. → *lütt* 'klein' (vgl. ne. *little*); *Spirken* n. 'Bißchen, Kleinigkeit'; *slapen* 'schlafen'; *is* 'ist'; *Krischan* PN 'Christian'; *ok* 'auch'; *tau Hannen* 'bei der Hand' (eigtl. *zuhanden*); *nu* 'nun, jetzt'; *schaben* 'geschoben'; *baben* 'oben'; *ik hülp* 'ich helfe'; *Hülp* f. 'Hilfe'.

IV.4.6. Deutsch

IV.4.61. Historische Voraussetzungen

Unter sämtlichen germanischen Sprachen hat das Deutsche neben dem Englischen die größte Bedeutung erlangt. Deutsch ist, vor allem in Europa, auch heute ein wichtiges Mittel der internationalen Verständigung. Es ist Staatssprache im Gesamtbereich der Bundesrepublik Deutschland und der Deutschen Demokratischen Republik, in Österreich (vgl. IV.5.23.) und Liechtenstein, ferner in der Schweiz (neben Französisch und Italienisch bzw. Rätoromanisch in Graubünden; zum Deutschen bekennen sich ungefähr 65% der Bevölkerung als zu ihrer Muttersprache, vgl. IV.5.24.) und in Luxemburg, wo daneben auch Französisch und Letzeburgisch (vgl. IV.5.25.) Amtssprachen sind.

In diesen Staaten leben also auf etwa 470 000—475 000 km² 93—95 Millionen Menschen deutscher Zunge. Deutsche Volksgruppen verschiedener Stärke leben außerdem in allen Nachbarländern des deutschsprachigen Raumes, ferner in der Sowjetunion und in vielen Ländern in Übersee, vor allem in den Vereinigten Staaten von Amerika, in Kanada, Brasilien, Chile, Argentinien usw., in Australien und Südafrika sowie in den ehemaligen deutschen Kolonien (Südwestafrika, Togo, Kamerun usw.). Die deutschsprachigen Staaten sind größtenteils Republiken, nur Luxemburg ist Großherzogtum und Liechtenstein ist Herzogtum. Ihre Hauptstädte sind Bonn (BRD), Berlin (DDR), Wien (Österreich), Bern (Schweiz), Luxemburg (Luxemburg) und Vaduz (Liechtenstein).

Die deutschbesiedelten Länder sind hochentwickelte Industriestaaten, nur Liechtensteins Wirtschaftsleben ist auf die Viehzucht konzentriert. Die Zentren der Schwerindustrie sind das Ruhrgebiet und das Saarland in der Bundesrepublik Deutschland, der obersächsische Raum in der Deutschen Demokratischen Republik bzw. das Wiener Becken in Österreich.

Bereits im Altertum nahmen die drei großen Stammesverbände der Süd- und der Nordseegermanen, nämlich die Ingwäonen, die Istwäonen und die Erminonen, das heutige Gebiet der germanischen Völker auf dem Festland in Besitz. Während des 1. Jh.s v. u. Z. bzw. im 1. Jh. u. Z. eroberten die Römer das Rheinland und das damals noch größtenteils keltische Süddeutschland (mit dem heutigen Österreich). Dem weiteren Vormarsch der Römer nach Norden boten die Germanen unter der Führung von ARMIN(IUS) im Jahre 9. u. Z. in der Teutoburger Schlacht (Westfalen) Einhalt. Im 4.—5. Jh. u. Z. überrannten die Germanen das Römische Reich: die Stämme der Markomannen (Vorfahren der Baiern) und der Sweben (Vorfahren der Schwaben) — denen u. a. auch die Alemannen angehörten — besetzten endgültig das Gebiet des heutigen Süddeutschlands, Österreichs und der Schweiz. Westlich und nordwestlich davon gründeten die Stämme der Franken ein mächtiges Reich auf den Trümmern der gallischen Provinzen (nördlich von den ostgermanischen Reichen der Goten und Burgunder).

Die Bekehrung der festlandgermanischen Stämme zum christlichen Glauben wurde von angelsächsisch-irischen Missionaren unter der Führung des hl. Bonifatius in Angriff genommen. Dieser Prozeß wurde eigentlich mit der Besiedlung der slawischen Länder östlich der Elbe abgeschlossen (vgl. IV.4.51.). Nach der Auflösung des Frankenreichs entstand im 9. Jh. im Osten des Karolingerreichs das Königreich Ludwigs des Deutschen. Die Zentralmacht wurde durch die Verselbständigung der deutschen Herzogtümer (Franken, Schwaben, Baiern, Sachsen und Lothringen) im Zuge der feudalen Entwicklung, des weiteren durch die Streifzüge der Normannen, der Ungarn und der Slawen zersetzt. Erst Heinrich I. und dem 962 zum Kaiser gekrönten Otto I. ist es gelungen, die Macht des Herrschers wiederherzustellen. Das erbrachte zugleich den Zusammenschluß von Deutschland und Italien im Heiligen Römischen Reich Deutscher Nation. Der Kaiser (genauer- der deutsche König) wurde von den deutschen Fürsten, den sogenannten Kurfürsten, gewählt. Im Spätmittelalter und in der angehenden Neuzeit bestand die kaiserliche Macht immer mehr nur nominell, und die wirkliche Macht geriet in die Hände des feudalen Hoch- und Kirchenadels. Dadurch wurde das Tempo der bürgerlichen Entwicklung in den deutschen Landen sehr gehemmt.

Nach dem Dreißigjährigen Krieg (1618—1648) trennten sich die Niederlande (vgl. IV.4.31.) und die Schweiz vom Reich los. Zugleich begannen sich die beiden miteinander konkurrierenden Mächte der Habsburger und der Hohenzollern zu festigen. Im Süden entstand der Vielvölkerstaat Österreich, im Norden das moderne, zentralisierte Königreich Preußen. Der Kampf um die Vormachtstellung zwischen Preußen und Österreich wurde von der Napoleonischen Aggression unterbrochen. In den Jahren 1806 und 1807 zwang Napoleon Kaiser Franz II. zur Niederlegung der römisch-deutschen Kaiserwürde und Preußen zur Abtretung großer Gebiete, die er zum Königreich Westfalen vereinigte. Sechzehn deutsche Kleinstaaten vereinigten sich unter seinem Protektorat im Rheinbund. Der Wiener Kongreß hat zwar 1814—1815 die Zahl der deutschen Fürstentümer erheblich herabgesetzt, aber er hat auch das fürstliche Bundessystem restauriert, indem er Deutschland in den Deutschen Bund verwandelte.

Die Revolution von 1848 und das darauffolgende Frankfurter Parlament mit seinen Einheitsbestrebungen waren ebensowenig von Erfolg gekrönt wie ähnliche Zielsetzungen der deutschen Bauernkriege im 16. Jh. In der zweiten Hälfte des 19. Jh.s aber vermochte Preußen Österreich vom politischen Leben Deutschlands immer mehr auszuschalten. Nach dem Österreichisch-Preußischen Krieg (1866) bzw. nach dem Deutsch-Französischen Krieg (1871) gelang es OTTO VON BISMARCK als Kanzler des Norddeutschen Bundes, die deutsche Einheit unter der Hegemonie Preußens wiederherzustellen. 1871 wurde der König von Preußen, WILHELM I., zum Kaiser des vereinigten Deutschen Reiches ausgerufen. Hinter dem einheitlichen Reichstag und dem zur Sicherung der wirtschaftlichen Einheit bereits 1834 gegründeten Deutschen Zollverein ist jedoch die Selbständigkeit der deutschen Königreiche (Preußen, Bayern, Württemberg, Sachsen), der Großherzogtümer (Baden, Hessen, Sachsen-Weimar, Mecklenburg) und einiger kleinerer Feudalterritorien sowie der Hansestädte (Hamburg, Bremen, Lübeck) unversehrt geblieben.

Nach 1871 hat sich Deutschland in raschem Tempo den kapitalistischen Staaten des Westens angeschlossen und galt in den ersten Jahrzehnten des 20. Jh.s bereits als die bedeutendste Wirtschafts- und Militärmacht Europas. Die damit verbundene wirtschaftliche und politische Expansion hat den Kampf, den die Großmächte um die Neuaufteilung der Welt geführt hatten, in einen offenen Krieg — den Ersten Weltkrieg (1914—1918) — verwandelt. 1918 mußte Deutschland kapitulieren, der Kaiser dankte ab, und in Berlin wurde die Deutsche Republik („Weimarer Republik") ausgerufen. Rechtsextremistisch-chauvinistische Kreise verhalfen 1933 der nationalsozialistischen Partei ADOLF HITLERS zur Macht, um die Großmachtstellung Deutschlands durch erneute Expansionen zu sichern. Dieser Versuch mündete in den Zweiten Weltkrieg (1939—1945), der mit dem totalen Zusammenbruch der deutschen Angriffspolitik endete. Von den vier alliierten Siegermächten — Frankreich, Großbritannien, UdSSR und USA — wurde das Deutsche Reich (bzw. gesondert Berlin) 1945 (im „Potsdamer Abkommen") in vier Besatzungszonen aufgeteilt. Im Jahre 1949 wurden auf deutschem Boden zwei Staaten gegründet: im Osten der erste sozialistische deutsche Staat, die Deutsche Demokratische Republik, im Westen die Bundesrepublik Deutschland.

IV.4.62. Quellen

Die Geschichte der auf hochdeutschen Grundlagen entstandenen deutschen Sprache wird gewöhnlich in drei große Perioden eingeteilt: 1. Althochdeutsch von den Anfängen, d. h. von etwa 600 u. Z. an bis zum 11. Jh.; 2. Mittelhochdeutsch vom 11. Jh. bis zur Mitte des 14. Jh.s; 3. Neuhochdeutsch vom 14. Jh. an. Diese Periodisierung hat natürlicherweise nur einen relativen Wert, da die einzelnen Perioden im organischen Wachsen der deutschen Sprache durch längere und kürzere Übergangsperioden verbunden sind, woraus sich eine weitere, mehr detaillierte Periodisierung ergibt, ja sich nicht selten als unumgänglich erweist.

Die Schriftsprache der althochdeutschen Zeit war noch größtenteils das Lateinische, aber es setzte auch der Vorgang der Entfaltung einzelner hochdeutscher Dialekte zu Schriftdialekten ein. Neben den interlinearen Glossen sind im 8. Jh. bereits die ersten zusammenhängenden kirchlichen und weltlichen Texte entstanden, z. B. die ostfränkische *Hamelburger Markbeschreibung* sowie die *Würzburger Markbeschreibung*, verschiedene Gesetze, Predigten, Beichtformeln, Kirchenlieder, dogmatische Erörterungen, Übersetzungen lateinischer Kirchenschriften u. dgl. Besondere Erwähnung verdient das unter dem Titel *Abrogans* bekannte Glossar, das mit Recht das älteste deutsche Buch genannt wird. Im angehenden 9. Jh. mag die Niederschrift des in einem hochdeutsch-niederdeutschen Mischdialekt verfaßten *Hildebrandsliedes* erfolgt sein. In der deutschsprachigen Literatur des 9. Jh.s kommt dem bairischen *Muspilli* (dem Gesang vom Weltuntergang), der ostfränkischen Evangelienübersetzung Tatians, dem Versevangelium des rheinfränkischen Benediktinermönches Otfrid und dem ebenfalls rheinfränkischen *Ludwigslied*, in dem der Sieg des Königs der Westfranken, Ludwigs III., über die Normannen im Jahre 881 in epischer Form verewigt wurde, eine besondere Bedeutung zu.

Im 10. Jh. konnte das Lateinische die deutschen Dialekte in der Schriftlichkeit fast gänzlich verdrängen. Hingegen wurden um die Wende des 10./11. Jh.s die religionsphilosophischen Werke des hervorragendsten Sprachgenies der althochdeutschen Zeit, des St. Gallener Mönchs Notker, in alemannischer Mundart niedergeschrieben (*Boëthius* u.a.), wie auch das auf das 11. Jh. datierte *Ezzolied* von Christi Wundern.

Das literarische Erbe der germanischen Völkerwanderung ist uns — mit spärlichen Ausnahmen — erst aus jüngeren Bearbeitungen bzw. aus lateinischen oder nordischen Übersetzungen überliefert.

Das *Ezzolied* steht eigentlich schon an der Grenze zum Mittelhochdeutschen. Das deutsche Schrifttum war in dieser Zeit bereits nicht nur sehr umfangreich, sondern auch künstlerisch äußerst wertvoll. Am Kaiserhof sowie an den einzelnen Fürstensitzen waren Mittelpunkte der höfischen Dichtung entstanden. Die Pfleger dieser Literatur des Rittertums waren vor allem die Troubadoure Deutschlands, die sog. Minnesänger. Hartmann von Aue, Wolfram von Eschenbach, Gottfried von Strassburg u. a. wandten sich neben den kleineren lyrischen Gattungen hauptsächlich der höfischen Epik zu. Unter den besten Meistern der Lyrik verdient WALTHER VON DER VOGELWEIDE an erster Stelle genannt zu werden. Reich ist auch die Zahl kunstvoller mittelhochdeutscher Volksepen (*Nibelungenlied*, *Kudrunlied* usw.).

Die Entstehung des Neuhochdeutschen war mit der Entfaltung der bürgerlichen Literatur verbunden und wurde u. a. in den Singschulen der Meistersinger, andernteils aber auch im praktisch ausgerichteten Schrifttum gepflegt. In sprachhistorischer Hinsicht war die Tätigkeit der kaiserlichen, der fürstlichen sowie der städtischen Kanzleien ausschlaggebend, denn sie haben die Grundlagen der einheitlichen deutschen Schriftsprache geschaffen. Gleichzeitig mit dem Durchbruch der Reformation und dank dem Buchdruck und der Einführung des Papiers stieg die Anzahl der Schriftprodukte. Der erste deutsche Buchdrucker, JOHANN GUTENBERG (etwa 1397–1468), war der Erfinder des Druckwesens in Europa. Seit der Verbreitung der gedruckten religiösen Schriften, vor allen Dingen der *Luther-Bibel* sowie der *Volksbücher*, steht der einschlägigen Forschung ein kontinuierliches und reiches Material zur Verfügung.

IV.4.63. Althochdeutsch

In althochdeutscher Zeit, d. h. etwa zwischen 600 und 1100, gliedern wir den hochdeutschen Raum, in dem die zweite – althochdeutsche – Lautverschiebung durchgeführt wurde (vgl. IV.4.2.) und der sich dadurch vom niederdeutschen Raum getrennt hatte, auf Grund der auch schriftlich belegten Dialekte in eine oberdeutsche und eine mitteldeutsche Gruppe.

Die beiden Hauptdialekte des Oberdeutschen waren das Altbairische im Osten und das Altalemannische im Westen. Zu diesen ist in althochdeutscher Zeit auch noch das Langobardische zu stellen, vgl. IV.4.7. Die eigenständigen Glieder des Mitteldeutschen waren eigentlich die aus der auf den Zerfall der fränkischen Einheit folgenden Differenzierung bzw. während der oberdeutschen Überdachung entstandenen Mundarten fränkischer Prägung, und zwar das Oberfränkische, das Mittelfränkische und das Rheinfränkische, welch letztere heute noch stark mit niederdeutschen Elementen durchsetzt sind. Innerhalb des Oberfränkischen unterscheiden wir das Ostfränkische im Osten und das Südrheinfränkische in der Rheingegend im Westen. Dieser mitteldeutschen Gruppe schloß sich im Osten wohl auch das Thüringische an, das nur in keinen Denkmälern auf uns gekommen ist, die sich mit Sicherheit orten ließen. – Im Zusammenhang mit der Ausdehnung im Osten drang das

B a i r i s c h e im Bereich der Bayerischen Ostmark (im späteren Österreich) vor. Gegen Ende der althochdeutschen Zeit begann im Norden die Eindeutschung des obersächsischen Raumes vor allem im Zeichen des ö s t l i c h e n M i t t e l d e u t s c h e n.

Alle diese Mundarten waren zugleich S c h r i f t d i a l e k t e: eine einheitliche deutsche Schriftsprache gab es in althochdeutscher Zeit noch nicht. Die modernen Textausgaben behalten daher in der Regel die ursprüngliche Orthographie der Handschriften bei, oder aber sie stützen sich — wie auch bei der Beschreibung der Grammatik des Althochdeutschen — auf das Ostfränkische des TATIAN, das bei der wissenschaftlichen — d. h. nachträglichen — Normierung hypothetisch als die älteste belegte Vorstufe des Neuhochdeutschen angesetzt wird (Abb. 58).

Es sei angemerkt, daß in der einschlägigen Fachliteratur lange Zeit hindurch mit dem Begriff „U r d e u t s c h" (als angenommener Grundsprache des Deutschen) operiert wurde. Indessen hat sich herausgestellt, daß solch eine urdeutsche Spracheinheit nie vorhanden war: *das Hochdeutsche, d. h. das Deutsche im engeren Sinne, ist keine urtümliche Einheit, sondern es ist das Ergebnis eines langen und verwickelten Integrierungsprozesses.* Dementsprechend war der Name *Deutsch* als Bezeichnung für das deutsche Volk und seine Sprache ursprünglich nicht so konkret und bestimmt wie heute, sondern er diente im Mittelalter zur Bezeichnung der gesprochenen germanischen V o l k s s p r a c h e n schlechthin, indem er diese der damaligen Amts- bzw. Schriftsprache — dem Lateinischen — gegenüber abgrenzte. Darauf verweist auch die Etymologie des Wortes *Deutsch*: es geht auf das germanische Grundwort *þiuda* ~ *þeoda* 'Volk' zurück, das lat. *vulgus* 'Volk, Menge' wiedergab, während der aus dem letzteren gebildeten Sprachbezeichnung *lingua vulgaris* 'Volkssprache' im Germanischen als eigene Prägung das von *þiuda* abgeleitete Adjektiv entsprach. Somit kann es auch nicht verwundern, daß dieses Adjektiv in seiner latinisierten Form *Theodiscus* an der Stelle, wo es in den Denkmälern zum ersten Male erscheint (786), nicht auf die deutschen Schriftdialekte, sondern auf das Englische bezogen wird. Zur gleichen Zeit wurde aber auch das Fränkische des Karolingerreiches mit demselben Wort benannt, und erheblich später kommt dann die auf einen altgermanischen Stammesnamen anspielende, zu demselben Wortstamm gehörende mittellateinische Bezeichnung *Teutonici* als Volksname der Deutschen in den Urkunden von Kaiser OTTO I. vor (961). Das von ahd. *diot/diut* 'Volk' mit dem Bildungssuffix *-isk* > *-isch* abgeleitete Adjektiv ahd. *diutisc* bedeutete ursprünglich ebenfalls 'völkisch, volkhaft, volkstümlich', und wurde erst allmählich (vgl. mhd. *diutsch/tiu[t]sch* > nhd. *t[h]eutsch* > *deutsch*) auf die deutsche Sprache eingeengt, umfaßte allerdings im weiteren Sinne auch das Niederdeutsche und das Niederländische, vgl. IV.4.32. bzw. IV.4.52. Demgemäß erscheint in der älteren germanistischen Literatur das Wort *deutsch* vielfach als Synonym von *germanisch* zur Bezeichnung a l l e r germanischen

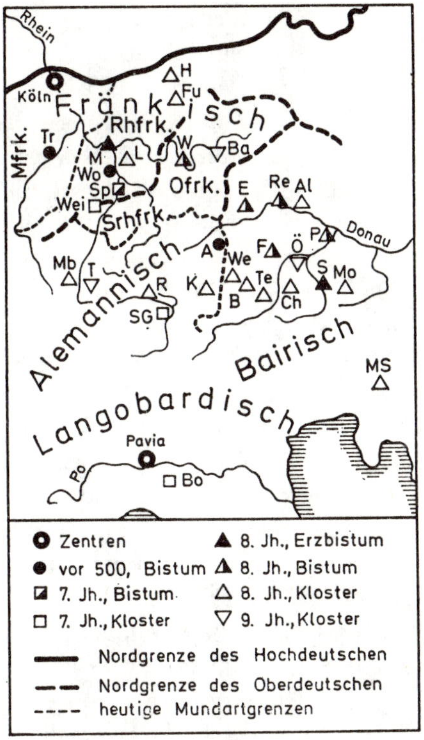

Abb. 58. Althochdeutsche Schreiborte (nach Hans Naumann und Werner Betz)

Mfrk. = Mittelfränkisch, Srhfrk. = Südrheinfränkisch, Ofrk. = Ostfränkisch, Rhfrk. = Rheinfränkisch

A = Augsburg, Al = Niederalteich, B = Benediktbeuren, Ba = Bamberg, Bo =, Bobbio, Ch = Chiemsee, E = Eichstätt, F = Freising, Fu = Fulda, H = Hersfeld. K = Kempten, L = Lorsch, M = Mainz, Mo = Monsee, Mb = Murbach, MS = Maria Saal ?, Ö = Altötting, P = Passau, R = Reichenau, Re = Regensburg, S = Salzburg, SG = St. Gallen, Sp = Speyer, T = St. Trudpert, Te = Tegernsee, Tr = Trier, W = Würzburg, We = Wessobrunn, Wei = Weißenburg, Wo = Worms

Sprachen und Völker, so z. B. bei Jacob Grimm, dessen „Deutsche Grammatik“ eigentlich eine „germanische“ ist. In der englischen Germanistik ist in dieser Funktion der latinisierte Begriff *Teutonic* heute noch ziemlich verbreitet.

Von den spärlichen Denkmälern „deutscher“ Runen (vgl. III.3.5.) abgesehen, sind die Sprachdenkmäler des Althochdeutschen mit den Graphemen des lateinischen Alphabets aufgezeichnet worden. Im nachträglich vereinheitlichten orthographischen System werden in den Textausgaben die folgenden Grapheme (A l p h a b e t) verwendet: *a, b, c, d, e, f, g, h, i, j, k, l, m, n, o, p, q(u), r, s, ȥ, t, u, v, w, z.*

Die Länge der V o k a l e wird durch den Zirkumflex oder einen Balken über dem Buchstaben diakritisch angedeutet: *â, ê, î, ô, û* bzw. *ā, ē, ī, ō, ū*. Die althochdeutschen Diphthonge waren *ei* [ɛɪ] bzw. [aɪ], *ia* oder *ie* [iə], *io* [iɔ], *iu* [iu] bzw. im Spätalthochdeutschen schon [y], *ou* [ɔu] und *uo* [uɔ].

Lange K o n s o n a n t e n werden durch die Verdoppelung der entsprechenden Buchstaben wiedergegeben (z. B. *bb, dd,* usw.), nur langes [kk] erscheint als *ck* in der Schrift. Die Fortes *p, t* und zum Teil auch *k* waren möglicherweise noch unbehaucht. *h* war je nach seiner phonetischen Umgebung bzw. Stellung einfaches [h] (im Anlaut, vgl. *hunt* [hunt] 'Hund') oder [x], z. B. *naht* [naxt] 'Nacht'; zweifelhaft ist hingegen, ob schon in dieser Periode auch der *ich*-Laut [ç] entwickelt worden war. Die Digraphe *ch* und *kh* bezeichnen die Affrikate [kx], aber in der normierten Schrift wird diese mit einfachem *k* fixiert, z. B. *chind, khind* oder *kind* [kxind] 'Kind'. Der Lautwert der Verbindung *qu* ist [kw], z. B. *quëna* [kwena] 'Frau, Gattin'. *s* war in intervokalischer Stellung stimmhaft (z. B. *lësan* [lezan] 'lesen'), sonst palatales, d. h. dem [ʃ] nahestehendes stimmloses [s], das mit dem durch *ȥ* (bisweilen mit *z*) bezeichneten dentalen [s] eine Opposition bildete (vgl. *muoȥ* [muɔs] 'muß'). *z* ist sonst die Bezeichnung der Affrikate [ts], vgl. *zīt* [tsi:t] 'Zeit'. In einigen althochdeutschen Mundarten kommt auch noch das Digraph *th* zur Wiedergabe von interdentalem [θ] bzw. *dh* für [ð] vor. Das Verhältnis von *v* und *w* wird ungefähr dem heutigen Stand im Niederländischen entsprechend gewesen sein (vgl. IV.4.32.). Zur Unterscheidung der etymologisch zweierlei *e*-Laute ist auch die Verwendung des Graphems *ë* (für den offenen Wert) üblich. Das Digraph *sc* bzw. *sk* wurde wohl noch im allgemeinen als [sk] bzw. [sx] ausgesprochen, wie *s* auch in den Konsonanzen *sp, st* noch als [s] galt.

Von den Sonderfällen der Lehnwörter abgesehen, folgte die B e t o n u n g im Althochdeutschen den gemeingermanischen Regeln.

Im Vergleich zur germanischen Grundsprache hat das althochdeutsche L a u t s y s t e m verschiedene Wandlungen durchgemacht, von denen die kennzeichnendste die bereits behandelte zweite oder a l t h o c h d e u t s c h e L a u t v e r s c h i e b u n g war (vgl. IV.4.2.).

Die wichtigsten Wandlungen im V o k a l i s m u s waren:

1. Die B r e c h u n g von *u* zu *o* in der Stammsilbe unter der Einwirkung eines *a* der nebentonigen Nachsilbe, welch letzteres im Althochdeutschen bereits aufgegeben wurde, vgl. germ. **gulða* > vorahd. **golða* > ahd. *gold* 'Gold' gegenüber *guldīn* 'golden, gülden' (vgl. nhd. *Gulden*). Im

fränkischen Dialekt war auch die Brechung *iu* > *io* allgemein, die in den übrigen hochdeutschen Mundarten nur vor Dental bzw. vor [h] eintrat, z. B. *diota* 'Volk' (vgl. nhd. *Deut*!) gegenüber *diutisk* 'völkisch, deutsch'. Im 10. Jh. aber hat diese fränkische Brechung auch die oberdeutschen Dialekte erfaßt und fiel gegen Ende der althochdeutschen Zeit (z. B. bei NOTKER) infolge der fortschreitenden Reduktion mit dem Diphthong *ie* [iə] zusammen. Ihrem Wesen nach war also die Brechung eine Tendenz zur Herstellung der Vokalharmonie.

2. Eine althochdeutsche Besonderheit war der Vokalwechsel *ë* ~ *i* im Sing. Präs. Ind. der Verba vom Typus *gëban* – *gab* – *gigëban* 'geben', *wërdan* – *ward* – *giwordan* 'werden' bzw. *nëman* – *nam* – *ginoman* 'nehmen', vgl. *nimu* 'ich nehme', *nimis* 'du nimmst', *nimit* 'er nimmt' im Singular gegenüber *nëmëm* 'wir nehmen', *nëmet* 'ihr nehmet', *nëmant* 'sie nehmen' im Plural. Auch dabei handelt es sich um die Tendenz zur Vokalharmonie (oft als „Brechung" bezeichnet).

3. Unter der assimilativen Einwirkung eines älteren (oder auch erhalten gebliebenen) *i* bzw. *j* der nebentonigen Nachsilben wurde der Vokal *a* der haupttonigen Stammsilbe im 8. Jh. zu *e* gewandelt. Diese Erscheinung ist der *i*- bzw. *j*-Umlaut (mit einem sekundär gräzisierten Ausdruck: Metaphonie). Um sie von der später (in mittelhochdeutscher Zeit) erfolgten parallelen Erscheinung zu unterscheiden, spricht man hier vom Primärumlaut (z. B. *gast* 'Gast' → *gesti* 'Gäste'). Am Ausgang der althochdeutschen Periode (z. B. bei NOTKER) trat bereits auch der Umlaut von *ū* in der Form von *iu* [y:] in Erscheinung, z. B. *hūt* 'Haut' → *hiute* [hy:te] 'Häute'.

4. Von den Diphthongen wurde germ. *eu* im Althochdeutschen infolge der Brechung zu *eo*, dann zu *io* bzw. *ia* und schließlich zu *ie* entwickelt (vgl. o.), was das Vorhandensein von Formpaaren wie *beotan* 'bieten' und *biutis* 'du bietest' verständlich macht. Germ. $\bar{e}_2$ und *ō* wurden noch in der zweiten Hälfte des 8. Jh.s diphthongiert, und zwar *ē* > *ea* > *ia* > *ie* (z. B. ahd. *mēta* > *meata* > *miata* > *mieta* [miəta] 'Miete, Lohn') bzw. *ō* > *uo* bzw. *ua* (auch > *ue*), z. B. ahd. *plōt* > *pluot* ~ *pluat* 'Blut'.

5. NOTKERS Anlautgesetz, d. h. jene Erscheinung des althochdeutschen Lautsystems, die von NOTKER auch im Schriftbild folgerichtig festgehalten wurde, und die darin besteht, daß die Laute *b, d, g* und *p, t, k*, gemäß ihrer phonetischen Stellung, miteinander regelrecht abwechseln. Im Satzanlaut und nach stimmlosem Vokal stehen *p, t, k*; lautet aber das voraufgehende Wort auf einen Vokal oder auf Liquiden (*l, r*) bzw. Nasale (*m, n*) aus, so werden sie durch *b, d, g* ersetzt, vgl. ***tes koldes*** 'des Goldes', aber *unde* ***demo golde*** 'und dem Golde'. Dieselbe Regel läßt sich zum Teil auch bei den Reibelauten *f* und *v* feststellen.

Für die weitere Entwicklung des Deutschen hat sich die fortschreitende Reduktion der Vokale der Nebentonsilben als noch viel wichtiger erwiesen denn die angeführten sonstigen Wandlungen. Sie hat nämlich — wenn auch noch nicht in dem Maße wie im Englischen oder im Afrikaans — eine mitbestimmende Rolle in der Umwandlung der grammatischen Struktur gespielt. (Über sonstige Lautveränderungen vgl. noch IV.4.2.)

Der grammatische Bau des Althochdeutschen zeigt im Vergleich zum Gemeingermanischen noch verhältnismäßig wenige Verschiebungen.

Das Substantiv — wie das Nomen im allgemeinen — unterscheidet die drei Genera sowie die aus der germanischen Grundsprache vererbten vokalischen Stammklassen: 1. die *a*-Stämme (z. B. *tag* m. 'Tag', *wort* n. 'Wort') mit den Unterklassen der *ja*-Stämme (z. B. *hirti* m. 'Hirte', *enti* n. 'Ende', *rīchi* n. 'Reich, Land') und der *wa*-Stämme (z. B. *snēo* m. 'Schnee', *kneo* n. 'Knie'); 2. die *ō*-Stämme (z. B. *gëba* f. 'Gabe') mit den Unterklassen der *jō*-Stämme (z. B. *hiltia* f. 'Kampf') und der *wō*-Stämme (z. B. *triuwa* f. 'Treue'); 3. die *i*-Stämme, z. B. *gast* m. 'Gast', *anst* f. 'Gnade', *meri* n. 'Meer'; 4. die *u*-Stämme, z. B. *fridu* m. 'Friede', *hant* f. 'Hand', *fihu* n. 'Vieh', des weiteren die konsonantischen Stammklassen: 1. die *n*-Stämme (d. i. die sogenannte „schwache" Deklination), z. B. *hano* m. 'Hahn', *zunga* f. 'Zunge', *ouga* n. 'Auge'; 2. die *r*-Stämme der Verwandtschaftsnamen, z. B. *bruoder* m. 'Bruder', *swëster* f. 'Schwester'; 3. die *nt*-Stämme partizipialer Herkunft, z. B. *friunt* m. 'Freund'; die selbständige Klasse der *s*-Stämme war im Althochdeutschen dagegen nicht mehr vorhanden. Auch die alte Wurzelklasse konnte sich nur noch in einigen isolierten Restwörtern behaupten wie *man* m. 'Mann, Mensch' oder — zum Teil — *fuoȝ* m. 'Fuß'. Ähnlich dem Altenglischen haben die großen Stammklassen — also jene der *a*-, der *ō*- und der *i*-Stämme — auch im Althochdeutschen die kleineren Stammklassen immer mehr aufgesogen.

Der Dualismus „starker" und „schwacher" Paradigmen war auch im System des althochdeutschen Adjektivs noch bewahrt. Die schwache Deklination folgte dem Vorbild der substantivischen *n*-Stämme. Bei der starken Flexion der Adjektiva wurden die *a*- und die *ō*-Stämme (z. B. *guot* m., f., n. 'gut'), die *ja*- und die *jō*-Stämme (z. B. *māri* m., f., n. 'berühmt') sowie die *wa*- und die *wō*-Stämme (z. B. *gëlo* 'gelb' → *gël[a]wes* Gen. Sing. m.-n.) auseinandergehalten.

In der Gruppe der Numeralien wurden die Kardinalzahlen *ein* 'ein', *zwēne* m., *zwā/zwō* f., *zwei* n. 'zwei' sowie *drī* m., *drīo* f., *driu* n. 'drei' nach den Genera getrennt und als Adjektiva flektiert.

Der Dualis kommt bei den Pronomina der althochdeutschen Sprachdenkmäler nur noch in Bruchstücken vor, z. B. *unkēr* (*zweio*) 'unserer beider' (Gen.). Der Form nach müssen im Bairischen **ëʒ* 'ihr beide', **ënk* 'euch beide(n)' und **ënker* 'euer (beider)' noch vorhanden gewesen sein, aber belegt sind sie erst aus mittelhochdeutscher Zeit, als sie jedoch schon die Funktion der 2. Pers. Plur. innehatten. Allgemein erhalten war der Dualis im Althochdeutschen nur noch im Interrogativum *(h)wëdar?* 'welcher von beiden?'. Bei einigen Demonstrativa war noch der Instrumentalis als eigener Kasus bewahrt, vgl. *diu* (zu *dër/daʒ*) 'damit, mit dem/jenem', *dës(i)u* ~ *dis(i)u* 'damit, mit diesem', *(h)wiu* (zu *[h]wër/[h]waʒ*) 'womit, mit wem/was'. Sonst hatte das Nomen nur noch vier Kasus (Nominativ, Akkusativ, Genitiv, Dativ) sowohl im Singular als auch im Plural.

Das Personalpronomen der 3. Pers. Sing. weist im allgemeinen den (mit dem Gotischen übereinstimmenden!) südgermanischen Typus auf, vgl. *ër* 'er', *si(u)* ~ *sī* 'sie' und *iʒ* 'es', aber es wurde — im Gegensatz zum Altenglischen — der Genusunterschied auch am Personalpronomen der 3. Pers. Pl. angezeigt, vgl. *sie* m., *sio* f., *siu* n. 'sie' (Pl.). In fränkischen Quellen kommen — bezeichnenderweise — auch Formen mit *h*-Prothese vor, z. B. *hër* ~ *hē* 'er' (*hër* wohl als Kontamination von nördlichem *hē* + südlichem *ër*).

Das V e r b war entweder „stark" oder „schwach". (Die Ablautsreihen der starken Verba sowie die Klassen der Präteritopräsentien s. II.2.3.)

Bei den „schwachen" Verba unterscheiden wir drei Klassen: 1. die mit einem *j*-Suffix gebildeten Verba, z. B. *nerien* 'retten' — *nerita* Prät.; 2. die mit dem Suffix *-ō-* gebildeten Verba, z. B. *salbōn* 'salben' — *salbōta* Prät.; 3. die mit dem Suffix *-ē-* gebildeten Verba wie *habēn* 'haben' — *habēta* Prät.

Die Reste der indogermanischen athematischen Verba waren im Althochdeutschen: 1. das Verbum substantivum, vgl. *wësan* ~ *sīn* 'sein' — *bim/bin* 'bin', *bist* 'bist', *ist* 'ist', *birum/birun* 'wir sind', *birut* 'ihr seid', *sint* 'sie sind', Opt. *sī* 'sei(e), wäre' usw., Imp. *wis!* (~ *bis!*) 'sei!' und *wëset!* (~ *sīt!*) 'seid!', ferner *was* 'war', *wāri* 'du warst', *wārum* 'wir waren' usw.; 2. *tuon* 'tun'; 3. *gān* (~ *gēn*) 'gehen' — *giang* Prät.; 4. *stān* (~ *stēn*) 'stehen' — *stuont* Prät.; 5. *wellen* ~ *wollen* 'wollen', vgl. *willu* 'ich will'. Eine zusammengerückte Verneinungsform, wie ags. *nylle* (< *ne wille*) 'ich will nicht', wurde im Althochdeutschen nicht entwickelt.

Das althochdeutsche Verb kannte von den synthetischen Kategorien des G e n u s v e r b i nur das Aktiv; das Passiv wurde mit den Hilfsverben *wësan* 'sein' bzw. *wërdan* 'werden' und dem Part. Prät. des Hauptverbs gebildet, z. B. *ist/wirdit ginoman* 'wird genommen' (← *nëman* 'nehmen'), *was/ward ginoman* 'wurde genommen'. Später — vom 9. Jh. an — wurden die Konstruktionen wie *ist ginoman* als Perfekt, *was ginoman* als Plusquamperfekt, *wirdit ginoman* als Präsens bzw. *ward ginoman* als Präteritum verwendet, und zwar im Rahmen des Zustands- bzw. des Vorgangspassivs.

Neben den Modi des Indikativs und des Optativs (= Konjunktivs) war der Imperativ mit der 2. Person des Singulars und des Plurals vertreten. In der Kategorie des Numerus wurden auch beim Verb nur noch der Singular und der Plural unterschieden. Dagegen waren die Personalendungen, im Gegensatz zum Altenglischen wie auch zu den nordgermanischen Sprachen, noch vollständig erhalten, vgl. *nimu* 'ich nehme', *nimis* 'du nimmst', *nimit* 'er nimmt', *nëmumēs* (*nëmamēs, nëmemēs, nëmēm*) 'wir nehmen', *nëmet* (*nëmat*) 'ihr nehmet', *nëmant* 'sie nehmen'. Unter den Tempora waren Präsens und Präteritum selbständig, während das Futurum funktionell mit den entsprechenden Formen des Präsens ausgedrückt wurde.

Die Zusammensetzung des althochdeutschen Wortschatzes war jener in den übrigen germanischen Stammessprachen ähnlich, besaß indes auch einige Sondermerkmale. Die an die germanischen Einzelsprachen durch die gotisch-arianische Mission vermittelte griechische Kirchenterminologie kam z. B. im Althochdeutschen, besonders aber im Altbairischen, verhältnismäßig stärker zur Geltung als in der übrigen Germania, vgl. zum Beispiel die bairischen Wochentagsnamen *Er(ge)tag* 'Dienstag' und *Pfinztag* 'Donnerstag', die über mhd. *erintag* auf ein got. **areinsdags* (< gr. Ἄρεως ἡμερὰ) bzw. auf got. **paintē* (< gr. πέμπτη) zurückgehen. Gotischer Einfluß läßt sich im Bairischen auch sonst feststellen, vgl. nhd. (bair.) *Maut* < mhd. *mûte* < got. *mota* 'Maut, Zoll', bair. *Pfaid* 'Hemd' < got. *paida* 'Leibrock', obd. (bair.) *Dult* 'Marktfest' < got. *dulþs* 'Fest(lichkeit), Feier' usw.

Aus dem Mittellateinischen bzw. durch mittellateinische Vermittlung auch aus anderen Sprachen ist eine lange Reihe von Lehnwörtern in das Althochdeutsche eingedrungen, vgl. *paraveredus* > ahd. *pferit* 'Pferd', *spicarium* > ahd. *spīhhāri* 'Speicher', *palatium* > ahd. *pfalinza* 'Pfalz', *molinarius* > ahd. *mulināri* 'Müller'. Diese Lehnwörter haben des öfteren ältere – in einzelnen deutschen Mundarten heute noch vorhandene – germanische Lexeme verdrängt, z. B. mlat. *butyrum* > *Butter* für germ. *Anke*, das im Alemannischen heute noch gängig ist, oder mlat. *archiater* > *Arzt* für ahd. *lāhhi* 'dass.' u. dgl.

Die Konkurrenz von Synonymen hat in althochdeutscher Zeit auch sonst die Verdrängung vieler Wörter herbeigeführt, vgl. ahd. *bah* 'Rücken' (s. engl. *back* 'dass.') gegenüber nhd. *Rücken* (bzw. obd. *Buckel*), ahd. *ēwa* 'Jahrhundert' (vgl. nl. *eeuw* 'dass.') gegenüber nhd. *Jahrhundert* usw.

Mit der Ausbreitung der Mönchsorden haben viele lateinische Lehnwörter im Deutschen Wurzeln geschlagen, und zwar nicht nur in der kirchlichen Terminologie (z. B. mlat. *nonna* > *Nonne*, mlat. *propositus* > ahd. *probōst* 'Propst'), sondern auch in den unter kirchlichem Einfluß sich wandelnden Sachgruppen des Unterrichts (z. B. lat. *schola* > ahd. *scuola* 'Schule'), der Schriftlichkeit (z. B. mlat. *tincta* > ahd. *tinkta* 'Tinte', mlat. *breve* > ahd. *briaf* 'Brief, Urkunde'), des Gartenbaus (z. B. lat. *petrosilium* > ahd. *petersilia* 'Petersilie', lat. *rosa* > ahd. *rōsa* 'Rose') sowie im Bereich der Medizin und der Kochkunst.

Der Einfluß des Lateinischen hat sich auch indirekt geltend gemacht, vor allen Dingen in der Unzahl von Lehnübersetzungen wie lat. *conscientia* (< *con-* 'mit, ge-' + *scire* 'wissen') → ahd. *giwiʒʒani* 'Gewissen', mlat. *senior* (Komparativ zu *senex* 'alt, greis; ehrwürdig') 'Herr' (vgl. it. *signore*, span. *señor*, frz. *Sire* bzw. *Monseigneur* u. dgl.) → ahd. *hēriro* (Komparativ zu *hēr* 'greis, ehrwürdig', vgl. nhd. *hehr*!) 'Herr' u. dgl.

Auch andere Sprachen haben auf das Althochdeutsche eingewirkt, doch in viel geringerem Ausmaß, vor allem das Altfranzösische (z. B. afrz. *papes* > ahd. *bābes* 'Papst', afrz. *almosne* > ahd. *alamuosan* 'Almosen') und – dank der vom hl. Bonifatius gelenkten Mission – das Altenglische (z. B. ags. *gōdspel* → ahd. *gotspel* 'Evangelium', ags. *sunnanǣfen* 'Sonnen-Abend: Vorabend des Sonntags' → ahd. *sunnūnābant* 'Sonnabend, Samstag', ags. *hālig* → ahd. *heilag* 'heilig' usw.). Der Einfluß des Altenglischen hat nicht nur im Wortschatz, sondern auch in der orthographischen Praxis des Althochdeutschen starke Spuren hinterlassen.

IV.4.64. Textproben

(a) *Alemannisch*

Fater unseer, thū pist in himile, uuīhi namun dīnan, qhueme rīhhi dīn, uuerde uuillo diin, sō in himile sōsa in erdu. Prooth unseer emeʒʒihic kip uns hiutu, oblāʒ uns sculdi unseero, sō uuir oblāʒēm uns sculdīkēm, enti ni unsih firleiti in khorunka, ūʒʒer lōsi unsih fona ubile.

(*St. Gallener Handschrift*. 8. Jh.)

(b) *Bairisch*

Fater unsēr, du pist in himilum. Kauuīhit sī namo dīn. Piqhueme rīhhi dīn. Uuesa dīn uuillo, sama sō in himile est, sama in erdu. Pilipi unsraʒ emiʒʒigaʒ kip uns eogauuanna. Enti flāʒ uns unsro sculdi, sama sō uuir flāʒʒamēs unsrēm scolōm. Enti ni princ unsih in chorunka, ūʒʒan kaneri unsih fona allēm suntōn.

(*Freisingener Handschrift*. 9. Jh.)

(c) *Rheinfränkisch*

Fater unsēr, thū in himilom bist, giuuīhit sī namo thīn. Quaeme rīchi thīn. Uuerde uuilleo thīn, sama sō in himile endi in erthu. Broot unseraȝ emeȝȝīgaȝ gib uns hiutu. Endi farlāȝ uns sculdhi unsero, sama sō uuir farlāȝȝēm scolōm unserēm. Endi ni gileidi unsih in costunga, auh arlōsi unsih fona ubile.

(*Weißenburger Katechismus.* 9. Jh.)

fater m. 'Vater'; *unsēr* (m.-n.) 'unser'; *dū* (*thū*) 'du'; *bist* (*pist*) 'bist'; *in* 'in'; *himil* m. 'Himmel' (~*e* Dat. Sing., ~*um*/~*om* Dat. Pl.); *wīhen* 'weihen, heiligen, segnen' (*giwīhit* ~ *kawīhit* Part. Prät., *wīhi* 3. Pers. Sing. Präs. Konj.); *sī* 3. Pers. Sing. Präs. Konj. → *sīn* (*wësan*) 'sein'; *namo* m. 'Name' (*namun* Akk. Dat. Sing.); *dīn* (*thīn*) 'dein' (~*an* Akk. Dat. Sing. m.); *queman* 'kommen' (*quœme* 3. Pers. Sing. Prät. Konj.); *biqueman* 'kommen' (perfektivisch) (*biqueme* 3. Pers. Sing. Prät. Konj.); *rīchi* (*rīhhi*) n. 'Reich, Land'; *werde* 3. Pers. Sing. Präs. Konj. → *werdan* 'werden'; *wesa* 3. Pers. Sing. Präs. Konj. → *wesan* 'sein'; *will*(*e*)*o* m. 'Wille'; *sō*(*sa*) || *sama sō* 'wie . . ., so (auch) . . .'; *erda* (*ertha*) f. 'Erde' (*erdu* ~ *erthu* Dat. Sing.); *brōt* (*prōt*) n. 'Brot'; *pilipi* (*bilibi*) n. 'Nahrung, Speise, Lebensmittel'; *emiȝȝag* (*emeȝȝīhic*, *emiȝȝīg*) 'fortwährend, ständig' (vgl. nhd. *emsig*!); *endi* (*enti*) 'und'; *gib* (*kip*) 2. Pers. Sing. Imp. → *geban* 'geben'; *uns* 'uns'; *hiutu* 'heute'; *eogawanna* 'immerfort, jederzeit'; *oblāȝ* || *farlāȝ* || *flāȝ* 2. Pers. Sing. Imp. → *oblāȝȝan* || *farlāȝȝan* || *flāȝȝan* 'vergeben, verzeihen' (*oblāȝēm* || *farlāȝȝēm* || *flāȝȝamēs* 1. Pers. Pl. Präs. Ind.); *sculd*(*h*) f. 'Schuld' (~*i* Akk. Pl.); *uns*(*e*)*ro* 'unsere' Pl.; *wīr* 'wir'; *sculdic* 'schuldig' (~*em* Dat. Pl.); *uns* (alem.) = *uns*(*e*)*rēm* 'unseren'; *scolō* n. 'Schuldner' (~*m* Dat. Pl.); *ni* 'nicht'; *unsih* 'uns'; *firleiti* 2. Pers. Sing. Imp. → *firleitan* 'verleiten, verführen'; *gileidi* 2. Pers. Sing. Imp. → *gileidan* 'geleiten, leiten, führen'; *princ* 2. Pers. Sing. Imp. → *pringan* (*bringan*) 'bringen'; *korunga* (*chorunga*, *khorunga*) || *costunga* f. 'Versuchung'; *ūȝȝer* || *ūȝȝan* || *auh* 'sondern'; *lōsi* || *arlōsi* 2. Pers. Sing. Imp. → (*ar*)*lōsen* 'erlösen, befreien'; *kaneri* 2. Pers. Sing. Imp. → *ganeren* 'erretten'; *fona* 'von'; *ubil* n. 'Übel, das Böse' (~*e* Dat. Sing.); *allēm* Dat. Pl. → *all-* 'all-'; *sunta* f. 'Sünde' (*suntōn* Dat. Pl.).

IV.4.65. Mittelhochdeutsch

Die drei Jahrhunderte des auf die althochdeutsche Zeit folgenden Mittelhochdeutschen (1050–1350) lassen sich in drei große Abschnitte zerlegen: 1. Frühmittelhochdeutsch bis zum Ausgang des 12. Jh.s; 2. Klassisches Mittelhochdeutsch vom Ende des 12. Jh.s bis um 1250; 3. Spätmittelhochdeutsch zwischen 1250 und 1350. Wie die sprachliche Entwicklung in althochdeutscher Zeit, wird auch das Mittelhochdeutsche durch die Vielfalt der Dialekte gekennzeichnet. Innerhalb des Oberdeutschen waren bereits den feudalen Territorialgrenzen entsprechend das Süd- oder Hochalemannische, das Niederalemannische (= Oberrheinisch) – von dem sich im 13. Jh. das Schwäbische absonderte –, des weiteren östlich und nördlich davon das Bairische, das Ostfränkische und das Südfränkische ausgegliedert. Das Mitteldeutsche ließ sich bereits in mittelhochdeutscher Zeit in Westmitteldeutsch und in Ostmitteldeutsch zerlegen. Die Westgruppe hat im allgemeinen fränkische Mundarten umfaßt: 1. Mittelfränkisch mit dem Ripuarischen im Norden und dem noch weniger eigenständigen Moselfränkischen im Süden; 2. Rheinfränkisch (einschließlich des Hessischen). Die Ostgruppe begann sich im Verlauf der Eindeutschung slawischer Länder östlich der Elbe eigentlich erst in mittelhochdeutscher Zeit zu entwickeln, und zwar als eine Gruppe mitteldeutscher Mischmundarten, deren präzise Abgrenzung für die behandelte Periode noch nicht gut möglich ist. Hierher zu zählen sind jedenfalls die Vorstufen des Thüringischen, des Obersächsischen und des – nunmehr historisch gewordenen – Schlesischen (einschließlich des Oberzipserischen in der Slowakei) (Abb. 59).

Im Hinblick auf das Lautsystem bestanden schon in mittelhochdeutscher Zeit gewichtige Abweichungen zwischen den einzelnen Dialekten des Hochdeutschen. Im Süden des bairisch-alemannischen Raumes wurde der Laut *k* im Wortanlaut sowie in der ,,Verdoppelung" – wenn es also lang war – und nach Liquiden sowie nach *n* [ŋ] affriziert, z. B. *chint* [kxint] 'Kind', *birche* [birkxə] 'Birke', obwohl dies in der Stellung nach Liquiden nicht gesetzmäßig durchgeführt erschien. Ein bairisch-alemannisches Merkmal ist auch der Wandel *b* > *p* bzw. *g* > *k*, aber um die Mitte des 12. Jh.s wurde *b* zu [w] spirantisiert, während anlautendes *w* im Bairischen zur selben Zeit zu [b], anlautendes *f* zu [w] wurde, z. B. *bort* 'Wort', daneben aber *wischof* 'Bischof' u. dgl. Gegen Ende des 13. Jh.s hat das Bairische offenes *ä* [ɛ] und *œ* [æ] zu [a] bzw. [a:] gewandelt, andererseits setzte auch die Diphthongierung von *ī*, *ū*, *ǖ* und zum Teil sogar von *ā*, *ō*, *ē*, *œ̄*, *œ̄* ein, während *ā* und *ō* bzw. teilweise auch *a* und *o* im offenen [ɔ:] bzw. [ɔ] zusammenfielen.

Im Alemannischen wurde schon in dieser Periode die Aussprache [ʃt] für *st* sowie [ʃp] für *sp* in allen phonetischen Stellungen verallgemeinert.

Der Vokalismus der mitteldeutschen Mundarten zeichnete sich vor allem durch die Monophthongierung von ahd. *ie*, *iu* und *uo* zu [i:] bzw. [u:] aus, der sich auch die Diphthonge *ei* (> *ē*) und *ou* (> *ō*) anschlossen.

Im mittelfränkischen Bereich wurde die althochdeutsche Lautverschiebung nicht konsequent durchgeführt, vgl. *dat* ≠ bair. *daʒ* 'das, daß', *wat* ≠ bair. *waʒ* 'was', *it* ≠ bair. *ëʒ* 'es' usw. Besonders charakteristisch ist die Bewahrung von altem *p* in allen westmitteldeutschen Dialekten, während es im Ostmitteldeutschen in der Regel zu *f* entwickelt wurde (im Gegensatz zum Wandel *p* > *pf/f* im Oberdeutschen).

Die alte Anlautsgruppe *wr-* ist ebenfalls erhalten geblieben, z. B. *wrīven* ≠ obd. *rīben* 'reiben'.

Eine einheitliche Schriftsprache hat es in mittelhochdeutscher Zeit noch nicht gegeben. Die größte Einheitlichkeit zeigte sich noch im Sprachgebrauch der höfischen Dichtung. Auf dieser Grundlage hat man im vorigen Jahrhundert – nach den Grundsätzen des deutschen Gelehrten Karl Lachmann – eine für die Zwecke pädagogischer und belletristischer Textausgaben geeignete, die Sprachwirklichkeit des Mittelhochdeutschen jedoch verfälschende normalisierte „mittelhochdeutsche" Rechtschreibung ausgearbeitet. Sie besteht aus folgenden Graphemen: *a*, *ä*, *æ*, *b*, *c*, *d*, *e*, (*ë*), *f*, *g*, *h*, *i*, *j*, *k*, *l*, *m*, *n*, *o*, *ö*, *œ*, *p*, *q*, *r*, *s*, *ʒ*, *t*, *u*, *ü*, *v*, *w*, *z*.

Die Vokallänge wird im allgemeinen mit dem Zirkumflex, neuerdings – doch noch seltener – auch mit einem Balken über dem Buchstaben bezeichnet, also *â*, *ê*, *î*, *ô*, *û* bzw. *ā*, *ē*, *ī*, *ō*, *ū*, allerdings hält sich der Zirkumflex sehr zäh in den Textausgaben und wurde deshalb auch hier beibehalten. Das *ä* entspricht dem umgelauteten *a*; *æ* bezeichnet langes, offenes [æ:], *œ* ein langes, offenes [œ:]. Das Digraph *iu* gibt in diesem System langes [y:] wieder. Die Diphthonge werden in folgender Weise festgehalten: *ei*, *ou*, *öu*, *ie*, *uo*, *üe*, obwohl *ou* bereits auch als *öi*, *eu* oder *oi* [ɔɪ] geschrieben wurde. Der Buchstabe für das etymologisch germanische (und nicht im Ergebnis des Umlauts entstandene) [e] ist in der Regel *ë* wie in der althochdeutschen Grammatik.

Der Lautwert des Graphems *ʒ* ist [s], jener von *z* und *tz* hingegen [ts], vgl. *müeʒen* [myəsən] 'müssen', *zît* [tsi:t] 'Zeit'. Die Bezeichnung von [x] – eventuell auch von [ç] – ist *ch*, z. B. *ich* [ix, iç] 'ich', meistens aber nur *h*, z. B. *rëht* [rext, reçt] 'recht', *naht* [naxt] 'Nacht'. Im Wortanlaut ist *h* der einfache Hauchlaut, z. B. *hunt* [hunt] 'Hund'. Konsonantenlänge wird durch Verdoppelung, bei *k* jedoch durch *ck* angedeutet, z. B. *stellen* 'stellen', aber *stucke* [ʃtukkə] 'Stück'. Die Lautung der Graphemverbindung *qu* ist [kw], vgl. *quâle* [kwa:lə] 'Qual'. *k* und *c* bezeichnen denselben Laut [k], ihre graphematische Verteilung ist aber verschieden: *k* steht im Silbenanlaut, *c* hingegen im Silbenauslaut, z. B. *kunst* [kʰunst] 'Kunst, Kenntnis, Wissen, Werk', aber *tac* [tak] 'Tag'. Die Graphemreihe *sch* bezeichnet seit Ende des 13. Jh.s genauso wie *s* in den Lautgruppen *-rs-* sowie im anlautenden *st*, *sp*, *sl*, *sm*, *sn* und *sw* das Phonem [ʃ], z. B. *schif* [ʃif] 'Schiff', *kirse* [kʰirʃə] 'Kirsche', *stein* [ʃtɛɪn] 'Stein', *spil* [ʃpil] 'Spiel', *slâfen* [ʃla:fən] 'schlafen', *smal* [ʃmal] 'schmal', *snëcke* [ʃnekkə] 'Schnecke', *swert* [ʃwert] 'Schwert'. *w* war ursprünglich – wie im Englischen – bilabial, aber vom 13. Jh. an wurde es im allgemeinen als dentilabiales [v] ausgesprochen;

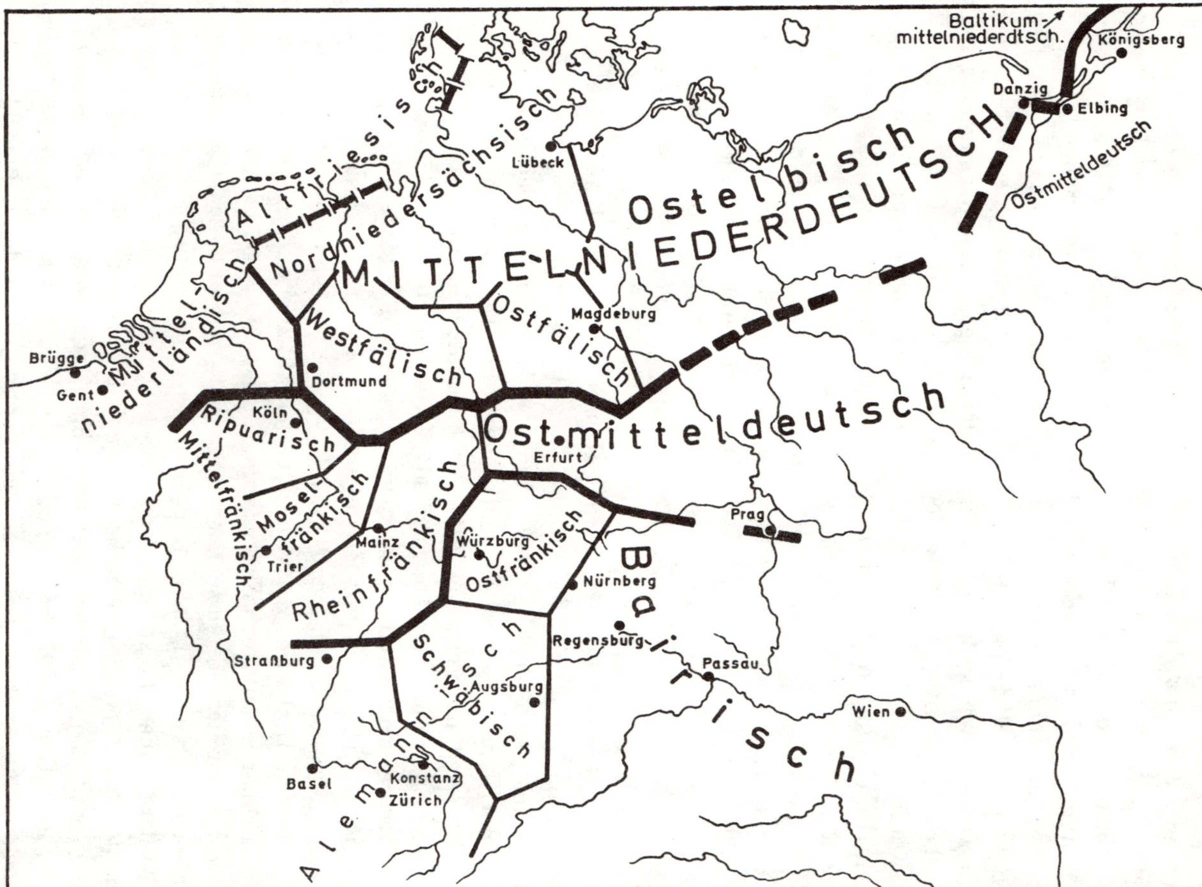

Abb. 59. Schriftdialekte in mitteldeutscher Zeit (Mittelhochdeutsch bis 1350, Mittelniederdeutsch bis 1600; nach WALTHER MITZKA)

v war ursprünglich das stimmhafte Gegenstück von stimmlosem [f], hat aber im 13. Jh., parallel mit dem Wandel [w] > [v], seinen Stimmton verloren und fiel mit [f] zusammen (wie im heutigen Deutsch). *hs* und *chs* lauteten noch [xs], im Oberdeutschen jedoch schon meistens [ks], vgl. *vuhs* [vuxs > fuxs > fuks] 'Fuchs'. Die Grapheme *y* [i, j] und *x* [ks] werden hauptsächlich nur in Fremdwörtern und -namen geschrieben.

Im Vergleich zum Althochdeutschen ist der wohl folgenschwerste Lautwandel des Mittelhochdeutschen die Reduktion der Nebentonsilben, wobei die nebentonigen Vokalphoneme gegen Ende der mittelhochdeutschen Zeit bereits im Vokal der Indifferenzlage, d. h. in [ə] neutralisiert wurden. Im Schriftbild wurde dieses [ə] im allgemeinen mit *e* eingefangen. Damit ging freilich auch die Neutralisierung der verschiedensten Flexions- sowie Ableitungssilben Hand in Hand.

Das Vokalsystem des Mittelhochdeutschen wurde durch den Umlaut der langen und kurzen tiefen Vokale (*â*, *ô*, *û* bzw. *a*, *o*, *u*) sowie der entsprechenden Diphthonge (*uo* und *ou*), der in der Haupttonsilbe von einem *i* bzw. *j* der Nachsilbe bewirkt worden war, bedeutend erweitert, vgl. *â* > *æ*, z. B. *slâfe* 'ich schlafe' → *slæfet* (< ahd. *slāfit*) 'er schläft'; *ô* > *œ*, z. B. *hôch* 'hoch' → *hœher* (< ahd. *hōhiro*) 'höher'; *û* > *iu*, z. B. *hûs* 'Haus' → *hiuser* (< ahd. *hūsir*) 'Häuser'; *o* > *ö*, z. B. *hof* 'Hof' → *hövesch* 'höfisch' (vgl. nhd. *hübsch*); *u* > *ü*, z. B. *sun* 'Sohn' → *süne* (< ahd. *suni*) 'Söhne'; *uo* > *üe*, z. B. *buoch* 'Buch' → *büechelîn* 'Büchlein'; *ou* > *öu* z. B. *loup* 'Laub' → *löuber* (< ahd. *loubir*) Pl. 'Laubwerk'. Der Umlaut *a* > *e* hat sich im Vergleich zum Althochdeutschen auch vor gewissen Konsonantengruppen, vor langem *î* sowie vor kurzem *i* (der dritten Silbe) stark erweitert, vgl. ahd. *mahti* > mhd. *mähte* 'Mächte', ahd. *magadi* > mhd. *mägede* 'Magd', ja dieser Umlaut hat sogar im Wege der Analogie um sich gegriffen, z. B. *nagel* 'Nagel' → *nägel* (≠ ahd. *nagala*) 'Nägel'. Dieser spätere Umlaut *a* > *ä* wird im Gegensatz zum älteren (althochdeutschen) Primärumlaut auch *Sekundärumlaut* genannt (vgl. IV.4.63.).

Das System der Konsonanten hat sich nur wenig verändert. (Vom neuen Phonem [ʃ] bzw. vom Verhältnis der Laute [v] und [f] s. o.) Im Auslaut haben die stimmhaften Verschlußlaute ihren Stimmton eingebüßt (*b* > *p*, *d* > *t*, *g* > *k*); diese sogenannte Auslautsverhärtung wird auch im Schriftbild bezeichnet, vgl. *lîbes* Gen. — *lîp* Nom. 'Leib', *tôdes* Gen. — *tôt* Nom. 'Tod', *tages* Gen. — *tac* [tak] Nom. 'Tag'. In der Stellung vor stimmlosen Konsonanten läßt sich die gleiche Lage verzeichnen, z. B. *gelouben* 'glauben' — *geloupte* 'glaubte'. Im Auslaut wurde altes [w] aufgegeben, vgl. *sêwes* Gen. neben *sê* Nom. 'See, Meer'. Der Hauchlaut wurde im Auslaut zu *ch* [x], z. B. *sëhen* 'sehen' — *sach* [sax] 'sah'. Im Wort- sowie im Silbenauslaut wurden auch die langen

Konsonanten gekürzt, z. B. *stammes* Gen. neben *stam* Nom. 'Stamm'. In der Stellung vor [t] sind schon früher *k, g, ch* zu *h, pf* und *b* zu *f, ʒ* zu *s* geworden, z. B. *würken* 'wirken, machen' — *worhte* Prät.; *pflëgen* 'pflegen' — *pfliht* 'Pflege' (vgl. nhd. *Pflicht*); *gëben* 'geben' — *gift* 'Gabe' (vgl. nhd. *Gift*); *ich muoʒ* 'ich muß' — *du muost* 'du mußt'.

Ein charakteristisches Merkmal des Mittelhochdeutschen ist die Kontraktion der Lautgruppen *-igi-*, *-egi-*, *-ibi-* und *-idi-*, vgl. *ligit* > *lît* 'liegt', *tregit* > *treit* 'trägt', *gibit* > *gît* 'gibt', *quidit* > *quît* 'sagt, spricht'.

Das Substantiv unterschied die drei Genera, dagegen hat sich das Kasussystem parallel zur Reduktion der nebentonigen Vokale schon ziemlich vereinfacht. Der Instrumentalis war geschwunden, die vokalischen Auslaute wurden im indifferenten *-e* [ə] neutralisiert, d. h. die meisten Kasus wurden gleichförmig, vgl. ahd. *gast* m. 'Gast' — Akk. *gast*, Gen. *gastes*, Dat. *gaste*, Instr. *gast(i)u* gegenüber mhd. Nom.-Akk. *gast*, Gen. *gastes*, Dat. *gaste* bzw. im Plural ahd. Nom.-Akk. *gesti*, Gen. *gest(e)o*, Dat. *gestim* (*gestin*, *gesten*) gegenüber mhd. Nom.-Akk.-Gen. *geste*, Dat. *gesten*. Dadurch war zugleich die Umgruppierung der früher nach Stammklassen geordneten Paradigmen gegeben. Im Mittelhochdeutschen wurden die Substantiva nicht mehr nach Stämmen, sondern gemäß der Pluralbildung gegliedert: 1. *-e* (auch mit Umlaut), z. B. *tac* m. 'Tag' — *tage* Pl., *balc* m. 'Balg' — *belge* Pl., *kraft* f. 'Kraft' — *krefte* Pl.; 2. *-er* (mit Umlaut), z. B. *lamp* n. 'Lamm' — *lember* Pl.; 3. *-Ø*, z. B. *kil* m. 'Federkiel' — *kil* Pl., *hirte* m. 'Hirte' — *hirte* Pl., *zal* f. 'Zahl' — *zal* Pl., *gëbe* f. 'Gabe' — *gëbe* Pl., *wort* n. 'Wort' — *wort* Pl.; 4. *-n*, z. B. *bote* m. 'Bote' — *boten* Pl., *ar* m. 'Aar, Adler' — *arn* Pl., *zunge* f. 'Zunge' — *zungen* Pl., *hërze* n. 'Herz' — *hërzen* Pl. Innerhalb dieser Klassen lassen sich nach der Form des Genitivs (Sing.) weitere Unterklassen erstellen, z. B. in Klasse 1. *tac* m. 'Tag' — *tages* Gen., aber *kil* m. 'Federkiel' — *kils* Gen. bzw. in Klasse 3. *wort* n. 'Wort' — *wortes* Gen., aber *sper* n. 'Speer' — *spers* Gen., andererseits auch im Gen. Pl. = *worte*, aber *sper*.

(In den herkömmlichen Grammatiken des Mittelhochdeutschen werden die Substantiva meistens nach den Genera angeordnet: (a) „starke Deklination“: 1. Maskulina; 2. Neutra; 3. Feminina; (b) „schwache Deklination“. Diese Gruppierung spiegelt jedoch nur die historischen Grundlagen, nicht aber den tatsächlichen mittelhochdeutschen Stand wider.)

Das Adjektiv wurde stark oder schwach flektiert, aber es konnte auch jeder Endung entbehren, z. B. *guot* 'gut' → *guot***er** *man* oder *guot man* 'guter Mann'; *grôʒ* 'groß' → *grôʒ***iu** *sorge* oder *grôʒ sorge* 'große Sorge' usw.

Das System der Pronomina zeigt im Vergleich zum Althochdeutschen keine größeren Veränderungen, bildet trotzdem ein Teilsystem unter den Nomina, da es die Kasus noch sauber auseinanderhält, z. B. *ich* — *mich*

— *mir* — *mîn* 'mein' usw. Von den Personalpronomina unterscheidet man bei der 3. Person im Singular die drei Genera: *ër* 'er', *siu* (*sie* ~ *sî* ~ *si*) 'sie', *ëȝ* 'es'. Im Plural war die Einheitsform schon allgemein (*sie* ~ *sî* ~ *si* ~ *se* 'sie'), obwohl das Neutrum sich zum Teil noch absonderte (*siu*). Die Demonstrativa haben noch die Reste des Instrumentalis bewahrt, z. B. *diu* 'mit dem/jenem' zu *dër* 'der, jener' und *daȝ* 'das, jenes'; *des*(*i*)*u* ~ *dis*(*i*)*u* 'mit diesem, damit' zu *diȝ* 'dieses'; (*h*)*wiu* 'womit, mit was' zu (*h*)*waȝ* 'was'.

In mittelhochdeutscher Zeit hat sich das Demonstrativum *dër* m. 'der, dieser', *diu* f. 'die, diese', *daȝ* n. 'das, dieses' in der Funktion des bestimmten Artikels gefestigt.

Von den Numeralien wurden *ein* 'ein', *zwêne* 'zwei' und *drî* 'drei' nach den drei Genera flektiert, vgl. *einer* 'einer', *einiu* 'eine', *eineȝ* 'eines'; *zwêne* m., *zwô* (*zwâ*) f., *zwei* n. 'zwei'; *drî* (*drîe*) m., *drî* (*drîe, drîo*) f., *driu* n. 'drei'.

Das Verb war entweder stark oder schwach. Die Klassen der starken Verba waren: 1. *grîfen* — *greif* — *grifen* — *gegrifen* 'greifen'; 2. *bieten* (Präs. *biute*) — *bôt* — *buten* — *geboten* 'bieten, gebieten'; 3. *binden* — *bant* — *bunden* — *gebunden* 'binden'; 4. *nëmen* (Präs. *nime*) — *nam* — *nâmen* — *genomen* 'nehmen'; 5. *gëben* (Präs. *gibe*) — *gap* — *gâben* — *gegëben* 'geben'; 6. *varn* — *vuor* — *vuorn* — *gevarn* 'fahren'.

Auch die Präteritopräsentien haben sich kaum geändert: 1. *weiȝ* 'weiß' — *wisse* Prät.; 2. *eigen* 'wir besitzen' — *eige* (Opt.!) (andere Formen sind nicht belegt); 3. *touc* 'tauge' — *tohte* Prät.; 4. *gan* 'gönne' — *gunde* Prät.; 5. *kan* 'kann' — *kunde* Prät.; 6. *darf* 'bedarf' — *dorfte* Prät.; 7. *tar* 'wage' — *torste* Prät.; 8. *sol* ~ *sal* (*schol* ~ *schal*) 'soll' — *solde* ~ *solte* (*scholde*) Prät.; 9. *mac* 'mag' — *mahte*/*mohte* Prät.; 10. *muoȝ* muß' — *muose*/*muoste* Prät. Ihnen hat sich auch das ursprünglich optativische *wil* 'will' — *wolte*/*wolde* (Prät.) angeglichen.

Die alten athematischen Verba haben ihre paradigmatische Sonderstellung auch im Mittelhochdeutschen zum Teil noch bewahrt, vgl. *sîn* 'sein' — *bin, bist, ist, birn* ~ *sîn* 'wir sind', *birt*/*bint* bzw. *sît*/*sint* 'ihr seid', *sint* 'sie sind' usw.; *tuon* 'tun' — *ich tuon* ~ *ich tuo* 'ich tue' usw.; *gân* 'gehen' — *ich gân*/*gên* ~ *gâ*/*gê* 'ich gehe' usw.; *stân* 'stehen' — *ich stân*/*stên* ~ *ich stâ*/*stê* 'ich stehe' usw. Diese Gruppe wurde sogar zum Teil auch durch die kontrahierten Formen der Verba *lâȝen* > *lân* 'lassen' (*ich lân* ~ *lâ* 'ich lasse') und *haben* > *hân* 'haben' (*ich hân* 'ich habe') erweitert.

Die drei Klassen der schwachen Verba wurden im Zusammenhang mit der Reduktion der Nebentonsilben zusammengezogen, nur in der Bildung des Präteritums war noch der Unterschied zwischen Verba mit kurzen und mit langen Stammsilben erhalten geblieben, indem bei letzteren der Bindevokal ausgestoßen wurde, vgl. 1. (kurz): *ner(e)n* 'retten' — *nerete* Prät. bzw. 2. (lang): *hœren* 'hören' — *hôrte* Prät.

Das System der T e m p o r a wurde in mittelhochdeutscher Zeit weitgehend entfaltet. Den synthetischen Tempora hat sich eine ganze Reihe zusammengesetzter Zeitformen angeschlossen, so das Perfekt, das Plusquamperfekt usw.

Gleichzeitig mit der analytischen Entwicklung der grammatischen Struktur hat sich die funktionale Bedeutung der P r ä p o s i t i o n e n gewaltig erhöht.

Der W o r t s c h a t z wurde im Bereich der Terminologie der feudalritterlichen Kultur vor allem unter dem Einfluß des F r a n z ö s i s c h e n bereichert, z. B. afrz. *aventure* > mhd. *âventiure* 'Abenteuer', afrz. *lance* > mhd. *lanze* 'Lanze', afrz. *tornei* > mhd. *turnei* 'Turnier', afrz. *amie* > mhd. *amîe* 'Freundin', afrz. *castel* > mhd. *kastel* 'Kastell', afrz. *estival* > mhd. *stival* 'Stiefel', afrz. *dancer* > mhd.-nhd. *tanzen* u. dgl. Übrigens hat das Deutsche dieses ritterliche Wortgut des Altfranzösischen auch an seine Nachbarn vermittelt, vgl. poln. *taniec* ~ tschech.-slow. *tanec* ~ serbokroat. *tȁnac* ~ russ. танец ~ ung. *tánc* 'Tanz', poln. *turniej* ~ tschech.-slow. *turnaj* ~ ung. *torna* 'Turnier', poln. *kasztel* ~ tschech. *kaštel* ~ slow. *kaštieľ* ~ serbokroat. *kastel* ~ ung. *kastély* 'Kastell' usw.

Von der Stärke des altfranzösischen Einflusses zeugen auch einige B i l d u n g s m o r p h e m e, die sich im Mittelhochdeutschen einbürgerten, z. B. afrz. *-ier* > mhd. *-ieren* bei Verben, z. B. afrz. *logier* > mhd. *loschieren* 'logieren, absteigen, wohnen'; afrz. *-ie* > mhd. *-îe* zur Bildung von Substantiven, z. B. mhd. *zouber* 'Zauber' + *-îe* → *zouberîe* 'Zauberei'. Hoch ist die Zahl nach französischem Vorbild entstandener L e h n ü b e r s e t z u n g e n, z. B. afrz. *cortoisie* → mhd. *hövescheit* 'Höflichkeit' u. dgl. Nach wortstatistischen Berechnungen lag im Mittelhochdeutschen die Anzahl französischer Lehnwörter im 14. Jh. bereits um 2000.

In der Nachfolge der Kreuzzüge kamen auch aus verschiedenen Sprachen des O r i e n t s viele Wörter nach Deutschland, zumeist jedoch nicht unmittelbar, sondern durch die Vermittlung des Italienischen und des Französischen, z. B. arab.-it. *giuppa* > mhd. *jop(p)e* 'Joppe', pers.-afrz. *eschac* > mhd. *schâch* 'Schach(spiel)'.

Im Zuge der deutschen Expansion in Osteuropa wurden auch aus den s l a w i s c h e n S p r a c h e n verschiedene Lexeme übernommen, z. B. slaw. *tvarogъ* > mhd. *twarc* 'Quark' (vgl. obd. *Quargel*), tschech. *číž(ek)* > mhd. *zîse* 'Zeisel' usw. Dasselbe gilt auch von den u n g a r i s c h e n bzw. von den durch das Ungarische vermittelten Entlehnungen wie ung. *tolmács* > mhd. *tolmetsche* 'Dolmetsch(er)' u. ä.

Der Kultureinfluß des L a t e i n i s c h e n hat freilich auch in mittelhochdeutscher Zeit nicht aufgehört, besonders in den Sachgruppen des staatlichen, rechtlichen, wissenschaftlichen und religiösen Lebens, vgl. mlat. *jurista* > mhd. *juriste* 'Jurist', mlat. *poeta* > mhd. *poête* 'Poet, Dichter', mlat. *apotheca* > mhd. *apotêke* 'Apotheke', aber auch in der Form von Lehnübersetzungen, z. B. mlat. *vallis lacrimarum* ('Tal der Tränen') → mhd. *jâmertal* 'Jammertal', mlat. *ignis purgatorius* → mhd. *vegeviur* 'Fegefeuer' usw. Dieser mittelbare Einfluß hat sich im Sprachgebrauch der deutschen Mystik als besonders ausschlaggebend erwiesen. Über den Einfluß des Niederdeutschen s. IV.4.54.

IV.4.66. Textprobe

Wer sleht den lewen? wer sleht den risen?
wer überwindet jenen und disen?
daz tuot einer der sich selber twinget
und alliu sîniu lit in huote bringet
ûz der wilde in stæter zühte habe.
geligeniu zuht und schame vor gesten
mugen wol eine wîle erglesten:
der schîn nimt drâte ûf und abe.

(Walther von der Vogelweide, 81,7. 12.Jh.)

sleht 'schlägt'; *lewen* Akk. Sing. m. → *lewe* 'Löwe'; *risen* Akk. Sing. m. → *rise* 'Riese'; *disen* 'diesen'; *daz* 'das'; *tuot* 'tut'; *twinget* 'zwingt'; *alliu* Akk. Pl. 'alle'; *sîniu* Akk. Pl. 'seine'; *lit* Akk. Pl. → *lit* m. 'Familienmitglied'; *huote* f. 'Hut, Sicherheit'; *ûz* 'aus'; *wilde* f. 'Wildheit, Wut'; *stæter* Dat. Sing. f. → *stæt(e)* 'stet, dauerhaft, ständig'; *zühte* Dat. Sing. f. → *zuht* '(geistige) Zucht, innere Ordnung'; *geligeniu* Nom.-Akk. Sing. f. → *geligen* 'gelegen, entsprechend, würdig'; *schame* f. 'Scham(haftigkeit)'; *gesten* Dat. Pl. → *gast* m. 'Gast, Fremder'; *mugen* 'sie mögen'; *wol* 'wohl'; *wîle* f. 'Weile'; *erglesten* 'glänzen (machen)'; *schîn* m. 'Schein'; *nimt abe* 'nimmt ab, läßt nach'; *nimt ûf* 'nimmt zu' (vgl. aufnehmen); *drâte* 'schnell, rasch, plötzlich'.

IV.4.67. Entstehung des Neuhochdeutschen

Die Anfänge des Neuhochdeutschen hat man früher in das 16. Jh. gelegt, in der Annahme, die Schöpfung der deutschen Sprache der Neuzeit sei dem großen Reformator Martin Luther (1483–1546) zu verdanken. Luther war indessen nicht der Schöpfer der deutschen Schriftsprache, sondern der gewaltigste Verbreiter der führenden Sprachnorm seiner Zeit (vgl. IV.4.69.). Gemäß unserer derzeitigen Periodisierung bezeichnen wir den Sprachzustand des 14.–16. Jh.s als Frühneuhochdeutsch, da all die Sprachmerkmale, die zu der deutschen Sprache der Gegenwart hinführten, in dieser Periode angehäuft wurden (Abb. 60).

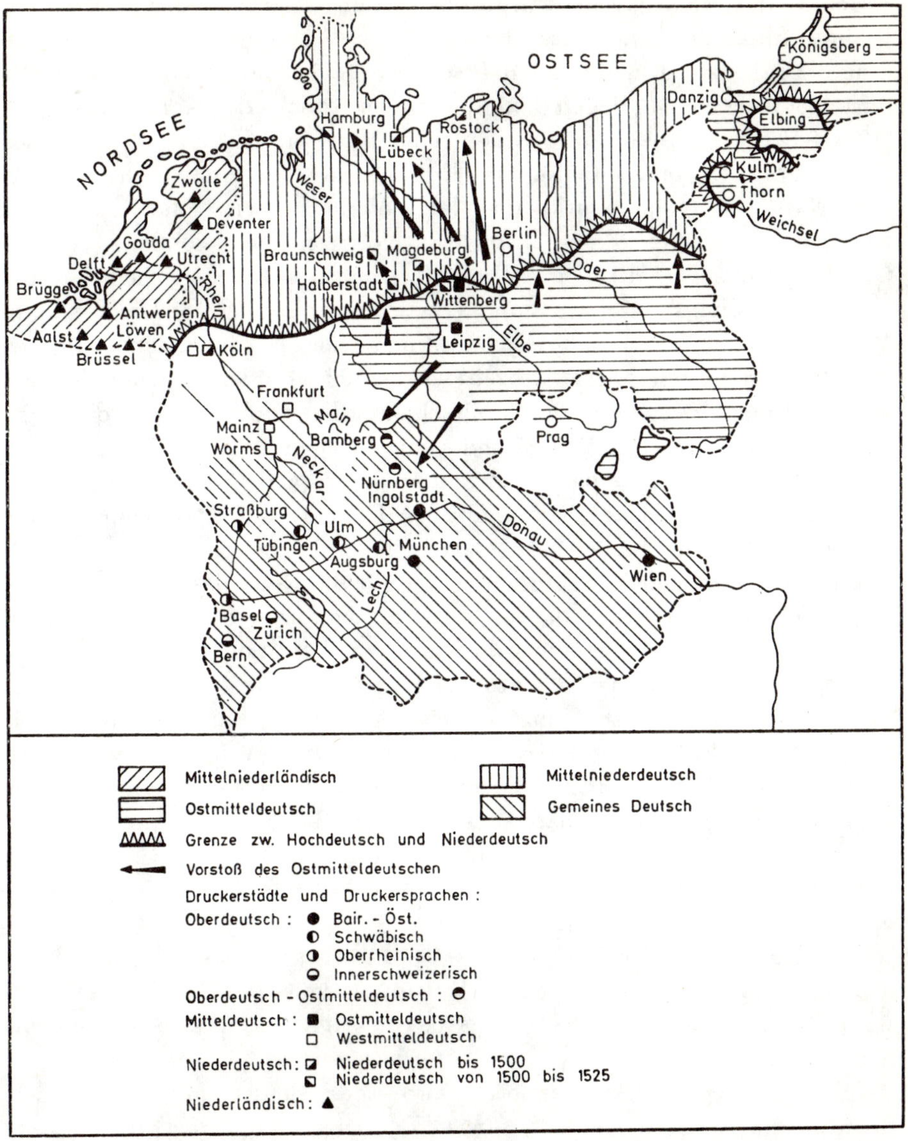

Abb. 60. Der deutsche Sprachraum im 15. und 16. Jh. (nach HUGO MOSER, VIRGIL MOSER, WILLY KROGMANN und WALTHER NIEKERKEN)

Die Periode des Frühneuhochdeutschen läßt sich, der Kleinstaaterei entsprechend, in erster Linie durch das Nebeneinander verschiedener Dialekte kennzeichnen. Immerhin haben sich diese Dialekte als kräftig genug erwiesen, das Lateinische Schritt für Schritt aus der Praxis auszuschalten. Im

Ergebnis der Reformation wurde das Latein sogar von der Kanzel verdrängt. Allmählich war auch der durch das Gebot der Entwicklung bedingte Drang zur Einheit der deutschen Sprache aufgekommen, teils auf mitteldeutschen Grundlagen dank der Prager Kanzlei des Kaisers KARL IV. (1316—1378), teils aber auf oberdeutscher Basis in der Kanzlei des Kaisers MAXIMILIAN I. (1459—1519). Die Entwicklung der einheitlichen Schrift- und Nationalsprache wurde aber letzten Endes, wie THEODOR FRINGS darlegte, nicht von diesen Kanzleien vorgezeichnet, sondern von der Gemeinsprache der Mitte, d. h. des obersächsisch-thüringischen Raumes, nachdem dessen Wirtschafts- und Handelszentren (Erfurt, Halle, sodann Meißen und Leipzig) auch in gesamtdeutschen Belangen eine führende Rolle erlangt hatten. Dieser Prozeß wurde auch von der sprachlichen Realität gefördert, da gerade die ostmitteldeutschen Dialekte — infolge ihrer Zusammensetzung als Mischmundarten — jenen Durchschnitt vertraten, in dem es möglich war, die sonst stark auseinandergehenden ober-, mittel- und sogar niederdeutschen Dialekte auf einen gemeinsamen Nenner zu bringen. In der gegebenen politisch-historischen Lage Deutschlands war es demnach der Raum, der sich für die Rolle des Zentrums einer sprachlichen Integrierung als am besten geeignet erwies. Die Gemeinsprache dieses Gebietes wurde daher von THEODOR FRINGS zutreffend als eine koloniale Durchschnittssprache bezeichnet, die dank der fürstlichen Kanzlei Sachsens auch im schriftlichen Verkehr fixiert wurde. In der Verbreitung dieser Norm kam also MARTIN LUTHER, genauer gesagt, seiner auch sprachkünstlerisch hervorragenden Bibelübersetzung, eine unüberschätzbare Bedeutung zu, da sie sich bald nach ihrem Erscheinen im ganzen deutschen Sprachraum verbreitete und damit (und nur in diesem Sinne!) — wie FRIEDRICH ENGELS feststellte — „die moderne deutsche Sprache schuf".

Gleichzeitig mit der Verbreitung des Protestantismus hat die mitteldeutsche Norm vom 16. Jh. an auch den oberdeutschen Raum überlagert, was zusätzlich auch von der Grammatik von JOHANNES CLAIUS (*Grammatica Germanicae linguae*, Leipzig 1578) gefördert wurde.

Im 17. Jh. wurde der Integrierungsprozeß der deutschen Gemeinsprache überdies durch die zielbewußte Arbeit der Dichter und der Grammatiker beschleunigt. Eine besondere Rolle kam dabei den sogenannten Sprachgesellschaften zu, deren erste, die *Fruchtbringende Gesellschaft oder der Palmenorden*, 1617 in Weimar unter der Teilnahme bekannter Dichter und Gelehrten der Zeit, wie MARTIN OPITZ, ANDREAS GRYPHIUS, FRIEDRICH VON LOGAU bzw. JUSTUS GEORG SCHOTTEL u. a., begründet wurde. SCHOTTELS Werke, die *Teutsche Sprachkunst* (1641) sowie die — auch die Problematik der Sprachgeschichte berührende — *Ausführliche Arbeit von der Teutschen Haupt-Sprache* (1663), können bereits als die Grundsteine einer wissenschaftlichen Analyse des Deutschen gelten.

Die Sprachgesellschaften kämpften in erster Linie für die Reinheit der Muttersprache, da der Überfluß fremder, hauptsächlich französischer Elemente in den Jahren des Dreißigjährigen Krieges und der Zeit danach für die deutsche Sprache bereits die Gefahr totaler Überfremdung heraufbeschwor. Außerdem waren die Sprachgelehrten bemüht, einheitliche Normen für die Schreibe und die Orthographie auszuarbeiten, so vor allem JOHANN CHRISTOPH GOTTSCHED, der Verfasser der *Deutschen Sprachkunst* (1748), der die Einheitsgrammatik des Deutschen im Geiste des Rationalismus jener Zeit und nach dem Vorbild französischer Meister wie NICOLAS BOILEAU-DESPRÉEAUX (1636—1711) zusammenzustellen suchte.

Weitere Erfolge in diesen Bestrebungen erzielte gegen Ende des 18. Jh.s JOHANN CHRISTOPH ADELUNG, indem er auf Grund des meißnischen Sprachgebrauchs in seinem *Versuch eines vollständigen grammatisch-kritischen Wörterbuchs der hochdeutschen Mundart* (1774—1786) die erste großangelegte lexikalische Erschließung des Deutschen unternahm. Zur selben Zeit hat das Deutsche allmählich auch im wissenschaftlichen Verkehr den Platz des Lateinischen eingenommen: gegen Ende des 17. Jh.s wurde an der Universität Leipzig die erste deutsche Vorlesung gehalten. In der Ausarbeitung der deutschen Sprache der Wissenschaft hat einer der bedeutendsten Gelehrten der Zeit, GOTTFRIED WILHELM LEIBNIZ (1646—1716), eine ausschlaggebende Rolle gespielt.

Das 18. und 19. Jh. läßt sich schon durch die zunehmende Verdrängung sprachlicher Provinzialismen und durch das bewußte Streben nach der Einheit der deutschen Aussprache kennzeichnen. Ein vornehmer Platz war darin der schöngeistigen Literatur und insonderheit der nationalen Bühne (GOETHE, SCHILLER, HERDER) beschieden. Zur Vereinheitlichung der Bühnenaussprache wurde 1898 eine Konferenz nach Berlin einberufen, deren Beschlüsse vom Norddeutschen THEODOR SIEBS unter dem Titel *Deutsche Bühnenaussprache* noch in demselben Jahr veröffentlicht wurden. Diese Beschlüsse wurden als die Norm der richtigen deutschen Aussprache begrüßt und allgemein angenommen.

In der zweiten Hälfte des 19. Jh.s hat man auch die Vereinheitlichung der deutschen Rechtschreibung in Angriff genommen, letzten Endes im Kreuzfeuer zweier gegnerischer Parteien. Die Sprachler wollten das historisch-etymologische Prinzip durchsetzen, schlugen daher Schreibungen vor, die mehr dem älteren Sprachzustand gerecht wurden, z. B. *zwelf* für *zwölf*, *Leffel* für *Löffel*, *Wirde* für *Würde* u. dgl. Die Gegenpartei nahm für die strenge Verwirklichung des phonetischen Prinzips Stellung und drang auf die spezifische und eindeutige Bezeichnung sämtlicher Sprechlaute. Die erste gemeinsame Konferenz der beiden Parteien (1876) war erfolglos geblieben, und es kam erst 1901 zu einem Ausgleich der feindlichen Ansichten. Die Beschlüsse dieser neuen Konferenz wurden 1902 auch staatlich gutgeheißen; auf ihnen beruht die *Deutsche Rechtschreibung*, das Werk des Schweizers KONRAD DUDEN, welches seitdem in ständig neuen Auflagen herausgebracht wird. Der „Duden" wird im ganzen deutschen Sprachgebiet als normative Zusammenfassung der einheitlichen deutschen Orthographie verwendet, obwohl in der Schweiz und in Österreich einige Teilfragen von der gesamtdeutschen Norm abweichend geregelt erscheinen, um den bodenständigen oberdeutschen Sprachgewohnheiten gerecht zu werden.

IV.4.68. Neuhochdeutsch

Im Lautsystem hat sich das Neuhochdeutsche sowohl vom Mittel- als auch vom Althochdeutschen hinsichtlich des Vokalismus am stärksten abgehoben. Die wichtigsten unter den verschiedenen qualitativen und quantitativen Veränderungen, die sich in frühneuhochdeutscher Zeit ereigneten, waren die folgenden:

Vom 12. Jh. angefangen war von einem „Herd" im Bairischen die Diphthongierung der alten Längen ausgegangen, die im Neuhochdeutschen auch schriftlich zum Ausdruck kam: mhd. *î* > nhd. *ei*, z. B. *wîp* > *Weib*; mhd. *û* > nhd. *au*, z. B. *hûs* > *Haus*; mhd. *iu* [y:] > *eu* [ɔø], z. B. *tiutsch* > *deutsch* (Abb. 61). Als Gegenstück dazu wurden in den mitteldeutschen Mundarten die alten Diphthonge *ie*, *uo*, *üe* gleichzeitig monophthongiert: mhd. *ie* [iə] > nhd. *i*, z. B. *liep* [liəp] > *lieb* [li:p]; mhd. *uo* > *u*, z. B. *buoch* > *Buch*; mhd. *üe* > *ü*, z. B. *grüene* > *grün*.

Infolge analogischer Entwicklung hat sich der alte *i*-Umlaut auch noch im Frühneuhochdeutschen ausgewirkt, hatte aber nicht mehr freie Varianten, sondern für das morphologische System äußerst wichtige Phoneme ergeben, so vor allem in der Pluralbildung (z. B. *Vogel* → *Vögel*, *Kraft* → *Kräfte*, *Haus* → *Häuser*) und in der Wortbildung (z. B. *alt* → *Eltern*, *Fahrt* → *fertig*, *warm* → *wärmen*, *Hand* → *Händchen*, *Schule* → *Schüler*).

So wie in anderen germanischen Sprachen, wurde das Verhältnis langer und kurzer Vokale im Zuge quantitativer Wandlungen auch im Neuhochdeutschen verschoben. Kurze Stammvokale wurden in offener Silbe gedehnt, z. B. mhd. *sagen* [sagən] > nhd. *sagen* [za:gen], mhd. *nëmen* > nhd. *nehmen* [ne:mən], und diese Dehnung hat sogar im Paradigma die Formen mit *einer* (geschlossenen!) Silbe ergriffen, vgl. mhd. *hoves* Gen. zu *hǒf* Nom.-Akk. 'Hof', aber nhd. *Ho-fes* [ho:fəs] und *Hof* [ho:f]. Demgegenüber wurden vor *t* manchmal sogar alte Längen gekürzt, z. B. mhd. *nâter* > nhd. *Natter*, mhd. *muoter* > nhd. *Mutter*.

In geschlossener Silbe wurden die ursprünglichen gleichwie die aus Diphthongen entstandenen jüngeren Längen kurz, z. B. mhd. *brâhte* > nhd. *brachte* [braxtə], mhd. *hêrre* > nhd. *Herr*, mhd. *lieht* > nhd. *Licht*, obwohl die Länge vor der Konsonanz *st* in der Regel erhalten blieb (z. B. mhd:

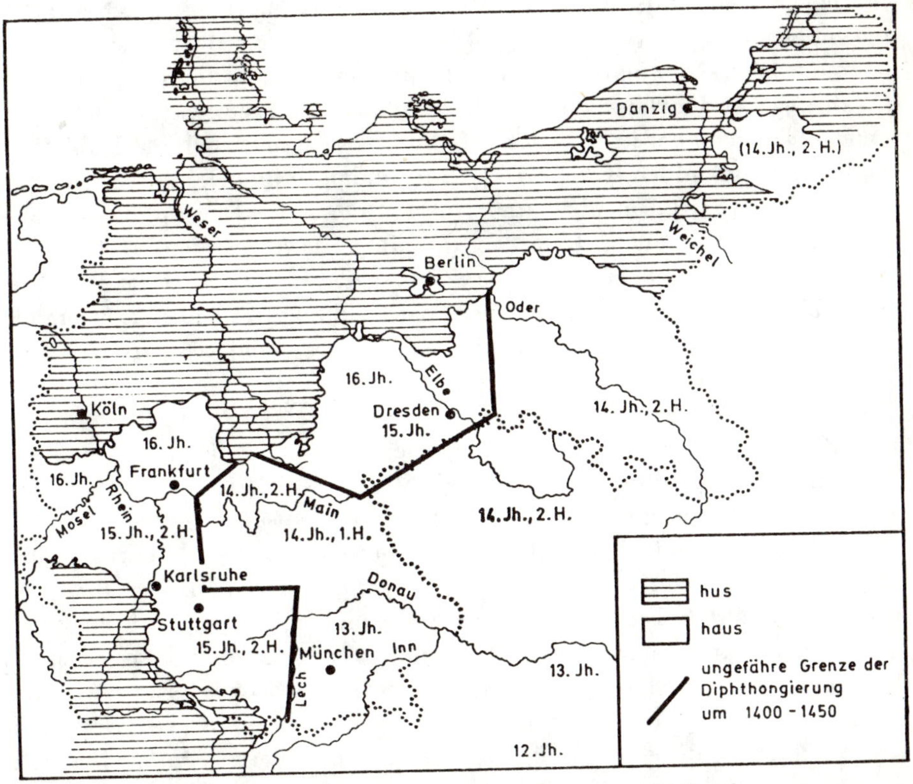

Abb. 61. Die neuhochdeutsche Diphthongierung (nach Kurt Wagner und Adolf Bach)

klôster > nhd. *Kloster* [klo:stər]), wie auch im Falle sekundärer Silbenschließung (z. B. mhd. *krêbes* > nhd. *Krebs* [kre:ps]).

Im Konsonantismus wurden nur einige wenige qualitative Wandlungen durchgeführt. So wurde [s] vom 13. Jh. an im Wortanlaut sowie im Inlaut vor Vokal zu stimmhaftem [z], was in der Schrift nicht bezeichnet wurde, ähnlich dem Wandel [s] > [ʃ] in den Lautgruppen *st*, *sp*, im Gegensatz zu den Verbindungen *sl*, *sr*, *sm*, *sn*, *sw*, deren [ʃ]-Laut in neuhochdeutscher Zeit bereits mit *sch* festgehalten wurde (also *schl*, *schr*, *schm*, *schn*, *schw*), z. B. mhd. *slâfen* > nhd. *schlafen*.

Der Hauchlaut [h] wurde im Inlaut aufgegeben bzw. im Schriftbild nur zur Andeutung der voraufgehenden vokalischen Länge beibehalten (z. B. mhd. *sëhen* [sehən] > nhd. *sehen* [ze:ən]), ja dieses Dehnungs-*h* wurde dann in dieser Funktion auch in etymologisch nicht motivierten Fällen verwendet, vgl. mhd. *sun* > nhd. *Sohn*, mhd. *sêr* > nhd. *sehr* usw.

In nebentoniger Stellung ist die Reduktion bzw. der Schwund von Vokalen weiter fortgeschritten. Dieser Prozeß wurde durch die bewußte Bemühung der Grammatiker (allerdings nur in der Schriftsprache) um die Bewahrung der Flexionselemente eingedämmt. Die gesprochene Umgangssprache ließ sich aber keineswegs aufhalten, daher sind auch die Dubletten von heute verständlich, vgl. *gehen* [ge:ən] und *gehn* [ge:n], *ich habe* [ha:be] und *ich hab'* [hap]. Im absoluten Auslaut der Adjektiva ist das nebentonige *e* immerhin auch in der Schriftsprache geschwunden, z. B. mhd. *swære* > *schwer*, mhd. *niuwe* > *neu*, mhd. *strenge* > *streng*. Eine parallele Entwicklung läßt sich auch in der Wortbildung feststellen, vgl. mhd. *vischære* > *Fischer*, mhd. *handelunge* > *Handlung*, mhd. *küniginne* > *Königin*.

Als typisch neuhochdeutsche Neuerung wurde die Großschreibung der Substantiva in der Barockzeit verallgemeinert, während sie früher nicht zur Hervorhebung der Substantiva, sondern beliebiger betonter, im Satze für wichtig erachteter Elemente diente.

Das Alphabet der deutschen Gegenwartssprache besteht aus den folgenden Graphemen: *a, ä, b, c, d, e, f, g, h, i, j, k, l, m, n, o, ö, p, q, r, s, ß, t, u, ü, v, w, x, y, z*. Die Buchstaben *x, y, c* kommen zumeist in Fremdwörtern und in Namen mit alter Orthographie vor, aber *c* wird als Element der Digraphe *ch* [ç, x] und *ck* [k] auch in deutschen Erbwörtern verwendet. Die Länge der Vokale wird durch Verdoppelung (z. B. *Aal* [a:l], *See* [ze:], *Boot* [bo:t]) oder durch ein Dehnungs-*h* (z. B. *Hahn* [ha:n], *Hähne* [hæ:nə], *mehr* [me:r], *Mohr* [mo:r], *Möhre* [mø:rə], *Huhn* [hu:n], *Hühner* [hy:nər]), im Falle von *i* [i:] durch *e* (z. B. *viel* [fi:l]) bzw. durch die Kombination von *e* und Dehnungs-*h* (z. B. *sieht* [zi:t]) bezeichnet. Wo die erwähnte Regel der Vokaldehnung in offener Silbe wirkte, ist die besondere Bezeichnung der Dehnung meistens unterblieben, z. B. *Hafer* [ha:fər], *Hose* [ho:zə].

Die Verdoppelung konsonantischer Grapheme zeigt nicht eine Konsonantendehnung, sondern die Kürze des voraufgehenden Vokals an, vgl. *lassen* [lasən], aber (*wir*) *lasen* [la:zən]. *p, t, k* sind im Anlaut vor Vokal behaucht (wie im Englischen), vgl. *Post* [p^host], *Tee* [t^he:], *Kuh* [k^hu:]. Im Auslaut werden hingegen *b, d, g* stimmlos, z. B. *lieb* [li:p], *Tod* [t^ho:t], *Tag* [t^ha:k]. *f* und *v* lauten gleicherweise [f], nur in nicht hochdeutschen Wörtern bzw. in Namen mit alter Orthographie sowie in Fremdwörtern kann das Graphem *v* auch stimmhaftes [v] bezeichnen. Die Verbindung *qu* wird als [kw] ausgesprochen, vgl. *Qual* [kwa:l]. Das sogenannte „scharfe" *ß* ist immer [s] und verweist in den meisten Fällen zugleich auf die Länge des voraufgehenden Vokals, vgl. *wir saßen* [za:sən] gegenüber *Sassen* [zasən]. *w* ist im Neuhochdeutschen immer labiodentales [v] und nicht bilabiales [w] wie im Englischen. Wie im Alt- und Mittelhochdeutschen, bezeichnen *z* und *tz* die Affrikate [ts], z. B. *Zeit* [tsaet], *Katze* [k^hatsə], wobei *tz* gleichzeitig auf die Kürze des voraufgehenden Vokals (nicht aber der Diphthonge!) hinweist. Die Graphemreihe *chs* wird als [ks] ausgesprochen (z. B. *Lachs* [laks]), während *sch* für [ʃ] steht (z. B. *schön* [ʃø:n]).

Mit der Reduktion bzw. dem Schwund der Endungen war auch die Umstrukturierung der Deklination verbunden. Die herkömmliche Gliederung der Substantiva nach Stämmen wurde bereits im Mittelhochdeutschen aufgegeben (vgl. IV.4.65.), die neue Anordnung nach der Pluralbildung hingegen endgültig gefestigt: 1. *-ø* (mit oder ohne Umlaut), z. B. *Lehrer* m. — *Lehrer* Pl., *Leder* n. — *Leder* Pl. bzw. *Vater* m. — *Väter* Pl., *Mutter* f. — *Mütter* Pl.; 2. *-e* (mit oder ohne Umlaut), z. B. *Tag* m. — *Tage* Pl. bzw. *Gast* m. — *Gäste* Pl., *Frosch* m. — *Frösche* Pl., *Baum* m. — *Bäume* Pl.; 3. *-er* (mit oder ohne Umlaut), z. B. *Kind* n. — *Kinder* Pl., *Brett* n. — *Bretter* Pl. bzw. *Land* n. — *Länder* Pl., *Kraut* — *Kräuter* Pl.; 4. *-s*, z. B. *Auto* n. — *Autos* Pl.; 5. *-(e)n* („schwache" Deklination), z. B. *Mensch* m. — *Menschen* Pl., *Zunge* f. — *Zungen* Pl., *Herz* n. — *Herzen* Pl. Fremdwörter behalten mitunter ihren ursprünglichen Plural bei, vgl. *Libretto* n. — *Libretti* Pl. (it.), *Cherub* m. — *Cherubim* Pl. (ha.), *Konto* n. — *Konti* Pl. (it.), *Tempus* n. — *Tempora* Pl. (lat.), *Thema* n. — *Themata* Pl. (neben *Themen*) (gr.).

Das Kasussystem wurde ebenfalls vereinfacht. Im schriftsprachlichen Gebrauch ist die Endung *-(e)s* des Gen. Sing. von Maskulina und Neutra (z. B. *des Vaters, des Kindes*), ja sogar — immerhin schon etwas veraltet — die Endung *-e* des Dat. Sing. in einem Teil derselben Gruppe von Substantiva (z. B. *dem Tage, dem Kinde*), bzw. die Dativendung *-(e)n* im Plural aller drei Genera (z. B. *den Tagen, den Vätern, den Müttern, den Kindern*) bewahrt. In der Sprechsprache wird jedoch der Genitiv des öfteren analytisch umschrieben (z. B. *der Hut* ***vom*** *Vater* oder ***dem*** *Vater* ***sein*** *Hut* für *der Hut des Vaters*), und der Dativ des Singulars normalerweise ohne Endungs-*e* gebraucht (z. B. *dem Tag, dem Kind*). In der „schwachen" Deklination erscheint in synchronischer Sicht die „Endung" verallgemeinert, z. B. *Friede* m.: Sing. Nom. *Friede* ≠ Akk.-Dat. *Frieden*, Plur. *Frieden* ≠ Sing. Gen. *Friedens*. Die drei Genera halten sich hingegen auch im Neuhochdeutschen verhältnismäßig fest.

Das Adjektiv grenzt die starke und die schwache Deklination voneinander ab, vgl. *der gute Mann*, aber *ein guter Mann*; *das gute Buch*, aber *ein gutes Buch* usw. Daher ist das Adjektiv zum Teil imstande, auch das Genus des mit ihm syntagmatisch verbundenen Substantivs aufzuzeigen.

Das System der N u m e r a l i e n hat sich im allgemeinen stark abgeschliffen. Die drei Genera werden nur noch von der Kardinalzahl *ein/einer* m., *eine* f., *ein/ein(e)s* n. und von den Ordinalien unterschieden. *ein* ist zugleich unbestimmter Artikel, vgl. ***ein** Mann* m., ***eine** Frau* f., ***ein** Kind* n.

In neuhochdeutscher Zeit ist es auch in der Kategorie der P r o n o m i n a zu mehreren Neuerungen gekommen. Das ursprünglich nur akkusativische Reflexivum *sich* hat noch im 16. Jh. auch auf den Dativ übergegriffen, indem es aus dieser Funktion die ursprünglicheren Formen der Personalpronomina (*ihm* m.-n., *ihr* f. 'sich' Dat.) verdrängte. Das Personalpronomen der 3. Person hat im Singular den Unterschied der drei Genera bewahrt (*er, sie, es*), im Plural hingegen aufgegeben (*sie*). Der Instrumentalis ist aus dem pronominalen Kasussystem geschwunden. Eine Erweiterung läßt sich dafür im nuancierteren Ausdruck der Funktion des Genitivs und des Dativs verzeichnen, die der Einführung neuer, erweiterter Nebenformen zu verdanken ist, vgl. *mein* → *meiner, des* → *dessen* m., *der* → *deren* f. bzw. *der* → *deren* ∼ *derer* Pl., *den* → *denen* Dat. Pl. usw.

Das V e r b ist entweder „stark" oder „schwach". Das Neuhochdeutsche zeigt eine entschiedene Tendenz zum Ausgleich der Lautwechsel innerhalb der Ablautsreihen. Der Stammvokal des Singulars und des Plurals des Präteritums waren in frühneuhochdeutscher Zeit noch in den meisten Klassen selbständig. Diese Unterscheidung kommt heute nur noch reliktweise, in Sprichwörtern, Redewendungen u. dgl. vor, z. B. *wie die Alten **sungen**, so zwitschern die Jungen* gegenüber *sang* (Sing. Prät.), desgleichen ist sie noch ab und zu am synthetischen Konjunktiv (z. B. *stünde* ← mhd. *stu[o]nt* ≠ *standen*) zu erkennen. Der auf das VERNERsche Gesetz zurückgehende Konsonantenwechsel unter den einzelnen Stammformen wurde parallel dazu ebenfalls weitgehend ausgeglichen. Charakteristisch ist andererseits die Verschiebung im Verhältnis der starken und der schwachen Verba zugunsten der letzteren, demzufolge im Deutschen der Gegenwart keine neuen starken Verba gebildet werden, bzw. manche ursprünglich starke Verba bereits ganz oder zum Teil in die Kategorie der schwachen Verba übergingen, z. B. *spalten — spaltete — gespalten/gespaltet, melken — molk/melkte — gemolken/gemelkt.*

Die grundlegenden Ablautsreihen der starken Verba sind: 1. *greifen — griff — gegriffen*; 2. *bieten — bot — geboten*; 3. *binden — band — gebunden*; 4. *nehmen — nahm — genommen*; 5. *lesen — las — gelesen*; 6. *fahren — fuhr — gefahren.*

Die Klassen der schwachen Verba waren größtenteils schon im Mittelhochdeutschen vereinheitlicht. Dieser Prozeß wurde im Neuhochdeutschen im wesentlichen abgeschlossen, indem das Bildungssuffix des schwachen Präteritums generell zu *-te* wurde und das Partizip der Vergangenheit außer diesem *-t*-Suffix auch noch das Präfix *ge-* erhielt, z. B. *sagen* — *sag***te** Prät. — *gesag***t** Part. Prät. Eine Untergruppe bilden dabei die ursprünglich langvokalischen Stämme, d. h. die sogenannten „rückumlautenden" Verba, vgl. *brennen* — *brannte* — *gebrannt*.

Von den alten Präteritopräsentien sind die folgenden erhalten: 1. *weiß* — *wußte*; 2. *kann* — *konnte*; 3. *darf* — *durfte*, ferner die Weiterbildung *bedarf* — *bedurfte*; 4. *soll* — *sollte*; 5. *mag* — *mochte* (und *vermag* — *vermochte*); 6. *muß* — *mußte*.

Zu diesen gesellte sich *will* — *wollte* von den athematischen Verben, bzw. *gehen*, *stehen*, *lassen*, *tun* und *haben* sind unter die starken Verba eingereiht worden. Seine Eigenständigkeit hat eigentlich nur das Verbum substantivum *sein* bewahrt, vgl. die Formen *bin*, *bist*, *ist*, *sind*, *seid*, *war*, *gewesen* usw.

Die Endung der 3. Pers. Pl. der Verba *-ent* wurde im Neuhochdeutschen zu *-en* und dadurch mit der 1. Pers. Pl. vereinheitlicht, z. B. *wir leben* $\sim$ *sie leben* $\neq$ *ihr lebt* bzw. *wir lebten* $\sim$ *sie lebten*. Der Infinitiv hat seine Flexionsfähigkeit eingebüßt, dafür setzte sich die Konstruktion *zu* + *Infinitiv* in ihrer modernen Funktion fest, z. B. *sehen* $\rightarrow$ *zu sehen* (vgl. engl. *see* $\rightarrow$ *to see*). Von weiteren kleineren Neuerungen abgesehen, wurde die Grammatik des Verbs dank der Zunahme analytischer Gebilde äußerst erweitert, indem sich dem bereits im Mittelhochdeutschen gängigen Perfekt und Plusquamperfekt im Neuhochdeutschen die analytischen Formen des Futurums und des Konditionalis sowohl im Aktiv wie im Passiv anschlossen. Dementsprechend ist auch die Rolle der Hilfsverba wie *sein*, *haben*, *werden* usw. viel größer geworden.

All diese Veränderungen haben sich im Umbau der Syntax summiert. Die Wortstellung wurde z. B. erst in neuhochdeutscher Zeit endgültig gefestigt.

Der Wortschatz wurde im Neuhochdeutschen mit zahlreichen Entlehnungen ergänzt. Zu Beginn der Entstehung kapitalistischer Verhältnisse, im 14.—16. Jh., war der Einfluß des Italienischen besonders groß, z. T. in der Terminologie des Handels, z. T. in den Sachgruppen der Schifffahrt und der Kriegskunst, z. B. it. *conto* > *Konto*, it. *credito* > *Kredit*, it. *capitale* > *Kapital* bzw. it. *galera* > *Galeere*, it. *fregata* > *Fregatte* und it. *arsenale* > *Arsenal*, it. *canone* > *Kanone*, it. *caserna* > *Kaserne*.

Im Zeitalter der Renaissance und des Humanismus hat auch das Lateinische auf die deutsche Lexik stark eingewirkt. Das Wortgut der

Wissenschaften, der Jurisprudenz, der Kirchenmusik u. dgl. wurde auch in dieser Epoche mit (mittel)lateinischen (bzw. durch das Lateinische vermittelten griechischen) Elementen aufgefüllt, z. B. *philosophia* > *Philosophie*, *logica* > *Logik*, *materia* > *Materie*, *advocatus* > *Advokat*, *processus* > *Prozeß*, *hypotheca* > *Hypothek*, *academia* > *Akademie*, *facultat-* > *Fakultät*, *doctor* > *Doktor*, *rector* > *Rektor*, *professor* > *Professor*, *nota* > *Note*, *contrapunctum* > *Kontrapunkt*, *octava* > *Oktave* u. dgl.

Vom 14. Jh. an kam eine zweite Welle slawischer Wörter nach Deutschland, z. B. *Peitsche* (vgl. poln. *bicz* ~ tschech. *bič*), *Petschaft*.

Die Fremdwörter, die im 16.—18. Jh. übernommen wurden, waren in ihrer überwiegenden Mehrzahl französischer Herkunft, was mit dem potenzierten Einfluß der französischen Kultur in allen Bereichen des Lebens zusammenhängt, so im Kriegswesen (z. B. *Offizier*, *Leutnant*, *General*, *Armee*), in der Mode (z. B. *Mode*, *Dame*, *elegant*, *Perücke*), in der Nahrung (z. B. *Haschee*, *Likör*), um von den Lehnübersetzungen ganz zu schweigen, z. B. frz. *bel esprit* → *Schöngeist*, *avantgarde* → *Vorhut*, *ordre de jour* → *Tagesordnung*, *opinion publique* → *öffentliche Meinung*.

Im Zeitalter der Revolutionen von 1789 und 1848 haben lateinisch-griechische Wortprägungen zumeist dank französischer Vermittlung bzw. nach französischem Vorbild auch ins Deutsche Eingang gefunden, z. B. *Republik* (< frz. *république* < lat. *res publica*), *Reaktion* (< frz. *réaction* < lat. *reactio*), *Konstitution* (< frz. *constitution* < lat. *constitutio*), *Demokratie* (< frz. *démocratie* < gr.-lat. *democratia*) bzw. *Bourgeoisie*, *Proletariat* (< frz. *prolétariate* < lat. *proletariatus*), *Sozialdemokrat*, *Sozialismus*, *Kommunist* usw.

Nach dem Sieg der Industrierevolution drangen auch viele englische Wörter ins Deutsche (z. B. *Streik*, *Boykott*), nicht zuletzt aber die Ausdrücke des politischen Lebens, der Literatur, der Mode, der Küche u. dgl., z. B. *Parlament*, *Debatte*, *Humor*, *Klub*, *Ballade*, *Frack*, *Pullover*, *Plaid*, *Pudding*, *Puntsch*, *Keks*. Im 19. Jh. hat das Englische vor allem Termini des Sports, der Technik und der Ökonomie geliefert wie *boxen*, *Jockey*, *Sport*, *Start*, *Tennis* bzw. *Lift*, *Film*, *Koks*, *Konzern*, *Export*, *Import*. Nach englischen Vorbildern wurde eine Reihe von Lehnübersetzungen geprägt, vgl. ne. *steamer* (< *steam* 'Dampf') → *Dampfer*, ne. *football* → *Fußball*, ne. *still-life* → *Stilleben*.

Im Zeitalter der sozialistischen Revolutionen im 20. Jh. haben sich auch russische Wörter bzw. auf russischer Basis geschaffene Lehnübersetzungen eingebürgert, z. B. *Sowjet*, *Bolschewik*, *Kolchos*(*e*) bzw. *Räterepublik*, *Fünfjahr*(*es*)*plan*, *Planwirtschaft* u. dgl.

Zur Bereicherung des deutschen Wortschatzes haben auch weitere Sprachen der Erde beigetragen, so die Kultursprachen des Orients (z. B.

Arabisch: *Kalif, Mameluck, Matratze, Alkohol*; Chinesisch: *Tee, Gong*; Japanisch: *Kimono, Karate, Harakiri*; Türkisch: *Bazar, Kaviar*), die Indianersprachen Amerikas – meistens auf dem Umweg über das Englische –, z. B. *Tabak, Kautschuk, Schokolade, Tomate, Kakao*, des weiteren die Sprachen Afrikas (z. B. *Zebra, Gnu*) und Australiens bzw. Ozeaniens (z. B. *Rum, tätowieren, Känguruh*), aber auch die nordgermanischen Sprachen (z. B. *Ski, Geiser, Saga, Skald*), das Niederländische (z. B. *Aktie, Makler, Aprikose*), das Ungarische (z. B. *Tschako, Husar*[*e*], *Gulasch*) usw.

Der Anbruch der technisch-wissenschaftlichen Revolution hat in aller Welt eine Menge künstlich gebildeter, aus griechisch-lateinischen Elementen geschaffener Fachausdrücke ins Leben gerufen, die mit Recht als international bezeichnet werden, z. B. *Auto*(*mobil*), *Telephon, Radio, audiovisuell, Biochemie* usw. Nach dem Zweiten Weltkrieg stieg besonders die Zahl der englischen (genauer gesagt: amerikanischen) Entlehnungen im Deutschen an, in erster Linie in der Bundesrepublik und in Westberlin (z. B. *Swimming-pool, Hobby, Thriller, Camping*), während in der DDR, infolge der politisch-historischen Entwicklung sich mehr der Einfluß der sowjetisch bedingten Lexik des Russischen durchsetzt (z. B. *Stachanowarbeiter* → *Henneckebewegung, Personenkult, Pionierlager*). Die sprachlichen Folgen der Spaltung Deutschlands zeigen sich naturgemäß in der Lexik am stärksten.

IV.4.69. Textproben

(a) *Frühneuhochdeutsch*

Ich hab keine gewisse / sonderliche / eigene Sprach im Teutschen / sondern brauche der gemeinen Teutschen Sprach / daß mich beyde / Ober vnd Niderlånder verstehen mögen. Ich red nach der Såchsischen Cantzeley / welcher nachfolgen alle Fůrsten vñ Kőnige im Teutschlande / alle Reichßståtte / Fůrstenhöve / schreiben nach der Såchsischen vnd vnsers Fůrsten Cantzley / Darumb ists auch die gemeineste Teutsche Sprach . . .

(Martin Luther: *Tischgespräche.*)

Ober- vnd Niderlånder 'Ober- und Niederdeutsche'; *vnd, vñ* 'und'; *såchsisch* 'obersächsisch, meißnisch'; *Reichßståtte* 'Reichsstädte'; *Fůrstenhöve* 'Fürstenhöfe'.

(b) *Modernes Neuhochdeutsch*

Wir haben eine sehr hohe dichterische Sprache und sehr liebliche und ausdrucksstarke Volksdialekte, von denen die Sprache des Umgangs in allen deutschen Landschaften verschiedentlich angefärbt ist. Woran es uns man-

gelt, das ist die mittlere Sprache, nicht zu hoch, nicht zu niedrig, in der sich die Geselligkeit der Volksglieder untereinander auswirkt. Unsere Nachbarn, Nord und Süd, Ost und West, haben sie; wir allein sind ihrer entbehrend. In dieser mittleren Sprache aber faßt sich allezeit das Gesicht einer Nation zusammen.

(HUGO VON HOFMANNSTHAL: *Wert und Ehre deutscher Sprache.*)

IV.4.7. Langobardisch

IV.4.71. Geschichte. Quellen

Der Stamm der Langobarden wurde in der „Germania" des TACITUS zu den Sweben gerechnet, wie auch von seinem Zeitgenossen STRABO, einem der berühmtesten griechischen Geographen und Historiker, der sie um den Beginn unserer Zeitrechnung östlich der Elbe anführte. Dieses Gebiet – die Lüneburger Heide – trug sogar noch lange nach der Abwanderung der Langobarden den Namen *Bardengau*, dessen Mittelpunkt *Bardenwich* – das heutige *Bardowiek* – war. Nach der Stammesüberlieferung, wie sie von PAULUS DIACONUS in seiner Geschichte der Langobarden im 8. Jh. aufgezeichnet wird, sowie nach dem *Codex Gothanus* (aus dem 9. Jh.) stammten sie ursprünglich aus Skandinavien. Die römischen Historiker berichteten über sie bereits als Elbermanen, die an der unteren Elbe ansässig waren. Die Sprache der Langobarden trug, seitdem sie bekannt ist, unverkennbar elbische Züge, d. h. sie gehörte zweifellos zum Südgermanischen.

Im Zeitalter der Völkerwanderung wandten sich auch die Langobarden dem Süden zu. Obschon ihre ersten Scharen gegen Ende des 2. Jh.s u. Z. in Pannonien aufgetaucht waren, setzte sich der ganze Stamm erst im 4.–5. Jh. in Bewegung und zog über Ostdeutschland nach Südosten, wo er im ausgehenden 5. Jh. auch einen Teil Österreichs in Besitz nahm. Von da sowie von der Kleinen Ungarischen Tiefebene, die in der langobardischen Geschichtsschreibung unter dem Namen *Feld* aufscheint, bzw. von Böhmen und Mähren aus besetzten sie 568 Norditalien, wo der Eroberung nach dem Zusammenbruch des Ostgotenreiches (555) so gut wie nichts im Wege stand. Um die Mitte des 6. Jh.s begann sich, offensichtlich unter ostgermanisch-gotischem Einfluß, auch unter den Langobarden die arianische Form des Christentums auszubreiten.

Das neugegründete Königreich der Langobarden hat sich auf den größten Teil Italiens erstreckt, aber das Gros des Stammes siedelte in den nördlichen Provinzen, wo ihr Zentrum Pavia war. Die entlang der Grenzen angesiedelten freien Krieger, die sogenannten H a r i m a n n e n, schlossen sich in Sippen (*fāra*) zusammen; diese Verbände spielten später eine nicht unwesentliche Rolle in der Entstehung der feudalen Latifundien in Italien.

Im ausgehenden 7. Jh. hat die Überhandnahme des Katholizismus eine entscheidende Wendung herbeigeführt, da der Weg zur Verschmelzung der römischen und der langobardischen Volksteile, d. h. zur Assimilierung der Langobarden durch Mischehen, freigelegt wurde. Politisch wurde der Staat

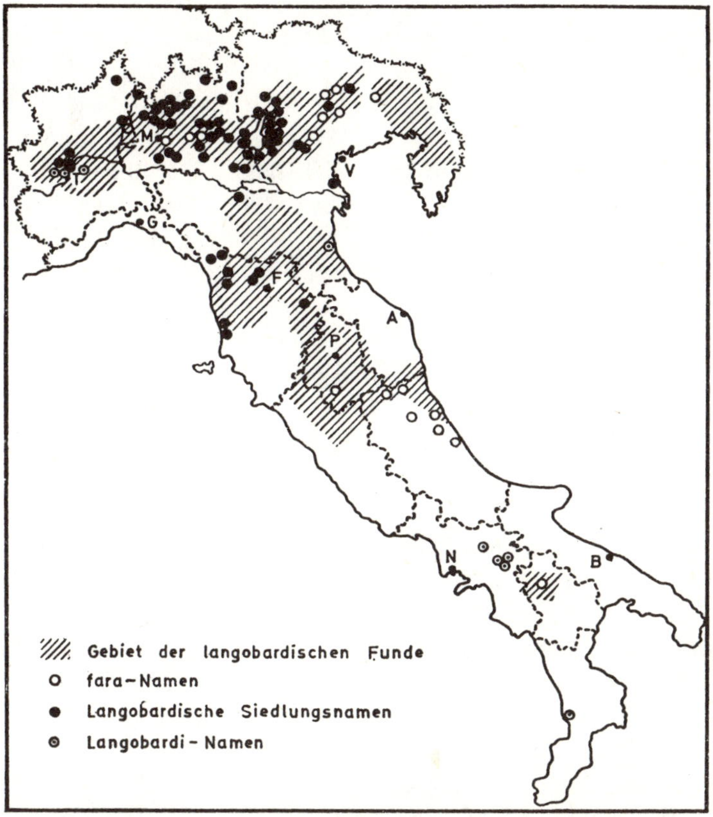

Abb. 62. Verbreitung der Langobarden in Italien (nach Emil Gamillscheg)

der Langobarden zur selben Zeit von zwei mächtigen Feinden bedrängt: vom römischen Papst und von den Franken. Karl der Grosse hat 774 den letzten Langobardenkönig entscheidend geschlagen; damit war auch das Schicksal der Langobarden besiegelt. Lediglich das auch früher schon verhältnismäßig unabhängige langobardische Herzogtum in Süditalien, Benevento, war imstande, sich bis zum 11. Jh. zu halten, dann fiel es der normannischen Eroberung zum Opfer. Das eigentliche Königreich wurde indessen in das Frankenreich eingegliedert. In der weiteren Geschichte Italiens hat dieses auch industriell hochentwickelte Gebiet, die heutige *Lombardei* (Zentrum Mailand), die den Stammesnamen der Langobarden weiterführt, eine hervorragende Rolle gespielt (Abb. 62).

Die Langobarden selbst waren allen Anzeichen nach bereits im 8. Jh. zweisprachig. Ein letzter, zweifelsfreier Beweis des langobardischen Sprachgebrauchs stammt vom Anfang des 11. Jh.s. Es ist kennzeichnend genug, daß auch das vom römischen Recht abweichende langobardische Recht das 11. Jh. nicht überlebte.

Das Langobardische ist in keinen größeren, zusammenhängenden Denkmälern überliefert, da es sich in der Schreibe – von den ältesten Runeninschriften abgesehen – ausschließlich des Lateinischen bediente. Immerhin enthalten die historischen Werke sowie die Urkunden und die Rechtsbücher der Langobarden in großer Zahl auch Belege, die sich zur linguistischen Analyse eignen, vor allem Personennamen und Einzelwörter. Von den wichtigsten einschlägigen Quellen sind das erwähnte Werk des langobardischen Geschichtsschreibers PAULUS DIACONUS (*Historia Langobardorum*), ferner die Urkundensammlungen (TROYA: *Codice diplomatico Langobardo I–VII*. Neapel 1852 ff. bzw. der *Edictus Langobardorum*) an erster Stelle zu nennen.

Noch wichtiger sind in vieler Hinsicht die im Italienischen erhalten gebliebenen langobardischen Personennamen (z. B. *Gairo* < lgb. *gair* 'Ger, Speer', vgl. *Garibaldi*, wo lgb. *-bald* 'kühn' das Nachglied bildet), Ortsnamen (z. B. *Breda* < lgb. *braida* 'Breite, Ebene'; *Berghi/Bergha* < lgb. *berg* 'Berg') sowie die langobardischen Entlehnungen italienischer Mundarten, z. B. *grupia* (Piemont) < lgb. *kruppja* 'Krippe', *rangù* 'Weinstock' (Cremona) < lgb. *hrango* 'Stock, Leiste, Pfahl' u. dgl. Langobardische Wörter sind aber auch in der italienischen Hochsprache in großer Zahl vorhanden, z. B. *gazz(er)a* < lgb. *agazza* 'Elster', *banca* < lgb. *banka* 'Bank', *smaccare* 'beschimpfen' < lgb. *smāhh(j)an* 'herabsetzen, schmähen', *staffile* 'Steigbügelriemen' < lgb. *staffa* 'Stegreif', *strale* 'Pfeil' < lgb. *strāl* 'dass.', *zecca* 'Zecke' < lgb. *zĕkka* 'dass.'. Bis jetzt wurde die Herkunft aus dem Langobardischen für ungefähr 300 italienische Dialektwörter außer jedem Zweifel erwiesen.

Im Norden ihres ehemaligen Königreichs waren die Langobarden auch mit den Vorfahren der Slowenen in enge Beziehungen gekommen, wovon die langobardischen Lehnwörter slowenischer Mundarten ein beredtes Zeugnis ablegen. Die Frage der frühen bairisch-langobardischen Beziehungen aus der Zeit vor der langobardischen Landnahme in Italien harrt zum größten Teil immer noch der Klärung. Die Langobarden haben nicht nur die zweite (althochdeutsche) Lautverschiebung mit den oberdeutschen Stämmen zusammen durchgeführt (vgl. IV.4.72.), sondern den eindringenden Baiern im Raum Niederösterreich, Südmähren und Westungarn zahlreiche geographische Namen übermittelt, darunter höchstwahrscheinlich den Namen *Wien* sowie verschiedene Gewässernamen, z. B.

March (tschech. *Morava*), *Thaya*, *Schwarza*, *Raab* (ung. *Rába*, daher auch der deutsche Name der Stadt *Raab* ~ ung. *Győr*).

Das Fehlen eines langobardischen Schrifttums in der Volkssprache läßt sich beim heutigen Stand unserer Kenntnisse am ehesten damit erklären, daß – wie es auch von Ernst Gamillscheg angenommen wurde – neben dem führenden Hochadel und der armen Bauernschaft bei den Langobarden keine Zwischenschicht entstand, die die volkssprachliche Kultur hätte tragen können. Diese Zwischensphäre blieb auch unter der Langobardenherrschaft den Römern vorbehalten. Die Sprache der Besiegten wurde zuerst von den herrschenden Schichten der Langobarden übernommen. Einen mittelbaren Beweis stellt auch der Umstand dar, daß die langobardischen Lehnwörter der italienischen Mundarten – freilich mit Ausschluß der spezifischen Rechtsterminologie – fast ausnahmslos auf den Wortschatz der langobardischen Kleinbauern zurückgehen, vgl. it. (mdl.) *zirre/zimmaro/zivera* 'Ziege, Vieh' < lgb. *zīber* 'Getier, Großvieh' (vgl. dt. *Ziefer*, *Ungeziefer*), it. (mdl.) *slit(t)a* < lgb. *slita* 'Schlitten', it. (mdl.) *fiadone* 'Honigscheibe' und *fiarone* 'Art Kuchen' < lgb. *flado* 'Fladen', it. (mdl.) *gaburo/gabör* 'Schurke, Schelm, starker/überlegener Mann, ungehobelter Mensch' < lgb. *gabūro* 'Bauer'.

IV.4.72. Das Langobardische

Die Denkmäler des Langobardischen werden, soweit es sich nicht um die Mitteilung der in der Regel in latinisierter Form belegten Originalstellen handelt, meistens in der für althochdeutsche Texte geschaffenen normalisierten Transkription wiedergegeben. Dieses normalisierte Alphabet des Langobardischen enthält die folgenden Grapheme: *a*, *b*, *d*, *e*, *f*, *g*, *h*, *i*, *j*, *k*, *l*, *m*, *n*, *o*, *p*, *q(u)*, *r*, *s*, *ʒ*, *t*, *þ*, *u*, *w*, *z*. Die Aussprache von *qu*, ist [kw], z. B. *quāla* [kwa:la] 'Marter'; *ʒ* lautet [s], z. B. *skauʒ* [skaus] 'Schoß'; *þ* ist das Zeichen für interdentales spirantisches [θ]; *z* vertritt – wie im Deutschen und im Isländischen – die Affrikate [ts], z. B. *zann* [tsann] 'Zahn'. Die Vokallänge wird mit dem Zirkumflex oder mit einem Balken über dem Buchstaben angedeutet (*â*, *ê*, *î*, *ô*, *û* bzw. *ā*, *ē*, *ī*, *ō*, *ū*). Lange Konsonanten werden verdoppelt, z. B. *akkar* 'Acker', *kleffōn* 'rufen, schreien', *ripp(j)a* 'Rippe, Klippe', *skaffil* 'Scheffel'. Der Lautwert von *h* ist im Wortanlaut [h], in sonstiger Stellung [x] wie im älteren Deutsch, im Jiddisch oder im älteren Schottisch. Gegen Ende der langobardischen Sprachentwicklung wurde – wohl unter italienischem Einfluß – [x] zu [h] reduziert, im Anlaut aber völlig aufgegeben, z. B. *harimann* > *arimann* 'Soldat, Krieger'. Außer *e* wird im allgemeinen, wie auch für das Althochdeutsche, auf Grund der Etymologie, auch *ë* besonders bezeichnet, vgl. *skerzan* 'scherzen', aber *fëhu* 'Vieh, Vermögen'. Die Diphthonge sind *ai*, *au*, *eu* (*eo*), *iu*. In latinisierter Umschrift erscheint *þ* als *th* oder einfach als *t*; *u* und *w* werden abwechselnd mit *u, v*; *k* und *z* nicht selten mit *c* bezeichnet.

In phonetisch-phonologischer Hinsicht stand das Langobardische den zeitgenössischen oberdeutschen Stammesdialekten, vor allem dem Altbairischen, sehr nahe. Das kommt am schlagendsten in der Durchführung der zweiten (althochdeutschen) Lautverschiebung zum Ausdruck. Manche Forscher, so u. a. auch Ernst Schwarz, führen diesen Lautwandel geradezu auf das Langobardische zurück. Fest steht allerdings, daß die Anzeichen der zweiten Lautverschiebung im Langobardischen bereits im ausgehenden 6. bzw. im angehenden 7. Jh. in den Denkmälern nachzuweisen sind. Dementsprechend wurden germ. *p, t, k* im Inlaut und im Auslaut (nach Vokal) zu den der Stelle der Bildung nach entsprechenden (inlautend meistens langen) Reibelauten, z. B. *rīffi* 'reif' (≠ as. *rīpi* ~ ags. *rīp*) bzw. *skaf* 'Gestell' (≠ as. *skap*); *stauʒʒan* 'stoßen' (≠ got. *stautan*) bzw. *blauʒ* 'bloß' (≠ ags. *blēat*); *lōhhōn* 'schauen' (≠ as. *lōkōn* ~ ags. *lōcian* > ne. *look*) bzw. *blaih* 'bleich' (≠ as. *blēk* ~ ags. *blāc* > ne. *bleak*). Im Anlaut und im Inlaut (nach Konsonanten) wurden auch im Langobardischen Affrikaten entwickelt: *p* > *pf*, z. B. *pflūma* 'Flaumfeder' (< lat. *pluma* 'Feder') bzw. *krapfo* 'Haken, Klammer' (≠ as. *krampo* ~ mnd. *krappe*), *krampf* 'Krampf' (≠ as. *kramp* ~ ne. *cramp*); *t* > *z*(*z*) [ts, tsts], z. B. *zahhar* 'Tropfen, Träne, Zähre' (≠ ags. *tēar* ~ *tæhher* > ne. *tear*), *razz*(*j*)*an* 'kratzen, (ab)schaben' (≠ mnl. *kretten*), *bolzo* 'Bolzen' (≠ ags.-ne. *bolt*), *sterz* 'Pflugsterz' (≠ ags. *steort* > ne. *start*). Allem Anschein nach hat sich auch *k* ähnlich wie im Althochdeutschen weiterentwickelt. Auch für den Verlust des Stimmtons von *b, d, g* stehen uns Belege zur Verfügung, vgl. *banka* ~ *panka* 'Bank', *tōh* 'Tuch' (≠ as. *dōk*), *gatero* ~ *katero* 'Gitter' (≠ mnd. *gaddere*) usw. Abweichend vom Althochdeutschen hat sich *þ* bis um die Mitte des 8. Jh.s, stellenweise sogar bis ins 9. Jh., im Wortanlaut und in der Konsonantengruppe *-nþj-* als Reibelaut erhalten (z. B. *þampf* 'Dampf', *þrukk*[*j*]*an* 'drücken', *fanþ*[*j*]*o* 'Fahne'), wurde später aber in diesen Stellungen zu *t*. Im übrigen, d. h. im Inlaut und nach Liquiden (*l, r*), hat sich der Wandel *þ* > *d* auch im Langobardischen durchgesetzt.

Von verschiedenen Überlegungen geleitet, hat man das Langobardische früher zum Nordseegermanischen gestellt. Diese Zuordnung hat sich als verfehlt erwiesen: sämtliche Sprachmerkmale des Langobardischen sind elb-, d. h. südgermanisch geprägt, so die Bewahrung der alten Diphthonge *ai* und *au*, z. B. *skaida* 'Scheitel' (≠ ags. *scēada*), *tauff*(*j*)*an* 'eintauchen' (~ nhd. *taufen* ≠ as. *dōpian* 'taufen') bzw. der monophthongische Charakter von *ē* und *ō*. Sprachgeographisch läßt sich also das Langobardische am Nordrand des Südgermanischen, in der Nachbarschaft des Altsächsischen (Ingwäonischen) lokalisieren. Darauf verweisen u. a. die

-ul-Lautungen gegenüber *-ol-* im Süden (z. B. lgb. *wulf* ~ as. *wulf* ≠ ahd. *wolf*), die Endung *-ōs* im Nom. Pl. m. der *a*-Stämme (= as. *-ōs*: *dagōs* 'Tage') sowie die Endung *-a* im Nom. Sing. m. der schwachen Deklination der Adjektiva (z. B. lgb. *arga* = as. *arga*/*argo* = ahd. *arga* 'arg'). Bisweilen, vor allem in Personennamen, ist auch *n* vor Spiranten geschwunden, vgl. *Anspert* ~ *Aspert*, aber es kann bei weitem nicht als eine Gesetzmäßigkeit des Langobardischen gelten.

Andererseits wurde auch der Umlaut durchgeführt, obwohl in geringerem Maße als in den übrigen deutschen Stammesdialekten, z. B. lgb. *wahtāri* > spätlgb. *wahteri* (> it. *guattero*) 'Wächter', lgb. **manni* > *menni* 'Halskette'. Das Unterbleiben der Monophthongierungen *ai* > *ē* und *au* > *ō* zeugt davon, daß das Langobardische isoliert wurde bzw. im Tempo der Entwicklung hinter den Schwestersprachen zurückblieb. Etwas verallgemeinernd läßt sich sagen, daß der Konsonantismus des Langobardischen im Vergleich zu diesen sehr modern, sein Vokalismus hingegen entschieden konservativ war.

Die Rekonstruktion der grammatischen Struktur des Langobardischen ist eine äußerst prekäre und komplizierte Aufgabe. Trotzdem läßt sich jetzt schon festhalten, daß sie sich von den zeitgenössischen germanischen Stammesdialekten, insonderheit vom Althochdeutschen, nicht wesentlich hat unterscheiden können (vgl. IV.4.63.).

IV.4.73. Textproben

(a) *Runeninschrift*

(Bronzekapsel von Schretzheim, Bayern, Ende des 6. Jh.s.)

Arogis m. (Personenname); *d* (vermutlich Abkürzung) → *andi* 'und'; *Alaguþ* (= *Alagunþ*) f. (Personenname); *leuba* f. 'Liebe' (vielleicht ein Frauenname?); *dedun* 'taten'.

(b) *Runeninschriften*

A.

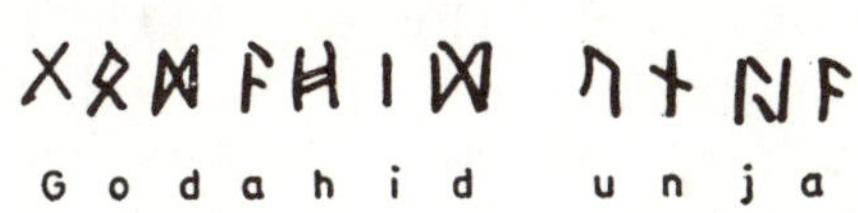

B.

(Bügelfibeln A und B von Pallersdorf [Bezenye], Ungarn, Ende des 6. Jh.s.)

Godahi(l)d f. (Personenname); *(w)unja* f. 'Wonne' (Nom.-Akk. Sing.); *k* (= *ik*) 'ich'; *Arsiboda* f. (Personenname); *segun* 'Segen'.

IV.4.8. Pennsilfaanisch

IV.4.81. Geschichte. Quellen

Im Zuge der Besiedlung des Gebietes der Vereinigten Staaten von Amerika fanden im 17.—18. Jh. größere Gruppen deutscher Kolonisten eine neue Heimat im Osten des späteren Bundesstaates Pennsylvania, vor allem in den Bezirken Northampton, Berks, Lancaster, Lehigh, Lebanon, York und Snyder bzw. in deren Nachbarschaft (Northumberland, Monroe, Mont-

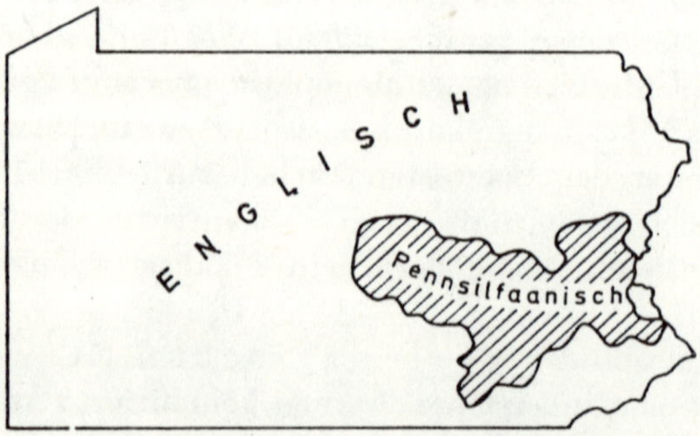

Abb. 63. Deutscher Sprachraum in Pennsylvanien (nach CARROLL E. REED und LESTER W. SEIFERT)

gomery, Bucks, Schuylkill), ferner im Westen des Bundesstaates Maryland und in kleineren Sprachinseln in Ohio, Illinois, Iowa sowie im Staate Ontario in Kanada (Abb. 63).

Die ersten Ansiedler waren hauptsächlich der religiösen Verfolgung wegen als Anhänger verschiedener protestantischer Sekten (Mennoniten, Mährische Brüder usw.) nach Übersee gegangen. 1683 wurde im Land die erste deutsche Stadt, *Germantown*, gegründet. Der Großteil der Einwanderer kam aber erst nach 1710 aus der Rheinpfalz. Die deutschen Kolonisten haben sich in erster Linie als Landwirte angesiedelt, und ihre Nachkommen sind meistens auch heute noch wohlhabende Farmer, die an ihrem angestammten Brauchtum und an ihrer Muttersprache — besonders an amerikanischen Verhältnissen gemessen — ziemlich zähe festhalten. Ihre Volkskunst (Keramik u. dgl.) wird in den USA allgemein hochgeschätzt.

Siedler kamen natürlich nicht nur aus der Pfalz, sondern auch aus Württemberg, Baden, der Schweiz und dem Elsaß, ja sogar aus den damaligen Ostgebieten Deutschlands, und so wurde das alte Grenzland westlich von Philadelphia allmählich ein geschlossener deutschbesiedelter Raum, wo bald auch der Prozeß der I n t e g r i e r u n g der verschiedenen mitgebrachten Mundarten einsetzte. In dieser Zeit, bis etwa 1775, sind verschiedene, im großen und ganzen einheitliche Dialekträume auf der Grundlage der jeweils vorherrschenden fränkischen, schwäbischen oder alemannischen Ortsmundarten entstanden (Ausgleich erster Stufe). Zwischen 1775 und 1820 wurde auch die Integrierung dieser Kleinräume vollzogen (Ausgleich zweiter Stufe). Seit diesem Zeitpunkt sind wir berechtigt, vom Pennsilfaanischen als einem eigenständigen, einheitlichen Idiom zu sprechen. Die neue deutsche Siedlungsmundart hat sich als dermaßen lebensfähig erwiesen, daß sie in ihrem Geltungsbereich sogar die sprachliche Angleichung des angelsächsischen Landvolkes erzielte.

Die Sprache der pennsylvanischen Deutschen bestand in diesem Anfangsstadium — ähnlich wie in der alten Heimat — aus mehreren sozialen Sprachschichten. Über den ländlichen Ortsmundarten stand die mit schriftsprachlichen Elementen bereicherte städtische Umgangssprache, ferner die in der Presse, im Verlagswesen sowie im Unterricht und im kirchlichen Leben herrschende deutsche Hochsprache. Die Bestrebungen, die auf den Zusammenschluß der Sprachgemeinschaft unter der Ägide der deutschen Schrift- bzw. Hochsprache gerichtet waren, mußten in den dreißiger Jahren des vorigen Jahrhunderts scheitern. In der Zeit zwischen 1840 und 1920 wurde die deutsche Hochsprache beinahe aus allen Sphären des pennsylvanischen Kulturlebens verdrängt. Die deutsche Schriftsprache stützt sich seitdem fast ausschließlich auf die mennonitische Kirche, wo sie als eine Art Liturgiesprache weiterlebt, während sich die Bevölkerung sonst des aus den einheimischen Mundarten entstandenen Pennsilfaanischen bedient.

Gemäß der sozialen Gliederung der Sprachträger ist das Pennsilfaanische auch heute mehr eine gesprochene, denn eine geschriebene Sprache, die im öffentlichen Leben, in Versammlungen sowie im Rundfunk und auf der Bühne Pennsylvaniens zwar vorherrscht, in der Presse und im lokalen Verlagswesen aber hinter dem Englischen an zweiter Stelle steht. Zur Zeit wird das Pennsilfaanische allerdings in mehreren Ober- und Hochschulen verschiedener Städte auch als Sprache des Unterrichts verwendet.

Die ältesten Quellen des Pennsilfaanischen sind die örtlichen deutschen Veröffentlichungen der Ansiedlungszeit, die zwar in der deutschen Hochsprache verfaßt wurden, immerhin aber — besonders in lexikalischer Hinsicht — stark genug die Merkmale der Ortsmundarten spiegeln. Diese Sondermerkmale kamen im Laufe des 19. Jh.s vor allen Dingen in der deutschen Presse Pennsylvaniens zum Durchbruch. Um die Sicherung des Ranges einer Schriftsprache für das Pennsilfaanische haben sich die einheimischen Dichter (wie T. H. Harter, Charles C. More, Lloyd Moll, Henry Harbaugh, J. Birmelin u. a.) sowie die Dramatiker (Clarence Iobst u. a.) besondere Verdienste erworben.

Von zerstreuten älteren Veröffentlichungen abgesehen, hat sich das Pennsilfaanische in der Presse gegen Ende des 19. Jh.s endgültig gefestigt, allerdings – und charakteristisch genug – zunächst in einem Organ mit englischem Titel (*The Pennsylvania German Magazine*, 1899–1914). Nach dem Tiefstand, der dem Ersten Weltkrieg gefolgt war, wurde erst 1935 wieder ein zweisprachiges, englisch-pennsilfaanisches Wochenblatt, das *Pennsilfawnisch Deitsch Eck* gestartet, das auch schon die pennsylvaniendeutschen Dichter um sich zu gruppieren verstand. Daneben wurde, zu ähnlichen Zwecken, 1949 die Zeitschrift *The Pennsylvania Dutchman* gegründet.

Die ältesten Quellen der V o l k s s p r a c h e, nämlich die Volkslieder und die Volksmärchen, werden erst in unserer Zeit aufgezeichnet.

IV.4.82. Die deutsche Sprache in Pennsylvanien

Die Bezeichnung *Pennsilfaanisch* für das Deutsche in Pennsylvanien wurde zu Beginn des vergangenen Jahrhunderts geprägt. Daneben sind auch andere Namen wie *Pennsilfaanischdeitsch*, *Pennsilvenideitsch* bzw. – zur Gegenüberstellung mit dem Englischen – einfach *Deitsch* im Schwange. Im Amerikanisch-Englischen ist dafür meistens der Ausdruck *Pennsylvania Dutch* gängig, obwohl das Pennsilfaanische mit dem Niederländischen (ne. *Dutch* 'niederländisch, holländisch', vgl. IV.4.32.) nichts zu tun hat. Amtlich, vor allem in der englischen Presse Pennsylvaniens, ist die korrekte Bezeichnung *Pennsylvania German* verbreitet.

In der Schreibe hat sich das Pennsilfaanische, wie angedeutet, von der deutschen Hochsprache erst stufenweise losgelöst. Als Gründe dafür lassen sich vor allen Dingen die englische Umwelt sowie die Auflockerung und schließlich das Aufhören der Beziehungen zum Mutterland nennen.

Eines der vordergründigsten Probleme der im Werden begriffenen neuen deutschen T o c h t e r s p r a c h e hat sich an Hand der Rechtschreibung ergeben. Die Mundarttexte wurden anfangs strikt nach den Regeln der deutschen Schriftsprache aufgezeichnet, daraus hat sich, mit erhöhter Beachtung der Besonderheiten des Pennsilfaanischen, die sogenannte „deutsche Orthographie" der einheimischen Presse entwickelt. In den sechziger Jahren des 19. Jh.s hat EDWARD H. RAUCH außerdem auch eine sogenannte „englische Orthographie" ausgearbeitet, die nach ihrer Kreuzung mit der „deutschen" Orthographie zum Teil heute noch verwendet wird. Die Regeln der R e c h t s c h r e i b u n g wurden, mit Rücksicht auf den tatsächlichen Sprachstand – also ziemlich elastisch und großzügig –, auf dem Orthographiekongreß von 1938 letzten Endes auf der Grundlage der „deutschen" Orthographie festgelegt. In Anlehnung an diese Beschlüsse haben die Redakteure des *Eck*, PRESTON A. BARBA und ALBERT F.

Buffington, die erste moderne Schulgrammatik bzw. das erste Lesebuch des Pennsilfaanischen herausgegeben.

Seiner Struktur nach ist das Pennsilfaanische eine Mischmundart, die neben den Bestandteilen verschiedener deutscher Dialekte – besonders im Wortschatz und im Satzbau – eine hohe Zahl englischer Elemente aufnahm (Abb. 64).

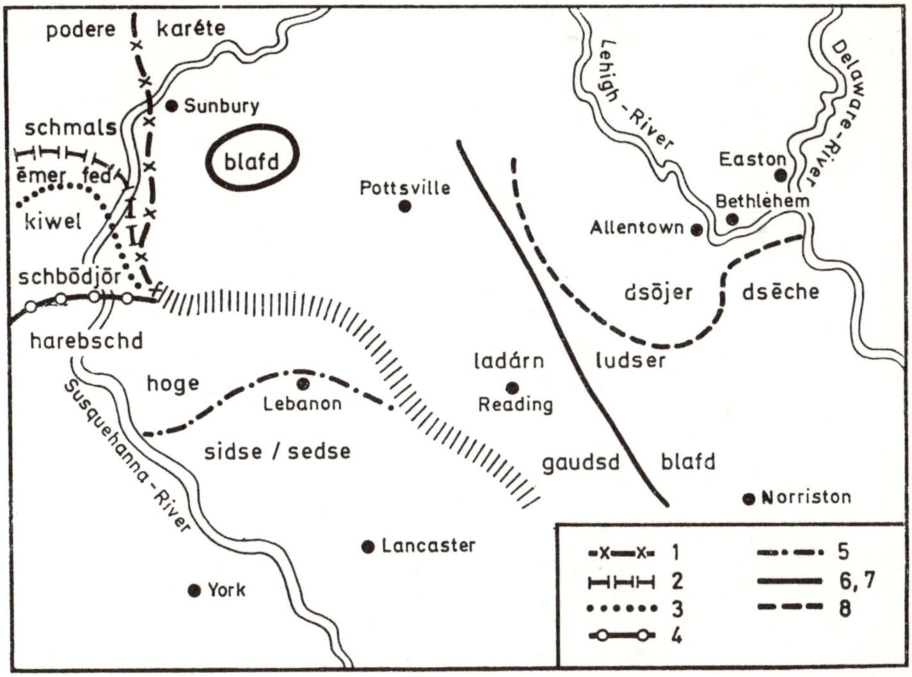

Abb. 64. Mundartgrenzen im Pennsilfaanischen (Südostpennsylvanien; nach Carroll E. Reed und Lester W. Seifert)

1 podere ∼ *karéte* 'Glasperlen', *2 schmals* ∼ *fed* 'Schweinefett', *3 ēmer* ∼ *kiwel* 'Eimer', *4 schbōdjōr* ∼ *harebschd* 'Herbst', *5 hoge* ∼ *sidse/sedse* 'sitzen', *6 ladárn* ∼ *ludser* 'Laterne', *7 gaudsd* ∼ *blafd* 'bellt', *8 dsōjer* ∼ *dsēche* 'Uhrenzeiger'

Im Lautsystem herrscht die südwestdeutsche Grundschicht vor. Die zweite (althochdeutsche) Lautverschiebung erscheint als durchgeführt (z. B. *was*, *zu*, *hees* 'heiß'), immerhin mit den bekannten mitteldeutschen Einschränkungen, z. B. *gegloppt* 'geklopft'. In Nebentonsilben ist der Schwund des Nasals charakteristisch, vgl. *gfalle* 'gefallen', *gebore* 'geboren'. Der Wandel *nd* > *n*(*n*) ist – als mitteldeutsches Merkmal – allgemein eingetreten, z. B. *Kinner* 'Kinder', *anneres* 'anderes'. Im Vokalismus sind ebenfalls die Charakteristika der Grundmundart bewahrt, so der Wandel *a* > *o* bzw. *ā* > *ō* (z. B. *Norr* 'Narr', *S(ch)prooch* 'Sprache'), die Monophthongierung mhd.-nhd. *ei* > *ē* (z. B. *ich weess* [iç ve:s] 'ich weiß') und die allgemeine Entrundung wie *ö* > *ē* (z. B. *gheert* 'gehört') bzw. *äu* [ɔe] > *ē* (z. B. *Beem* 'Bäume').

Die grammatische Struktur entspricht dem Typus der meisten deutschen Mundarten, d. h. sie ist, im Gegensatz zur deutschen Hochsprache, stark analytisch. Bei den Nomina wird kein Genitiv gebraucht, der Akkusativ ist mit dem Nominativ identisch, z. B. *der Man* 'der/den Mann', bzw. wird das Besitzverhältnis durch Umschreibungen ausgedrückt, z. B. *'m Man sei Hut* 'dem Mann sein Hut' oder *der Hut vom Man.* Im Tempussystem der Verba wurde das synthetische Präteritum zugunsten des analytischen Perfekts aufgegeben.

Der Einfluß des Englischen ist im Wortschatz besonders augenfällig, z. B. *ice cream* > *ice kream* [aeskri:m] 'Speiseeis, Gefrorenes', *county* > *Caunty* 'Bezirk, Kreis', *busy* > *büssig* 'geschäftig', *smoke* > *Schmook* 'Rauch', bzw. in Lehnübersetzungen, die bereits auch auf die Syntagmatik und die Syntax übergreifen, z. B. *What time is it?* → *Was Zeit iss 's?* 'wie spät ist es? wieviel Uhr ist es?'; *I am all right* → *ich bin alrecht* 'mir fehlt nichts' u. dgl.

Durch die Literatur vermittelt, erhält das Pennsilfaanische freilich auch ständig Impulse von der deutschen Hochsprache, die jedoch lautlich in der Regel vollkommen absorbiert werden, vgl. *Lebenslauf* > *Leewenslaaf*, *Muttersprache* > *Mudders(ch)prooch.*

Für die Sprachgeschichte bzw. die historische Sprachsoziologie ist es besonders aufschlußreich, daß die herkunftsmäßig wie typologisch nächste Verwandte des Pennsilfaanischen, die Banater bzw. batschkadeutsche „Phälzersproch" ('Pfälzersprache'), d. h. der Dialekt der (z. T. historisch gewordenen) deutschen Siedlungen im nordöstlichen Jugoslawien, im nordwestlichen Rumänien und in Südungarn, trotz mancher ähnlichen Prämissen infolge der Nähe des Hochdeutschen zu keiner selbständigen Tochtersprache entwickelt wurde, sondern auf dem Stand einer Siedlungsmundart verharrt.

IV.4.83. Textproben

(Nach Wolfgang Stammlers „Deutsche Philologie im Aufriß")

(a) *„Englische" Orthographie*:

Kensht du mich? Ich bin der Boonastiel! Dale leit sawga ich ware net gons recht g'scheit. Ferleicht bin ich aw net. Ich bin evva so gabora un cons net helfa, awer 'sis en oldt shprich-wardt os „die kinner un de norra sawga de woreheit".

kensht 'kennst'; *Boonastiel* 'Bohnenstiel' (Pseudonym); *dale* '(doch) alle'; *leit* 'Leute'; *sawga* 'sagen'; *ware* 'wäre' bzw. 'werde'; *net* 'nicht'; *gons* 'ganz'; *g'scheit* 'gescheit, klug, normal'; *ferleicht* 'vielleicht'; *aw* 'auch'; *evva* 'eben'; *gabora* 'geboren'; *un* 'und'; *cons* 'kann es'; *helfa* 'helfen'; *awer* 'aber'; *'sis* 'es ist'; *en* 'ein'; *oldt* 'alt'; *shprich-wardt* 'Sprichwort'; *os* 'daß, als'; *kinner* 'Kinder'; *norra* 'Narren'; *de* 'die'; *woreheit* 'Wahrheit'.

(b) „*Deutsche*" *Orthographie*:

Es waar en kalder Winderdaag,
Die Aerd bedeckt mit Schnee;
Nau harricht was ich zu eich saag,
Seid ihr gross odder klee.
Die Kelt waar wunners scharf un rau,
Sie hot eem 's Harz ball gschtoppt;
Oft hot mer gmeent es waer gans schtill,
Un doch hot's noch gegloppt.

(*'s Pennsilfawnisch Deitsch Eck.* 1949.)

waar 'war'; *en* 'ein'; *kalder* 'kalter'; *Winderdaag* 'Wintertag'; *Aerd* f. 'Erde'; *nau* 'nun, jetzt'; *harricht* 'horcht'; *eich* 'euch'; *saag* 'sage'; *odder* 'oder'; *klee* 'klein'; *Kelt* 'Kälte'; *wunners* 'wunders, sehr, schrecklich'; *un* 'und'; *rau* 'rauh'; *hot* 'hat'; *eem* 'einem'; *'s* 'das'; *Harz* 'Herz'; *ball* 'bald'; *gschtoppt* 'gestoppt, zum Stehen gebracht' (vgl. engl. *stop*); *oft* 'dann'; *mer* 'man'; *gmeent* 'gemeint'; *waer* 'wäre'; *gans* 'ganz'; *schtill* 'still'; *gegloppt* 'geklopft'.

IV.4.9. Jiddisch

IV.4.91. Geschichte. Quellen

Jiddisch (*Yidish*) ist eine der wichtigsten Nebensprachen des Deutschen. Es ist die Muttersprache und innere Verkehrssprache der (west-), mittel- und osteuropäischen, sogenannten „a s c h k e n a s i s c h e n" (d. h. deutschen) Juden, die sich im deutschen Sprachraum im Mittelalter herausgebildet hat. Die deutschen Juden waren nach der Aussage ihrer Sprache vor allem aus den linksrheinischen (galloromanischen) Gebieten nach Südwestdeutschland eingewandert, wo sie sich vor allem in den größeren Städten niederließen. In Deutschland entstanden die wichtigsten jüdischen Siedlungen seit der Karolingerzeit an den großen Handelsstraßen, besonders am Rhein, in den Donauländern, aber auch nördlich davon. Im 10. Jh. haben sich Juden, zusammen mit deutschen Kolonisten, in erster Linie mit Handwerkern und Handelsleuten, auch in der östlichen Nachbarschaft

Deutschlands, so an der Elbe und der Moldau, bis zum 15. Jh. sogar in Norditalien, namentlich in der Lombardei, festgesetzt.

Einen folgenschweren Einschnitt in der Geschichte der deutschen Judenheit bedeuteten die in Westeuropa um 1300 einsetzenden, zum Teil mit den Kreuzzügen zusammenhängenden und auf Deutschland und Ungarn übergreifenden Judenverfolgungen, die zur massenweisen Auswanderung deutscher Juden nach Polen und Litauen zwischen dem 13. und 16., besonders im 14. und 15. Jh., geführt haben. Diese Ostbewegung hielt, parallel zu den europäischen Pogromen, bis ins angehende 17. Jh. an, freilich mit verschiedener Intensität in den einzelnen Epochen.

Die Geschichte der aschkenasischen Juden hat auch in der Entwicklung ihrer Sprache bleibende Spuren hinterlassen. Das in der Sprache der Liturgie auch weiterhin bewahrte und sorgsam gepflegte Hebräisch-Aramäische wurde als Substrat im galloromanischen Sprachraum von zahlreichen altfranzösischen Elementen überlagert. Das im Ergebnis der sprachlichen Angleichung in Deutschland entstandene Jiddisch erfuhr dann in den slawischen Ländern auf allen Sprachebenen eine gewaltige slawische Durchdringung (vgl. IV.4.94.). Unter dem Druck der Judenverfolgungen und der Wirtschaftskrisen der Neuzeit wanderten Jidden (d. h. Juden mit jiddischer Muttersprache) in großer Menge auch nach Übersee, wo sie sich vor allem in den Vereinigten Staaten niederließen. Seit Ende des 19. Jh.s verschob sich das Schwergewicht der jiddischen Kultur immer mehr auf das amerikanische Festland, obwohl ihre traditionellen Zentren in Europa, wenn auch stark eingeschrumpft, z. T. heute noch bestehen, so in erster Linie in der Sowjetunion (Moskau, Kiew, Lemberg [ukr. Лвив], Odessa, Minsk, Wilna, Munkatsch [ukr. Мукачево], Tschernowitz usw.), in Polen (Warschau, Breslau [poln. Wrocław] usw.), Rumänien (Bukarest) und — in Resten — in der Tschechoslowakei (Prag, Brünn). Im Fernen Osten der Russischen Konföderation in der Sowjetunion, an der Grenze Südostsibiriens und der Mandschurei ist 1934 (mit etwa 100 000 Einwohnern) das *Jüdische Autonome Gebiet Birobidschan* entstanden, wo Jiddisch neben Russisch als zweite Amtssprache fungiert. In Übersee befinden sich die bedeutendsten jiddischen Zentren in den Vereinigten Staaten von Amerika, wo heute übrigens mehr als die Hälfte der gesamten Judenheit der Erde ansässig ist. Hier sind zu nennen: New York, Chicago, Philadelphia, Los Angeles, Boston, Detroit, Cincinnati, ferner die Großstädte in Kanada, Mexiko und Südamerika, vor allem Argentinien. Der westliche Zweig der Juden, der früher den Grundstock der jiddisch sprechenden Judenheit, der sogenannten Jidden (j. *yid* 'Jude') bildete, wurde z. T. von der jeweiligen Umgebung sprachlich assimiliert, z. T. ist er den Judenverfolgungen der Nationalsozialisten während des

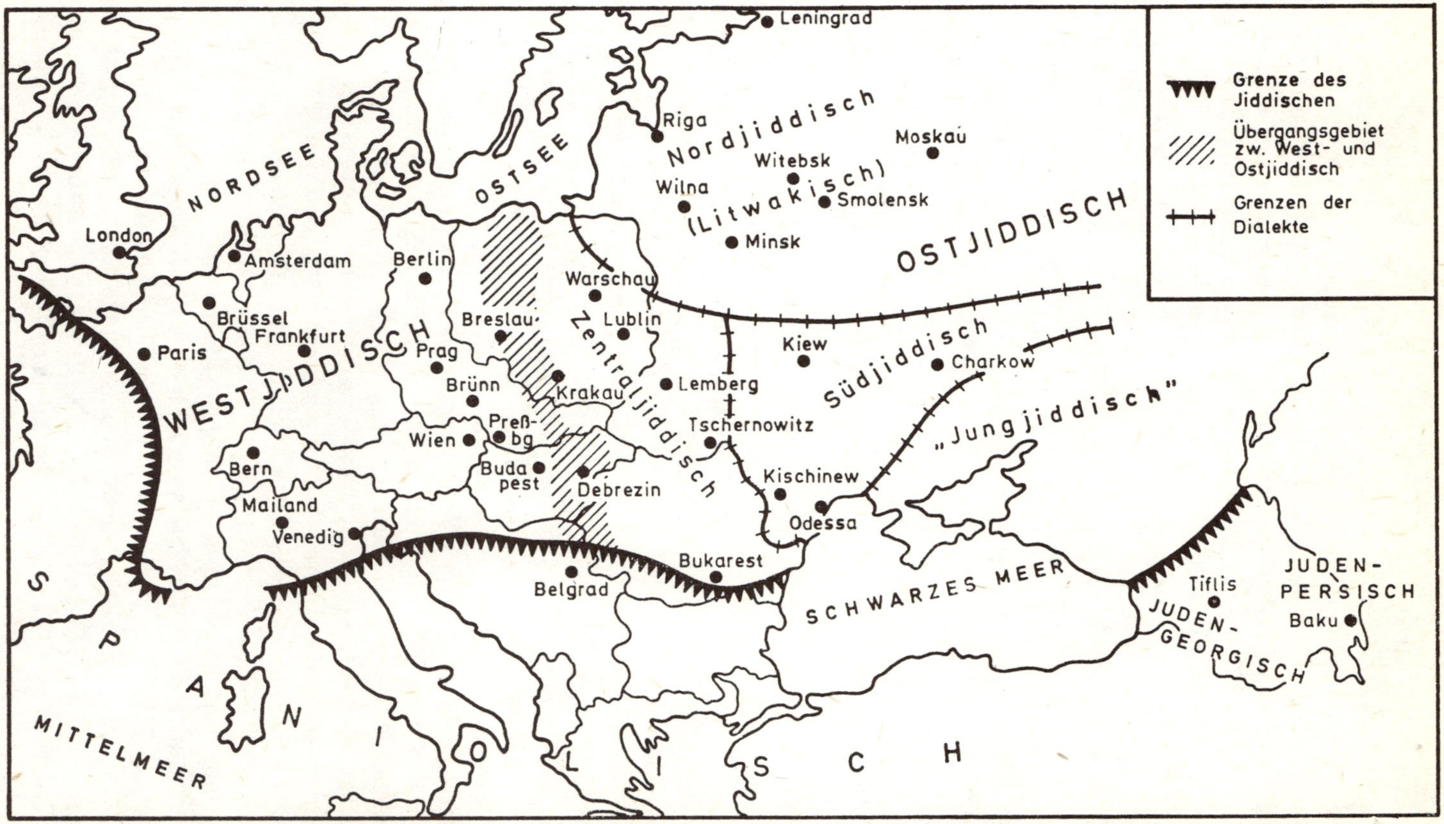

Abb. 65. Verbreitung des Jiddischen in Europa (nach Franz Josef Beranek und Uriel Weinreich)

Zweiten Weltkriegs zum Opfer gefallen, wobei nicht weniger als 6 Millionen, größtenteils jiddisch sprechende Menschen ums Leben kamen. Die Zahl der Juden mit jiddischer Muttersprache wird heute auf etwa 2 Millionen geschätzt. Außer in Rumänien, Polen und der Sowjetunion, wo es zum Teil heute noch ein jiddisches Kulturleben (Theater, Presse, Schulen, Verlagswesen) gibt, wird das Jiddische in Europa nur noch von der religiösen Orthodoxie bzw. von kleineren Streugruppen im Elsaß, in der Schweiz und in den Niederlanden gepflegt. Jiddische Diaspora jüngster Herkunft besteht allerdings auch sonstwo, so in Paris, in England und in Belgien. Kleinere jiddische Gemeinschaften existieren auch in Israel, wo die Amtssprache aber das Neuhebräische (*Iwrit*) ist.

Die ältesten Denkmäler des jiddischen Schrifttums reichen in das 12. Jh. zurück. Es sind das vor allem interlineare deutschsprachige (jiddische) Glossen in hebräischen religiösen Werken, die ebenfalls mit hebräischen Lettern niedergeschrieben wurden. Die ersten größeren, zusammenhängenden Sprachdenkmäler stammen aus dem 14. Jh. Die jüdischen Verfasser des 13. Jh.s bedienten sich nämlich noch ausschließlich des Deutschen, so der einzige auch seinem Namen nach bekannte, nach der Meinung mancher Forscher jüdische Minnesänger, SÜSSKIND VON TRIMBERG. Das wichtigste Denkmal des 14. Jh.s ist die jiddische Bearbeitung des deutschen Kudrunliedes, der sogenannte *Dukus Horant*, d. h. 'Prinz Horant' (1382). Für die Sprachgeschichte sind die z. T. schon jiddischen Urkunden aus dem Mittelalter (Fehdebriefe u. dgl.) besonders wertvoll.

Die Ausbreitung des Buchdrucks hat auch die jiddische Literatur einer Blütezeit entgegengeführt, zunächst im Bereich des religiösen Schrifttums (Gebetbücher, Erbauungsliteratur, biblische Geschichten, Übersetzungen und Kommentare, religiöse Schauspiele usw.), dann aber auch in der weltlichen Epik, nicht zuletzt unter dem Einfluß der deutschen Volksbücher. Besonders hervorzuheben ist das *Bovebukh* ('Bowe-Buch', 1507) des ELIJA LEVITA aus Venedig, eine Bearbeitung des italienischen Romans von BUOVO D'ANCONA in jiddischen Versen. Aus dem 17. Jh. sind zahlreiche Sammlungen von Erzählungen mit belehrender Tendenz, sogenannte *maysebikher* (< j. *mayse* 'Geschichte, Märchen, Sage, Fabel, Erzählung' und j. *bukh* 'Buch'), auf uns gekommen.

Im Zeitalter der jüdischen Aufklärung, der sogenannten *Haskala*, ist im 19. Jh. die moderne jiddische Literatur entstanden, deren größte Klassiker, MENDELE MOYKHER SFORIM (1836—1917), YITSHOK LEYB PERETS (1851—1915) und SHOLEM ALEKHEM (1859—1916) mit Recht als die bedeutendsten Formgeber der modernen jiddischen Schriftsprache angesehen werden.

IV.4.92. Entwicklung und Dialekte des Jiddischen

Die Bezeichnung der Sprache als *Jiddisch* stammt aus dem deutschen Namen des jüdischen Volkes (vgl. j. *yid* m. 'Jude') und ist in dieser Funktion zuerst i. J. 1597 auch schriftlich belegt. Die Außenwelt hat das Jiddische, angesichts der großen Affinität zum Deutschen, bis in die jüngste Zeit als Judendeutsch (oder Jüdisch-Deutsch) bezeichnet. In jüdischen Kreisen wurde das Jiddische – besonders im deutschen Sprachraum – einfach Taytsh, d. h. 'Deutsch' genannt, oder noch häufiger – und mit bewußter Geringschätzung – als Jargon, eine Art „verderbtes Deutsch" bezeichnet. Indessen ist dieses Urteil verfehlt: Jiddisch ist heute in jeder Hinsicht ein rechtsgleiches Glied in der Kette der germanischen Sprachen und verfügt über eine entwickelte Literatur, ein weites Unterrichtsnetz, in Birobidschan sogar über einen staatlichen Rahmen.

Das Frühjiddische hat sich – abgesehen von seinem hebräisch-aramäischen und romanischen (altfranzösischen) Substrat – im wesentlichen von der deutschen Sprache seiner zeitgenössischen Umwelt nicht unterschieden. Seine Sprachträger bildeten aber in erster Linie eine städtisch-bürgerliche Gesellschaftsschicht, und somit ist es leicht verständlich, daß sich das Jiddische nicht als ein territorialer Dialekt, sondern als eine überlandschaftliche Verkehrs- bzw. Umgangssprache entwickelte. Es schlug vom Anfang an den für die Umgangssprachen charakteristischen Weg zur weitgehenden Integration ein, obwohl seine Sprecher in einem Riesengebiet zerstreut siedelten. Hinsichtlich seiner deutschen Grundlagen trägt das Jiddische einen hochdeutschen Charakter, genauer gesagt, es ist aus der organischen Verbindung ober- und mitteldeutscher Elemente hervorgegangen, und zwar – letzten Endes – in mittelhochdeutscher bzw. frühneuhochdeutscher Zeit. Die voraufgegangene Periode wird von manchen Forschern als Urjiddisch bezeichnet. Wir ziehen es allerdings vor, jenen nur unzulänglich erforschten Sprachzustand vorsichtshalber Vorjiddisch zu nennen. Die Entwicklungsphase vom 14. zum 17. Jh. ist das Altjiddische; vom 18. Jh. an sind wir berechtigt, vom Neujiddischen zu sprechen.

In altjiddischer Zeit sind verschiedene lautliche Neuerungen – besonders im Vokalismus – eingetreten: 1. Die Entrundung der gerundeten Vokale, z. B. mhd. *jüde* ~ aj. *yid* 'Jude'; 2. Die Entfaltung der Tendenz *ā* > *ō*/*ū*, z. B. mhd. *zwahen*/*zwân* ~ aj. [tsvo:gə̥/tsvu:gə̥] 'die Haare waschen'; 3. Die Palatalisierung von *u* ~ *ū* bzw. *uo* > *ū*, z. B. mhd. *bruoder* ~ aj. [bry:dər] 'Bruder' (vgl. im Pl. mhd. *brüeder* ~ aj. [bri:dər] 'Brüder'); 4. Die Diphthongierung von *ō* zu [ou], vgl. mhd. *tôt* ~ aj. [tout] 'tot'; 5. Die Brechung von (*u* >) *y* sowie von *i* vor [x], z. B. mhd. *buoch* ~ aj. [byəx] 'Buch', mhd. *ich* ~ aj. [iəx] 'ich'. Vor allen Dingen sei aber die

Reduktion der Vokale der Nebentonsilben (zu ə) hervorgehoben, die auch im Jiddischen mit dem tiefgreifenden Umbau der morphologischen Struktur einherging.

Manche von den genannten Erscheinungen wurden in den verschiedenen Mundarten des Jiddischen noch in altjiddischer Zeit weiteren Wandlungen unterzogen. Im Osten wurde (*u* >) *y* entrundet, vgl. aj. [bry:dər] > [bri:dər] 'Bruder' (wobei hier der Singular mit dem Plural [bri:dər] zusammenfiel); aus altem *ā* entstandenes *ō*/*ū* wurde im selben Raum zu [uə] diphthongiert, vgl. aj. [fɔ:tər, fu:tər] > [fuətər] 'Vater'; während (*ō* >) *ou* im Westen zu [ɔi], im Osten darüber hinaus zu [ei] wurde, vgl. aj. [tout] > [tɔit] bzw. [teit] 'tot'. Im Osten wurde — parallel dazu — auch mhd.-aj. *ē* zu [ei] diphthongiert, z. B. aj. [me:lax] > [meilax] 'König'.

Gegen Ende der altjiddischen Periode wurde, parallel zu den entsprechenden Wandlungen im Deutschen, auch die Diphthongierung der alten Längen abgeschlossen, vgl. mhd.-aj. *ū* > *au* und mhd.-aj. *ī* > *ai* im Westen bzw. *au* > *oi* und *ai* > *ā* im Osten, z. B. mhd. *hûs* ~ aj. [hy:s] > nj. [haus] bzw. [hois] 'Haus'; mhd.-aj. *wîp* > nj. [vaib] bzw. [va:b] 'Weib'. Gleichzeitig wurde mhd.-aj. *ei* bzw. *ai* im Osten zu [eı], im Westen zu [a:] entwickelt, vgl. mhd.-aj. *stein* > nj. [ʃteın] bzw. [ʃta:n] 'Stein'.

Der Konsonantismus zeigt die Folgen der zweiten (hochdeutschen) Lautverschiebung, allerdings mit deren mitteldeutschen Einschränkungen im Osten, vgl. mhd. *kopf* ≠ nj. *kop*, nhd. *Apfel* ≠ nj. *apl*, nhd. *Pferd* ≠ nj. *ferd*. Die westjiddischen Mundarten entsprechen dem oberdeutschen Stand, vgl. [k^{h}opf], [apfl̥], [pfɛrd]. Dank der hebräisch-aramäischen und der slawischen Interferenz sind [h] und [x] bzw. [s] und [z] nicht die Allophone eines Phonems, sondern vollwertige Phoneme, vgl. [halə] 'Halle' gegenüber [xalə] 'eine Art Kuchen' bzw. [sax] 'viel' gegenüber [zax] 'Sache'. Die Artikulationsbasis liegt in der Mundhöhle im allgemeinen weiter nach hinten verschoben als im Deutschen, was ebenfalls als ein altes — östliches — Merkmal des Jiddischen gelten darf.

In seiner Morphologie zeigte das Altjiddische noch keine nennenswerten Abweichungen vom Deutschen. Bis zur neujiddischen Periode hat es hingegen von den synthetischen Tempora das Präteritum aufgegeben und eigene Formen des Konjunktivs entwickelt (vgl. IV. 4.94.).

Wie zu sehen ist, sind durch die spätmittelalterliche Wanderbewegung der aschkenasischen Juden (*Aschkenasi* war die Bezeichnung für Deutschland im hebräischen Schrifttum des Mittelalters) innerhalb des Jiddischen zwei große, geschlossene Dialektbereiche entstanden, ein west- und ein ostjiddischer Raum, die unter der späteren Überdachung durch deutsche bzw. slawisch-baltische Einflüsse verschiedene Entwicklungswege einschlugen. Heute unterscheidet man zwischen Westjiddisch (*may-*

rev-yidish von j. *mayrev* 'West') und O s t j i d d i s c h (*mizrakh-yidish* von j. *mizrakh* 'Ost'). In der Entstehung der jiddischen Schriftsprache kam den ö s t l i c h e n Mundarten eine besonders große Rolle zu, vor allem dem sogenannten L i t w a k i s c h e n, d. h. Litauisch-Jiddischen, das u. a. die Rundung *u* > *y* nicht durchgeführt hat (vgl. litw. [brudər] 'Bruder') und deshalb in seinem Lautstand dem Deutschen unter sämtlichen jiddischen Dialekten am nächsten steht. Seine normative Rolle ist jedoch zweifellos nicht diesem Umstand zuzuschreiben, sondern der hervorragenden Bedeutung seiner Träger, der sogenannten „Litwaken" (d. h. litauischer Juden), in der Entwicklung der aschkenasischen Judenheit. An der südöstlichen Nahtstelle des West- und des Ostjiddischen, im Karpatenbecken, wird der westjiddische Dialekt als *Oyberlendish* 'Oberländisch', der ostjiddische Dialekt als *Interlendish* 'Unterländisch' bezeichnet, welche Benennungen aber nicht die gegenwärtige, sondern die historische Lagerung dieser Mundarten andeuten und heute lediglich auf die Sprache bzw. deren Träger (und nicht auf etwaige geographische Gegebenheiten) bezogen werden.

IV.4.93. Die jiddische Sprache

Die O r t h o g r a p h i e der jiddischen Schriftsprache beruht vor allem auf dem phonetischen Prinzip, ist jedoch, was die Schreibung der hebräisch-aramäischen Elemente des Jiddischen betrifft, nicht einheitlich. Seit der Orthographiereform von 1926 werden die hebräisch-aramäischen Wörter des Jiddischen in der Sowjetunion ebenfalls phonetisch geschrieben, während in Westeuropa und in Übersee diese Wörter traditionsgemäß, d. h. nach dem historischen Prinzip, fixiert werden. So wird z. B. [bɔ:xər] 'Jüngling, Bocher' in der westlichen Orthographie als בחור – d. h. als *bkhur* –, nach den östlichen Regeln aber als באָחער – transliteriert: *bokher* – festgehalten. Nach Ende des Zweiten Weltkriegs haben sich die jiddischen Literaten Rumäniens der sowjetischen Reform angeschlossen, während in der jiddischen Presse Polens auch weiterhin die westliche Norm herrscht.

Aus dem Gesagten folgt, daß die westliche Orthographie von sämtlichen Graphemen des hebräischen Alphabets Gebrauch macht, während im Osten jene alten Grapheme ausgemerzt wurden, die in der modernen Aussprache hebräisch-aramäischer Wörter nicht mehr gesprochen werden. Das „Stamm-Alphabet" enthält demnach folgende Grapheme und Digraphe:

א	אָ	ב	ג	ד	ה	וּ	ז	ט	יִ	י	כ
[a]	[o]	[b]	[g]	[d]	[h]	[u]	[z]	[t]	[i]	[y]	[kh]
ל	מ	נ	ס	ע	פּ	פֿ	צ	ק	ר	ש	ת
[l]	[m]	[n]	[s]	[e]	[p]	[f]	[ts]	[k]	[r]	[sh]	[t];
			וו	זש	טש	יי	ײַ	וי			
			[v]	[zh]	[tsh]	[ey]	[ay]	[oy]			

Vor anlautendem *i*, *u*, *oy*, *ey* und *ay* wird das sogenannte „stumme Aleph“ [א] geschrieben, z. B. אוניווערסיטעט [universitet] ‘Universität’, איינער [eyner] m. ‘einer, irgendwer’. In der westlichen Orthographie werden einige Buchstaben im Wortauslaut in ihrer herkömmlichen besonderen Form geschrieben, vgl. ך [kh], ם [m], ן [n], ף [f], ץ [ts]. In der östlichen Orthographie werden auch im Auslaut die Grundformen der entsprechenden Grapheme verwendet (s. o.). Von den verschiedenen Systemen der Transkription mit lateinischen Lettern kann zur Zeit jenes von Uriel Weinreich als das meist verbreitete gelten und wird deshalb auch in diesem Buch verwendet. *z* bezeichnet dabei den stimmhaften Reibelaut [z], *kh* entspricht dem velaren Guttural (*ach*-Laut im Deutschen, Niederländischen und Schottischen bzw. х im Russischen, nach der API der Laut [x]), *y* ist die Bezeichnung von [j] bzw. [i̯] in den Diphthongen, *sh* gibt [ʃ], *zh* den in den romanischen und slawischen Sprachen bekannten Laut [ʒ], *tsh* dagegen die Affrikate [tʃ] wieder. Die Länge der Vokale und der Konsonanten wird, da sie (im Hochjiddischen) phonologisch irrelevant ist, nicht besonders gekennzeichnet.

Die Betonung beruht, wie in allen germanischen Sprachen, auch im Jiddischen auf dem Stamm, aber die hebräisch-aramäischen Wörter sowie auch die meisten Lehnwörter behalten zum Teil ihre ursprüngliche Betonung bei, z. B. *yídish* ‘jüdisch, jiddisch’, aber *milkhóme* ‘Krieg’.

Im Schriftjiddischen besitzt das Nomen noch alle drei Genera, die (im Singular) vor allem durch den bestimmten Artikel angedeutet werden, z. B. ***der*** *sof* m. ‘das Ende’, ***di*** *gas* f. ‘die Gasse’; **dos** *bukh* n. ‘das Buch’. Im Litwakischen wurde jedoch das Neutrum — wie in den baltischen Umsprachen! — aufgegeben, die entsprechenden Wörter wurden den beiden übrigen Genera zugeordnet, z. B. ***der*** *ferd* m. ‘das Pferd’ u. dgl.

Die Deklinationsklassen der Substantiva werden nicht mehr nach den ehemaligen Stämmen, sondern gemäß der Pluralbildung auseinandergehalten. Es gibt im wesentlichen sechs Paradigmentypen: 1.-(*e*)*n*: *tish* m. ‘Tisch’ — *tishn* ‘Tische’, *shif* f. ‘Schiff’ — *shifn* ‘Schiffe’, *oyg* n. ‘Auge’ — *oygn* ‘Augen’, *froy* f. ‘Frau’ — *froyen* ‘Frauen’; 2. -*s*: *zeyde* m. ‘Großvater’ — *zeydes* ‘Großväter’, *yidene* f. ‘Jüdin’ — *yidenes* ‘Jüdinnen’, *lebn* n. ‘Leben’ — *lebns* ‘Leben’ Pl. Trotz ihrer schriftlichen Abweichung in der westlichen Orthographie gehört in deskriptiver Hinsicht auch die Gruppe der hebräisch-aramäischen Wörter mit dem Kollektivplural ha. -*uth* $>$ j. -*es* zu diesem Typus, vgl. *melukhe* ‘Arbeit’ — *melukhes* Pl., *mishpokhe* ‘Familie’ — *mishpokhes* Pl.; 3. -*er* (mit oder ohne Umlaut): *shteyn* m. ‘Stein’ — *shteyner* ‘Steine’, *noz* f. ‘Nase’ — *nezer* ‘Nasen’, *hoyz* n. ‘Haus’ — *hayzer* ‘Häuser’, *bukh* n. ‘Buch’ — *bikher* ‘Bücher’; 4. -*Ø* (z. T. mit Umlaut): *fish* m. ‘Fisch’ — *fish* ‘Fische’, *shvester* f. ‘Schwester’ — *shvester* ‘Schwestern’, *nomen* m.

'Name' — *nemen* 'Namen', *foygl* m. 'Vogel' — *feygl* 'Vögel', *tson* m. 'Zahn' — *tseyn* 'Zähne'; 5. *-im*: Es ist die Gruppe hebräisch-aramäischer Wörter, die z. T. auch noch die traditionelle Akzentverlagerung auf die Penultima bewahren, vgl. *bókher* m. 'Jüngling' — *bókherim* 'Jünglinge', aber *khosn* m. 'Bräutigam' — *khasánim* 'Bräutigame'; 6. *-lekh*: die Gruppe der meisten Deminutiva auf *-l* (im Singular), z. B. *meydl* n. 'Mädel' — *meydlekh* 'Mädel' Pl., *yingl* 'Bube' — *yinglekh* 'Buben'. Außerdem kommen auch weitere „unregelmäßige", d. h. hebräisch-aramäische Pluralformen vor, die jedoch im System des Jiddischen isoliert dastehen.

Das Substantiv unterscheidet in beiden Numeri den Genitiv durch die Endung *-(e)s*, vgl. *lerer* m. 'Lehrer' — Gen. *lerers*, *babe* f. 'Großmutter' — Gen. *babes*, *kind* n. 'Kind' — Gen. *kinds*. Allerdings wird der Genitiv im Plural nur selten verwendet, z. B. *kinders*, *nemens* (← *nomen* m. 'Name'). Die Eigennamen kennen auch noch den Objektkasus (Akkusativ-Dativ), vgl. *Moyshe* 'Moses' — Akk.-Dat. *Moyshen*, *Gitl* 'Gütel (Frauenname)' — Akk.-Dat. *Gitlen*, *Marks* 'Marx' — Akk.-Dat. *Marksen*. Diese archaische Kasusform ist übrigens auch einigen — semantisch den Eigennamen nahestehenden — Gattungsnamen eigen, z. B. *tate* m. 'Vater' → *tatn*, *zeyde* m. 'Großvater' → *zeydn*, *rebe* m. 'Rabbi' → *rebn*.

Der bestimmte Artikel (*der* m., *di* f., *dos* n. ≠ *di* Pl.) hat im Singular Maskulinum eine gemeinsame Form für Akkusativ, Dativ und Genitiv (*dem*), im Singular Neutrum und Femininum für Dativ und Genitiv (*dem* bzw. *der*), wodurch der Unterschied vom Deutschen prägnant hervortreten kann, vgl. *dem tatns* 'des Vaters', *dem sheynem mans* 'des schönen Mannes', *der guter froys* 'der guten Frau' (Gen.) usw.

Das Adjektiv besitzt die Kategorien des Genus, des Numerus und des Kasus, ja es unterscheidet z. T. noch zwischen „starker" und „schwacher" Deklination, z. B. *dos gute kind* 'das gute Kind', aber *a gut kind* 'ein gutes Kind'. Es sei angemerkt, daß dies nur im Neutrum der Fall ist; Maskulina und Feminina verfahren ganz einheitlich, vgl. *der guter man* 'der gute Mann' und *a guter man* 'ein guter Mann'. Im Plural sind diese Kategorien — wie es bei den Substantiva zu sehen war — nicht mehr vorhanden.

Die Pronomina bewahren das alte Kasussystem auch im Jiddischen verhältnismäßig besser, z. B. *du* 'du', *dikh* 'dich', *dir* 'dir'; *ver* 'wer', *vemen* 'wen, wem', *vemens* 'wes(sen)'. Das Personalpronomen der 3. Pers. Sing. hält auch noch die drei Genera auseinander: *er* 'er', *zi* 'sie', *es* 'es'.

Von den Numeralien unterscheidet *eyn* 'ein' in prädikativer Funktion die drei Genera, vgl. **eyn** *tate* 'éin Vater' — *der tate iz* **eyner** 'der Vater ist einer'; **eyn** *shtot* 'éine Stadt' — *di shtot iz* **eyne** 'die Stadt ist eine'; **eyn** *kind* 'éin Kind' — *dos kind iz* **eyns** 'das Kind ist eines'. Der unbestimmte Artikel hängt damit nur noch historisch zusammen, ist heute aber schon ganz eigenständig und tritt vor konsonantischem Anlaut des folgenden Wortes als *a*, vor vokalischem Anlaut als *an* auf, vgl. ***a*** *boym* 'ein Baum', aber ***an*** *oyg* 'ein Auge'. Die Negation von *eyn* (bzw. *a/an*) ist *nit* . . . *keyn* 'kein' (eigtl. 'nicht . . . kein').

Das jiddische V e r b ist entweder „stark" oder „schwach". Die starken Verba haben — ähnlich den übrigen germanischen Sprachen — im Zuge der Sprachentwicklung mehrere Unterklassen entstehen lassen. Die Entsprechungen der grundlegenden sechs Ablautsreihen sind: 1. *traybn* — *getribn* 'treiben'; 2. *flien* — *gefloygn* 'fliegen'; 3. *gefinen* — *gefunen* 'finden'; 4. *nemen* — *genumen* 'nehmen'; 5. *gebn* — *gegebn* 'geben'; 6. *forn* — *geforn* 'fahren'. Von den Präteritopräsentien sind noch erhalten: *veys* 'weiß' — *gevust*; *ken* 'kann' — *gekent*; *darf* 'bedarf' — *gedarft*; *tor* (*nit*) 'darf (nicht)' — *getort* (*nit*); *zol* 'soll' — *gezolt*; *muz* 'muß' — *gemuzt*; *meg* 'mag, darf'. Ihnen hat sich *vil* 'will' — *gevolt* angeschlossen. Auch das Verbum substantivum *zayn* 'sein' konnte seine Sonderformen größtenteils behaupten, vgl. *ikh bin, du bist, er/zi/es iz, mir zaynen* 'wir sind', *ir zayt* 'ihr seid', *zey zaynen* 'sie sind' im Präsens bzw. *iz gevén* ~ *gevézn* 'ist gewesen' im Perfekt.

Die schwachen Verba werden gewöhnlich auf Grund der Endung der 1. Pers. Sing. Präs. Ind. in zwei Gruppen geteilt: 1. (ohne Personalendung): *shikn* 'schicken' → *ikh shik* 'ich schicke'; 2. (mit Personalendung): *strashen* 'erschrecken' → *ikh strashe* 'ich erschrecke'. In phonetischer Hinsicht lassen sich in beiden Gruppen einige weitere Untertypen unterscheiden. Die überwiegende Mehrzahl der jiddischen Verba gehört der Gruppe 1 an, während Gruppe 2 vor allen Dingen slawische (und neuerdings auch englische) Entlehnungen umfaßt.

Wie im Deutschen, gibt es auch im Jiddischen einige Verba, die — synchronisch gesehen — „unregelmäßig" sind, z. B. *hobn* 'haben', vgl. *ikh hob* 'ich habe', *du host* 'du hast', *er hot* 'er hat', *mir/zey hobn* 'wir/sie haben', *ir hot* 'ihr habt'; *gebn* 'geben', vgl. *ikh gib* 'ich gebe', *du gist* 'du gibst', *er git* 'er gibt', *mir/zey gebn* 'wir/sie geben', *ir git* 'ihr gebt'. Dem Verb nachgestellt, wird das Personalpronomen der 2. Pers. Sing. dem Verb affigiert, z. B. *du leyenst*, aber *leyenstu* 'du liest' bzw. 'liest du'.

Das Verb unterscheidet zwei N u m e r i (Singular ≠ Plural) und in beiden die drei Personen, die z. T. mit P e r s o n a l e n d u n g e n, z. T. mit Hilfe von Personalpronomina verdeutlicht werden. Die Kategorie der T e m p o r a ist besonders reich nuanciert. Das alte Präteritum wurde zwar aufgegeben, nur die Form *volt* vom Verb *veln* 'wollen, werden', die zur Bildung des Konjunktivs dient, erinnert noch daran, vgl. *ikh volt gebrengt* 'ich würde bringen' (zu *brengen* 'bringen'). Dafür sind im breiteren Rahmen zusammengesetzter Tempusformen auch zum Ausdruck der verschiedenen Vergangenheitsstufen neue Tempora entwickelt worden. Das Perfekt wird durch die Verbindung des Part. Prät. des Sinnverbs mit den flektierten Formen der Hilfsverba *hobn* 'haben' bzw. *zayn* 'sein' gebildet, z. B. *shikn* 'schicken' → *ikh hob geshikt* 'ich habe geschickt' bzw. *geyn* 'gehen' → *ikh bin gegangen* 'ich bin gegangen'. Das Plusquamperfekt wird seltener gebraucht, vgl. *ikh hob gehat geshikt* 'ich hatte geschickt' (eigtl. 'ich habe geschickt gehabt'). Das Futurum bildet man durch die Verbindung des Infinitivs des Sinnverbs mit den flektierten Formen der Hilfsverba *veln* 'wollen' und *vern* 'werden', die sich dabei zu einem Mischparadigma zusammenfügen wie etwa *shall* und *will* in derselben Funktion im Englischen, vgl. *ikh* ***vel*** *shikn* 'ich werde schicken' und *mir/zey* ***veln*** *shikn* 'wir/sie werden schicken', a b e r *du* ***vest*** *shikn* 'du wirst schicken', *er* ***vet*** *shikn* 'er wird schicken' und *ir* ***vet*** *shikn* 'ihr werdet schicken'. Seltener findet auch das Futurum exactum Verwendung, z. B. *ikh vel hobn geshikt* 'ich werde geschickt haben'.

Die N o m i n a l f o r m e n des Verbs sind der Infinitiv (z. B. *shikn* 'schicken') und die beiden Partizipien. Das Part. Prät. wird genauso gebildet wie im Deutschen (z. B. *shikn* → *geshikt* 'geschickt'), das Part. Präs. dagegen entsteht — synchronisch gesehen! — durch die Hinzufügung des Suffixes *-dik* zum Infinitiv, z. B. *shikndik* 'schickend'. Diachronisch liegt hier freilich die Erweiterung des ursprünglichen Part. Präs. durch das Adjektivsuffix *-ik* (< *-ig*) vor, also etwa *shiknd* + *ik*.

Im System der M o d i ist neben Indikativ und Konjunktiv auch der Imperativ bekannt, vgl. *shik!* 'schicke!' bzw. *shikt!* 'schickt!'. Der Imperativ kann auch die übrigen Personen ausdrücken, aber z. T. mit dem Hilfsverb *zoln* 'sollen' (z. B. *zol er shikn!* 'er soll schicken!'), z. T. mit dem Gefüge *lomir* 'laß uns' (vgl. auch engl. *let us*), z. B. *lomir shikn!* 'laß uns schicken! wir sollen schicken!'. Iterative bzw. durative Handlungen können mit Hilfe des flektierten Verbs *flegn* 'pflegen' und dem Infinitiv des Sinnverbs ausgedrückt werden, z. B. *ikh fleg shikn* 'ich pflege zu schicken'. Reflexive Verba werden mit R e f l e x i v p r o n o m i n a gebildet, wobei es doch — charakteristischerweise — zwei Möglichkeiten gibt: 1. Das Reflexivpronomen kann in deutscher Weise mit der flektierten Verbalform in der Person kongruieren, z. B. *greytn* '(vor)bereiten' → *ikh greyt* ***mikh*** 'ich bereite mich vor', *du greyst* ***dikh*** 'du bereitest dich vor', *er greyt* ***zikh*** 'er bereitet sich vor', *mir greytn* ***unz*** 'wir bereiten uns vor', *ir greyt* ***aykh*** 'ihr bereitet euch vor', bzw. 2. wird durchwegs — in slawischer Weise — das Reflexivum *zikh* 'sich' verwendet (wie übrigens auch im nordgermanischen Passiv, vgl. IV.2.3., IV.2.52., IV.2.74., IV.2.84., IV.2.94.), z. B. *ikh greyt* ***zikh*** 'ich bereite mich vor' usw.

Das P a s s i v kommt in der Sprechsprache ziemlich selten vor. Es wird durch die Verbindung der flektierten Formen des Hilfsverbs *vern* 'werden' und des Part. Prät. des Sinnverbs gebildet, vgl. im Präsens: *ikh ver geshikt* 'ich werde geschickt'; im Perfekt: *ikh bin gevorn geshikt* 'ich wurde geschickt' bzw. 'ich bin geschickt worden'; im Futurum: *ikh vel vern geshikt* 'ich werde geschickt werden' usw.

Im Verbalsystem des Jiddischen nehmen jene periphrastischen Verba eine Sonderstellung ein, die eine hebräisch-aramäische Stammform mit den flektierten Formen des Verbum substantivum kombiniert verwenden, z. B. ha. *moykhl* 'Verzeihung' → *moykhl zayn* 'verzeihen' → *zayt mir moykhl!* 'verzeiht mir!' bzw. 'verzeihen Sie mir!'.

Vom Deutschen abweichend, bleibt die zusammengesetzte Verbalgruppe im Jiddischen mehr zusammengerückt im Satz, worin es eher an das Englische erinnert, vgl. V.3.

IV.4.94. Sprachverbindungen

Die Träger des Jiddischen haben ihr hebräisch-aramäisches Substrat als altes Erbe bewahrt. Heute noch wird das Jiddische von seinen Sprechern mit einem jiddisch-hebräisch-aramäischen Wort als *mameloshn* 'Muttersprache' gegenüber dem als *loshn-koydesh*, d. h. 'heilige Sprache', bezeichneten Althebräischen abgegrenzt. Der Anteil hebräisch-aramäischer Elemente ist im Jiddischen aber nicht nur im Wortschatz der Liturgie bzw. des kultischen Lebens besonders groß (z. B. *shoyfer* 'kultisches Horn', *mitsve* 'Wohltat, Tugend, Verdienst', *shames* 'Tempeldiener'), sondern in sämtlichen Bereichen des Lebens, vgl. *eytse* 'Rat, Einfall', *emes* 'wahr, Wahrheit', *balegole* 'Fuhrmann', *moyre* 'Angst', *ponim* 'Gesicht', *efsher* 'etwa, vielleicht', ja sogar im Namengut, vgl. *Dovid* 'David', *Sore* 'Sarah'. Auch die grammatische Struktur des Jiddischen entbehrt hebräisch-aramäischer Elemente nicht, vgl. die Besonderheiten der Pluralbildung u. dgl. (IV.4.93.). Unter Einwirkung des neuhebräischen Wortgebrauchs kann ein und dasselbe Wort mitunter in zweierlei Lautung und Bedeutung vorkommen, z. B. ha.-j. *aliye* 'Aufruf zur Thora (im Tempel)' gegenüber nh. > j. *aliyá* 'Heimkehr, Repatriierung (nach Israel)'.

Einige altfranzösische Lehnwörter sind im Jiddischen heute noch vorhanden, z. B. *leyenen* 'lesen' (vgl. lat. *legere*), *bentshn* 'segnen' (vgl. lat. *benedicere*). Vereinzelt sind auch noch Vokabeln aus dem Altgriechischen und dem Lateinischen bewahrt, z. B. *apikoyres* 'Freidenker' (< *Epikur*[*os*]) bzw. *tite*(*s*) 'Judenfeind' (< *Titus*).

Sehr unterschiedlich ist die Anzahl bzw. die Frequenz slawischer Elemente in den jiddischen Einzelmundarten. Es gibt allerdings Slawismen, die ihnen allen eigen sind, z. B. *nebekh* 'leider; Gott bewahre; Nichtigkeit' (< *neboha*), *khotsh* 'ob, zwar, doch' (< *choć*), wj. *dede* [de:də] ~ oj. *zeyde* 'Großvater', *babe* 'Großmutter' usw. In slawischer Umgebung erweist sich der slawische Einfluß viel stärker, nicht zuletzt in der Grammatik des Jiddischen, vgl. den Gebrauch des Reflexivums *zikh* in allen Personen (s. IV.4.93.), die slawische Verwendung reflexiver Verba, z. B. *shpiln* 'spielen' und *shpiln zikh* 'spielen (sich)', vgl. russ. играть und играться, um von den zahllosen Lehnübersetzungen und -bedeutungen ganz zu schweigen. Die slawische Durchdringung ist im Jiddischen der Neuzeit an einem Punkt angelangt, wo man trotz der deutsch bedingten Oberfläche der Sprache schon von einer slawischen Grundstruktur des Jiddischen sprechen darf.

Deutsche Elemente haben allerdings auch im Eigenleben des Jiddischen Aufnahme gefunden, insonderheit über die deutsche Schriftsprache, dank der jüdischen Aufklärung im 19. Jh., deren führende Persönlichkeiten eigentlich bestrebt waren, das Jiddische restlos „zurückzuverdeutschen". Diese Bestrebung blieb zwar schon in ihren Anfängen stecken, konnte jedoch die Modernisierung der jiddischen Lexik in mancher Hinsicht fördern. Manchmal verrät ein Wort durch seine Lautung die neuere Entlehnung aus dem Deutschen, z. B. *shprakh* 'Sprache' anstatt des zu erwartenden *[ʃprɔ:x]; in anderen Fällen sind — wie auch im Bereich neuhebräischer Einflüsse — Parallelformen aufgekommen, z. B. neueres *karte* 'Landkarte' neben aj. *kort* 'Spielkarte'.

In Übersee wurde die Entwicklung des Jiddischen vor allem vom Englischen (d. h. Amerikanischen) beeinflußt, und zwar nicht nur durch Augenblicksentlehnungen wie ne. *street* > j. *strit* 'Straße', *boy* 'Knabe', sondern auch in festgewordenen Lehnwörtern wie *baseball* > *beysbol*, *avenue* > *evenyu*. Dadurch entstand im Wortschatz des europäischen und des amerikanischen Jiddisch eine Spaltung, vgl. Ausdrücke wie *profesyoneler farayn* ['Berufsverein' < russ. профессиональный союз 'dass.'] in Europa, aber *yunyon* (< ne. *union*) in den USA für 'Gewerkschaft' u. dgl. Für die Sprachentwicklung ist der semantische Umbau jiddischer Wörter unter englischem Einfluß besonders wichtig. Der Zusammenfall von j. *glaykh* ~ engl. *like* 'gleich' und engl. (*to*) *like* 'lieben, gern haben' hat z. B. ein j. *glaykhn* 'lieben, gern haben' entstehen lassen. (Ähnliches im Pennsilfaanischen s. IV.8.2.) Moderne Begriffe werden unter dem Druck der Umsprachen häufig ganz unterschiedlich benannt, vgl. *metro* (< russ. метро) in der Sowjetunion, aber *sobvey* (< am. *subway*) in Amerika für 'Untergrundbahn', *aeroport* (< am. *airport*) in Amerika, aber *aerodrom* (< russ. аэродром) in der Sowjetunion für 'Flugplatz', usw.

Das Jiddische verhielt sich aber keineswegs passiv im sprachlichen Austausch. Es hat eine Menge Wörter dem Deutschen und z. T. dadurch, z. T. aber unmittelbar auch anderen europäischen Sprachen, besonders den Slangs, abgegeben, vgl. j. *kosher* > nhd. *koscher* ~ ne. *kosher*; j. *khaver* > nhd. *Chawer* ~ ung. *haver* 'Freund, Kumpel'; j. *moyre* > nhd. *Maure*/*Moire* ~ ung. *majré* 'Angst'; j. *melokhe* > nhd. *Meloche* 'Arbeit' usw.

IV.4.95. Textproben

(a) *Altjiddisch*

Eyn bozer lev moelikh der vart krank,
gros yomer das er rank.
di tir shouten zin gros not,
ob er lebt oder ver tot.
der hirts trat im in den munt.
darnokh kam eyn groser hunt
un beys in zer in den nak,
da er in grosen noten lak.
eyn okhs kam mit gantser lust
un shtis in shvind an zin brust.
eyn fukhs kam gedrungen
un beys in in di tsungen.
eyn han klukt im in di ougen
ofenbor un tougen.
eyn fert shluk in mit leken,
das begund in zer arshreken.

(*Schreiber* ABRAHAM: *Die Fabel vom alten Löwen.* 1382.)

eyn 'ein' (auch als unbestimmter Artikel); *bozer* Nom. Sing. m. 'böser'; *lev* m. 'Löwe'; *moelikh* 'einst, einmal'; *der* m. 'der, jener'; *vart* 'ward, wurde'; *gros* 'groß'; *yomer* m. 'Jammer'; *rank* 3. Pers. Sing. Prät. Ind. → *ringen*; *di* Pl. 'die'; *tir* n. 'Tier'; *shouten* 'schauten, sahen'; *zin* m. 'sein'; *not* f. 'Not. Kummer'; *ver* 'wäre'; *hirts* m. 'Herz'; *im* 'ihm'; *munt* m. 'Mund'; *darnokh* 'danach, dann'; *hunt* m. 'Hund'; *un* 'und'; *beys* 3. Pers. Sing. Prät. Ind. → *bisn* 'beißen'; *in* 'ihn'; *zer* 'sehr'; *nak* m. 'Nacken, Genick'; *lak* 'lag'; *okhs* m. 'Ochse'; *gants* 'ganz'; *shtis* 'stieß'; *shvind* 'geschwind, schnell'; *fukhs* m, 'Fuchs'; *tsungen* f. 'Zunge'; *han* m. 'Hahn'; *klukt* 'zwickt, beißt'; *ougen* 'Augen'; *shluk* 'schlug'; *leken* Dat. Pl. → *lek* f. 'Zunge' (?); *begund* 'begann'; *arshreken* 'erschrecken'.

(b) *Neujiddisch*

A gevezene mark-yidene emigrirt keyn Yisroel un farkoyft in Tel-Aviv epl. Zi zitst lebn ir koysh un farbet di koynem mit a nign: „Tapukhim, lemakoyr . . . lekhamoyr . . .“. A galitsisher yid bleybt shteyn un fregt: „Vos plontert ir mit der tsung? Far vos zogt ir nisht oyf prost yidish, az ir hot epl tsu farkoyfn?“ — „Feter“ entfert di yidene mit a zifts. „Vos zol men ton? Men iz dokh in goles...“

(SALCIA LANDMANN: *Jiddisch.* 1962.)

a(*n*) 'ein' (unbestimmter Artikel); *gevezene* 'gewesene'; *mark-yidene* f. 'Marktjüdin: Verkäuferin'; *keyn* 'gegen, nach'; *un* 'und'; *farkoyft* 'verkauft';

epl 'Äpfel'; *lebn* 'neben'; *ir* 'ihr(em)'; *koysh* m. 'Korb'; *farbet* 'verbittet: ruft herbei'; *koynem* Pl. → *koyne* m. 'Kunde'; *nign* 'Melodie'; *tapukhim* (ha.) Pl. 'Äpfel'; *lemakoyr*, *lekhamoyr* (ha.; unrichtige Aussprache!) 'zu verkaufen' (< ha. *lim'kor*); *shteyn* 'stehen'; *fregt* 'fragt'; *vos* 'was'; *plontert* 'stolpert'; *tsung* f. 'Zunge'; *far vos* 'warum'; *zogt* 'sagt'; *nisht* 'nicht'; *oyf* 'auf'; *prost* 'einfach'; *az* 'daß'; *hot* 'habt'; *farkoyfn* 'verkaufen'; *feter* m. 'Vetter, Onkel'; *entfert* 'antwortet'; *yidene* f. 'Jüdin'; *zifts* m. 'Seufzer'; *men* 'man'; *ton* 'tun'; *iz* 'ist'; *goles* m. 'Galuth, Diaspora'.

IV.5. SPRACHSCHICHTUNG IM DEUTSCHEN UND IM ENGLISCHEN

IV.5.1. Mundarten

IV.5.11. Sprachgeographie

Bei der näheren Untersuchung einer Sprache stellt sich meistens heraus, daß die Sprachformen einzelner Sprecher bzw. einzelner Gruppen von Sprachträgern in ein und derselben Sprachgemeinschaft mehr oder weniger unterschiedlich sind. Diese Unterschiede zeigen z. T. eine horizontale, d. h. geographisch-areale Auffächerung, z. T. eine vertikale, d. h. soziale Schichtung. Bei der horizontalen Gliederung einer Sprache spricht man von Dialekten oder Mundarten im engeren Sinne des Wortes, bei der vertikalen Schichtung hingegen von Soziolekten, wobei doch anzumerken ist, daß im jeweiligen Sprachgebrauch der Sprechenden diese beiden gleichzeitig mit im Spiel sind, denn ein jeder Sprecher gehört sowohl einer bestimmten territorialen als auch einer sozialen Gruppe innerhalb der gegebenen Sprachgemeinschaft an.

Über das Wesen der Dialekte sind sehr verschiedene Auffassungen im Umlauf. Ja, in den verflossenen hundert Jahren wurde sogar das Vorhandensein von Mundarten, somit auch das Daseinsrecht der Mundartkunde mehrfach in Zweifel gezogen: Man berief sich vor allen Dingen darauf, daß es innerhalb eines Sprachraums keine kleineren räumlichen Einheiten gebe, die sich voneinander scharf abgrenzen ließen, im Gegenteil, man könne faktisch nur eine ununterbrochene Kette von Übergangsformen festhalten. Diese Ansicht wurde vor allem in der ersten Hälfte des 20. Jh.s in Frankreich vertreten; die deutsche Schule der Sprachgeographie (oder Dialektgeographie, worunter man praktisch dasselbe verstand) war aber weiterhin der Auffassung, die Dialekte stellten wirkliche Sprachgebilde dar.

Der (scheinbare) Antagonismus der beiden Ansichten wurzelt in der Verschiedenheit der untersuchten Materie. Im seit ältester Zeit zentralisierten französischen Sprachraum wurden kleinere Zentren, die von der zentralen Norm abwichen, im Laufe der historischen Entwicklung weitgehend zersetzt, bzw. paßten sich diese kleineren Zentren ununterbrochen ihrer zentralen Norm, dem Sprachgebrauch der Île-de-France, d. h. von Paris, an. Die historische Entwicklung im deutschen Sprachraum erhielt hingegen, bedingt durch das Jahrhunderte lange Fehlen einer zentralen Staatsgewalt, ihre Impulse von zahlreichen kleineren politisch-kulturellen Mittelpunkten: daher konnte auch der Prozeß der sprachlichen Integrierung erst verhältnismäßig spät einsetzen. Unter den Vertretern des Strukturalismus gab es wiederum einige, die die Existenz von Mundarten mit der Begründung abzustreiten versuchten, die Dialekte hätten der sie überdachenden Gemein- bzw. Nationalsprache gegenüber strukturmäßig keine relevanten Unterschiede aufzuweisen.

Dies mag – ziemlich großzügig verallgemeinert – im angelsächsischen Raum (vornehmlich in Übersee) auch stimmen. Bei einer wissenschaftlich vertretbaren Begriffsbestimmung müssen wir jedoch von Mundarten ausgehen, die über ein eigenes System verfügen, aber noch nicht als selbständige Sprachen gelten können. Im Falle des Deutschen sind die tiefgreifenden Unterschiede zwischen Mundart und Hochsprache nicht nur im Wortschatz und im Lautstand, sondern auch im Sprachbau augenfällig. Während die Hochsprache im wesentlichen immer noch synthetisch-flektierend verbleibt, zeigen die deutschen Dialekte bereits ein analytisches, in vieler Hinsicht sogar ein dem Englischen ähnliches isolierendes System. Wollen wir die Mundart, den linguistischen Forderungen entsprechend, nicht im Verhältnis zu einer anderen, sozial bedingten Sprachschicht (z. B. der Schriftsprache), sondern an sich ergründen, so läßt sich Folgendes feststellen: Die Mundart ist ein in sich faßbarer, auch nach seinem eigenen System erklärbarer Komplex, der gleichzeitig auch ein Teilsystem der gegebenen Gemein- bzw. Nationalsprache bildet.

Die Mundarten sind also eine Realität, woran auch die Tatsache, daß man es an den Grenzen der einzelnen Mundarten mit einer Reihe von Misch- und Übergangsformen zu tun hat, nicht das Geringste ändert. Solche Überdeckungen sind nicht nur an der Grenze von Mundarten, sondern auch zwischen eigenständigen Nationalsprachen möglich, wie es z. B. im Verhältnis Deutsch–Niederländisch an beiden Seiten der Staatsgrenze offenkundig wird.

Die wichtigste Methode der modernen Mundartforschung ist die Sprachgeographie, wobei jedoch anzumerken ist, daß Mundartforschung mit Sprachgeographie zwar verbunden, aber nicht identisch ist. Die sprachgeographische Methode ist auf die Feststellung der geographischen Verbreitung einzelner Sprachmerkmale ausgerichtet. Auf dieser Grundlage versucht dann die Forschung über die Beschreibung der Mundarten hinaus auch deren historischen Werdegang zu erhellen. In der sprachgeographischen Methode sind im Grunde genommen zwei Hauptströmungen aufgekommen: die deutsche und die französische Schule.

Gegen Ende des 19. Jh.s nahm GEORG WENKER die dialektgeographische Erschließung des deutschen Sprachraums in Angriff. Die Sammelarbeit wurde mit Hilfe von Laien (größtenteils Lehrern) in etwa 40 000 Belegorten begonnen. WENKERS Unternehmen, der *Sprachatlas des Deutschen Reiches*, wurde dann von seinem Schüler, FERDINAND WREDE, später von WALTHER MITZKA und LUDWIG ERICH SCHMITT am Forschungsinstitut der Universität Marburg (Hessen) weitergeführt. Als wichtige Ergänzungen dazu werden die Bände des *Deutschen Wortatlas* von WALTHER MITZKA sowie eine Reihe regionaler Sprachatlanten und Einzeluntersuchungen veröffentlicht.

Die französische Schule stützte sich dagegen von Anfang an ausschließlich auf gebildete Fachkräfte. So wurde der *Sprachatlas Frankreichs*, verständlicherweise auf Grund einer äußerst begrenzten Anzahl von Belegorten, von zwei Forschern, JULES GILLIÉRON und EDMOND EDMONT, erstellt. Der Unterschied zwischen den beiden Großatlanten ist nicht in erster Linie qualitativ, sondern ergibt sich aus der eingangs geschilderten Verschiedenheit der beiden Sprachräume.

Die sprachgeographische Schule Englands bzw. des angelsächsischen Raumes steht methodologisch-methodisch in der Mitte, das heißt, man trägt dem Umstand Rechnung, daß die englischen Mundarten in ihrer Vielfalt weniger als der deutsche Raum, aber stärker als Frankreich gegliedert sind. Aus der Aufsammlung von mehr Belegorten, als dies in der Norm der französischen Schule begründet ist, ergibt sich eine größere Akribie und Verläßlichkeit der Belege; die Aufnahme von weniger Forschungspunkten, als nach der Norm der deutschen Schule erfaßt werden, läßt dafür die Erhebung durch Fachkräfte zu, was der Sammlungsarbeit eine größere Einheitlichkeit zu sichern vermag.

IV.5.12. Die englischen Mundarten

Die systematische Aufzeichnung der gesprochenen Mundarten Englands wurde von ALEXANDER ELLIS an Hand einiger vorbereiteter Texte, die die mundartlichen Merkmale zu veranschaulichen hatten, zwischen 1871 und 1889 in Angriff genommen. ELLIS stützte sich dabei auf eine größere Gruppe von freiwilligen Mitarbeitern. Das Ergebnis dieser Arbeit wurde noch 1889 veröffentlicht (*On Early English Pronunciation V.*). Eine Schwäche dieser Sammlung bestand darin, daß die einzelnen Sprachlandschaften sehr unterschiedlich vertreten waren sowie im unterschiedlichen Wert der aus den verschiedenen Mundarten mitgeteilten Materialien. ELLIS unternahm auch bereits einen Versuch zur Gliederung der Mundarten Englands, allerdings zumeist noch nicht auf Grund der entscheidendsten Sprachmerkmale. Als Anhang zu seiner Veröffentlichung gab er eine kartographische Darstellung dieser Auffächerung. Seine Gliederung der englischen Mundarten wurde auch später von manchen Forschern übernommen.

Auf Grund des ELLISschen Materials sowie der in der Folgezeit veröffentlichten Dialektmonographien und neuer Aufzeichnungen hat dann JAMES WRIGHT zu Beginn des 20. Jh.s eine viel bessere, von ihm selber jedoch noch als ungenau bezeichnete Aufstellung mitgeteilt, und zwar teils im Rahmen des großangelegten *Grundrisses der germanischen Philologie* von HERMANN PAUL, teils in seinem Werk *The English Dialect Dictionary* (Bd. I–VI, London 1898–1905), das in Ergänzung zum NED (= New English Dictionary on Historical Principles. Oxford 1884–1933) herausgegeben wurde. Im Band VI, der unter dem Titel *The English Dialect Grammar* (Oxford 1905) auch einzeln erschien, behandelte WRIGHT schon die grammatischen Probleme der englischen Mundarten. Er beschränkte sich allerdings auf eine Klassifizierung der einzelnen Dialektmerkmale gemäß den englischen Grafschaften bzw. den einzelnen landschaftlichen Einheiten dieser Grafschaften. Nach ihm wurden in England verhältnismäßig viele Dialektmonographien veröffentlicht, die aber die Frage nach den Mundartgrenzen, d. h. den geographischen Blickpunkt, größtenteils vernachlässigten.

Die moderne Dialektforschung Englands wurde eigentlich von einem Schweizer Phonetiker, EUGEN DIETH, in Gang gebracht. Auch der Leiter der Arbeiten am Englischen Sprachatlas (*Linguistic Atlas of England*, abgekürzt LEA), HAROLD ORTON, ist ein Schüler von DIETH. Dank der eifrigen Geländearbeit wurde die Sammelarbeit in sechs Grafschaften des Nordens (Northumberland, Cumberland, Durham, Westmoreland, Lancashire und Yorkshire) trotz der finanziellen Schwierigkeiten bereits 1962/63 abgeschlossen und das Material in zwei Bänden veröffentlicht. In diesem Bereich wurden auf Grund eines Fragebuchs, im Wege direkter Abfragung 73 Belegorte bearbeitet. Das Fragebuch enthielt auch Fragen zur Wortgeographie. An dieser Stelle sind zwei weitere Vorhaben im angelsächsischen Sprachraum zu nennen: der in Edinburgh unter der Leitung von A. MCINTOSH vorbereitete schottische Sprachatlas und der z. T. schon veröffentlichte amerikanische Sprachatlas, dessen Auftakt der von HANS KURATH erstellte Sprachatlas Neuenglands (*Linguistic Atlas of New-England* I–III. Providence 1939–1943) bildete.

Gewisse dialektale Unterschiede müssen bereits in der Sprache der landnehmenden Angeln, Sachsen und Jüten, in altenglischer Zeit, vorhanden gewesen sein. Diese Unterschiede wurden in der neuen Heimat anfänglich nur noch vertieft; in den neuen, vielerorts gemeinsamen Siedlungsräumen nahm die Integrierung der ursprünglichen Stammesdialekte ihren Anfang, während sonst bei einzelnen kleineren Gruppen auch die Herausbildung eigenständiger Sprachmerkmale begann. Im Verlauf der politisch-historischen Entwicklung ist nach 679 bei den Angeln, entlang der zwischen Mercien und Northumbrien gefestigten Grenzlinie, eine äußerst scharfe Dialektgrenze entstanden. Sie entsprach im großen und ganzen der Grenze zwischen den alten Diözesen Lichfield und York, nur der Südwesten von Yorkshire gehörte trotz dieser Grenze zu Mercien, d. h. zum mittelländischen Mundartraum (Midland).

Die Grenze der mercischen englischen und sächsischen (südmittelländischen) Dialekträume fällt aber nicht zusammen mit der politischen Grenze, wie sie um 800 zwischen dem westsächsischen und dem mercischen Reich bestand, denn damals gehörten auch noch sächsische Gebiete zu Mercien.

Trotzdem zeigen die Grenzen der alten Bischofssprengel größtenteils die ehemaligen Siedlungsräume (London, Dorchester, Worcester und Hereford), obwohl Worcester und Hereford mercischen Einschlag verraten, was höchstwahrscheinlich einer sekundären Ansiedlung zuzuschreiben ist.

Man darf allerdings nicht übersehen, daß die Schriftdenkmäler der altenglischen Zeit sprachlich fast ausschließlich westsächsisch sind. Die Grenzen der altenglischen Mundarten lassen sich somit nur auf Grund altenglischer Quellen nicht erschließen. Doch geht auch aus den überlieferten Texten zumindest hervor, daß sich ein westsächsischer, ein englischer (mercischer bzw. northumbrischer) und ein kentischer Dialektraum schon für jene Zeit mit ziemlich großer Schärfe ermitteln lassen. Eine genauere Abgrenzung und innere Gliederung der altenglischen Dialekte ist erst von einer mit der sprachgeographischen Methode zu erarbeitenden Geschichte der englischen Mundarten zu erhoffen.

Die Mundarten der mittelenglischen Zeit sind uns dank der größeren Zahl der zur Verfügung stehenden Quellen viel besser bekannt. Eine wichtige Quellengruppe besteht aus Texten, hauptsächlich Urkunden, die sich auch genau orten lassen. Urkunden in englischer Sprache gibt es bereits im ausgehenden 14. Jh., und ihre Zahl nimmt im 15. Jh. besonders stark zu, in einer Zeit, in der allerdings schon der Sprachgebrauch Londons auch auf die ländlich gebundenen Texte stark abfärbt. Die Forschung hat sich dabei vor allem auf die Mundartmerkmale der Schreiber und Kopisten zu richten. Paradox, aber verständlich ist also, daß bei der Bearbeitung der Urkunden als Quellen für den Mundartforscher die Abschrift wichtiger ist als das Original. Eine weitere Quellenschicht gewähren die Reime der Dichtkunst, falls uns die engere Heimat des Dichters bekannt ist. Man muß freilich auch mit der Möglichkeit rechnen, daß die Dichter der Versform zuliebe öfters auch Wörter und Formen verwenden können, die in ihrer angestammten Mundart sonst nicht zu Hause sind. Auch die Ortsnamen der mittelenglischen Zeit lassen des öfteren wichtige dialektologische Schlüsse zu, vgl. III.5.5. In Anbetracht all dessen und in Anlehnung an die genannten Quellen ist es vor allem auf Grund der aus den heutigen Mundarten gewonnenen Einsichten möglich, die Mundarten des Mittelenglischen aufzudecken, bzw. sie gegeneinander abzugrenzen.

Nach der Aussage der Quellen ist man schon heute in der Lage, die wichtigsten Merkmale sowie die Grenzen der mittelenglischen Dialekte annähernd zu bestimmen. Es stellt sich heraus, daß sich die Grenzen mancher Dialekte des Altenglischen schon in mittelenglischer Zeit verlagerten.

Im Süden hat sich das Kentische als eigenständige Mundart um die Kernlandschaft Kent gefestigt; manche Merkmale des Kentischen haben aber auch auf die angrenzenden Gebiete Sussex und Surrey, z. T. sogar auf Essex nördlich der Themse übergegriffen.

Westlich von diesem Gebiet wurden die südwestlichen Mundarten gesprochen, die eigentlich das Westsächsische der altenglischen Periode weiterführten. Die bekannteste von ihnen ist die Mundart von Gloucester. Die Ost- und Nordgrenze dieser Gruppe läßt sich zur Zeit noch nicht genau festlegen. Londons Sprache ist zwar seit dem 12. Jh. bekannt, aber umfangreichere Texte sind erst vom 14. Jh. an überliefert. Über die Sprache von Essex läßt sich kaum etwas Sicheres feststellen.

Seine gut belegte innere Grenze zeigt, daß der einstige englische Sprachraum in zwei Teile, in Südhumbrisch (Mittelländisch) und Northumbrisch zerfiel. Von den mittelländischen Mundarten sind uns die östlichen (Norfolk, Suffolk, Lincolnshire) und die westlichen ziemlich gut bekannt. Die letzteren kann man sogar in einen südwestlichen Zweig (Herefordshire, Worcestershire bis Shropshire) und in einen nordwestlichen Zweig (Cheshire, Lancashire südlich vom Ribble, vermutlich auch Derbyshire und das West Riding in Yorkshire) unterteilen. Ihre innere Abgrenzung ist im Bereich des alten Mittelengland kaum noch möglich. – Von den northumbrischen Mundarten ist ziemlich gut bekannt die von Nordyorkshire, die bis zur schottischen Grenze galt, obwohl sie erst um die Wende des 13./14. Jh.s belegt ist. Weniger erschlossen sind noch die westlichen Mundarten (Nordlancashire, Cumberland, Westmoreland) der mittelenglischen Zeit. Hierher gehörte eigentlich auch das Schottische (*Lallans*), d. h. die Sprache Edinburghs und der ostschottischen Küste, die sich im 15.–16. Jh. als die Sprache des schottischen Königshofs zu einer regionalen Schriftsprache entwickelte und hinsichtlich ihrer Struktur sehr einheitlich war (vgl. IV.5.21.).

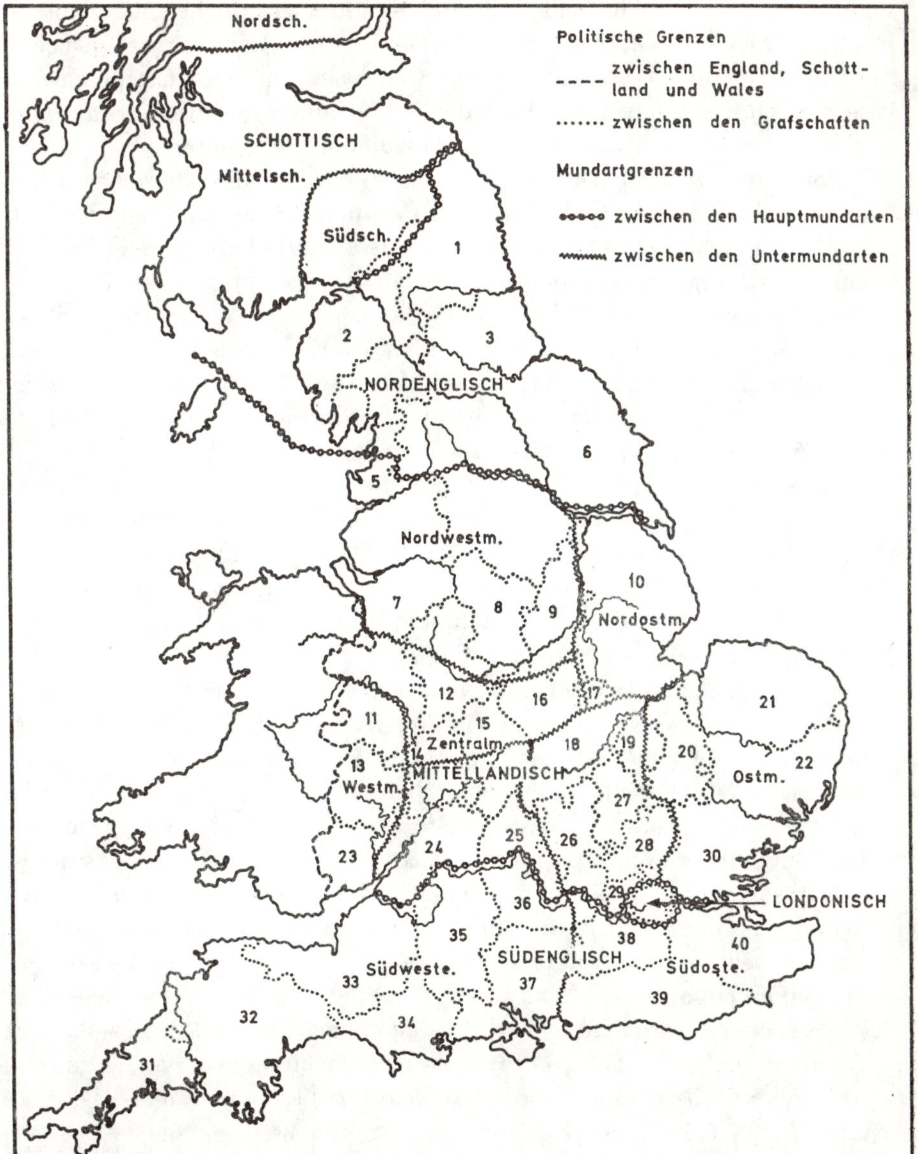

Abb. 66. Neuenglische Mundarten (nach KARL BRUNNER; die Namen der Grafschaften *1—40* siehe Abb. 49)

Die mittelenglischen Mundarten weisen im Lautstand und in der Morphologie, namentlich der Flexion, die größten Unterschiede auf. Viel Mundartliches ist auch im Wortschatz enthalten, was teils auf die Dialektunterschiede der altenglischen Zeit, teils auf die unterschiedlichen Ausmaße des Eindringens nordgermanischer und französischer Lehnwörter zurückzuführen ist. Genaue Wortgrenzen ließen sich bisher, mangels entsprechender Belege, noch nicht umreißen. Auch die Aufdeckung syntaktischer Mundartmerkmale bleibt noch der künftigen Forschung vorbehalten.

Unter den mittelenglischen Mundarten kommt der Sprache Londons eine besondere Bedeutung zu, da auch die neuenglische Gemein- bzw. Hochsprache in dieser Sprachform wurzelt. Londons sprachgeographische Lage ist immer schon zentral gewesen: im Süden grenzt das Kentische, im Südwesten das Südwestliche (d. h. das ehemalige Westsächsische), im Nordosten das Ostsächsische, im Norden und Nordwesten das zentrale Mittelländische an London. Man muß daher in London schon rein potentiell auch mit der Einsickerung all dieser Mundarten rechnen. Tatsächlich deuten die ältesten Sprachdenkmäler Londons auf eine starke Mundartmischung hin. Im Laufe des 14. Jh.s erstarkten in London die ostmittelländischen Sprachmerkmale (Lincolnshire, Norfolk, Suffolk) auch zahlenmäßig außergewöhnlich rasch. Dies kann auch nicht wundernehmen, denn die Bevölkerung dieser Gebiete begann gerade in der fraglichen Periode massenweise in die Hauptstadt einzuströmen.

Die englischen Mundarten der Gegenwart dürfen nur zum Teil als direkte Fortsetzungen der mittelenglischen Dialekte angesehen werden. Mittelenglische Dialektmerkmale sind im Laufe der Zeit zum Teil verschwunden, dafür sind manche mundartliche Merkmale erst in neuenglischer Zeit entstanden. Solange die Arbeiten am Englischen Sprachatlas nicht abgeschlossen sind, können die Grenzen der neuenglischen Mundarten in der Mehrzahl der Fälle nur approximativ und provisorisch gezogen werden. Die Untersuchungen drängen um so mehr, als die Mundartgrenzen dank der hochgradigen Industrialisierung und dem entwickelten Verkehr in raschem Tempo verschoben und aufgehoben werden, bzw. die englische Gemeinsprache den Geltungsbereich der Mundarten im Zuge des Ausgleichs und der Überdachung Tag für Tag einengt. Südlich und südöstlich von London z. B., wo der größte Teil der bodenständigen Bevölkerung in der Hauptstadt beschäftigt wird, hat das Cockney, Londons eigenes Idiom (vgl. IV.5.44.), die alten Ortsmundarten schon beinahe restlos verdrängt. Konservativer verhalten sich auch in England die vornehmlich landwirtschaftlichen Gebiete wie Essex. Als ein höchst interessanter Zug ist es zu bewerten, daß sich in den Industrierevieren Mittel- und Nordenglands die einheimische Mundart ziemlich gut zu behaupten weiß. Dieser Umstand erklärt sich damit, daß die Industrie ihre Arbeitskräfte lange Zeit hindurch aus der nächsten Umgebung bezog, und die später einsetzende starke Zuwanderung an der örtlichen Sprachnorm nichts mehr zu ändern vermochte, im Gegenteil, die Zuwanderer mußten sich der vorgefundenen Sprachnorm anpassen. In anderen Industriegegenden ist wiederum ein infolge des verhältnismäßig identischen Ausgleichs verschiedener Mundarten ziemlich einheitlich geprägter Industriedialekt entstanden, so vor allem im südlichen und im mittleren Lancashire, um Birmingham und in der Tyneside.

Der Innsbrucker Anglist KARL BRUNNER hat, z. T. auch im Anschluß an die Vorarbeiten von ALEXANDER ELLIS und JAMES WRIGHT, die englischen Mundarten der Gegenwart in eine nördliche, eine mittlere (zentrale) und eine südliche Gruppe eingeteilt. Zur Nordgruppe stellte er das Schottische (*Lallans*) und die eigentlichen nordenglischen Mundarten (Northumberland, Cumberland, Durham, Westmoreland, Lancashire). Südlich davon liegt der Bereich der zentralen Gruppe mit einer nordwestlichen, einer nordöstlichen, einer zentralen (mittelländischen), einer westlichen und einer östlichen Unterabteilung. Südlich vom Zentralenglischen (d. h. der Linie Themse–Bristolkanal) unterschied BRUNNER eine südwestliche und eine südöstliche Untergruppe (Abb. 66).

IV.5.13. Die deutschen Mundarten

Der deutsche Sprachraum der Gegenwart ist mundartlich außerordentlich stark gegliedert. Es ist eine Binsenwahrheit, daß sich die Sprecher verschiedener deutscher Mundarten miteinander erst über die Vermittlung der deutschen Gemeinsprache (bzw. einer Verkehrsmundart) verständigen können, da die erheblichen Unterschiede, die zwischen je zwei Dialekten bestehen, trotz der wesentlichen Identität in deren Struktur, eine unmittelbare, d. h. auf dialektaler Ebene vollzogene Kommunikation nicht ermöglichen. Es ist eine Tatsache, daß z. B. die Unterschiede zwischen den slawischen Einzelsprachen geringfügiger sind als jene zwischen den einzelnen Mundarten der deutschen Nationalsprache. Diese merkwürdige Lage hat man früher zu begründen versucht, indem man die Vermutung aufstellte, die deutschen Mundarten der Gegenwart gingen eigentlich auf die verschiedenen südgermanischen Stammesdialekte bzw. Stammessprachen der Völkerwanderung zurück, die erst im Prozeß der Entstehung des deutschen Volkes einer Integrierung entgegengeführt worden seien. Diese Annahme mußte nach den Einsichten der Sprachgeographie, genauer gesagt, des Deutschen Sprachatlas (früher *Sprachatlas des Deutschen Reiches*, abgekürzt DSA) aufgegeben werden. Dabei haben die Forschungen von THEODOR FRINGS im Rheinland eine sehr wichtige Rolle gespielt. FRINGS gelang es nachzuweisen, daß die gegenwärtigen Dialektverhältnisse im Kölner Raum (im weiteren Sinne) nicht die alten Stammesgrenzen widerspiegeln. Obwohl nämlich dieser Raum von einem Großstamm, den Franken, besiedelt wurde, ist das Rheinland mundartlich überhaupt nicht einheitlich, sondern es zerfällt in mindestens drei große Einheiten, die miteinander durch zahlreiche Übergänge verbunden sind. Aus dem Vergleich der Mundartkarten von heute mit den historischen Karten des behandelten Raumes hat FRINGS erkannt, daß die Mundartgrenzen der Gegenwart weitgehend mit den Grenzen der feudal-politischen Einheiten — Fürstentümer, Diözesen u. dgl. — des Hochmittelalters übereinstimmen. Daraus zog er den Schluß, daß die deutschen Mundarten der Gegenwart nicht von den alten südgermanischen Stammesdialekten, sondern von den im Mittelalter entstandenen Territorialmundarten herzuleiten seien. Unsere heutige Anschauung ist eine Synthese der beiden erwähnten Ansichten: Die deutschen Mundarten der Gegenwart gehen letzten Endes auf die einzelnen südgermanischen (z. T. auch nordseegermanischen) Stammesdialekte zurück, haben jedoch ihr heutiges Gepräge erst im Hochmittelalter, im Zuge der historischen Sonderentwicklung des deutschen Volkes, vor allem als Ergebnis der feudalen Kleinstaaterei, erhalten. Das heißt, der anfängliche Prozeß der Integrierung wurde vom Prozeß einer tiefgreifenden Differenzierung abgelöst, bis es in der Neuzeit, parallel zur Entstehung der wirtschaftlich-politischen Einheit Deutschlands, wieder zur sprachlichen Integrierung kam, deren zweifellos wichtigste Errungenschaft die deutsche Schrift- bzw. Hochsprache darstellt. Diese moderne Synthese der wissenschaftlichen Deutung ist dem Leningrader Gelehrten VIKTOR SCHIRMUNSKI zu verdanken.

Die mundartliche Gliederung in althochdeutscher bzw. mittelhochdeutscher Zeit s. unter IV.4.63. bzw. IV.4.65. Zum Niederdeutschen s. IV.4.5.

Die deutschen Mundarten der Gegenwart werden in herkömmlicher Weise auf Grund des Lautstandes, hauptsächlich gemäß der zweiten (althochdeutschen) Lautverschiebung (vgl. IV.4.2.) klassifiziert. Wie a. a. O. schon dargelegt, zerfällt der geschlossene deutsche Sprachraum nach dieser Einteilung in drei große Bereiche. Davon hat der Bereich des Oberdeutschen (oder *Süddeutschen*) die zweite Lautverschiebung vollkommen durchgeführt, das nördlicher gelegene Mitteldeutsche zum größten Teil, der äußerste Norden, das Niederdeutsche (oder *Norddeutsche*) hingegen überhaupt nicht. Die niederdeutschen Mundarten klammern wir an dieser Stelle aus, da sie größtenteils erst im Begriff sind, eigentlich deutsche Mundarten zu werden; über ihre Gliederung s. IV.4.5. Ihnen gegenüber werden die ober- und die mitteldeutschen Mundarten als Hochdeutsch zusammengefaßt. Da die deutsche Gemein- sowie Schriftsprache ebenfalls auf letzteren basiert, ist es verständlich, daß

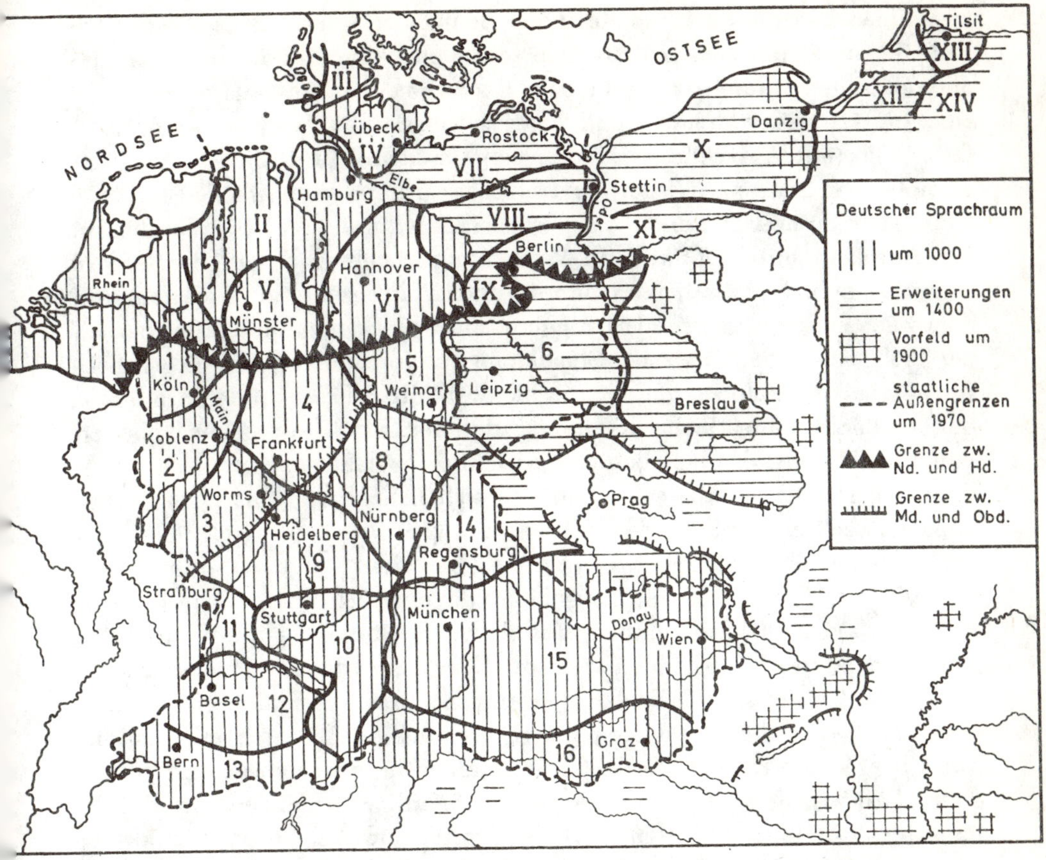

Abb. 67. Historische Verbreitung der deutschen Mundarten (nach Adolf Bach, Hugo Moser, Helmut Protze und Viktor Schirmunski)

Niederdeutscher Raum: Westniederdeutsch: *I* Niederfränkisch, *II* Nordsächsisch, *III* Schleswigisch, *IV* Holsteinisch, *V* Westfälisch, *VI* Ostfälisch; Ostniederdeutsch: *VII* Mecklenburgisch, *VIII* Nordbrandenburgisch (Nordmärkisch), *IX* Südbrandenburgisch (Mittelmärkisch), *X* Nordostpommersch, *XI* Südostpommersch, *XII* Westniederpreußisch, *XIII* Ostniederpreußisch, *XIV* Südpreußisch; *Mitteldeutscher Raum:* Westmitteldeutsch: *1* Ripuarisch, *2* Moselfränkisch, *3* Pfälzisch, *4* Hessisch; Ostmitteldeutsch: *5* Thüringisch, *6* Obersächsisch, *7* Schlesisch; Oberdeutscher Raum: Fränkisch: *8* Ostfränkisch, *9* Südfränkisch; Schwäbisch-Alemannisch: *10* Schwäbisch, *11* Niederalemannisch, *12* Oberalemannisch, *13* Hochalemannisch; Bairisch-Österreichisch: *14* Nordbairisch, *15* Donaubairisch (Mittelbairisch), *16* Südbairisch

auch sie — nunmehr sprachsoziologisch bedingt — den Mundarten (allerdings nicht ganz präzis) als Hochdeutsch gegenübergestellt wird (Abb. 67).

Die Nordgrenze des Oberdeutschen fällt im Westen im großen und ganzen mit den nördlichen Landesgrenzen von Baden-Württemberg und Bayern, im Osten dagegen mit der österreichisch-böhmischen Grenze zusammen, obwohl auch die Reste der deutschen Mundarten im südlichen Böhmen und Mähren zum Oberdeutschen zu zählen sind. Im Osten des oberdeutschen Raumes herrscht das Bairische, das aus einer nord-, einer mittel- (oder donau-) und einer südbairischen Gruppe besteht und Österreich (mit Ausschluß von Vorarlberg), Südtirol (in Italien), den Nordostzipfel der Schweiz, Nieder- und Oberbayern, ja sogar die Gegend von Brambach in der DDR umfaßt. Bairische Sprachinseln gibt es außerdem in der Slowakei (um Preßburg), in West- und Mittelungarn (an der Grenze Österreichs bzw. zwischen Budapest und Plattensee), in Kroatien und Slawonien in Jugoslawien; hierher gehört auch das sogenannte „Zimbrische" der Sieben und der Dreizehn Gemeinden in Norditalien. Für die sprachwissenschaftliche Forschung ist die kleine nordbairische Sprachinsel Jamburg an der Newa (südlich von Leningrad in der UdSSR) dank den Arbeiten von Viktor Schirmunski besonders wichtig: es ließ sich hier ein in — linguistisch gesehen — kürzester Zeit vor sich gehender, zumal mehrfacher Mundartwechsel konkret beobachten. — Westlich vom Bairischen liegt der Bereich des Schwäbisch-Alemannischen. Im Großteil Württembergs und in Schwaben (Bayern) wird das Schwäbische, westlich davon, in Baden und im Elsaß (um Straßburg in Frankreich) das Niederalemannische, im Süden — in der Schweiz — das Hochalemannische bzw. im äußersten Süden das sehr archaische Höchstalemannische gesprochen. Alemannische Mundarten herrschen auch in Liechtenstein und in Vorarlberg (Österreich). Schwäbisch-alemannische Sprachinseln gibt es in vielen Ländern Europas sowie in Übersee. Allerdings sei angemerkt, daß in manchen Ländern Südosteuropas (Ungarn, Slowakei, Karpatenukraine [UdSSR], Rumänien, Jugoslawien) die erst nach den Türkenkriegen (vom Ende des 17. Jh.s an) angesiedelten deutschen Bauern — wohl nach der ersten Siedlerwelle — verallgemeinernd „Schwaben" heißen, obwohl sie in erster Linie nicht Schwaben, sondern Baiern oder Franken sind. So ist also auch der Begriff „Donauschwaben" nicht als eine Bezeichnung für Abstammungsschwaben im Ausland zu verstehen. Wenn hingegen der Begriff Donaubairisch in Bezug auf auslandsdeutsche Sprachinseln verwendet wird, so steht dahinter stets eine mittelbairische Siedlergruppe. Das heißt: dieser Begriff trägt einen rein wissenschaftlichen Charakter.

Zur oberdeutschen Gruppe gehören auch noch die ost- bzw. südfränkischen Mundarten im Norden der Bundesländer Bayern und Württemberg.

Das Mitteldeutsche zerfällt auch heute in eine West- und eine Ostgruppe, deren Grenze Thüringen, also im wesentlichen die südwestliche Staatsgrenze der DDR bildet. Die westmitteldeutschen Mundarten werden entsprechend dem Maße gruppiert, in dem sie die zweite Lautverschiebung übernommen bzw. durchgeführt haben. Dem Oberdeutschen steht in dieser Hinsicht das Rheinfränkische (mit Rheinpfälzisch und Hessisch) am nächsten. Nördlich davon, an der Mosel, wird das Moselfränkische (Mittelfränkisch), im Raum Köln—Düsseldorf—Aachen hingegen bereits das Ripuarische (nach dem ehemaligen Stamm der Ripuarischen Franken) gesprochen. Das Thüringische bildet den Übergang zum Obersächsischen, das den Raum Obersachsen (Leipzig—Meißen—Dresden) beherrscht. Die Nordgrenze des Obersächsischen bilden der Harz im Westen, die Umgebung Berlins im Osten. Eine Fortsetzung des Obersächsischen existiert in den stellenweise heute noch gesprochenen deutschen Mundarten Schlesiens in Polen. Es sei angemerkt, daß vor 1945 auch in einer Enklave in Ostpreußen ein ostmitteldeutscher Dialekt, das sogenannte Hochpreußische, gesprochen wurde, obwohl Ostpreußen sonst niederdeutsch war. Mitteldeutsche Sprachinseln gibt es sowohl in Europa als auch in Übersee in vielen Ländern. Sie wurden z. T. noch im Hochmittelalter angelegt, so z. B. das Siebenbürgisch-Sächsische (um Hermannstadt, Kronstadt und Bistritz in Siebenbürgen, Rumänien), das entschieden westmitteldeutsch geprägt ist und mit dem Moselfränkischen (bzw. Letzeburgischen, vgl. IV.5.25.) aufs engste zusammenhängt, oder das Zipserische in der Slowakei (nördlich von Kaschau, um Kesmark und Leutschau), das eine natürliche Fortsetzung des Schlesischen darstellt. Für die Bergmannssiedlungen des Hochmittelalters war in Südosteuropa eine eigenartige Mischung (ost)mitteldeutscher und bairischer Elemente charakteristisch; dabei sind vor allem das sogenannte „Pergstädterische" im mittelslowakischen Hauland (um Kremnitz und Schemnitz) sowie das „Gründlerische" in den Zipser Gründen (Südzips in der Slowakei) bzw. die Gottschee in Kroatien zu nennen. — Nach den Türkenkriegen sind besonders viele westmitteldeutsche Siedlungen entstanden im Karpatenbecken, z. B. im Banat und in der Batschka (in Rumänien und Jugoslawien) sowie in der sogenannten „Schwäbischen Türkei" (um Fünfkirchen in Südwestungarn), vielerorts in der Sowjetunion und vor allem in den Vereinigten Staaten von Amerika (vgl. das Pennsilfaanische, IV.4.8.).

IV.5.2. Regionale Umgangssprachen

IV.5.21. Schottisch

Schottland (engl. *Scotland*) umfaßt den Norden Großbritanniens; sein Gebiet erstreckt sich über 78 772 km², die Einwohnerzahl beträgt etwa 5 Millionen. Die Hauptstadt des Landes ist Edinburgh. Schottland besteht aus drei geographischen Zonen: im Norden liegt das schottische Hochland (engl *Highlands*), in der Mitte das schottische Unterland (engl. *Lowlands*) und im Süden das schottische Hügelland (engl. *Uplands*). Zu Schottland gehören auch die Hebriden (engl. *Hebrides*) sowie die Orkney- und die Shetland-Inseln im Norden. Erwerbszweige sind neben Eisen- und Kohlenbergbau vor allem Viehzucht und Fischfang sowie die entsprechenden Zweige der Industrie.

Während der angelsächsischen Eroberung sind im alten gälischen Bereich Schottlands drei keltische Reiche (piktisch, schottisch und britisch) und ein englisches Königreich (Northumbrien) entstanden. Unter den unaufhörlichen Kleinkriegen der Kelten, der Angeln und der die Küstengebiete und die vorgelagerten Inseln besetzenden norwegischen Wikinger wurde das eigentliche, nunmehr einheitliche und englisch geprägte Schottland erst während der Herrschaft des schottischen Königs David I. (1084—1153) gefestigt. Nach der Vertreibung der Wikinger entwickelte sich das Schottische Königreich zum gefährlichsten Rivalen Englands. Die beiden Länder wurden in Personalunion verbunden, als der Schottenkönig Jakob VI. — im Jahre 1603 unter dem Namen Jakob I. — auch den englischen Thron bestieg. Nach den schottischen Bürgerkriegen im 17. Jh. wurde Schottland 1707 mit England endgültig vereinigt und zog nun auch offiziell in beide Kammern des englischen Parlaments ein. Der Minister für die Angelegenheiten Schottlands (engl. *Secretary of State for Scotland*) ist seitdem Mitglied eines jeden englischen Kabinetts. Die Anhänger der separatistischen Stuartpartei, die sogenannten Jakobiten, wollten den Zusammenschluß mit England rückgängig machen und brachen im 18. Jh. sogar zwei große Aufstände vom Zaun, allerdings ohne Erfolg. Nachdem 1745 die Invasion des Prinzen Karl Stuart (des „Bonnie Prince Charlie" der Schotten) gescheitert war, hatten die Separatisten keine Chancen mehr. Dieser politische Zusammenbruch und die Verschlechterung der wirtschaftlichen Lage gaben den Anstoß zu einer massenhaften Auswanderung, besonders vom Hochland, nach Übersee, in erster Linie nach Amerika und Neuseeland (vgl. IV.5.33.). Eine Wende trat erst im 19. Jh. ein, als Schottland dank der Industrialisierung wieder zu einem der bedeutendsten Provinzen Großbritanniens aufstieg.

Nur ein Bruchteil der keltischen Urbevölkerung Schottlands hat — vor

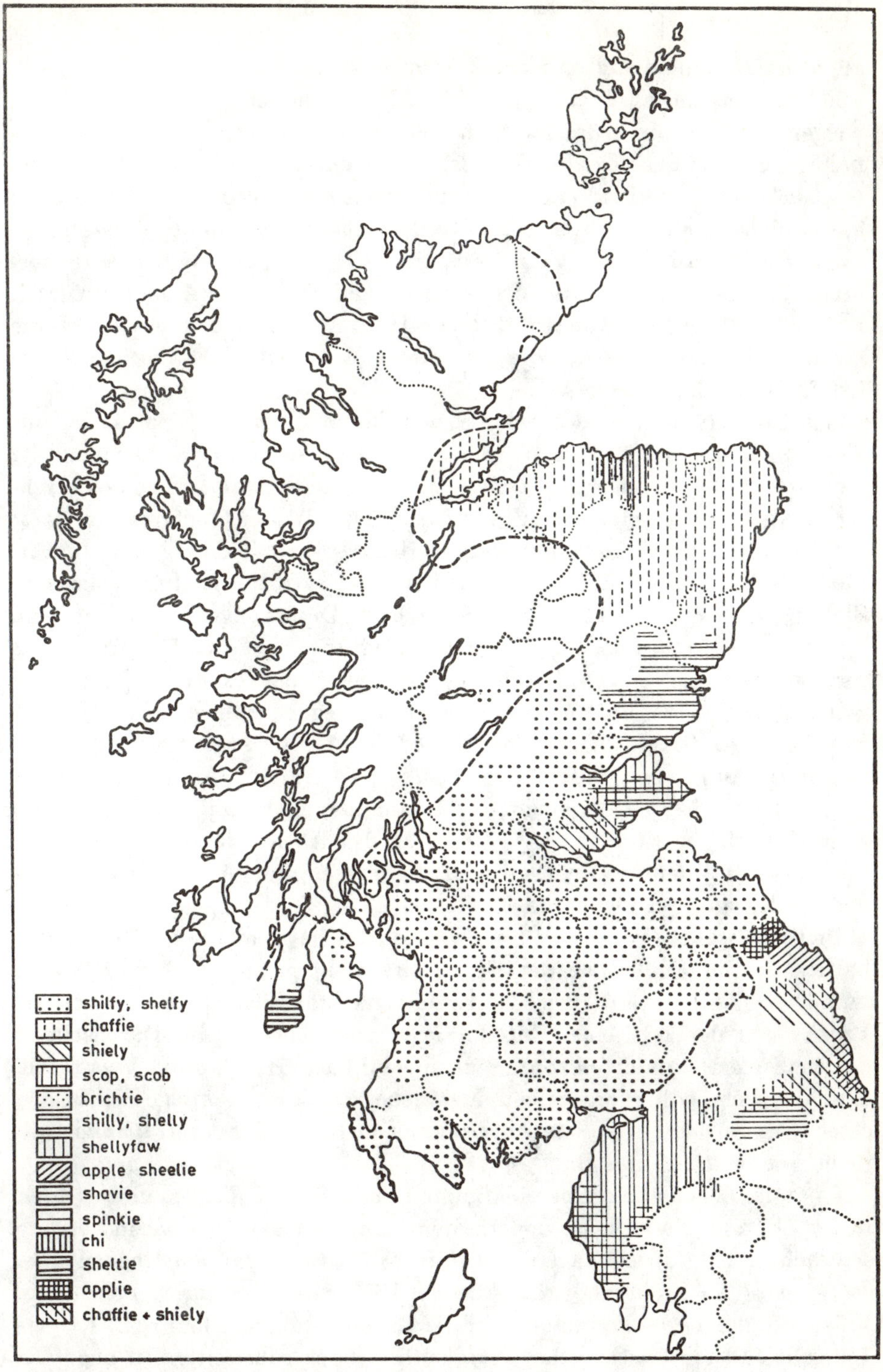

Abb. 68. Die Mundarten Schottlands am Beispiel der Bezeichnung für 'Buchfink'

allem im Hochland und auf den Inseln – seine gälische (also keltische) Sprache bewahrt (vgl. I.2.5.); ihre Nachkommen sprechen zum überwiegenden Teil die schottländische Variante des Englischen, das sogenannte Schottische (engl. *Scots*), mit einem anderen Namen das *Lallans* (< *Lowlands* 'Unterland'). Es ist heute noch die Muttersprache von etwa 3,5 Millionen Schotten und ist, obwohl nicht als Amtssprache anerkannt, als regionale Umgangssprache in ganz Schottland verbreitet, ja es verfügt, dank den schottischen Dichtern (Allan Ramsay, Robert Fergusson, Robert Burns, Hugh McDiarmid u. a.), über eine moderne Literatursprache, die auf dieser Ebene dem Englischen ebenbürtig ist (Abb. 68).

Die Eigenständigkeit des Schottischen kommt, gemäß seiner Lage, vor allem im Lautstand und im Wortschatz zum Vorschein. Kennzeichnend ist die monophthongische Aussprache anstelle mancher Diphthonge des Englischen, vgl. [hom] 'heim, Heim' (ne. *home* [hɔum]), [tek] 'nehmen' (ne. *take* [teɪk]), [bird] 'Bart' (ne. *beard* [biəd]), [bɛr] ~ [be:r] 'tragen' bzw. 'nackt' (ne. *bear* bzw. *bare* [bɛə]), [ʃu:r] 'sicher' (ne. *sure* [ʃuə]). In bestimmten Stellungen werden sonst lange Vokale bzw. Diphthongoide gekürzt, vgl. [wɪk] 'Woche' (ne. *week* [wi:k]), [rod] 'Weg' (ne. *road* [roud]), [fud] 'Futter, Lebensmittel' (ne. *food* [fu:d]), [roz] 'Rose' (ne. *rose* [rouz]) usw. Das Schottische hat den im Englischen längst aufgegebenen *ach-* bzw. *ich*-Laut bewahrt, vgl. [θɔxt] 'dachte' (ne. *thougt* [θɔut]), [kʰɔxt] 'faßte, griff' (ne. *caught* [kʰɔut]), [lɪçt] 'Licht' (ne. *light* [laɪt]), [nɪ:çt] 'Nacht' (ne. *night* [naɪt]) usw. Altes *hw* ist ebenfalls bewahrt, vgl. [hwat] 'was' (ne. *what* [wɔt]), [hwai] 'warum' (ne. *why* [waɪ]) u. dgl. Auch palatales [y] ist noch vorhanden, während es im Englischen bereits in altenglischer Zeit entrundet wurde, vgl. [gyd] 'gut' (ne. *good* [gud]).

Im schottischen Wortschatz sind manche germanische Wörter enthalten, die im Englischen der Gegenwart nicht gängig sind, z. B. *bairn* 'Kind', *burg* 'Kleinstadt', *stark* 'stark' usw. Verständlicherweise ist auch der Prozentsatz der keltischen Entlehnungen viel höher als im Durchschnitt der englischen Mundarten sonst, vgl. *ingle* 'Feuer, Herd', *binn* 'Wasserfall' usw. Lautlich bedingt erscheinen auch neue Wortformen infolge der Elision eines *t* im Auslaut, wie etwa *canna* 'kann nicht' (ne. *can not*), *winna* 'will nicht' (ne. *will not*) u. dgl.

Trotz der allgemeinen Übereinstimmung mit dem Englischen gibt es auch in der Grammatik Besonderheiten. Manche starke Verba sind bereits schwach, z. B. (*to*) *tell* 'sagen' → *telled* [≠ ne. *told*), (*to*) *gang* 'gehen' (ne. *go!*) → *gaed* (≠ ne. *went*, vgl. IV.3.45.). Die Endung *-s* der 3. Pers. Sing. Präs. Ind. der Verba kann auch auf die 1. Person übergreifen, z. B. *I gangs* 'ich gehe'. Das alte (schwache) Pluralsuffix *-n* der Substantiva ist ebenfalls mehr belastet als im Neuenglischen, vgl. *shoon* 'Schuhe' (≠ ne. *shoes*), *een* 'Augen' (≠ ne. *eyes*), *foen* 'Gegner, Feinde' (≠ ne. *foes*), *kine* 'Kühe' (≠ ne. *cows*) usw.

Das Schottische fällt durch seine monotone I n t o n a t i o n, die sich hauptsächlich aus der Schwäche des Druckakzents ergibt, besonders auf.

Nachstehend sollen zwei Textproben die schottische Schriftsprache der mittelenglischen bzw. der neuenglischen Zeit veranschaulichen. Bei den Worterklärungen werden, wo es nötig erscheint, zum Vergleich in eckigen Klammern die entsprechenden mittel- bzw. neuenglischen Äquivalente mitgeteilt.

(a) *Mittelschottisch*:

Þis wes in were, quhen vyntirtyde
Vith his blastis hydwiß to byde
Wes ourdriffin, and byrdis smale
As thristill and þe nychtingale,
Begouth rycht meraly to syng
And for to mak in þair synging
Syndry notis and soundis sere
And melody plesande to here:
And þe treis begouth to ma
Burgeonys and brycht blwmys alsua
To vyn þe heling of þar hevede,
Þat vikkit vyntir had þame revede,
And all grewis begouth to spring.

(JOHN BARBOUR: *Bruce*. 1375.)

þis 'dies-'; *wes* 'war'; *in were* 'im Frühling'; *quhen* 'wenn, wann, als' [me. *whanne*]; *vyntirtyde* 'Winterszeit' [me. *wyntertide*]; *vith* 'mit' [me *with*], *his* 'sein' m.; *blastis* Pl. → *blast* 'Wind, Briese'; *hydwiß* 'schrecklich, häßlich' [me. *hideous*]; *to byde* 'warten, bitten'; *ourdriffin* Part. Prät. → *ourdrife* 'vertreiben, bezwingen' [me. *overdryven*]; *and* 'und'; *byrdis* Pl. → *byrd* 'Vogel'; *smale* 'klein, schmal, gering'; *as* 'als, wie, auch'; *thristill* 'Drossel' [me. *thrustel*]; *þe* 'der/die/das' (bestimmter Artikel); *nychtingale* 'Nachtigall'; *begouth* Prät. Ind. → *begynne*(*n*) 'beginnen'; *rycht* '(ge)recht, richtig, sehr' [me. *riht*]; *meraly* 'fröhlich, lieblich'; *to syng* 'singen' [me. *singe*(*n*)]; *for to* 'um zu' (+ Inf.); *to ma*(*k*) 'machen, tun' [me. *make*(*n*)]; *þair* ~ *þar* 'ihr-' (Possessiv) [me. *þeire*]; *synging* 'das Singen, Gesang'; *syndry* 'verschieden, unterschiedlich'; *notis* Pl. → *not*(*e*) 'Note, Zeichen, Weise, Lied (?)'; *soundis* Pl. → *sound* 'Laut, Ton, Stimme: Melodie'; *sere* Pl. → *ser* 'verschieden, etlich, manch-'; *melody* 'Melodie'; *plesande* Part. Präs. → *plese*(*n*) 'gefallen'; *to here* 'ihm/ihr, ihnen'; *treis* Pl. → *tre* 'Baum'; *burgeonys* Pl. → *burgeon* 'Knospe'; *brycht* 'glänzend, froh'; *blwmys* Pl. → *blwme* 'Blume' [me. *blome*]; *alsua* 'auch' [me. *als*(*o*)]; *to vyn* 'gewinnen, siegen' [me. *wynne(n)*]; *heling* 'Haltung' [vgl. ne. *holding*]; *of* 'von' (possessiv. Präp.); *hevede* Pl. → *heved* 'Haupt, Kopf'; *þat* 'das, jenes'; *vikkit* 'falsch, verlogen, böse'; *vyntir* 'Winter' [me. *wynter*]; *had* 'hatte'; *þame* 'ihnen, denen' bzw. 'sie' (Akk. Pl.) [me. *þeim* ~ *þaim*]; *revede* Part. Prät. → *reve(n)* '(be)rauben, entführen, (aus)plündern'; *all* 'alle'; *grewis* Pl. 'alles, was wächst'; *to spring* 'springen, hüpfen: (auf)blühen; lenzen' [me. *spryngen*].

(b) *Neuschottisch*:

O lang, lang may their ladies sit,
Wi thair fans into their hand,
Or eir they se Sir Patrick Spence
Cum sailing to the land.

O lang, lang may the ladies stand,
Wi thair gold kems in their hair,
Waiting for thair ain deir lords,
For they 'll se thame na mair.

Haf owre, haf owre to Aberdour
It' fiftie fadem deip,
And their lies guid Patrick Spence,
Wi the Scots lords at his feit.

(*Sir Patrick Spence*. Hrsg. v. F. CHILD: *English and Scottish Popular Ballads I–V*. 1883–1898.)

o 'oh, ach'; *lang* 'lange' [ne. *long*]; *may* 'mögen'; *their/thair* 'ihr' (Possessiv, auch in der Funktion des Demonstrativs bzw. des bestimmten Artikels); *ladies* Pl. → *lady* 'Dame, Herrin'; *to sit* 'sitzen'; *wi* 'mit' [ne. *with*]; *fans* Pl. → *fan* 'Fächer'; *into* 'in'; *hand* 'Hand'; *or* 'oder'; *eir* 'eher, bevor'; *they* 'sie' (Nom. Pl.); *to se* 'sehen, erblicken' [ne. *see*]; *to cum* 'kommen' [ne. *come*]; *sailing* Gerund → *to sail* 'segeln'; *to* 'zu, nach, gegen'; *the* (bestimmter Artikel); *land* 'Land' (hier im Gegensatz zu See); *to stand* 'stehen'; *gold* 'Gold-, golden' [ne. *golden*]; *kems* Pl. → *kem* 'Kamm' [ne. *comb*]; *in* 'in'; *hair* 'Haar'; *waiting* Gerund → *to wait* 'warten'; *for* 'für' (hier: 'auf'); *ain* 'eigen' [ne. *own*]; *deir* 'teuer, lieb' [ne. *dear*]; *lords* Pl. → *lord* 'Herr, Gemahl'; *for* 'denn, weil'; *'ll* = *will* 'werden'; *thame* 'sie' (Akk. Pl.) [ne. *them*]; *na* 'nein, nicht' [ne. *no(t)*]; *mair* 'mehr' [ne. *more*]; *haf* 'halb(wegs)' [ne. *half*]; *owre* 'über, jenseits' [ne. *over*]; *it'* 'es ist/war' [ne. *it is/was*]; *fiftie* 'fünfzig' [ne. *fifty*]; *fadem* 'Faden' (als Tiefen- bzw. Längenmaß) [ne. *fathom*]; *deip* 'tief' [ne. *deep*]; *and* 'und'; *their* 'dort' [ne. *there*]; *lies* 3. Pers. Sing. Präs. Ind. → *to lye* 'liegen'; *guid* 'gut, brav' [ne. *good*]; *Scots* 'schottisch'; *at* 'bei, zu'; *his* 'sein-' (Possessiv); *feit* 'Füße' [ne. *feet*].

IV.5.22. Das Englische in Irland und in Wales

Die Sprache der englischen Eroberer begann sich im 12. Jh. auch in Irland zu verbreiten. Die allmähliche Verdrängung der keltischen Muttersprache der Bevölkerung hatte dazu geführt, daß die meist gesprochene – und zugleich amtlich verwendete – Sprache der irischen Inseln im 17. Jh. bereits die englische war. Dank der seit dem 18. Jh. erstarkenden irischen Freiheitsbewegung wurde auch dem Jahrhunderte lang nur in der Form von Bauernmundarten vegetierenden Keltisch-Irischen zur Wiedergeburt verholfen, obwohl das Englische aus dem allgemeinen Gebrauch nicht mehr wegzudenken ist.

Allerdings weist das Englische in Irland manche Züge auf, die sich aus dem keltischen Substrat erklären. Für den Lautstand ist vor allem das Fehlen der interdentalen Reibelaute [ð] und [θ] bzw. ihr Ersatz durch [d] und [t] charakteristisch, vgl. [dıs] 'this:dieser', [bed] 'bathe:baden'. Im absoluten Auslaut wird [d] in der Regel aufgegeben, z. B. [ən] 'and:und', [laːn] 'land:Land' usw.

Das Substrat wirkt sich auch in der größeren Anzahl keltischer Entlehnungen im Wortschatz aus, vgl. *smur* 'dichter Nebel' (< ir. *smur* 'Nebel'), *sonaghan* 'eine Art Forelle, die im November in den Gewässern Irlands erscheint' (< ir. *samhain* 'November' + ir. -[*ch*]*an* Deminutivsuffix).

Ebenso kennzeichnend ist auch die Beibehaltung alter semantischer Inhalte von vielen englischen Wörtern, die in England selbst gewandelt wurden, z. B. *harvest* 'Herbst' in Irland, aber 'Ernte' in England. Gleichzeitig wurde aber auch die Bedeutung mancher Wörter im Laufe der Zeit in Irland geändert, z. B. (*to*) *join* 'beginnen' (in England: 'koppeln'), *strong* 'reich, gesund' (in England: 'stark') usw.

Für den morphologischen Bau ist das völlige Fehlen der Perfektformen des Verbs charakteristisch. Sie werden mit Hilfe des Verbum substantivum und dem mit der Präposition *after* 'nach' versehenen Gerund des Sinnverbs umschrieben, z. B. *I am after seeing him this day* (anstatt *I have seen him today*) 'ich habe ihn heute gesehen'. Das Futurum wird bei allen Personen mit dem Hilfsverb *will* gebildet, während *shall* in allen Fällen 'sollen' bedeutet.

Das keltische Wales wurde von den Angelsachsen zum Teil noch im 10.–11. Jh. unterjocht. Nach langwierigen Kämpfen ging Wales im 13. Jh. seiner Unabhängigkeit endgültig verlustig. Von dieser Zeit an drang auch die Sprache der Eroberer immer mehr vor, obwohl ein Teil der Bevölkerung auch heute noch nur kymrisch spricht (vgl. I.2.5.). Die Mehrheit ist zweisprachig, die Amtssprache ist jedenfalls Englisch.

Beide Sprachen stehen in ständiger Wechselwirkung. Einerseits übernimmt das Kymrische Wörter vom Englischen, andererseits macht sich aber besonders der kymrische Wortschatz im Englisch der keltischen Bevölkerung geltend. Der keltische Einfluß zeigt sich verständlicherweise in der Aussprache des Englischen am stärksten. Das gleiche läßt sich über das Englisch der z. T. noch zweisprachigen, aber im Zustand des Sprachwechsels begriffenen Bevölkerung der Insel Man (vgl. I.2.5.) feststellen: die sprachliche Umvolkung ist hier allerdings schon so gut wie ganz abgeschlossen.

IV.5.23. Das Deutsche in Österreich

Das östliche Grenzgebiet des karolingischen Frankenreiches wurde von Karl dem Grossen unter dem Namen Ostmark als eine Verteidigungszone zur Abwehr östlicher, vor allem awarischer Angriffe organisiert. Im 12. Jh. ist dieses Gebiet ein selbständiges Herzogtum geworden und gelangte im ausgehenden 13. Jh. in den Besitz der Habsburger, die, nachdem sie ihr politisches Zentrum dorthin verlegt hatten, ihre Macht teils durch Kriege, teils durch dynastische Eheverträge weit über die eigentlichen Grenzen Österreichs hinausschoben. 1526 fielen Ungarn und Böhmen als Erbteil dem Haus Habsburg zu; 1699 kam Siebenbürgen, Ende des 18. Jh.s auch Galizien und das Buchenland (Bukowina) unter ihre Oberhoheit. 1814 konnte Österreich auch Illyrien, Dalmatien, zeitweilig sogar die Lombardei und Venedig annektieren. Auf diese Weise ist das Reich der Habsburger ein Vielvölkerstaat geworden. Die verbindende und vermittelnde Sprache der Verwaltung, des Heeres usw. war in erster Linie Deutsch, allerdings ein Deutsch, das sich vom Sprachgebrauch des binnendeutschen Raumes in vieler Hinsicht unterschied bzw. in der nach dem Ersten Weltkrieg geschaffenen Republik Österreich heute noch unterscheidet, obwohl die grundlegenden deutschen Orthographieregeln von 1901 auch von Österreich angenommen wurden.

Mit Ausschluß des alemannischen Vorarlberg werden in allen Bundesländern Österreichs bairisch-österreichische Mundarten gesprochen. Dementsprechend sind für die geschriebene, noch mehr für die gesprochene Variante der deutschen Hochsprache in Österreich die Merkmale des Bairischen charakteristisch. Dabei spielt die Hauptstadt Wien eine entscheidende Rolle. Der Wiener Dialekt gilt heute schon in allen Städten Österreichs als maßgebliche Norm und drängt dadurch auch die urtümlichen Bauernmundarten immer mehr zurück (Abb. 69).

Die deutsche Aussprache des Österreichers zeichnet sich durch die häufige Entrundung labialer Vokale und Diphthonge aus, vgl. [ʃe:n] für [ʃø:n] 'schön', [ʃitn̥] für [ʃytən] 'schütten', [haezə] für [hɔøzəɪ] 'Häuser',

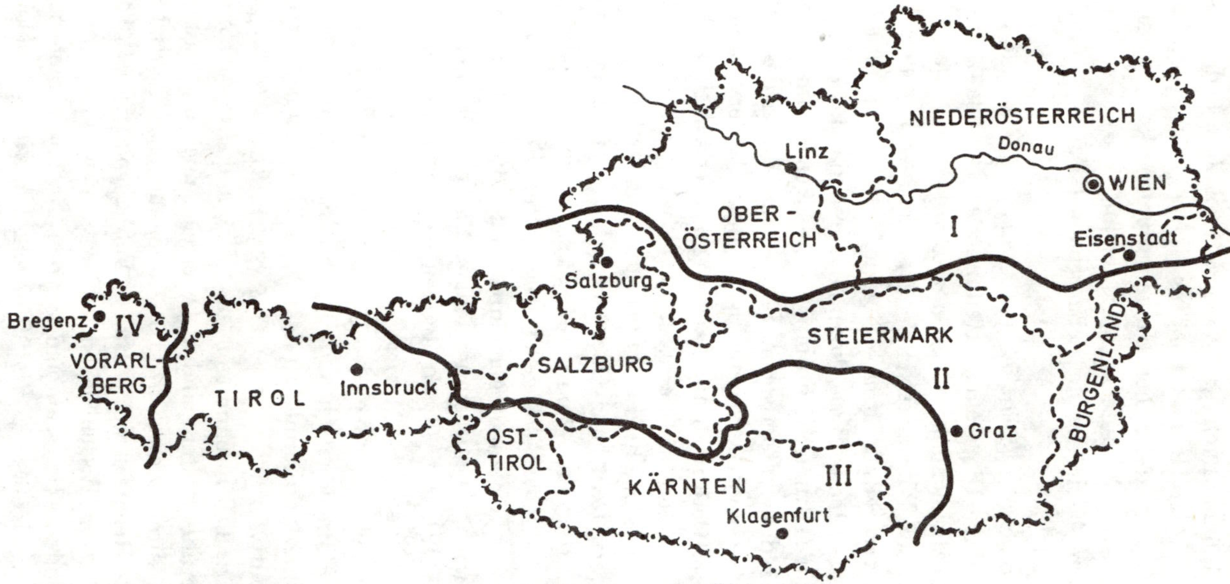

Abb. 69. Dialekträume in Österreich
I donaubairische Mundarten („Mittelbairisch"), *II* Süddonaubairisch (Übergangszone zwischen I und III), *III* südbairische Mundarten, *IV* alemannische Mundarten

[laet] für [lɔøtə] 'Leute' usw. Anlautendes *p* und *t* sind unbehaucht, vgl. [peç] für [p^{h}eç] 'Pech' bzw. [te:] für [t^{h}e:] 'Tee'. [r] ist meistens Zungenlaut und wird in der Stellung nach Vokal vielfach vokalisiert, d. h. es führt zu neuen Diphthongen, vgl. [tɔəf ~ tuəf] für [dɔrf] 'Dorf', [nu:ə] für [nu:r] 'nur' usw. Sogar in der städtischen Umgangssprache kommt der mundartlich (Wienerisch) bedingte Lautersatz [a:] für [ae], [ao] bzw. [e:] vor, z. B. [kla:n] neben [klaen] 'klein', [pa:m] neben [paom] 'Baum', [ma:dl̥ ~ ma:'l̥] neben [me:dl̥] 'Mädel'.

Die Morphologie zeigt ebenfalls manche Besonderheiten dem Deutschen gegenüber. Die Genusverteilung der Nomina zeigt in vielen Fällen erhebliche Abweichungen, vgl. **der** *Butter*, **der** *Dotter*, **das** *Monat* (Wien) usw. Unter den Pluralsuffixen der Nomina ist der „schwache" Typus besonders stark verbreitet: *Mädeln* 'Mädel' (Pl.), *Schanken* 'Schänke'. Im grammatischen Bau kommt die mundartliche Basis im allgemeinen stärker zur Geltung als im binnendeutschen Raum, vgl. z. B. den häufigeren Ersatz des synthetischen Präteritums durch das Perfekt, des Genitivs durch possessivische Wortgefüge u. dgl. Die Verwendung von *tun* als Hilfsverb gilt in Österreich auch als umgangssprachlich, nicht nur dialektal wie in Deutschland (z. B. *essen tun wir!* 'wir [wollen] essen!').

Die Austriazismen, die übrigens auf mundartlicher Ebene manchmal auch in Bayern bzw. ganz Oberdeutschland verbreitet sind, melden sich besonders massiert im Wortschatz. Allgemein oberdeutsch gelten z. B. Wörter wie *Backe* 'Wange', *Orange* (älter: *Pomeranze*) 'Apfelsine', *bügeln* 'plätten' u. dgl. Manche gemeinbairische Mundartwörter gelten in Österreich z. T. auch als hochsprachlich, z. B. *Triste* 'Schober', *Kukuruz* 'Mais', *Paradeis* 'Tomate', *Tram* 'Balken', *Grammel* 'Griebe', *Bäckerei* 'Gebäck, Backwerk' usw.

Auch im Gebrauch der Verbalpräfixe bestehen viele Unterschiede zwischen Binnendeutsch und Österreichisch, z. B. ***aus****spotten* 'verspotten', ***ab****gebrannt* 'verbrannt'. In der Wortbildung sind die oberdeutschen Deminutivformen sehr beliebt, vgl. *Mäuserl*, *Stückerl*, *Stamperl*, *Zuckerl*. Wörter, z. T. Entlehnungen aus Fremdsprachen, die im Deutschen für veraltet gelten, sind in Österreich noch im Schwange, z. B. *Zuckerbäcker* 'Konditor', *Lebzelten* 'Leb-, Honigkuchen', *Klafter* bzw. *Coupé* 'Abteil', *Advokat* 'Rechtsanwalt', *Match* 'Fußballspiel', *Goal* 'Tor', *Spital* 'Krankenhaus', *Lavoir* 'Waschbecken, -schüssel' usw. Viele österreichische lexikalische Besonderheiten stammen aus den Nachbarsprachen, z. B. aus dem Italienischen: *Karfiol* 'Blumenkohl', *Ribisel* 'Johannisbeere', *Fisole* 'Bohne', *Marille* 'Aprikose'; aus dem Slawischen: *Powid(e)l* 'Mus', *Kolatsche(n)* 'Kuchen', *Jause* 'Zwischenmahlzeit', *Buchtel/Wuchtel* 'ein Hefegebäck, Dampfnudel', bzw. aus dem Ungarischen: *Palatschin-*

ken 'Eierkuchen' usw. Es sind das meistens K u l t u r w ö r t e r, die das ganze ehemalige Habsburgerreich überlagerten und gutenteils in alle – auch nichtdeutsche – Sprachen der alten Monarchie Eingang fanden, vgl. im U n g a r i s c h e n : *kupé* 'Abteil', *meccs* [mɛt͡ʃ] 'Match', *gól* [go:l] 'Goal', (veralt.) (*ho*)*spitály* [⟨ho:⟩ʃpita:l, -a:j] 'Spital', *lavór* [lavo:r] 'Lavoir', *karfiol, ribizli* [ribizli] 'Ribisel', *kalács* [kåla:tʃ] 'Kolatsche', *bukta* 'Buchtel', im S e r b o k r o a t i s c h e n : *karfiol, kupe, kolač, ribiz(la), palačinka, lavor, špitalj, meč, gol* oder im T s c h e c h i s c h e n : *karfiol, fizole* ~ *fisole, kupé, goal, lavor* u. dgl.

Nachstehend soll ein moderner Wiener Textteil die organische Vermischung von Hochsprache und Mundart in der deutschen Gemein- bzw. Umgangssprache Österreichs veranschaulichen. (Das Graphem *å* bezeichnet offenes, labiales [ɔ] bzw. [ɔ:], wie meistens auch in der bairischen Mundartdichtung, gibt zugleich etymologisches *a* wieder.)

Ih bin ned årm, ih bin ned reich,
und wüll es aa nia werd'n,
Ih håb im Leben, wås ih brauch',
mi g'freut's aa so auf Erd'n;
Mir schmeckt dås Bier, mir schmeckt der Wein,
mir schmeckt aa dås Zigarl,
Mei Herz hupft m'r vur Freud in d'Höh',
siach ih a saubers Madl.

(KARL SCHNEIDER: *Wunschtraum eines Alt-Wieners.*)

ih [i:] 'ich'; *ned* 'nicht'; *wüll* 'will'; *aa* 'auch'; *nia* 'nie'; *mi* 'mich'; *Zigarl* 'Zigarre' (Dem.); *hupft* 'hüpft'; *m'r* [mə] 'mir'; *vur* 'vor'; *siach* 'sehe'; *sauber* 'nett, hübsch'; *Madl* 'Mädel'.

IV.5.24. Schwyzertüütsch

Schwyzertüütsch 'Schweizerdeutsch' ist die Bezeichnung der a l e m a n n i s c h e n Mundarten bzw. der aus diesen entstandenen regionalen Umgangssprache der deutschen Bevölkerung der Schweiz. Es wird auch als schriftliches Kommunikationsmittel verwendet, besonders in seiner Zürcher Variante (*Züritüütsch* 'Zürich-Deutsch'), und in den meisten Schweizer Zeitungen werden regelmäßig auch kleinere schwyzertüütsche Texte veröffentlicht. In den Jahren des Zweiten Weltkriegs wurde sogar eine sehr aktive Bewegung mit der Zielsetzung gestartet, die deutsche Amtssprache des Landes durch das Schwyzertüütsch zu ersetzen. Auf diesen Bruch mit der eigenen Tradition wurde jedoch aus praktischen Bedenken verzichtet. Ähnlich wie Österreich hat auch die Schweiz die gesamtdeutschen orthographischen und grammatischen Beschlüsse von 1901 – mit gewissen geringfügigen Modifikationen – anerkannt. Allerdings hat auch die Schweizer Variante der deutschen Hochsprache Besonderheiten bewahrt, die sich aus dem Einfluß des Schwyzertüütsch erklären lassen (Abb. 70).

Wie in den alemannischen Mundarten überhaupt, wurde die zweite (althochdeutsche) Lautverschiebung auch im Schwyzertüütsch in vollem Maße durchgeführt, und sie erscheint heute noch viel konsequenter als in der deutschen Gemeinsprache sonst, vgl. *pflääge* 'pflegen', *hupfe* 'hüpfen', *Chopf* 'Kopf'; *zele* 'zählen', *haize* 'heizen', *Holz*; *haiss* 'heiß', ja sogar *Chint* [xint] 'Kind', *Acher* [axər] 'Acker' und *Wulch* [vulx] 'Wolke'. Die Lautgruppen *st*, *sp* lauten in allen Stellungen [ʃt], [ʃp], z. B. *Schtai* 'Stein', *isch*(*t*) 'ist', *Schpiis* 'Speise', *Reschpäkt* 'Respekt', sogar die Konsonanz *sk* lautet in der Regel [ʃk], vgl. *Schkandaal* 'Skandal', *tischgeriere* 'diskurrieren'.

Das kennzeichnendste Merkmal des Vokalismus ist die Bewahrung der alten Längen sowie der alten Diphthonge, vgl. *Schwyz* [ʃwi:ts] 'Schweiz', *riich* [ri:ç] 'reich', *tüütsch* [ty:tʃ] 'deutsch', *Fründ* 'Freund', *Huus* [hu:s] 'Haus', *fuul* [fu:l] 'faul', andererseits *lieb* [liəp], *Liecht* [liəçt] 'Licht', *Bluet* [pluət] 'Blut', *guet* [kuət] 'gut', *grüen* [kryən] 'grün', *süess* [syəs] 'süß'.

Die Vokale der Nebentonsilben wurden meistens stark reduziert, vielfach auch aufgegeben, vgl. *gwüss* 'gewiß', *tanzet* 'getanzt', *z'rugg* 'zurück', *Haimet* 'Heimat', *Aug* 'Auge', *Suntig* 'Sonntag' u. dgl.

Typisch und äußerst beliebt sind in der Wortbildung die alemannischen Deminutiva auf *-li* und *-i*, vgl. *Büebli* 'Bübchen ∼ Büblein', *Hüüsli* 'Häuschen ∼ Häuslein', *Ruedi* 'Rudi'.

Im Kasussystem der Nomina hebt sich der Dativ Pl. von den übrigen Kasus ab, vgl. *Fuess* 'Fuß' → *Füess* 'Füße' → *Füesse*(*n*) 'Füßen'; desgleichen – allerdings mit einer Einschränkung der Kompetenz wie im Englischen – der Genitiv Sing., vgl. **'s** *Naachbers* *Huus* 'das Haus des Nachbarn', **'s** *Mueters* *Schue* 'der Schuh der Mutter', *i ha* **der** *Wiil*/*Ziit* 'ich habe Zeit', wörtlich: 'ich habe der Weile/Zeit' (alter partitivischer Genitiv!). Reliktweise haben einige Nomina auch im Dat. Sing. eine Sonderform, z. B. *Bueb* m. 'Bube' → *Buebe*(*n*) 'dem Buben'.

Die Substantiva werden auch im Schwyzertüütsch nicht mehr nach den alten Stammklassen, sondern gemäß ihrem Pluralsuffix gruppiert: 1. -ø (mit oder ohne Umlaut), z. B. *Chnächt* m. 'Knecht' – *Chnächt* Pl., *Bai* n. 'Bein, Knochen' – *Bai* Pl., *Gascht* m. 'Gast' – *Gescht* 'Gäste', *Huut* f. 'Haut' — *Hüüt* Pl.; 2. -*e*(*n*) (mit oder ohne Umlaut), z. B. *Bueb* m. 'Bube' – *Buebe*(*n*) Pl., *Frau* f. 'Frau' – *Fraue*(*n*) Pl., *Aug* n. 'Auge' – *Auge*(*n*) Pl., *Vatter* m. 'Vater' – *Vättere* Pl.; 3. -*er* (mit oder ohne Umlaut), z. B. *Brätt* n. 'Brett' – *Brätter* Pl., *Buech* n. 'Buch' – *Büecher* Pl.

Das Adjektiv kann stark oder schwach sein: (*en*) ***alte Maa*** '(ein) alter Mann', aber *der alt Maa* 'der alte Mann'; (*en*) ***alts Huus*** '(ein) altes Haus', aber *'s alt Huus* 'das alte Haus'; (*en*) ***alti Frau*** '(eine) alte Frau'.

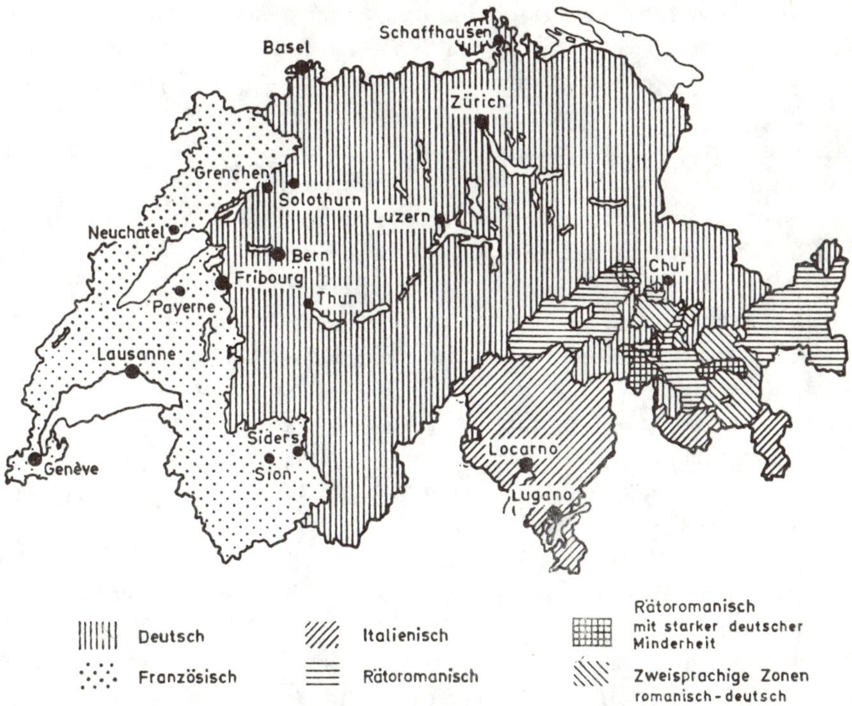

Abb. 70. Sprachenkarte der Schweiz (nach Bruno Boesch und Adolf Bach)

Von den Numeralien werden nach den drei Genera unterschieden flektiert *ain* m. (*ai* f., *ai* ~ *ais* n.) 'ein', *zwee* m. (*zwoo* f., *zwai* n.) 'zwei' und *drei* m./f. (*drüü* n.) 'drei'.

Die Personalendungen des Verbs wurden im Plural – wie im Alemannischen schlechthin – ausgeglichen, vgl. den Einheitsplural in *mer mached* 'wir machen', *er mached* 'ihr macht', *si mached* 'sie machen'. Das synthetische Präteritum Ind. wurde durch das Perfekt ersetzt, vgl. *i bi g'gange* 'ich bin gegangen; ich ging', wozu auch das Plusquamperfekt entsprechend gebildet wird: *i bi g'gange g'sii* 'ich bin gegangen gewesen', d. h. 'ich war gegangen'. Auf das alte Präteritum verweisen – wie übrigens auch im Bairisch-Österreichischen – nur noch die Konjunktivformen, vgl. *i suechti* 'ich suchte', *i fund* 'ich fände/ich würde finden'. Das Verb ist entweder „stark" oder „schwach". Die Ablautsreihen des Gemeingermanischen haben im Schwyzertüütsch die folgenden Entsprechungen: 1. *griffe* — (*griff*) — *g'griffe* 'greifen'; 2. *büüte/biete* — *botte* 'bieten'; 3. *binde* — *'bunde* 'binden'; 4. *bräche* — (*brääch*) — *'broche* 'brechen'; 5. *lä*(*ä*)*se* — *g'lä*(*ä*)*se* 'lesen'; 6. *faare* — (*fier*) — *g'faare* 'fahren'.

Von den germanischen Präteritopräsentien sind noch erhalten: *söll* (*soll*) 'soll' — *sött* (*sett*) (Konj.); *mues* 'muß' — *müesst*(*i*) [myəsti] (Konj.); *cha* (*chan*[*n*]) 'kann' — *chönnt*(*i*) (Konj.); *maa*(*g*) 'mag' — *möcht*(*i*) (*mieg*) (Konj.); *töörff* (*taarff*) 'darf' — *töörft*(*i*) (Konj.; semantisch ist damit auch *taar*, Konj. *töör* zusammengefallen); *waiss* (*weiss*) 'weiß' — *wüsst*(*i*) (Konj.). Ihnen hat sich auch *will* (*wott*) 'will' — *wett* (*wött*) (Konj.) angeschlossen.

Die Gruppe der athematischen Verba ist etwas stärker als im Neuhochdeutschen, vgl. *si*(*i*) 'sein': *bi*(*n*), *bischt*, *isch*(*t*), *sind* (*sii*, *siit*) bzw. *sei*(*g*) ~ *sig*(*i*) 'sei', *wää*(*r*) 'wäre', *bis!* 'sei!' — *sind* (*siit*)*!* 'seid!', *g'si*(*i*) 'gewesen'; *tue* 'tun', *tuene* 'ich tue'; *gaa* 'gehen', *gaane* ~ *gang* ~ *gaa* 'ich gehe', *schtaa* 'stehen', *schtaane*~*schtand*~*schtaa* 'ich stehe'; *ha*(*a*) 'haben', *ha*(*n*) 'ich habe'; *laa* (~ *loosse*) 'lassen', *laane* ~ *laa* 'ich lasse'; *fange* (*faa* ~ *fää*) 'fangen', *faane* ~ *fange* ~ *fääne* 'ich fange'; *schlaa* (*schloo*) 'schlagen', *schlaane* ~ *schlaa* 'ich schlage'; *g'see* 'sehen', *g'seene* ~ *g'see* 'ich sehe'; *'gää* 'geben', *gibe*(*n*) 'ich gebe'; *nää* 'nehmen', *nime* 'ich nehme'; *choo* 'kommen', *chume* 'ich komme' usw.

Ansonsten ist für das Schwyzertüütsch die stark wogende Intonation besonders charakteristisch, die auch in der hochsprachlichen Rede des Schweizers meist beibehalten wird.

Zur Aufzeichnung der örtlichen Varianten des Schwyzertüütsch hat der bekannte Phonetiker Eugen Dieth eine sehr praktische phonologische Umschrift geschaffen (*Schwyzertütschi Dialäktschrift.* Zürich 1938). In dieser Lautschrift wird geschlossenes [e] mit *e*, offenes [ɛ] mit *ë*, überoffenes [æ] mit *ä* wiedergegeben; *y* ist geschlossenes langes [iː] oder kurzes [i]; *ʃ* bezeichnet [ʃ]; die Verdoppelung der Konsonanten gibt aber nicht die Kürze des voraufgehenden Vokals an (wie im Deutschen), sondern die tatsächliche Länge des betreffenden Konsonanten. Die nachstehende Textprobe soll auch dieses Transkriptionssystem veranschaulichen:

Mys müeti hët mer brichtet:
chumm wider ëiniʃt hëi,
ës syg so ganz verlasse,
ës syg so ganz elëi.

Und druuf so han em gʃriibe,
i hëig jo chuum der zyt,
heb ëister z tüe und zʃaffe
und s hëigoo syg so wyt.

Doch ëiniſſ bin i gange,
bi hëichoo s wäägli uus,
und s müeti han i gfunde
elëi im alte huus.

Elëi im chlyne ſtüübli,
wo s zyt goot a der wand,
am fëiſterli hëts gſlooffe,
mys briefli i der hand.

(JOSEF REINHART: *Mys Briefli.* Solothurn.)

mys 'mein(es)'; *müeti* n. 'Mutti, Muttchen'; *hët* 'hat'; *mer* 'mir'; *brichtet* 'berichtet'; *chumm* 'komm'; *ëiniſt* ~ *ëiniſſ* 'einst: einmal'; *hëi* 'heim'; *syg* 'sei'; *elëi* 'allein'; *druuf* 'darauf'; *han* 'ich habe'; *em* 'ihm'; *gſriibe* 'geschrieben'; *i hëig* 'ich hätte'; *jò* 'ja'; *chuum* 'kaum'; *zyt* 'Zeit'; *heb* 'habe' (Konj.); *ëister* 'eher, vorher'; *s hëigoo* 'das Heimgehen'; *wyt* 'weit'; *bi hëichoo* 'bin heimgekommen'; *s wäägli* 'das Weglein: Pfad'; *uus* 'aus'; *huus* 'Haus'; *im chlyne ſtüübli* 'im kleinen Stüblein'; *goot* 'geht'; *s zyt goot a der wand* 'die Zeit [d. h. die Uhr] geht an der Wand'; *a* 'an'; *fëiſterli* 'Fensterlein'; *hëts* 'hat es'; *gſlooffe* 'geschlafen'; *briefli* 'Brieflein'; *i* 'in'.

IV.5.25. Letzeburgisch

Letzeburgisch (eigtl. „Lützelbürgisch", nach dem alten Namen von Luxemburg) gehört zur moselfränkischen Gruppe der westmitteldeutschen Mundarten. Innerhalb des Moselfränkischen ist es ein ziemlich archaisches Rückzugsgebiet. Luxemburg (frz. Luxembourg), amtlich das *Großherzogtum Luxemburg* (frz. *Grand-Duché de Luxembourg*) gehört mit seinem Gebiet von 2586 km² und mit seinen 350 000 Einwohnern zu den Zwergstaaten Europas. Die Hauptstadt des Landes ist *Luxemburg* (frz. *Luxembourg*). Das Land ist ein entwickelter Industriestaat, dessen Nationaleinkommen großenteils dem Eisenerzbergbau bzw. der Eisenverhüttung zu verdanken ist. Obwohl die Einwohner Deutsche sind, ist aus geographisch-historischen Gründen das Französische die Amtssprache, während die deutsche Hochsprache daneben als Schriftsprache fungiert; die Umgangssprache, die auch ein bedeutendes schöngeistiges Schrifttum aufzuweisen hat, ist Letzeburgisch.

Im 10. Jh. war Luxemburg eine der wichtigsten feudalen Provinzen des „Imperium Romanum", des späteren Römischen Reiches Deutscher Nation. Eine Zeitlang waren die Grafen von Luxemburg sogar römisch-deutsche Kaiser bzw. Könige von Ungarn und Böhmen (SIGISMUND, 1368–1437). 1443 hatte Herzog PHILIPP DER GUTE das Land mit Burgund vereinigt, aber schon gegen Ende des 15. Jh.s kam Luxemburg in den Besitz der Habsburger und geriet zusammen mit den südniederländischen Provinzen unter die Herrschaft der Spanier. Der Wiener Kongreß (1815) hat Luxemburg im Rahmen des Deutschen Bundes als Großherzogtum wiederhergestellt, das 1830 dem Königreich Belgien angeschlossen wurde. An der belgischen Revolution von 1830 war auch Luxemburg beteiligt; 1839 wurde der Westen des Großherzogtums ebenfalls unter dem Namen Provinz Luxemburg (frz. Luxembourg) — mit starker deutscher Minderheit — an Belgien angegliedert. Das eigentliche Luxemburg wurde aber durch eine Personalunion mit dem Königreich der Niederlande verbunden. 1867, nach der Londoner Konferenz, trat Luxemburg aus dem Deutschen Bund, 1890 auch aus der Union mit Holland aus. Immerhin ist es im vorigen Jahrhundert noch im deutschen Zollverein verblieben. Sowohl im Ersten wie im Zweiten Weltkrieg wurde das Land von deutschen Truppen besetzt. Nach dem Zweiten Weltkrieg ist auch Luxemburg der NATO (1949) und der EWG (1957) beigetreten. Es ist einer der Mitgliedstaaten der unter dem Namen *Benelux* bekannten holländisch-belgisch-luxemburgischen Vereinigung.

Als regionale Umgangssprache kommt das Letzeburgische neben Deutsch und Französisch auch im Rundfunk, in der Presse, ja sogar im Unterricht und in der Verwaltung zur Geltung. Ähnlich wie während des Krieges in der Schweiz, entstand nach dem Zweiten Weltkrieg auch in Luxemburg eine Bewegung, die sich die Ablösung der deutschen Hochsprache durch die luxemburgische Umgangssprache als Schriftsprache zum Ziel setzte, allerdings sind diese Bestrebungen ohne Erfolg geblieben. 1946 wurde sogar eine Orthographiereform des Letzeburgischen durchgeführt (z. B. Letzeburgisch → *lezebuurjesh*), immerhin werden meistens heute noch die Regeln der deutschen Rechtschreibung befolgt.

Das Letzeburgische ist letzten Endes aus dem alten westfränkischen Stammesdialekt unter den besonderen territorialen Bedingungen des Hochmittelalters entstanden. Die Klärung des Werdegangs und der inneren Gliederung des Letzeburgischen ist dem früh verstorbenen großen luxemburgischen Gelehrten ROBERT BRUCH zu verdanken (Abb. 71).

Als westmitteldeutscher Dialekt hat das Letzeburgische die zweite (althochdeutsche) Lautverschiebung nur teilweise durchgeführt, vgl. *Fuß*, aber *dat* 'das', *wat* 'was'; *greiffen* 'greifen', aber *op* 'auf' u. dgl. Es sei angemerkt, daß die Mundarten der sogenannten Siebenbürger „Sachsen" in Rumänien mit dem Letzeburgischen am engsten verwandt sind.

Die ältesten datierbaren Denkmäler des Letzeburgischen sind die *Echternacher Glossen* aus dem 9.—10. Jh.; der älteste zusammenhängende Text ist das *Trierer Capitulare* aus dem 10. Jh. Das wichtigste Sprachdenkmal des Letzeburgischen aus mittelhochdeutscher Zeit ist die Reimlegende des Marienthaler Bruders HERMANN über das Leben der Gräfin *Yolande von Vianden.* Die moderne letzeburgische Literatur bzw. Heimatdichtung setzte in der ersten Hälfte des vorigen Jahrhunderts ein. Das repräsentative Korpus der Geschichte der letzeburgischen Literatur wurde von FERNAND HOFFMANN (1964) zusammengestellt.

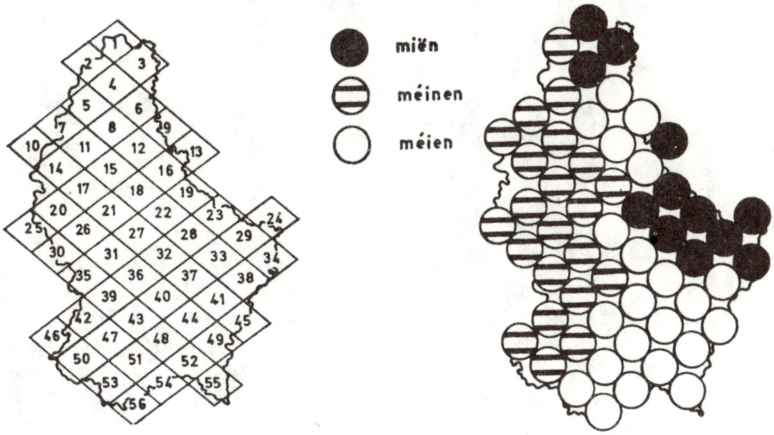

Abb. 71. Der Aufbau des Letzeburgischen am Beispiel der Aussprache von 'mähen' in Luxemburg (nach ROBERT BRUCH)

Textproben

(1) *Aus mittelhochdeutscher Zeit*:

Sy gruozt sy, als it wol gezam.
Sy sprach: „Vil liyve suster mîn,
Du solt mir willekume sîn.
Mîn dynest sol dir sîn gereit
Bit guoden willen sunder leit.
Doch einer beden bit ich dich:
Des danzes hilf erlâzen mich,
So wil ich nâ den willen dîn
Dyn suster und dyn dyrne sîn."

(Bruder HERMANN: *Yolande von Vianden.* Um 1290.)

sy 'sie'; *gruozt* 'grüßt'; *it* 'es'; *wol* 'wohl'; *gezam* 'geziemte; geziemend'; *vil* 'viel: sehr'; *liyve* 'liebe'; *suster* 'Schwester' (heute: *Söschter*); *mîn* 'mein'; *solt* 'sollst'; *willekume* 'willkommen'; *sîn* 'sein'; *dynest* m. 'Dienst(bereitschaft)'; *sol* 'soll'; *gereit* 'bereit'; *bit guoden willen* 'mit gutem Willen'; *sunder* 'sonder, ohne'; *leit* 'Leid'; *beden* 'beten: Bitte' *bit* 'bitte'; *danz* 'Tanz'; *erlâzen* (+ Gen.) 'erlassen, befreien'; *wil* 'will'; *nâ* 'nach'; *dîn* ~ *dyn* 'dein'; *dyrne* f. 'Dirn: Dienstmagd'.

(2) *Moderne Dichtung*:

Et war esô emm d'Peischten,
'T stung Alles ann der Blë,
An d'Villercher di songen
Hir Lidder spët a frë.
Du rifft de Lëw, de Kinnek,
All Dëer op e Fäst
Am Grengewald zesuomen,
an 't kômen all seng Bäst.

(Michel Rodange: *Renert.* 1873.)

et ~ *'t* 'es'; *esô* 'so'; *emm* 'um'; *Peischten* 'Pfingsten'; *stung* 'stand'; *ann* 'in'; *Blë* f. 'Blüte'; *a*(*n*) 'und'; *d'Villercher* 'die Vögelchen'; *songen* 'sangen'; *hir* 'ihr(e)'; *Lidder* 'Lieder'; *spët* 'spät'; *frë* 'früh'; *du* 'da'; *rifft . . . zesuomen* 'ruft . . . zusammen'; *Lëw* 'Löwe'; *Kinnek* 'König'; *Dëer* 'Tiere'; *op* 'auf', *e* 'ein-'; *Fäst* 'Fest'; *am* 'im'; *Grengewald* 'Grunwald' (FlN in Luxemburg); *kômen* 'kommen; kamen'; *seng* 'sein(e)'; *Bäst* 'Bieste, Bestien: Tiere'.

IV.5.3. Englisch in Übersee

IV.5.31. Die Vereinigten Staaten und Kanada

Die Ausbreitung des Englischen in Übersee begann eigentlich mit der Kolonisierung der Ostküste Nordamerikas im 17. Jh. Nach den anfänglichen erfolglosen Unternehmungen war es den beiden führenden Handelsgesellschaften Englands, der Plymouth Company und der London Company, gelungen, in der Neuen Welt ständige Siedlungen zu gründen. Ihre Kolonisten hatten 1607 in Virginia das erste englische Zentrum erbaut, das sie nach König Jakob I. *Jamestown* benannten. Bald begannen jedoch jene Flüchtlinge eine größere Rolle in der Kolonisation zu spielen, die England aus religiösen Gründen verlassen hatten. Ihre erste Gruppe war 1620 an Bord der berühmten *Mayflower* im Gebiet des heutigen Bundesstaates Massachusetts angelangt. Von da an vollzog sich die Kolonisierung in einem beschleunigten Tempo. Die Mehrzahl der ersten englischen Siedler kam aus den östlichen Grafschaften Englands. Natürlicherweise haben sich auch andere Nationen an der Erschließung des neuen Kontinents beteiligt, so die Holländer in der Umgebung des heutigen New York, das ursprünglich den Namen *Nieuw Amsterdam* führte, die Deutschen vor allem in Pennsylvanien, wo sie seitdem ihren Dialekt zu einer Art Schriftsprache entwickelten (vgl. IV.4.8.), des weiteren die Franzosen im Nordosten, im heutigen Grenzgebiet der USA, sowie an den Südküsten (Louisiana, New Orleans usw.). Im Süden war — und ist teils heute noch — den spanischen Ansiedlern eine besondere Rolle beschieden. Hinzu kamen die sprachlich bald anglisierten Massen der aus Afrika eingeschleppten Neger, die auf den großen Pflanzungen des Südens als Sklaven verwendet wurden. Die Freiheitsbestrebungen der amerikanischen Siedler hatten 1775 den Unabhängigkeitskrieg herbeigeführt, nach dem (1783) die Unabhängigkeit der Vereinigten Staaten in Versailles auch von England vertraglich anerkannt wurde. Nach dem Vertrag von Versailles ist nur Kanada (nebst einigen kleineren Inseln) in englischem Besitz verblieben. Die aus den verschiedensten europäischen (aber auch anderen) Ländern eingewanderten Bevölkerungsteile sind nach einer oder nach zwei Generationen sprachlich fast ausnahmslos im Englischen aufgegangen (daher die Bezeichnung „Schmelztiegel" für Amerika).

Die Spuren der früheren, nicht englischen Kolonisten sind heute — mit Ausschluß der obigen Sondergruppen — vor allem in geographischen Namen nachzuweisen. Namen wie *St. Louis*, *New Orleans*, *Louisiana* sind eindeutig französischer Herkunft, andere verraten nur in ihrer Orthographie bzw. Aussprache die französische Quelle: z. B. *Chicago* [ʃɪˈkɔ:go], *Michigan* [ˈmɪʃɪgən], *Illinois* [ɪlɪˈnɔɪ], der Staat *Arkansas* [arkənsɔ:]. Verständlicherweise fanden auch französische Wörter ins Englische der Amerikaner Eingang, z. B. *prairie* 'Prärie', *rapids* 'Wasserschnellen', *depot*, *levée* 'Damm, Kai', *shanty* 'Hütte, Kate' usw.

In den Südstaaten begegnet uns eine Menge spanischer geographischer Namen, z. B. *California*, *New Mexico*, *Texas*, *Florida*, *Los Angeles*, *San Francisco*, *Sierra Nevada*. Viele spanische Gattungsnamen, die sachlich spezifisch bedingt erscheinen, haben sich im Amerikanischen ebenfalls eingebürgert, vgl. *hacienda*, *ranch(o)*, *sombrero*, *canyon*, *tornado*, *creole* u. dgl.

Holländische Ortsnamen sind vor allem im Gebiet des Staates New York massiert, z. B. *Brooklyn*, *Bowery*, *Staten Island*. Aber auch einige niederländische Wörter sind allgemein verbreitet, z. B. *cookie* 'Kuchen, Gebäck', *waffle* 'Waffel', *boss*, *Santa Claus* 'Knecht Ruprecht' usw.

Die deutschen Lehnwörter des Amerikanischen stehen hauptsächlich mit Speisen, Getränken, politisch-militärischen und philosophischen Begriffen bzw. Einrichtungen im Zusammenhang, vgl. *sauerkraut*, *zwieback*, *bock-beer* 'Bockbier', *schnap(p)s*, *kümmel*, *leberwurst*, *frankfurter*, *wienerwurst*, *kohlrabi*, *beer-garden* 'Biergarten', *U-boat* 'U-Boot', *blitz* 'Blitzkrieg', *Anschluß*, *Lebensraum*, *Kaiser*, *Volk*, *Weltschmerz*, *Gestalt psychology*, *seminar*, *kindergarten*. (Hauptsächlich durch amerikanische Linguisten verbreitet wurden deutsche Termini der Sprachwissenschaft z. T. direkt, z. T.

in Form von Lehnübersetzungen, vgl. neben *ablaut*, *umlaut*, *lautverschiebung* u. dgl. *Sprachgemeinschaft* → *speech community* und *Sprachinsel* → *speech island* bei LEONARD BLOOMFIELD, *Neigung* → *slope*, *Verschmelzung* → *fusion*, *Symbolisation* → *symbolization*, *Typologie* → *typology* usw. bei EDWARD SAPIR usw.) In Pennsylvanien ist die Häufigkeit deutscher Entlehnungen natürlich viel höher als anderswo.

Die Ausgangsbasis des Englischen in Amerika war nicht ein einziger, räumlich genau zu bestimmender Dialekt Englands, sondern die englische Umgangssprache der Ansiedlungszeit. Eine ununterbrochene Einwirkung der englischen Umgangssprache war auch dadurch gesichert, daß die begüterten Amerikaner ihre Kinder mit Vorliebe an den Universitäten Englands studieren ließen. Nach dem Sieg im Unabhängigkeitskrieg wurden aber Bestrebungen wach, eine vom Englischen der alten Heimat unabhängige, eigenständige amerikanische Gemeinsprache zu entwickeln. Da das Amerikanisch trotz all seiner Sondermerkmale jedoch englisch war, vermochte diese Bewegung im wesentlichen nur die gegenüber dem Englischen stärkere und beschleunigtere Aufnahme volkssprachlicher bzw. erst neu gebildeter Wörter und Ausdrücke in die Schriftsprache zu erzielen. Andererseits haben sich auch einige Vereinfachungen in der Orthographie durchgesetzt (s. u.). Dem raschen Tempo der Kolonisation entsprechend sowie der damit verbundenen starken Binnenwanderung zufolge hat sich das Englische beinahe im ganzen Gebiet der Vereinigten Staaten einheitlich entwickelt und die Entstehung neuer Mundarten keineswegs begünstigt. Diese in hohem Maße einheitliche Variante des Englischen in Amerika wird Gemeines Amerikanisch (*Common* bzw. *General American*) genannt. Davon abweichende größere Dialekte sind nur in zwei Gebieten entstanden: einerseits im Osten, in den Staaten des ehemaligen Neuengland (um Boston, nördlich von Neuyork), andererseits in den ehemaligen Sklavenhalterstaaten im Süden, die im Volksmund oft „Solid South" oder auch „Dixieland" genannt werden. Im östlichen Grenzgebiet dieser drei großen Varianten des Amerikanischen lassen sich noch einige Übergangszonen ermitteln: 1. der Dialekt von Neuyork selbst (zwischen Neuengland und dem Gemeinamerikanischen); 2. das Mittelatlantische im östlichen Pennsylvanien, im südlichen Neujersey, in Norddelaware und den angrenzenden Gebieten von Maryland; 3. das Westpennsylvanische im westlichen Pennsylvanien und in den angrenzenden Gebieten von Maryland und Westvirginia, das starke Einflüsse des Pennsilfaanischen (s. IV.4.8.) aufweist; 4. der Dialekt des südlichen Berglandes, der im übrigen Westvirginia, in den Berggegenden von Virginia und Nordkarolina, zumeist aber auch in Kentucky und Tennessee gesprochen wird (Abb. 72).

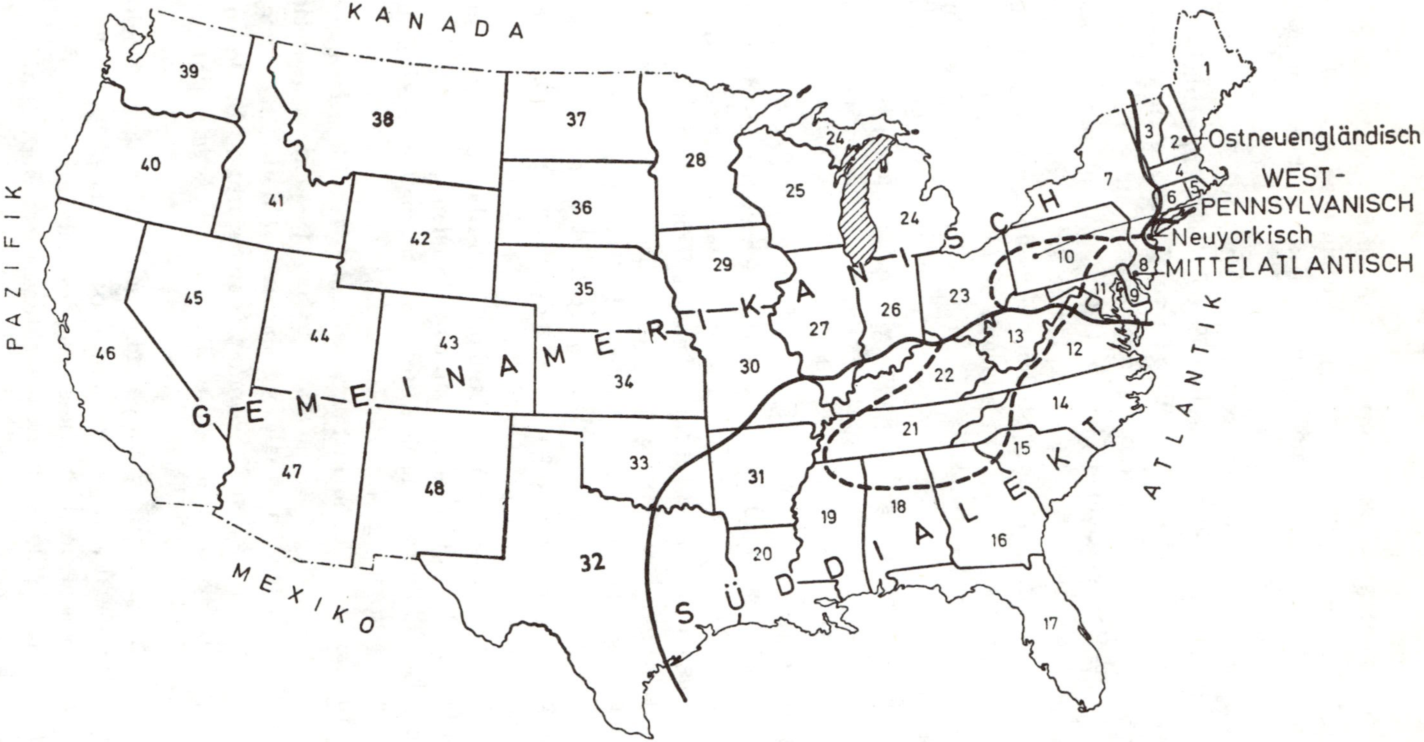

Abb. 72. Dialekträume in den Vereinigten Staaten (nach A. D. SCHWEIZER)

1 Maine, 2 New Hampshire, *3* Vermont, *4* Massachusetts, *5* Rhode Island, *6* Connecticut, *7* New York, *8* New Jersey, *9* Delaware, *10* Pennsylvania, *11* Maryland, *12* Virginia, *13* West Virginia, *14* North Carolina, *15* South Carolina, *16* Georgia, *17* Florida, *18* Alabama, *19* Mississippi, *20* Louisiana, *21* Tennessee, *22* Kentucky, *23* Ohio, *24* Michigan, *25* Wisconsin, *26* Indiana, *27* Illinois, *28* Minnesota, *29* Iowa, *30* Missouri, *31* Arkansas, *32* Texas, *33* Oklahoma, *34* Kansas, *35* Nebraska, *36* South Dakota, *37* North Dakota, *38* Montana, *39* Washington *40* Oregon, *41* Idaho, *42* Wyoming, *43* Colorado, *44* Utah, *45* Nevada, *46* California, *47* Arizona, *48* New Mexico

Der vorherrschende Typus des Amerikanischen wird im Norden und im Westen der Vereinigten Staaten etwa von zwei Dritteln der Gesamtbevölkerung gesprochen, ja dieses Gemeinamerikanisch erfaßt auch das englische Kanada.

In der A u s s p r a c h e sind — KARL BRUNNERS Aufstellung folgend — vor allem die folgenden amerikanischen Eigenheiten hervorzuheben:

1. Postvokalisches *r* ist im Wortauslaut oder vor Konsonanten ungerollt bzw. verändert die Bildungsweise des voraufgehenden Lautes.

2. Vor [ɹ] ist die Zungenstellung nicht so tief wie in England, vgl. am. [hi:ɹ] für ne. [hɪə] 'hear: hören', am. [moɹ] für ne. (mɔ:] 'more:mehr'.

3. Die Laute [ɪ, ʌ] kommen in der Stellung vor *r* auch als [ə] vor, vgl. *very* [vərɪ] 'sehr', *squirrel* [skwərəl] 'Eichhörnchen', *hurry* [hərɪ] 'eilen'.

4. Die aus me. *ā* und *ǭ* entwickelten Diphthonge [eɪ] bzw. [oʊ] sind schwach gebildet, ja der erste Bestandteil ist meistens geschlossen, z. T. unterbleibt die Diphthongierung überhaupt, vgl. *fate* [fe:t, fe:ɪt] 'Schicksal', *say* [se:, se:ɪ] 'sagen' bzw. *cloak* [klo:k, klo:ʊk] 'Umhang', *know* [no:, no:ʊ] 'wissen, kennen', nie aber [feɪt], [sɛɪ], [kloʊk], [noʊ].

5. Vor den stimmlosen Reibelauten [f], [s], [θ] sowie vor [n] in Wörtern französischer Herkunft wird anstatt von südenglischem [ɑ:] in Amerika [æ:] oder [æ] gesprochen, vgl. *path* [pæ:θ] 'Pfad', *glass* [glæ:s, glæs] 'Glas', *dance* [dæ:ns, dæns] 'Tanz', *plant* [plæ:nt, plænt] 'Pflanze'.

6. Kurzes mittelenglisches *o* erscheint — hauptsächlich vor stimmlosen Verschlußlauten — als illabiales [ɑ] (gegenüber labialem [ɔ] im Englischen), vgl. *hot* [hɑt] 'heiß', *clock* [klɑk] 'Uhr'. Derselbe Laut tritt auch für me. *a* in der Stellung nach *w* auf, obwohl auch [ʌ] möglich ist, vgl. *watch* [wɑtʃ, wʌtʃ] 'Uhr', *water* [wɑtəɹ, wʌtəɹ] 'Wasser'.

7. Die Lautgruppe [ju:] lautet in der Stellung nach Alveolaren meistens [u:], vgl. *duty* [du:tɪ] 'Pflicht', *student* [stu:dənt] 'Student'.

8. *t* wird im Inlaut in intervokalischer Stellung meistens leniert, z. B. in Wörtern wie *matter, better* u. dgl. („*partial voicing*").

9. In Wörtern von vier oder mehr Silben wird die Mittelsilbe im allgemeinen n i c h t synkopiert, wobei die vorletzte Silbe (besonders, wenn sie ein Suffix ist) einen Nebenton erhält, vgl. *nécessàry* 'nötig', *mónastèry* 'Kloster', *prépàratory* 'vorbereitend', *láboràtory* 'Laboratorium'. In Dreisilbern tritt dagegen die Synkope der Mittelsilbe ein, vgl. *history* [ˈhɪstrɪ] 'Geschichte'.

10. Das musikalische Intervall ist durchschnittlich kleiner als im Englischen, was die Aussprache des Amerikaners im Vergleich zu der des Engländers etwas monotoner erscheinen läßt. Diesen Zug des Amerikanischen wollen manche Forscher auf die Artikulationsbasis nichtenglischer, vor allem deutscher Siedler zurückführen.

11. Vor Nasalen werden die Vokale in einer sehr charakteristischen Weise genäselt.

Die Ortung all dieser Sprachmerkmale in England ist ein äußerst schwieriges, immer noch unerledigtes Unterfangen. Man darf mit Recht an das Mitspielen sowohl nord- wie südenglischer Dialekte denken. Einige Forscher vertreten die Meinung, es handle sich meistens um südenglische Merkmale, die im Mutterland bereits aufgegeben wurden.

Die beiden weiteren grundlegenden Sprachvarianten der Vereinigten Staaten weichen vom Gemeinamerikanischen nur an wenigen Punkten ab.

Die wichtigsten Lautmerkmale des um Boston am Atlantik (nördlich von Neuyork und östlich vom Hudson) gesprochenen östlichen Typus (*Ostamerikanisch*) sind die folgenden:

1. Postvokalisches *r* schwindet vor Konsonanten sowie im absoluten Auslaut.

2. [a] wird vor stimmlosen Reibelauten und in den Wörtern vom Typus *aunt* 'Tante', *dance* 'Tanz', *plant* 'Pflanze' des öfteren zu [a:], ab und zu sogar [ɑ:] oder [ɑ].

3. Kurzes *o* ist immer etwas labial wie in England: [ɔ].

4. Die Näselung ist besonders stark.

In der eigentlichen Volkssprache wird außerdem die Lautfolge [ju:] in Nebentonsilben nach Dental häufig nicht assimiliert, vgl. *nature* [ne:tə] 'Natur'; *g* und *k* werden vor Vokalen palatalisiert, vgl. *garden* [gˈa:dn, gja:dn] 'Garten', *cow* [kˈau, kjau] 'Kuh'. Besonders bei der älteren Generation ist auch noch kurzes *o* zu hören in Wörtern wie *stone* [ston] 'Stein', *coat* [kʿot] 'Mantel', *road* [rod] 'Weg, Straße', *home* [hom] 'heim, Heim'. Das sind größtenteils Sprachmerkmale, die auch in den Mundarten Südenglands vorkommen.

Der südliche Typus wird im Küstenbereich des Atlantischen Ozeans, südlich von Maryland (die Hauptstadt Baltimore mit einbegriffen), aber auch weit im Westen jenseits des Mississippi, im östlichen Texas und nördlich davon bis zum Ozarkgebirge gesprochen. Ebenso ist er im südlichen Illinois, in Indiana und Ohio verbreitet, erfaßt aber West-Virginia und St. Louis nicht mehr. Die wichtigsten Lautmerkmale des Südens sind die folgenden:

1. In postvokalischer Stellung verschwindet *r* gänzlich.

2. Bei der Bildung von [i:] vor altem *r* ist die Zungenstellung etwas tiefer als gewöhnlich, vgl. *hear* [hɛ:ə] 'hören'.

3. Kurzes me. *o* erscheint in der Regel als illabiales [ɑ].

4. Vor stimmlosen Reibelauten und in Wörtern vom Typus *aunt*, *dance*, *plant* wird — allerdings nicht ohne Ausnahmen — ein [ɑ:] gesprochen.

5. Me. *ū* > ne. [au] wurde zu [æu] palatalisiert, z. B. *house* [hæus] 'Haus'.

6. Auslautende Verschlußlaute werden in postkonsonantischer Stellung sehr schwach artikuliert bzw. aufgegeben, vgl. *land* > *lan* 'Land', *first* > *firs* 'erst-', *soft* > *sof* 'sanft, sacht'.

Der Neuyorker Dialekt zeigt neben einigen Zügen des Ostens (z. B. dem *r*-Schwund u. dgl.) manche Merkmale des Gemeinamerikanischen. Mit dem Mittelatlantischen hat Neuyork die Aussprache [ʌ] in Wörtern wie *donkey* [dʌŋkı] 'Esel', gemein. Typisch neuyorkisch ist dagegen das Nebeneinander von [a] und [æ] für *a* vor stimmlosen Reibelauten bzw. in Wörtern vom Typus *aunt* 'Tante' sowie der (fakultative) Diphthong [oi] für *-ir-*, vgl. *bird* [boid] 'Vogel'. Für die ziemlich singende Intonation wird von manchen Forschern der Einfluß des in Neuyork massiert vertretenen Jiddischen verantwortlich gemacht.

Das Mittelatlantische scheint ein typischer Übergangsdialekt zu sein. Charakteristisch ist das Schwanken zwischen [ɑ] und [ɔ] für altes (me.) *o*, vgl. *dog* [dɑg ~ dɔg] 'Hund, Dogge', bzw. die geschlossene Aussprache [u] und [ou] vor stimmlosen Verschlußlauten, vgl. *book* [bʊk] 'Buch', *hope* [houp] 'hoffen'.

Das Westpennsylvanische weicht nur in einigen wenigen Merkmalen vom Gemeinamerikanischen ab, die alle ebenfalls die Übergangsstellung zwischen den angrenzenden großen Dialekträumen unterstreichen.

Der Dialekt des südlichen Berglandes nimmt, siedlungshistorisch und sprachgeographisch bedingt, eine Zwischenstellung zwischen dem Mittelatlantischen und dem eigentlichen Süden ein.

Zwischen Englisch und Amerikanisch lassen sich die augenfälligsten Unterschiede im Wortbestand feststellen. Manche Wörter bzw. Formen, die in England seit langem als veraltet gelten, sind in Amerika normale Bestandteile des lebendigen Wortguts, z. B. *gotten* für ne. *got* 'bekommen' (Part. Prät.), *sick* für ne. *ill* 'krank' (Adj.), *mad* für ne. *angry* 'zornig', *fall* für ne. *autumn* 'Herbst', *sidewalk* für ne. *pavement* 'Trottoir' u. dgl. Auf der anderen Seite sind im Amerikanischen viele Wörter nicht mehr gängig, die im Englischen noch im Gebrauch sind, z. B. ne. *cock* 'Hahn' (am. *rooster* 'dass.'). Eine große Anzahl von Wörtern sind in beiden Sprachvarianten vorhanden, aber in verschiedener Bedeutung. *Corporation* bezeichnet in Amerika z. B. jegliche Handelsgesellschaft, die in England *company* 'Kompagnie' heißt, während *corporation* in England auf ein Verwaltungsorgan bezogen im alten Sinne nur noch in einigen Firmennamen verwendet wird (z. B. *British Broadcasting Corporation*). *Sheriff* bedeutet in Amerika das, was in England *chief constable* heißt, während das Wort *sheriff* in England nur noch als repräsentativer Begriff bekannt ist.

Auch die Bezeichnungen von Tieren und Pflanzen, von den Gewohnheiten und Werkzeugen der Ureinwohner der neuen Welt sowie der im Laufe der weiteren Entwicklung aufgekommenen Einrichtungen u. dgl. zeigen manche Besonderheiten gegenüber dem Englischen in Europa. So bedeutet z. B. *corn* in England 'Getreide', vor allem 'Weizen', in Amerika hingegen 'Mais'. Zu dieser Gruppe gehören Wörter wie *potato-bug* 'Kartoffelkäfer', *underbrush* 'Unterholz, Gestrüpp', *rattlesnake* 'Klapperschlange', *egg-plant* 'Eierfrucht', *backwoodsman* 'Rodesiedler', *war-paint* 'Kriegsbemalung', *pipe of peace* 'Friedenspfeife', *war path* 'Kriegspfad', *medicine man* 'Medizinmann', *congress* 'Kongreß, Parlament', *Statehouse* 'Parlamentsgebäude (eines Bundesstaates)' usw. Auch die Erfindungen der modernen Technik u. dgl. werden des öfteren unterschiedlich benannt. Engl. *booking office* 'Fahrkartenschalter' entspricht *ticket office* in Amerika; die 'Straßenbahn' heißt *tram-car* in England, aber *street-car* in den Staaten. Was in Europa *lift* 'Fahrstuhl' heißt, ist ein *elevator* für den Amerikaner; dem *motor-car* 'Kraftwagen' der Engländer entspricht *automobile* in Amerika. Es sei aber angemerkt, daß die Amerikanismen seit dem Ersten, noch mehr aber dem Zweiten Weltkrieg auch in Großbritannien (vielfach zugleich in ganz Westeuropa) immer stärker um sich greifen (z. B. *okay* ~ *O. K.*, *boss*, *show*, *to buy a ticket* — für *to book a ticket* 'eine Fahrkarte lösen' — usw.). Der Aufstieg der Elemente des Slangs (vgl. IV.5.42.) in die Hochsprache erfolgt in Presse, Funk und anderen Massenmedien in Amerika — auch in der Literatur — rascher und kompakter als in Großbritannien.

Abweichungen gibt es auch in der Grammatik. Typisch ist der amerikanische Ersatz von *shall* und *should* durch *will* bzw. *would* zur Bildung des Futurs. Das Adjektiv kann meistens auch ohne ein besonderes Suffix als Adverb gebraucht werden (vgl. V.2.). Der Amerikaner verwendet auch den bestimmten Artikel häufiger als der Engländer. Neue Verba bzw. semantische Nuancen werden in einer für die Volkssprache charakteristischen Weise mit nachgestellten Präpositionen erzielt, die die Rolle der Verbalpräfixe übernehmen, z. B. *to heat* ***up*** 'aufsieden', *to load* ***up*** 'aufladen' u. dgl.

Eine Reform der Orthographie wurde zuerst von BENJAMIN FRANKLIN vorgeschlagen (1768). Mit ähnlichen Bestrebungen ist 1793 WILLIAM THORNTON hervorgetreten, der auch damit die Loslösung von England beschleunigen wollte. Ihre Vorschläge wurden dann in den Wörterbüchern von NOAH WEBSTER verwirklicht bzw. landesüblich gemacht. Die Vereinfachung des älteren Bildungssuffixe *-ick* zu *-ic* (z. B. *frolick* > *frolic* 'fröhlich') wurde auch in England eingeführt; die USA gingen aber weiter und ersetzten auch die Endungen *-our* und *-re* durch aussprachenäheres *-or* bzw. *-er*, z. B. *colour* > *color* 'Farbe', *honour* > *honor* 'Ehre' bzw. *theatre* > *theater*, *centre* > *center* 'Zentrum'. Die traditionelle Verdoppelung verschiedener Konsonanten im Auslaut bzw. bei der Wort- oder Formenbildung wurde in Amerika ebenfalls aufgegeben, vgl. *traveller* > *traveler*

'Reisender', *tariff* > *tarif*, *programme* > *program*. Das Streben nach einer Orthographie, die die Aussprache widerspiegelt, hat auch weitergehende Vereinfachungen wie etwa *plough* > *plow* 'Pflug', *though* > *tho* 'doch', *through* > *thru* 'durch' u. dgl. gezeitigt. Diese Neuerungen wurden 1906 auch vom *Simplified Spelling Board* anerkannt. Sie gelten in der amerikanischen Presse sowie im Verlagswesen der Vereinigten Staaten so gut wie unbeschränkt.

Für die sprachliche Entwicklung Kanadas ist es nicht gleichgültig, daß mehr als 30 Prozent der Bevölkerung Franzosen sind. Dadurch wird auch das Tempo der Integrierung verschiedener Sprachgruppen im Vergleich zu den Staaten verlangsamt. Der englische Sprachgebrauch des Kanadiers unterliegt dem doppelten Einfluß des Englischen und des Amerikanischen. Verwaltungsorgane, Schulen und teils auch die Universitäten richten sich nach dem britischen Usus aus, während Presse, Rundfunk, Fernsehen und Kino sowie Geschäftsleben und der Alltag sich immer mehr dem Amerikanischen (d. h. dem Gemeinamerikanischen) angleichen. Es folgt aus der wirtschaftlich-politischen Lage des Landes, daß das Englische in Kanada noch immer bedeutend mehr britische Züge aufweist als die in den USA bekannten Sprachvarianten.

Das gleiche gilt auch für das Englische der britischen Restkolonien in Amerika: auf den *Bermuda-Inseln*, *Jamaika*, *Trinidad*, *Barbados* und den *Bahama-Inseln* wird die britische Variante des Englischen Schritt für Schritt amerikanisiert.

IV.5.32. Südafrika

In der Republik Südafrika, deren Gebiet im 17.–18. Jh. von den Holländern kolonisiert wurde (vgl. IV.4.4.), bekennen sich ungefähr 11% der weißen Bevölkerung zum Englischen als zu ihrer Muttersprache. Die Abweichungen des in Südafrika gesprochenen Englischen von der Sprache des ehemaligen Mutterlandes werden vor allem im Lautstand und im Wortschatz und nur vereinzelt auch in der Syntagmatik bzw. Syntax manifest. Sie zeigen dabei überall eine starke Einwirkung des Afrikaans.

Demzufolge läßt sich die südafrikanische Aussprache des Englischen durch einen ständigen und durchgreifenden Parallelismus kennzeichnen, da neben den gemeinenglischen Formen fast überall auch niederländisch-afrikaans beeinflußte Nebenformen möglich sind. Sehr charakteristisch ist die offenere Aussprache von [ɪ], z. B. [pɪn] und [pën] 'pin: Stecknadel'. Alle Vokale sind halblang, und ein eigenartiger Afrikanismus ist auch das Vorhandensein von [ÿ] bzw. [ÿü], vgl. [sÿün] 'soon: schon, bald', [jÿü] 'you: du, ihr, Sie'. [i] wird im absoluten Auslaut zu [ij] diphthongiert wie im Afrikaans,

z. B. [mɛ·rij] 'merry: froh'. Im Wortauslaut büßen die stimmhaften Konsonanten ihren Stimmton ähnlich wie im Afrikaans ein, z. B. [smuθ] 'smooth: eben, platt', [rɪp] 'rib: Rippe', [ɛk] 'egg: Ei' u. dgl.

Die Besonderheiten der englischen L e x i k in Südafrika ergeben sich aus den gleichen Ursachen, die auch beim Amerikanischen zu nennen waren. Aus den Sprachen der ursprünglichen Bevölkerung („Eingeborenensprachen") haben die englischen Kolonisten verhältnismäßig wenig Wörter und Wendungen, darunter vor allem Tier-, Pflanzen- und Ortsnamen, übernommen, z. B. hottentottisch *gnu*, bantuisch *bwana* 'Herr', *inkosi* 'danke' u. dgl.

Viel bedeutender erweist sich die Schicht der Entlehnungen aus dem Afrikaans. Darunter gibt es eine Reihe Tiernamen wie *wildebeest*, *gemsbok*, *hamel* 'Hammel', *shimmel* usw., Pflanzennamen wie *denne* 'Tanne', *bosch* 'Busch, Gestrüpp', und landgebundene Sachwörter wie *kloof* 'Kluft, Schlucht', *copie* 'Hügel', *veld* 'Feld, offene Ebene', *trek* 'Treck, Wanderung', *dorp* 'Dorf' (gegenüber arch. engl. *thorpe* 'dass.') u. dgl.; *kraal* 'Pferch, Hürde: Eingeborenendorf' usw.

Die englischen Kolonisten haben freilich auch n e u e W ö r t e r gebildet, namentlich Komposita, die in der alten Heimat unbekannt sind, vgl. die Pflanzennamen *iron-wood* ['Eisenbaum': Sideroxylon], *lemonwood* ['Zitronenbaum': Pittosporum], *bioscope* 'Spielfilm' usw.

Die Afrikanismen der S y n t a g m a t i k gehen zumeist auf Lehnübersetzungen aus dem Afrikaans zurück, vgl. afrik. *meekom* → (*to*) *come with* 'mitkommen'.

Manche Forscher sind der Ansicht, in der Entstehung der südafrikanischen Variante des Englischen seien auch das Schottische (Lallans, vgl. IV.5.21.) und das Cockney (vgl. IV.5.44.) maßgeblich beteiligt gewesen.

IV.5.33. Australien und Neuseeland

Die erste englische Kolonie Australiens wurde gegen Ende des 18. Jh.s gegründet. Die Ausrottung bzw. Verdrängung der einheimischen Bevölkerung während der Erschließung des neuen Kontinents hat dazu geführt, daß die Bevölkerung Australiens heute bereits zu 99,5 % aus Weißen besteht.

Die Eigenständigkeit des Englischen in Australien kommt vor allem in der A u s s p r a c h e und im W o r t s c h a t z zum Ausdruck. Gutturales [h] verschwindet – wie im Cockney (vgl. IV.5.44.) – sehr oft; die Vokale werden sehr stark genäselt, ähnlich wie in manchen Mundarten Südenglands (vgl. IV.5.12.) bzw. in Amerika (vgl. IV.5.31.). Die Diphthonge sind viel breiter als in England, vgl. [mʌndeɪ] 'Monday: Montag', [piteɪ] 'pity: Schade'. Offenes [æ] erscheint teils als geschlossenes [e], teils zu [ɛə] diphthongiert, z. B. [em] 'am: bin', [hend] 'hand: Hand', [mɛən] 'man: Mann, Mensch'. Die australische Aussprache ist in vielen Zügen dem Cockney bzw. den südenglischen Dialekten ähnlich, die Intonation ist aber weniger lebhaft als auf den Britischen Inseln.

Es ist für den zunehmenden Einfluß des Amerikanischen charakteristisch, daß manche orthographische Neuerungen der Amerikaner auch in Australien Eingang fanden, z. B. *labour* > *labor* 'Arbeit', *favour* > *favor* 'Vorteil, Bevorzugung', *through* > *thru* 'durch' u. dgl., vgl. IV.5.31.

Die Zahl der Entlehnungen aus den Sprachen der Eingeborenen ist unerheblich; manche von ihnen gelten bereits — sachgebunden — als international, z. B. *kangaroo* 'Känguruh', *boomerang* 'Bumerang', *cockatoo* 'Kakadu', *emu*, *dingo*. Um so größer ist die Anzahl der Wörter aus dem englischen Slang, z. B. (*to*) *jabber* 'sprechen', *never-never* 'Niemandsland', *larrikin* 'Krakeeler, Streithahn', vgl. IV. 5.42.

Die grammatischen Abweichungen sind unbedeutend. Typisch ist die Verwendung des Objektkasus der Personalpronomina im Nominativ, sogar in der Funktion des Possessivs (z. B. *me* für *I* 'ich' usw.). Das Futur wird, wie in vielen englischen Mundarten und im Amerikanischen auch, in allen Personen mit dem Hilfsverb *will* (und nie mit *shall*) ausgedrückt (vgl. IV.5.31.). Als ein charakteristischer Australismus kann die Verwendung des Flexionsgenitivs auch im Zusammenhang mit Unbelebtem gelten, vgl. *goldfield's folk* 'Leute des Goldfeldes', *the river's bank* 'das Ufer des Flusses' u. dgl.

Gleichzeitig mit der Kolonisierung Australiens wurde auch Neuseeland erschlossen. Die Grundlage des Englischen hat hier eigentlich das Schottische (Lallans, vgl. IV.5.21.) gebildet, aber infolge der geographischen Lage wirkte sich auch der sprachliche Einfluß Australiens in vieler Hinsicht aus. Im 20. Jh. wird auch Neuseeland immer mehr vom Amerikanischen überlagert, vor allem in der Aussprache. Wörter wie *dance* 'Tanz', *grass* 'Gras' werden bereits in zweifacher Weise ausgesprochen: [dɑ:ns] ~ [dæns] bzw. [gra:s] ~ [græ:s]. Auch der Diphthong [au] erscheint größtenteils schon als [æu], vgl. [k^{h}æu] 'cow: Kuh', [t^{h}æun] 'town: Stadt'. Dafür wird der Diphthong [ou] zu [au], vgl. [k^{h}auld] 'cold: kalt', [haum] 'home: heim, Heim'. Ans Cockney erinnert in vielen Wörtern die Aufgabe von [h], vgl. IV.5.44.

Der Wortschatz wurde einerseits stark von Australismen, andererseits durch Entlehnungen aus der Maorisprache der Ureinwohner aufgefüllt, vgl. (a) *digger* 'Goldsucher, Goldgräber: Kerl', *colo*(*u*)*r* 'Goldstaub' (eigtl. 'Farbe'), *swagger* 'Landstreicher, Saisonarbeiter' bzw. (b) Pflanzennamen wie *kahikatea*, *pohukatawa*, Tiernamen wie *kiwi*, *moa*, *tuatara*, ferner *hoot* 'Geld', *puku* 'Bauch', *kapai* 'gut'. Über die Hälfte aller geographischen Namen Neuseelands stammen ebenfalls aus dem Maori. Es fehlt freilich auch an Neubildungen nicht, z. B. *sandshoe(s)* 'Tennisschuhe', *morning tea* 'Zwischenmahlzeit', *header* 'Schäferhund', *maoridom* 'Maorigebiet', *ba(t)ch* 'Ferienhaus an der See' u. dgl.

IV.5.34. Die Philippinen und Ozeanien

Die Einwohner der Philippinen gehören sprachlich der malaiisch-polynesischen Sprachfamilie an. Im 16. Jh. wurden die Inseln von den Spaniern erobert; 1898 hat sich aber das Land vom spanischen Joch befreit und sich als eine Republik eingerichtet. Gleichzeitig damit breitete sich jedoch der amerikanische Einfluß aus. Dementsprechend wurde neben dem Tagalog (der Sprache der bedeutendsten Gruppe der Bevölkerung) und der spanischen Amtssprache bald auch das Englische als ein drittes Kommunikationsmittel anerkannt.

Das Englische der Philippinen unterscheidet sich zwar in der Schrift so gut wie überhaupt nicht vom Amerikanischen, um so stärker kommt aber der Einfluß des tagalogischen, in geringerem Maße auch des spanischen Substrats in der Spreche zur Geltung.

Die in den Eingeborenensprachen fehlenden englischen Laute [ʃ], [tʃ], [dʒ], [ʒ] werden in allen Stellungen mit einfachem [s] substituiert, z. B. [sɪp] 'ship: Schiff', [seɪns] 'change: Wechsel', [mɛsər] 'measure: Maß', [sʌst] 'just'; besonders stark ist die Nasalierung der Vokale.

Da die Kategorie des Genus in den Substratsprachen unbekannt ist, werden die Personalpronomina *he* und *she* ohne Unterschied für männliche und weibliche Lebewesen gebraucht. Ein ähnliches Durcheinander läßt sich im Gebrauch der Nominativ- und der Objektformen verzeichnen (*he* ~ *she* ~ *him* ~ *her* gleichwertig in allen Kasus). Die Tempora befolgen ebensowenig die strengen Regeln der englischen Grammatik.

Am augenfälligsten ist der Einfluß der Eingeborenensprachen sowie des Spanischen im Wortschatz, vgl. (a) *tao* '(eingeborener) Bauer', (b) *mestizos* 'Mestize', *sala* 'Wohnzimmer'. Charakteristisch erscheinen auch hybride Bildungen wie *shoe-hombre* (< ne. *shoe* 'Schuh' + span. *hombre* 'Mensch') '(eingeborener) Beamter'.

Im unermeßlichen Inselreich Ozeaniens dringt überall die amerikanische Variante des Englischen vor, in erster Linie auf den Hawaii-Inseln, die vom Beginn des 19. Jh.s an allmählich unter die Oberhoheit der USA gekommen waren und seit 1959 ein Mitgliedstaat der Vereinigten Staaten sind. Im übrigen Ozeanien dienen vor allem die auf Grund des Englischen entstandenen Mischsprachen wie Pidgin-English u. dgl. (vgl. IV. 5.51.–IV.5.52.) zum sprachlichen Verkehr der Eingeborenen mit den Weißen, zum Teil auch mit Vertretern anderssprachiger Eingeborener.

Der Einfluß des Englischen läßt sich auch in den Sprachen der verschiedensten Teile Ostasiens und Ozeaniens feststellen, vor allen Dingen in der Anreicherung des Wortguts, so im Tagalog (Philippinen), vgl. (*film* >) *pilm* 'Film', (*teenager* >) *tinedyer*, (*round* >) *ráun* 'Runde', (*strike* >) *istráik* 'Streik'; im Samoanischen, vgl. (*wool* >) *vulu* 'Wolle', (*goose* >) *kusi* 'Gans', (*continent* >) *konitineta*, (*club* >) *kalapu*, (*key* >) *kī* 'Schlüssel'; im Malaiischen, vgl. (*blue* >) *biru* 'blau', (*book* >) *buku* 'Buch' (neben arab. *kitab*!), (*button* >) *butang* 'Knopf'; im Kaliai-Kove (Neubritannien); vgl. (*work* >) *βoko* 'arbeiten', (*fight* >) *pait* 'Gefecht', (*spear* >) *supia* 'Speer'; im Tschamorro (Marianen), vgl. (*ice* >) *ais* 'Eis', (*revolver* >) *rubetbet*; im Marshallesischen, vgl. (*onion* >) *haniyen* 'Zwiebel', (*green* >) *kiryn* 'grün', (*milk* >) *milik* 'Milch', (*trouble* >) *tirabel* 'Sorge'; sogar im Japanischen, vgl. (*strike* >) *suto* 'Streik', (*machine* >) *mishin* 'Sämaschine', (*stand* >) *sutando* 'Tischlampe', (*sign* >) *sain* 'Signatur', (*program* >) *puroguramu* u. dgl.

IV.5.35. Indien und Pakistan

In Asien sind die Engländer als Eroberer zuerst in Indien erschienen. Im Kielwasser der 1600 ins Leben gerufenen Ostindischen Kompanie begann die englische Flotte, sodann auch die Armee, die übrigen europäischen Kolonialmächte, vor allem Portugal, Frankreich und die Niederlande aus diesem Raum zu verdrängen. Im Laufe des 18.–19. Jh.s hat England ganz Indien an sich gerissen. Infolge der langen englischen Herrschaft sowie der außerordentlichen Vielfalt der in Südasien gesprochenen Sprachen kann sich das Englische neben dem Urdu in Pakistan bzw. neben Hindi (und anderen Sprachen) in der Indischen Republik als zweite Amtssprache heute noch behaupten. Allerdings ist das Englische in diesen Ländern keine Muttersprache, sondern die (zweite) Verkehrssprache der Einwohner. Daher ist es auch verständlich, daß das Englische in lautlicher Hinsicht dem Einfluß der jeweiligen muttersprachlichen Grundschicht äußerst stark ausgesetzt ist. So werden z. B. die englischen Diphthonge weitgehend monophthongiert, vgl. [tɛk] 'take: nehmen', [bɔn] 'bone: Bein, Knochen'. Die für das Englische kennzeichnenden interdentalen Reibelaute [ð] bzw. [θ] werden durch [d] bzw. [t] ersetzt. Der Wortgebrauch ist naturgemäß mit hindustanischen Elementen vervollständigt, die größtenteils auch sachlich indisch bedingt sind, z. B. *sahib*, *memsahib* 'Herrin, Frau', *maharajah*, *nabob*, *rupee* 'Rupia', *bungalow*, *pundit* 'Pandit, Schriftgelehrter, Experte', *pyjamas*, *shampoo* u. dgl. Manche dieser Wörter sind über die Vermittlung des Englischen international geworden, vgl. dt. *Maharadscha*, *Nabob*, *Bungalow*, *Pyjama*, *Shampoo*.

Unter den Leuten, die unmittelbar in englischem Dienst stehen bzw. standen, sind zwei Sonderformen des Indisch-Englischen entstanden, und zwar das sogenannte Baboo English [= Ammenenglisch] und das Butler English [= Dienerenglisch]. Beide Varianten zeichnen sich durch die unter dem Einfluß des muttersprachlichen Substrats erfolgte starke Vereinfachung der Grammatik aus. Im Baboo English wird z. B. die abgeschlossene oder die futurische Handlung mit der Umschreibung mit dem Verb (*to*) *finish* 'beenden, vollenden' ausgedrückt, vgl. *Woman she* ***finish*** *thing me speak?* [wörtlich: 'Frau – sie – beenden – Sache – mich ⟨ = ich⟩ – sprechen'] für engl. *Has she done what I told?* 'Hat sie erledigt, was ich ihr gesagt hatte?', oder: *What man you give him stick?* [wörtlich: 'Was ⟨für ein⟩ Mensch du geben ihm Stock?'] für engl. *To whom did you give the stick?* 'Wem hast du den Stock gegeben?' usw. – Das Butler English war besonders in Bombay und Madras verbreitet. In dieser Variante des Englischen kann das Präsenspartizip typischerweise auch das Futur ausdrücken, z. B. *I telling* [wörtlich: 'ich sagend'] für engl. *I shall tell* 'ich werde sagen', während das Partizip der Vergangenheit von *do* 'tun' zum Ausdruck der vollzogenen Handlung (Perfekt) dient, z. B. *I done tell* [wörtlich: 'ich getan sagen'] für engl. *I have told* 'ich habe gesagt'.

IV.5.4. Soziolekte

IV.5.41. Hochsprache und Umgangssprache

Die anspruchsvollste Variante des Englischen, die in der Literatur, im Rundfunk und im Fernsehen, in Kirche und Theater, in Vorträgen u. dgl. verwendet wird (sogenanntes *King's* bzw. *Queen's English*, oder einfach *Standard English* bzw. *Received Pronunciation*) weicht von der alltäglich gesprochenen Umgangssprache (*Colloquial English*) in vieler Hinsicht ab. Die Unterschiede beschränken sich keineswegs auf die Lautbildung, sondern sie melden sich vor allem auch in dem Wortschatz. Die Umgangssprache bevorzugt im Unterschied zu der Hochsprache (bzw. Schrift- oder Literatursprache) die konkretere, zugleich mehr familiäre Bezeichnung von Personen, Begriffen und Gegenständen. Um einige Beispiele zu nennen: Das Wort *little* 'klein: ein wenig' der Hochsprache wird häufig mit *a bit* 'ein bißchen' ersetzt; um die Vorzüglichkeit von etwas auszudrücken, greift die Umgangssprache nicht zu den hochsprachlichen Adverbien *very* 'sehr' oder *exceedingly* 'vorzüglich, hervorragend', sondern zu verschiedenen kraftvolleren Wörtern wie etwa *awful(ly)*, *terribly* 'schrecklich' u. dgl. (vgl. auch im Deutschen 'schrecklich schön', 'arg schön' usw.). Der Seemann wird nicht *sailor*, sondern nach der Farbe seiner Uniform *blue-jacket*

'Blaujacke' genannt; besonders charakteristisch sind die Fälle humoristischer Bedeutungs- und Bezeichnungswandlungen, vgl. *brick* 'Ziegel' → 'Prachtkerl', *button* 'Knopf' → 'Diener', *cooper* 'Kupfer' → 'Penny', *kid* 'Kitze' → 'Kind, Puppe' u. dgl. Wie in den meisten Sprachen der Welt, sind auch in der englischen Umgangssprache die Abkürzungswörter (z. B. *bus* 'Omnibus', *zoo* 'Zoo') sehr beliebt, ja sogar die Wendungen der Gaunersprache bürgern sich immer mehr auch in der Umgangssprache ein, vgl. *shut up!* 'halt's Maul!', *he is in the swim* 'er liegt gut' (übertragen) usw.

In der eigentlichen Grammatik sind die Abweichungen von der Hochsprache unerheblich. Es ist jedenfalls typisch, daß die Distribution der nämlichen grammatischen Konstruktionen in den beiden Sprachvarianten manchmal doch nicht die gleiche ist. Die Interrogativa erscheinen im Nominativ zum Ausdruck einer Objektfunktion, vgl. ***who*** *do you take me for?* 'für wen halten Sie mich?'; ***who*** *do you mean?* 'wen meinen Sie?' (anstatt *whom*: Akk.-Dat.). Das Gegenteil findet sich bei den Personalpronomina, wo der Akkusativ für den Nominativ stehen kann, z. B. *it's* ***me*** 'das bin ich' (anstatt *I*); *it was* ***him/her/us/them*** 'das war er/sie' bzw. 'das waren wir/sie' (anstatt *he/she* bzw. *we/they*). In der Verbalflexion ist der semantisch sehr verzweigte, konkretisierte Gebrauch einzelner Hilfsverba oder als solche eingesetzter Sinnverba gang und gäbe, z. B. *to* ***do*** *a person* für *to deceive/cheat him* ['jemanden auf den Arm nehmen']; *to* ***do*** *a town/country* für *to visit its curiosities* ['besichtigen eine Stadt/ein Land']; *to* ***go*** *mad/green/wild/stale* für *to turn mad* ['wahnsinnig werden'] u. dgl. Das adjektivische Bildungssuffix *-ish* spielt in der Umgangssprache eine deminutive Rolle, z. B. *good* → *goodish* (für *pretty good*) 'gut, gütlich', *long* → *longish* (für *rather long*) 'lang, länglich', *ten* → *tenish* (für *about ten* ⟨*o'clock*⟩) 'um zehn (Uhr) herum'.

Wie schon angedeutet wurde, nimmt die Umgangssprache, besonders im Wortschatz und in den Redewendungen, immer mehr Bestandteile des Argots (vgl. IV.5.42.) auf und trägt somit in hohem Grade dazu bei, die niedrigeren Sprachschichten allmählich auch in die Sphäre der Hochsprache einzuführen. In der Sprache der schöngeistigen Literatur handelt es sich naturgemäß auch um eine Frage der Stilistik. Vor allem seit der Verbreitung des Naturalismus und des Expressionismus läßt sich diese Entwicklungstendenz auch in England, noch stärker aber im Englischen in Übersee verfolgen.

Was das Verhältnis von Hoch- und Umgangssprache anbelangt, ist das Gesagte auch im deutschen Sprachraum gültig. Der Wortschatz der Umgangssprache strebt auch hier zum Konkreten und zum Unvermittelten, vgl. Wendungen wie *einen langen Arm haben* für 'viel Einfluß haben'; *höllisch/verdammt/scheußlich* für 'sehr'; *Hausdrache* für 'zänkische Frau'; *Pomadenhengst* für 'Modenarr'; *Wasserratte* für 'Seemann'; *großer Teich* für 'Atlantik' u. dgl. Die Bedeutungsübertragungen legen auch im Deutschen eine entschieden humoristische Tendenz an den Tag, vgl. *Zifferblatt* für 'Gesicht'; *Spülwasser* für 'schwacher/schlechter Kaffee'; *Nest* für 'Dorf/Stadt'. „Aküwörter" (Abkürzungswörter) bzw. Kurzwörter sind auch in der deutschen Umgangssprache sehr beliebt, z. B. *Zoologischer Garten* → *Zoo*; *Omnibus* → *Bus*; *lange Leitung* 'schwer vom Verstand' → *l.l.* usw. Die Einsickerung der Elemente der Gaunersprache ist ebenfalls nicht aufzuhalten, vgl. *koscher* 'gut, entsprechend, erstklassig', *Massel* 'Glück', *schicker* 'betrunken' usw. (vgl. IV.5.43.).

Es sei aber angemerkt, daß die soziale Rolle und Stellung der Umgangssprache im Deutschen noch ausgeprägter ist, da die Bedeutung der regionalen Umgangssprachen im Deutschen dank der stärkeren mundartlichen Gliederung viel größer ist als in Großbritannien. Während in England auf der Ebene der Umgangssprache neben dem von London her bestimmten *Colloquial English* nur das Schottische (Lallans) und gewissermaßen der sogenannte „Industriedialekt" zur Geltung kommen (vgl. IV.5.21. bzw. IV.5.12.), hatten im deutschen Sprachraum fast alle Kulturzentren ihre eigenen Umgangssprachen entwickelt, die in regionaler Hinsicht nicht selten eine ausschließliche Kompetenz erhielten, z. B. in Österreich (IV.5.23.), Luxemburg (IV.5.25), Berlin (IV.5.45.), Köln, München, Hamburg sowie in der Schweiz (IV.5.24.) usw. Die Bezeichnung *Umgangssprache* wurde auf Grund ihrer Geltungssphäre von JOACHIM HEINRICH CAMPE noch im 19. Jh. geprägt. Die deutsche Umgangssprache bildet einen eigenartigen Übergang zwischen der Hochsprache und den territorialen bzw. den Ortsmundarten. Sie vermittelt mundartliche bzw. seit dem Aufstieg der Metropolen „gaunersprachliche" Elemente an die Hochsprache, andererseits bringt sie den Einfluß der Hochsprache in den Dialekten sowie im Slang bzw. in der „Gaunersprache" zur Geltung. In ihrer grammatischen Struktur beruhen sämtliche Varianten der deutschen Umgangssprache auf den Mundarten, die ihre Grundschicht bilden, sind jedoch bestrebt, sich auch in dieser Hinsicht (wie im Wortschatz und in der Lautbildung) den Formen der sie überdachenden Hochsprache anzupassen. Diese Tendenz spiegelt die soziale Stellung der überwiegenden Mehrheit ihrer Träger, des groß- und kleinstädtischen Kleinbürgertums, des oberen Mittelstandes, z. T. auch der Intelligenz und der Arbeiter wider. Der deutschen Umgangssprache kommt in der Verbreitung der schriftsprachlichen Einheitsnorm im gesamten deutschen Sprachgebiet eine unüberschätzbare Bedeutung zu, d. h. sie darf in unserer Zeit als der allerwichtigste Integrationsfaktor der einheitlichen deutschen Nationalsprache angesehen werden (vgl. IV.5.13.).

IV.5.42. Slang

Slang heißt ursprünglich die Sprachform der untersten oder auch deklassierten Gesellschaftsschichten im Englischen, die anders auch Argot, Jargon oder Gaunersprache genannt wird. In der englischen Literatur trat der Slang zunächst vor allem in den großen gesellschaftskritischen Romanen von Charles Dickens und William Thackeray hervor. Da der Wortbestand der Gaunersprache sozusagen „zweckgebunden" einem verhältnismäßig raschen Wandel unterliegt, sind die bei diesen Autoren verzeichneten Wörter und Wendungen des Slangs begreiflicherweise im modernen englischen Slang großenteils nicht mehr vorhanden. Der Sprachstoff des Slangs läßt sich im großen und ganzen wie jener der Umgangssprache charakterisieren, mit dem wichtigen Zusatz, daß sein Wortschatz sowie seine Wendungen noch derber und brutaler sind, vgl. *old cock* [:alter Hahn] für *fellow* 'Genosse, Kamerad, Freund'; *nut* [:Nuß] für *head* 'Kopf'; *he 's off his nut* [: er hat seine Nuß ab] für *he is cracked/dotty* 'er ist von Sinnen'; *trotters* [: Traber, Keulen] für *feet* 'Füße'; *to kick the bucket* [: den Fleischriemen ⟨?⟩ ausschlagen/umstoßen] für (*to*) *die* 'sterben' u. dgl.

Der Slang verfügt, ähnlich der Umgangssprache, eigentlich über keine von der englischen Gemeinsprache abweichende, eigene Grammatik. Er läßt sich daher noch weniger als ein eigenständiges sprachliches System bezeichnen als etwa die territorialen Dialekte. Des weiteren ist für den Slang charakteristisch, daß seine Sprecher — vor allem, um sich vor den Behörden zu schützen — ständig neue Wörter und Wendungen entwickeln, sehr häufig gar nicht aus englischen, sondern aus fremden (hauptsächlich deutschen, jiddischen, zigeunerischen u. a.) Vorlagen. Dieser Zug zeichnet aber nicht nur den englischen Slang, sondern fast alle Gaunersprachen der Erde aus.

Trotz der ununterbrochenen Abwehr seitens der Puristen wäre es verfehlt zu glauben, der Slang befände sich auf dem Rückzug. Im Gegenteil, er bereichert die moderne Schrift- bzw. Hochsprache und noch mehr die Umgangssprache mit zahlreichen neuen Zügen, d. h. es fällt ihm in der Verjüngung der Hochsprache in zunehmendem Maße die Aufgabe zu, die früher auf den Mundarten lastete.

IV.5.43. Rotwelsch

Rotwelsch ist die in der deutschen Fachsprache gängige Bezeichnung für jenes sprachlich-linguistische Phänomen, das im Englischen Slang (IV.5.42.) genannt wird. Der Name war bereits um die Mitte des 13. Jh.s bekannt und bedeutete ursprünglich soviel wie 'Kauderwelsch der Gauner', vgl. mhd.-rw. *rot*(*e*) 'Gauner, Bettler' und *welsch* 'Italienisch → fremde, unverständliche

Sprache'. Es waren auch noch andere Namen im Umlauf, von denen *Jenisch* bzw. *jenische Sprache*, d. h. 'Sprache der Schlauen' (*jenisch* < zig. *džan-* 'wissen, können, kennen, verstehen'?) am weitesten verbreitet war.

Die erste zusammenfassende Quelle des Rotwelschen stellt das *Liber Vagatorum* ('Buch der Landstreicher', 1510) dar, das MARTIN LUTHER 1528 unter dem Titel *Von der falschen Bettler Büberei* neu herausgab. Das vom englischen Slang Gesagte gilt auch für das Rotwelsch: vor allem des Fehlen einer eigenen grammatischen Struktur und der verhältnismäßig rasche und ständige Wandel im Wortschatz. Daraus erklärt sich auch, daß die Erforschung des Rotwelschen in erster Linie auf den Wortschatz konzentriert ist. Noch mehr als der Slang ist der rotwelsche Wortbestand von Fremdlingen durchsetzt, deren Überzahl aus dem Jiddischen und dem Zigeunerischen stammt. Dies ist eine unmittelbare Folge der Tatsache, daß die Träger beider Sprachen Jahrhunderte hindurch unterdrückt und von der deutschen Gesellschaft teilweise, oft aber auch ganz ausgeschlossen waren. Das deutsche Rotwelsch bildete infolge der besonderen Bevölkerungsverhältnisse in vielen Städten Europas auch außerhalb des deutschen Sprachraums (z. B. in Böhmen, Ungarn, Polen, Kroatien, ja sogar in Schweden usw.) die Grundlage nichtdeutscher Gaunersprachen, da die deklassierten Volksschichten in diesen, früher zum Teil oder auch ganz deutschprachigen Städten beim jeweiligen Sprachwechsel die Grammatik der Umsprachen übernahmen, einen großen Teil ihres ursprünglichen Wortschatzes aber beibehielten. Nach statistischen Schätzungen ließen sich z. B. in den 20er Jahren etwa 65–80% des Wortbestandes der ungarischen Gaunersprache von Budapest auf das Rotwelsche zurückführen, vgl. j. *melukhe* > rw. *Meloche* > ung. *meló* 'Arbeit'; j. *skhoyre* > rw. *Soore* > ung. *szajré* [såjre:] 'Hehlgut, Ware'; zig. *mol* 'Wein' > rw. *Mol* 'dass.' > ung. *mólés* [mo:le:ʃ] 'betrunken'; zig. *šēro* 'Kopf' > rw. *Schero* 'dass.' > ung. *séró* [ʃe:ro:] 'Haar, Frisur'; zig. *čōrel* > rw. *tschoren* > ung. *csór(el)* [tʃo:r-] 'stehlen, klauen', usw. Das Rotwelsch wiederum enthält Wörter aus verschiedenen romanischen, slawischen und anderen Sprachen, aber auch ungarische Wörter durch zigeunerische Vermittlung, vgl. ung. *hintó* 'Kutsche' > zig. *hintova* > rw. *Hintova* 'dass.'; ung. *völgy* [vøld'] 'Tal' > zig. *vēd'o* > rw. *Vedo* 'dass.' usw.

Um das ältere Rotwelsch zu zeigen, sei nachstehend eine Strophe aus einer im französischen Argot geschriebenen Ballade FRANÇOIS VILLONS in (zeitgerechter) rotwelscher Übersetzung mitgeteilt (die Übersetzung wurde freilich nachträglich – 1942 – von MARTIN LÖPELMANN besorgt):

Schufft euch durch Strombart über Glentz,
Sonst menkelt hartes Lechem ihr,
Ohn' Stefung hockt im Brix ihr hier.

Nur linkes Rusch dippt euch der Sentz,
Verkneistet, seid loo zikuß mir,
Beim Hochsentz dolft der Reppler sonst bereit.
Genf nopel Meß im Dorf, Bescheid,
Und troll dich aus der Gleicherey
Der Breger, Stromer weit und breit;
Tut einhar vor der Prinzerey!

(François Villon: *Ballade.*)

schufft euch 'packt euch'; *Strombart* 'Wald'; *Glentz* 'Feld, Wiese'; *menkeln* 'essen'; *Lechem* 'Brot'; *Stefung* 'Ziel'; *hocken* 'liegen'; *Brix* 'Gefängnis'; *link* 'schlecht'; *Rusch* 'Stroh'; *dippen* 'geben'; *Sentz* 'Herr, Wirt'; *verkneisten* 'verstehen'; *loo* '(gar) nicht'; *zikuß* 'blind'; *Hochsentz* 'großer Herr'; *dolfen* 'stehen'; *Reppler* 'Henker'; *genfen* 'stehlen'; *nopel* 'ungern'; *Meß* 'Geld'; *im Dorf* 'aus der Geldtasche'; *Bescheid* 'Spitzbube'; *Gleicherey* 'Gesellschaft'; *Breger* 'Bettler'; *Stromer* 'Landstreicher'; *einhar tun* 'fliehen'; *Prinzerey* 'Hochgericht'.

IV.5.44. Der Cockney-Dialekt

Unter den territorialen Mundarten und den sozialen Varianten des Englischen gebührt dem sogenannten Cockney ein besonderer Platz. Ursprünglich war es ein ausgesprochen räumlich bedingter Dialekt, der von den Bewohnern der Cheapside in London gesprochen wurde, „*who were born within the sound of Bow Bells*", d. h. die im Bereich der Mary-le-Bow-Kirche in der Cheapside geboren wurden. Heute ist der Begriff viel allgemeiner und schließt alle Ureinwohner Londons ein. Im Gegensatz zum Slang verfügt das Cockney nicht nur im Wortschatz über eigene Merkmale (z. B. *to learn* '1. to learn: lernen'; '2. to teach: lehren'; oder *to stand* 'to put: stellen' u. dgl.), sondern auch im Lautstand und in der Grammatik.

Kennzeichnend für den Londoner ist der Schwund von anlautendem [h] — *he drops his **h**'s,* wie es heißt —, andererseits der Gebrauch von [h] in etymologisch unmotivierten Fällen, vgl. *am an heggs* für ne. *ham and eggs* 'Schinken mit Eiern', *Arry* 'Harry', *Arriet* 'Harriet', *andsome* für *handsome* 'hübsch, nett', *ere* für *here* 'hier' bzw. (*to*) *hear* 'hören', aber *hear* für *ear* 'Ohr', *hus* für *us* 'uns', *in the hopen hair* für *in the open air* 'unter freiem Himmel', *hup the ill* für *up the hill* 'auf den Hügel'. Dieser sekundäre *h*-Ansatz ist eine falsche Rückbildung unter dem Einfluß der Hochsprache, denn im Cockney wurde das [h] sonst über den Stand im Standard English hinausgehend nicht nur im In- und Auslaut, sondern auch im Anlaut aufgegeben.

Ziemlich regelmäßig unterbleibt auch die Konsonantenpalatalisierung in der Stellung vor [u:], vgl. *dooke* für *duke* 'Herzog', *Toosday* für *Tuesday* 'Dienstag', *dooty* für *duty* 'Pflicht', *noo* für *new* 'neu', *nater* für *nature* 'Natur'. In anderen Fällen wird jedoch palatalisiert, wo es in der Hochsprache unbekannt ist, z. B. *chiild* für *child* 'Kind', *parients* für *parents* 'Eltern'.

Das Suffix *-ing* erscheint im Auslaut als *-in*, z. B. *mornin'* für *morning* 'Morgen', *evenin'* für *evening* 'Abend', *shillin'* für *shilling* 'Schilling', *goin'* für *going* 'gehend', in einigen Wörtern hingegen wird das einfache [n] stark velarisiert, z. B. *kitching* für *kitchen* 'Küche', *garding* für *garden* 'Garten', *childring* für *children* 'Kinder'. Beim sekundären *-ing* handelt es sich ebenfalls um hyperkorrekte Formen nach dem Beispiel der Hochsprache.

In- und auslautendes [d], [t], manchmal auch [g] wird aufgegeben, vgl. *an'* für *and* 'und', *ol'* für *old* 'alt', *cap'n* für *captain* 'Kapitän, Hauptmann', *lor'* für *lord* 'Lord, Herr', *I don' know* für *I do not* (*don't*) *know* 'ich weiß/kenne (es) nicht', *you shouldn' do it* für *you should not do it* 'du sollst es nicht tun', *I mus' go* für *I must go* 'ich muß gehen', *li'll* für *little* 'klein', *freekently* für *frequently* 'häufig'. Falsche Rückbildungen gibt es freilich auch hier, z. B. *noicet* für *nice* 'nett, schön, hübsch', *suddent* für *sudden* 'plötzlich' u. dgl.

Im V o k a l i s m u s hat sich vor allem das System der Diphthonge verändert:

Standard English		Cockney
[eɪ]	=	[aɪ]
[aɪ]	=	[ɔɪ]
[ou]	=	[au]
[ɑ:]	=	[ɔu]

Vgl. *die* [daɪ] für *day* 'Tag', (*to*) *mike* [maɪk] für *make* 'machen', *plice* [plaɪs] für *place* 'Platz, Stelle', *Oi* [aɪ] für *I* 'ich', *toim* [tɔɪm] für *time* 'Zeit'; *sow* [sau] für *so* 'so', *now* [nau] für *no* 'nein, kein', *rowd* [raud] für *road* 'Straße'; *Chawley* [tʃɔuli] für *Charley* 'Karl', *glawss* [glɔus] für *glass* 'Glas'. So lautet z. B. der Satz *I should like to go to Cambridge today* im Cockney [ɔɪ d lɔɪk tʰə gau tʰə kʰaɪmbriʒ tʰudaɪ] 'ich möchte heute nach Cambridge fahren/gehen'. Offenes [æ] der Hochsprache ist im Cockney meistens geschlossen, z. B. *ket* [ket] für *cat* 'Katze', *kerry* [kerɪ] für *carry* 'tragen'.

Die interdentalen Reibelaute [θ], [ð] werden durch [f] ersetzt, vgl. *nuffin*(*k*) für *nothing* 'nichts', *fenks* für *thanks* 'Dank(e)'.

Die Verbalflexion wurde im Vergleich zur Gemeinsprache weiter vereinheitlicht. Einfache Verba haben im allgemeinen die Endung der 3. Pers. Sing. des Präsens auf alle Personen erweitert, z. B. *I calls* 'ich rufe', *you calls* 'du rufst, ihr ruft, Sie rufen', *we calls* 'wir rufen', *they calls* 'sie rufen'; auch bei den meisten Hilfsverben, z. B. *I has* [≠ ne. *I have*] 'ich habe', *we/you/they has* [≠ ne. *have*] 'wir haben, du hast, ihr habt, Sie haben, sie haben'; *I does* 'ich tue', *we does* 'wir tun', *you does* 'du tust, ihr tut, Sie tun'; *we is* 'wir sind', eventuell sogar im Präteritum, vgl. *we/you/they was* [≠ ne. *were*] 'wir waren, du warst, ihr wart, Sie waren, sie waren' usw. Dagegen kommt auch die Form der 3. Pers. Sing. ohne Endung vor, z. B. *he do* [≠ ne. *does*] 'er tut'. Ziemlich archaische, zum Teil südgermanisch anmutende Formen sind auch noch vorhanden, z. B. *he be(e)s* [≠ ne. *is*] 'er ist', *they be(e)s* [≠ ne. *are*] 'sie sind' u. dgl.

Bei den starken Verba wird das Präteritum durch das Präsens ersetzt, z. B. *I come* für *I came* 'ich kam', *I see* für *I saw* 'ich sah'. Manche starke Verba sind schwach geworden, vgl. *I knowd* [≠ ne. *knew*] 'ich wußte/kannte'. Das Präteritum fungiert meistens auch als das Partizip der Vergangenheit, z. B. ***took*** für *taken* 'genommen'; *I 've* ***wrote*** *a letter* für *I have written a letter* 'ich habe einen Brief geschrieben'; *he's* ***spoke*** für *he has spoken* 'er hat gesprochen'. Bei der Bildung des Part. Präs. wird in der Regel außer dem Suffix *-in* (< *-ing*) auch das Präfix *a-* verwendet, z. B. *I'm* ***alivin'*** *in that rowd* für *I am living in that road* 'ich wohne in jener Straße'.

Im Cockney ist die doppelte Verneinung verbindlich, vgl. *I* ***aint no*** *dog* 'ich habe keinen Hund [nicht]' gegenüber ne. *I have* ***no*** *dog* 'dass.' Dies springt um so mehr in die Augen, als in der englischen Hochsprache die doppelte Negation – nach lateinischem Vorbild – zur Erhärtung einer Behauptung dient.

Des öfteren läßt sich die Verdoppelung des Pluralsuffixes der Substantiva feststellen, z. B. *swellses* [≠ ne. *swells*] 'Modenarren'. Das Adjektiv wird fast ausschließlich synthetisch gesteigert, mitunter auch synthetisch-analytisch kombiniert, z. B. *fine* → *fin**er*** oder ***more*** *fin**er*** 'schöner, feiner' (Komparativ). Ein archaisches, im Übersee-Englischen allerdings auch gemeinsprachlich anerkanntes Merkmal stellt der Gebrauch adjektivischer Formen als Adverbien dar, z. B. *awful* (Adj. und Adv.) gegenüber ne. *awful* Adj. → *awfully* Adv. 'schrecklich', vgl. IV.5.31.

Das Cockney ist also ein Soziolekt, der zugleich auch ein Dialekt ist und einerseits mehr Archaismen aufweist als die Hochsprache, andererseits aber manche Entwicklungstendenzen des Englischen weiter vorangetrieben hat als die Hoch- bzw. die Umgangssprachen Großbritanniens.

IV.5.45. Berlinisch

Wie das Cockney im Rahmen des Englischen, nimmt auch der Dialekt Berlins unter den landschaftlichen und sozialen Varianten des Deutschen einen besonderen Platz ein. Bis zum 16. Jh. hat sich der Dialekt Berlins vom allgemeinen Sprachgebrauch der niederdeutschen Städte Brandenburgs

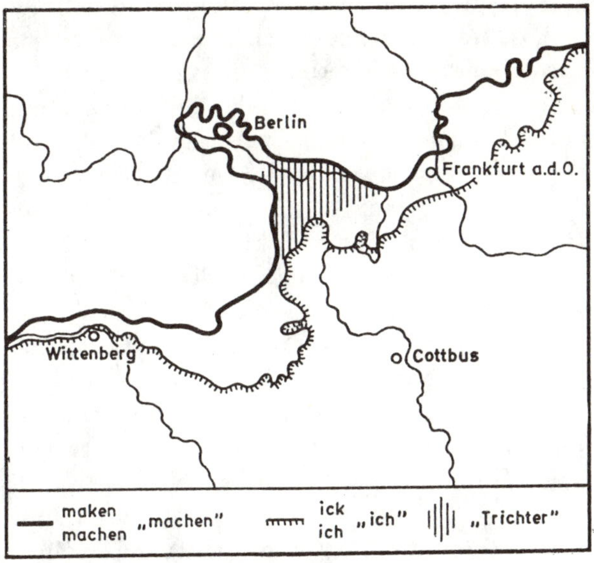

Abb. 73. Der „Trichter" bei Berlin (nach Horst Becker und Adolf Bach)

nicht unterschieden. Im angehenden 16. Jh. aber stellte sich die städtische Kanzlei Berlins, offensichtlich infolge ihrer engen wirtschaftlichen und kulturellen Beziehungen zum mitteldeutschen Sachsen, bereits auf die in Sachsen befolgte neuhochdeutsche Schriftnorm um. Darin schloß sich die städtische Kanzlei Berlins zweifellos auch der Praxis der fürstlichen Kanzlei Brandenburgs an, wo die oberdeutschen Hohenzollern das Neuhochdeutsche schon im 15. Jh. zur allgemeinen Norm erhoben hatten. Dieser Prozeß der Verhochdeutschung wurde vom siegreichen Vormarsch der Lutherschen Reformation besonders beschleunigt. Die Wandlung ergriff auch, obschon etwas langsamer, die Umgangssprache Berlins, und im Laufe des 18. Jh.s konsolidierte sich bereits jener charakteristische Ortsdialekt, den man sowohl in der Sprachwissenschaft als auch im Volksmund als Berlinisch bezeichnet (Abb. 73).

Für den Lautstand des Berlinischen ist heute das Vorhandensein der zweiten (althochdeutschen) Lautverschiebung auf mitteldeutscher Stufe kennzeichnend; germ. *p* entspricht z. B. [f] im Anlaut (vgl. *fennig* 'Pfennig'), aber [p] im In- und Auslaut (vgl. *appel* 'Apfel', *kopp* 'Kopf'). Der niederdeutsche Stand ist nur noch in einigen Relikten erhalten, z. B. *ick* ~ *icke* 'ich', *wat* 'was', *det* 'das', *et* 'es', *doof* 'taub: dumm, naiv'. Allgemein ist dagegen der für die niederdeutschen Mundarten Brandenburgs typische Wandel *g* > *j* im Anlaut, vgl. *jans* 'Gans', *jroß* 'groß'. Ebenfalls ein niederdeutsches Merkmal ist der Wandel *-nd-* > *-nn-* bzw. *-ld-* > *-ll-*, vgl. *anners* 'anders' *der olle* 'der Alte'. (Dieselbe Erscheinung in mitteldeutschen Mundarten ist ebenfalls niederdeutscher Herkunft, vgl. IV.4.53.)

Die niederdeutschen Merkmale des Vokalismus stimmen z. T. mit jenen des Ostmitteldeutschen überein, vgl. *ooch* 'auch', *kleen* 'klein' usw. In bestimmten Stellungen ist sogar die alte Quantitätsverteilung der Vokale erhalten geblieben, z. B. *hof* [hof] 'Hof' — *hofes* [ho:fəs] 'Hofes'; *jap* [jap] 'gab' — *jaben* [ja:bm̥] 'gaben'. Der Reduktionsvokal der Nebentonsilben ist im absoluten Auslaut des öfteren noch vorhanden, vgl. *hemde* [hemdə] 'Hemd', *ofte* [oftə] 'oft', *sachte* [zaxtə] 'sacht, sanft'.

In der Nominalflexion ist für Berlin der Umtausch von Akkusativ und Dativ besonders charakteristisch, vgl. *mir* 'mich' gegenüber *mich* 'mir', *Ihnen* 'Sie', aber *Sie* 'Ihnen' usw. Das ist eine Folge der falschen Rückbildung unter dem Einfluß der Hochsprache, denn der Unterschied von Akkusativ und Dativ wurde im Niederdeutschen sonst eliminiert (vgl. IV.4.53.).

Verständlicherweise sind die meisten niederdeutschen Züge im Wortschatz enthalten, z. B. *jöhre* [jø:rə] 'Mädchen' (vgl. ne. *girl* 'dass.'), *mank* 'zwischen, unter' (vgl. ne. *among* 'dass.'), *kicken* 'gucken, schauen', *Molle* 'Helles' (vgl. *Mulde*), *Bärme* 'Hefe', *piepe* 'gleichgültig' (vgl. *Pfeife*) usw. Niederdeutsch ist auch das in Berlin beliebte Deminutivsuffix *-ken* (= *-chen*), z. B. *Jungeken* 'Junge', *Männeken* 'Mann', *Karlineken* 'Karolinchen'.

Als Sprache einer Metropole trägt des Berlinische andererseits auch die Kennzeichen des Rotwelschen, d. h. es ist — wie das Cockney in England — gleichzeitig auch ein Soziolekt. Die Besonderheiten dieser Stellung des Berlinischen zwischen Mundart und Schichtensprache kommen naturgemäß in erster Linie im Wortschatz zum Ausdruck, vgl. *Gannew* 'Dieb', *Chawrusse* 'Verbrecherbande', *Sore* 'Beute', *koscher* 'gut, es klappt', *Schlamassel* 'Pech, Mißgeschick', *Moos* 'Geld' u. dgl. aus der Gaunersprache, ferner die vielen ironischen Bedeutungsübertragungen, die auf den herben Humor der Großstadt hinweisen wie *Sardinenbüchse* 'Straßenbahn', *Wagenschmiere* 'schlechte Butter', *Giftmischer* 'Apotheker', *Klapperschlange* 'Tippfräulein', *gekränkte Leberwurst* 'ein Mensch, der alles übel nimmt' usw.

Nach der Schaffung der deutschen Einheit, von den 70er Jahren des vorigen Jahrhunderts an, ist Berlin sowohl wirtschaftlich als auch politisch und kulturell das Zentrum des größten Teiles des deutschen Sprachraums geworden und schaltete sich somit auch in den Prozeß der Entstehung der deutschen Einheitssprache ein. Die Spaltung Berlins bzw. ganz Deutschlands nach dem Zweiten Weltkrieg hat diesen Prozeß wieder zum Stillstand gebracht, zumindest aber äußerst verlangsamt.

Unsere Textproben sollen die Sprache Berlins vor dem Zweiten Weltkrieg veranschaulichen:

(a) *Scherzgedicht*:

Ick sitze an 'n Disch
und esse Klops.
Mit eenmal — kloppt 's.
Ick kicke, staune, wundere mir:
Mit eenmal jeht se uff — de Dier.
„Nanu", denk' ick — ick denke: „Nanu?" —
Erst war se uff — jetzt is se zu???
Ick jehe 'raus und kicke —
und wer steht draußen???
— Icke!

(b) *Redewendungen*

In der Regel sagt der Berliner das, was er denkt, allerdings in derb-komischer Art. Hat jemand eine rote Nase, dann sagt man: „Na, d i e Neese hat er ooch nich von 't Kaffeetrinken jekricht". — Der stets Betrunkene muß hören: „Der hat mal in de Sterne jekikt", „den Dienstrevolver [= Schnapsflasche] *hat er immer jefüllt". — Ähnlich: „Ick vastehe ooch ohne Brille." — Stimmt eine Sache nicht recht, dann heißt es: „Nischt Jenaues weeß man nich". — „Een stiller Mensch bleibt ruhich". — „Nehmen Se mir", sagte ein Arbeitsuchender, „Sie jlooben jar nich, mit wie wenich Arbeet ick zufrieden bin".*

(Franz Lederer: *Ick lach ma 'n Ast.* 1929.)

IV.5.5. Mischsprachen

IV.5.51. Hybride Sprachen und Kreolisch

Die Notwendigkeit der Kommunikation zwischen den Kolonisatoren und der unterworfenen Urbevölkerung hat in verschiedenen Teilen der Erde sogenannte Mischsprachen entstehen lassen, die verschiedene Bestandteile der Sprache(n) der Eroberer und jener der Unterjochten amalgamieren. Solche Mischsprachen können auch als hybride Sprachen bezeichnet werden.

Ihr grundlegendes Merkmal besteht darin, daß sie in der Regel nur einem unmittelbaren, auf verhältnismäßig enge Kreise beschränkten sprachlichen Verkehr dienen, ohne als Muttersprachen zu gelten. Solche Mischsprachen waren in der Neuzeit zuerst in den Kolonien auf der Basis des Portugiesischen, des Spanischen und des Französischen entstanden, sie wurden aber mit dem Aufschwung Englands als Kolonialmacht fast überall von neuen Mischsprachen auf englischer Grundlage abgelöst. Ihr Wortschatz ist hauptsächlich englisch, aber sehr begrenzt, während ihre grammatische Struktur die Merkmale der einzelnen Eingeborenensprachen – als der Grundschichten – widerspiegelt. Mischsprachen ermöglichen als eine Art *lingua franca* den sprachlichen Verkehr auch in Bereichen, wo meistens viele, voneinander manchmal grundverschiedene Sprachen gesprochen werden. Leonard Bloomfield wollte daher den Begriff *lingua franca* – wohl der Praxis der amerikanischen Anthropologenschule des vorigen Jahrhunderts folgend – auf Sprachen einengen, die keine Muttersprachen sind. Indessen können auch reine Muttersprachen diese Rolle übernehmen, wie z. B. das Englische in weiten Gebieten Afrikas und Asiens, bzw. innerhalb einzelner Fachbereiche, so etwa in der internationalen Zivilluftfahrt. Andererseits steht fest, daß unter günstigen Umständen auch hybride Sprachen zur Muttersprache werden und sich im weiteren dementsprechend, als „natürliche" Sprachen, organisch entwickeln können. Diese Gruppe der Mischsprachen faßt man unter dem Namen Kreolisch oder Kreolsprachen zusammen. Kreolsprachen werden vielfach mit mehr oder weniger Recht schon als regionale Varianten (oder auch „Mundarten") jener Sprachen angesehen, die ihnen zugrunde liegen.

IV.5.52. Hybride Sprachen

Die älteste und heute noch bedeutendste Mischsprache, die auf der Basis des Englischen und der Sprache der Urbevölkerung im Zuge des Handelsverkehrs im 17. Jh. entstand, ist das sogenannte Pidgin English, das seine Herausbildung den Beziehungen der englischen Handelsflotte zu der autochthonen Bevölkerung Kantons (China) verdankt. Der Name *Pidgin* ist eigentlich die der chinesischen Artikulationsbasis angepaßte Form von ne. *business* 'Handel, Geschäft'. Der Wortschatz des Pidgin English zeigt auch in seinen englischen Elementen die charakteristischen lautlichen Merkmale des Chinesischen, z. B. *room* > *loom* 'Zimmer, Raum', *green* > *kilin* 'grün', *brother* > *pat-lu-ta* 'Bruder', *child* > *chilo* 'Kind', *talk* > *talkee* 'sprechen'. Die Anzahl portugiesischer Wörter ist ebenfalls nicht unerheblich, vgl. *deus* > *joss* 'Gott', daraus *joss house* 'Kirche', *joss Pidgin* 'Religion, Konfession', *joss Pidgin man* 'Priester' u. dgl. Es folgt aus der

Natur der Mischsprachen, daß der Bedeutungskreis der meisten Wörter sehr breit sein kann, vgl. (*to*) *pay* > *pi* neben 'zahlen, bezahlen' auch für 'geben', 'übergeben, überreichen', 'bewegen', 'schicken, senden' usw.

In Anpassung an die grammatischen Regeln des Chinesischen ist das System regelrechter Suffixe im Pidgin English unbekannt. Dafür werden die syntaktischen Bedeutungen der Wörter in chinesischer Weise modifiziert, z. B. *alle man talkee me so fashion* für ne. *all men tell me so* 'alle Leute sagen mir (so)'. Das Verb hat unabhängig von Numerus, Person, Tempus usw. immer nur eine einzige Form.

Die Ureinwohner Australiens, Melanesiens und Ozeaniens verwenden ebenfalls verschiedene Abarten des Pidgin English in ihrem Verkehr mit den Weißen, ja sogar mit den Vertretern anderer Stämme. Das Pidgin English Australiens hört unter dem zunehmenden Einfluß der englischen Umwelt immer mehr auf, eine Mischsprache zu sein, und gleicht sich allmählich der australischen Variante des Englischen an. Die in der Inselwelt Ozeaniens geltende Variante des Pidgin English wird nach dem Sandelholz, das im Handel der Europäer mit den Eingeborenen eine sehr wichtige Rolle spielt, auch Sandalwood English [:Sandelholzenglisch], mitunter auch *Beach-la-Mar* [:Küsten⟨englisch⟩], in jüngster Zeit meist *Tok Pisin* oder auch *Nuginian* (<*Talk Pidgin* bzw. *New Guinean*) genannt. Die Basis bildet hierbei das Malaiische neben dem Englischen. Hauptverbreitungsgebiet dieser Variante ist der Nordosten von Neuguinea, wo es sogar im Schriftverkehr verwendet wird und auch als Amtssprache anerkannt ist. In diesem Bereich verfügt das Pidgin English auch über eine bescheidene Literatur, die fast ausschließlich religiös bestimmt ist und im Dienste der Missionare steht.

Eine dem Pidgin English ähnliche Mischsprache ist das an den Westküsten Afrikas verwendete Negerenglisch (ne. *Negro English*), das nach einem Eingeborenenstamm der westafrikanischen Küste auch *Kroo English* genannt wird. Seine Entstehungszeit läßt sich im ausgehenden 18. Jh. ansetzen, als die Kolonisation von Sierra Leone in größerem Umfang vorangetrieben wurde. Zu Beginn des 19. Jh.s wurden in diesem Raum etwa 40 000 befreite Negersklaven aus den Vereinigten Staaten von Amerika angesiedelt. Im Wortschatz des Negerenglischen ist der Prozentsatz nichtenglischer Elemente verhältnismäßig unbedeutend. Der grammatische Bau hingegen weist entschieden die Merkmale der Eingeborenensprachen auf, z. B. *me, them chief of Bagida, and all man, whom live here, beg for God that he can protect we for Englishmen* für ne. *I, the Chief of Bagida, and all men* [*of mine*] *who live here, beg of God to protect us against the English* 'ich, Bagidas Häuptling, und alle meine Leute, die hier leben, bitten Gott, uns gegen die Engländer zu schützen'. Die Unterscheidung der Pronomina nach den Genera ist genauso unbekannt wie in den Sprachen der Eingeborenen.

Die Fanagalo English genannte afrikanische Mischsprache ist in der zweiten Hälfte des 19. Jh.s, allem Anschein nach in der südafrikanischen Provinz Natal, entstanden. In der Folgezeit hat es sich auch in Rhodesien und im Bereich der Republik Südafrika verbreitet. Heute wird es bereits in allen ehemaligen Kolonien Englands im Süden Afrikas gesprochen. Der Wortschatz des Fanagalo English besteht zu 70% aus Bantu-, zu 6% aus Afrikaans-, und lediglich zu 24% aus englischen Wörtern. Die Struktur dieser Mischsprache ist weder englisch noch bantuisch und muß daher sowohl von Weißen wie Eingeborenen zusätzlich erlernt werden. Die Lautbildung ist allerdings stark von den Bantusprachen beeinflußt, z. B. ne. *bath* [ba:θ] > *baf* 'Bad', ne. *better* > *botela* 'besser', was übrigens auch die englischen Lehnwörter der Bantusprachen kennzeichnet, vgl. im Luganda: ne. *bar* > *'bbaalâ* 'Trinkbar', *Purgatory* > *'Ppuligaatùli* 'Fegefeuer', *Regent* > *Riijenti/Liij(j)enti* usw. Der Einwirkung des Englischen und des Afrikaans ist es hingegen zuzuschreiben, daß der Akzent im Fanagalo English – von den Bantusprachen abweichend – nicht musikalisch ist. In der Grammatik ist es besonders kennzeichnend, daß die Flexion des Englischen mit der Agglutination der Bantusprachen abwechselt.

IV.5.53. Kreolsprachen

In Guayana, hauptsächlich im ehemaligen Britisch-Guayana (Guyana) und in Niederländisch-Guayana (Surinam) an der Nordostküste Südamerikas ist unter den besonderen historischen Umständen eine eigenartige Mischsprache aus Elementen des Englischen, des Niederländischen und der Indianersprachen des Landes entstanden. Diese Mischsprache ist das sogenannte Taki-Taki English, wobei *taki-taki* soviel wie 'schwätzen, plaudern, ohne Zusammenhang sprechen' bedeutet (wohl ne. *talk* 'reden, sprechen, plaudern'). Diese Kreolsprache, die manche Abarten besitzt, wird seit Ende des Zweiten Weltkriegs unter dem Einfluß des Amerikanischen immer mehr gefestigt. Ihre phonetisch-phonologische Struktur ist – gemäß dem eingeborenen Substrat – stark vereinfacht, während das System der Betonung verwickelter ist als im Englischen.

Die Grammatik des Taki-Taki ist äußerst einfach. So drückt das Verb z. B. weder Person noch Numerus, Genus verbi oder Tempus aus. Die Tempora können nur mit verschiedenen Hilfswörtern bestimmt werden. Das Substantiv kennt die Kategorie des Numerus ebensowenig wie die des Kasus. Ebendeshalb fällt der Wortstellung in der Syntagmatik bzw. der Syntax eine ausschlaggebende Rolle zu, vgl. *wan pikín sáka moni* für ne.

a little bag of money 'ein kleiner Sack Geld', *man ey báka* für ne. *the back of man* (wörtlich: *man his back*) 'der Rücken des Mannes; dem Mann sein Rücken'.

Der Grundwortschatz besteht großenteils aus englischen, zum kleineren Teil aus niederländischen Lexemen, die lautlich stark entstellt sind, vgl. (ne. *head* >) *héde* 'Haupt, Kopf', (ne. *foot* ~ nl. *voet* >) *fútu* 'Fuß', (ne.-nl. *hand* >) *hánu* 'Hand', (ne. *dog* >) *dágu* 'Hund', (ne. *make* >) *méki* 'machen', (ne. *leave* >) *líbi* 'lassen', (ne. *find* ~ nl. *vinden* >) *féni* 'finden', (ne. *brother* >) *bráda* 'Bruder', (ne. *close by* >) *klosibáy* 'nahe (zu)', (ne. *work* >) *wroko* 'arbeiten', (ne. *horse* >) *hási* 'Pferd', (ne. *country* >) *kondre* 'Land', (ne. *blood* ~ nl. *bloed* >) *brudu* 'Blut', ferner (nl. *berg* >) *bérgi* 'Berg', (nl. *damp* >) *dámpu* 'Dampf', (nl. *boom* >) *bóm* 'Baum' usw.

In linguistischer Hinsicht zeigt große Ähnlichkeit mit dem Taki-Taki das sogenannte Pitcairn English, das seine Entstehung einem historischen Ereignis verdankt. Ende des 18. Jh.s lehnte sich die Mannschaft des englischen Kriegsschiffes *Bounty* in der Nähe der Freundschaftsinseln gegen den Kapitän auf und nahm Kurs nach Tahiti. Die Aufständischen flüchteten dann in der Gesellschaft einiger Männer und Frauen aus Tahiti und nahmen die etwa 1300 Meilen entfernten unbewohnten Pitcairn-Inseln in Besitz. Um die Mitte des vorigen Jahrhunderts wurde die Mehrzahl der Inselbewohner infolge der Überbevölkerung auf die Norfolk-Insel umgesiedelt. Engländer und Tahitaner haben sich auf Pitcairn zu einer neuen ethnischen Gruppe entwickelt, was auch ihren englischen Sprachgebrauch beeinflußte. Das Pitcairn English enthält viele polynesische Wörter wie *fe'i* 'rote Banane', *ka'* 'wissen', *kawa* 'weiß nicht', *orkal* 'Kind' usw. Der grammatische Bau wurde ähnlich den übrigen Kreolsprachen stark vereinfacht. Das Verb hat die Kategorie der Person auch für die 3. Pers. Sing. aufgegeben. Desgleichen ist die (Formen-)Kategorie des Tempus unbekannt, und das Präsens kann für alle Tempora stehen, bloß zum Ausdruck des Futurs und der durativen (andauernden) Handlung wird bisweilen das Wörtchen *gwen* (< ne. *going* 'gehend') verwendet. Die Zunahme der Verbindungen mit dem englischen Mutterland lassen aber das Pitcairn English in der letzten Zeit immer mehr wieder in der englischen Gemeinsprache aufgehen.

IV.5.54. Englisch als Welthilfssprache

In unserer Zeit wurde immer wieder die Ansicht vertreten, daß es von Vorteil sei, eine künstliche Sprache zu schaffen, die es überflüssig machen könnte, neben der Muttersprache noch verschiedene Fremdsprachen mühsam zu erlernen. Von den zahllosen einschlägigen Versuchen haben sich nur drei – Volapük, Ido und Esperanto – als mehr oder weniger dauerhaft erwiesen. Eine international ins Gewicht fallende Gruppe von Anhängern besitzt aber heute nur noch das Esperanto.

Während die Schöpfer dieser Hilfssprachen bestrebt waren, Elemente mehrerer natürlicher Sprachen in einem logischen System zu summieren, hat es auch an Versuchen nicht gefehlt, auf Grund der einen oder anderen Weltsprache eine auch für andere Völker annehmbare und leicht zu erlernende Welthilfssprache zu kreieren. Von diesen Versuchen sind vor allem die auf lateinischer bzw. romanischer Grundlage beruhenden Hilfssprachen wie *Latina sine flexione*, *Interlingua* u. dgl. zu nennen.

In England und in Amerika wurde schon früher der Gedanke laut, auf Grund des Englischen eine leicht zu erlernende, wesentlich einfachere Welthilfssprache zu erstellen. Diese Idee wurde in den 30er Jahren von Charles Kay Ogden unter dem Namen Basic English [= Grundenglisch] verwirklicht. Die Bezeichnung hat allerdings eine — vorsätzlich — doppelte Bedeutung, denn sie ist gleichzeitig die Abkürzung von ***B**ritish-**A**merican-**S**cientific-**I**nternational-**C**ommercial*. Ogden stützt sich in seinem System auf einen minimalen Wortschatz von 850 Wörtern, deren Kern vor allem Substantiva und die wichtigsten und gebräuchlichsten Verba (wie *come* 'kommen', *get* 'bekommen; werden', *give* 'geben', *go* 'gehen', *keep* 'halten', *let* 'lassen', *make* 'machen', *put* 'stellen, setzen', *see* 'sehen', *take* 'nehmen', *be* 'sein', *do* 'tun', *have* 'haben', *may* 'mögen', *will* 'wollen') bilden. Die Begrenztheit des Wortschatzes verleitet den Benutzer des Basic English jedoch dazu, sogar die schlichtesten Begriffe meistens mit komplizierten Umschreibungen auszudrücken. Das Erlernen des Basic English kostet daher wenigstens soviel Mühe wie das Meistern der englischen Hochsprache. Es ist also mehr als zweifelhaft, daß dem Plan des Basic English oder sonstigen ähnlichen Versuchen (wie *Iret English*, *Swenson English*) je ein Erfolg beschieden sein wird.

IV.5.55. Germanische Bestandteile der Welthilfssprachen

Von den künstlich zusammengestellten und konstruierten internationalen Welthilfssprachen ist heute das 1887 vom Warschauer Arzt Lejzer Ludwik Zamenhof (1859–1917) ausgearbeitete Esperanto am stärksten verbreitet. Im Gegensatz zu den meisten ähnlichen Versuchen besitzt das Esperanto ein einfaches, durchsichtiges phonologisches, morphologisches und syntaktisches System. In typologischer Hinsicht ist es eine agglutinierende Sprache, deren Wortstämme zum überwiegenden Teil romanischen Sprachen entnommen sind, ja man kann es praktisch als eine künstliche neulateinische Hilfssprache einstufen. Immerhin gibt es im Wortschatz des Esperanto auch germanische Elemente in großer Zahl, vgl. (norw. *ski* >) *skio* 'Ski', (ne. *yes* >) *jes* 'ja', (ne. *ink* >) *inko* 'Tinte', (ne.

silk >) *silko* 'Seide' u. dgl., vor allem aber aus dem Neuhochdeutschen, z.B. *tago* 'Tag', *ŝuldo* 'Schuld', *lando* 'Land', *ŝtrumpo* 'Strumpf', *vango* 'Wange', *ŝerco* 'Scherz', *ŝranko* 'Schrank', *lerni* 'lernen', *flegi* 'pflegen', *fliki* 'flicken', *fremda* 'fremd' usw. In vielen Fällen handelt es sich um gemeinsame deutsch-englische, manchmal auch allgemeinere germanische Stämme, vgl. *varmo* 'warm', *glaso* 'Glas', *fiŝo* 'Fisch', *butero* 'Butter'.

Ein ähnlicher Einfluß germanischer Sprachen läßt sich auch in der Wortbildung ausweisen. Das Kollektivpräfix nhd. *ge-* ist auch im Esperanto ausgelastet, vgl. *patro* 'Vater' → ***ge****patroj* 'Eltern', desgleichen das Präfix *mis-* (< nhd. *miß-* bzw. ne. *mis-*), z. B. *audi* 'hören' → ***mis****audi* 'verhören, mißverstehen'. Unmittelbar aus dem Englischen wurde das Suffix *-ebl*(*a*) '-bar, -fähig' entlehnt, vgl. *manĝi* 'essen' → *manĝebla* 'eßbar'. Die Wortstämme selbst sind in den angeführten Beispielen romanischer Herkunft, vgl. lat. *pater* 'Vater', lat. *audire* 'hören', frz. *manger* 'essen'.

Das über das Esperanto Gesagte ist auch für das Ido gültig, das eigentlich eine 1908 vom Franzosen L. de Beaufront verbesserte Variante des Esperanto darstellt, vgl. Wörter wie *gardeno* 'Garten', *nur* 'nur' usw.

Das heute so gut wie ganz vergessene Volapük, das 1879 von einem deutschen Geistlichen, Johann Martin Schleyer, geschaffen wurde, sowie die unter dem Namen Idom Neutral von W. Rosenberger 1902 verbesserte Variante des Volapük (*Ido*) bilden einen guten Teil ihrer Wörter aus englischen Wortstämmen, und zwar unter Beachtung der für das Neuenglische (und das Neuhochdeutsche!) typischen Wortstruktur *CVC* (Konsonant + Vokal + Konsonant), vgl. (*world* >) *vol* 'Welt' (Gen. *vola*), (*speak* >) *pük* 'Sprache' (also *Volapük* 'der Welt Sprache: Weltsprache'), (*book* >) *buk* 'Buch', (*need* >) *nedön* 'benötigen' usw.

V. DIE STRUKTURMERKMALE DER GERMANISCHEN SPRACHEN

(Abriß)

V.1. LAUTSTAND UND RECHTSCHREIBUNG

Wenn wir die germanischen Sprachen der Gegenwart hinsichtlich ihrer Strukturmerkmale mit dem Gemeingermanischen vergleichen und uns dabei die eigenständige Entwicklungsgeschichte der Einzelsprachen vor Augen halten, so lassen sich auf sämtlichen Ebenen der sprachlichen Wirklichkeit – sowohl im Lautstand und in der Morphologie als auch in der Syntax und im Wortschatz – wesentliche Unterschiede feststellen.

Deutsch, d. h. die deutsche Sprache im eigentlichen Sinne des Wortes, und seine Tochtersprachen wie Jiddisch und Pennsilfaanisch sowie auch das erloschene Langobardische heben sich auf Grund der zweiten (althochdeutschen) L a u t v e r s c h i e b u n g (IV.4.2.) von allen übrigen germanischen Sprachen sehr deutlich ab, vgl.

schw.	*pund*	≠ dt. *Pfund*
dän.	*pund*	
nl.	*pond*	
engl.	*pound*	
schw.	*äpple*	≠ dt. *Apfel*
dän.	*æble*	
nl.	*appel*	
engl.	*apple*	
schw.	*tio*	≠ dt. *zehn*
dän.	*ti*	
nl.	*tien*	
engl.	*ten*	
schw.	*hjärta*	≠ dt. *Herz*
dän.	*hjerte*	
nl.	*hart*	
engl.	*heart*	
schw.	*ut*	≠ dt. *aus*
dän.	*ud*	
nl.	*uit*	
engl.	*out*	

schw.	*bok*	≠ dt. *Buch*
dän.	*bog*	
nl.	*boek*	
engl.	*book*	

schw.	*dag*	≠ dt. *Tag*
dän.		
nl.		
engl.	*day*	

Im Vokalismus war der Ablaut (II.2.3.), obwohl er in der eigenständigen Geschichte der Einzelsprachen gesondert weiterentwickelt bzw. ergänzt wurde, im wesentlichen in allen germanischen Sprachen erhalten geblieben: ein konsequenter Abbau erfolgte nur im Afrikaans (IV.4.42.), wo trotzdem noch Relikte nachzuweisen sind. Dagegen fehlt der Umlaut in den sogenannten ostgermanischen Sprachen, woraus zu schließen ist, daß diese Tendenz zur Vokalharmonie in jener Periode der gemeingermanischen Zeit zur Entfaltung kam, der die Loslösung der Ostgermanen (Goten, Burgunder, Wandalen usw.) von der zusammenhängenden Germania schon vorausgegangen war (IV.1.2.). Anzumerken ist jedoch, daß sich der Umlaut nicht in allen übrigen germanischen Sprachen gleich stark hat durchsetzen können und in der Nordgruppe (IV.2.3.) wesentlich umfassender ist als im Westgermanischen (d. h. im Süd- und im Nordseegermanischen), vgl. schw. *löpa* ~ dän. *løbe* ~ norw. *løpe* gegenüber nhd. *laufen* ~ nl. *lopen* (~ engl. *leap*) 'laufen, springen'.

Auch in Bezug auf die Vorgänge der Diphthongierung und der Monophthongierung weisen die einzelnen Gruppen erhebliche Unterschiede auf. Langes *ī* und langes *ū* sind im Nordgermanischen unverändert geblieben, z. B. schw.-dän.-norw. *min* [mɪ:n] gegenüber engl. *my/mine* ~ nl. *mijn* [mɛɪn] ~ afrik. *my* [mɛɪ] ~ dt. *mein* ~ j. *meyn* ~ ps. *mei* bzw. schw.-dän.-norw. *hus* gegenüber engl. *house* [haʊs] ~ nl.-afrik. *huis* [høys] ~ dt. *Haus* ~ j. *hoyz* ~ ps. *haus*. Die Entsprechungen der alten Diphthonge zeigen ein bunteres Bild in den einzelnen Unterabteilungen, vgl. isl. *steinn* ≠ schw. *sten* [ste:n], nl. *steen* [ste:n] ≠ engl. *stone* [stoun] und nhd. *Stein*.

Eine der wichtigsten und zugleich charakteristischsten Entwicklungstendenzen des germanischen Lautsystems, die mit der Akzentverlagerung einhergehende Reduktion (bzw. der Vokalschwund) in den Nebentonsilben hat sich — obgleich in unterschiedlichem Maße — in sämtlichen germanischen Sprachen ausgewirkt. Das Afrikaans und das Englische zeichnen sich im allgemeinen durch den Schwund der Auslautsvokale aus, vgl.

afrik. (*om te*) *bind* ~ engl. (*to*) *bind* 'binden', während im Deutschen, im Niederländischen, im Friesischen, im Jiddischen und im Pennsilfaanischen erst die Reduktion (als Vorstufe zum Schwund) erreicht wurde, vgl. nhd. *binden* [bindn̥ ~ bindən] ~ nl. *binden* [bɪndə] ~ fries. *bine* [binə] ~ j. *binden* [bindn̥] ~ ps. *binne* [binə]. Diese Reduktion kennzeichnet z. T. auch das Nordgermanische, vgl. dän.-norw. *binde*, doch ist sonst auch noch der – entnäselte – Vollvokal im Auslaut möglich, z. B. isl.-fär.-schw. *binda* (vgl. got. *bindan*, ahd. *bintan*). Die Ausmaße der Reduktion stehen übrigens mit dem morphologischen Umbau der germanischen Einzelsprachen im Zusammenhang, vgl. V.2.

Unter den germanischen Sprachen, die die zweite Lautverschiebung nicht erreichte, weisen heute nur noch das Isländisch-Färöische und das Englisch-Schottische die archaischen interdentalen Reibelaute [θ] und [ð] auf, während sie sonst nur in einzelnen Mundarten bzw. als stellungsbedingte Allophone vorkommen, vgl. isl.-fär. *móðir* ~ engl. *mother* ≠ nl. *moeder* ~ dän.-schw.-norw. *mo(de)r* ~ nhd. *Mutter*.

Die Palatalisierung gutturaler Verschlußlaute – in der Stellung vor Palatalvokalen – kam in erster Linie im Nordgermanischen und im Nordseegermanischen (Ingwäonischen) zur Geltung, doch ist auch da insofern eine Abstufung festzustellen, als diese Tendenz im Schottischen (*Scots* oder *Lallans*) bzw. im Isländischen und im Dänischen weniger oder kaum noch zum Vorschein kam.

Auch germ. [h] bzw. [x] hat sich in den germanischen Einzelsprachen unterschiedlich entwickelt. Im Deutschen (und freilich auch im Pennsilfaanischen) wurde in der Stellung nach Palatalvokalen auch das Allophon [ç] entwickelt, vgl. nhd. *machen* [maxn̥], aber *ich* [iç], desgleichen im Schottischen, vgl. *loch* [lɔx] 'See, Teich', aber *nicht* [nɪçt] 'Nacht', während im Niederländischen, im Afrikaans und im Jiddischen die Ausgangslage erhalten blieb. Englisch und Nordgermanisch haben sich am weitesten fortentwickelt, in dem sie nur noch [h] im Anlaut kennen, vgl. engl. *night* [naɪt] ~ schw. *natt* gegenüber nl. *nacht* ~ nhd. *Nacht*, aber engl. *hound* ~ schw. *hund* 'Hund'. Erst unter sprachsoziologisch bedingtem Druck wurde anlautendes [h] im Cockney – meistens aber an falscher Stelle – wieder eingeführt (vgl. IV.5.44.).

Die Entnäselung hat sich in der Nordgruppe am konsequentesten durchgesetzt, vgl. schw. *dricka* ≠ engl. *drink* ~ nhd. *trinken* usw. Die Nordseegruppe bildet auch in dieser Hinsicht einen Übergang vom germanischen Süden (– d. h. der „deutschen" Gruppe –) zum Norden, vgl. die „Ingwäonismen" unter IV.3.3. Die unbehauchte Aussprache der anlautenden stimmlosen Verschlußlaute trennt hingegen das Niederländische, das Afrikaans und das Jiddische von ihren Schwestersprachen, vgl.

nl.-afrik. *kan* [kan] ~ j. *ken* gegenüber engl. *can* [kʰan] ~ nhd. *kann* [kʰan] ~ schw. *kan* [kʰan].

Von den gemeingermanischen anlautenden Konsonantenverbindungen wurden [hw], [hr], [hl] und [wr] in den Einzelsprachen meistens vereinfacht, vgl. aisl. *vreka* > nisl. *reka* 'treiben, jagen', oder sie sind nur in Dialekten als Relikte erhalten geblieben, vgl. (nd. >) nhd. *wringen*, tir. [hrɔ:ət] 'rot' usw. Die alte Konsonanz *wr* wird im Englischen nur noch in der Orthographie bewahrt, vgl. (*to*) *write* [raɪt] 'schreiben', während das mit *wh* bezeichnete [hw] in manchen Teilen Englands heute noch ausgesprochen wird, vgl. *what* als [wɔt] bzw. [hwat, hwɔt] 'was'. Auch in dieser Hinsicht erweist sich das Isländische als archaisch, da es die anlautenden Verbindungen [hw], [hr] und [hl] immer noch bewahrt; ihm schließt sich z. T. auch das Färöische an.

Die Quantitätsverhältnisse der Vokale wurden in den germanischen Einzelsprachen teilweise einheitlich verschoben, indem parallel zum Trend zur Silbenöffnung die in ursprünglich offenen sowie in sekundär geöffneten Haupttonsilben stehenden Kürzen gedehnt wurden, vgl. got. *fadar* [faðar] ≠ engl. *father* [fa:ðər] ~ nhd. *Vater* [fa:tər] ~ nl. *vader* [ʋa:dər] ~ schw. *far* [få:r] u. dgl.

Das Dänische hebt sich von den Schwestersprachen im Lautlichen vor allem durch die sogenannte dritte Lautverschiebung und den charakteristischen „stød“ ab, vgl. IV.2.84.

[o] und [u] einerseits bzw. [e] und [i] andererseits, die in gemeingermanischer Zeit nur noch Allophone je eines Phonems waren, haben sich in den germanischen Einzelsprachen zu vollwertigen Phonemen entwickelt. Dasselbe geschah mit den im Ergebnis des Umlauts entstandenen neuen Lippenvokalen (o ≠ ø, o: ≠ œ, a ≠ ɛ, a: ≠ æ, u ≠ y, u: ≠ y: usw.). Die Phonematisierung von [h] und [x] sowie von [s] und [z] im Jiddischen bzw. von [s] und [z] auch im Englischen ist eine Einzelerscheinung im Kreis des Germanischen; sie geht im Jiddischen allerdings nicht eigentlich auf innere Tendenzen der Sprachentwicklung zurück, sondern ist dem Durchbruch des hebräisch-aramäischen Substrats sowie der slawischen Durchdringung zuzuschreiben, vgl. IV.4.93.

Der Akzent ist in den germanischen Sprachen im wesentlichen dynamisch. Gewisse Elemente des musikalischen Akzents sind aber im Nordgermanischen, vor allem im Schwedischen und im Neunorwegischen vorhanden. Die vergleichende Untersuchung der germanischen Intonation steckt zwar noch in den Kinderschuhen, doch springen auch in diesem Bereich auffallende Ähnlichkeiten in die Augen, wenn man die Randgebiete der Germania, z. B. Schwedisch-Norwegisch mit Schwyzertüütsch vergleicht (vgl. IV.2.74., IV.2.94. und IV.5.24.).

Das orthographische System der germanischen Einzelsprachen ist keineswegs einheitlich. Die in der Barockzeit so modisch gewordene „Großschreibung" hervorzuhebender Wörter im Satze hat sich im Deutschen zur Bezeichnung der Substantiva systematisiert (vgl. *Vater, Haus, Kind*), desgleichen auch – unter schriftdeutschem Einfluß, aber bei weitem nicht so konsequent — im Pennsilfaanischen, wo sich jedoch in dieser Hinsicht eine starke Schwankung (zwischen dem deutschen und dem amerikanischen Vorbild) zeigt (vgl. *Haus* ~ *haus* bzw. *hous*). Im Englischen ist die Großschreibung – mit Ausnahme der Eigennamen u. dgl. – nur noch in Titeln, Überschriften u. ä. üblich, aber auch dann, in Abweichung vom Deutschen, zur Hervorhebung aller als „wichtig" empfundenen Wörter ohne Rücksicht auf die Wortart bis auf Partikeln und Präpositionen, z. B. *father* 'Vater', aber *Father Brown* 'Vater/Pater Brown' bzw. O. JESPERSEN: *Growth and Structure of the English Language*. Im Amerikanischen herrscht dagegen die weitverbreitete Norm der Kleinschreibung, vgl. O. JESPERSEN: *Growth and structure of the English language*. Eine Entwicklung wie im Deutschen hat nur das Dänische durchgemacht, aber auch da wurde die generelle Großschreibung der Substantiva bereits aufgegeben. Die im Mittelalter in ganz West-, Nord- und Mitteleuropa verbreitete „Fraktur" (sogenannte „gotische Schrift", nicht zu verwechseln mit der „Schrift der Goten", vgl. III.3.6. und III.3.7.) hat sich ebenfalls bei Deutschen und Dänen am längsten behaupten können. In Dänemark wurde der Übergang zur Antiqua zu Beginn des 20. Jh.s, im Deutschen erst 1941 endgültig vollzogen; seitdem wird die Fraktur nur noch als Verzierungselement, meistens in Titeln, Über- und Aufschriften u. dgl. (wie übrigens auch in anderen europäischen Sprachen) verwendet.

Auf dem historisch-etymologischen Prinzip beruht die Orthographie des Englischen, des Färöischen, ziemlich weitgehend auch die des Friesischen und des Dänischen. Das phonetische (bzw. phonologische) Prinzip herrscht in der Rechtschreibung des Niederländischen, des Afrikaans, des Pennsilfaanischen und der nordischen Sprachen (mit Ausschluß des Färöischen und z. T. des Dänischen) vor, während das Deutsche zwischen den beiden Gruppen eine mittlere Stellung einnimmt. Ganz allein steht das Jiddische da, das mit hebräischen Lettern, aber auf Grund des phonetischen Prinzips geschrieben wird (über die Schreibung der hebräisch-aramäischen Elemente des Jiddischen s. IV. 4.93.). Die Orthographie des Färöischen wurde von ihren Schöpfern bewußt dem Altnordischen – d. h. praktisch dem Isländischen – angepaßt (vgl. IV.2.62.). Die Rechtschreibung des Schwedischen, des Norwegischen und des Dänischen zeichnet sich in unserem Jahrhundert durch das Streben nach einer nordischen Einheit aus, so in der Übernahme des schwedischen Graphems *å* für *aa* im Dänischen und im

Norwegischen (vgl. älteres *maal* > *mål* 'Sprache') u. dgl., vgl. IV.2.74. und IV.2.84. Das Afrikaans verharrt letzten Endes auf einer älteren Stufe der niederländischen Orthographie, vgl. IV.4.42. Das über eine eigene Schrift verfügende Gotische folgte in orthographischer Hinsicht fast restlos den Regeln der zeitgenössischen griechischen Rechtschreibung bzw. Aussprache, vgl. III.3.7. und IV.1.2. Über die einschlägigen Fragen der Runendenkmäler vgl. III. 3.

Die Orthographiesysteme der germanischen Sprachen der Gegenwart sind vom Trend zur Vereinfachung, d. h. zur zunehmenden Verwirklichung des phonologisch-phonetischen Prinzips gekennzeichnet. Im Nordischen, im Niederländischen sowie im Deutschen ist es bereits möglich, fremde Laute in den Lehnwörtern gemäß den Regeln der eigenen Rechtschreibung wiederzugeben (vgl. dt. *Photo* ~ *Foto*, *Chauffeur* ~ *Schofför*; schw. *chaufför* usw.), ja es wird auch im Deutschen – eigentlich schon seit dem Auftreten der Junggrammatiker – immer wieder versucht, die Kleinschreibung und die Abschaffung überflüssiger Grapheme (*f* für *v*, *i* für *ie* u. dgl.) durchzusetzen. Die amtliche Einführung solcher Neuerungen hängt z. Z. allerdings von der Übereinkunft sämtlicher Länder deutscher Zunge ab. Im englischen Sprachraum sind die Chancen einer durchgreifenden Orthographiereform noch mehr begrenzt. Die einschlägigen Versuche sind vorläufig über die ziemlich vorsichtige Initiative der Amerikaner nicht hinausgekommen, vgl. IV.5.31. und IV.5.33. Der Verzicht auf das historisch-etymologische Prinzip bedeutet zugleich, daß die in der Schriftlichkeit der einzelnen germanischen Völker zum Teil noch gegebenen Kommunikationsmöglichkeiten immer mehr eingeengt bzw. ausgeschlossen werden.

V.2. MORPHOLOGIE

Die für das Gemeingermanische erschließbaren grammatischen Kategorien (II.2.3.) wurden im Laufe der historischen Entwicklung der germanischen Einzelsprachen in mehrfacher Hinsicht wesentlich verändert oder wenigstens modifiziert.

Das System der Nominalflexion hat (ähnlich der Verbalflexion) den Dualis aufgegeben bzw. ihn spezifisch stilistisch umgewertet (im Isländischen), oder aber zum einfachen Plural umgruppiert (in einzelnen deutschen und jiddischen Dialekten), vgl. IV.2.53. Die Kategorie des Genus der Nomina hat das alte Dreiersystem (männlich, weiblich, sächlich) in der 3. Pers. Sing. des Personalpronomens (vgl. dt. *er* – *sie* – *es*; engl. *he* – *she* – *it*, nl. *hij* – *zij* – *het*; schw. *han* – *hon* – *det* usw.) überall bewahrt, keineswegs überall jedoch beim Substantiv. Isländisch, Färöisch, Neunorwegisch (*landsmål*), manche Mundarten Schwedens, Deutsch, Jiddisch und Pennsilfaanisch unterscheiden noch drei Genera, während im Schriftschwedischen, im Reichsnorwegischen (*bokmål* bzw. *riksmål*), im Dänischen, im Friesischen und – praktisch auch – im Niederländischen dem Neutrum das gemeinschaftliche Genus für alte Maskulina und Feminina, das sogenannte Utrum, gegenübergestellt wird, d. h. das grammatische Genus wird immer mehr zugunsten der Klassifizierung nach Belebt ≠ Unbelebt (Lebewesen ≠ Gegenstände) verdrängt. Die direkte (d. h. nicht durch Relativa erfolgende) Unterscheidung der Substantiva nach Genera wurde im Englischen und im Afrikaans letzten Endes zur Gänze beseitigt. Nur dem Schein nach parallel zu diesem Wandel ist die Entwicklung des Litauisch-Jiddischen (Nordjiddischen), das das Neutrum aufgab und die Opposition männlich ≠ weiblich verallgemeinerte, da dies unter fremdem Einfluß, nach dem Vorbild der baltischen Umsprachen erfolgte, vgl. IV.4.93.

Während der Gebrauch des bestimmten Artikels im Gotischen noch nicht ganz als systemhaft-gefestigt erscheint (IV.1.3.), ist diese Kategorie in den germanischen Sprachen der Gegenwart schon überall vollkommen entwickelt. Die Grundlage bilden überall die Demonstrativa, nur die nordischen Sprachen weisen eine Sonderentwicklung auf, indem sie neben dem allgemein germanischen Typus (vgl. dt. *der/die/das*; engl. *the*; nl. *de/het*; j. *der/di/dos* usw.) den sogenannten Schlußartikel besitzen, der die Genera ebenfalls auseinanderhält, z. B. schw. *man* 'Mann' → *mann-**en*** 'der Mann', *hus* 'Haus' → *hus-**et*** 'das Haus', vgl. IV.2.3., IV.2.52., IV.2.63., IV.2.72., IV.2.74., IV.2.82., IV.2.84., IV.2.92. und IV.2.94.

Mit Ausschluß des Isländischen und des Färöischen (und eigentlich auch des Gotischen) hat sich das Numerale für 'eins' – durch den parallelen Gebrauch des Demonstrativs als bestimmter Artikel – zum sogenannten unbestimmten Artikel entwickelt, vgl. dt. *ein/eine/ein*; engl. *a/an*, nl. *een/'n*, schw. *en/ett* usw.

Gleichzeitig mit dem Aufkommen der Artikel ist auch der weitere Abbau des Kasussystems der Substantiva, d. h. der zunehmende Ausbau der Präpositionalkonstruktionen möglich geworden, insofern als der Artikel die Funktion der einzelnen Kasus dank der Beibehaltung der Kasusendungen auf sich nahm, wodurch letztere am Lautkörper der Substantiva selbst sprachökonomisch überflüssig wurden, vgl. got. *dag**s*** 'Tag' ≠ *dag**a*** Dat. Sing. ≠ *dag**e*** Gen. Pl., aber nhd. ***der*** Tag ≠ ***dem*** Tag(***e***) ≠ ***der*** *Tage* (NB: *-e* im Auslaut der letzten Form ist keine Kasusendung mehr, sondern Pluralsuffix !). Auf dieser Stufe steht die deutsche Hochsprache, des weiteren das Isländische und das Färöische, die übrigens auch die alte singulare Nominativendung *-s* > *-R* > *-r* bewahren, vgl. *dag**ur*** (< an. *daga**R***, vgl. got. *dag**s***). Die deutsche Schriftsprache kann mit Hilfe des Artikels im Singular maximal 4 Kasus voneinander abgrenzen: ***der*** *Tag* (Nom.), ***den*** *Tag* (Akk.), ***des*** *Tag(e)s* (Gen.), ***dem*** *Tag(****e****)* (Dat.), bzw. nur drei im Plural: ***die*** *Tage* (Nom.-Akk.), ***der*** *Tage* (Gen.), ***den*** *Tagen* (Dat.). Alte Kasusendungen sind dabei nur als Relikte im Gen. Sing. und im Dat. Pl. bzw. fakultativ auch im Dat. Sing. vorhanden. Das bloße Substantiv vermag allerdings nicht einmal diese Formen zu unterscheiden, vgl. im Sing.: *Tag* (Nom.-Akk.-Dat.), *Tag(e)s* (Gen.), *Tag(e)* (fakultativer Dat.), bzw. im Pl.: *Tage* (Nom.-Akk.-Gen.), *Tagen* (Dat.). Das heißt, die entsprechende Proportion zwischen den beiden Numeri ist hier nicht mehr 4 : 3, sondern nur 3 : 2 bzw. 2 : 2. Isländisch und Färöisch sind etwas konservativer, sie sind meistens noch imstande, die einzelnen Kasus auch am bloßen Substantiv aufzuzeigen, vgl. isl. *stóll* 'Stuhl' (Nom.), *stól* (Akk.), *stóls* (Gen.), *stóli* (Dat.) im Singular.

Die meisten germanischen Sprachen sind über diese Stufe bereits hinaus und unterscheiden praktisch in beiden Numeri nur noch den Genitiv von der — dem Numerus nach abgewandelten — allgemeinen Form des Substantivs, vgl. ne. *man* 'Mann, Mensch' (Nom.-Akk.-Dat.) und *men* 'Männer, Menschen' (Nom.-Akk.-Dat.) bzw. *man's* 'des Mannes, des Menschen' und *men's* 'der Männer, der Menschen' (Gen.) u. dgl. Es sei allerdings angemerkt, daß der selbständige synthetische Genitiv in den germanischen Sprachen einerseits eine Einschränkung, andererseits aber eine funktionale Ausweitung erfährt. Mehr oder weniger ist es nämlich in allen germanischen Sprachen möglich, den synthetischen Genitiv analytisch, d. h. durch Präpositionalkonstruktionen oder durch Possessivgefüge zu ersetzen, vgl. dt. ***des*** *Mann****es*** = ***vom*** *Mann* = ***dem*** *Mann* ***sein***; nl. *man****s*** = ***van de(n)*** *man* = ***de(n)*** *man* ***zijn*** usw. Anderseits läßt sich aber auch die Tendenz beobachten, daß die ursprünglich genusmäßig gebundene Genitivendung auch auf Feminina übergreift, vgl. dt. *Mutter****s*** *Hut*, j. *der guter froys* 'der guten Frau' u. dgl. Entwicklungsgeschichtlich ist es besonders wichtig und wohl für die ganze Germania symptomatisch, daß im Zuge der Entfaltung analytisch-isolierender Strukturmerkmale die Kasusunterschiede im Afrikaans und im Englischen auch an den Artikeln nicht angedeutet werden, vgl. afrik. ***die*** *man* ~ ne. ***the*** *man* (Gen. ***the*** *man's*) bzw. afrik. ***die*** *manne* ~ ne. ***the*** *men* (Gen. ***the*** *men's*).

Im Gemeingermanischen sowie in den ältesten belegten Varianten seiner Tochtersprachen wurden die Paradigmen der Substantiva gemäß den indogermanischen Stammklassen auseinandergehalten. Davon sind in den germanischen Sprachen der Gegenwart nur noch Spuren vorhanden, z. B. in den Resten der sogenannten „schwachen" Deklination. In den germanischen Sprachen werden die Paradigmenreihen der Substantiva nur mehr durch die verschiedenen Pluralbildungen bzw. durch eine gewisse paradigmatische Differenzierung der verschiedenen Genera gegeneinander abgegrenzt. Dieser zweite Gesichtspunkt kommt freilich nur in jenen germanischen Sprachen zur Geltung, die die Kategorie des Genus bei den Substantiva nicht abgeschafft bzw. vereinfacht haben.

Die archaischste, d. h. stammklassenmäßige Verteilung haben nur das Isländische und das Färöische in ihrem Paradigmensystem bewahrt. In rein formaler Hinsicht, d. h. wenn man auch die paradigmatischen Unterklassen als eigenständig berechnet, verteilen sich die paradigmatischen Bildungsweisen der Substantiva in den germanischen Einzelsprachen wie folgt: 1. Jiddisch, Schwedisch (je 6 Klassen); 2. Norwegisch, Afrikaans, Deutsch (je 5 Klassen); 3. Niederdeutsch (4 Klassen); 4. Dänisch, Englisch, Friesisch, Niederländisch (je 3 Klassen). Diese weitgehende Umstrukturierung geht letztlich darauf zurück, daß die kleineren Paradigmenreihen von den größeren Stammklassen verhältnismäßig früh absorbiert, letztere hingegen – nunmehr aber nicht nach der Stammverteilung – zu neuen Paradigmentypen entwickelt wurden.

Das Flexionssystem der Adjektiva wurde im allgemeinen ebenfalls abgeschliffen. Isländisch und Färöisch erscheinen auch in dieser Hinsicht als archaisch geprägt. Die Differenz zwischen sogenannter „starker" und „schwacher" Adjektivflexion ist in den germanischen Sprachen in der Regel erhalten geblieben, mit Ausnahme des Englischen, das dieses Nebeneinander eliminierte. Unabhängig davon, ob diese beiden Typen nebeneinander bestehen oder nicht, ist aber auch das Paradigmensystem der Adjektiva in den Einzelsprachen im großen und ganzen jenen Regeln unterworfen, die sich bei den Substantiva geltend machen.

Ein Sondermerkmal des germanischen Adjektivs gegenüber den übrigen Nomina ergibt sich aus der Möglichkeit der Steigerung. Neben dem Positiv ist überall ein Komparativ sowie ein Superlativ vorhanden, deren Bildung jedoch in den Einzelsprachen gewisse Besonderheiten an den Tag legt. Neben dem synthetischen Typus (vgl. dt. *schön* – *schön**er*** – *schön**st**-*; ne. *fine* 'schön' – *fin**er*** – *fin**est***) ist in den auch sonst zur Deflexion tendierenden germanischen Sprachen noch ein analytischer Steigerungstypus aufgekommen, so z. B. im Englischen, vgl. *characteristic* 'charakteristisch' → ***more** characteristic* 'mehr charakteristisch' → ***most** characteristic* 'am meisten charakteristisch' u. dgl.

Auch die Adverbien werden aus den Adjektiven nicht in einheitlicher Weise gebildet. Im Deutschen, Niederländischen, Afrikaans, Jiddischen und Pennsilfaanischen werden die Grundformen der Adjektiva mit keinem Bildungssuffix erweitert, d. h. sie verwenden ein Zero-Morphem, vgl. dt. *schön*: *das Lied war* ***schön*** und *sie sang sehr* ***schön***. In den nordgermanischen Sprachen dient das „starke" Neutrum oder irgendein Adverbialsuffix zu diesem Zweck, vgl. schw. *rik* 'reich' → ***rikt*** n. bzw. Adv. – Im Englischen wird in der Regel das Suffix *-ly* in dieser Funktion dem Adjektiv angehängt, z. B. *correct* Adj. → *correct**ly*** Adv. 'korrekt'. Anzumerken ist jedoch, daß dies im Amerikanischen nicht mehr verbindlich ist; dort kann auch das bloße Adjektiv im allgemeinen als Adverb verwendet werden, vgl. IV.5.31.

Im Numeralsystem behauptet das meistens auch als unbestimmter Artikel gebrauchte Kardinale 'eins' einen besonderen Platz in den Sprachen, die die Elemente der Nominalflexion mehr oder weniger bewahrt haben, hat aber seine Flexionsfähigkeit häufig dort eingebüßt, wo die Tendenz zur Deflexion weiter fortgeschritten ist, z. B. im Niederländischen und im Afrikaans, vor allem aber im Neuenglischen.

Die Kardinalzahl 'zwei' ist nur noch im Isländischen und im Färöischen deklinabel und nach den drei Genera unterschieden. Im heutigen Deutsch gibt es nur noch Relikte davon, z. B. *Diener zwei**er** Herren* (Gen. Pl.), *mit zwei**en*** (Dat. Pl.), bzw. in einigen Mundarten zeigt sich noch der Genusunterschied, vgl. bair. [tswe:n] m., [tswo:] f., [tswɔə] n. 'zwei'.

Die Pronomina bilden in den germanischen Einzelsprachen in der Regel ein Teilsystem (Diasystem), indem sie das alte Kasussystem noch besser erhalten als die übrigen Nomina, vgl. engl. *father* (Nom.-Akk.-Dat.) 'Vater' und *father's* (Gen.) gegenüber *I* 'ich' (Nom.) ≠ *me* 'mich' (Akk.) und 'mir' (Dat.) ≠ *my/mine* 'mein-' (Gen.) bzw. dt. *Vater* (Nom.-Akk.-Dat.) und *Vaters* (Gen.) gegenüber *ich* (Nom.) ≠ *mich* (Akk.) ≠ *mir* (Dat.) ≠ *mein(er)* (Gen.). Der Dualis wurde auch im Pronominalsystem aufgegeben, oder aber stilistisch umgebaut bzw. pluralisiert, wie im Isländischen (vgl. IV.2.53.), im Bairischen (*ëʒ* 'ihr'; *ënk* 'euch'; *ënker* 'euer') bzw. im Zentraljiddischen (= Südostjiddischen), vgl. *ets* 'ihr'; *enk* 'euch'; *enker* 'euer'.

Bei den Personalpronomina werden zur Bezeichnung der 3. Person (in beiden Numeri) in den einzelnen Gruppen der germanischen Sprachen, ja sogar innerhalb dieser Gruppen, verschiedene etymologische Elemente verwendet, vgl.

	Singular			Plural		
	m.	f.	n.	(m.)	(f.)	(n.)
1. Isländisch	*hann*	*hún*	*það*	*þeir*		
Färöisch	*hann*	*hon*	*tað*	*teir*	*tær*	*tey*
Norwegisch	*han*	*hun*	*det*	*de*		
Dänisch	*han*	*hun*	*det*	*de*		
Schwedisch	*han*	*hon*	*det*	*de*		

	Singular			Plural		
	m.	f.	n.	(m.)	(f.)	(n.)
2. Englisch	*he*	*she*	*it*	*they*		
Friesisch	*hy* ~ *er*	*hja* ~ *sy/se*	*it*	*hja* ~ *se*		
Niederländisch	*hij*	*zij/ze*	(*het*)	*zij/ze*		
Afrikaans	*hy*	*sy*	*dit*	*hulle*		
Niederdeutsch	*he/hei*	*se/sei*	*et/'t*	*se*		
3. Deutsch	*er*	*sie*	*es*	*sie*		
Jiddisch	*er*	*zi*	*es*	*zey*		

In den nordgermanischen Sprachen wurde — ein Doppelsystem der P o s s e s s i v a ausgebaut (vgl. IV.2.74.), während im Jiddischen das R e f l e x i v u m in seiner Verwendung slawisiert erscheint (vgl. IV.4.93.).

Das germanische V e r b a l s y s t e m wurde im Verlauf der Sonderentwicklung der Einzelsprachen tiefgreifenden Umwandlungen unterzogen. Im Norwegischen, Dänischen und mit Ausnahme der „Höchstsprache" auch im Schwedischen ist es nicht mehr möglich, an der finiten Form des Verbs den Numerus und die Person aufzuzeigen, woraufhin diese Funktionen gänzlich den Personalpronomina überantwortet wurden, vgl. dän. *kalde* 'rufen' (Inf.): ***jeg*** *kalder* 'ich rufe', ***du*** *kalder* 'du rufst', ***han*** *kalder* 'er ruft', ***vi*** *kalder* 'wir rufen', ***I*** *kalder* 'ihr ruft; Sie rufen', ***de*** *kalder* 'sie rufen'. NB: Im feierlichen Stil werden im Hochschwedischen Singular und Plural noch getrennt, vgl. *jag/du/han kall****ar*** 'ich rufe/du rufst/er ruft', a b e r *vi/ni/de kall****a*** 'wir/sie rufen; ihr ruft'. Im Englischen wird nur noch die 3. Pers. Sing. Präs. Ind. von den sonst nach Person und Zahl unbezeichneten Formen durch die Endung *-s* hervorgehoben, vgl. *I call* 'ich rufe', *you call* 'du rufst; ihr ruft; Sie rufen', *we call* 'wir rufen', *they call* 'sie rufen' gegenüber *he call****s*** 'er ruft'. Das Afrikaans steht auf einer Stufe mit den nordischen Sprachen, vgl. IV.4.42. Deutsch, Pennsilfaanisch, Jiddisch, Friesisch, Isländisch und Färöisch kennen noch 4, das Niederländische 3 Formen, während im Westniederdeutschen 3, im Ostniederdeutschen 4 Formen unterschieden werden, vgl. IV.4.68., IV.4.93, IV.3.54., IV.2.52. bzw. IV.2.54.,IV.2.63., IV.4.33. und IV.4.53. Die Vereinheitlichung der Pluralformen kennzeichnet das Niederdeutsche und das Friesische in Bezug auf das Präsens und das Präteritum, vgl. IV.4.53. und IV.3.54.

Auch die Kategorie des T e m p u s wurde gewandelt. Von den synthetischen Tempora wurde das Präteritum im Afrikaans, im Jiddischen, im Pennsilfaanischen und im Oberdeutschen aufgegeben bzw. im Niederdeutschen größtenteils mit dem Präsens synkretisiert. Demgegenüber haben alle germanischen Sprachen die mit H i l f s v e r b a konstruierten, umschriebenen — d. h. analytisch gebildeten — Tempora (Perfekt und Plusquamperfekt) entwickelt. Zu diesem Zwecke wird in den nordischen Sprachen sowie im Englischen und im Afrikaans nur 'haben' — in Verbindung mit dem vollendeten Partizip des Sinnverbs — verwendet, vgl. ne. *I* ***have*** *called* 'ich habe gerufen' (Perf.) und *I* ***had*** *called* 'ich hatte gerufen' (Plusqu.); dän. *jeg* ***har*** *elsket* 'ich habe geliebt' (Perf.) bzw. *jeg* ***havde*** *elsket* 'ich hatte geliebt' (Plusqua.). Deutsch, Pennsilfaanisch, Jiddisch, Niederdeutsch, Niederländisch und Friesisch verwenden hingegen bei Verba des Seins, der Bewegung u. dgl. das Hilfsverb 'sein' in dieser Funktion, vgl. dt. *ich* ***habe*** *gesagt* bzw. *ich* ***hatte*** *gesagt*, aber *ich* ***bin*** *gewesen* bzw. *ich* ***war*** *gewesen.* Im Oberdeutschen wurde das Verb 'sein' in derselben Funktion auch auf jene Gruppe der Zustandsverben erstreckt, die man zur Not als „Verba der Lage" bezeichnen dürfte, vgl. *ich* ***bin*** *gestanden* bzw. *ich* ***war*** *gestanden* gegenüber nördl. *ich* ***habe*** *gestanden* bzw. *ich* ***hatte*** *gestanden.* Das Präteritum der Hilfsverba ist freilich größtenteils auch in den Sprachen erhalten geblieben, die das Präteritum sonst nicht mehr kennen.

Zum Ausdruck des F u t u r s diente im Gemeingermanischen wie auch auf der ältesten belegten Stufe der germanischen Sprachen der Gegenwart das einfache Präsens. Zugleich mit der Sonderentwicklung der Einzelsprachen wurden auch dafür umschriebene Formen entwickelt. Die modernen germanischen Sprachen verbinden zu diesem Zweck die finiten Formen irgendeines modalen Hilfsverbs mit dem Infinitiv des Sinnverbs. Hinsichtlich des Modalverbs bilden die nordischen Sprachen, das Niederländische, das Afrikaans und das Friesische, andererseits Deutsch, Niederdeutsch und Pennsilfaanisch je einen einheitlichen Block, vgl. schw. *jag* ***skall*** *gå* 'ich werde gehen' bzw. *jag* ***skall*** *ha gått* 'ich werde gegangen sein'; nl. *ik* ***zal*** *gaan* bzw. *ik* ***zou*** *gaan*; afrik. *ek* ***sal*** *skryf* 'ich werde schreiben' bzw. *ek* ***sal*** *geskryf het* 'ich werde geschrieben haben'; fries. *ik* ***sil*** *nimme* 'ich werde nehmen' bzw. *ik* ***soe*** *nimme* 'ich werde genommen haben', andererseits dt. *ich* ***werde*** *nehmen* bzw. *ich* ***werde*** *genommen haben.* Bei der ersten Gruppe zeichnet sich das Englische, bei der zweiten aber das Jiddische durch die Verbindung zweier Modalverba in einem Paradigma aus, vgl. engl. *I* ***shall*** *go* 'ich werde gehen' bzw. *I* ***shall*** *have gone* 'ich werde gegangen sein', aber *you* ***will*** *go* 'du wirst gehen' bzw. *you* ***will*** *have gone* 'du wirst gegangen sein' bzw. j. *ikh* ***vel*** *geyn* 'ich werde gehen', aber *du* ***vest*** *geyn* 'du wirst gehen' usw. Das Amerikanische hat diese Dichotomie bereits zugunsten von *will* aufgelöst, dort heißt es also *I* ***will*** *go* 'ich werde gehen' (freilich auch 'ich will gehen') bzw. *I* ***will*** *have gone* 'ich werde gegangen sein' usw.; diese Erscheinung erfaßt in unserer Zeit zusehends auch das Englische in Großbritannien. Eine ähnliche Tendenz zeigt übrigens auch *wollen* in der deutschen Umgangssprache.

Die Entstehung der Formen des Futurs ging mit dem Absterben des gemeingermanischen Verbalaspekts als Kategorie einher. Im Gotischen standen (wie übrigens auch im Altenglischen und Althochdeutschen) dem einfachen Verb noch die mit dem Präfix *ga-* gebildeten vollendeten (perfektiven) Parallelformen gegenüber, wie dies heute z. B. im Russischen der Fall ist: got. *bindan* 'binden' — ***ga**bindan* '(fest)binden' (perf.); ags. *siglan* 'segeln' — ***ge**seglian* 'umsegeln' (perf.), vgl. russ. видеть 'sehen' — **у**видеть 'erblicken'. Dieses Präfix wurde in den germanischen Sprachen später nur noch als Mittel der Wortbildung verwendet. Auf die ursprüngliche Funktion lassen jedoch noch Verba schließen wie *gehören* neben *hören*, *gefallen* neben *fallen*, *gebieten* neben *bieten*, *geziemen* neben *ziemen*, aber auch *gebären* (vgl. got. *bairan* ~ engl. *to bear* ~ schw. *bära* 'tragen'), *genesen* (zu *nähren*) u. dgl.

Parallel zum Aktiv wurde in allen germanischen Sprachen auch das Passiv entwickelt, und zwar im allgemeinen an Hand der Verbindung von finiten Formen einzelner Hilfsverba mit dem vollendeten Partizip des Sinnverbs. Vor allen Dingen wird dafür — zum Ausdruck des Zustandspassivs — das Verbum substantivum verwendet (dt. *sein*, ne. [*to*] *be*, nl. *zijn*, afrik. *wees*, fries. *wêze*, j. *zayn*, nd. *sien* oder *wesen* usw.) bzw. — beim Vorgangspassiv — ein Hilfsverb, welches den Begriff des 'Werdens' ausdrückt (dt. *werden*, nl. *worden*, afrik. *word*, fries. *wurde*, j. *veln*, nd. *warrn* usw.), vgl. *ich* ***bin*** *genannt* (Präs.) — *ich* ***war*** *genannt* (Prät.) — *ich* ***bin*** *genannt* ***gewesen*** (Perf.) — *ich* ***war*** *genannt* ***gewesen*** (Plusqu.) usw. als Zustandspassiv bzw. *ich* ***werde*** *genannt* (Präs.) — *ich* ***wurde*** *genannt* (Prät.) — *ich* ***bin*** *genannt* ***worden*** (Perf.) — *ich* ***war*** *genannt* ***worden*** (Plusqu.) usw. als eigentliches (Vorgangs-) Passiv. Im Englischen wird nur *to be* in dieser Funktion verwendet: *I* ***am*** *called* (Präs.) — *I* ***was*** *called* (Prät.) — *I* ***have been*** *called* (Perf.) — *I* ***had been*** *called* (Plusqu.). Dies bezieht sich natürlich auch auf das Futurum, vgl. *ich* ***werde*** *genannt* ***werden*** usw. bzw. *I* ***shall be*** *called*, *I* ***shall have been*** *called* usw.

Die nordgermanischen Sprachen zeigen in dieser Hinsicht eine gewisse Gabelung. Im Schwedischen, Norwegischen und Dänischen werden die umschriebenen Formen des Passivs mit dem Hilfsverb *bliva/blive* 'werden' (vgl. dt. *bleiben*) gebildet, z. B. schw. *jag* ***blir*** *kallad* 'ich werde genannt' usw., doch steht ihnen auch ein synthetisches Passiv zur Verfügung, vgl. schw. *jag kalla**s*** 'dass.' usw. Im Isländischen und im Färöischen kann diese synthetische Form zwar ebenfalls passivisch verwendet werden, ist allerdings meistens eher reflexiv bzw. medial (z. B. isl. *kallast*); daneben sind aber die mit den finiten Formen des Hilfsverbs *vera* 'sein' umschriebenen Formen im Schwange, vgl. isl. *ég* ***er*** *kallaður* 'ich bin/werde genannt' usw. Charakteristisch ist dabei im Nordischen (auch im Passiv) die alte Kongruenz von Subjekt und Prädikatsadjektiv in Genus, Kasus und Numerus, die in der übrigen Germania nicht mehr bekannt ist, vgl. isl. *hann er barinn* 'er wird geschlagen', *hún er barin* 'sie wird geschlagen', *það er barið* 'es wird geschlagen' bzw. *þeir eru barðir* (m., f., n.) 'sie werden geschlagen'.

Von den alten Modi sind Indikativ und Imperativ in allen germanischen Sprachen erhalten. Der sogenannte Optativ hat schon im Gemeingermanischen gleichzeitig auch als Konjunktiv fungiert. Seine weitere Entwicklung in den germanischen Einzelsprachen ist hauptsächlich durch das Vordringen der Umschreibung (Hilfsverb + Infinitiv des Sinnverbs) charakterisiert. Selbständige (synthetische) Formen treten noch als ein geschlossenes System in der deutschen Schriftsprache (*ich käme, ich sagte*), z. T. auch in den nordischen Sprachen (z. B. dän. *jeg elske* 'ich liebte' Konj.) und im Englischen (*I be* 'ich sei') auf, allerdings nur noch im Präsens. Aber auch in diesen Sprachen herrscht schon die analytische Konstruktionsweise vor, vgl. *ich* ***würde*** *kommen* (Präs.), *ich* ***wäre*** *gekommen* (Prät.), *ich* ***würde*** *gekommen sein* (Perf.) usw.; engl. *I* ***should*** *be* 'ich wäre' (Präs.), *I* ***should have*** *been* (Prät.) usw.; dän. *jeg* ***vilde/skulde*** *elske* 'ich würde lieben' usw. Interessant verfährt dabei das Jiddische, indem es die finiten Konjunktivformen mit dem vollendeten Partizip des Sinnverbs verbindet, vgl. *ikh* ***volt*** *gebrengt* (< *brengen* 'bringen') 'ich würde bringen' (eigtl. 'ich wollte gebracht'), daneben freilich ist – ähnlich manchen deutschen Dialekten – auch eine Umschreibung mit *tet* 'täte' möglich (z. B. *ikh* ***tet*** *brengen*, gelegentlich auch *ikh volt brengen*).

Unter den Sondermerkmalen des Englischen soll auch die Unterscheidung eines durativen und eines allgemeinen Verbalaspekts erwähnt werden. Die durativen Formen entstehen aus der Verbindung der finiten Formen des Verbum substantivum mit dem Gerund des Sinnverbs, z. B. *I go* 'ich gehe', aber ***I am going*** 'ich gehe: ich bin gehend', vgl. IV.3.48.

In allen germanischen Sprachen sind der Infinitiv sowie das Partizip des Präsens und des Präteritums als selbständige Formen bewahrt, vgl. dt. *sagen* : *sagend* : *gesagt*, engl. (*to*) *say* : *saying* : *said* 'dass.' usw. Die Verbaladjektiva – die Partizipien – fügen sich den sonstigen Regeln der Adjektiva der gegebenen Einzelsprachen, d. h., sie sind in einigen Sprachen deklinabel (z. B. im Deutschen: *sagend****er*** usw., *gesagt****er*** usw.), in anderen dagegen nicht (z. B. im Englischen: *the* ***flying*** *bird* 'der fliegende Vogel').

Die Gruppen der „starken" und der „schwachen" Verba werden noch in allen germanischen Sprachen auseinandergehalten, nur das Afrikaans hat diese Opposition bis auf Reste in der Wortbildung beseitigt (vgl. IV.4.42.). Die ursprünglichen Klassen wurden freilich in den germanischen Einzelsprachen stark umgruppiert. Ehemalige Unterklassen haben sich vielfach verselbständigt, andere Verba wurden in einigen Sprachen in andere Klassen eingegliedert, oder aber ganz umstrukturiert (hauptsächlich in der Richtung *stark* → *schwach*, nur ausnahmsweise – und dann stets analogisch – umgekehrt). Die starken Verba bilden schon überall ein abgeschlossenes System ohne weitere Aufnahmefähigkeit: neue Verba werden – die direkten Ableitungen von starken Verba ausgenommen – in der ganzen Germania nur nach den Regeln der schwachen Verba gebildet.

Die Zahl der Präteritopräsentien wurde überall vermindert. Sie fungieren meist nicht selbständig, sondern als Hilfsverba. Diese Entwicklung scheint ganz logisch zu sein, denn auch das Aufkommen der Präteritopräsentien im Gemeingermanischen läßt sich nicht loslösen von der modalen Bedingtheit ihrer Semantik.

V.3. SYNTAX

Gleichzeitig mit dem Umbau der Morphologie haben sich notgedrungen auch die Regeln der Syntax der germanischen Einzelsprachen in vieler Hinsicht gewandelt. Dem Formenreichtum der gemeingermanischen Flexion entsprechend, ist für die Sprachen der ältesten Schriftdenkmäler eine verhältnismäßig große Freiheit der Wortfolge charakteristisch, etwa in der Weise, wie sie im Lateinischen, im Altgriechischen oder im Russischen zu beobachten ist. Hand in Hand mit dem Abbau des morphologischen Systems wurde naturgemäß auch diese Freiheit eingeengt, d. h. die grammatische Relevanz der Wortstellung nahm in den germanischen Einzelsprachen ununterbrochen zu, nicht zuletzt deshalb, weil dem germanischen Satzbau die Verwendung umschriebener Verbalformen in prädikativer Funktion auch in dieser Hinsicht neue Probleme stellte. Die germanischen Sprachen der Gegenwart lassen sich dabei zwei Typen zuordnen. Im Deutschen, Niederländischen, Niederdeutschen und im Afrikaans wird der unflektierte Teil des Verbalprädikats im erweiterten einfachen Satz auf das Ende des Satzes verschoben, der flektierte Teil aber an die zweite Stelle, d. h. unmittelbar hinter den Subjektteil bzw. den hervorgehobenen Satzteil, gestellt. Somit schließt die Prädikatsgruppe den ganzen Satz wie in einen geschlossenen Rahmen ein, z. B. im Deutschen:

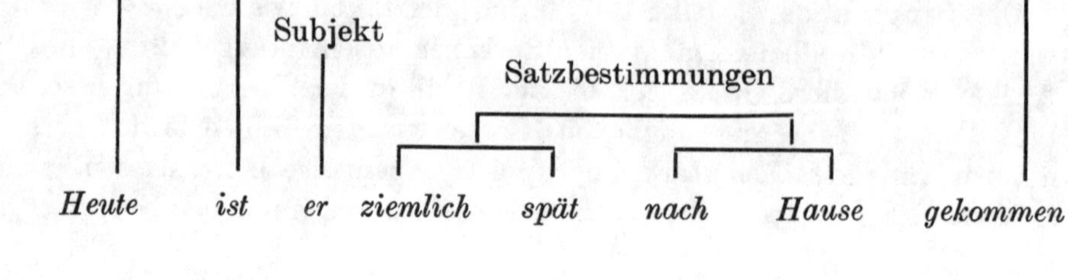

Die germanischen Sprachen des zweiten Typus, d. h. alle germanischen Gegenwartssprachen außer den obigen, sind hingegen bestrebt, den gesamten Prädikatsteil zusammenzuhalten, und zwar dicht neben dem flektierten Verbalteil, vgl. im Englischen:

Subjekt	Prädikat		Objekt		Satzbestimmung	
She	*has*	*cast*	*an*	*eye*	*upon*	*him*

Es sei außerdem angemerkt, daß der voranstehende hervorgehobene Satzteil bei diesem zweiten Typus das Subjekt nicht hinter den flektierten Teil des Prädikats verbannt, vgl.

dt. *heute ist* **er** . . . ,

aber

engl. *to-day* **she** *has* . . . usw.

Den ersten Typus dürfte man provisorisch als s y n t h e t i s c h, den zweiten als a n a l y t i s c h bezeichnen. Allerdings ist nicht zu übersehen, daß die analytische Tendenz auch beim ersten Typus im Erstarken ist. In dieser Hinsicht kann das Jiddische als charakteristisch gelten, da es bereits fast vollständig zum analytischen Typus hinüberglitt, vgl.

Subjekt	Prädikat		Objekt	
ikh	*hob*	*gebrengt*	*a*	*bukh*
'ich	habe	gebracht		ein Buch'

bzw.

hervorgehobene Bestimmung	Prädikat	Subjekt	Prädikat	Objekt	
haynt	*hob*	*ikh*	*gebrengt*	*a*	*bukh*
'heute	habe	ich	gebracht	ein	Buch.'

Das heißt, das Jiddische bildet typologisch bereits einen Übergang vom deutschen (synthetischen) zum englischen (analytischen) Typus.

Einige Bindewörter der untergeordneten Nebensätze verdrängen den flektierten Teil des Prädikats beim synthetischen Typus auf die letzte Stelle; beim analytischen Typus findet sich keine Spur davon:

dt. *ich weiß*, || ***dass*** *er kommen* ***wird***

bzw.

engl. *I know* || ***that*** *he* ***will*** *come.*

Das Jiddische hat sich, wie z. T. ürigens auch das Pennsilfaanische bzw. die deutschen Mundarten, dem analytischen Typus angeschlossen, vgl.

ikh veys || ***az*** *er* ***vet*** *kumen* 'dass.'

Eine besondere Form umschriebener Verbalkonstruktion wurde im Englischen zum Ausdruck von Negations- bzw. Fragesätzen entwickelt, und zwar mit Hilfe des Verbs (*to*) *do* 'tun': *He writes a letter* 'er schreibt einen Brief' → ***Does*** *he write a letter?* 'schreibt er einen Brief?' bzw. → *He* ***does*** *not write a letter* 'er schreibt keinen Brief'. Die Bausteine dieser Konstruktion sind auch in anderen germanischen Sprachen, sogar in den deutschen und den niederdeutschen Mundarten vorhanden (vgl. IV.4.53.).

Gleichzeitig mit der Umformung des alten morphologischen Systems hat sich auch die syntaktische Funktion der nominalen Kasus verändert. Die Rolle des indogermanischen Ablativs wurde bereits im Gemeingermanischen vom Dativ übernommen. Somit werden die Präpositionen, die in der indogermanischen Grundsprache bzw. in den archaischen indogermanischen Einzelsprachen den Ablativ regiert haben, in den älteren bzw. auch heutigen archaischeren germanischen Einzelsprachen (Deutsch, Isländisch, Färöisch) mit dem Dativ verbunden, z. B. lat. *in domo* (Abl. von *domus* 'Haus'), aber dt. *in dem Haus*(*e*) (mit Dativ). Der Instrumentalis war in den germanischen Stammessprachen nur noch in Resten vorhanden, hauptsächlich im paradigmatischen System gewisser Pronomina. Seine Funktion ging ebenfalls auf verschiedene Präpositionalkonstruktionen über (z. B. dt. ***mit*** *dem Messer* [mit Dat.], engl. ***with*** *the knife* 'dass.'), einige etymologisch verdunkelte Zusammensetzungen bewahren höchstens Relikte des alten Instrumentalis, vgl. nhd. *heute* < ahd. *hiu tagu* (Instr.) 'mit diesem Tage: heute'. Auch die Funktion des indogermanischen Lokativs wurde von anderen Kasus, so vom Dativ, fallweise auch vom Genitiv, übernommen, vgl. dt. *nacht****s*** < *Nacht*, got. *dag****am*** *jah naht****am*** 'bei Tag und Nacht' usw. Der für das Indogermanische erschlossene Genitivus partitivus, der im Russischen z. B. ununterbrochen fortlebt (vgl. вода 'Wasser' → стакан воды 'ein Glas Wasser' [Gen.]), war auch den älteren germanischen Sprachen bekannt, vor allem in Negationskonstruktionen, aber er ist aus den germanischen Sprachen der Gegenwart infolge der deflektiven Entwicklung so gut wie verschwunden.

Als allgemein kann die Tendenz gelten, die syntaktischen Funktionen der Nominalkasus immer mehr mit Präpositionalkonstruktionen zu versehen. Dabei haben sich das Afrikaans und das Englische als die konsequentesten Sprachen erwiesen, während Deutsch, Isländisch und Färöisch immer noch die konservativsten sind. Die übrigen germanischen Sprachen schwanken noch zwischen diesen beiden Extremen.

Es darf nicht unerwähnt bleiben, daß der Satzbau der germanischen Schriftsprachen auch vom Lateinischen stark beeinflußt wurde. Dies hatte u. a. zur Folge, daß einzelne germanische Schriftsprachen, im Gegensatz zu ihren eigenen Mundarten, die doppelte Verneinung aufgaben bzw. umwerteten. Eine Ausnahme bilden freilich solche volkssprachlich bedingte Schriftsprachen wie das Afrikaans, das Pennsilfaanische und das Jiddische, vgl. j. *er shreybt a brif* 'er schreibt einen Brief' → *er shreybt* ***nit keyn*** *brif* 'er schreibt keinen Brief'. Ähnlich verhält es sich mit der Verteilung von Neben- und Unterordnung. Die Volkssprache verwendet meist auch dort die Mittel der Nebenordnung, wo die eigene Schrift- bzw. Hochsprache die lateinisch bedingte Unterordnung erheischt.

Es scheint des weiteren keinem Zweifel zu unterliegen, daß die grammatische Struktur, nicht zuletzt der Satzbau der germanischen Sprachen nicht unabhängig von ihren nichtgermanischen Umsprachen, also nicht isoliert, sondern im Einklang mit ihnen, in sogenannten Sprachbünden entwickelt wurde bzw. auch wird. Um ein einziges Beispiel zu nennen: Die Tendenz zur Deflexion charakterisiert auch die romanischen Nachbarsprachen der Germanen (Französisch, Italienisch, Spanisch, Ladinisch), vgl. lat. *scripsi* 'ich habe geschrieben' ≠ frz. ***j'ai*** *écrit* (rücklatinisiert wäre das ein 'Barbarismus': *ego habeo scriptum*, obschon ähnliche Gebilde sogar bei CICERO belegt sind) ~ nhd. *ich* ***habe*** *geschrieben* ~ engl. *I* ***have*** *written* 'dass.'. Die Funktionsunterschiede in den Einzelsprachen sind dabei durch die jeweilige Stellung dieser Konstruktionen im konkreten Formensystem bedingt. Ebenso kennzeichnend ist es, daß das Niederländische z. B. dem Französischen der Gegenwart auch in dieser Hinsicht näher steht als dem Deutschen der Gegenwart. (Über die sprachtypologischen Beziehungen des Problems vgl. V.5.)

V.4. WORTSCHATZ

Die Zusammengehörigkeit der germanischen Sprachen kommt auch in den gemeinsamen inhaltlichen Zügen ihrer Lexik zum Ausdruck. Die Problematik der indogermanischen und der gemeingermanischen Wörter wurde bereits angedeutet, vgl. I.3.5. bzw. II.2.5. An dieser Stelle müssen wir in erster Linie auf einige Besonderheiten der Entwicklung Bezug nehmen. Die lexikalische Einheit der germanischen Sprachen setzt sich in allen Begriffskreisen des Wortschatzes durch, wenn die lexikalischen Abweichungen der germanischen Einzelsprachen voneinander infolge der selbständigen Entwicklung dieser Sprachen auch zweifelsohne größer sind als z. B. im Falle der slawischen oder der romanischen Sprachen. Der grundlegende Wortschatz, der sogenannte Grundwortschatz, kann in großen Zügen trotzdem heute noch als einheitlich gelten, so z. B. bei den Verwandtschaftsnamen, den Benennungen der Körperteile, bei den Tier- und Pflanzennamen, den Bezeichnungen der Naturerscheinungen, bei den Verba, die die wichtigsten Lebensfunktionen und Betätigungen ausdrükken, sowie bei den Numeralien usw. Nachstehende tabellarische Vergleichungen sollen als Modell die innergermanischen Verbindungen veranschaulichen.

Immerhin kann sich die Eigenständigkeit der Einzelsprachen auch in diesem Bereich geltend machen, teils durch die eigenartige funktionale Verschiebung der Synonymik, teils als Ergebnis nachträglicher, manchmal aus eigenen Mitteln schöpfender, manchmal fremden Vorlagen folgender Wortbildung, vgl.

a) *Verwandtschaftsnamen*

got.	nschw.	ne.	nl.	nhd.	j.
fadar	*fa(de)r*	*father*	*vader* (*vaar*)	*Vater*	*foter*
atta	—	—	—	(mdl. *Ätte*)	—
—	—	—	—	(mdl. *Tata*)	*tate*
aiþei	—	—	—	—	—
—	*mo(de)r*	*mother*	*moe(de)r*	*Mutter*	*muter*
—	(*Mam[m]a*)	(*Mam[m]a*)	(*mama*)	(*Mama*)	*mame*
broþar	*bro(de)r*	*brother*	*broe(de)r*	*Bruder*	*bruder*
swistar	*syster*	*sister*	*zuster*	*Schwester*	*shvester*
sunus	*son*	*son*	*zoon*	*Sohn*	*zun*
dauhtar	*dotter*	*daughter*	*dochter*	*Tochter*	*tokhter*

got.	nschw.	ne.	nl.	nhd.	j.
aba	—	—	—	—	—
guma	—	(*groom*)	—	—	—
manna	*man*	*man*	*man*	*Mann*	*mon*
wair	—	—	—	—	—
—	*karl*	—	—	—	—
—	—	*husband*	—	—	—
—	—	—	*gemaal*	*Gemahl*	—
—	—	—	—	*Gatte*	—
qens/qino	*kvinna*	(*queen/ quean*)	—	—	—
—	*fru*	(*vrouw*)	*vrouw*	*Frau*	*froy*
—	*maka*	—	—	—	—
—	*hustru*	—	—	—	—
—	—	*woman*	—	—	—
—	—	*wife*	*wijf*	*Weib*	*vayb*
—	—	—	*gemalin*	*Gemahlin*	—
—	—	—	—	*Gattin*	—
awo	—	—	—	—	—
—	*farmor, mormor*	—	—	—	—
—	—	*grand-mother*	—	—	—
—	—	—	*groot-moder*	*Großmutter*	—
—	—	—	—	—	*babe*

Die obige Tabelle wurde semantisch zusammengestellt. In etymologisch-sprachhistorischer Hinsicht sei nur Folgendes hinzugefügt: Die etymologische Entsprechung von got. *guma* ist enthalten in dt. *Bräuti**gam*** ~ ne. *bride**groom*** (< ags. *brȳd**guma***) ~ schw. *brud**gum*** ~ nl. *brui(de)**gom***, also eigtl. 'Mann der Braut'. Got. *wair* entspricht der erste Bestandteil von dt. ***Wer**wolf* ~ ags. ***wer**(e)wulf* ~ nl. ***weer**wolf* ~ schw. ***var**ulv*, also eigtl. 'Mann-Wolf', 'Mensch-Wolf'. Schw. *karl* entspricht dt. *Kerl* ~ ne. *churl* ~ schott. *carl* ~ nl. *kerel*. Engl. *husband* ist ein nordgermanisches Lehnwort, das ursprünglich 'Wirt, Hauswirt' bedeutete. Dt. *Gatte* entspricht etymologisch got. *gadiliggs* 'Verwandter' bzw. ags. *gegada* 'Genosse', as. *gaduling* 'Stammesgenosse'; dt. *Gemahl* und *Gemahlin* bzw. nl. *gemaal* und *gemalin* gehen auf germ. **maþla-* > **mahla-* 'Versammlung, Verhandlung' zurück, vgl. got. *maþl*, ags. *mæðel*, an. *mál*. Der Stamm von dt. *Frau*, nl. *vrouw*, schw. *fru* liegt in got. *frauja* 'Herr' (vgl. dt. ***Fron**leichnam*!) vor sowie in den heidnischen altnordischen Götternamen *Freyja* und *Freyr* (vgl. ***Frei**tag* ~ engl. ***Fri**day*); für das Neuenglische verzeichnetes *vrouw* 'Luder, Hure' ist eine Entlehnung aus dem Niederländischen. Got. *qens* ~ *qino* und schw. *kvinna* entsprechen ahd. *quëna* > mhd. *kone* 'Frau, Gattin', etymologisch aber auch ne. *queen* 'Königin' und *quean* 'Hure'. Von den Bezeichnungen für 'Großmutter' ist nur got. *awo* ein altes Simplex, sonst finden sich überall innersprachlich entstandene Komposita, z. B. im Schwedischen (*far-mor* 'Vatersmutter' bzw. *mor-mor* 'Muttersmutter'), oder aber nach dem Vorbild von frz. *grande-mère* gebildetes *Großmutter*, ne. *grandmother* und nl. *grootmoeder*, die sich als korrekte Lehnübersetzungen erweisen. J. *babe* ist ein Lehnwort aus dem Slawischen, vgl. russ. баба, бабушка. Die mundartliche Synonymik der Bezeichnung der Großeltern ist im Deutschen besonders weit verzweigt, vgl. obd. *Ahnel*, *Nänne*, *Fräule*, md. *Altemutter*, *Frauchen* usw. für 'Großmutter'.

b) *Körperteile*

got.	nschw.	ne.	nl.	nhd.	j.
haubiþ —	*huvud* —	*head* —	*hoofd* *kop*	*Haupt* *Kopf*	*hoypt* *kop*
fotus	*fot*	*foot*	*voet*	*Fuß*	*fus*
hairto	*hjärta*	*heart*	*hart*	*Herz*	*harts*
leik — — — —	*lekamen* *liv* *kropp* — —	— (*life*) — *body* —	*lichaam* *lijf* — — —	(*Leiche*) *Leib* *Körper* — —	— — — — (*ha.*) *guf*
augo	*öga*	*eye*	*oog*	*Auge*	*oyg*
auso	*öra*	*ear*	*oor*	*Ohr*	*oyer*
bloþ	*blod*	*blood*	*bloed*	*Blut*	*blut*
arms	*arm*	*arm*	*arm*	*Arm*	*arm*
handus	*hand*	*hand*	*hand*	*Hand*	*hand*
munþs	*mun*	*mouth*	*mond*	*Mund*	—
**mūlō*	*mule*	—	*muil*	*Maul*	*moyl*

c) *Tier- und Pflanzennamen*

got.	nschw.	ne.	nl.	nhd.	j.
stiur —	*tjur* —	— *bull*	*stier* *bul*	*Stier* *Bulle*	*shtir* —

got.	nschw.	ne.	nl.	nhd.	j.
?	*häst* — —	(vgl. *Hengist*) *horse* —	(*hengst*) *ros* *paard*	(*Hengst*) *Roß* *Pferd*	— — *ferd*
gaits —	*get* —	*goat* —	*geit* —	*Geiß* *Ziege*	(*gays*) *tsig*
hana — — —	*han*(*n*)*e* *tupp* — —	— — *cock* *rooster*	*haan* — — —	*Hahn* — (*Gockel*) —	*hon* — — —
ara — —	*örn* — —	*earn* *eagle* —	*arend* — *adelaar*	*Aar* — *Adler*	— — *odler*
hunds —	*hund* (*dogg*)	*hound* *dog*	*hond* (*dog*)	*Hund* (*Dogge*)	*hund* (*dog*)
wulfs —	(*ulv*) *varg*	*wolf* —	*wolf* —	*Wolf* —	*volf* —
swein — — — —	*svin* *gris* — — —	*swine* — *pig* *hog* —	*zwijn* — — — —	*Schwein* — — — —	— — — — *khazer*
bagms —	— *träd*	(*boom/beam*) *tree*	*boom* —	*Baum* —	*boym* —
triu — —	*trä* — —	— *wood* —	— — *hout*	— — *Holz*	— — *holts*
bloma —	*blomma* —	(*bloom*) *flower*	*bloem* —	*Blume* —	*blum* —
gras	*gräs*	*grass*	*gras*	*Gras*	*groz*
hawi	*hö*	*hay*	*hooi*	*Heu*	*hoy*
kaurno — — —	*korn* — — —	*corn* — *rye* —	*koren* *graan* *rogge* —	*Korn* — *Roggen* —	— — — *tviye*
**aiks*	*ek*	*oak*	*eik*	*Eiche*	*demb*
?	*skog* — — — —	— (*wood*) *forest* (*bush*) (*holt*)	— *woud* — *bos* (*hout*)	— *Wald* *Forst* (*Busch*) (*Holz*)	— *vald* — — —

d) *Naturerscheinungen*

got.	nschw.	ne.	nl.	nhd.	j.
fairguni (*bairgahei*) —	— *berg* —	— (*ice-* ***berg***) *mountain*	— *berg* —	— *Berg* —	— *barg* —
dags	*dag*	*day*	*dag*	*Tag*	*tog*
nahts	*natt*	*night*	*nacht*	*Nacht*	*nakht*
stairno *tuggl*	*stjärna* —	*star* —	*ster* —	*Stern* —	*shtern* —
sunno *sauïl*	— *sol*	*sun* —	*zon* —	*Sonne* —	*zun* —
mena —	*måne* —	*moon* —	*maand* —	*Mond* —	— *levone*
fon — —	— *eld* —	— — *fire*	(*vonk*) — *vuur*	(*Funke*) — *Feuer*	(*funk*) — *fayer*
wato —	*vatten* —	— *water*	— *water*	— *Wasser*	— *vaser*
airþa	*jord*	*earth*	*aarde*	*Erde*	*erd*
marei *saiws* — —	— *sjö* *hav* —	(*mere*) *sea* — —	(*meer*) *zee* — —	*Meer* *See* (*Haff*) —	— — — *yam*
ahva (*flodus*) — — —	(*ö*) — (*ström*) *älv* —	(***is****land*) (*flood*) *stream* — *river*	(*land****ouw***) *vloed* *stroom* — *rivier*	(*Aue, -ach*) *Flut, Fluß* *Strom* — —	— *flus* *shtroym* — —

e) *Verba*

got.	nschw.	ne.	nl.	nhd.	j.
giban	*giva* ∼ *ge*	*give*	*geven*	*geben*	*gebn*
gaggan	*gå*	*go*	*gaan*	*gehen*	*geyn*
qiman	*komma*	*come*	*komen*	*kommen*	*kumen*
liban	*leva*	*live*	*leven*	*leben*	*lebn*
briggan	*bringa*	*bring*	*brengen*	*bringen*	*brengen*

got.	nschw.	ne.	nl.	nhd.	j.
wisan	(*väsen* 'Wesen')	(*were*)	*wezen*	(*gewesen*)	(*geveyn*)
(*was*) (*sind*) (*im*)	*vara* (*är*) —	(*was*) (*is*) *be*	(*was*) *zijn* (*ben*)	(*war*) *sein* (*bin*)	(*vor*) *zayn* (*bin*)
hlaupan — (*rinnan*)	*löpa* *springa* (*ränna*)	(*leap*) (*spring*) *run*	*lopen* (*springen*) (*rennen*)	*laufen* (*springen*) (*rennen*)	*loyfn* (*shpringen*) (*renen*)

f) *Numeralien*

got.	schw.	ne.	nl.	nhd.	j.
ains/aina/ ainata	*en/ett*	*one∼a/an*	*een*	*einer/eine/ ein(e)s*	*eyner/eyne/ eyns, a/an*
twai/twos/ twa	*två*	*two*	*twee*	*zwei*	*tsvey*
þreis/þrija	*tre*	*three*	*drie*	*drei*	*dray*
fidwor	*fyra*	*four*	*vier*	*vier*	*fir*
fimf	*fem*	*five*	*vijf*	*fünf*	*finf*
saihs	*sex*	*six*	*zes*	*sechs*	*zeks*
sibun	*sju*	*seven*	*zeven*	*sieben*	*zibn*
ahtau	*åtta*	*eight*	*acht*	*acht*	*akht*
niun	*nio, nie*	*nine*	*negen*	*neun*	*nayn*
taihun	*tio, tie*	*ten*	*tien*	*zehn*	*tsen*
ainlif	*elva*	*eleven*	*elf*	*elf*	*elf*
twalif	*tolv*	*twelve*	*twaalf*	*zwölf*	*tsvelf*
?	*tretton*	*thirteen*	*dertien*	*dreizehn*	*draytsn*
twai tigjus	*tjugo*	*twenty*	*twintig*	*zwanzig*	*tsvantsik*
taihunte-hund, taihuntai-hund	*hundra*	*hundred*	*honderd*	*hundert*	*hundert*
þusundi	*tusen*	*thousand*	*duizend*	*tausend*	*toyznt*

got.	nschw.	ne.	nl.	nhd.	j.
fruma — (*airis*)	(*för, fyra*) *första* —	(*for, fore*) *first* (*ere, erst*)	(*voor*) (*vorst*) *eerste*	(*vor, für*) (*Fürst, First*) *erst-*	(*for, far*) (*firsht*) *ersht-*
anþar (*twai*) —	*andra* (*två*) (*sekundär*)	(*other*) (*two*) *second*	(*ander*) *tweede* (*secundair*)	(*ander-*) *zweit-* (*sekundär*)	(*ander-*) *tsveyt-* (*sekunder*)
þridja	*tredje*	*third*	*derde*	*dritt-*	*drit-*

Die mitgeteilten Querschnitte sind zwar nur als Modell aufzufassen, zeigen aber immerhin die entwicklungshistorischen Besonderheiten der verschiedenen germanischen Gruppen („Ostgermanisch“; „Nordgermanisch“; „Südgermanisch“ und „Nordseegermanisch“ = „Westgermanisch“) sowie die der germanischen Einzelsprachen innerhalb dieser Gruppen.

Das **Gotische** zeichnet sich durch entschieden archaische Züge aus, die den übrigen germanischen Sprachen unbekannt sind, vgl. *aiþei* ‘Mutter’, *aba* ~ *guma* ~ *wair* ‘Mann’, *awo* ‘Großmutter’, *leik* ‘Leib, Körper’, *fairguni* ‘Berg’, *tuggl* ‘Stern’, *fon* ‘Feuer’, *aƕa* ‘Fluß, Strom’ (vgl. lat. *aqua* ‘Wasser’) usw. Gleichzeitig lassen sich auch die spezifisch **nord-** bzw **südgermanischen** Bindungen nicht verkennen, z. B. *qens/qino* ~ nschw. *kvinna* ‘Frau, Gattin’ (vgl. ne. *queen* und *quean* bzw. mhd. *kone*), *triu* ~ nschw. *trä* ‘Holz’, *sauïl* ~ nschw. *sol* ‘Sonne’, andererseits *sunno* ~ ne. *sun* ~ nhd. *Sonne* ~ nl. *zon*, *wato* ~ nschw. *vatten*, *atta* ~ nhd. (mdl.) *Ätte* ‘Vater’ usw., vgl. IV.1.4.

Auch der **nordgermanische Wortschatz** weist eine Reihe ausschließlich nordischer Besonderheiten auf, vgl. schw. *maka* ~ *hustru* ‘Frau, Gattin’, *tjur* ‘Stier’, *tupp* ‘Hahn’, *varg* ‘Wolf’, *gris* ‘Schwein’, *skog* ‘Wald’, *eld* ‘Feuer’, *hav* ‘See, Meer’ (vgl. nhd. *Haff*), *älv* ‘Fluß, Strom’ usw., obwohl die Bindungen zum ‘West’- bzw. Nordseegermanischen auch hier gegeben sind: schw. *syster* ~ ne. *sister* ~ nl. *zuster* ‘Schwester’; *fru* ~ nl. *vrouw* ~ nhd. *Frau*; *liv* ~ nl. *lijf* ~ nhd. *Leib* (vgl. ne. *life* ‘Leben’); *träd* ~ ne. *tree* ‘Baum’, vgl. IV.3.43. bzw. IV.3.45., ferner IV.2.73., IV.2.83. und IV.2.93. Besonders augenfällig sind der **niederdeutsche** Einfluß (vgl. IV.2.73. usw.; *fru* ~ nd. *Fru* ‘Frau’) sowie die von den verwandten Sprachen abweichenden Gebilde wie *farmor* (< *fader* + *moder*) ‘(väterliche) Großmutter’, *mormor* (< *moder* + *moder*) ‘(mütterliche) Großmutter’, *hustru* ‘Frau, Ehefrau, Gattin’.

Der Wortschatz des **Englischen** sondert sich von den verwandten Sprachen zunächst infolge der älteren nordgermanischen und mehr noch infolge der seit der normannischen Eroberung Englands (1066) zunehmenden französischen Einflüsse ab (vgl. IV.3.43. und IV.3.45.): *husband* 'Ehemann, Gatte' (vgl. an. *húsbóndi* 'Wirt, Landwirt'), *first* ~ schw. *första* 'erst-', andererseits *grandmother* (← frz. *grande-mère*) 'Großmutter', *eagle* (< frz. *aigle*) 'Adler', *flower* (< frz. *fleur*) 'Blume', *forest* (< frz. *forêt*) 'Forst, Wald', *mountain* (< frz. *montagne*) 'Berg', *river* (< frz. *rivière*) 'Fluß', *second* (< frz. *second*) 'zweiter'. Naturgemäß enthält auch der englische Wortschatz ausschließliche, nur ihm eigene Bestandteile, z. B. *woman* (< ags. *wīfmann* < *wīf* 'Weib' + *mann* 'Mann, Mensch', vgl. die Manifestierung derselben Anschauung in ung. *némber* 'Frauenzimmer' < *nő* 'Frau, Weib' + *ember* 'Mensch'), *body* (< ags. *bodig* 'Bottich') 'Körper', (am.) *rooster* (< *roost* < ags. *hrost* 'Hahnbalken') 'Hahn', *hog* ~ *pig* 'Ferkel, Schwein', *other* 'ander-, zweiter' usw. Ganz offensichtlich sind die „westgermanischen" Beziehungen, vgl. *wife* ~ nl. *wijf* ~ nhd. *Weib*, *bull* ~ nl. *bul* ~ (nd. →) nhd. *Bulle*, *horse* ~ nl. *ros* ~ nhd. *Roß*, *cock* ~ nhd. *Gockel*, *rye* ~ nl. *rogge* ~ nhd. *Roggen*, *star* ~ nl. *ster* ~ nhd. *Stern*, *fire* ~ nl. *vuur* ~ nhd. *Feuer*, *water* ~ nl. *water* ~ nhd. *Wasser* u. dgl.

Die niederländische (holländisch-flämische) Sprache ist mit dem Deutschen enger verbunden, was nicht wundernimmt, da beide Sprachen auch eine engere genetische Einheit bilden, vgl. *gemaal* ~ nhd. *Gemahl*, *gemalin* ~ nhd. *Gemahlin*, *kop* ~ nhd. *Kopf*, *paard* ~ nhd. *Pferd*, *hout* ~ nhd. *Holz*, *eerste* ~ nhd. *erster*, *tweede* ~ nhd. *zweiter* usw. Die parallele Entwicklung kommt des öfteren auch in eigenartigen Komposita bzw. in französisch motivierten Lehnübersetzungen zum Vorschein: *adelaar* ~ nhd. *Adler* (< mhd. *adelare* 'edler Aar'), *grootmoeder* ~ nhd. *Großmutter* (vgl. frz. *grande-mère*). Sondermerkmale sind jedoch auch im niederländischen Wortschatz vorhanden, vgl. *graan* 'Getreide, Korn', *bos* 'Busch, Wald'. Der Einfluß des Französischen erweist sich — historisch bedingt — viel stärker als im Deutschen, vgl. *rivier* (< frz. *rivière*) ≠ nhd. *Fluß* u. dgl.

Der Wortschatz des Neuhochdeutschen ist am stärksten mit den übrigen Sprachen der süd- und der nordseegermanischen Gruppe verbunden (s. o.). Auch er besitzt aber seine Sonderlexeme, wie z. B. *Gatte*, *Gattin*, *Körper* (< lat. *corpus*, Gen. *corporis*), *Ziege* u. dgl. Der französische Einfluß ist weniger bedeutend als im Niederländischen, geschweige denn im Englischen (vgl. IV.4.6.).

Das Jiddische stellt, wie dargelegt (vgl. IV.4.92. bzw. IV.4.94.), eine auf hebräisch-aramäischem Substrat entstandene Tochtersprache des Deutschen dar, deren weitere Entwicklung auch in der Lexik vor allem von slawischen Einwirkungen geprägt wurde. Dies ist auch aus unseren Querschnitten klar ersichtlich: *guf* (ha.) 'Körper', *khazer* (ha.) 'Schwein', *tviye* (ha.) 'Getreide', *levone* (ha.) 'Mond', *yam* (ha.) 'Meer' bzw. *babe* (slaw.) 'Großmutter', *demb* (slaw.) 'Eiche'. Die germanischen Elemente des Jiddischen sind verständlicherweise deutschen Charakters, z. B. *froy* 'Frau', *kop* 'Kopf', *ferd* 'Pferd', *tsig* (~ *gays*) 'Ziege', *odler* 'Adler', *vaser* 'Wasser', *ersht-* 'erst-' usw.

Um die grundlegende E i n h e i t des germanischen Wortbestands im Kontext zu zeigen, seien die Entsprechungen eines kurzen Satzes in den einzelnen germanischen Sprachen angeführt. Anzumerken ist allerdings, daß sich V. A. Bogorodickij, der sie zusammenstellte, dabei vorsätzlich auf gemeinsame germanische Lexeme beschränkte:

nschw.	*Solen säger*: „*Jag heter Sol, jag är mycket klar.*"
ndän.	*Solen siger*: „*Jeg hedder Sol, jeg er meget klar.*"
ne.	*The sun says*: „*My name is Sun, I am very bright.*"
nl.	*De zon zegt*: „*Mijn naam is Zon; ik ben zeer helder.*"
nhd.	*Die Sonne sagt*: „*Ich heiße Sonne, ich bin sehr glänzend.*"

Diese Aufstellung kann man mit der jiddischen und der gotischen Entsprechung ergänzen:

j.	*Di zun zogt*: „*Ikh heys zun, ikh bin gants likhtik.*"

<table>
<tr><td rowspan="3">got.</td><td>(þata) sauïl</td><td rowspan="3">qiþiþ:</td><td>„Sauïl</td><td rowspan="3">ist namo mein, ik im</td><td>ala-skeir(ata)."</td></tr>
<tr><td>oder</td><td></td><td></td></tr>
<tr><td>(Sa/þata) sunno</td><td>„Sunno</td><td>ala-skeira(ta)."</td></tr>
</table>

schw.-dän. *sol* ~ ne. *sun* ~ nl. *zon* ~ j. *zun* ~ got. *sauïl* ~ got. *sunno* 'Sonne'; schw.-dän. *-en* (u.) ~ ne. *the* ~ *de* (m.-f.) ~ j. *di* (f.) ~ got. *sa* (f.)/ *þata* (n.) 'die' bzw. 'das'; schw. *säger* ~ dän. *siger* ~ nl. *zegt* ~ j. *zogt* ~ got. *qiþiþ* 'sagt' (3. Pers. Sing. Präs. Ind.); schw. *jag* ~ dän. *jeg* ~ j. *ikh* ~ ne. *I* ~ nl. *ik* ~ got. *ik* 'ich'; schw. *heter* ~ dän. *hedder* ~ j. *heys* 'heiße' (1. Pers. Sing. Präs. Ind.); ne. *my* ~ nl. *mijn* ~ got. *mein* 'mein'; ne. *name* ~ nl. *naam* ~ got. *namo* 'Name'; ne. *is* ~ nl. *is* ~ got. *ist* 'ist' (Kopula); schw. *är* ~ dän. *er* ~ ne. *am* ~ nl. *ben* ~ j. *bin* ~ got. *im* 'bin'; schw. *mycket* ~ dän. *meget* ~ ne. *very* ~ nl. *zeer* ~ j. *gants* ~ got. *ala-* 'sehr; ganz'; schw.-dän. *klar* ~ ne. *bright* ~ nl. *helder* ~ j. *likhtik* ~ got. *skeir*(*ata*) (< *skeirs*) 'glänzend, klar, hell'.

V.5. HISTORISCHE TYPOLOGIE DER GERMANISCHEN SPRACHEN

Die germanischen Sprachen wurden bisher nach dem genetischen Prinzip, d. h. mit Hilfe der historisch-vergleichenden Methode, klassifiziert. Die vordergründige Zielsetzung dieser Klassifikation bestand, wie schon der Name nahelegt, in der Aufdeckung der ursprünglichen – genetischen – Zusammenhänge, der inneren Verwandtschaftsstufen der untersuchten Sprachen, darüber hinaus aber in der Rekonstruktion ihrer gemeinsamen sprachlichen Basis, der sogenannten germanischen Grundsprache („Urgermanisch" und „Gemeingermanisch"). Die beiden Pfeiler dieser Rekonstruktion sind: erstens die beim Vergleich mit den dem Germanischen verwandten indogermanischen Einzelsprachen erschlossene indogermanische Grundsprache (vgl. I.3.), die die Vorstufe der zu rekonstruierenden germanischen Grundsprache manifestiert, und zweitens das Gesamt der germanischen Stammessprachen, die schon an Hand schriftlich überlieferter Belege zu erforschen sind. Auf diese Weise entstand das System der genetischen Klassifikation der germanischen Sprachen, die anfangs eine nördliche (gotonordische) und eine südliche (kontinentale) Gruppe unterschied. Nach der Abwanderung der Goten und ihrer nächsten Verwandten (Burgunder, Wandalen, Heruler, Gepiden usw., d. h. der sogenannten „windilischen" Völker) hat sich das Ostgermanische von der Nordgruppe losgelöst. Parallel dazu verselbständigte sich an der Nahtstelle des Nord- und Südgermanischen im Westen die zwischen den beiden eine Art Übergang bildende Gruppe der nordseegermanischen Sprachen, die von manchen Forschern als absolut eigenständige Einheit – als gleiche Größe –, von anderen wiederum nur als eine Untergruppe des sogenannten Westgermanischen angesehen wird (vgl. II.3.).

Einzelne Sprachmerkmale legen es nahe, daß die germanische Einheit schon auf der Stufe der sog. germanischen Grundsprache – aber vielleicht auch früher – trotz der generellen Kommunikationsgemeinschaft dialektgeographisch gegliedert war. Den ehemaligen Verlauf der Isophonen und Isoglossen ist es heute nicht mehr möglich mit absoluter Gewißheit zu rekonstruieren, vor allem aus dem Grund, weil die gegenseitigen Überlagerungen der einzelnen Gruppen in der an Hand der Schriftdenkmäler verfolgbaren Zeit theoretisch doch frühere Vorgänge reflektieren können. Daher haben alle Rekonstruktionsversuche notgedrungen einen hypothetischen Charakter, was aber nicht bedeutet, daß man mit ihnen als möglichen Modellen nicht arbeiten kann.

Noch vorgermanischen Ursprungs ist wohl die Herausbildung und Festigung der Personalpronomina der 3. Person sowohl im Singular wie im Plural. Dafür spricht wenigstens die Vielfalt der Realisierungen in den idg. Sprachgruppen, die in dieser Funktion verschiedene Demonstrativpronomina herangezogen haben. Das Germanische zeigt dabei ein geteiltes Bild. Während das Ostgermanische, das sonst in sehr wesentlichen Einzelheiten des Sprachbaus und der Lexik mit dem Nordgermanischen zusammengeht und sich von der übrigen Germania abhebt, zeigt in dieser Hinsicht eine Einheit mit dem Südgermanischen (nicht Westgermanischen, d. h. mit Ausschluß des Nordseegermanischen!), indem beide Gruppen das u. a. dem Lateinischen urverwandte Demonstrativum **is* > got. *is* generalisierten, das lauthistorisch dem ahd. *ër* (<* *ir* < **is*) entspricht. Das Nordgermanische und das Nordseegermanische festigten in der gleichen Funktion den ebenfalls idg. Wurzellaut *h-* (als Basis zur Bildung von Demonstrativen), jedoch mit verschiedenen Ableitungssuffixen; im Norden wurde dieses *h-* mit einem *-n*-Suffix weitergebildet (*han*[*n*] m., *hun* ~ *hon* f.), im Nordwesten mit einem *-ē̆*, vgl. ags. *hē̆*, as. *hē̆*, afries. *hī* ~ *hē* 'er'. Die Isoglosse durchschneidet auch das Istwäonische (Fränkische), wo im Niederfränkischen in dieser Hinsicht die nordseegermanische Realisation (nl. *hij*, nfr. mdl. *hei*) gilt, während – wohl durch sekundäre Interferenz bedingt – im Großteil des übrigen Fränkischen eine Staffellandschaft mit der Kontaminationsform *hër* < *he* + *ër* 'er' entstanden ist. Das schematische Bild wäre also:

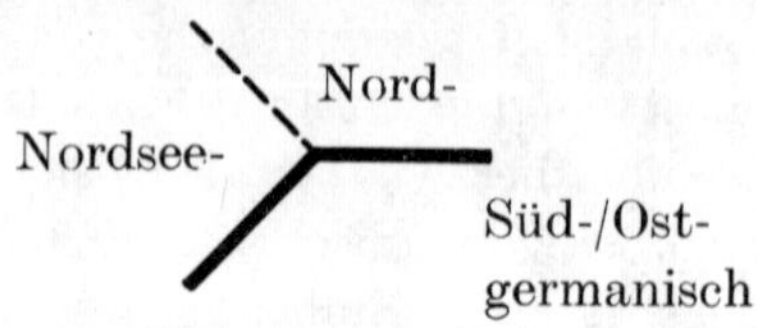

Andere, ebenfalls sehr alte Isoglossen zeigen aber eine andere Verteilung. Die idg. Heteroklytika verbinden das Nord- mit dem Ostgermanischen und trennen es von dem Süd- und Nordseegermanischen („Westgermanischen"). Nord- und Ostgermanen generalisierten die *-n*-Ableitungen (got. *wato*, Gen. *watins*, nordgerm. *vatn* 'Wasser'), während Nordsee- und Südgermanen die *-r*-Ableitung paradigmatisch verallgemeinerten (e. *water*, dt. *Wasser*). *-n*-Ableitungen sind im Südgermanischen nur noch in Resten als Bestandteile weiterer Ableitungen (z. B. *Funke*, *Funzel* zu **fun-* 'Feuer') erhalten. Das schematische Bild wäre diesmal:

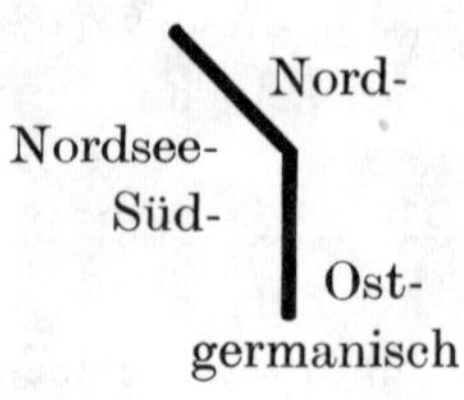

Beide Abgrenzungen können durch weitere Beispiele unterstützt werden. Das Fazit kann nicht anders lauten als daß die beiden Großgruppen Nord: Süd wohl schon in der Periode der Ausgliederung aus dem Indogermanischen an den beiden Flanken, im Westen in der Form des in Entstehung begriffenen Nordseegermanischen, im Osten in jener des in Entstehung begriffenen Ostgermanischen nach allen Regeln der Sprachgeographie ineinander verzahnt waren. Nach der primären Absonderung des Ostgermanischen von der übrigen Germania kam es zu Neuerungen im Westen, die die Goten nicht mehr erreichten, und umgekehrt, es kam zu Neuerungen, die spezifisch gotisch waren. Für ersteres wird etwa der Umlaut namhaft gemacht, während bestimmte grammatische Erscheinungen (so etwa die Verdrängung des Instrumentalis durch den Dativ bis auf die Pronomina) im Gotischen selbständig aufkamen. (In den ahd. Stammesdialekten konnte der formale Instrumentalis in einigen Stammklassen zunächst sogar den Dativ absorbieren, und erst im weiteren kam es zum Ausgleich zugunsten des funktionellen Dativs.) Auch da müssen wir aber vorsichtig sein, da wir zwar das Gotische mit Recht als *par excellence*-Vertreter des Ostgermanischen betrachten, so besagt es aber noch nicht, daß andere ostgermanische Sprachen, die nicht in eine „Sprachinsellage" abgedrängt worden waren, die territoriale Kontinuität mit dem Westen nicht besser hatten beibehalten bzw. ausbauen können. Zu jenen historischen Prozessen, deren sprachliche Folge man im weiteren nicht außer acht lassen darf, vgl. bes. SCHIRMUNSKIS Ausgliederungstheorie in II.3.2.

Prinzipiell steht es jedenfalls fest, daß wir bei der wissenschaftlichen Klassifizierung der germanischen Sprachen für die älteste Zeit trotz aller Einsichten der modernen Linguistik in beträchtlichem Maße noch heute auf die Errungenschaften der rein genetisch ausgerichteten historisch-vergleichenden Methode der Junggrammatiker angewiesen sind. Neuere, ganz besonders die übrigens zu begrüßenden Versuche der Strukturalisten und der Vertreter der generativen Linguistik haben die Umschreibung junggrammatischer Einsichten und Formeln erbracht, ohne sie im wesentlichen umzustürzen. Es steht wohl außer Zweifel, daß man mit der genetischen Komparativistik, soweit man die Anfänge zu klären suchte, eines der wichtigsten Instrumente in die Hand bekam. Bei dem heutigen Stand der historischen Sprachwissenschaft genügt es jedoch nicht mehr, sich bei dem Versuch der Klassifizierung der Germanen und der germanischen Sprachen auf Grundlagen zu beschränken, die zwar die inneren Verhältnisse der Germania vor tausend oder zweitausend Jahren adäquat widerspiegeln, aber die Wandlungen und Verlagerungen, inneren und äußeren Mischungen und Ausgleiche, die seitdem in der Entwicklung der germanischen Einzelsprachen eingetreten sind, vielfach verschieben und modifizieren. Dadurch wird eine klare Übersicht nicht nur erschwert, sondern geradezu unmöglich gemacht. Es genügt hier ein einziges Beispiel, um zu zeigen, wie anachronistisch heute unsere altfränkischen Ansichten über die Gliederung der Germania erscheinen: Man findet noch immer in so gut wie allen Handbüchern über das Nordgermanische die Zweiteilung in West- und Ostnordisch, wobei Isländisch (mit Färöisch) und Norwegisch dem West-, Schwedisch und Dänisch dem Ostnordischen zugeordnet werden:

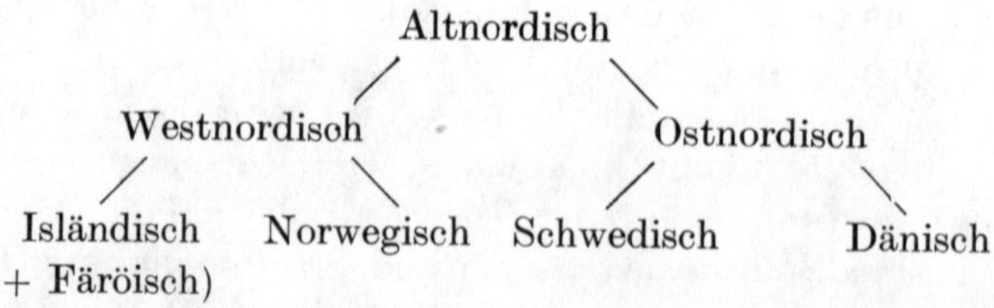

Diese Gliederung spiegelte die Verhältnisse wohl noch im 6. Jh. u. Z. richtig wider, für das Hochmittelalter oder die Neuzeit aber entspricht sie nicht mehr der Wirklichkeit. Isländisch und Färöisch wurden seitdem an den Rand der Germania verdrängt, und sie erscheinen – ihrer spezifisch bestimmten Randlage entsprechend – unter den nordischen Sprachen von heute eindeutig archaisch; Dänisch wurde vom Deutschen, insonderheit vom Niederdeutschen unterwandert, während ein Vertreter der ehemaligen Westgruppe (Norwegisch) und ein anderer der Ostgruppe (Schwedisch) im linguistischen Sinne des Wortes zu einer Sprache geworden sind. An dieser ostnordischen Sprache im höheren Sinne ist auch Dänisch, das seinerseits das Norwegische ebenfalls stark beeinflußt hat, als „Dialekt" (im klassischen Sinne des Wortes) beteiligt. Seit dem Mittelalter ist also folgendes Schema gültig:

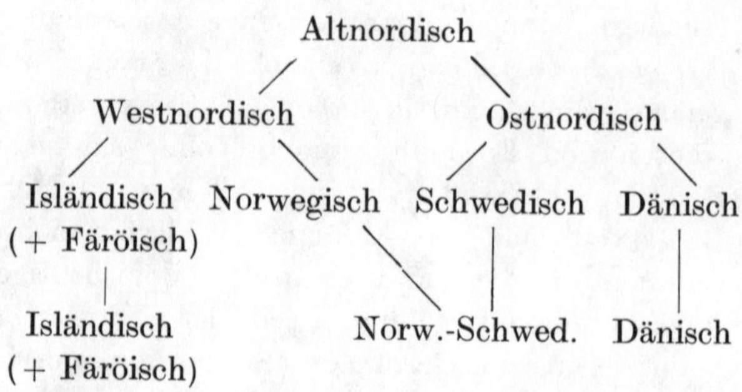

Daran ändert auch die von K. G. Chapman erarbeitete Einsicht nichts, daß gewisse Dialektgrenzen (hauptsächlich im Bereich der Phonetik-Phonologie) zwischen West und Ost infolge der Zusammengehörigkeit sowie der jüngeren sprachgeographisch ausschlagenden historischen Konxte des öfteren im südwestlichen Norwegen gestaffelt verlaufen. Dies beweist übrigens sehr klar, daß die geographischen Grenzen – diesmal sogar der Atlantik – nicht unbedingt auch sprachliche Grenzen sein müssen. Eine färingische (färöische) Besonderheit ist es, daß manche Erscheinungen der Laut- und Grammatikgeschichte bereits eine Annäherung an das Englische zeigen (vgl. IV.2.62.). Auch dahinter dürfen wir die Auswirkung (sekundärer) historischer Sprachkontakte annehmen.

Überhaupt: Die Unhaltbarkeit der alten statischen Schemata wurde bereits dank dem Vormarsch der Sprachgeographie augenfällig. Die Dynamisierung der Gliederungsversuche verdanken wir letzten Endes den Arbeiten von Ernst Schwarz und Viktor Schirmunski. Sie haben als erste auf jene Prozesse der Integrierung und der Differenzierung in den germanischen Sprachen hingewiesen, die in der Zeit des Übergangs von der mehr oder weniger einheitlichen germanischen Grundsprache zur Ausgliederung der einzelnen Stammesdialekte und -sprachen vor sich gegangen waren. Die wichtigste methodologische Neuerung in dieser Hinsicht ist zweifelsohne mit dem Namen Schirmunski verknüpft, der bei der genetischen Untersuchung der letztgenannten Periode die Kontaktforschung grundsätzlich und äußerst konsequent durchgeführt hat (vgl. II.3.2.). Den wissenschaftshistorischen Hintergrund dazu bildet die Kette von Gelehrten, die mit Wilhelm von Humboldt begann und über Georg von der Gabelentz, den Begründer der modernen Sprachtypologie (vgl. I.1.1.), zu Hugo Schuchardt, dem Verfechter der Theorie über Wirkung der Konvergenz und Divergenz in der Sprachgeschichte, führte. Mit seinen sprachhistorischen Arbeiten gehört auch Viktor Schirmunski in diese Reihe von Gelehrten: Vorbildliches hat in der Untersuchung des Jiddischen auf seine Kontaktbedingtheit hin der leider allzu jung verstorbene Uriel Weinreich (Bibl. 1060) geleistet.

Allerdings ging auch Schirmunski nicht über die Epoche der Ausgliederung der Stammessprachen hinaus. Wollen wir jedoch eine Klassifizierung der germanischen Sprachen bis heute und in der Gegenwart selbst vornehmen, so reicht die grundsätzlich genetisch-vergleichende Methode allein nicht aus. Die kontaktbedingte Entwicklung hat sich – sowohl unter den germanischen als auch zwischen germanischen und nichtgermanischen Sprachen – auch nach der Ausgliederung der Stammessprachen fortgesetzt. Ja, sie hat die germanischen Sprachen so stark verändert, daß eine Klärung ihrer heutigen Zusammenhänge auf Grund der rein genetischen Klassifizierung nicht mehr möglich ist. Um die historische Entwicklung und den gegenwärtigen Stand der germanischen Sprachen annähernd richtig zu interpretieren, sind wir auch auf die Mittel der Sprachtypologie angewiesen. Eine typologische Vergleichung gemäß dem heutigen Sprachbau, die mehrfach versucht wurde, kann selbstverständlich nur deskriptive, synchron gültige Resultate erzielen. Der Aufgabe der Interpretation der gegenwärtigen Lage, worauf es letztendlich ankommen sollte, können wir erst gerecht werden, wenn wir den Versuch einer typologischen Klassifizierung der germanischen Sprachen auf historischer Grundlage unternehmen, d. h. wenn wir dabei gemäß der historisch – vergleichenden Typologie vorgehen. Das ermöglicht zugleich – als Resultat – einen Blick in die Zukunft der germanischen Sprachen als Gesamtheit, wobei die auf die Einzelsprachen bezogenen Einzelheiten jeweils von den konkreten Raum-Zeit-Bedingungen abhängen werden. Die Grundsätze hat schon GEORG VON DER GABELENTZ klar formuliert (Bibl. 11, S. 481):

„Jede Sprache ist ein System, dessen sämmtliche Theile organisch zusammenhängen und zusammenwirken. Man ahnt, keiner dieser Theile dürfte fehlen oder anders sein, ohne dass das Ganze verändert würde. Es scheint aber auch, als wären in der Sprachphysiognomie gewisse Züge entscheidender als andere. Diese Züge gälte es zu ermitteln; und dann müsste untersucht werden, welche andere Eigenthümlichkeiten regelmässig mit ihnen zusammentreffen. Ich denke an Eigenthümlichkeiten des Wort- und des Satzbaues, an die Bevorzugung oder Verwahrlosung gewisser grammatischer Kategorien. Ich kann, ich muss mir aber auch denken, dass alles dies zugleich mit dem Lautwesen irgendwie in Wechselwirkung stehe. Die Induction, die ich hier verlange, dürfte ungeheuer schwierig sein; und wenn und soweit sie gelingen sollte, wird es scharfen philosophischen Nachdenkens bedürfen, um hinter der Gesetzlichkeit die Gesetze, die wirkenden Mächte zu erkennen. Aber welcher Gewinn wäre es auch, wenn wir einer Sprache auf den Kopf zusagen dürften: Du hast das und das Einzelmerkmal, folglich hast du die und die weiteren Eigenschaften und den und den Gesammtcharakter! – wenn wir, wie es kühne Botaniker wohl versucht haben, aus dem Lindenblatte den Lindenbaum construiren könnten. Dürfte man ein ungeborenes Kind taufen, ich würde den Namen Typologie wählen. Hier sehe ich der allgemeinen Sprachwissenschaft eine Aufgabe gestellt, an deren Lösung sie sich schon mit ihren heutigen Mitteln wagen darf. Hier würde sie Früchte zeitigen, die jenen der sprachgeschichtlichen Forschung an Reife nicht nachstehen, an Erkenntnisswerthe sie wohl übertreffen sollten. Was man bisher von geistiger Verwandtschaft, von verwandten Zügen stammverschiedener Sprachen geredet hat, das würde hinfort greifbare Gestalt gewinnen, in ziffernmässig bestimmten Formeln dargestellt werden; und nun träte das speculative Denken an diese Formeln heran, um das Erfahrungsmässige als ein Nothwendiges zu begreifen.“

Die historisch-typologische Untersuchung der Strukturmerkmale der germanischen Sprachen auf allen Ebenen (Lautstand, ja sogar Schrift infolge der Wechselwirkung im kulturhistorischen Rahmen, Morphologie,

Syntagmatik-Syntax und Wortschatz, vgl. V.1.–V.4.) zeigt uns, daß im Prozeß der Entwicklung der germanischen Einzelsprachen eine Entfaltung von angestammten – d. h. auch genetisch motivierten – inneren Tendenzen zu verzeichnen ist, die allen germanischen Sprachen sozusagen „innewohnen".

Es sei hier bloß auf die wichtigsten verwiesen:

Nach der gemeingermanischen Akzentverlagerung hat sich der Entwicklungsweg des Vokalismus der Haupttonsilben von dem der Vokale der Nebentonsilben getrennt, d. h. die Reduktion der Vokale der Nebentonsilben nahm ihren Anfang, womit auch die Prozesse der Diphthongierung der Längen in Haupttonstellung bzw. die Monophthongierung und Kürzung (bis zum Schwund) in Nebentonstellung verbunden waren. Damit motiviert lassen sich die Erscheinungen der Synkope und der Apokope schon in den ältesten germanischen Schriftdenkmälern (auch im Gotischen) beobachten. Als eine allgemeine Neigung ist auch der Umlaut, eine Art Streben nach Vokalharmonie innerhalb der konkreten Wortform, zu nennen, desgleichen die Vereinfachung gewisser Konsonanzen im Anlaut, die fortschreitende Reduktion der Nasale, bes. im Auslaut (mitunter bis zum Schwund hin), vor allem aber die fortschreitende Herstellung der Kongruenz zwischen Vokallänge und offener Silbe, eine Erscheinung, die bereits alle germanischen Sprachen erfaßt hat und dort, wo die Diphthongierung noch nicht eintrat bzw. sekundär rückgängig gemacht worden zu sein scheint, in unserer Zeit Ansätze zur erneuten Diphthongierung zeigt.

So wichtig und charakteristisch die Erscheinungen in der Lautgestalt und im Klangbild der Sprache auch sein mögen, ist festzuhalten, daß der Durchbruch solcher Tendenzen erst dann möglich ist, wenn das von dem grammatischen Bau *quasi* freigegeben wird, d. h. nicht die Lautveränderungen an sich führen grammatische Wandlungen herbei, sondern es muß eine Disposition im Sprachbau vorhanden sein, damit sich die phonetisch-phonologischen Tendenzen voll verwirklichen können. Nicht die Reduktion der Vokale führt etwa zum Abbau des nominalen Kasussystems, sondern die syntaktische und morphologische Entwicklung produziert die grammatisch-semantische Entleerung von Endsilben (Endungen, ja mitunter auch Suffixen und Präfixen), deren Vokalismus sich dann dem vorhandenen Trend der Reduktion fügen kann. Ein gutes Beispiel dafür bieten die Stammbildungssuffixe der sog. schwachen Verben in der deutschen Sprachgeschichte. Solange die grammatische Funktion („Bedeutung") dieser Suffixe (*-i/j-*, *-ō-*, *-ē-*) als Ausdrücke von verschiedenen Aktionsarten nicht überflüssig geworden war, konnten sie von der allgemeinen, schon viel früher wirksam gewordenen Tendenz zur Reduktion nicht erfaßt werden:

sobald sie „entleert“ waren, d. h. in frühmittelhochdeutscher Zeit, wurden sie ebenfalls reduziert. Wir wissen zwar nicht, ob die palatalen „Umlaute“ im Ostgermanischen auch da waren als stellungsbedingte, aber strukturell noch irrelevante Varianten, immerhin wurden sie in allen übrigen germanischen Sprachen, wie es besonders von H. PENZL, W. G. MOULTON und V. SCHIRMUNSKI unter Beweis gestellt werden konnte, grammatisch verwertet, vor allem als Zeichen des Plurals beim Substantiv, der Steigerung beim Adjektiv und beim Adjektivadverb bzw. beim Konjunktiv und einigen Sonderformen des Verbs. Von da an waren die zu diesen Zwecken dienenden nebentonstelligen Suffixe sinnentleert und konnten – wieder einmal bis zum Schwund hin – reduziert werden. Art und Grad der Verwirklichung des Umlauts war jedoch in den Einzelsprachen von ihren grundlegenden grammatischen Tendenzen im weiteren sehr unterschiedlich gestaltet. Während an den Rändern der Germania (im Deutschen – mit Jiddisch und Pennsilfaanisch – bzw. im Isländisch-Färingischen) der größte Umfang erreicht wurde, zeichnen sich die übrigen nordgermanischen Sprachen wie auch Niederländisch durch einen gemäßigteren Stand aus. Englisch, das in altenglischer, z. T. sogar noch in mittelenglischer Zeit sehr umlautsfreudig war, hat den Umlaut großenteils lexikalisiert oder paradigmatisch bedingt ausgemerzt und nur noch in isolierten Fällen (z. B. *man* → *men* 'Mann' Pl., *foot* → *feet* 'Fuß' Pl., *mouse* → *mice* 'Maus' Pl. u. a.; *good* → *better*, *best* 'gut') auch mit grammatischer Funktion beibehalten. Im Schottischen scheint die Zahl solcher grammatischer Fälle etwas größer zu sein (z. B. *kye* 'Kühe' u. ä.). (NB: Obwohl der Terminus „Vokalharmonie“ in der Germanistik unüblich ist, handelt es sich eindeutig um die gleiche phonetische Assimilationserscheinung, die in der Uralistik, Altaiistik usw. so bezeichnet wird.) Die retrograde Entwicklung des Umlauts ist auch nur im Lichte der in entgegengesetzter Richtung verlaufenden Verwirklichung innerer Tendenzen des grammatischen Baus zu erklären. Auch der Umbau der Längeverhältnisse in Haupttonsilben ist erst im Zusammenspiel mit dem Abbau der konsonantischen Längen verständlich: Schwedisch-Norwegisch erweisen sich hierbei als Nachzügler in der Entwicklung und es ist wohl nicht von ungefähr, daß diese Sprachen hier areale Ähnlichkeiten mit der finnisch-ugrischen Nachbarschaft an den Tag legen.

Auch in der Morphologie lassen sich gemeinsame Tendenzen erkennen. Das genuin indogermanische Mittel des Ablauts, das in der Formenbildung der sog. starken Verben und in der Wortbildung (vgl. II.2.3.) im Germanischen einen besonderen Ausbau erfahren hatte, wurde umgewichtet. Während auf der älteren Stufe der stammessprachlichen Entwicklung sporadisch sogar die Aufnahme von Lehnwörtern auf Grund der Lautähnlichkeit möglich war (*schreiben* → *schrieb*, *preisen* → *pries*, vielleicht auch *pflegen* → *pflag/pflog*), wurde diese Gruppe der starken Verben im weiteren überall zurückgedrängt. Neue Lehnverben werden in allen germanischen Sprachen nur noch als „schwach" behandelt.

Die Untersuchung zwischen „schwach" und „stark" in der Deklination blieb zwar in Reflexionen überall erhalten, befindet sich jedoch überall im Schwinden. Afrikaans, Jiddisch und bes. Englisch sind die Vorreiter in dieser Entwicklung. Allgemein ist die Umgruppierung des Deklinationssystems, indem die Trennung der alten Stammklassen aufgegeben bzw. durch die Trennung nach Pluralsuffixen ersetzt wird. Eine Klassifikation der Deklinationstypen des Substantivs nach „Stämmen" erscheint nur noch im Isländischen als sinnvoll, obwohl die Grammatiker das auch hier nicht mehr wahrhaben möchten, sonst geht es überall nur um erst historisch erschließbare Reliktformen, vgl. *oxen* Pl. 'Ochsen' im Englischen, *Nachti-gall* bzw. *Bräuti-gam* (alte *i*-Stämme) im Deutschen oder etwa in abstechenden, von dem Paradigma isolierten Resten wie *behende* (< *Hand* als *i*-Stamm), *vorhanden* (< *Hand* als *u*-Stamm) u. dgl. In der Kategorie des Numerus wurde der alte Dualis generell aufgegeben; wo er der Form nach noch erhalten ist, z.B. in bair.-öst. Mundarten bzw. im Isländisch-Färöischen in der 2. Pers., dort besitzt er nur noch eine einfache Pluralfunktion, z.T. mit einer schichtenspezifischen Nebenfunktion: alles nur Folgen der Sprachökonomie in der Entwicklung. Als allgemeine Tendenz darf man den Synkretismus im Abbau der grammatischen Kategorie des Kasus bewerten: dies war erst möglich dank dem parallelen Ausbau der Präpositionalkonstruktionen (Typ: *speru* Instr.~ *mit speru* 'mit Speer' → *mit* [*dem*] *Speere* [*mit* + Dat.]). Die Randsprachen Deutsch und Isländisch erweisen sich dabei als die langsamsten in der Entwicklung, während Englisch und die festlandnordischen Sprachen hierbei am weitesten fortgeschritten sind. Von den Kasus obliqui scheint sich der Genitiv am besten zu halten, aber dieser Schein trügt: Der Genitiv wird in der gesprochenen Sprache auch dort durch periphrastische Konstruktionen ersetzt, wo dies in der Schreibe noch nicht der Fall ist und ist unterwegs gänzlich zu einer Art Kompostionselement zu werden wie in den sog. genitivischen Zusammensetzungen:

Father's new coat
Vaters neuer Mantel

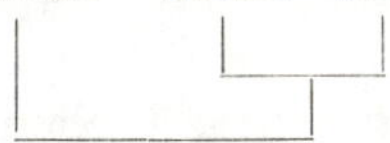

Es wiederholt sich somit auf höherer, erweiterter Ebene jene „Einverleibung", die überhaupt zu den genitivischen Komposita geführt hat:

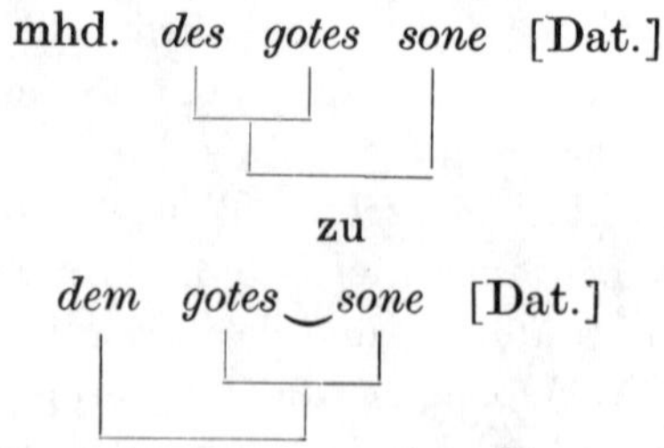

Gleichsam ist es ein Beispiel dafür, was Georg von der Gabelentz als Spirale der Sprachentwicklung bezeichnet hat.

Diese Wandlungen sind syntaktisch legiert auch durch die Umfunktionierung eines Demonstrativums zum bestimmten bzw. eines Zahladjektivs zum unbestimmten Artikel. Während Gotisch und die sonstigen ältesten Stammessprachen diese neue Kategorie noch gar nicht kennen, wird zunächst ein Demonstrativpronomen (im Nordgermanischen werden sogar mehrere) zum bestimmten Artikel umfunktioniert: der unbestimmte Artikel ist erst ein logischer, aber jüngerer Schritt, der im Isländischen bis heute aussteht. Diese Verzögerung ist deshalb möglich, weil der syntaktisch-morphologische Zwang dazu noch nicht kulminiert hat.

Die Entwicklungsspirale zeigt sich auch in der Entfaltung bzw. Rückentwicklung der grammatischen Kategorie des nominalen Genus. Dem indogermanischen Dreiersystem (Mask., Fem., Neutr.) ist zweifellos eine Zweiteilung nach Belebt: Unbelebt und als Zwischenstufe ein Sexussystem (Mask. $\neq$ Fem.) vorausgegangen (wie dieses zweite System noch in den baltischen Sprachen vorhanden ist). Im Germanischen erfolgt die Umstellung des Dreiersystems dieser Genera auf ein Zweiersystem und im folgenden zum Abbau der Kategorie des grammatischen Genus schlechthin. Syntaktisch-semantisch motiviert bilden die Pronomina dabei ein Diasystem innerhalb des Gesamtsystems der Einzelsprachen und sondern sich vom sonstigen – ursprünglicheinheitlichen – Nominalsystem noch mehr ab bzw. sie lassen bei diesem Gang Relikte zurück (z. B. engl. *ship* = *she*; *child* = *it* u. dgl.). Syntaktisch bedingt geht auch der Abbau der Kasus bei den Pronomina seit altersher langsamer vor sich als im übrigen Bereich der Nomina.

Typisch ist in allen germanischen Sprachen der parallel verlaufende großzügige Ausbau bzw. die Ergänzung des Verbalsystems im Wege der Entstehung der „periphrastischen Tempusformen“ und des „periphrastischen Passivs“ bzw. der zusammengesetzten Modalformen (vgl. V.2.). Diese spezifisch germanischen Gebilde sind syntagmatisch-syntaktischer Natur und führen allmählich dazu, daß wichtige Funktionen der Verbmorphologie der Syntax überantwortet werden, wodurch – wenigstens in den Grundzügen – ein qualitativ neuer typologischer Stand des

Germanischen angepeilt wird. Im Gemeingermanischen spielte beim Verb die Kategorie des Aspektes eine entscheidende Rolle und wurde allgemein grammatisiert, hauptsächlich durch das Präfix got. *ga-*, dt. *ge-*, ags. *ʒe-*. Im Altnordischen scheint diese Funktion den Präfixen *um-* und *of-* zugefallen zu sein. In der mittleren Entwicklungsperiode wurde diese Kategorie vollkommen lexikalisiert bzw. neu entfaltet, wobei Englisch in der vordersten Linie steht, aber die Anzeichen der parallelen Neigung sind auch sonstwo da, besonders stark in der Volkssprache (vgl. das Vordringen der Konstruktion *tun* + Inf. in den deutschen Dialekten). Auch darin darf man eine Bestätigung der Annahme der historischen Spirale der Sprachentwicklung erblicken.

Generell läßt sich jedenfalls auch in der Syntax als gemeinsame Tendenz der Übergang vom sog. „synthetischen" zum „analytischen" Typus feststellen. Die Wortkategorien bzw. -gattungen und -klassen der Lexik werden daher zunehmend syntaktisch und nicht mehr morphologisch markiert, wobei Englisch und Afrikaans an der Spitze der Entwicklung stehen und schon Anzeichen der Rückkehr zum isolierenden Typus aufweisen (natürlich auf höherer Stufe als dies für das Vorindogermanische angesetzt werden kann). Also auch in dieser Hinsicht läßt sich die GABELENTZsche Theorie von der Entwicklung entlang der Diagonale einer Spirale – immer wieder auf höherer, erweiterter Ebene – verifizieren.

Solche Entwicklung geht allerdings nicht überall gleichzeitig und nicht ohne Verzögerungsmomente vonstatten. Manche Erscheinungen haben ihren Herd und erstrecken sich erst mit der Zeit auf die Nachbarschaft, indem sie immer weitere Ringe um sich ziehen, etwa in der Form, wie JOHANNES SCHMIDT sich die Entstehung der indogermanischen Sprachen gedacht hat. So konnte sich z.B. die Diphthongierung der germ. Langvokale *ē* und *ō* zu *ia* und *ua* vom Fränkischen als Herd ausgehend über das übrige Südgermanische (nicht auf das Nordseegermanische, Altsächsisch miteinbegriffen) erstrecken. Die sekundäre Monophthongierung dieser Laute hat die Diphthonge im deutschen Süden bis heute noch nicht ganz verdrängt. Immerhin zeigt sich dabei ein West – Ostgefälle im Südgermanischen, ausgehend vom Westfränkischen, dessen „Prestige" im Merowinger- und Karolingerreich begründet wurde und bis heute nicht verebbt ist, obwohl seit der Romanisierung der Westfranken dieses Gefälle französisches (z. T. romanisiert fränkisches) Sprachgut ausstrahlt. Besonders augenfällig ist es im Bereich der Lexik. Mit den historisch-kulturhistorischen Schüben kamen die Neuerungen im ganzen Mittelalter wie in der Neuzeit ins Deutsche. Der Ablauf hat freilich auch ein Zeitgefälle. Die verschiedenen Bezeichnungen für den 'Friseur' sind zu verschiedenen Zeiten aus dem Französischen gekommen und sich der Reihe nach abgelöst (*Barbier*,

Perückenmacher, *Friseur*): die Innovation *Coiffeur* war zu Beginn der 60er Jahre im deutschen Rheinland bereits nicht nur geschriebene, sondern mitunter auch gesprochene Form. Im Südosten des deutschen Sprachraumes war *Coiffeur* zehn Jahre später eher nur noch geschrieben, und erst in den 80er Jahren wird es immer mehr auch die gesprochene Variante für *Friseur*. Teils durch deutsche Vermittlung wandern solche Neuerungen auch über den deutschsprachigen Raum weiter nach Osten, so ist etwa парикмахер 'Perückenmacher' in dieser Mischlautung heute noch die allgemeine Bezeichnung bei den Ostslawen. Mit Wörtern germanischer Herkunft ist es nicht viel anders, nur daß die fränkische Herkunft dabei nicht ohne weiteres sichtbar wird. Das Wort *Donnerstag* verdrängt auf die gleiche Weise das ostoberdeutsche *Pfinztag*, das Wort *Dienstag* das westoberdeutsche *Zîstag* und das ostoberdeutsche *Er(ge)tag* endgültig erst in unserer Zeit. Das heißt, daß die Veränderungen in der L e x i k in erster Linie in den Wandlungen der Bedeutung bzw. der Bezeichnung infolge der Kommunikationsaufgaben der Sprache sowie in den ähnlich motivierten inneren – mehr oder weniger einzelsprachlichen – Kompositionen und in der Aufnahme verschiedener Fremdlinge zu fassen sind. Da das alles aber weitestgehend von den konkreten Umständen der einzelsprachlichen Entwicklung regiert wird, kann von einer Generalisierung der einst mit so viel Erwartung eingeführten G l o t t o c h r o n o l o g i e nicht einmal innerhalb einer genetisch eng zusammengehörigen Sprachgruppe die Rede sein. Somit erweist sich die glottochronologische Methode als undiskutabel.

Alles in allem: Im Vergleich zu der indogermanischen Grundsprache legen die germanischen Sprachen letzten Endes einmütig die Tendenz zur D e f l e x i o n an den Tag, deren Anzeichen sich bereits im Gemeingermanischen feststellen lassen. Auch deshalb scheint es begründet (s. o.), im Prozeß der Umstrukturierung der germanischen Sprachen letztlich auf die E n t f a l t u n g g e m e i n s a m e r l a t e n t e r, i n n e r e r T e n d e n z e n zu schließen. Das „Zeitmaß" dieser Umstrukturierung ist bei den einzelnen Untergruppen bzw. Einzelsprachen, ja sogar bei den einzelnen räumlich-sozialen Varietäten der Einzelsprachen allerdings sehr unterschiedlich. So hat z. B. das Englische – mit Ausnahme des Afrikaans und der Kreolsprachen (vgl. IV.5.51. und IV.5.53.) – hinsichtlich der Morphologie alle übrigen germanischen Sprachen in der Deflexion überholt, während es phonetisch-phonologisch in gewisser Hinsicht (z. B. in der Bewahrung von [θ] und [ð] zu den altertümlichsten Gliedern der Germania gehört. Hingegen kann man das Deutsche, das in seinem Lautstand die allerkühnsten Neuerungen aufweist, morphologisch (z. T. auch syntaktisch) als ziemlich archaisch bezeichnen. Diese Erscheinungen lassen sich zum Teil aus der zentralen bzw. peripherischen Lage einer Sprache innerhalb der

Germania erklären. So beschränkt sich z. B. die Existenz der archaischen [θ, ð]-Laute auf den West-Nordwestrand (England, Färöer, Island), das Vorhandensein von Vollvokalen im Auslaut oder in Nebentonsilben schlechthin auf den Nordwestrand (Island) und auf den Nordostrand (Schweden) bzw. auf die südlichsten Randgebiete (Wallis in der Schweiz). Auch dieses Bild ist nicht gleichmäßig, denn es stehen Neuerungen daneben, die ebenfalls peripherisch beschränkt sind, z. B. die Entwicklung der Affrikaten [tʃ] und [dʒ] bzw. des Sibilanten [ʒ] im Englischen bzw. zum Teil im Färöischen und im Schwedisch-Norwegischen ([tʃ]). Einen ersten Vorstoß zur vergleichenden Aufdeckung der Evolution der germanischen phonologischen Systeme hat V. Ja. Plotkin (Bibl. 188) vorgenommen.

Die Ursachen, wie auch sonst im Sprachsystem bzw. in den (Teil-) Strukturen, sind zunächst in der Eigenentwicklung der germanischen Einzelsprachen zu suchen, die bestimmte Tendenzen jeweils fördern oder retardieren, ja mitunter auch unterbinden konnten/können. Demnach läßt sich die Veränderung auch von den ä u ß e r e n U m s t ä n d e n nicht trennen. Die langsamere Entwicklung des Deutschen wurde über die Randlage hinaus auch durch die Überhandnahme der Schreibe der von Zeit zu Zeit anderswo konzentrierten Kanzleien bedingt. Die mehrfache Mehrwertverlagerung (Westfranken, Schwaben, Prag, Wien, Meißen, Berlin usw.) hat der Schreibtradition eine größere Kompetenz gesichert als dies in von Anfang an zentralisierten Ländern der Fall war. Daher erklärt sich auch der Charakter der gegenwärtigen deutschen Standardsprache als eine Art südgermanisch-hochdeutsche Durchschnittssprache. Auch manche Züge der in sich widerspruchsvollen Orthographie lassen sich daraus verstehen. Anders verliefen die Dinge im Englischen (vgl. IV. 3.45.), wo in den Jahrhunderten nach der normännischen Eroberung die gesprochene Sprache sich ohne den Druck einer Mustersprache entfalten konnte: dafür verharrte aber die Graphematik im Grunde genommen auf der altenglischen Schreibtradition.

Gleich allen anderen Sprachen haben sich auch die germanischen in der Nachbarschaft von anderen, teils eng, teils entfernt, teils überhaupt nicht verwandten Sprachen in bald lockeren, bald engeren wirtschaftlichen, sozialen und kulturellen K o n t a k t e n mit diesen verwandten oder auch fremden Sprachen entwickelt. Dieser areale Zusammenhang als sprachgeographische Kontinuität bedeutet zugleich eine s p r a c h l i c h e S y m b i o s e , die bewirkt, daß sich gewisse Tendenzen nicht nur parallel zu denen in den Nachbarsprachen, sondern zumeist auch ungefähr gleichzeitig (freilich im längeren Zeitrahmen) durchsetzen. Die Verlagerung des W o r t a k z e n t s hat Gegenstücke im Französischen, im Ungarischen und in der unmittelbaren westslawischen Nachbarschaft der Germanen (Sorbisch, Tschechisch, Slowakisch, Serbokroatisch). Anzeichen der Tendenz zur V o k a l h a r m o n i e zeigen sich sowohl im Germanischen als auch im Galloromanischen und im Finnisch-Ugrischen (Ungarischen). Einzelne Merkmale der zweiten (althochdeutschen) L a u t v e r s c h i e b u n g sind ungefähr gleichzeitig bei den Südgermanen und in Italien, z. T. auch im Galloromanischen – und vielleicht auch anderswo – in Erscheinung getreten. Ähnliches gilt für die Entwicklung sekundärer Palatalvokale wie /u/ > /y/, /o/ > /ø/ usw. Areal aufschlußreich ist die Tatsache, daß diese Rundungen im deutschen Sprachraum an der Grenze zum Französischen sowie im Niederländischen besonders massiert aufscheinen, während sonst in den meisten Dialekten des Deutschen wie auch des Englischen in hohem Maße wieder entrundet bzw. nur stellungsbedingt erhalten geblieben sind. In den Randsprachen behaupten sich die gerundeten Lautungen am stärksten (Nordgermanisch, Schottisch, Alemannisch). Mit den Palatalvokalen schließt sich diesem Raum an den Nahtstellen Finnisch im Norden, Ungarisch im Südosten an.

Art und Weise wie auch das Entstehungsalter der germanischen z u s a m m e n g e s e t z t e n V e r b f o r m e n korrespondieren mit der Entwicklung in den romanischen Sprachen, aber ähnliche Tendenzen sind auch in der östlich-südöstlichen Nachbarschaft der Germanen (bei Westslawen, Südslawen und Ungarn) zu verzeichnen.

Angesichts dieser strukturell-typologischen K o n v e r g e n z genetisch verschiedener Sprachen ist es wohl angebracht, von der Entstehung eines

---

Abb. 74. Verbreitung der germanischen Sprachen in der Gegenwart →
Nordgermanische Sprachen: *1* Norwegen, Spitzbergen, Jan Mayen, Bouvet-Insel, *2* Schweden, *2a* Finnland, *3* Dänemark, Färöer, Grönland, *4* Island
Nordseegermanische Sprachen: *3*, *65*, *69* Teile des Friesischen (vgl. Abb. 50), sonst Englisch: *5* Großbritannien und Nordirland, *6* Republik Irland, *6a* Malta, *6b* Zypern, *6c* Israel, *7* Kanada, *8* USA, *9* Guyana, *10* Jamaika, Cura ao, Schwanen-Inseln, Caymans-Inseln, Corn-Inseln, *11* Bahama-Inseln, *12* Puerto Rico, *13* Kleine Antillen, Barbados, Trinidad, *14* Bermuda-Inseln, *15* Gambia, *16* Sierra Leone, *17* Liberia, *18* Ghana, *19* Nigeria, *20* Südwestafrika (Namibia), *21* Botswana, Lesotho, Swasiland, *22* Republik Südafrika, *23* Rhodesien, Sambia, *24* Tansania, Malawi, *25* Kenia, *26* Uganda, Rwanda, Burundi, *27* Somalia, *28* Äthiopien, *29* Sudan, *30* Aden, Oman, Maskat, Bahrein, Kuweit, Katar, *31* Pakistan, *32* Indien, *33* Ceylon (Sri Lanka), *34* Bangladesh, *35* Burma, *36* Malediven, *37* Tschagos-Inseln, *38* Seychellen, Amiranten, Aldabra-Inseln, *39* Rodriguez, Mauritius, *40* Malaysia, *41* Christmas-Island, *42* Kokos-Inseln, *43* Australien, *44* Neuseeland, *45* Philippinen, *46* Guam, Marianen, *47* Vulkan-Inseln, Bonin-Inseln, *48* Riukiu-Inseln, *49* Ponape, Karolinen, Palau-Inseln, *50* Salomon-Inseln, *51* Aucklandinseln, Campbell-Insel, *52* Macquarie-Inseln, *53* Heard-Insel, *54* Prince Edward Island, *55* Sankt Helena, *56* Ascension, *57* Tristan da Cunha, *58* Gough-Insel, *59* Süd-Sandwich-Inseln, *60* Südgeorgien, *61* Süd-Orknay-Inseln, *62* Süd-Shetland-Inseln, *63* Falkandinseln, *64* Britisch-Honduras
Südgermanischen Sprachen: Niederländisch: *65* Niederlande, *66* Belgien, *67* Zaire, *68* Surinam (und z. T. noch in Indonesien); Deutsch: *69* BRD, *70* DDR, *71* Österreich, *72* Schweiz, *73* Luxemburg, *74* Liechtenstein; Jiddisch: *75* Birobidschan (UdSSR) (NB: Afrikaans in *20*, *22*, *54*)

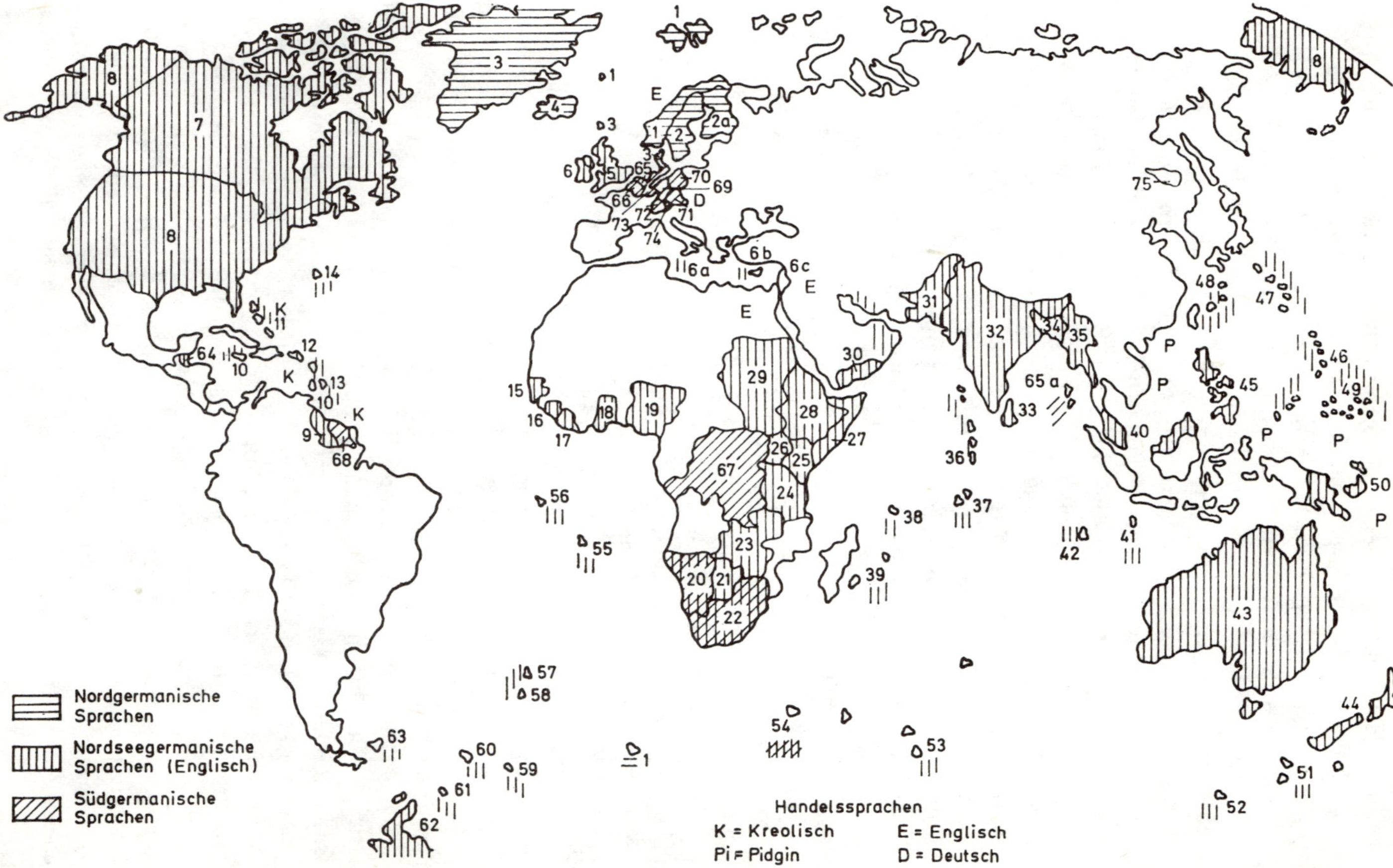
Nordgermanische Sprachen
Nordseegermanische Sprachen (Englisch)
Südgermanische Sprachen
Handelssprachen
K = Kreolisch
Pi = Pidgin
E = Englisch
D = Deutsch

europäischen Sprachbundes zu sprechen, dessen kontaktbedingte Entwicklung eine Annäherung genetisch verschiedener Sprachen, d. h. ihre sekundären „verwandtschaftlichen" Beziehungen, ihre neuerworbene Affinität herbeiführt. Die Einzelheiten der konvergenten Entwicklung lassen sich am besten an den linguistischen Nahtstellen beobachten. Wie an der Grenze von Dialekten einer Sprache Vibrationszonen, so entstehen auch an der Grenze von verschiedenen – gleichgültig, ob genetisch verwandten oder nicht verwandten – Sprachen Zonen, in denen die sprachübergreifenden Neuerungen am eindrucksvollsten sichtbar werden. Ein klassisches „Experimentierfeld" in dieser Hinsicht ist das Burgenland in Österreich mit dem angrenzenden Westungarn, wo Ungarisch, Slowenisch, Kroatisch bzw. Jiddisch und Zigeunerisch einen gemeinsamen Entwicklungskomplex bilden. Aber auch in diesem Kleinraum zeigt sich sehr prägnant, daß das sprachgeographisch-räumliche Moment nur eine Seite der Beweggründe darstellt, die ununterbrochen auch durch den jeweiligen sprachlichen Mehrwert beeinflußt, ja gelenkt wird. Dieser sprachliche Mehrwert („Prestige") ergibt sich aber keineswegs aus dem generellen typologischen Stand irgendeiner von den an der Amalgamierung beteiligten Sprachen, sondern ist raum- und zeitbedingt. In Burgenland-Westungarn war der ordnende Faktor früher ungarisch, dann ungarisch-deutsch und ist in der Jetztzeit deutsch in Österreich, ungarisch in Ungarn.

Die wichtigste Lehre daraus ist, daß man sich bei der historischen Untersuchung der Sprachen keinesfalls auf die einseitige innere Analyse des betreffenden synchronischen Querschnitts beschränken darf, denn auch aus einem Vergleich der germanischen Sprachen geht ja hervor, daß die wichtigste Triebkraft für die Entfaltung der latenten inneren Tendenzen, die durch die genetische Vergleichung erschlossen wurden, gerade in der von oben (im sozialen Gefälle) aktiv werdenden äußeren Einwirkung, in einer Reihe sog. „außerlinguistischer", hauptsächlich also soziologischer Faktoren besteht.

Wie gesagt, sind diese Faktoren auch im Rahmen genetisch verwandter Gruppen zusätzlich zum gemeinsam Ererbten wirksam. In der Germania traten die Goten als historisch erstes Kulturvolk in Erscheinung. Ihre religiöse Schriftlichkeit stand auf einer Höhe, die von den übrigen germanischen Stämmen erst nach einer Jahrhunderte langen zähen Entwicklung eingeholt wurde. Dahinter stand allerdings die Übernahme griechisch-byzantinischer Errungenschaften: sie hatten etwa bereits eine Orthographie, nicht nur eine Graphematik wie ihre Anverwandten, die diese Stufe erst in der Neuzeit, praktisch im 19. – 20. Jahrhundert, erreicht haben. Es ist also nicht von ungefähr. daß das gotisch vermittelte volksgriechische Wort für das christliche Gotteshaus, dt. *Kirche*, engl. *church* usw., die ganze Germania überschwemmte. Wie früher der keltische Einfluß im Verwaltungsbereich (vgl. II.1.3.), so machte sich der gotische Einfluß wohl dank arianischen Missionsversuchen im kirchlichen Bereich geltend (vgl. etwa *Pfaffe*, *Dult* 'Fest' u. ä.). Die zweite Welle der Missionierung, diesmal aus Britannien, brachte angelsächsisches Sprachgut zu den Südgermanen, als Schibboleth dafür diene der Ausdruck *heiliger Geist* (dem Englischen nachgeprägt), der den in den älteren althochdeutschen Denkmälern vorhandenen Terminus *wīho ātum* (etwa: ,,weiher – d. h. heiliger – Atem''), der auf got. *ahma* (*sa*) *weiha* zurückging, verdrängte. Von dem westfränkisch initiierten West-Ostgefälle war früher schon die Rede (s. o.). Dieser Druck preschte vom Süden her auch die althochdeutsche Lautverschiebung gegen Norden vor. Dieser Prozeß ist bis heute nicht ganz abgeschlossen. Der westfränkischen Suprematie wurde nach der Schlacht bei Hastings (1066) auch im weiteren Westen, nunmehr im romanisierten Sprachgewand, Tür und Tor geöffnet. Aber auch ,,deutsches'' Wortgut wurde schon in altenglischer Zeit auch an die Britischen Inseln abgegeben, besonders – und auch das ist kein Zufall – auf der Ebene der Dichtersprache (z. B. ags. *herra* 'Herr', das nur in der Dichtung belegt ist). Die Erstarkung des Niederdeutschen, vor allem in der Blütezeit der Hanse, hat die festlandnordischen Sprachen am stärksten in ihren Sog gezogen. In Dänemark wurde die Auseinandersetzung zwischen Dänisch und Niederdeutsch um die Rolle der Nationalsprache erst im 17. Jahrhundert zugunsten des Dänischen entschieden! In unserer Zeit wird der Einfluß des Englischen, nicht zuletzt dank dem Amerikanischen, in allen übrigen germanischen Sprachen augenfälliger. Daß dieser Enfluß nicht auf der Ebene der Lexik stecken bleibt, liegt auf der Hand.

Wenn wir nun, in Anbetracht der oben angedeuteten linguistischen Tendenzen, ein E n t w i c k l u n g s m o d e l l der germanischen Sprachen ermitteln wollen, erhalten wir eine K l a s s i f i z i e r u n g , die die älteren, rein genetischen Bindungen durchbricht. Auf den einzelnen Entwicklungsstufen des neuen Modells lassen sich genetisch ursprünglich verschiedene Unterabteilungen miteinander typologisch verbinden, andererseits gibt es genetisch ursprünglich einheitliche Unterabteilungen, die in unserem Modell auseinanderfallen.

Die einzelnen Stufen – ,,Typen'' – des vorgeschlagenen Modells lassen sich in bezug auf die germanischen Sprachen der G e g e n w a r t wie folgt aneinanderreihen (Richtung: alt → neu) (Abb. 75):

(1) Isländisch, Färöisch, Neuhochdeutsch;
(2) Niederländisch (+ Niederdeutsch), Friesisch, Jiddisch;
(3) Norwegisch, Schwedisch, Dänisch;
(4) Englisch;
(5) Afrikaans (+ Kreolsprachen).

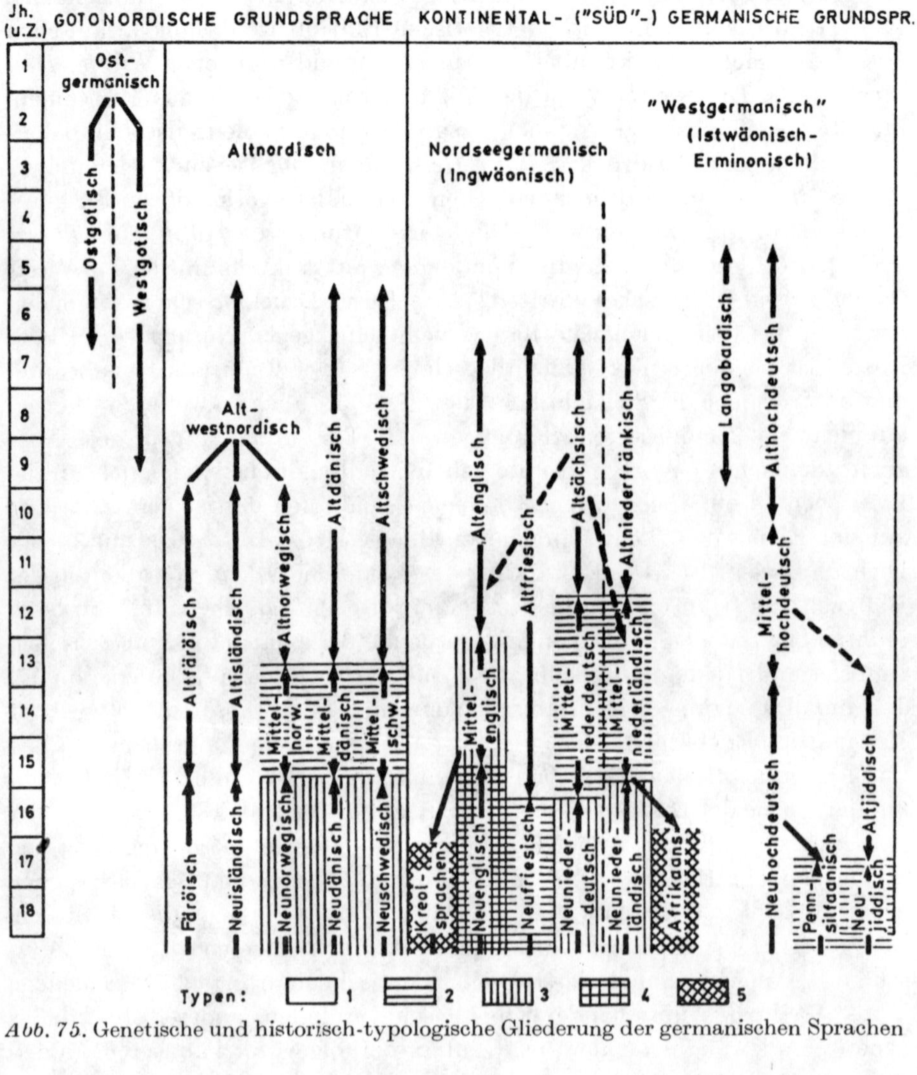

Abb. 75. Genetische und historisch-typologische Gliederung der germanischen Sprachen

Ergänzen wir nun diese synchronische Aufstellung mit den wichtigsten Querschnitten aus der Geschichte der germanischen Einzelsprachen, das heißt, pressen wir sie gewissermaßen in einer Zeitschicht zusammen, so erhalten wir im großen und ganzen eine Stufenleiter rein typologischer Art, worauf die entsprechend numerierten Blöcke auf Abb. 75 verweisen:

(1) Isländisch, Färöisch, Hochdeutsch, Gotisch, Langobardisch, Altenglisch, Altnordisch (mit Altschwedisch, Altdänisch, Altnorwegisch), Altfriesisch, Altsächsisch, Altniederfränkisch;

(2) Mittelniederländisch, Jiddisch, Pennsilfaanisch, Friesisch, Mittelniederdeutsch, Mittelnorwegisch, Mitteldänisch, Mittelschwedisch;
(3) Neunorwegisch, Neudänisch, Neuschwedisch, Neuniederdeutsch („Platt"), Neuniederländisch, Mittelenglisch;
(4) Neuenglisch;
(5) Afrikaans und die Kreolsprachen.

In den älteren Auflagen dieses Buches wurden unter (5) in beiden Tabellen auch die Hilfssprachen angeführt. Das ist hier zu korrigieren. Die Welthilfssprachen – z.B. Esperanto – sind typologisch weiter hinten in der Entwicklung, da sie immer noch manche Kategorien der Grammatik formalisieren, die in den Kreolsprachen bzw. im Afrikaans, ja sogar im Englischen bereits abgelöst worden sind. Ihr Platz wäre also – *mutatis mutandis* zwischen (3) und (4).

Es sei auch angemerkt, daß in der obigen Aufstellung die regionalen Umgangssprachen bzw. die räumlich aufgefächerten Mundarten der einzelnen National – bzw. Standardsprachen, die z. T. – so besonders im Falle des Deutschen – über die typologische Stufe ihrer National- bzw. Standardsprache schon hinausentwickelt sind, nicht berücksichtigt werden.

J. Erben hat vor Jahren in einem Vortrag in Mannheim die Zweckdienlichkeit der typologischen Vergleichung historischer Querschnitte angezweifelt und (an Hand einer Darstellung der Entwicklung des deutschen *duzen → erzen → ihrzen → Siezen* in J. Grimms „Deutscher Grammatik") die isolierte Untersuchung einzelsprachlicher Längsschnitte empfohlen. Die Bedeutung solcher Längsschnittuntersuchungen muß jedoch – so interessant sie für Einzelteile der Geschichte einer Einzelsprache auch sein mögen – stark relativiert werden. Im Hinblick auf das Gesamtgermanische müssen die Einzelsprachen letzten Endes doch in Querschnitten ausgewertet werden, um über sie T y p o l o g i s c h e s aussagen zu können. Noch mehr: Sogar innerhalb der Geschichte einer Einzelsprache ist das nicht anders; man bedenke nur, um ein Beispiel zu nennen, daß wir im Niederdeutschen noch im 16. Jahrhundert von einer m i t t e l n i e d e r d e u t s c h e n Periode sprechen müssen, wo im Süden schon seit Jahrhunderten die Stufe des N e u h o c h d e u t s c h e n erreicht war.

Auch an dieser Stelle sei hervorgehoben, daß es ein grober Fehler wäre zu denken, die Richtungen der sprachtypologischen Entwicklung der germanischen Sprachen stellten ein für alle Sprachen verbindliches Modell dar. Man hat zwar versucht, an Hand der Geschichte des Englischen eine W e r t o r d n u n g , eine Art allgemeingültige „Rangliste" der verschiedensten Sprachen nach vermeintlicher „Vereinfachung" des Sprachsystems aufzustellen, jedoch ohne Erfolg. Theoretisch genommen, kann die Entwicklung in jeder Richtung erfolgen; sie hängt von den typischen und besonderen Bedingungen der Entwicklung der gegebenen Sprache bzw. Sprachen ab. Darin zeigt sich auch, daß die philosophische Erkenntnistheorie sich auf die Sprache nicht unmittelbar anwenden läßt. Ganz allgemein erscheinende Entwicklungstendenzen können sogar in ihren Herden wieder rückgängig gemacht werden, z.B. unter dem Druck sekundärer Regulatoren, wie dies am stärksten am Beispiel des Kontrastes Schriftsprache $\neq$ Mundarten im Deutschen zu beobachten ist. Den sekundären Regulatoren, „äußeren Faktoren", „Begleitumständen" u. dgl. ist es meist zuzuschreiben, daß eine Sprache als *Gesamtsystem* voneinander abweichende Teilsysteme in sich schließen kann, ja sogar auf verschiedenen Ebenen gleichzeitig verschiedenen Stufen (Typen) zuzuordnen ist.

Hier sei noch ein Bestimmungsproblem geklärt, was für das ganze Buch gültig ist. Die Termini Struktur und System werden von manchen Verfassern als Synonyme gebraucht. Wir verstehen unter Struktur den Aufbau der Elemente in den einzelnen Teilsystemen bzw. innerhalb des Systems einer Sprache. Das System umfaßt aber alle diese strukturierten Teilsysteme – und ist in diesem Sinne auch selbst strukturiert –, was aber das Wesen des Systems ausmacht und es von den Strukturen als Oberbegriff auch abhebt, ist die Aufeinanderbezogenheit all der Elemente, der Strukturen, innerhalb des Sprachganzen. Die Strukturen bzw. die Teilsysteme der Sprache werden im System selbst zueinander in lückenlose Beziehung gesetzt. In dieser Hinsicht ist das System im Sinne der Mathematik (und nicht der Biologie) organisch und selbstregulierend, was freilich nicht bedeutet, daß ein Sprachsystem losgelöst von den Trägern der gegebenen Sprache existent sein kann. Sogar eine „tote Sprache" ist ein vollkommenes System, wenn auch auf der letzten Wirklichkeitsstufe ihrer Entwicklung.

Es gehört mit zu den wichtigsten Aufgaben der historisch–vergleichenden Typologie, die Teilsysteme innerhalb der untersuchten Sprache zu erschließen, ferner jene primären und sekundären Merkmale zu ermitteln, die es ermöglichen, die Wesensmomente der Entwicklung der betreffenden Sprachstrukturen und des betreffenden Sprachsystems auf den verschiedenen Sprachebenen und in ihrem Zusammenspielen zu erarbeiten oder mindestens anzudeuten.

Wir sprechen zwar von latenten, den germanischen Sprachen von ihren Anfängen an innewohnenden Entwicklungstendenzen, jedoch bedarf es zur Entfaltung dieser Tendenzen auch solcher Umstände und Impulse, die entweder bestimmte Hindernisse aus dem Weg räumen oder die latente Tendenz verstärken und ihr zum Durchbruch verhelfen. Solche Umstände und Impulse müssen nicht unbedingt einen unmittelbar-sprachlichen

Charakter besitzen, ja sie werden erst auf dem Umweg über historisch, politisch, kulturell, geographisch und vor allen Dingen sozial bedingte Einwirkungen – die Sprachträger sind ja soziale Wesen und die Sprachträgergemeinschaften sind soziale Gefüge – zu mitgestaltenden Kräften der Sprachentwicklung. Dies bedeutet zugleich, daß eine moderne historische Sprachtypologie eine möglichst komplexe Forschungsmethodik verlangt und erst in Verbindung mit der arealen Sprachforschung, auch über die genetischen Grenzen hinausgreifend, vollwertige Resultate erzielen kann. Wie jede Disziplin der Linguistik, wird auch die Sprachtypologie erst durch die historische Tiefe zu einem vollwertigen Zweige der Sprachwissenschaft.

BIBLIOGRAPHIE

Das Verzeichnis der einschlägigen Literatur beschränkt sich vor allen Dingen auf eine Auswahl von Werken bzw. Abhandlungen, die im Zusammenhang mit der Thematik der betreffenden Kapitel des Buches auch weitere bibliographische Hinweise enthalten. Grundsätzlich wurden das deutsche und das englische Schrifttum vorangestellt (vgl. Vorwort, S. Vf.). Aufsätze wurden nur ausnahmsweise auch gesondert verzeichnet. In diesem Zusammenhang sei jedoch auf die Aufstellung zusammenfassender Handbücher und Nachschlagewerke bzw. auf die wichtigsten Zeitschriften im Schlußteil der Bibliographie verwiesen. Eine Ausnahme bilden freilich solche enzyklopädische Werke, die das ganze Material, und zwar in der Regel alphabetisch angeordnet, behandeln: diese sind nicht im Schlußteil, sondern immer in ihrem thematischen Zusammenhang angeführt.

Das Material wurde entsprechend den Kapiteln bzw. den einzelnen thematischen Abschnitten des Buches — jeweils in der alphabetischen Anordnung der Autoren — gegliedert, und zwecks Raumersparnis folgt am Schluß der Literaturangaben zu den Teilfragen ein Hinweis auf das weitere Schrifttum gemäß der numerischen Anordnung der vorliegenden Zusammenstellung. Abgeschlossen im Herbst 1988.

I. DAS INDOGERMANISCHE

Theorie und Problematik der allgemeinen Sprachwissenschaft: 1. Akin, J.—Goldberg, A.—Myers, G.—Stewart, J. (Hrsg.): Language Behavior. A Book of Readings in Communication. Den Haag—Paris 1970. — 2. Ammer, K.: Einführung in die Sprachwissenschaft I. Halle/S. 1958. — 3. Arens, H.: Sprachwissenschaft: der Gang ihrer Entwicklung von der Antike bis zur Gegenwart. Freiburg—München ²1969. — 4. Bach, E.: An Introduction to Transformational Grammars. New York 1964. — 5. Bally, C.: Linguistique générale et linguistique française. Bern ²1944. — 6. Benveniste, E.: Problèmes de linguistique générale. Paris 1966. — 7. Bloomfield, L.: Language. New York 1933 [1956]. — 8. Bondzio, W. (Hrsg.): Einführung in die Grundfragen der Sprachwissenschaft. Leipzig ²1984. — 9. Collinder, B.: Språket. Stockholm ⁵1970. ⟨Dt.:⟩ Sprache und Sprachen. Hamburg 1978. — 10. Coseriu, E.: Einführung in die Allgemeine Sprachwissenschaft. Tübingen 1988. — 11. Gabelentz, G. v. d.: Die Sprachwissenschaft. Leipzig 1890, ²1901. Neudruck: Tübingen 1969, ²1972. — 12. Güntert, H.—Scherer, A.: Grundfragen der Sprachwissenschaft. Heidelberg 1956. — 13. Heintel, E.: Johann Gottfried Herder: Sprachphilosophische Schriften. Hamburg 1964. — 14. Hockett, C. F.: A Course in Modern Linguistics. New York 1959. — 15. Jespersen, O.: Language. Its Nature, Development and Origin. London—New York 1922. ⟨Dt.:⟩ Die Sprache. Heidelberg 1925. — 16. Joos, M. (Hrsg.): Readings in Linguistics I. New York 1958. — 17. ~ — Hamp, E. P.—Householder, F. W.—Austerlitz, R.: Readings in Linguistics II. Chicago 1966. — 18. Lehmann, W. P.: Language. An Introduction. New York 1983. — 19. Linguistik I. Lehrbuch und Übungsbuch zur Einführung in die Sprachwissenschaft. Tübingen 1970. — 20. Martinet, A.: Éléments de linguistique générale. Paris ²1967. ⟨Engl.:⟩ Elements of General Linguistics. London 1964 [Chicago 1966]. ⟨Dt.:⟩ Grundzüge der allgemeinen Sprachwissenschaft. Stuttgart 1963. — 21. ~ (Hrsg.): Le langage. Paris 1968. — 22. Perrot, J.: La linguistique. Paris 1961. — 23. Porzig, W.: Das Wunder der Sprache. Bern ⁴1967, Stuttgart ⁸1986. — 24 Robins, R. H.: General Linguistics: An Introductory Survey. London 1964. — 25. Sapir, E.: Language. New York 1921. ⟨Dt.:⟩ Die Sprache München 1961. — 26. Saussure, F. de: Cours de linguistique générale. Paris ⁴1949 ⟨Dt.:⟩ Grundfragen der allgemeinen Sprachwissenschaft. Berlin ²1967. — 27. Thiel, M

(Hrsg.): Methoden der Sprachwissenschaft. München—Wien 1968. — 28. VACHEK, J.: The Linguistic School of Prague. Bloomington—London 1966. — 29. VENDRYES, J.: Language. London 1925. (Letzte frz. Auflage: Paris 1950.) — 30. WARTBURG, W. v.: Einführung in Problematik und Methodik der Sprachwissenschaft. Tübingen ³1970. — 32. WUNDT, W.: Völkerpsychologie I: Die Sprache. Leipzig 1905—1906. — Vgl. 53, 646, 1030, 1091, 1102, 1117.

Sprachen und Sprachenkreise: 32. BODMER, F.: Die Sprachen der Welt. Köln ²1959, — 33. KIECKERS, E.: Die Sprachstämme der Erde. Heidelberg 1931. — 34. MEILLET. A.—COHEN, M.: Les langues du monde. Paris 1952. — 35. PEI, M.: The World's Chief Languages. London ³1954. — 36. SCHMIDT, W.: Die Sprachfamilien und Sprachenkreise der Erde. Heidelberg 1926. — 37. WENDT, H. F.: Sprachen. Frankfurt/M. 1961. — Vgl. 21, 115, 117—118, 120, 147, 151, 175.

Historische Sprachwissenschaft: 38. ASCOLI, G. I.: Corsi di glottologia. Turin—Florenz 1870. — 39. BONFANTE, G.: On Reconstruction and Linguistic Method. In: Word I [1945], 83 ff., 132 ff. — 40. BYNON, TH.: Historical Linguistics. Cambridge—New York—Melbourne 1977. — 41. ELLIS, J.: Towards a General Comparative Linguistics. London—Den Haag—Paris 1966. — 42. HAAS, M. R.: The Prehistory of Languages. Den Haag—Paris 1969. — 43. HOCKETT, C. F.: Sound Change. In: Language 41 [1965], 185 ff. — 44. HOENIGSWALD, H. M.: Language Change and Linguistic Reconstruction. Chicago 1960. — 45. IVANOV, V. V.: Die genealogische Klassifikation der Sprachen und der Begriffe der Sprachverwandtschaft. Halle/S. 1956. — 46. JAKOBSON, R.: Prinzipien der historischen Phonologie. In: TCLP. 4 [1931], 247 ff. — 47. KING, R. D.: Historical Linguistics and Generative Grammar. Englewood Cliffs, N. J. 1969. — 48. KOCH, W. A.: Zur Theorie des Lautwandels. Hildesheim—New York 1970. — 49. LEHMANN, W. P.: Historical Linguistics. An Introduction. New York 1962. ⟨Dt.:⟩ Einführung in die historische Linguistik. Heidelberg 1969. — 50. MARTINET, A.: Économie des changements phonétiques. Bern 1955. — 51. MEILLET, A.: Linguistique historique et linguistique générale I—II. Paris ²1948. — 52. ∼: La méthode comparative en linguistique historique. Oslo ²1954. ⟨Engl.:⟩ The Comparative Method in Historical Linguistics. Paris 1967. — 53. PAUL, H.: Prinzipien der Sprachgeschichte. Tübingen ⁸1968 [1970]. — 54. PEI, M.: The Story of Language. New York 1960. — 55. PISANI, V.: Allgemeine und vergleichende Sprachwissenschaft. Bern 1953. — 56. ∼: Die Etymologie. Geschichte, Fragen, Methode. München 1975. — 57. SCHUCHARDT, H.: Über die Lautgesetze: gegen die Junggrammatiker. 1855. In: L. SPITZER (Hrsg.): Hugo Schuchardt-Brevier. Halle/S. 1928, 51 ff. — 58. SOMMERFELT, A.: Diachronic and Synchronic Aspects of Language. Den Haag 1962. — 59. STURTEVANT, E. H.: Linguistic Change. Chicago 1961. — Vgl. 7—9, 11, 14—15, 20—23, 29—31, 112, 120, 166, 693, 1030, 1085, 1088, 1090—1091, 1120.

Sprachtypologie: 60. BAZELL, C. E.: Linguistic Typology. London 1958. — 61. FINCK, F. N.: Die Haupttypen des Sprachbaus. [Stuttgart—]Darmstadt ⁴1961. — 62. HAARMANN, H.: Grundzüge der Sprachtypologie. Stuttgart 1976. — 63. HUMBOLDT, W. v.: Über die Verschiedenheit des menschlichen Sprachbaues. In: Ges. Schriften VI [1907], 111 ff. Neudruck: Berlin 1968. — 64. KUZNECOV, P. S.: Die morphologische Klassifikation der Sprachen. Halle/S. 1956. — 65. LEWY, E.: Die Lehre von den Sprachtypen. In: StGen. 4 [1950], 415 ff. — Vgl. 11, 21, 23, 29, 89, 97, 1030, 1085, 1087.

Geschichte der Sprachwissenschaft: 66. BENEEY, T.: Geschichte der Sprachwissenschaft und orientalischen Philologie in Deutschland. München 1869. — 67. HELBIG, G.: Entwicklung der Sprachwissenschaft seit 1970. Leipzig ²1988. — 68. IVIČ, M.: Trends in Linguistics. Den Haag 1965. — 69. LEROY, M.: Les grands courants de la linguistique moderne. Brüssel—Paris 1963. — 70. ROBINS, R. H.: A Short History of Linguistics. London 1967. — 71. SEBEOK, T. (Hrsg.): Portraits of Linguists. A Biographical Source Book for the History of Western Linguistics, 1746—1963. I—II. Bloomington—London 1966. — 72. THOMSEN, V.: Sprogvidenskabens historie. Kopenhagen 1902. ⟨Dt.:⟩ Geschichte der Sprachwissenschaft bis zum Ausgang des 19. Jhs. Halle/S. 1927. — 73. Trends in European and American Linguistics 1930—1960. Utrecht—Antwerpen 1961. — 74. WATERMAN, J. T.: Die Linguistik und ihre Perspektiven. München 1966. — Vgl. 3, 9, 11, 23, 30, 120, 124, 166, 175, 370, 693, 1091, 1115, 1120—1121.

Handbücher zur Terminologie: 75. Abraham, W.: Terminologie der neueren Linguistik 1—2. Tübingen ²1988. — 76. Achmanova, O. S.: Словарь лингвистических терминов. Moskau 1966. — 77. Conrad, R. (Hrsg.): Lexikon sprachwissenschaftlicher Termini. Leipzig 1985. — 78. Hamp, E. P.: A Glossary of American Technical Linguistic Usage 1925—1950. Utrecht—Antwerpen 1957. ⟨Russ.:⟩ Словарь американской лингвистической терминологии. Moskau 1964. — 79. Heupel, C.: Taschenwörterbuch der Linguistik. München 1973. — 80. Knobloch, J.: Sprachwissenschaftliches Wörterbuch. Heidelberg 1961 ff. — 81. Lewandowski, Th.: Linguistisches Wörterbuch 1—3. Stuttgart ⁴1985. — 82. Marouzeau, J.: Lexique de la terminologie linguistique. Paris ³1951. ⟨Russ.:⟩ Словарь лингвистических терминов. Moskau 1960. — 83. Pei, M.: Glossary of Linguistic Terminology. New York 1966. — 84. Steible, D. J.: Concise Handbook of Linguistics. A Glossary of Terms. New York 1967. — 85. Vachek, J.: Dictionnaire de linguistique de l'école de Prague. Utrecht—Antwerpen 1960. ⟨Russ.:⟩ Лингвистический словарь пражской школы. Moskau 1964. — Vgl. 14, 1109.

Indogermanen und Indogermanisch. — *Völker und Sprachen:* 86. Benveniste, É.: Noms d'agent et noms d'action en indo-européen. Paris 1948. — 87. Birnbaum, H.—Puhvel, J. (Hrsg.): Ancient Indo-European Dialects. Los Angeles 1966. — 88. Bopp, F.: Über das Conjugationssystem der Sanskritsprache in Vergleichung mit jenem der griechischen, lateinischen, persischen und germanischen Sprache. Frankfurt/M. 1816. — 89. ~: Vergleichende Grammatik des Sanskrit, Zend, Griechischen, Lateinischen, Litauischen, Gotischen und Deutschen. Berlin 1833. — 90. Bradke, P. v.: Beiträge zur Kenntnis der vorhistorischen Entwicklung unseres Sprachstammes. Gießen 1888. — 91. Brugmann, K.: Kurze vergleichende Grammatik der indogermanischen Sprachen. Berlin 1903. Neudruck: Berlin 1969. — 92. ~ — Delbrück, B.: Grundriß der vergleichenden Grammatik der indogermanischen Sprachen I—V. Berlin 1906—1930. Neudruck: 1967. — 93. Delbrück, B.: Einleitung in das Studium der indogermanischen Sprachen. Leipzig ⁴1904. — 94. Desnickaja, A. V.: Вопросы изучения родства индоевропейских языков. Moskau—Leningrad 1955. — 95. Devoto, G.: Origini indeuropee. Florenz 1962. — 96. Georgiev, V. I.: Introduzione alla storia delle lingue indeuropee. Rom 1966. — 97. Hartmann, P.: Zur Typologie des Indogermanischen. Heidelberg 1957. — 98. Hencken, H.: Indo-European Languages and Archaeology. In: Amer. Anthrop. Association 87 [1955], N° 6. — 99. Hirt, H.: Die Indogermanen, ihre Verbreitung, ihre Urheimat und ihre Kultur. Straßburg 1905—1907. — 100. ~: Indogermanische Grammatik. Heidelberg 1927. — 101. ~ — Arntz, H.: Die Hauptprobleme der indogermanischen Sprachwissenschaft. Halle/S. 1939. — 102. Höfler, O.: Stammbaumtheorie, Wellentheorie, Entfaltungstheorie. In: PBB/T. 77 [1955], 30 ff., 78 [1956], 1 ff. — 103. Hudson-Williams, I.: A Short Introduction to the Study of Comparative Grammar (Indo-European). Cardiff 1935. — 104. Jonsson, H.: The Laryngeal Theory. A Critical Survey. Lund 1978. — 105. Kilian, L.: Zum Ursprung der Indogermanen. Bonn 1983. — 106. Krahe, H.: Sprache und Vorzeit. Heidelberg 1954. — 107. ~: Indogermanisch und Alteuropäisch. In: Saeculum 8 [1957], 1 ff. — 108. ~: Indogermanische Sprachwissenschaft I—II. Berlin ⁴/⁵1963—1966. (Und darauf beruhend die von W. Meid besorgte Ausgabe von H. Krahes Universitätsvorlesungen: Einleitung in das vergleichende Sprachstudium. Innsbruck 1970.) — 109. Kuryłowicz, J.: L'apophonie en indeuropéen. Breslau 1956. — 110. ~: L'accentuation des langues indoeuropéennes. Breslau—Krakau 1958. — 111. Lehmann, W. P.: Proto-Indoeuropean Phonology. Austin 1952. — 112. Lockwood, W. B.: Indo-European Philology. Historical and Comparative. London 1969. — 113. Mayrhofer, M. u. a. (Hrsg.): Antiquitates indogermanicae: Studien zur indogermanischen Altertumskunde und zur Sprach- und Kulturgeschichte der indogermanischen Völker. Innsbruck 1974. — 114. Meillet, A.: Les dialects indo-européens. Paris ³1950. — 115. ~: Introduction á l'étude comparative des langues indo-européennes. Paris ³1953. ⟨Dt.:⟩ Einführung in die vergleichende Grammatik der indogermanischen Sprachen. Leipzig 1909. — 116. Meyer, E.: Die Indgermanenfrage. Marburg 1948. — 117. Pisani, V.: Introduzione alla linguistica indoeuropea. Turin 1948. — 118. ~: Le lingue indoeuropee. Mailand [Brescia] 1944. — 119. Polomé, E.: The Laryngeal Theory So Far. In: 135, 9 ff. — 120. Porzig, W.: Die Gliederung des indogermanischen Sprachgebiets. Heidelberg 1954. — 121. Pulgram, E.: Familiy-Tree, Wave-Theory and Dialectology. In: Orbis 2 [1953], 67 ff. — 122. Ramat, P. (Hrsg.): Linguistic Reconstruction and Indo-European Syntax. Amsterdam 1980. — 123. Redard, G. (Hrsg.): Indogermanische und allgemeine Sprachwissenschaft. Wiesbaden 1973. — 124.

SCHLEGEL, F.: Über die Sprache und Weisheit der Indier. Heidelberg 1808. — 125. SCHLEICHER, A.: Compendium der vergleichenden Grammatik der indogermanischen Sprachen. Weimar 1861—1862, ²1866. — 126. SCHMIDT, J.: Die Verwandschaftsverhältnisse der indogermanischen Sprachen. Weimar 1872. — 127. SCHMITT-BRANDT, R.: Einführung in die Indogermanistik. Stuttgart 1988. — 128. SCHRADER, O.: Sprachvergleichung und Urgeschichte. Jena ³1907. — 129. ~ — KRAHE, H.: Die Indogermanen. Leipzig 1935. — 130. SCHRIJNEN, J.: Einführung in das Studium der indogermanischen Sprachwissenschaft. Heidelberg 1921. — 131. SCHUCHARDT, C.: Alteuropa. Berlin 1941. — 132. SPECHT, F.: Der Ursprung der indogermanischen Deklination. Göttingen 1944 [²1948]. — 133. SZEMERÉNYI, O.: Principles of Etymological Research in the Indo-European Languages. Innsbruck 1962. — 134. THIEME, P.: Die Heimat der indogermanischen Gemeinsprache. Mainz 1953. — 135. WINTER, W. (Hrsg.): Evidence for Laryngeals. Austin 1965. — Vgl. 11, 14, 21, 37, 52, 142—143, 145, 166, 175, 514, 693, 1091, 1119—1120.

Wörterbücher: 136. BENVENISTE, É.: Le vocabulaire des institutions indo-européennes. Paris 1969. ⟨Engl.: 1973.⟩ — 137. BUCK, C. D.: A Dictionary of Selected Synonyms in the Principal Indo-European Languages. Chicago 1949. — 138. CARNOY, A.: Dictionnaire étymologique du proto-indo-européen. Löwen 1955. — 139. POKORNY, J.: Indogermanisches etymologisches Wörterbuch. Bern 1948 ff. — 140. WALDE, A.—POKORNY, J.: Vergleichendes Wörterbuch der indogermanischen Sprachen I—III. Berlin—Leipzig 1927—1932. Neudruck: 1973. — Vgl. 133, 152, 203—204, 381, 398—403, 716.

II. DIE GERMANISCHE GRUNDSPRACHE UND DIE STAMMESDIALEKTE

Entstehung des Germanischen: 141. ANTONSEN, E. H.: On Defining Stages in Prehistoric Germanic. In: Language 41 [1965], 19 ff. — 142. FEIST, S.: Indogermanen und Germanen. Halle/S. ³1924. — 143. Germanen und Indogermanen. Volkstum, Sprache, Heimat, Kultur. Festschrift für H. Hirt I—II. Heidelberg 1936. — 144. GÜNTERT, H.: Der Ursprung der Germanen. Heidelberg 1934. — 145. KARSTEN, T. E.: Die Germanen. Berlin—Leipzig 1928. — 146. KRAHE, H.: Sprache und Vorzeit. Heidelberg 1954. — 147. ~: Sprachliche Aufgliederung und Sprachbewegungen in Alteuropa. Wiesbaden 1959. — 148. LEHMANN, W. P.: A Definition of Proto-Germanic. In: Language 37 [1961], 67 ff. — 149. ~: Grouping of the Germanic Languages. In: 87, 13 ff. — 150. PISANI, V.: Zur Chronologie der germanischen Lautverschiebung. In: Die Sprache I [1949], 139 ff. (Ergänzungen in: Mossé-Festschrift. Paris 1959, 379 ff.) — 151. RÖSEL, L.: Die Gliederung der germanischen Sprachen nach dem Zeugnis ihrer Flexionsformen. Nürnberg 1962. — 152. SCARDIGLI, P. G.: Elementi non indeuropei nel germanico. Florenz 1960. — Vgl. 14, 52, 87, 96, 98, 165—166, 218, 376, 514, 693, 732, 743, 1091, 1113—1115, 1119.

Sprachverbindungen: 153. BONFANTE, G.: Latini e Germani in Italia. Brescia 1965. — 154. BRØNDAL, V.: Substrater og Laan i Romansk og Germansk. Kopenhagen 1917. — 155. FRINGS, TH.: Germania Romana I—II. Halle/S. ²1966—1968. — 156. FROMM, H.: Die ältesten germanischen Lehnwörter im Finnischen. In: ZfdA. 88 [1957—1958], 81 ff., 211 ff., 299 ff. — 157. GAMILLSCHEG, E.: Romania Germanica I—III. Berlin—Leipzig 1934—1936. Neudruck [Teildruck]: Berlin 1970. — 158. KYLSTRA, A. D.: Geschichte der germanisch-finnischen Lehnwortforschung. Assen 1961. — 159. LESKIEN, A.: Declination im Slavisch-Litauischen und Germanischen. Leipzig 1876. — 160. ROHLFS, G.: Germanisches Spracherbe in der Romania. München 1947. — 161. SENN, A.: Germanische Lehnwortstudien. Heidelberg 1925. — 162. THOMSEN, V.: Über den Einfluß der germanischen Sprachen auf die finnisch-lappische. Halle/S. 1870. ⟨Engl.:⟩ On the Influence of Germanic Languages on Finnic and Lapp. Den Haag 1967. — 163. VRIES, J. DE: Kelten und Germanen. Bern—München 1960. — Vgl. 32—37, 88—89, 120, 126, 142, 145, 159, 163, 166, 643, 693, 905, 1091, 1112, 1115.

Urgermanisch, Gemeingermanisch. — *Zusammenfassende Darstellungen:* 164. BOER, R. C.: Oergermaansch handboek. Haarlem ²1924. — 165. DIETNER, F. (Hrsg.): Laut- und Formenlehre der altgermanischen Dialekte. Leipzig 1900. — 166. GUCHMANN,

M. M.—Schirmunski, V.—Makajev, E. A.—Jarceva, V. N. (Hrsg.): Сравнительная грамматика германских языков I—V. Moskau 1962 ff. (Bisher sind 4 Bände erschienen.) — 167. Hirt, H.: Handbuch des Urgermanischen I—III. Heidelberg 1931—1934. — 168.Hopper, P. J.: The Syntax of the Simple Sentence in Proto-Germanic. Den Haag—Paris 1975. — 169. Hutterer, M. [= C. J.]: A germán nyelvek. Budapest 1986. — 170. Kluge, F.: Urgermanisch. Vorgeschichte der altgermanischen Dialekte. Straßburg ^{3}1913. — 171. Krahe, H. (— Meid, W.): Germanische Sprachwissenschaft I—III. Berlin $^{1/6}$1966—1967. — 172. Meillet, A.: Caractères généraux des langues germaniques. Paris ^{7}1949. ⟨Russ.:⟩ Основные особенности германской гуппы языков. Moskau 1952. — 173. Nielsen, H. F.: De germanske sprog. Odense 1979. — 174. Penzl, H.: Methoden der germanischen Linguistik. Tübingen 1972. — 175. Prokosch, E.: A Comparative Germanic Grammar. Philadelphia 1939. ⟨Russ.:⟩ Сравинительиая грамматика германских языков. Moskau 1954. — 176. Ramat, P.: Einführung in das Germanische. Tübingen 1981. — 177. Scaffidi Abbate, A.: Introduzione allo studio comparativo delle lingue germaniche antiche. Bologna 1979. 178- Schirmunski, V.: Über die altgermanischen Stammesdialekte. In: ALH. 15 [1965], 1 ff. — 179 Streitberg, W.: Urgermanische Grammatik. Heidelberg ^{3}1963. — 180. Tagliavini, C.: Cenni di grammatica comparata delle lingue germaniche. Bologna ^{2}1961. — Vgl. 14, 37, 52, 108, 114—115, 145, 693, 743, 1091, 1115—1116, 1119.

Lautstand: 181. Alexander, G. I.: Fortis and Lenis in Germanic. Bern—Frankfurt/M.—New York 1983. — 182. Fourquet. J.: Les mutations consonantiques du germanique. Paris 1948. — 183. Jung, E.: Chronologie relative des faits phonétiques en germanique commun. In: EG. 11 [1958], 304 ff. — 184. Katznelson, S. D.: Сравнительная акцентология германских язиков. Moskau—Leningrad 1966. — 185. Kuryłowicz, J.: The Germanic Vowel System. In: Biuletyn Polskiego Towarzystwa Językoznawczego 11 [1952], 50 ff. — 186. Moulton, W. G.: The Stops and Spirants of Early Germanic. In: Language 30 [1954], 1 ff. — 187. Noreen, A.: Abriß der urgermanischen Lautlehre. Straßburg 1894. — 188. Plotkin, J.: Эволюция фонологичесих систем. На материале германских языков. Moskau 1982. — 189. Schrodt, R.: Die germanische Lautverschiebung und ihre Stellung im Kreise der indogermanischen Sprachen. Wien 1973. — 190. Trnka, B.: Fonologický vývoj germánského vokalismu. In: ČMF. 22 [1936], 155 ff. — 191. Twaddell, W. F.: The Prehistoric Germanic Short Syllabics. In: Language 24 [1948], 139 ff. — Vgl. 14, 109, 119, 135, 150, 166, 171—172, 544, 1114—1115, 1119.

Grammatik: 192. Bech, G.: Die Entstehung des schwachen Präteritums. Kopenhagen 1963. — 193. ~: Das germanische reduplizierende Präteritum. Kopenhagen 1969. — 194. Birkmann, T.: Präteritopräsentia. Morphologische Entwicklungen einer Sonderklasse in den altgermanischen Sprachen. Tübingen 1987. — 195. Braunmüller, K.: Syntaxtypologische Studien zum Germanischen. Tübingen 1982. — 196. Coetsem, F. v.: Das System der starken Verba und die Periodisierung im älteren Germanischen. Amsterdam 1956. — 197. Fourquet, J.: L'ordre des éléments de la phrase en germanique ancien. Paris 1938. — 198. Fullerton, G. L.: Historical Germanic Verb Morphology. Berlin—New York 1977. — 199. Hodler, W.: Grundzüge einer germanischen Artikellehre. Heidelberg 1954. — 200. Makajev, E. A.: The Morphological Structure of Common Germanic. In: Linguistics 10 [1964]. — 201. Meid, W.: Das germanische Präteritum. Innsbruck 1971. — 202. Motsch, W.: Zum Ablaut der Verben in der Frühperiode germanischer Sprachen. In: Studia Grammatica 6 [1967], 119 ff. — Vgl. 14, 88—89, 109, 151, 159, 166, 171, 1114—1115, 1119.

Wörterbücher: 203. Falk, H.—Torp, A.: Wortschatz der germanischen Spracheinheit. Göttingen ^{4}1909. — 204. Seebold, E.: Vergleichendes und etymologisches Wörterbuch der germanischen starken Verben. Den Haag 1970. — Vgl. 136—140, 152, 166, 398—403, 440—442, 456, 474, 477, 483, 495, 593—599, 601—605, 628—630, 638—639, 660—661, 663, 716, 819, 821—822, 824, 830—832, 834.

III. DIE KULTUR DER GERMANEN

Germanische Altertumskunde. — *Quellen:* 205. BEDAE Chronica minora ad a. 703, de temporum ratione LXVI. In: Chronica Minora saec. IV—V—VI—VII. edidit TH. MOMMSEN, Vol. III. Monumenta Germaniae Historica, Auctores antiquissimi 13. Berlin 1898, 223 ff. — 206. C. IULII CAESARIS Commentarii de bello Gallico, erklärt von F. KRAMER und W. DITTENBERGER. 1—2: 20. Aufl. v. H. MEUSEL (Zürich—Berlin 1964—1965); 3: 19. Aufl. v. H. MEUSEL (Berlin 1962). — 207. DAHN, F.: Des Paulus Diaconus Leben und Schriften. Leipzig 1876. — 208. GREGORII Episcopi TURONENSIS libri Historiarum X, editionem alteram curaverunt B. KRUSCH et W. LEVISON. Monumenta Germaniae Historica, Scriptores rerum Merovingicarum I, 1. Hannover 1951. — 209. Historia Langobardorum Codicis Gothani edidit G. WAITZ, in: Monumenta Germaniae Historica, Scriptores rerum Langobardicarum et Italicarum saec. VI.—IX. Hannover 1878, 7 ff. — 210. JORDANIS de origine actibusque Getarum edidit A. HOLDER. Germanischer Bücherschatz 5. Freiburg—Tübingen 1882. — 211. JORDANIS Romana et Getica recensuit TH. MOMMSEN. Monumenta Germaniae Historica, Auctores antiquissimi V, 1. Berlin 1882. — 212. C. PLINII SECUNDI Naturalis Historia libri XXXVII edidit C. MAYHOFF. Stuttgart [1906], 1967. — 213. PROCOPII CAESARIENSIS Opera omnia recognavit J. HAURY, Vol. II. De bellis libri V—VIII. Leipzig 1963. — 214. CLAUDII PTOLEMAEI Geographia edidit C. F. A. NOBBE cum introductione a A. DILLER. Hildesheim 1866. — 215. PYTHEAS von Marseille: Über das Weltmeer. In: D. STICHTENOTH: Die Geschichtsschreiber der deutschen Vorzeit 3. Köln—Graz 1959. — 216. SAXONIS Gesta Danorum primum a C. KNABE et P. HERRMANN recensita recognoverunt et ediderunt J. OLRIK et H. RAEDER. Kopenhagen 1931. — 217. Geographica [STRABONIS] recensuit W. ALY 1: libri I—II (Prolegomena Strabonis) Antiquitas, Reihe 1: Abhandlungen zur Alten Geschichte 9. Bonn 1968. — 218. P. CORNELII TACITI libri qui supersunt [iterum] edidit E. KOESTERMANN. Leipzig, 1: Annales [1965]: II, 2: Germania, Agricola, Dialogus de Oratoribus. [1962]. — Vgl. 1101.

Zusammenfassende Darstellungen: 219. BREMER, O.: Ethnographie der germanischen Stämme. In: 1110, Straßburg 1900, ²1904. — 220. CAPELLE, W. (Hrsg.): Das alte Germanien. Die Nachrichten der griechischen und römischen Schriftsteller. Jena 1929. — 221. CLOSS, A.: Ethnologische Bestimmung des Altgermanentums. In: Theorie und Praxis der Zusammenarbeit zwischen den anthropologischen Disziplinen — Symposion (New York) 1959 [1961], 165 ff. — 222. COURCELLE, P.: Histoire littéraire des grandes invasions germaniques. Paris 1948 [1943]. — 223. FILIP, J. (Hrsg.): Enzyklopädisches Handbuch zur Ur- und Frühgeschichte Europas I—II. Prag [—Stuttgart] 1966—1969. — 224. GUTENBRUNNER, S.: Germanische Frühzeit in den Berichten der Antike. Halle/S. 1939. — 225. HOOPS, J. (Hrsg.): Reallexikon der germanischen Altertumskunde I—IV. Straßburg 1911—1919. 2., neubearb. Aufl. hrsg. v. H. BECK u. a. 1 ff., Berlin 1973 ff. — 226. KAUFFMANN, F.: Deutsche Altertumskunde I—II. München 1913—1923. — 227. KRÜGER, B. u. a. (Hrsg.): Die Germanen. Geschichte und Kultur der germanischen Stämme in Mitteleuropa 1—2. Berlin 1979—1983. — 228. LOT, F.: Les invasions germaniques. Paris 1945. — 229. MILDENBERGER, G.: Sozial- und Kulturgeschichte der Germanen. Stuttgart—Berlin—Köln—Mainz 1972, ²1977. — 230. MUCH, R.: Deutsche Stammeskunda. Leipzig 1900, ³1920. — 231. ∼: Die Germania des Tacitus. Heidelberg 1937, ⟨—JAHNKUHN, H.—LANGE, W.:⟩ ³1967. — 232. MÜLLENHOFF, K.: Deutsche Altertumskunde I—V. Berlin 1870—1891. — 233. NORDEN, E.: Die germanische Urgeschichte in Tacitus' Germania. Leipzig ³1923. — 234. REINERTH, H. (Hrsg.): Vorgeschichte der deutschen Stämme I—III. Leipzig—Berlin 1940. — 235. SCHNEIDER, H. (Hrsg.): Germanische Altertumskunde. München 1938, ²1951. — 236. SCHWARZ, E.: Germanische Stammeskunde. Heidelberg 1956. — 237. SPROCKHOFF, E.: Zur Entstehung der Germanen. In: Hirt-Festschrift. Heidelberg 1936, 255 ff. — 238. STENTON, F. M.: Anglo-Saxon England. Oxford ³1971. — 239. STROHEKER, K. F.: Germanentum und Spätantike. Zürich—Stuttgart 1965. — 240. WILSON, D. M. (Hrsg.): The Archaeology of Anglo-Saxon England. London 1976. — 241. ∼ (Hrsg.): Kulturen im Norden. Die Welt der Germanen, Kelten und Slawen 400—1100 n. Chr. München 1980 (auch engl.). — Vgl. 98, 128, 145, 355—356, 358—359, 363—364, 516, 521, 523, 551, 1091, 1113, 1115, 1120.

Germanische Kunst: **242.** HOLMOUIST, W.: Germanic Art During the First Millennium, A. D. Stockholm **1955.** — **243.** KLINDT-JENSEN, O.—EHRÉN, S.: Welt der Wikinger. Frankfurt/M. [1969]. — 244. Kühn, H.: Germanische Kunst der Völkerwanderung. München—Hannover 1956. — 245. László, G.: Steppenvölker und Germanen. Kunst der Völkerwanderungszeit. Herrsching/Ammersee 1970. — 246. Rice, D. T.: English Art 871—1100. Oxford 1952. — 247. Taylor, H. M.—Taylor, J.: Anglo-Saxon Architecture 1—2. Cambridge 1979. — Vgl. 218, 1120.

Germanisches Recht: 248. Amira, K. v.—Eckhardt, K. A.: Germanisches Recht I—II. Berlin ^{4}1961—1967. — 249. Bader, K. S.: Deutsches Recht. In: 1117, ^{2}III, 1407 ff. — 250. Erler, A.—Kaufmann, E.: Handwörterbuch zur deutschen Rechtsgeschichte 1 ff. Berlin 1966 ff. — 251. Fliess, W.: Die Begriffe Germanisches Recht und Deutsches Recht bei den Rechtshistorikern des 19. und 20. Jahrhunderts. Freiburg/Br. 1968. — 252. Liebermann, F. (Hrsg.): Die Gesetze der Angelsachsen 1—3. Halle 1903—1916. — 253. Schröder, R.—Künssberg, E. v.: Deutsches Rechtswörterbuch. Weimar 1914 ff. — Vgl. 218, 357, 360, 614, 1043, 1091, 1120.

Die Religion der Germanen: 254. Handwörterbuch des deutschen Aberglaubens I—X. Berlin 1927—1942. — 255. Coenen, D.—Holzapfel, O.: Germanische und keltische Mythologie. Freiburg—Basel—Wien 1982. — 256. Helm, K.: Altgermanische Religionsgeschichte I—III. Heidelberg 1913—1953. — 257. Meyer, R. M.: Altgermanische Religionsgeschichte. Leipzig 1910. — 258. Mogk, E.: Germanische Religionsgeschichte und Mythologie. Berlin—Leipzig ^{3}1927. — 259. Neumann, E.—Voigt, H.: Germanische Mythologie. In: Wörterbuch der Mythologie, hrsg. v. H. W. Haussig II: Götter und Mythen im alten Europa. Stuttgart, o. J. — 260. Schmidt, K. D.: Die Bekehrung der Germanen zum Christentum I—II. Göttingen 1936 ff. — 261. ∼: Germanischer Glaube und Christentum. Göttingen 1948. — 262. Simek, R.: Lexikon der germanischen Mythologie. Stuttgart 1984. — 263. Vries, J. de: Altgermanische Religionsgeschichte I—II. Berlin ^{2}1956—1957. — Vgl. 155, 218, 1091, 1115, 1120.

Die germanische Runenschrift. — *Allgemeine Schriftkunde:* 264. Cohen, M.: Le grande invention de l'écriture et son évolution. Paris 1958. — 265. Diringer, D.: The Alphabet I—II. London ^{3}1968. — 266. Doblhofer, E.: Zeichen und Wunder. München ^{2}1964. — 267. Février, J. G.: Histoire de l'écriture. Paris 1948. — 268. Gelb, I. J.: A Study of Writing. Chicago 1952. ⟨Dt.:⟩ Von der Keilschrift zum Alphabet. Stuttgart 1958. — 269. Hill, A. A.: The Typology of Writing Systems. L. Dosert-Festschrift. Den Haag 1967. — 270. Jensen, H.: Die Schrift in Vergangenheit und Gegenwart. Berlin ^{2}1958. — 271. Kulundžic, Z.: Historija pisama. Agram 1957. — Vgl. 14, 17, 21, 29, 31, 1030.

Allgemeine Runenkunde: 272. Arntz, H.: Bibliographie der Runenkunde. Leipzig 1937. — 273. ∼: Handbuch der Runenkunde. Halle/S. ^{2}1944. — 274. Düwel, K.: Runenkunde. Stuttgart 1968. — 275. Elliott, R. W. V.: Runes. An Introduction. Manchester 1959. — 276. Hunger, U.: Die Runenkunde im Dritten Reich. Frankfurt—Bern—New York 1984. — 277. Klingenberg, H.: Runenschrift—Schriftdenken—Runeninschriften. Heidelberg 1973. — 278. Krause, W. ⟨—Jahnkuhn, H.⟩: Die Runeninschriften im älteren Fuþark I—II. Göttingen ^{2}1966. — 279. ∼: Runen. Berlin 1970. — 280. Musset, L.: Introduction à la runologie. Paris 1965. — Vgl. 145, 218, 427, 1091, 1115, 1120.

Nordische Runen: 281. Bæksted, A.: Islands Runeindskrifter. Kopenhagen 1942. — 282. Bugge, S.—Olsen, M.: Norges Indskrifter med de ældre Runer I—IV. Oslo 1891—1924. — 283. Grønvik, O.: Fra Ågedal til Setre. Sentrale runeinnskrifter fra det 6. århundre. Oslo 1987. — 284. Jacobsen, L.—Moltke, E.: Danmarks Runeindskrifter. Kopenhagen 1941—1942. — 285. Jansson, S. B. F.: The Runes of Sweden. Stockholm 1962. ⟨Schwedisch:⟩ Runinsksrifter i Sverige. Stockholm 1963. — 286. Johnsen, I. S.: Stuttruner i vikingtidens innskrifter. Oslo 1968. — 287. Moltke, E.: Runerne i Danmark og deres oprindelse. Kopenhagen 1976. — 288. Olsen, M.: Norges innskrifter med de yngre runer I—V. Oslo 1941—1960. — Vgl. 272—280, 289—294, 417, 421, 427.

Runen auf dem Festland und in England: 289. Arntz, H.—Zeiss, H.: Die einheimischen Runendenkmäler des Festlandes. Leipzig 1939. — 290. Marquardt, H.: Die Runeninschriften der Britischen Inseln. Göttingen 1961. — 291. Olsen, M.: Runic

Inscriptions in Great Britain, Ireland and the Isle of Man. Bergen 1954. — 292. OPITZ, S.: Südgermanische Runeninschriften im älteren Fuþark aus der Merowingerzeit. Kirchzarten 1977. — 293. PAGE, R. I.: An Introduction to English Runes. London 1973. — 294. PAUES, A. C.: Runes and Manuscripts. In: The Cambridge History of English Literature I. Cambridge 1907. — Vgl. 272—280, 427, 1051, 1115.

Lateinische Schrift im Mittelalter: 295. HAJDÚ, H.: Lesen und Schreiben im Spätmittelalter. Fünfkirchen 1931. — 296. ~: Das mnemotechnische Schrifttum des Mittelalters. Fünfkirchen [—Leipzig] 1936. Neudruck: Amsterdam 1967. — 297. KIRCHNER, J.: Germanistische Handschriftenpraxis. München ²1967. — 298. TEMPLE, E.: Anglo-Saxon Manuscripts 900—1066. London 1976. — Vgl. 294.

Die Schrift der Goten: Vgl. 280, 1051, 1114—1115.

Germanische Dichtkunst. — *Historische Zusammenfassungen:* 299. ATKINS, H. G.: A History of German Versification: Ten Centuries of Metrical Evolution. London 1923. — 300. BESSINGER, J. B. (Hrsg.): A Concordance to the Anglo-Saxon Poetic Records. Ithaca—London 1978. — 301. BREUER, D.: Deutsche Metrik und Versgeschichte. Stuttgart 1981. — 302. HEUSLER, A.: Deutsche Versgeschichte mit Einschluß des altenglischen und altnordischen Strabreimverses I—III. Berlin ²1956. — 303. ~: Die altgermanische Dichtung. [Berlin—] Darmstadt ²1957. — 304. KAYSER, W.: Geschichte des deutschen Verses. Stuttgart ³1981. — 305. LEHMANN, W. P.: The Development of Germanic Verse Form. Austin 1956. — 306. PAUL, O.: Deutsche Metrik. München ³1950. — 307. SARAN, F.: Deutsche Verslehre. München 1907. — 308. SIEVERS, E.: Altgermanische Metrik. [Straßburg 1881] Halle/S. 1893. — Vgl. 218, 1051, 1115, 1120.

Sprachkunst: 309. FINNUR JÓNSSON: Det norsk-islandske skjaldesprog omtr. 800—1300. Kopenhagen 1901. — 310. JAKOBSON, R.: On the So-Called Vowel Alliteration in Germanic Verse. In: ZPSK. 16 [1963], 85 ff. — 311. KURYŁOWICZ, J.: Die sprachlichen Grundlagen der altgermanischen Metrik. Innsbruck 1970. — 312. PEARSALL, D.: Old English and Middle English Poetry. London 1977. — 313. SEE, K. v.: Germanische Verskunst. Stuttgart 1967. — 314. VALESIO, P.: Strutture dell' allitterazione. Bologna 1967. — Vgl. 438, 441, 595, 1120.

Thematik: 315. SCHIRMUNSKI, V.: Vergleichende Epenforschung I. Berlin 1961. — 316. ~: Народный героический эпос. Moskau—Leningrad 1962. — 317. SCHNEIDER, H.: Germanische Heldensage I—II. Berlin ¹/²1933—1962. — 318. SEE, K. v.: Germanische Heldensage. Frankfurt/M. 1971. — 319. SHIPPEY, T. A.: Old English Verse. London—New York 1972. — 320. UECKER, H.: Germanische Heldensage. Stuttgart 1972. — 321. VRIES, J. DE: Altnordische Literaturgeschichte I—II. Berlin ²1964—1967. — Vgl. 302—303, 421, 554, 1120.

Namenkunde. — *Altgermanische Namengebung:* 322. SCHÖNFELD, M.: Wörterbuch der altgermanischen Personen- und Völkernamen. Heidelberg 1911. — 323. WOLF, H. B.: The Old Germanic Principles of Name-Giving. Baltimore 1939. — Vgl. 145, 157, 263, 328—329, 339—354, 1113, 1120.

Deutsche Namenkunde: 324. BACH, A.: Deutsche Namenkunde I—II (In 4 Teilen). Heidelberg ²1952—1953. — 325. BAHLOW, H.: Deutsches Namenlexikon. Familien- und Vornamen nach Ursprung und Sinn erklärt. München 1967, ²1980. — 326. BAUER, G.: Namenkunde des Deutschen. Bern—Frankfurt—New York 1985. — 327. FLEISCHER, W.: Die deutschen Personennamen. Berlin 1965. — 328. FÖRSTEMANN, E.: Altdeutsches Namenbuch I—II. Nordhausen 1856—1859. ⟨—JELLINGHAUS, H.:⟩ Bonn ²1900—1916. Neudruck: München—Hildesheim 1966. — 329. ~: Altdeutsche Personennamen. Ergänzungsband v. H. KAUFMANN. Hildesheim 1968. — 330. GOTTSCHALD, M.: Deutsche Namenkunde. Unsere Familiennamen. Berlin—New York ⁵1982. — 331. KAUFMANN, H.: Bildungsweise und Betonung der deutschen Ortsnamen. München ²1977. — 332. SCHRÖDER, E.: Deutsche Namenkunde. Göttingen 1938, ²1944, ³1955. — 333. SCHWARZ, E.: Deutsche Namenforschung I—II. Göttingen 1949—1950. — 334. SEIBICKE, W.: Vornamen. Wiesbaden 1977. — 335. ~: Die Personennamen im Deutschen. Berlin—New York 1982. — 336. SIEBS, B. E.: Die Personennamen der

Germanen. Wiesbaden 1970. — 337. SOCIN, A.: Mittelhochdeutsches Namenbuch. Basel 1903 [1966]. — Vgl. 157, 263, 1043, 1091, 1115, 1117, 1120.

Englische Namenkunde: 338. EKWALL, E.: English River-Names. Oxford 1928. — 339. ∼: The Concise Dictionary of English Place-Names. Oxford 1947. — 340. FIELD J.: English Field Names: a Dictionary. Newton Abbot 1972. — 341. FORSTER, K.: Englische Familiennamen aus Ortsnamen. Nürnberg 1978. — 342. FÖRSTER, M.: Der Flußname Themse und seine Sippe. München 1941. — 343. MATTHEWS, C. M.: Place-Names of the English-Speaking World. London—New York 1972. — 344. NICOLAISEN, W. F. H.: Scottish Place-Names: their Study and Significance. London 1976. — 345. PIROTH, W.: Ortsnamenstudien zur angelsächsischen Wanderung. Wiesbaden 1979. — 346. REANEY, P. H.: A Dictionary of British Surnames. London [3]1980. — 347. RIVET, A. L. F.—SMITH, C.: The Place-Names of Roman Britain. London 1979. — 348. ROOM, A.: A Concise Dictionary of Modern Place-Names in Great Britain and Ireland. Oxford 1983. — 349. SEARLE, W. G.: Onomasticon Anglo-Saxonicum. Cambridge 1897. — 350. SMITH, A. H.: English Place-Name Elements I—II. Cambridge 1956. — 351. STENTON, F. M.: Introduction to the Study of English Place-Names. Cambridge 1924. — 352. VERSTAPPEN, P.: The Book of Surnames: Origins and Oddities of Popular Names. London 1980. — 353. WEEKLEY, E.: Surnames. London [3]1936. — 354. WITHYCOMBE, E. G.: The Oxford Dictionary of English Christian Names. Oxford 1945. — Vgl. 263, 1120.

IV. GERMANISCHE VÖLKER UND SPRACHEN

1. Die Ostgermanen

Das Gotische. — *Geschichte, Quellen:* 355. ASCHBACH, J.: Geschichte der Westgoten. Frankfurt/M. 1827. — 356. COURTOIS, C.: Les Vandales et l'Afrique. Paris 1955. — 357. DAHN, F.: Lex Visigothorum. Westgotische Studien. Würzburg 1874. — 358. DIESNER, H. J.: Das Vandalenreich. Aufstieg und Untergang. Leipzig 1966. — 359. HACHMANN, R.: Die Goten und Skandinavien. Berlin 1970. — 360. HELFFERICH, A.: Entstehung und Geschichte des Westgotenrechts. Berlin 1858. — 361. MANSO, J. K. F.: Geschichte des ostgotischen Reichs in Italien. Breslau 1824. — 362. OXENSTIERNA, E. C.: Die Urheimat der Goten. Stockholm—Leipzig [2]1948. — 363. ROSENFELD, H.: Ost- und Westgoten. In: Die Welt der Geschichte 17 [1957], 245 ff. — 364. SCHMIDT, L.: Geschichte der Wandalen. Leipzig 1901, München [2]1942. — 365. ∼: Die letzten Ostgoten. Berlin 1944. — 366. WOLFRAM, H.: Geschichte der Goten. München 1979. — 367. STREITBERG, W.: Die gotische Bibel. [Heidelberg—] Darmstadt [3/4]1960. — 368. STUTZ, E.: Gotische Literaturdenkmäler. Stuttgart 1966. — 369. VASILIEV, A. A.: The Goths in the Crimea. Cambridge, Mass. 1936. — 370. VELDE, R. S. VAN DE: De studie van het Gotisch in de Nederlanden. Gent 1966. — 371. WAGNER, N.: Getica. Berlin 1967. — Vgl. 37, 157, 210—213, 393, 1051, 1113—1115, 1119—1120.

Sprachbeziehungen: 372. CORAZZA, V.: La parole latine in gotico. Rom 1969. — 373. PIEL, J. M.—KREMER, D.: Hispano-gotisches Namenbuch. Heidelberg 1976. — 374. SCHWARZ, E.: Goten, Nordgermanen, Angelsachsen. Bern—München 1951. — 375. STEARNS jr., M. D.: Crimean Gothic. Saratoga 1978. — 376. VOYLES, J. B.: Gothic, Germanic and Northwest Germanic. Wiesbaden 1981. — 377. WREDE, F.: Über die Sprache der Wandalen. Straßburg 1886. — 378. ∼: Über die Sprache der Ostgoten in Italien. Straßburg 1891. — Vgl. 14, 32—37, 145, 153, 157, 160, 175, 178, 640, 693, 1091, 1113, 1115.

Sprache: 379. BENNET, W. H.: An Introduction to the Gothic Language. New York 1981. — 380. BRAUNE, W.—EBBINGHAUS, E. A.: Gotische Grammatik. Tübingen [19]1981. — 381. GABELENTZ, H. C. v. D.—LÖBE, J.: Ulfilas. Veteris et novi testamenti versionis Gothicae fragmenta quae supersunt. Vol. I [Textausgabe], II, 1 [Wörterbuch]. Leipzig 1843; II, 2 [Grammatik]. Leipzig 1846. — 382. GUCHMANN, M. M.: Готский язык. Moskau 1958. — 383. HEMPEL, H.: Gotisches Elementarbuch. Berlin [4]1966. — 384. HUTTERER, C. J.: A gót nyelv. Grammatika, szövegek, szótár [Die gotische Sprache. Grammatik, Texte, Glossar]. Budapest 1974. Letzter Neudruck: Budapest 1988. — 385. KIECKERS, E.: Handbuch der vergleichenden gotischen Grammatik.

München 1928. Neudruck 1960. — 386. Krahe, H.: Historische Laut- und Formenlehre des Gotischen. Heidelberg 1948. ⟨—Seebold, E.:⟩ ^{2}1967. — 387. Krause, W.: Handbuch des Gotischen. München ^{2}1963, ^{3}1968. — 388. Leyen, F. v. d.: Einführung in das Gotische. München 1908. — 389. Marchand, J. W.: The Sounds and Phonemes of Wulfila's Gothic. Den Haag—Paris 1973. — 390. Mastrelli, C. A.: Grammatica gotica. Mailand 1967. — 391. Mossé, F.: Manuel de la langue gotique. Paris ^{2}1956. — 392. Moulton, W. G.: The Phonemes of Gothic. In: Language 24 [1948], 81 ff. — 393. Scardigli, P. G.: Lingua e storia dei Goti. Florenz 1964. ⟨Dt.:⟩ Die Goten. Sprache und Kultur. München 1973. — 394. Schubert, H.-J.: Die Erweiterung des bibelgotischen Wortschatzes mit Hilfe der Methoden der Wortbildungslehre. München 1968. — 395. Streitberg, W.: Gotisches Elementarbuch. Heidelberg 1857, $^{5-6}$1920. — 396. Wright, J.—Sayse, O. L.: Grammar of the Gothic Language. Oxford ^{2}1954. — 397. Wurzel, W. U.: Der gotische Vokalismus. In: ALH 25 [1975], 263 ff. — Vgl. 89, 157, 165—166, 171, 175, 199, 202, 705, 1115.

Wörterbücher: 398. Diefenbach, L.: Vergleichendes Wörterbuch der gotischen Sprache I—II. Wiesbaden [1851] 1967. — 399. Feist, S.: Vergleichendes Wörterbuch der gotischen Sprache mit Einschluß des Krimgotischen und sonstiger zerstreuter Überreste des Gotischen. Leiden ^{3}1939. — 400. Holthausen, F.: Gotisches etymologisches Wörterbuch. Heidelberg 1934. — 401. Lehmann, W. P.: A Gothic Etymological Dictionary. Based on the third edition of *Vergleichendes Wörterbuch der gotischen Sprache* by Sigmund Feist. Leiden 1986. — 402. Schulze, E.: Gotisches Glossar. Magdeburg o. J. [1847]. — 403. Tollenaere, F. de—Jones, R.: Word-Indices and Word-Lists to the Gothic Bible and Minor Fragments. Leiden 1976. — Vgl. 367, 379—384, 387, 391, 394—396, 824.

Bibliographie: 404. Mossé, F.: Bibliographia Gotica. In: Mediaeval Studies 12 [1950], 237 ff., 15 [1953], 169 ff., ⟨—Marchand, J. W.:⟩ 19 [1957], 174 ff. — Vgl. 359, 380, 382—387, 395, 1120.

2. Die Nordgermanen

Zusammenfassende Darstellungen: 405. Bandle, O.: Die Gliederung des Nordgermanischen. Basel—Stuttgart 1973. — 406. Haugen, E.: Scandinavian Language Structure. Tübingen 1982. — 407. ~: Die skandinavischen Sprachen. Eine Einführung in ihre Geschichte. Hamburg 1984. (Engl.: London 1976). — 408. Jakobsen, J.: Det norrøne sprog på Shetland. Kopenhagen 1897. — 409. Kolb, E.: Alemannisch-nordgermanisches Wortgut. Frauenfeld 1957. — 410. Küspert, K.-Chr.: Vokalsysteme im Westnordischen. Isländisch, Färöisch, Westnorwegisch. Prinzipien der Differenzierung. Tübingen 1988. — 411. Maurer, F.: Nordgermanen und Alemannen. Bern—München ^{3}1952. — 412. Noreen, A.: Scandinavian Languages. In: Encyclopaedia Britannica XXVIII. London 1886. — 413. ~: Geschichte der nordischen Sprachen, besonders in altnordischer Zeit. Straßburg ^{3}1913. — 414. Rask, R.: Undersøgelse om det gamle nordiske eller islandske sprogs oprindelse. Kopenhagen 1818. — 415. Steblin-Kamenskij, M. I.: История скандинавских языков. Moskau—Leningrad 1953. — 416. Wessén, E.: De nordiska språken. Stockholm ^{5}1957. ⟨Dt.:⟩ Die nordischen Sprachen. Berlin 1967. — Vgl. 14, 32—37, 145, 175, 178, 199, 212, 215—216, 243, 359, 374, 446, 514, 693, 1113, 1120.

Altnordisch. — *Sprache:* 417. Alexander Jóhannesson: Grammatik der urnordischen Runeninschriften. Heidelberg 1923. — 418. Antonsen, E. H.: A Concise Grammar of the Older Runic Inscriptions. Tübingen 1975. — 419. Ebel, E.: Kleine altisländische Grammatik. Bochum 1976. — 420. Gordon, E. V.: An Introduction to Old Norse. Oxford ^{2}1938. — 421. Gudbrand Vigfusson—York Powell, F.: Icelandic Prose Reader with Notes, Grammar and Glossary. Oxford 1879. — 422. Gutenbrunner, S.: Historische Laut- und Formenlehre des Altisländischen. Heidelberg 1951. — 423. Hanssen, E. u. a.: Norrøn grammatikk. Lydlære, formlære og syntaks i historisk framstilling. Oslo 1975. — 424. Heusler, A.: Altisländisches Elementarbuch. Heidelberg ^{5}1962. — 425. Krause, W.: Abriß der altwestnordischen Grammatik. Halle/S. 1948. — 426. ~: Die Sprache der urnordischen Runeninschriften. Heidelberg 1971. — 427. Makajev, E. A.: Язык древнейших рунических надписей. Moskau 1965. —

428. NOREEN, A.: Altisländische und altnorwegische Grammatik. Laut- und Flexionslehre. Halle/S. ⁴1923. — 429. ~: Altnordische Grammatik. Alabama 1970. — 430. ~ — TOMAS JOHANSSON: Isländsk läsebok. Lund ³1965. — 431. RANKE, F.—HOFMANN, D.: Altnordisches Elementarbuch. Berlin ⁵1988. — 432. SCOVAZZI, M.: Grammatica dell'antico nordico. Mailand 1966. — 433. STEBLIN-KAMENSKIJ, M. I.: Древнеисландский язык. Moskau 1955. — 434. VALFELLS, S.—CATHEY, J. E.: Old Icelandic. An Introductory Course. Oxford—New York 1981. — 435. WALTER, E.: Lexikalisches Lehngut im Altwestnordischen. Berlin 1976. — 436. ZAŁUSKA-STRÖMBERG, A.: Grammatik des Altisländischen. Hamburg 1982. — Vgl. 165, 171, 175—178, 199, 202, 309, 413, 415—416, 464, 466—468, 478—479, 487—488, 1113—1114, 1119—1120.

Wörterbücher: 437. BAETKE, W.: Wörterbuch zur altnordischen Prosaliteratur I—II. Berlin 1965—1968, ²1976. — 437a. FRITZNER, J.: Ordbog over det gamle norske Sprog I—III. Kristiania ²1886—1896. Neudruck: Oslo 1954. — 438. GERING, H.: Vollständiges Wörterbuch zu den Liedern der Edda. Halle/S. 1903. Neudruck: Hildesheim—New York 1971. — 439. HEGGSTAD, L.: Gamalnorske ordbok med nynorsk tyding. Oslo ²1930. — 440. HOLTHAUSEN, F.: Vergleichendes und etymologisches Wörterbuch des Altwestnordischen (Altnorwegisch-Isländischen). Göttingen 1948. — 441. SVEINBJÖRN EGILSSON: Lexicon Poeticum Antiquae Linguae Septentrionalis. 2. Aufl. bearb. v. FINNUR JÓNSSON. Kopenhagen ²1931. Neudruck: 1966. — 442. VRIES, J. DE: Altnordisches etymologisches Wörterbuch. Leiden 1957 ff. — Vgl. 309, 420—421, 424, 431, 433, 456, 474, 477, 483, 495, 824.

Bibliographie: 443. BEKKER-NIELSEN, H.: Old Norse-Islandic Studies. A Select Bibliography. Toronto 1967. — 444. ~ (Hrsg.): Bibliography of Old Norse-Icelandic Studies. Kopenhagen 1981. — 445. Bibliography of Old Norse-Icelandic Studies. Kopenhagen 1961 ff. — Vgl. 425—427, 433.

Isländisch (Altisländisch s. unter Altnordisch). — *Sprachgeschichte:* 446. CHAPMAN' K. G.: Icelandic-Norwegian Relationships. Oslo 1962. — 447. FINNUR JÓNSSON: Det islandske Sprogs Historie i kort Omrids. Kopenhagen 1918. — 448. KRENN, E.: Lautveränderungen im Isländisch und Färoyisch. In: Anthropos 33 [1938], 165 ff. — Vgl. 175—178, 184, 412—413, 415—416, 1120.

Grammatik: 449. GLENDING, P. J. T.: Teach Yourself Icelandic. London 1961. — 450. KRESS, B.: Laut- und Formenlehre des Isländischen. Halle/S. 1963. — 451. HALLDÓR HALLDÓRSSON: Íslenzk málfræði. Reykjavík 1950. — 452. MAGNÚS PÉTURSSON: Isländisch. Eine Übersicht über die moderne isländische Sprache. Hamburg 1978. — 453. ~: Lehrbuch der isländischen Sprache. Hamburg ²1987. — 454. STEFÁN EINARSSON: Icelandic Grammar, Texts, Glossary. Oxford 1949. — 455. THOMSON, C. D.: Íslensk Beygingafræði = Isländische Formenlehre/Icelandic Inflections. Hamburg 1987. — Vgl. 199, 410, 1094.

Wörterbücher: 456. ALEXANDER JÓHANNESSON: Isländisches etymologisches Wörterbuch. Bern 1951—1956. — 457. BERKOV, V. P.—ÁRNI BÖÐVARSSON: Исландско-русский словарь. Moskau 1962. — 458. CLEASBY, R.—GUDBRAND VIGFUSSON—CRAIGIE, W.: An Icelandic-English Dictionary. Oxford ²1957. — Vgl. 309, 449, 454.

Färöisch. — *Geschichte, Quellen:* 459. HAMMERSHAIMB, V. U.: Færøysk antologi. Kopenhagen 1891. Neudruck: 1947. — 460. RISCHEL, J.: Diphthongization in Faroese. In: AL. 11 [1968], 89 ff. — Vgl. 413, 415—416, 1120.

Grammatik: 461. LOCKWOOD, W. B.: An Introduction to Modern Faroese. Kopenhagen 1955. — Vgl. 410, 412, 448.

Wörterbücher: 462. JACOBSEN, M. A.—MATRAS, C.: Føroysk-Donsk Orðabók. Kopenhagen 1928. — 463. SVABO, J. C.: Dictionarium Færoense. Færøsk-dansk-latinsk ordbog I. Kopenhagen 1966. — Vgl. 461.

Norwegisch (Altnorwegisch s. unter Altnordisch). — *Sprachgeschichte:* 464. LUNDEBY, E.—TORVIK, I.: Språket vårt gjennom tidene. Oslo 1956, ³1964. — 465. NYGAARD, R. R.: Fra dansk-norsk riksmål. Oslo 1945. — 466. SEIP, D. A.: Norsk språkhistorie. Oslo ^{2}1955. (Dt. bearb. v. L. Saltveit. Berlin 1971). — 467. ~: En liten norsk språkhistorie. Oslo ^{15}1963. — 468. Skard, V.: Norsk språkhistorie I. Oslo 1967. — Vgl. 175—178, 309, 412—413, 415—416, 446, 1112, 1120.

Grammatik, Sprachstand: 469. Aasen, I.: Norsk Grammatik. Christiania 1864. — 470. Hallaraker, P.: Norwegian—Nynorsk: An Introduction for Foreign Students. Oxford 1984. — 471. Haugen, E.: Language Planning in Modern Norway. In: Scand. Studies 33 [1961], 68 ff. — 472. ~: Spoken Norwegian. New York ^{3}1982. — 473. Sommerfelt, A.—Marm, I.: Teach Yourself Norwegian. London 1957. — Vgl. 37, 166, 184, 199, 1030.

Wörterbücher: 474. Falk, H.—Torp, A.: Norwegisch-dänisches etymologisches Wörterbuch I—II. Heidelberg 1903—1906. Neudruck: Heidelberg—Oslo 1960. — 475. Hustad, T.: Stor norsk-tysk ordbok. Großes norwegisch-deutsches Wörterbuch. Oslo—Bergen—Tromsø 1979. — 476. Knudsen, T.—Sommerfelt, A.: Norsk riksmålsordbok. Oslo 1930 ff. — 477. Torp, A.: Nynorsk etymologisk ordbok. Oslo 1919. — Vgl. 309, 410, 773.

Dänisch. — *Sprachgeschichte, Altdänisch:* 478. Brøndum-Nielsen, J.: Gammeldansk Grammatik I—III. Kopenhagen 1932—1950. — 479. Skautrup, P.: Det danske Sprogs Historie I—III. Kopenhagen 1944—1953. — Vgl. 175—178, 216, 412—413, 415—416, 465, 1112, 1120.

Grammatik: 480. Henningsen, H.: Dänisch. München—Berlin—Zürich ^{14}1965.— 481. Koefoed, A. A.: Teach Yourself Danish. London 1958. — Vgl. 37, 166, 184, 196, 1094.

Wörterbücher: 482. Kalkar, O.: Ordbog til det ældre danske Sprog (1300—1700) I—V. Kopenhagen 1881—1918. — 483. Nielsen, N. Å.: Dansk etymologisk ordbog. Kopenhagen 1966. — 484. Ordbog over det danske Sprog. Udgivet af Det danske Sprog- og Litteraturselskab I—XXVII. Kopenhagen 1919—1954. — Vgl. 474, 480.

Schwedisch. — *Sprachgeschichte, Altschwedisch:* 485. Kock, A.: Svensk ljudhistoria. Lund 1906—1923. — 486. Noreen, A.: Altschwedische Grammatik. Halle/S. 1904. — 487. Wessén, E.: Svensk språkhistoria I—III. Stockholm—Gotenburg—Uppsala I: ^{8}1968 [1969]; II: ^{4}1965; III ^{2}1965. ⟨Dt.: Berlin 1970⟩ — 488. ~: Svensk medeltid I—II. Stockholm—Gotenburg—Uppsala 1968. — Vgl. 175—178, 412—413, 415—416, 1112, 1120.

Grammatik: 489. McClean, R. J.: Teach Yourself Swedish. London 1958. — 490. Kiefer, F.: Swedish Morphology. Stockholm 1970. — 491. Noreen, A.: Vårt språk I—IX. Lund 1903 ff. — 492. Wessén, E.: Vårt svenska språk. Stockholm 1968. — 493. Worgt, G.: Wir lernen Schwedisch sprechen. Halle/S. 1961. — 494. ~: Schwedisch. Leipzig ^{5}1984. — Vgl. 37, 166, 184, 196, 1094.

Wörterbücher: 495. Hellquist, E.: Svensk etymologisk ordbok. Lund ^{3}1948. — 496. Törnqvist, N.: Das niederdeutsche und niederländische Lehngut im schwedischen Wortschatz. Neumünster 1977. — 497. Ordbok över svenska språket. Utgiven av Svenska Akademien. Stockholm 1893 ff. — Vgl. 489, 493—494.

3. Die Nordseegermanen

Zusammenfassende Darstellungen: 498. Delbono, F.: Gli Anglosassoni e il Continente. Rom ^{2}1975. — 499. Evison, V. I. (Hrsg.): Angles, Saxons, and Jutes. Oxford 1981. — 500. Förster, M.: Keltisches Wortgut im Englischen. Halle 1921. — 501. Jungandreas, W.: Geschichte der deutschen und englischen Sprache I—III. Göttingen 1946—1950. — 502. Kufner, H. L.: The Grammatical Structure of English and German. Chicago 1963. — 503. Lerchner, G.: Studien zum nordwestgermanischen Wortschatz. Halle/S. 1965. — 504. Markey, Th. L.: Germanic Dialect Grouping and the Position of Ingvaeonic. Innsbruck 1976. — 505. ~: A North Sea Germanic Reader. München 1976. — 506. Nielsen, H. F.: Old English and the Continental Germanic

Languages. Innsbruck 1981. — 507. SIEBS, TH.: Zur Geschichte der englisch-friesischen Sprache I. Halle/S. 1889. Neudruck: Wiesbaden 1966. — 508. WREDE, F.: Ingwäonisch und Westgermanisch. In: ZfdMaa 19 [1924], 270 ff. — Vgl. 32—37, 145, 155, 166, 171, 175, 178, 374, 376, 514, 693, 1051, 1112, 1116, 1119—1120.

Englisch. — *Geschichte, Sprachgeschichte:* 509. BAUGH, A. C.: A History of the English Language. New York—London 1953 [1957]. (—CABLE, TH.: Englewood Cliffs, ³1978) — 510. BERNDT, R.: A History of the English Language. Leipzig 1982. — 511. BOLTON, W. F.: A Short History of Literary English. Totowa ²1973. — 512. BOURCIER, G.: Histoire de la langue anglaise du Moyen Age à nos jours. Paris 1978. (Engl.: Cheltenham 1981). — 513. BROOK, G. L.: A History of the English Language. London 1958. — 514. BRUNNER, K.: Die englische Sprache I—II. Tübingen ²1960—1962. — 515. BURGSCHMIDT, E.—GÖTZ, D.: Historische Linguistik: Englisch. Tübingen 1973. — 516. CHADWICK, H. M.: The Origin of the English Nation. Cambridge 1907. — 517. CRÉPIN, A.: Histoire de la langue anglaise. Paris 1967. — 518. EINENKEL, E.: Geschichte der englischen Sprache. Historische Syntax. Berlin ³1916. — 519. FISIAK, J. (Hrsg.): Historical Syntax. Berlin—New York—Amsterdam 1984. — 520. GÖRLACH, M.: Einführung in die englische Sprachgeschichte. Stuttgart ²1982. — 521. HODGKIN, R. H.: A History of the Anglo-Saxons I—II. Oxford ³1952. — 522. IL'IŠ, B. A.: История английского языка. Moskau ⁴1958. — 523. JACKSON, K.: Language and History in Early Britain. Edinburgh 1953. — 524. JARCEVA, V. N.: Историческая морфология английского языка. Moskau—Leningrad 1960. — 525. ~: Исторический синтаксис английского языка. Moskau—Leningrad 1961. — 526. JESPERSEN, O.: Growth and Structure of the English Language. Oxford 1945. — 527. LUICK, K.: Historische Grammatik der englischen Sprache. Leipzig 1914—1921. Neudruck: 1964. — 528. MOSSÉ, F.: Esquisse d'une histoire de la langue anglaise. Lyon 1947. — 529. PEI, M.: The Story of the English Language. Philadelphia—New York ²1967. — 530. PLOTKIN, V. J.: Динамика английской фонологической системы. Nowosibirsk 1967. — 531. POTTER, S.: Our Language. London ²1959. — 532. PYLES, T.: The Origins and Development of the English Language. London 1958. — 533. RYDÉN, M.: An Introduction to the Historical Study of English Syntax. Stockholm 1979. — 534. SCHIBSBYE, K.: Origin and Development of the English Language I: Phonology. Kopenhagen 1972. — 535. SCRAGG, D. G.: A History of English Spelling. Manchester—New York 1974. — 536. SHAKRAI, O.: The ABC of English Historical Grammar. Phonetics and Morphology. Kiew 1971. — 537. SMIRNICKIJ, A. I.: Хрестоматия по историй анлгийского языка с VII по XVII. в. Moskau 1953. — 538. STRANG, B. M. H.: A History of English. London—New York 1970. — 539. TRAUGOTT, E. C.: A History of English Syntax. New York 1972. — 540. VISSER, F. TH.: An Historical Syntax of the English Language I—II. Leiden 1963—1973. — 541. WADSTEIN, E.: On the Origin of the English. Uppsala 1927. — 542. WEŁNA, J.: A Diachronic Grammar of English 1: Phonology. Warschau 1978. — 543. WILLIAMS, J. M.: Origins of the English Language: a Social and Linguistic History. New York—London 1975. — Vgl. 14, 166, 175—178, 199, 205, 501, 507, 584, 589, 592, 687, 1112, 1116, 1120.

Altenglisch: 544. BARRACK, CH. M.: A Diachronic Phonology from Proto-Germanic to Old English Stressing West-Saxon Conditions. Den Haag—Paris 1975. — 545. CAMPBELL, A.: Old English Grammar. Oxford 1959. — 546. CASIERI, S.: Grammatica dell'Inglese Antico. Mailand 1973. — 547. CATALINI FENNELL, C.: Lezioni di antico e medio inglese. Bologna ²1978. — 548. CLAMOES, P. u. a. (Hrsg.): Anglo-Saxon England 1—6. Cambridge 1972—77. — 549. CLARK, J. W.: Early English: A Study of Old and Middle English. London 1957. — 550. DÜRMÜLLER, U.—UTZ, H.: Altenglisch: eine Einführung. Tübingen 1977. — 551. HUNTER BLAIR, P.: An Introduction to Anglo-Saxon England. Cambridge 1956, ²1977. — 552. KISPERT, R. J.: Old English: An Introduction. New York 1971. — 553. LASS, R.—ANDERSON, J. M.: Old English Phonology. Cambridge 1975. — 554. LEHNERT, J.: Poetry and Prose of the Anglo-Saxons I—II. Berlin 1956. — 555. ~: Altenglisches Elementarbuch. Berlin—New York ⁹1978. — 556. MARCKWARDT, A. H.—ROSIER, J. L.: Old English: Language and Literature. New York 1972. — 557. MOORE, S.—KNOTT, J. A.: The Elements of Old English. Ann Arbor 1940. — 558. PILCH, H.: Altenglische Grammatik. München 1970. — 559. PINSKER, H.—FRIES, U.—BIERBAUMER, P.: Altenglisches Studienbuch. Düsseldorf—Bern—München 1976. — 560. QUIRK, R.—WRENN, C. L.: An Old English Grammar. London 1955. — 561. RESZKIEWICZ, A.: A Diachronic Grammar of Old English.

Warschau 1973. — 562. Sievers, E.—Brunner, K.: Altenglische Grammatik. Halle/S. [2]1951. [Tübingen 1965]. — 563. Smirnickij, A. I.: Древнеанглийский язык. Moskau 1955. — 564. Sweet, H.: An Anglo-Saxon Reader. Oxford [14]1959. (Whitelock, D. [Hrsg.]: Sweet's Anglo-Saxon Reader in Prose and Verse. Oxford 1967.) — 565. ∼: A Second Anglo-Saxon Reader, Archaic and Dialectal. Oxford [2]1978. — 566. Weimann, K.: Einführung ins Altenglische. Stuttgart 1982, Heidelberg 1984. — 567. Wright, J.—Wright, E. M.: An Elementary Old English Grammar. Oxford 1923. — 568. ∼ — ∼: Old English Grammar. Oxford [3]1925. — 569. Wyatt, A. J.: An Anglo-Saxon Reader. Cambridge 1947. — 570. Zupitza, J.—Schipper, A.: Alt- und mittelenglisches Übungsbuch. Wien [14]1931. — Vgl. 14, 165, 171, 175—178, 202, 514, 897, 1112—1113, 1119.

Mittelenglisch: 571. Bähr, D.: Einführung ins Mittelenglische. Stuttgart [2]1983. — 572. Brunner, K.: Abriß der mittelenglischen Grammatik. Halle/S. [2]1948. — 573. Emerson, O. F.: A Middle English Reader. New York [2]1948. — 574. Jones, Ch.: An Introduction to Middle English. New York 1972. — 575. Kluge, F.: Mittelenglisches Lesebuch. Halle/S. 1912. — 576. Moessner, L.—Schaefer, U.: Proseminar Mittelenglisch. Stuttgart [2]1987. — 577. Moessner, L.: Early Middle English Syntax. Tübingen 1988. — 578. Mossé, F.: Manuel de l'anglais du Moyen-Age, des origines au XIVe siècle I—II. Paris 1945. ⟨Engl.:⟩ A Handbook of Middle English. Baltimore 1952. — 579. Mustonaja, T.: A Middle English Syntax. Helsingfors 1960. — 580. Smirnickij, A. I.: История английского языка. Средний и новый период. Moskau 1965. — 581. Weinstock, H.: Mittelenglisches Elementarbuch. Berlin 1968. — Vgl. 14, 514, 547, 549, 570, 892, 897.

Neuenglisch: 582. Curme, G. O.: A Grammar of the English Language I—II. Boston 1931—1935. — 583. Dobson, F. J.: English Pronunciation 1500—1700. I—II Oxford 1957, [2]1968. — 584. Ekwall, E.: Historische neuenglische Laut- und Formenlehre. Berlin [4]1965. — 585. Görlach, M.: Einführung ins Frühneuenglische. Stuttgart 1978. — 586. Gramley, S. E.—Pätzold, K. M.: Das moderne Englisch. Stuttgart 1985. — 587. Jespersen, O. H.: A Modern English Grammar on Historical Principles I—VII. Heidelberg 1909—1949. — 588. Jones, D.: An Outline of English Phonetics. Cambridge 1918, [8]1957. — 589. Marchand, H.: The Categories and Types of Present-Day English Word-Formation. München [2]1969. — 589a. Scherer, G.—Wollmann, A.: Englische Phonetik und Phonologie. Berlin [3]1988. — 590. Schlauch, M.: The English Language in Modern Times (Since 1400). Warschau 1959. — 591. Weekley, E.: The English Language. London 1952. — 592. Wyld, H. C.: A History of Modern Colloquial English. Oxford 1936. — Vgl. 37, 408, 502, 514, 580, 897, 900, 940, 943, 946—947, 1046, 1094.

Wörterbücher: 593. Borden, A. R.: A Comprehensive Old English Dictionary. Washington 1982. — 594. Bosworth, J.—Toller, T. N.: An Anglo-Saxon Dictionary I—II. Oxford 1882—1898. Neudruck: 1954. — 595. Grein, C. W. M.: Sprachschatz der angelsächsischen Dichter. Heidelberg [2]1912. — 596. Hall, J. R. C.: A Concise Anglo-Saxon Dictionary. Cambridge [4]1960 [1962]. — 597. Hessles, J. H. (Hrsg.): An Eighth-Century Latin-Anglo-Saxon Glossary (Corpus). Cambridge 1890. — 598. Holthausen, F.: Altenglisches etymologisches Wörterbuch. Heidelberg 1934, [3]1974. — 599. Jember, G. K.—Kemmler, F.: A Basic Vocabulary of Old English Prose/ /Grundwortschatz altenglischer Prosa. Tübingen 1981. — 600. Kurath, H.—Sherman, M. K.: Middle English Dictionary. Ann Arbor 1952 ff. — 601. Onions, C. T. (Hrsg.): The Oxford Dictionary of English Etymology. Oxford 1966. — 602. Partridge, E.: A Short Etymological Dictionary of Modern English. London 1959. — 603. Shipley, I. T.: Dictionary of Word Origins. New York [2][o. J.]. — 604. Skeat, W. W.: An English—Anglo-Saxon Vocabulary. Cambridge 1879. Neudruck: Bringhampton 1978. — 605. ∼: An Etymological Dictionary of the English Language. Oxford 1910. — 606. Springer, O. (Hrsg.): Langenscheidts Enzyklopädisches Wörterbuch der englischen und deutschen Sprache I—II. Berlin—Schöneberg 1962—1963. — 607. Stratmann, F. H.: A Middle English Dictionary. Oxford 1891. — 608. The Oxford English Dictionary I—XIII. Oxford 1933. — Vgl. 339, 346, 350, 354, 503, 537, 555, 560—570, 573—578, 687, 824, 899, 939—940, 944, 990—991, 1001, 1005, 1008, 1010, 1012, 1015.

Friesisch. — *Sprachgeschichte, Altfriesisch:* 609. Costello, J. R.: A Generative Grammar of Old Frisian. Frankfurt/M.—Bern—Las Vegas 1978 [1977]. — 610.

HELTEN, W. L. v.: Altostfriesische Grammatik. Niederwalluf v. Wiesbaden 1970. — 611. HEUSLER, A.: Altfriesisches Lesebuch. Heidelberg 1903. — 612. MARKEY, TH. L.: Frisian. Den Haag—Berlin 1979 [1981]. — 613. RAMAT, P.: Das Friesische. Innsbruck 1976 (auch it.). — 614. RICHTHOFEN, K. v.: Friesische Rechtsquellen. Berlin 1840. Neudruck: Aalen 1960. — 615. SIEBS, TH.: Geschichte der friesischen Sprache. In: 1110, I. — 616. SJÖLIN, B.: Einführung in das Friesische. Stuttgart 1969. — 617. STELLER, W.: Abriß der altfriesischen Grammatik. Halle/S. 1928. — Vgl. 165—166, 171, 175, 205, 507, 1113—1115, 1117, 1119—1120.

Neufriesisch: 618. ÅRHAMMAR, N.: Die Sprachen der Insel Föhr; Föhrer Friesisch (Fering) und Plattdeutsch. Münsterdorf 1976. — 619. FOKKEMA, K.: Het Stadfries. Assen 1937. — 620. ~: Beknopte Friese spraakkunst. Groningen—Batavia 1948. — 621. ~: De waardering van het Fries. Groningen-Batavia 1948. — 622. HEWETT, W. T.: The Frisian Language and Literature. London [o. J.]. — 623. KROGMANN, W.: Die friesische Sprache. In: 1117, 1899 ff. — 624. STEENSEN, T.: Friesische Sprache und friesische Bewegung. Husum 1987. — 625. WALKER, A.—WILTS, O.: Friesisch heute. Sankelmark 1979. — 626. ZHLUKTENKO, IU. A.—DVUKHZHILOV, A. V.: Фризский язык. Moskau 1984. — Vgl. 37, 1117, 1120.

Wörterbücher: 627. DIJKSTRA, W.: Friesch woordenboek. Leeuwarden 1900. — 628. HOLTHAUSEN, F.: Altfriesisches Wörterbuch. Heidelberg 1925. — 629. NAUTA, G. A.: Oudfriesche woordenlijst. Haarlem 1926. — 630. RICHTHOFEN, K. v.: Altfriesisches Wörterbuch. Göttingen 1840. Neudruck: Aalen 1961. — 631. SIPMA, P.—POORTINGA, Y.: Lyts Frysk Wirdboek I. Boalsert ^{2}1944. — Vgl. 503, 611, 824.

Altsächsisch. — *Sprachgeschichte, Grammatik:* 632. BEHAGHEL, O.: Die Syntax des Heliand. Leipzig—Wien—Prag 1897. — 633. BRETSCHNEIDER, A.: Die Heliandheimat und ihre sprachgeschichtliche Entwicklung. Marburg 1934. — 634. CORDES, G.: Altniederdeutsches Elementarbuch. Wort- und Lautlehre. Heidelberg 1973. — 635. GALLÉE, J. H.: Altsächsische Grammatik. Halle/S. ^{2}1910. — 636. HOLTHAUSEN, F.: Altsächsisches Elementarbuch. Heidelberg ^{2}1921. — 637. RAMAT, P.: Grammatica dell'antico sassone. Mailand 1969. — Vgl. 155, 165—166, 171, 175, 199, 202, 205, 508, 693, 749, 1091, 1113—1115, 1119—1120.

Wörterbücher: 638. HOLTHAUSEN, F.: Altsächsisches Wörterbuch. Münster—Köln 1954, Köln—Graz ^{2}1967. — 639. SEHRT, E. H.: Vollständiges Wörterbuch zum Heliand und zur altsächsischen Genesis. Göttingen ^{2}1966. — Vgl. 503, 824.

4. Die Südgermanen

Zusammenfassende Darstellungen: 640. HÖFLER, O.: Die zweite Lautverschiebung bei Ostgermanen und Westgermanen. Tübingen 1958. — 641. TÖRNQVIST, N.: Gibt es tatsächlich eine westgermanische Spracheinheit? In: NM. 75 [1974], 386 ff. — Vgl. 32—37, 145, 155, 160, 166, 171, 175—178, 182, 199, 409, 411, 503, 508, 693, 905, 1091, 1113, 1119—1120.

Niederländisch. — *Sprachgeschichte, Altniederfränkisch:* 642. BREE, C. v.: Historische grammatica van het Nederlands. Dordrecht 1987. — 643. FRINGS, TH.: Die Stellung der Niederlande im Aufbau des Germanischen. Halle/S. 1944. — 644. GOOSSENS, J.: Historische Phonologie des Niederländischen. Tübingen 1974. — 645. KYES, R. L. (Hrsg.): The Old Low Franconian Psalms and Glosses. Ann Arbor 1970. — 646. LECOUTERE, C. P. F.—GROOTAERS, L.: Inleiding tot de taalkunde en tot de geschiedenis van het Nederlandsch. Heverlee—Löwen ^{6}1948. — 647. PETRI, F.: Die fränkische Landnahme und die Entstehung der germanisch-romanischen Sprachgrenze in der interdisziplinären Diskussion. Darmstadt 1977. — 648. SCHÖNFELD, M. ⟨—LOEY, A. v.⟩: Historische grammatica van het Nederlands. Zutphen ^{7}1965. — 649. VOOYS, C. G. N. DE: Geschiedenis van de Nederlandse taal. Antwerpen—Groningen ^{5}1952. — 650. WITTE, A. J. J. DE: Strukturele historische grammatica van het Nederlands. 1964. — Vgl. 155, 157, 166, 171, 175, 178, 199, 680, 905—906, 1113—1115, 1120.

Mittelniederländisch: 651. FRANCK, J.: Mittelniederländische Grammatik. Mit Lesestücken und Glossar. Leipzig ^{2}1910, Arnhem ^{2}1967. — 652. LE ROUX, T. H.—LE ROUX,

J. J.: Middelnederlandse Grammatika. Pretoria [5]1967. — 653. LOEY, A. V.: Introduction à l'étude de moyen néerlandais. 1951. — 654. ~: Middelnederlandse spraakkunst I—II. Antwerpen [5-6]1968—1969. — Vgl. 1114—1115.

Neuniederländisch: 655. BRACHIN, P.: Die niederländische Sprache. Eine Übersicht. Hamburg 1987. — 656. GROOTAERS, L.—KLOEKE, G. G.: Taalatlas van Noord- en Zuid-Nederland 1 ff. Leiden 1939 ff. — 657. JALINK, J. M.—TOORN, M. C. v. D.: Praktisches Lehrbuch Niederländisch. Berlin—München—Zürich [2]1967. — 658. KOOLHOVEN, H.: Teach Yourself Dutch. London [2]1952. — Vgl. 37, 1068—1069, 1094, 1115, 1120.

Wörterbücher: 659. DALE, J. H. v.: Groot woordenboek der Nederlandse taal 1—3. Den Haag 1864, [8]1960—1961, Utrecht—Antwerpen [11]1984. — 660. FRANCK, J.—WIJK, N. v.: Etymologisch woordenboek der Nederlandse taal. Den Haag [2]1912 (Ergänzt: 1936). Neudruck: 1949. — 661. VERCOULLIE, J.: Beknopt etymologisch woordenboek der Nederlandse taal. 's-Gravenhage [3]1926. — 662. VERWIJS, E.—VERDAM, J.: Middelnederlandsch Woordenboek I—IX. Den Haag 1885—1929. — 663. VRIES, J. DE: Etymologisch woordenboek. Utrecht—Antwerpen [2]1959. — Vgl. 503, 824, 1043.

Afrikaans. — *Geschichte, Sprachgeschichte:* 664. BOSHOFF, S. P. E.: Volk en taal van Zuid-Afrika. Amsterdam 1921. — 665. BOSMAN, D. B.: Oor die ontstaan van Afrikaans. Amsterdam 1928. — 666. KLEINZ, N.: Deutsche Sprache im Kontakt in Südwestafrika; der heutige Gebrauch der Sprachen Deutsch, Afrikaans und Englisch in Namibia. Stuttgart 1984. — 667. KLOEKE, G. G.: Herkomst en groei van het Afrikaans. Leiden 1950. — 668. RADER, F.: Afrikaans. München 1984. — 669. ROSENTHAL, E. (Hrsg.): Encyclopedia of Southern Africa. London—New York [2]1964. — Vgl. 655, 912, 1086, 1115, 1120.

Grammatik: 670. BREYNE, M. R.: Afrikaans. Eine Einführung in die Laut-, Formen- und Satzlehre mit Literaturproben. Leipzig 1936. — 671. BURGERS, M. P. O.: Teach Yourself Afrikaans. London 1957. — 672. MIRONOV, A. A.: Язык африкаанс. Moskau 1969.

Wörterbücher: 673. KRITZINGER, M. S. B.—STEYN, H. A.—SCHOONES, P. C.—CRONJÉ, U. J.: Groot Woordeboek Afrikaans-Engels, Engels-Afrikaans. Pretoria [8]1959. — 674. SCHULZE, H. G.—TRÜMPELMANN, G. P. J.: Handwörterbuch Afrikaans. (Deutsch-Afrikaans, Afrikaans-Deutsch). Berlin—Beperk, Pret. [5]1957. — Vgl. 1011—1015.

Niederdeutsch (Altniederdeutsch s. unter Altsächsisch). — *Sprachgeschichte, Mittelniederdeutsch:* 675. BISCHOFF, K.: Über die Grundlagen der mittelniederdeutschen Schriftsprache. In: NddJ. 85 [1962], 9 ff. — 676. CORDES, G.—MÖHN, D. (Hrsg.): Handbuch zur niederdeutschen Sprach- und Literaturwissenschaft. Berlin—Bielefeld—München 1985. — 677. FOERSTE, W.: Geschichte der niederdeutschen Mundarten. In: 1117, [2]I, 1792 ff. — 678. ~: Einheit und Vielfalt der niederdeutschen Mundarten. Münster/Westf. 1960. — 679. FRINGS, TH.: Aufbau und Gliederung des Niederdeutschen. In: NdM. 6 [1950], 28 ff. — 680. ~ — LERCHNER, G.: Niederländisch und Niederdeutsch. Aufbau und Gliederung des Niederdeutschen. Berlin 1966. — 681. GERNENTZ, H. J.: Niederdeutsch — gestern und heute. Berlin 1964, Rostock [2]1980. — 682. GOOSSENS, J. (Hrsg.): Niederdeutsch. Sprache und Literatur 1: Sprache. Neumünster 1973. — 683. KIRCH, M.: Der Einfluß des Niederdeutschen auf die hochdeutsche Schriftsprache. Gießen 1952. — 684. LASCH, A.: Mittelniederdeutsche Grammatik. Halle/S. 1914. — 685. STAMMLER, W.: Mittelniederdeutsches Lesebuch. 1921. — Vgl. 166, 178, 1056, 1091, 1114—1115, 1120.

Neuniederdeutsch: 686. GRIMME, H.: Plattdeutsche Mundarten. Leipzig 1910. — Vgl. 681, 690, 912, 917, 920, 924, 926, 931, 1042, 1055—1058, 1091, 1117, 1120.

Wörterbücher: 687. BENSE, J. F.: Dictionary of the Low-Dutch Element in the English Vocabulary. Den Haag 1939. — 688. JUNGANDREAS, W.—WESCHE, H. (Hrsg.):

Niedersächsisches Wörterbuch 1 ff., Neumünster 1953 ff. — 689. Lasch, A.— Borchling, C.— Cordes, G.: Mittelniederdeutsches Handwörterbuch. Hamburg 1928 ff. — 690. Sass, J.: Plattdeutsches Wörterverzeichnis mit den Regeln für die plattdeutsche Rechtschreibung. Hamburg 1935. — 691. Schiller, K.—Lübben, A.: Mittelniederdeutsches Wörterbuch I—VI. Bremen ²1931. — 692. Stellmacher, D. (Hrsg.): Niedersächsisches Wörterbuch. Neumünster 1981 ff. — Vgl. 503, 685, 824.

Deutsch. — *Geschichte, Sprachgeschichte:* 693. Bach, A.: Geschichte der deutschen Sprache. Heidelberg ⁸1965.—694. Behaghel, O.: Deutsche Syntax. Eine geschichtliche Darstellung I—IV. Heidelberg 1923—1932. — 695. ~: Geschichte der deutschen Sprache. Berlin—Leipzig ⁵1928. — 696. ~ — Maurer, F.: Die deutsche Sprache. Halle/S. ¹³1958. — 697. Besch, W. u. a. [Hrsg.]: Sprachgeschichte. Ein Handbuch zur Geschichte der deutschen Sprache und ihrer Erforschung. 1—2. Berlin—New York 1984—1985. — 698. Birkhahn, H.: Etymologie des Deutschen. Bern—Frankfurt/M.—New York 1985. — 699. Ebert, R. P.: Historische Syntax des Deutschen. Stuttgart 1978. — 700. Eggers, H.: Deutsche Sprachgeschichte I—IV. Hamburg 1963—1977. — 701. ~ (Hrsg.): Der Volksname Deutsch. Darmstadt 1970. — 702. Frings, Th.: Sprache und Geschichte I—III. Halle/S. 1956. — 703. ~: Grundlegung einer Geschichte der deutschen Sprache. Halle/S. ³1957. — 704. Hempen, U.: Die starken Verben im Deutschen und Niederländischen. Diachrone Morphologie. Tübingen 1988. — 705. Henzen, W.: Deutsche Wortbildung. Tübingen ²1957. — 706. Herrlitz, W.: Historische Phonologie des Deutschen I: Vokalismus. Tübingen 1970. — 707. Hirt, H.: Geschichte der deutschen Sprache. München ²1925. — 708. Horacek, B.: Kleine historische Lautlehre des Deutschen. Wien—Stuttgart ²1966. — 709. Karstien, C.: Historische deutsche Grammatik I. Heidelberg 1939. — 710. Keller, R. E.: The German Language. London—Boston 1978. ⟨Dt.:⟩ Die deutsche Sprache und ihre historische Entwicklung. Hamburg 1986. — 711. Kienle, R. v.: Historische Laut- und Formenlehre des Deutschen. Tübingen 1960. — 712. Kluge, F.: Deutsche Sprachgeschichte. Leipzig ²1925. — 713. Kozłowska, H.: Formenneutralisierung im nominalen Bereich der deutschen Sprache. Posen 1969. — 714. Lachmann, K.: Kleinere Schriften zur deutschen Philologie. Berlin 1876. — 715. Lockwood, W. B.: Historical German Syntax. Oxford 1968. — 716. Maurer, F.—Stroh, F.: Deutsche Wortgeschichte I—III. Berlin ²1959—1960. — 717. Moser, H[ans]—Wellmann, H.—Wolf, N. R.: Geschichte der deutschen Sprache 1: Althochdeutsch, Mittelhochdeutsch. Stuttgart 1981. — 718. Moser, H[ugo]: Annalen der deutschen Sprache von den Anfängen bis zur Gegenwart. Stuttgart 1961, ³1968. — 719. ~: Probleme der Periodisierung des Deutschen. In: GRM., NF 1 [1951], 296 ff. — 720. ~: Deutsche Sprachgeschichte. Stuttgart 1950, Tübingen ⁵1965. — 721. Moulton, W. G.: Zur Geschichte des deutschen Vokalismus. In: PBB/T. 83 [1961], 1 ff. — 722. Naumann, H.: Geschichte der deutschen Literatursprache. Leipzig 1926. — 723. Penzl, H.: Geschichtliche deutsche Lautlehre. München [1969]. — 724. ~: Vom Urgermanischen zum Neuhochdeutschen. Eine historische Phonologie. Berlin 1975. — 725. Polenz, P. v.: Geschichte der deutschen Sprache. Berlin ⁸1972. — 726. Prokosch, E.: The Sounds and History of the German Language. New York 1916. — 727. ~: Outline of German Historical Grammar. New York 1933. — 728. Ronneberger-Sibold, E.: Historische Phonologie und Morphologie des Deutschen. Tübingen 1988 ⟨Bibliographie!⟩ — 729. Scherer, W.: Zur Geschichte der deutschen Sprache. Berlin ²1878. — 730. Schildt, J.: Abriß der Geschichte der deutschen Sprache. Berlin ²1981. — 731. ~ (Hrsg.): Zur Periodisierung der deutschen Sprachgeschichte. Berlin 1982. — 732. Schirmuski, V.: История немецкого языка. Moskau ⁵1965. — 733. Schmidt, W. u. a.: Geschichte der deutschen Sprache. Berlin ³1980. — 734. Schweikle, G.: Germanisch-deutsche Sprachgeschichte im Überblick. Stuttgart 1986. — 735. Sonderegger, S.: Grundzüge deutscher Sprachgeschichte. Berlin—New York 1979. — 736. Stedje, A.: Deutsche Sprache gestern und heute. Stuttgart 1988. — 737. Szulc, A.: Historische Phonologie des Deutschen. Tübingen 1987. — 738. Tschirch, F.: Geschichte der deutschen Sprache I—II. Berlin 1966—1969. — 739. Wells, C. J.: German: a Linguistic History to 1945. Oxford 1985. — 740. Wilmanns, W.: Deutsche Grammatik I—III. Straßburg ²/³1899—1911. — 741. Wolff, G.: Deutsche Sprachgeschichte. Frankfurt/M. 1986. — 742. Wright, J.: Historical German Grammar. Oxford 1907. — 743. Zabrocki, L.: Wspólnoty komunikatywne w genezie i rozwoju języka niemieckiego I: Prehistoria języka niemieckiego. Warschau 1963. — Vgl. 21, 144, 175, 178, 199, 409, 411, 501, 905, 912, 978, 1008, 1091, 1113, 1115, 1117, 1119—1120.

Althochdeutsch: 744. Baesecke, G.: Kleinere Schriften zur althochdeutschen Sprache und Literatur. Bern—München 1966. — 745. Barber, C. C.: Old High German Reader. London 1952. — 746. Bergmann, R. u. a. (Hrsg.): Althochdeutsch 1—2. Heidelberg 1987. — 747. ~ — Pauly, P.: Alt- und Mittelhochdeutsch. Göttingen 1973, ^{3}1985. — 748. Braune, W.—Helm, K.: Althochdeutsches Lesebuch. Tübingen ^{14}1962. — 749. ~ — ~: Abriß der althochdeutschen Grammatik mit Berücksichtigung des Altsächsischen. Halle/S. ^{10}1956, Tübingen ^{14}1977. — 750. Braune, W.—Mitzka, W.: Althochdeutsche Grammatik. Halle/S. ^{8}1955, Tübingen ^{11}1963. Bearb. v. H. Eggers, Tübingen ^{13}1975. — 751. Ellis, J.: Elementary Old High German Grammar. Oxford 1954. — 752. Gerdes, U.—Spellerberg, G.: Althochdeutsch — Mittelhochdeutsch. Frankfurt/M. ^{3}1976. — 753. Lösel, F.: A Short Old High German Grammar and Reader with Glossary. [Dublin] 1969. — 754. Naumann, H.: Althochdeutsche Grammatik. Berlin 1918. — 755. ~ — Betz, W.: Althochdeutsches Elementarbuch. Berlin ^{4}1967. — 756. Rauch, I.: The Old High German Diphthongization. Den Haag 1967. — 757. Reiffenstein, I.: Die althochdeutsche Kirchensprache. In: Germanistische Abhandlungen. Innsbruck 1959, 41 ff. — 758. Schatz, J.: Althochdeutsche Grammatik. Göttingen 1927. — 759. Sonderegger, S.: Althochdeutsche Sprache und Literatur. Berlin—New York 1974. — 760. Szulc, A.: Diachronische Phonologie und Morphologie des Althochdeutschen. Warschau 1974. — 761. Tschirch, F.: Frühmittelalterliches Deutsch. Halle/S. 1955. — 762. Wolf, N. R.: Althochdeutsch — Mittelhochdeutsch. Heidelberg 1981. — Vgl. 155, 165—166, 171, 175, 182, 202, 906, 923, 1091, 1113—1115, 1117, 1119.

Mittelhochdeutsch: 763. Asher, J. A.: A Short Descriptive Grammar of Middle High German with Texts and Vocabulary. London 1967 [1968]. — 764. Boor, H. de—Wisniewski, R.: Mittelhochdeutsche Grammatik. Berlin—New York 1978. — 765. Ehrismann, O.—Ramge, H.: Mittelhochdeutsch. Tübingen 1976. — 766. Eis, G.: Historische Laut- und Formenlehre des Mittelhochdeutschen. Halle/S. 1958. — 767. Mausser, O.: Mittelhochdeutsche Grammatik auf vergleichender Grundlage I—III. München 1933. — 768. Mettke, H.: Mittelhochdeutsche Grammatik. Laut- und Formenlehre. Halle/S. ^{2}1967. — 769. Michels, V.: Mittelhochdeutsches Elementarbuch. Heidelberg $^{3/4}$1921.—770. Paul, H.—Gierach, E.—Behaghel, O.—Mitzka, W.: Mittelhochdeutsche Grammatik. Tübingen ^{19}1963, ^{22}1982. — 771. Paul, H.—Moser, H[ugo]—Schröbler, I.: Mittelhochdeutsche Grammatik. Tübingen ^{20}1969. — 772. Paul, H.: Mittelhochdeutsche Grammatik. Bearb. v. S. Grosse und P. Wiehl. Tübingen ^{23}1988. — 773. Richey, M. F.: Middle High German. Edinburgh 1952. — 774. Weinhold, K.—Moser, H[ugo]: Kleine mittelhochdeutsche Grammatik. Wien ^{12}1960. — 775. Wright, J.—O'C. Walshe, M.: Middle High German Primer. Oxford ^{5}1955. — 776. Zupitza, J.—Tschirch, F.: Einführung in das Studium des Mittelhochdeutschen. Jena ^{20}1960. — Vgl. 166, 683, 714, 747, 752, 762, 1091, 1114—1115, 1117.

Neuhochdeutsch: 777. Admoni, V. G.: Der deutsche Sprachbau. Moskau—Leningrad ^{2}1966, München ^{3}1970, ^{4}1982. — 778. ~: Die Entwicklungstendenzen des deutschen Satzbaus von heute. München 1973. — 779. Benware, W. A.: Phonetics and Phonology of Modern German. Washington 1986. — 780. Bergmann, R.—Pauly, P.: Neuhochdeutsch. Göttingen ^{2}1975.—781. Besch, W.: Sprachlandschaften und Sprachausgleich im 15. Jh. München 1967. — 782. Brinkmann, H.: Die deutsche Sprache. Düsseldorf 1962. — 783. Brooke, K.: Introduction to Early New High German. London 1955. — 784. Curme, G. O.: A Grammar of the German Language. New York—Oxford ^{2}1922. — 785. Duden. Grammatik der deutschen Gegenwartssprache. Hrsg. v. P. Grebe. Mannheim ^{2}1959, 1984.— 786. Ebert, W. —Frings, Th.—Gleissner, K.—Kötzschke, R.—Streitberg, G.: Kulturräume und Kulturströmungen im mitteldeutschen Osten. Halle/S. 1936. — 787. Eggers, H.: Deutsche Sprache im 20. Jh. München 1973. — 788. Engel, U.: Deutsche Grammatik. Heidelberg 1988. — 789. Erben, J.: Abriß der deutschen Grammatik. Berlin 1958, ^{8}1965. — 790. Fleischer, W.: Strukturelle Untersuchungen zur Geschichte des Neuhochdeutschen. Berlin 1966. — 791. ~: Wortbildung der deutschen Gegenwartssprache. Leipzig 1971. — 792. Frings, Th.: Die Grundlagen des Meißnischen Deutsch. Halle/S. 1936. — 793. Götze, A.—Volz, H.: Frühneuhochdeutsches Lesebuch. Göttingen ^{4}1958. — 794. Grimm, J.: Deutsche Grammatik I—IV. Berlin 1870—1878. Gütersloh ^{2}1890. — 795. Grosse, R.: Die mitteldeutsch-niederdeutschen Handschriften des Schwabenspiegels in seiner

Kurzform. Berlin 1974. — 796. GUCHMANN, M. M.: Der Weg zur deutschen Nationalsprache I—II. Berlin 1964—1969. — 797. HOTZENKÖCHERLE, R.: Entwicklungsgeschichtliche Grundzüge des Neuhochdeutschen. In: WW. 12 [1962], 321 ff. — 798. MOSER, H[UGO]: Entwicklungstendenzen des heutigen Deutsch. In: ModSpr. 50 [1956], 213 ff. — 799. ∼ — STOPP, H. (Hrsg.): Grammatik des Frühneuhochdeutschen I/1: SAUERBECK, K.: Vokalismus der Nebensilben I. Heidelberg 1970. — 800. ∼—∼ (Hrsg.): Grammatik des Frühneuhochdeutschen I/3: Beiträge zur Laut- und Formenlehre. Heidelberg 1978. — 801. MOSER, H[UGO] u. a. (Hrsg.): Grammatik des Frühneuhochdeutschen. 2. Beiträge zur Laut- und Formenlehre. Heidelberg 1987. — 802. ∼ (Hrsg.): Grammatik des Frühneuhochdeutschen. Flexion der Pronomina und Numeralia. Bd. 7 von MARIA WALCH und SUSANNE HÄCKEL. Heidelberg 1988. — 803. MOSER, V.—KIENAST, R.: Frühneuhochdeutsche Grammatik I—III. Heidelberg 1929—1951. — 804. PASIERBSKY, F.: Deutsche Sprache im Reformzeitalter. Bearb. v. E. BÜCHLER und E. DIRKSCHNIEDER. 1—2. Tübingen 1988. — 805. PAUL, H.: Deutsche Grammatik I—V. Halle ^{5}1958. — 806. PHILIPP, G.: Einführung ins Frühneuhochdeutsche. Sprachgeschichte, Grammatik, Texte. Heidelberg 1980. — 807. PIIRAINEN, I. T.: Graphematische Untersuchungen zum Frühneuhochdeutschen. Berlin 1968. — 808. PRIEBSCH, R.—COLLINSON, W. E.: The German Language. London ^{2}1946. — 809. REICHMANN, O.: Deutsche Wortforschung. Stuttgart 1969. — 810. SCHIRMER, A.—MITZKA, W.: Deutsche Wortkunde. Berlin ^{5}1965. — 811. SCHMIDT, J. (Hrsg.): Zum Sprachwandel in der deutschen Literatursprache des 16. Jahrhunderts. Berlin 1987. — 812. SCHMITT, L. E.: Untersuchungen zu Entstehung und Struktur der neuhochdeutschen Schriftsprache. Köln—Graz 1966 ff. — 813. SIEBS, TH.: Deutsche Aussprache. Hrsg. v. H. v. BOOR, H[UGO] MOSER und C. WINKLER. Berlin ^{19}1969. — 814. STEPANOVA, M. D.—ČERNYŠEVA, I. I.: Lexikologie der deutschen Gegenwartssprache. Moskau 1975. — 815. WEISGERBER, L.: Von den Kräften der deutschen Sprache I—IV. Düsseldorf ^{2}1953 ff. — 816. Zur Ausbildung der Norm in der deutschen Literatursprache (1470—1730). Berlin 1980—81. — Vgl. 37, 184, 502, 683, 917, 920, 924—926, 931, 1030—1031, 1039, 1042, 1091—1094, 1114—1115, 1117, 1120.

Wörterbücher: 816a. BENECKE, F.—MÜLLER, W.—ZARNCKE, F.: Mittelhochdeutsches Wörterbuch I—III. Leipzig 1854—1861. Neudruck: Hildesheim 1963. — 817. DORNSEIFF, F.: Der deutsche Wortschatz nach Sachgruppen. Berlin ^{6}1965. — 818. DROSDOWSKI, G. (Hrsg.): Duden. Das große Wörterbuch der deutschen Sprache in 6 Bänden. Mannheim—Wien—Zürich 1976 ff. — 819. FRINGS, TH.—KARG-GASTERSTÄDT, E.—GROSSE, R.: Althochdeutsches Wörterbuch. Berlin 1952 ff. — 820. GÖTZE, A.: Frühneuhochdeutsches Glossar. Berlin ^{7}1967. — 821. GRAFF, E. G.: Althochdeutscher Sprachschatz I—VII. Berlin 1834—1846. Neudruck: Darmstadt 1963. — 822. GRIMM, J.—GRIMM, W.: Deutsches Wörterbuch I—XIV. Leipzig—Berlin 1854—1971. — 823. KEMPCKE, G. u. a. (Hrsg.): Handwörterbuch der deutschen Gegenwartssprache 1—2. Berlin 1984. — 824. KLUGE, F.—MITZKA, W.: Etymologisches Wörterbuch der deutschen Sprache. Berlin ^{20}1967. — 825. LEXER, M.: Mittelhochdeutsches Handwörterbuch I—III. Leipzig ^{2}1913. — 826. ∼ — HENSCHEL, E.—KIENAST, R.: Mittelhochdeutsches Taschenwörterbuch. Stuttgart ^{36}1981. — 827. MACKENSEN, L.: Deutsches Wörterbuch. Baden-Baden ^{4}1962. — 828. PAUL, H. ⟨— BETZ, W.⟩: Deutsches Wörterbuch. Tübingen ^{5}1966. — 829. PEKRUN, R.—PLANATSCHER, F.: Das deutsche Wort. Frankfurt—Innsbruck—Paris—Brüssel—Lausanne 11. Aufl. [o. J.]. — 830. SCHÜTZEICHEL, R.: Althochdeutsches Wörterbuch. Tübingen 1969, ^{3}1981. — 831. SEHRT, E. H.—LENGER, W. K.: Notker-Wortschatz. Halle/S. 1955. — 831/a. SEHRT, E. H.: Notker-Glossar. Tübingen 1962. — 832. STARCK, T.—WELLS, J. C.: Althochdeutsches Glossenwörterbuch. Heidelberg 1975 ff. — 833. Trübners Deutsches Wörterbuch I—VIII. Berlin 1947—957. — 834. O'C. WALSHE, M.: A Concise German Etymological Dictionary. London 1951. — Vgl. 409, 748, 753, 755, 764, 770, 776, 838, 925, 960, 973, 976, 982, 1005, 1008, 1040—1042, 1047—1050.

Langobardisch: 835. BRUCKNER, W.: Die Sprache der Langobarden. Straßburg 1895. — 836. MEYER, C.: Sprache und Sprachdenkmäler der Langobarden. Paderborn 1877. — 837. SABATINI, F.: Riflessi linguistici della dominazione longobarda nell'Italia mediana e meridionale. Florenz 1963. — 838. SCHRÖBLER, J.: Langobardisch-deutsches Glossar. In: F. BEYERLE: Die Gesetze der Langobarden. Weimar 1947, 497 ff. — Vgl. 153, 155, 157, 160, 166, 171, 178, 207, 209, 923, 1113, 1115, 1120.

Pennsilfaanisch: 838/a. Beam, C. R.: Pennsylvania German Dictionary. English to Pennsylvania German. Lancaster, Pa. 1985. — 839. Buffington, A. F.—Barba, P. A.: Pennsylvania German Grammar. Allentown 1954. — 839/a. Frey, J. W.: Pennsylvania Dutch Grammar. Lancaster, Pa. 1950. — 839/b. Kehr, K.: „Pennsylvaniadeutsch" außerhalb von Pennsylvania (U.S.A.). In: Enninger, W. u.a. (Hrsg.): Internal and External Perspectives on Amish and Mennonite Life 2. Essen 1986, S. 124 ff. — 839/c. Kloss, H. (Hrsg.): Deutsch als Muttersprache in den Vereinigten Staaten. II. Stuttgart 1985. — 839/d. Lambert, M. B.: Pennsylvania German Dictionary. Exton, Pa. 1924. Neudruck: 1977. — 839/e. Seel, H.: Lexikologische Studien zum Pennsylvaniadeutschen. Stuttgart 1988. — 840. Snader, H.: The English-Pennsylvania Dutch Dictionary. Reading, Pa. 1965. — 841. Reed, C. E.—Seifert, L. W.: A Linguistic Atlas of Pennsylvania German. Marburg 1954. — 842. Springer, O.: The Study of the Pennsylvania German Dialect. In: JEGP. 42 [1943], 1 ff. — 842/a. Veith, W. H.: Pennsylvaniadeutsch. Ein Beitrag zur Entstehung von Siedlungsmundarten. In: ZfMaf 35 [1968], S. 254 ff. — Vgl. 912, 927, 1086, 1091, 1117—1120.

Jiddisch. — *Geschichte, Sprachgeschichte:* 843. Beranek, F. J.: Jiddisch. In: 1117, ^{2}I, Sp. 1555 ff. Berlin 1952. — 844. Bihari, J.: Zur Erforschung des slawischen Bestandteils des Jiddischen. In: ALH. 19 [1969], 157 ff. — 845. Bin-Nun, J.: Jiddisch und die deutschen Mundarten unter Berücksichtigung des ostgalizischen Jiddisch. Tübingen 1973. — 846. Fischer, J.: Das Jiddische und sein Verhältnis zu den deutschen Mundarten. Leipzig 1936. — 847. Fishman, J. A. (Hrsg.): Never say die! A 1000 Years of Yiddish in Jewish Life and Letters. Den Haag—Paris—New York 1981. — 848. Grünbaum, M.: Jüdischdeutsche Chrestomathie. Leipzig 1882. — 849. Heide, M. G.: Graphematisch-phonematische Untersuchungen zum Altjiddischen. Der Vokalismus. Bern—Frankfurt/M. 1974. — 850. Landmann, S.: Jiddisch. Das Abenteuer einer Sprache. Freiburg/B. 1962, ^{2}1970. — 851. Lötzsch, R.: Slawische Elemente in der grammatischen Struktur des Jiddischen. In: Zsr. f. Slawistik 19 [1974], 446 ff. — 852. Mieses, M.: Die jiddische Sprache. Eine historische Grammatik. Berlin—Wien 1924. — 853. Simon, B.: Jiddische Sprachgeschichte. Frankfurt 1988. — 854. Weinreich, M.: Yidishkayt and Yiddish: On the Impact of Religion on Language in Ashkenazic Jewry. In: M. M. Kaplan-Festschrift. New York 1953, 481 ff. — 855. ∼: [Geshikte fun der yidisher shprakh. Bagrifn, faktn, metodn] 1—4. New York 1973 ⟨Engl.:⟩ History of the Yiddish Language. Chicago—London 1980. — Vgl. 1030, 1033, 1043, 1060, 1086, 1091, 1117, 1120.

Grammatik: 856. Beranek, F. J.: Westjiddischer Sprachatlas. Marburg 1965. — 857. Birnbaum, S. A.: Yiddish. Toronto—Buffalo 1979. ⟨Dt.:⟩ Die jiddische Sprache. Hamburg 1974. — 858. ∼: Praktische Grammatik der jiddischen Sprache für den Selbstunterricht. Wien—Leipzig 1915, Hamburg ^{4}1984. — 859. Herzog, M.: The Yiddish Language in Northern Poland. Its Geography and History. New York 1965. — 860. Mark, Y.: [Gramatik fun der yidisher klal-shprakh]. New York 1978. — 861. Schaechter, M.—Weinreich, M.: [Yidisher ortografisher vegvayzer]. New York 1961. — 862. Vilenkin, L.: [Yidisher shprakhatlas fun Sovetnfarband]. Minsk 1931. — 863. Weinberg, W.: Die Reste des Jüdischdeutschen. Stuttgart 1969. — 864. Weinreich, U.: College Yiddish. New York ^{5}1971. — 865. Weissberg, J.: Jiddisch. Eine Einführung. Bern—Frankfurt 1988.

Wörterbücher: 866. Harkavy, A.: [Yidish-english-hebreisher verterbukh]. New York ^{2}1928. — 867. Joffe, J. A.—Mark, Y.: [Groyser verterbukh fun der yidisher shprakh I ff.]. New York 1961 ff. — 868. Shapiro, M. A.—Spivak, I. G.—Schulmann, M. J.: Русско-еврейский (идиш) словарь. Moskau 1984. — 869. Strack, H. L.: Jüdisches Wörterbuch. Leipzig 1916. — 870. Stutshkov, N.: [Der oytser fun der yidisher shprakh]. New York 1950. — 871. Weinreich, U.: Modern English-Yiddish, Yiddish-English Dictionary. New York 1968. — 872. Wolf, S. A.: Jiddisches Wörterbuch. Mannheim 1962. — Vgl. 844, 850—851.

Bibliographie: 873. Weinreich, U.—Weinreich, B.: Yiddish Language and Folklore. A Selective Bibliography for Research. Den Haag 1959. — Vgl. 1117.

5. Sprachschichtung im Englischen und im Deutschen

Mundarten. — *Allgemeine Dialektologie, Sprachgeographie:* 874. Chambers, J. K.—Trudgill, P.: Dialectology. Cambridge 1980. — 875. Coseriu, E.: La geografía lingüística. Montevideo 1956. — 876. Dauzat, A.: La géographie linguistique. Paris 1948. — 877. Goossens, J.: Strukturelle Sprachgeographie. Eine Einführung in Methodik und Ergebnisse. Heidelberg 1969. — 878. Hard, G.: Zur Mundartgeographie. Ergebnisse, Methoden, Perspektiven. Düsseldorf 1966. — 879. Henzen. W.: Schriftsprache und Mundarten. Bern ^{2}1954. — 880. Hutterer, C. J.: La geografía lingüística y la dialectología. Montevideo 1965. — 881. ~: Sieben Thesen zur Dialektforschung. In: ALH. 18 [1968], 279 ff. — 882. Petyt, K. M.: The Study of Dialect: an Introduction to Dialectology. London 1980. — 883. Pop, S.: La dialectologie. Löwen 1950. — 884. Schmitt, L. E. (Hrsg.): Germanische Dialektologie I—II. Wiesbaden 1968. — 885. Sprachatlanten. Bericht über sprachgeographische Forschungen. Wiesbaden 1969. — 886. Weinreich, U.: Is a Structural Dialectology Possible? In: Word 10 [1954], 388 ff. — Vgl. 9, 11, 14, 21, 29—30, 52, 121, 166, 656, 693, 841, 912, 924, 926, 943, 968, 1030—1033, 1039, 1043, 1091.

Englische Mundarten: 887. Brook, G. L.: English Dialects. London 1963. — 888. Kurath, H.: A Handbook of the Linguistic Geography of New England. Providence 1939. — 889. ~: The Linguistic Atlas of New England I—III. Providence 1939—1943. — 890. ~: A Word Geography of the Eastern United States. Ann Arbor 1949. — 891. McDavid, R. I.: Varieties of English. Stanford 1980. — 892. Meech, S. B.—Whitehall, H.: Middle English Dialect Characteristics and Dialect Boundaries. Michigan 1935. — 893. O'Donnell, W. R.—Todd, L.: Variety in Contemporary English. London 1980. — 894. Orton, H.—Halliday, W. J.: Survey of English Dialects I—II. Leeds 1962. — 895. Orton, H.—Wright, N.: A Word Geography of England. London—New York—San Francisco 1974. — 896. Orton, H.—Sanderson, S.—Widdowson, J. (Hrsg.): The Linguistic Atlas of England. London 1978. — 897. Skeat, W. W.: English Dialects from the 8th Century to the Present Day. Cambridge 1911. — 898. Sutherland, J.: The Oxford Book of English Talk. Oxford 1953. — 899. Wright, J.: The English Dialect Dictionary I—VI. London 1898—1905, Oxford ^{2}1961. — 900. ~: The English Dialect Grammar. Oxford 1905. — Vgl. 514, 1043.

Deutsche Mundarten: 901. Bach, A.: Deutsche Mundartforschung. Heidelberg ^{2}1950. — 902. Besch, W.—Knoop, U.—Putschke, W.—Wiegand, H. E. (Hrsg.): Dialektologie. Ein Handbuch zur deutschen und allgemeinen Dialektforschung. 1—2. Berlin—New York 1982—83. — 903. Bohnenberger, K.: Die alemannische Mundart. Tübingen 1953. — 904. Bretschneider, A.: Deutsche Mundartenkunde. Marburg/L. 1934. — 905. Engels, F.: Der fränkische Dialekt. In: K. Marx—F. Engels: Werke 19. Berlin 1962. — 906. Franck, J.: Altfränkische Grammatik. Laut- und Flexionslehre. Göttingen 1909. — 907. Hutterer, C. J.: Grundsätzliches zur Sprachinselforschung. In: PBB/H. 85 [1963], 177 ff. — 908. ~: Mischung, Ausgleich und Überdachung in den deutschen Sprachinseln des Mittelalters. In: Verhandlungen des II. Int. Dialektologenkongresses I. Wiesbaden 1967, 399 ff. — 909. Kauffmann, F.: Geschichte der schwäbischen Mundart. Straßburg 1899. — 910. Keller, R.: German Dialects. Manchester 1961. — 911. Kleiber, W. u. a. (Hrsg.): Historischer südwestdeutscher Sprachatlas 1—2. Bern—München 1979. — 912. Klein, K. K.: Transsylvanica. München 1963. — 913. Löffler, H.: Probleme der Dialektologie. Darmstadt 1974, ^{2}1980. — 914. Leopold, W. F.: The Decline of German Dialects. Word 15 [1959], 130 ff. — 915. Mattheier, K. J.: Pragmatik und Soziologie der Dialekte. Heidelberg 1980. — 916. Mitzka, W.: Handbuch zum Deutschen Sprachatlas. Marburg 1952. — 917. ~ — Schmitt, L. E.: Deutscher Wortatlas. Marburg 1951 ff. — 918. Niebaum, H.: Dialektologie. Tübingen 1983. — 919. Pfalz, A.: Grundsätzliches zur deutschen Mundartenforschung. Wien 1925. — 920. Reis, H.: Die deutschen Mundarten. Berlin ^{2}1950. — 921. Russ, Ch.: The Dialects of Modern German. London 1988. — 922. Schäfer, F.—Veith, W. H.: Die Kartenthemen der Lautatlanten. Tübingen 1988. — 923. Schatz, J.: Altbairische Grammatik. Laut- und Flexionslehre. Göttingen 1907. — 924. Schirmunski, V.: Deutsche Mundartkunde. Berlin 1962. — 925. Schmitt, L. E. (Hrsg.): Deutsche Wortforschung in europäischen Bezügen 1 ff. Gießen 1958 ff. — 926. Schwarz, E.: Die deutschen Mundarten. Göttingen 1950. — 927. Schwob, A.: Wege und Formen des Sprachausgleichs in neuzeitlichen ost- und südostdeutschen Sprachinseln. München 1971. — 928. VEITH, W. H.—PUTSCHKE, W.—HUMMEL, L. (Hrsg.): Kleiner deutscher Sprachatlas 1—2. Marburg/L.—Tübingen 1984—1987. — 929. WAGNER, K.: Die Gliederung der deutschen Mundarten. Begriffe und Grundsätze. Wiesbaden 1954.— 930. WREDE, F.: Kleine Schriften. Marburg 1963. — 931. ~ — MARTIN, B.—MITZKA, W.—SCHMITT, L. E.: Deutscher Sprachatlas. Marburg 1926 ff. — 932. WIESINGER, P.—RAFFIN, E.: Bibliographie der deutschen Dialekte. Laut-, Formen-, Wortbildungs- und Satzlehre 1800 bis 1980. Bern—Frankfurt/M. 1982. — 933. ZWIRNER, E.—ZWIRNER, K.: Grundfragen der Phonometrie. Berlin 1936. — 934. ZWIRNER, E.: Deutsches Spracharchiv 1932—1962. Münster/Westf. 1962. — 935. ~ (Hrsg.): Lautbibliothek der deutschen Mundarten. Göttingen 1957 ff. — Vgl. 155, 503, 677—679, 686, 688, 690, 693, 716, 841, 846, 954, 960, 972, 977, 1031, 1039, 1091, 1117, 1120.

Regionale Umgangssprachen. — *Schottisch:* 936. AITKEN, A. J. (Hrsg.): Lowland Scots. Edinburgh 1973. — 937. ~ — MCDIARMID, M. P.—THOMSON, D. S. (Hrsg.): Bards and Makars: Scottish Language and Literature, Medieval and Renaissance. Glasgow 1977. — 938. ~ — MCARTHUR, T. (Hrsg.): Languages of Scotland. Edinburgh 1979. — 939. GRAHAM, W.: The Scots Word Book. Edinburgh 1977. — 940. GRANT, W.: The Scottish National Dictionary. Edinburgh 1952. — 941. ~ — DIXON, J. M.: Manual of Modern Scots. Cambridge 1927. — 942. MATHER, J. Y.—SPEITEL, H. H. (Hrsg.): The Linguistic Atlas of Scotland: Scots Section. 1 ff. Hartford 1975 ff. — 943. MCINTOSH, A.: An Introduction to a Survey of Scottish Dialects. Edinburgh 1952. — 944. ROBINSON, M.: The Concise Scots Dictionary. Aberdeen 1985. — Vgl. 514,898—899, 984.

Englisch in Irland und Wales: 945. BLISS, A.: Spoken English in Ireland, 1600—1740. Dublin 1979. — 946. HOGAN, J. J.: The English Language in Ireland. Dublin 1927. — 947. JOYCE, P. W.: English As We Speak It in Ireland. London [2]1920. — 948. O MUIRITHE, D. (Hrsg.): The English Language in Ireland. Dublin 1977. — 949. TRUDGILL, P. (Hrsg.): Language in the British Isles. Cambridge 1984. — Vgl. 514, 984—986.

Deutsch in Österreich: 950. EBNER, J.: Wie sagt man in Österreich? Wörterbuch der österreichischen Besonderheiten. Mannheim—Wien—Zürich 1969. — 951. HUTTERER, C. J.—KAINZ, W.—WALCHER, E.: Weststeirisches Wörterbuch. Grammatik und Wortschatz nach Sachgruppen. Wien—Köln—Graz 1987. — 952. JUTZ, L.: Vorarlbergisches Wörterbuch. Wien 1955 ff. — 953. KOEKKOEK, B. J.: Zur Phonologie der Wiener Mundart. Gießen 1955. — 954. KRANZMAYER, E.: Historische Lautgeographie des gesamtbairischen Dialektraumes. Wien 1956. (Vgl. dazu die Stellungnahme in ALH. 9 [1959], 335 ff.). — 955. KRETSCHMER, P.: Wortgeographie der hochdeutschen Umgangssprache. Göttingen 1918, [2]1969. — 956. Österreichisches Wörterbuch. Wien [35]1979. — 957. RIZZO-BAUR, H.: Die Besonderheiten der deutschen Schriftsprache in Österreich und in Südtirol. Mannheim 1962. — 958. SCHATZ, J. ⟨— FINSTERWALDER, K.⟩: Wörterbuch der Tiroler Mundarten I—II. Innsbruck 1955—1956. — 959. SCHIKOLA, H.: Schriftdeutsch und Wienerisch. Wien 1954. — 960. SCHMELLER, J. A.: Bayerisches Wörterbuch I—II. München [2]1872—1877. Neudruck: Aalen 1966. — 961. SCHUSTER, M.—SCHIKOLA, H.: Sprachlehre der Wiener Mundart. Wien 1956. — 962. UNGER, TH.—KHULL, F.: Steirischer Wortschatz als Ergänzung zu Schmellers Bayerischem Wörterbuch. Graz 1903. Neudruck: Wiesbaden 1968. — 963. WALLS, F. G.: Der Dialekt der Wiener Grundschicht und die neuere Wiener Mundartdichtung. Bern—Frankfurt/M. 1976. — 964. WEHLE, P.: Sprechen Sie Wienerisch? Wien—Heidelberg 1980. — 965. WIESINGER, P. (Hrsg.): Das österreichische Deutsch. Wien—Köln—Graz 1988. — 966. Wörterbuch der bairischen Mundarten in Österreich (WÖB) 1 ff. Wien 1963 ff., 1970 ff. — Vgl. 693, 901, 917—924, 926, 931—932, 1043, 1047, 1051.

Schwyzertüütsch: 967. HOTZENKÖCHERLE, R.: Sprachatlas der deutschen Schweiz. Bern 1962 ff. — 968. ~: Einführung in den Sprachatlas der deutschen Schweiz. Bern 1962. — 969. ~: Die Sprachlandschaften der deutschen Schweiz. Aarau—Frankfurt—Salzburg 1984. — 970. LÖTSCHER, A.: Schweizerdeutsch. Geschichte, Dialekte, Gebrauch. Frauenfeld—Stuttgart 1983. — 971. PANIZZOLO, P.: Die schweizerische Variante des Hochdeutschen. Marburg 1982. — 972. SCHWARZENBACH, R.: Die Stellung der Mundart in der deutschsprachigen Schweiz. Frauenfeld 1969. — 973. Schweizerisches Idiotikon. Wörterbuch der schweizerdeutschen Sprache. Frauenfeld 1881 ff. —

974. STUCKI, K.: Schweizerdeutsch. Abriß einer Grammatik mit Laut- und Formenlehre. Zürich 1921. — 975. WEBER, A.: Zürichdeutsche Grammatik. Zürich 1948. — 976. ~ — BÄCHTOLD, J. M.: Zürichdeutsches Wörterbuch für Schule und Haus. Zürich [2]1968. — 977. WEINHOLD, K.: Alemannische Grammatik. Berlin 1863. — Vgl. 409, 411, 693, 901—903, 920, 924, 926, 931, 1043, 1051, 1091.

Letzeburgisch: 978. BRUCH, R.: Grundlegung einer Geschichte des Luxemburgischen I—III. Luxemburg 1953—1954. — 979. HESS, J.: Die Sprache der Luxemburger. Luxemburg 1953—1954. — 980. HOFFMANN, F.: Geschichte der Luxemburger Mundartdichtung I—II. Luxemburg 1964—1967. — 981. ~: Sprachen in Luxemburg. Wiesbaden 1979. — 982. Luxemburger Wörterbuch 1—4. Luxemburg 1950—1975. — 983. SCHMITT, L. E. (Hrsg.): Luxemburgischer Sprachatlas. Marburg 1963. — Vgl. 155, 693, 901—903, 912, 917, 920, 924, 926, 931, 1043, 1051, 1091.

Das Englische in Übersee. — *Zusammenfassende Darstellungen:* 984. BELJAJEVA, T. M. — POTAPOVA, I. A.: Английский язык за пределами Англии. Leningrad 1961. — 985. HERMAN, L.—HERMAN, M. S.: Manual of Foreign Dialects. New York 1943. — 986. TRUDGILL, P.—HANNAH, J.: International English: a Guide to Varieties of Standard English. London 1982. — Vgl. 514, 1086.

Die Vereinigten Staaten und Kanada: 987. BERREY, L. V.—BARK, M. VAN DEN: The American Thesaurus of Slang. New York 1953. — 988. BLOOMFIELD, L.: Canadian English. In: JEGP. 1948. — 989. CHAMBERS, J. K. (Hrsg.): Canadian English: Origins and Structures. Toronto 1975. — 990. CRAIGIE, W.: The Growth of American English I—II. Oxford 1940. — 991. ~ — HULBERT, J. R.: A Dictionary of American English on Historical Principles I—IV. Chicago 1938—1944. — 992. DILLARD, J. L.: All-American English: A History of the English Language in America. New York 1975. — 993. ~ (Hrsg.): Perspectives on American English. Den Haag 1980. — 994. FERGUSON, CH. A.—HEATH, S. B. (Hrsg.): Language in the USA. New York—Cambridge 1981. — 995. FRANCIS, W. N.: The Structure of American English. New York 1958. — 996. FRIES, C.: American English Grammar. New Haven—London 1940. — 997. GALINSKY, H.: Die Sprache des Amerikaners. Heidelberg 1948, I—II: [2]1951—1952. — 998. KRAPP, G. P.: The English Language in America I—II. New York [2]1960. — 999. KURATH, H.: The Pronunciation of English in the Atlantic States. Ann Arbor 1960. — 1000. MARCHWARDT, A. H.: American English. New York 1958. — 1001. MATTHEWS, M. M.: Americanisms. A Dictionary of Selected Americanisms on Historical Principles. Chicago—London 1966. — 1002. MCCONNELL, R. E.: Our Own Voice: Canadian English and How it is Studied. Toronto 1979. — 1003. MENCKEN, H. L.: The American Language. New York [4]1962. — 1004. ONESTI, N. F.: L'inglese d'America. Florenz 1980. — 1005. PFEFFER, J. A.: Deutsches Sprachgut im Wortschatz der Amerikaner und Engländer. Tübingen 1987. — 1006. SAUER, W.: American English Pronunciation. Heidelberg 1988. — 1007. SCARGILL, M. H.: A Short History of Canadian English. Victoria 1977. — 1008. SCHÖNFELDER, K. H.: Deutsches Lehngut im amerikanischen Englisch. Halle/S. 1957. — 1009. SCHWEIZER, A. D.: Очерк современного английского языка в США. Moskau 1963. — 1010. WENTWORTH, H.—FLEXNER, S. B.: Dictionary of American Slang. New York 1960, [5]1972. — Vgl. 21, 514, 888—890, 984—986, 1036.

Südafrika: 1011. BEETON, D. R.—DORNER, H.: A Dictionary of English Usage in Southern Africa. Kapstadt—Oxford 1975. — 1012. BRANFORD, J.: A Dictionary of South African English. Kapstadt—Oxford 1978. — 1013. HOPWOOD, D.: South African English Pronunciation. Kapstadt 1928. — 1014. LANHAM, L. W.—MAC DONALD, C. A.: The Standard in South African English and its Social History. Heidelberg 1979. — 1015. PETTMANN, C.: Africanderisms. A Glossary of South African Colloquial Words and Phrases. London 1913. — Vgl. 514, 984—986.

Australien und Neuseeland: 1016. BAKER, S. J.: New Zealand Slang. London 1940. — 1017. ~: The Australian Language. Sydney—London 1945, Melbourne [2]1976. — 1018. HORNADGE, B.: The Australian Slanguage. North Ryde 1980. — 1019. JOHNSTON, G. (Hrsg.): The Australian Pocket Oxford Dictionary. Melbourne—London 1976. — 1020. ORSMAN, H. W. (Hrsg.): Heinemann New Zealand Dictionary. Auckland 1979. — 1021. RAMSON, W. S.: Australian English. Canberra 1966. — 1022. TURNER, G. W.:

The English Language in Australia and New Zealand. London 1966. — 1023. WILKES G. A.: A Dictionary of Australian Colloquialisms. London 1978. — Vgl. 514, 984—986

Philippinen und Ozeanien: 1024. PLATT, J.—WEBER, H.: English in Singapore and Malaysia: Status, Features, Functions. Kuala Lumpur—Oxford 1980. — Vgl. 514, 984—986.

Indien und Pakistan: 1025. NIHALANI, P. u. a.: Indian and British English: A Handbook of Usage and Pronunciation. Delhi 1979. — Vgl. 514, 984—986.

Soziolekte. — *Zusammenfassende Darstellungen:* 1026. BARBER, B.: Social Stratification. New York 1957. — 1027. CLYNE, M. G.: Language and Society in the German-Speaking Countries. Cambridge—New York—Melbourne 1984. — 1028. DAHLSTEDT, K.-H.: The Dilemmas of Dialectology. In: HREIN BENEDIKTSSON (Hrsg.): The Nordic Languages and Modern Linguistics. Reykjavík 1970, 158 ff. — 1029. EICHHOFF, J.: Wortatlas der deutschen Umgangssprachen 1—2. Bern—München 1977—78. — 1030. FISHMAN, J. A. (Hrsg.): Readings in the Sociology of Language. Den Haag—Paris 1968. — 1031. GROSSE, R.—HUTTERER, C. J.: Hochsprache und Mundart in Gebieten mit fremdsprachigen Bevölkerungsteilen. Berlin 1961. — 1032. GUMPERZ, J. J.: Language in Social Groups. Selected and Introduced by A. S. DIL. Stanford 1971. — 1033. HUTTERER, C. J.: Sprachschichtung und Sprachnorm. In: Annales Univ. Scient. Budapestinensis I [1970], 7 ff. — 1034. ~: Der Dialekt als diatopische und diastratische Einheit. In: WIESINGER, P. (Hrsg): Beiträge zur bairischen und ostfränkischen Dialektologie. Göppingen 1984, 1 ff. — 1035. HYMES, D.—GUMPERZ, J. J. (Hrsg.): Directions in Sociolinguistics: The Etnography of Communication. New York 1970. — 1036. LABOV, W.: The Social Stratification of English in New York City. Washington, D.C. 1966. — 1037. LÖFFLER, H.: Germanistische Soziolinguistik. Berlin 1985. — 1038. RONA, J. P.: A Structural View of Sociolinguistics. In: GARVIN, P. (Hrsg.): Method and Theory in Linguistics. Den Haag—Paris 1970. — 1039. KLAPPENBACH, R.—STEINITZ, W.: Wörterbuch der deutschen Gegenwartssprache. Berlin 1961 ff. — 1040. KÜPPER, H.: Wörterbuch der deutschen Umgangssprache. Hamburg ²1956. — 1041. ~: Handliches Wörterbuch der deutschen Alltagssprache. Hamburg 1968. — 1042. MITZKA, W. (Hrsg.): Wortgeographie und Gesellschaft. Berlin 1968. — 1043. SCHIRMUNSKI, V.: Национальный язык и социальные диалекты. Leningrad 1936. — Vgl. 1, 20—22, 29, 53, 693, 879, 901, 912, 916, 927, 955, 1060, 1091, 1115, 1120.

Slang: 1044. DAUZAT, A.: Les Argots, caractères, évolution, influence. Paris 1929, ²1956. — 1045. GUIRAUD, P.: L'Argot. Paris 1958. — 1046. PARTRIDGE, E.: A Dictionary of Slang and Unconventional English from the 15th Century to the Present Day. London 1949. — Vgl. 21, 514, 901, 987, 1010, 1016.

Rotwelsch: 1047. BURNADZ, J. M.: Die Gaunersprache der Wiener Galerie. Lübeck ²1966. — 1048. KLUGE, F.: Rotwelsch. Berlin—New York 1987. — 1049. WEHLE, P.: Die Wiener Gaunersprache. Wien—München o. J. [1977]. — 1050. WOLF, S. A.: Wörterbuch des Rotwelschen. Mannheim 1956. — Vgl. 21, 693, 901, 1091, 1120.

Cockney: 1051. BARLTROP, R.—WOLVERIDGE, J.: The Muvver Tongue. London 1980. — 1052. CHAMBERS, R. W.—DAUNT, M.: A Book of London English (1384—1425). London 1931. — 1053. MACKENZIE, B. A.: The Early London Dialect. Oxford 1928. — 1054. WRIGHT, P.: Cockney Dialect and Slang. London 1981. — Vgl. 514.

Berlinisch: 1055. DITTMAR, N.—SCHLOBINSKI, P. (Hrsg.): Wandlungen einer Stadtsprache. Berlinisch in Vergangenheit und Gegenwart. Berlin 1988. — 1056. LASCH, A.: Geschichte der Schriftsprache in Berlin bis zur Mitte des 16. Jahrhunderts. Dortmund 1910. — 1057. ~: „Berlinisch". Eine berlinische Sprachgeschichte. Berlin 1928. — 1058. SCHILDT, J.—SCHMIDT, H.: Berlinisch. Berlin 1986. — Vgl. 693, 901, 920, 924, 926, 931, 935, 1120.

Mischsprachen. — *Allgemeines Schrifttum:* 1059. SAMARIN, W. J.: Lingua Francas of the World. In: RICE, F. A. (Hrsg.): Study of the Role of Second Languages in Asia, Africa and Latin America. Washington, D.C. 1962, 54 ff. — 1060. WEINREICH, U.: Languages in Contact. New York 1953. ⟨auch dt.⟩ — Vgl. 11, 21, 29, 31, 52—53, 154, 984, 1030, 1086, 1120.

Hybride Sprachen: 1061. CHURCHILL, E.: Beach-la-Mar. The Jargon of Trade Speech of the Western Pacific. Washington 1911. — 1062. HALL, R. A. jr.: Melanesian Pidgin English. Baltimore 1943. — 1063. ∼: Hands Off Pidgin English. Sydney 1955. — 1064. ∼: The Life Cycle of Pidgin Languages. In Lingua 11 [1962], 151 ff. — 1065. HOLM, J. A.: Pidgins and Creoles. Cambridge 1988. — 1066. MÜHLHÄUSLER, P.: Growth and Structure of the Lexicon of New Guinean Pidgin. Canberra 1979. — 1067. SAYERS, E. S.: Pidgin English. Toronto 1039. — Vgl. 514, 984, 1030, 1059.

Kreolsprachen: 1068. DE JONG, J. P. B. J.: Het huidige Negerhollandsch. Amsterdam 1926. — 1069. HALL, R. A. jr.: The Linguistic Structure of Taki-Taki. In: Anglia 24 [1948]. — 1070. ∼: Sostrato e lingue creole. In: Archivo glottologico italiano 40 [1955], 1 ff. — 1071. LE PAGE, R. B.: General Outlines of Creole English Dialects in the British Caribbean. In: Orbis 6 [1957], 373 ff. — 1072. SCHUCHARDT, H.: Englisches Kreolisch. In: Englische Studien 12 [1891], 470 ff. — 1073. TAYLOR, D.: New Languages for Old in the West Indies. In: Comp. Studies in Society and History 3 [1961], 277 ff. — 1074. VALDMAN, A.—HIGHFIELD, A. (Hrsg.): Theoretical Orientations in Creole Studies. New York—London 1980. — Vgl. 21, 29, 984, 1030, 1059.

Englisch als Welthilfssprache: 1075. OGDEN, C. K.: Basic English. A General Introduction with Rules and Grammar. London 1930. — 1076. RICHARDS, I. A.: Basic English and Its Uses. London 1943. — Vgl. 37, 514.

Germanisch in den Welthilfssprachen: 1077. DEGEN, A.: Esperanto nach dem *Fundamento* von Dr. Zamenhof. Leipzig 1927. — 1078. KIRCHHOFF, A.: Volapük. Halle/S. 1887. — 1079. RONAI, P.: Der Kampf gegen Babel. München 1969. — Vgl. 37.

V. DIE STRUKTURMERKMALE DER GERMANISCHEN SPRACHEN

1080. ADMONI, V. G.: Историко-типологическая морфология германских языков. Moskau 1978. — 1081. ANDREOTTI SAIBENE, M. G.—COMETTA, M.: Dal germanico alle lingue germaniche. Mailand 1981. — 1082. ARAKIN, V. D.: Сравнительная типология английского и русского языков. Leningrad 1979. — 1083. DEZSŐ, L.—HAJDÚ, P. (Hrsg.): Theoretical Problems of Typology and the Northern Eurasian Languages. Budapest 1970. — 1084. HAARMANN, H.: Aspekte der Arealtypologie. Tübingen 1976. — 1085. IVANOV, V. V.: Типология и сравнительно-историческое языкознание. In: Vja. 5 [1958], 34 ff. — 1086. KLOSS, H.: Die Entwicklung neuer germanischer Kultursprachen von 1800 bis 1950. München 1952, Düsseldorf ²1978. — 1087. LEWY, E.: Kleine Schriften. Berlin 1961. — 1088. SCHIRMUSKI, V.: Die gemeinsamen Tendenzen in der Lautentwicklung der germanischen Sprachen. In: ZfAA. 14 [1966], 5 ff. — 1089. WEIJNEN, A. u. a (Hrsg.): Atlas Linguarum Europae ⟨ALE⟩. Introduction. 1. Questionnaire. Assen 1975—76; 2. Questionnaire. Assen 1979. — 1090. WEINREICH, U.: On the Compatibility of Genetic Relationship and Convergent Development. In: Word 14 [1958], 374 ff. — Vgi. 11, 37, 60—65, 97, 166, 175, 178, 180, 199, 203—204, 409, 411, 501—502, 713, 798—799, 924.

VI. STUDIENFÜHRER UND NACHSCHLAGEWERKE

1091. AGRICOLA, E.—FLEISCHER, W.—PROTZE, H. (Hrsg.): Kleine Enzyklopädie: Die deutsche Sprache I—II. Leipzig 1969—1970. — 1092. ALTHAUS, H. P.—HENNE, H.—WIEGAND, H. E. (Hrsg.): Lexikon der germanistischen Linguistik. Tübingen ²1980. — 1093. BERGMANN, R.: Einführung in die deutsche Sprachwissenschaft. Heidelberg 1981. — 1094. BOGORODICKIJ, V. A.: Введение в изучение современных романских и германских языков. Moskau 1953. — 1095. DOLCETTI CORAZZA, V.: Introduzione alla filologia germanica. Turin 1979. — 1096. DRESCH, J.: Guide de l'étudiant germaniste. Paris 1945. — 1097. FLEISCHER, W.—HARTUNG, W.—SCHILDT, J.—SUCHSLAND, P. (Hrsg.): Kleine Enzyklopädie: Deutsche Sprache. Leipzig 1983. — 1098. FUCHS, A.: Initiation à l'étude de la langue et de littérature allemandes modernes. Paris ²1948. — 1099. GROSS, H.: Einführung in die germanische Linguistik. München 1988. — 1100. HEIDOLPH, K. E.—FLÄMIG, W.—MOTSCH, W. (Hrsg.): Grundzüge einer deutschen Grammatik. Berlin 1981. — 1101. HOOPS, J.—JAHNKUHN, H. (Hrsg.:

Reallexikon der Germanischen Altertumskunde I/1. Berlin ^{2}1968. — 1102. Kolbe, J. (Hrsg.): Ansichten einer künftigen Germanistik. [München ^{2}1969]. — 1103. König, W.: dtv-Atlas zur deutschen Sprache. Tafeln und Texte. München ^{4}1978. — 1104. Kühnel, J.: Grundkurs Historische Linguistik. Materialien zur Einführung in die germanisch-deutsche Sprachgeschichte. Göppingen 1975. — 1105. Leyen, F. v. d.: Deutsche Philologie. Eine Einführung in ihr Studium. Stuttgart 1952. — 1106. Molinari, M. V.: La filologia germanica. Bologna 1980. — 1107. Müller-Schwefe, G.: Einführung in das Studium der englischen Philologie. Tübingen ^{2}1968. — 1108. Newald, R.: Einführung in die Wissenschaft der deutschen Sprache und Literatur. Lahr ^{2}1949. — 1109. ~ — Ristow, B.: Sachwörterbuch zur deutschen Philologie. Lahr 1954. — 1110. Paul, H. (Hrsg.): Grundriß der germanischen Philologie I—III. Straßburg 1891 ff., ^{2}1900—1909. — 1111. Pisani, V.: Introduzione allo studio delle lingue germaniche. Turin ^{4}1962 — 1112. Scardigli, P.: Filologia germanica. Florenz 1964, ^{2}1971. — 1113. Schirmunski, V.: Введение в сравнительно-историческое изучение германских языков. Moskau—Leningrad 1964. — 1114. Schmitt, L.E. (Hrsg.): Kurzer Grundriß der germanischen Philologie bis 1500. I: Sprachgeschichte. Berlin 1970. — 1115. Schwarz, E.: Deutsche und germanische Philologie. Heidelberg 1951. — 1116. Soloveva, L. N.: Введение в английскую филологию. Leningrad 1963. — 1117. Stammler, W. (Hrsg.): Deutsche Philologie im Aufriß I—III. Berlin $^{1}/^{2}$1952—1959. — 1118. Storm, J.: Englische Philologie. Anleitung zum wissenschaftlichen Studium der englischen Sprache I—II. Leipzig 1892. — 1119. Streadbeck, A. L.: A Short Introduction to Germanic Linguistics. Boulder 1966. — 1120. Stroh, F.: Handbuch der germanischen Philologie. Berlin 1952. — 1121. Tagliavini, C.: Panorama di storia della filologia germanica. Bologna 1968. — 1122. Viëtor, W.: Einführung in das Studium der englischen Philologie mit Rücksicht auf die Anforderungen der Praxis. Marburg 1897. — Vgl. 37, 225, 514, 693.

VII. BIBLIOGRAPHISCHE WEGWEISER

1123. Alston, R. C.: A Bibliography of the English Language from the Invention of Printing to the Year 1800. Leeds 1965 ff. — 1124. *Annual Bibliography of English Language and Literature*. Cambridge 1920 [1921] ff. — 1125. Barrow, J. G.: A Bibliography of Bibliographies in Religion. Ann Arbor, Mich. 1955. — 1126. *Bibliographie zur archäologischen Germanenforschung*. Deutschsprachige Literatur 1941—1955. Berlin 1966. — 1127. *The Cambridge Bibliography of English Literature*. Cambridge 1940 ff. (Ab 24: General Introduction. Wird alljährlich ergänzt.) — 1128. *Deutsche Bibliographie. Zeitschriften 1945—1952*. Frankfurt/M. 1958. — 1129. Diesch, C.: Bibliographie der germanistischen Zeitschriften. Leipzig 1927. — 1130. Eisenberg, P.—Gusovius, A.: Bibliographie zur deutschen Grammatik 1965—1983. Tübingen 1985. — 1131. Fisiak, J. (Hrsg.): Bibliography of Writings for the History of the English Language. Berlin—Amsterdam ^{2}1988. — 1132. Genzel, P.: Kurze Bibliographie für das Studium der Anglistik. Halle/S. 1960. — 1133. Greenfield, S. B.—Robinson, F. C.: A Bibliography of Publications on Old English Literature from the Beginnings to the End of 1972. Toronto—Buffalo—London 1980. — 1134. Hansel, J.—Tschakert, L.: Bücherkunde für Germanisten. Berlin ^{8}1988. — 1135. *Jahresbericht über die Erscheinungen auf dem Gebiet der germanischen Philologie*. Berlin [—Leipzig] 1879 ff.—1136. Kennedy, A. G.: A Bibliography of Writings on the English Language from the Beginnings of Printing to the End of 1922. Cambridge, Mass.—London—New Haven 1927. Neudruck: 1961. — 1137. ~ Sands, D. B.: A Concise Bibliography for Students of English. Stanford [—Oxford] ^{4}1960. — 1138. Koch, H.-A.—Koch, U.: Internationale germanistische Bibliographie ⟨IGB⟩. München—New York 1981—1983. — 1139. Kohl, N.: Bibliographie für das Studium der Anglistik I: Sprachwissenschaft. Bad Homburg 1970. — 1140. *Kulturhistorisk leksikon for nordisk midelalder fra vikingetid til reformationstid*. Kopenhagen 1956 ff. — 1141. Lengenfelder, H. (Hrsg.): International Bibliography of Specialized Dictionaries. Fachwörterbücher und Lexika. Ein internationales Verzeichnis. München—New York—London ^{6}1979. — 1142. Markey, Th. L. u. a. (Hrsg.): Germanic and its Dialects: a Grammar of Proto-Germanic III. Bibliography and Indices. Amsterdam 1977. — 1143. Meyer, H.: Bibliographie der Buch- und Bibliotheksgeschichte 1—3. Bad Iburg 1982—85. — 1144. *MLA Directory of Periodicals: A Guide to Journals and Series in Languages and Literatures*. New York 1979. — 1145. *Old English Newsletter* 1 ff., 1967 ff. — 1146. Pasierb-

SKY, F.: Deutsche Sprache im Reformationszeitalter. [Bibliographie]. Tübingen 1988. — 1147. PIIRAINEN, I. T.: Frühneuhochdeutsche Bibliographie. Literatur zur Sprache des 14.—17. Jahrhunderts. Tübingen 1980. — 1148. SCHMIDT, K.: Anglistische Bücherkunde. Tübingen 1953. — 1149. SPARGO, J. W.: A Bibliographical Manual for Students of the Language and Literature of England and the U. S. New York ³1956. — 1150. TOTOK, W.—WEITZEL, R.—WEIMANN, K. H.: Handbuch der bibliographischen Nachschlagewerke. Frankfurt/M. ³1966. — 1151. ULVING, T.: Periodica philologica abbreviata. Stockholm 1963. — 1152. *Union List of Periodicals Dealing with Germanic Languages and Literatures*. London 1956. — 1153. WIEBE, H.: Die Fachbücherei des Neusprachlers. Englisch. Eine kritische Bibliographie für Lehrende und Studierende. Dortmund 1960. — 1154. *The Year's Work in English Studies* 1 ff., London 1921 ff. — 1155. ZAUNMÜLLER, W.: Bibliographisches Handbuch der Sprachwörterbücher. Stuttgart 1958. — 1156. ZISCHKA, G. A.: Index lexicorum. Wien 1959. — Vgl. 404, 443—445, 693, 804, 873, 1096, 1098, 1120.

VIII. ZEITSCHRIFTEN, SAMMLUNGEN

ALH.	*Acta Linguistica Academiae Scientiarum Hungaricae*. Budapest 1951 ff.
AL.	*Acta Linguistica Hafnensia*. Kopenhagen 1939 ff.
APS.	*Acta Philologica Scandinavica*. Kopenhagen 1926 ff.
AGR.	*The American-German Review*. Philadelphia 1934 ff.
	American Speech. New York 1925 ff.
	Anglia. Halle/S. 1878 ff.
	Anthropos. Salzburg 1906 ff.
AfdA.	*Anzeiger für deutsches Altertum und Literatur*. [Berlin—] Wiesbaden 1876 ff.
Archiv.	*Archiv für das Studium der neueren Sprachen und Literaturen*. Braunschweig—Berlin—Hamburg—München—Kiel—Darmstadt 1846 ff.
ArL.	*Archivum linguisticum*. Glasgow 1949 ff.
ANF.	*Arkiv för nordisk filologi*. Lund—Kopenhagen 1883 ff.
PBB.	*Beiträge zur Geschichte der deutschen Sprache und Literatur*. Halle/S. 1874 ff. (PBB/H.), seit 1981: *Beiträge zur Erforschung der deutschen Sprache*. Leipzig. Ab 77 [1955] auch Tübingen (PBB/T.) (Abkürzung nach den Begründern Paul, H. und Braune, W.)
BzN.	*Beiträge zur Namenforschung*. Heidelberg 1949 ff.
BSL.	*Bulletin de la Société Linguistique de Paris*. Paris 1871 ff.
ČMF.	*Časopis pro moderní filologii*. Prag 1911 ff.
DLZ.	*Deutsche Literaturzeitung*. Berlin 1880 ff.
	Deutsche Sprache. Zeitschrift für Theorie, Praxis, Dokumentation. [München—] Berlin 1973 ff.
	Deutschunterricht. Berlin—Leipzig 1948 ff.
DU.	*Der Deutschunterricht*. Stuttgart 1949 ff.
	Englische Studien. Leipzig 1877 ff.
	English and Germanic Studies. Cambridge 1947 ff.
	English Studies. Amsterdam—Bern—Kopenhagen 1919 ff.
	Estudios germánicos. Boletín. Buenos Aires 1939 ff.
EG.	*Études germaniques*. Paris 1946 ff. (1905—1939: *Revue germanique*.)
FOF.	*Fund og Forskning i Det Kongelige Biblioteks samlinger*. Kopenhagen 1954 ff.
GR.	*The Germanic Review*. New York 1926 ff.
	Germanica Wratislaviensia. Breslau 1957 ff.
GRM.	*Germanisch-Romanische Monatsschrift*. Heidelberg 1909 ff., N. F. 1950 ff.
	Germanistik. Internationales Referatenorgan mit bibliographischen Hinweisen. Tübingen 1960 ff.
GF.	*Германская филология*. Leningrad 1962 ff.
IF.	*Indogermanische Forschungen*. [Straßburg-] Berlin 1892 ff.
IA. (OLJa.)	*Известия Академии наук СССР. Отделение литературы и языка*. Moskau—Leningrad 1940 ff.
IT.	*Ízlenzk Tunga* [Lingua Islandica]. Reykjavík 1959 ff.

JEGP. *The Journal of English and Germanic Philology*. Urbana, Ill. 1897 ff. (Bis 1903: *The Journal of Germanic Philology*.)

JIES. *The Journal of Indo-European Studies*. Halliesburg, Miss. 1973 ff.

AUMLA. *Journal of the Australasian Universities' Language and Literature Association*. Christchurch 1953 ff.

Kratylos. Kritisches Berichts- und Rezensionsorgan für indogermanische und allgemeine Sprachwissenschaft. Wiesbaden 1956 ff.

KFLQ. *Kentucky Foreign Language Quarterly*. Lexington 1954 ff.

Language. Journal of the Linguistic Society of America. Baltimore 1925 ff.

LaM. *Les langues modernes*. Paris 1903 ff.

Leeds Studies in English and Kindred Languages. Leeds 1932 ff.

LeuvBijdr. *Leuvense Bijdragen op het gebiet van de germaansche philologie*. Löwen-Den Haag 1896 ff.

LiLi. *LiLi*. Zeitschrift für Literaturwissenschaft und Linguistik. [Frankfurt–] Göttingen 1971 ff.

Lingua. *Lingua*. [Haarlem–] Amsterdam 1948 ff.

Lingua Posnaniensis. Posen 1949 ff.

The Linguistic Reporter. Washington, D.C. 1959 ff.

Linguistics. Den Haag 1963 ff.

LingBer. *Linguistische Berichte*. Opladen–Wiesbaden–Braunschweig 1969–1983.

MM. *Maal og Minne*. Oslo 1909 ff.

MedAev. *Medium Aevum*. Oxford 1932 ff.

MGV. *Mitteilungen des Deutschen Germanistenverbandes*. Frankfurt/M. 1954 ff.

MLN. *Modern Language Notes*. Baltimore Jg. 1–76: 1886–1961. Ab 1962: *MLN*.

MLQ. *Modern Language Quarterly*. Washington, D.C. 1940 ff.

MLR. *The Modern Language Review*. [London] 1905 ff.

ML. *Modern Languages*. London 1922 ff.

MPhil. *Modern Philology*. Chicago 1903 ff.

ModSpr. *Moderna Språk*. Saltsjö-Duvnäs 1907 ff.

Muttersprr. *Muttersprache*. [Lüneburg–] Wiesbaden 1958 ff. (1891–1925: *Zeitschrift des Allgemeinen Deutschen Sprachvereins*.)

NB. *Namn och Bygd*. Tidskrift för nordisk ortnamnforskning. Uppsala 1913 ff.

Neoph. *Neophilologus*. Groningen 1915 ff.

NM. *Neuphilologische Mitteilungen*. Helsingfors 1899 ff.

NGR. *New Germanic Review*. A Journal of Germanic Studies. Los Angeles 1985 ff.

NdM. *Niederdeutsche Mitteilungen*. Lund 1945 ff.

NddJ. *Niederdeutsches Jahrbuch*. Neumünster 1875 ff.

NdW. *Niederdeutsches Wort*. Münster 1960 ff.

NTS. *Norsk Tidsskrift for Sprogvidenskap*. Oslo 1928 ff.

Orbis. Löwen 1952 ff.

PP. *Philologica Pragensia*. Prag 1958 ff.

PQ. *Philological Quarterly*. Iowa City 1922 ff.

PMLA. *Publications of the Modern Language Association of America*. [Baltimore–] New York 1884 [1886] ff.

Quickborn. Zeitschrift für plattdeutsche Sprache und Dichtung. Hamburg 1907 ff.

Research in Progress. A Biennial Supplement to the June Issue of the Publications of the Modern Language Association of America. New York 1948 ff.

Revue internationale d'onomastique. Paris 1949 ff.

Saeculum. Freiburg–München 1950 ff.

Scandinavian Studies. Lawrence, Kans. 1911 ff.

Scriptorium. Review internationale des études aux manuscrits. Antwerpen–Brüssel 1946 ff.

Skandinavistik. zeitschrift ür sprache, literatur und kultur der nordischen länder. Glückstadt [1970] 1971 ff.

Sprachdienst. Mannheim 1957 ff.

Sprache.	*Die Sprache.* Wien 1949 ff.
	Sprachreport. Mannheim [1985] 1986 ff.
	Sprachspiegel. Zürich 1945 ff.
	Sprachwissenschaft. Heidelberg 1976 ff.
	Studia Germanica Gandensia. Gent 1959 ff.
	Studia Grammatica. Berlin 1962 ff.
	Studia Linguistica. Lund 1947 ff.
	Studia Neophilologica. A Journal of Germanic and Romance Philology Uppsala 1928 ff.
	Studies in Linguistics. Washington, D.C. 1943 ff.
StGen.	*Studium generale.* Berlin—Göttingen—Heidelberg 1947 ff.
	Tijdschrift voor Nederlandse taal- en letterkunde. Leiden 1881 ff.
TCLP.	*Traveaux du Cercle Linguistique de Prague.* Prag 1929—1939.
	Us Wurk. Groningen 1951 ff.
WW.	*Wirkendes Wort.* Düsseldorf 1950 ff.
VJa.	*Вопросы языкознания.* Moskau 1952 ff.
	Word. New York 1945 ff.
	Yearbook. German Society of Pennsylvania. Philadelphia 1951 ff.
ZfAA.	*Zeitschrift für Anglistik und Amerikanistik.* Berlin 1953 ff.
ZfdPh.	*Zeitschrift für deutsche Philologie.* [Halle/S.—] Berlin—Bielefeld—München 1868 ff.
ZfdA.	*Zeitschrift für deutsches Altertum und deutsche Literatur.* Berlin [—Wiesbaden] 1841 ff.
ZDL.	*Zeitschrift für Dialektologie und Linguistik.* Wiesbaden 1969 ff., ab 1984: Stuttgart (Fortsetzung der ZfMaf.)
ZfGerm.	*Zeitschrift für Germanistik.* Leipzig 1980 ff.
ZGL.	*Zeitschrift für germanistische Linguistik.* Berlin—New York 1973.
ZfMaf.	*Zeitschrift für Mundartforschung.* Wiesbaden 1924 ff. (1924—1935: *Teuthonista*, ab 1969: ZDL.)
ZPSK.	*Zeitschrift für Phonetik, Sprachwissenschaft und Kommunikationsforschung.* Berlin 1961 ff. (1947—1960: *Zeitschrift für Phonetik und allgemeine Sprachwissenschaft.*)
	Zeitschrift für Religions- und Geistesgeschichte. Köln 1948 ff.
ZfvglSpr.	*Zeitschrift für vergleichende Sprachforschung* auf dem Gebiete der indogermanischen Sprachen. [Berlin—] Göttingen 1851 ff. [= Kuhns Zeitschrift]

WORTVERZEICHNIS

Gotisch

Krimgotisch

Altnordisch

(s. auch Altisländisch, Altnorwegisch)

Neuisländisch

Färöisch

Norwegisch

Altnorwegisch
(s. auch Altnordisch, Altisländisch)

Neunorwegisch

Dänisch

Altdänisch

Neudänisch

Schwedisch

Altschwedisch

Englisch

Altenglisch

Mittelenglisch

N e u e n g l i s c h

Friesisch

Altfriesisch

Neuhochdeutsch

Langobardisch

Schwyzertüütsch

Letzeburgisch

Esperanto

Ido

Volapük

Pidgin, Taki-Taki u.ä.

Indogermanische Sprachen

Indische Sprachen

Altindisch

Hindi

Romāni

(Zigeunerisch)

Iranisch

Altpersisch

(Awestisch unbezeichnet)

Ossetisch

Hethitisch

Tocharisch (A,B)

Illyrisch

Thrakisch

Armenisch

Romanische Sprachen

Lateinisch

(Alt-, Mittel- und Vulgärlateinisch unbezeichnet)

Oskisch

Italienisch

Spanisch

Slawische Sprachen

Altslawisch

Russisch

Polnisch

Tschechisch

Slowakisch

Sorbisch

Serbokroatisch (und Slowenisch)

Bulgarisch

Uralische Sprachen

Finnisch

Ungarisch

Semitische Sprachen

Hebräisch-Aramäisch

Vgl. unter Jiddisch, mit nachgestelltem* bezeichnet.

Arabisch

Japanisch

Austronesische Sprachen

Malaisch

Tahitanisch

Samoanisch

Maori

Tagalog

Kaliai-Kove

Tschamorro

NAMENVERZEICHNIS